河北省“十三五”民办教育发展报告

HEBEI SHENG SHISANWU

MINBAN JIAOYU FAZHAN BAOGAO

闫春来　主编

河北大学出版社

·保定·

河北省“十三五”民办教育发展报告

出 版 人：朱文富
责任编辑：张 磊
装帧设计：杨艳霞
责任校对：兰彩红
责任印制：常 凯

图书在版编目（CIP）数据

河北省“十三五”民办教育发展报告 / 闫春来主编. -- 保定 : 河北大学出版社, 2021.12
ISBN 978-7-5666-1953-2

Ⅰ. ①河… Ⅱ. ①闫… Ⅲ. ①社会办学－研究报告－河北－2016-2020 Ⅳ. ①G522.74

中国版本图书馆 CIP 数据核字 (2021) 第 246026 号

出版发行：河北大学出版社
地址：河北省保定市七一东路 2666 号　邮编：071000
电话：0312-5073019　0312-5073029
邮箱：hbdxcbs818@163.com　网址：www.hbdxcbs.com
经　　销：全国新华书店
印　　刷：保定市文昌印刷有限公司
幅面尺寸：185 mm × 260 mm
印　　张：29.75
字　　数：560 千字
版　　次：2021 年 12 月第 1 版
印　　次：2021 年 12 月第 1 次印刷
书　　号：ISBN 978-7-5666-1953-2
定　　价：98.00 元
如发现印装质量问题，影响阅读，请与本社联系。
电话：0312-5073023

编 委 会

前　　言

河北省民办教育协会（以下简称“协会”）组织编写的《河北省“十三五”民办教育发展报告》（以下简称《发展报告》）在全社会的热情期盼下，即将正式出版。

“十三五”期间，国家修订了《中华人民共和国民办教育促进法》，提出了加强党对民办教育的领导、对民办学校实施分类管理等重要决策；在党的十九大上，习近平总书记进一步强调了“优先发展教育事业”的国家战略，并就全面贯彻党的教育方针和发展各学段教育提出了明确要求。随之而来的，是教育事业出现了生机勃勃、如火如荼的改革和发展热潮。民办教育作为社会主义教育事业的重要组成部分，也迎来了自己发展史上的又一个春天。河北省民办教育在“十三五”期间基本实现了学校总量、教师总量和在校生总人数三大数据的翻番，教育教学质量明显提升，各级各类民办教育中都产生了一批在区域内乃至国内有重要影响力的学校。面对这样伟大的时代、这样伟大的事业、这样伟大的成绩，作为行业协会，有责任、有义务进行认真总结，并把它记录下来，献给社会，留给未来，这也是我们编写《发展报告》的初衷。

《发展报告》用数据和典型事例，记录了“十三五”期间河北省民办教育的奋斗历程，总结发展成果，展示社会贡献，揭示值得反思之处，为党和政府的决策提供参考依据，为学校发展提供有益咨询，为教育研究提供翔实信息。《发展报告》必将在河北民办教育发展史上留下一抹亮色。

回顾一年多来的编写工作，由于受到新冠疫情的影响，一些重要的资料征集、社会调查、观点交流等活动不便开展，只能靠网络联系。但是编写人员以高度的责任心和令人感动的敬业精神，不舍昼夜，加班加点，使编写工作基本未受影响，按照预定计划完成了征稿、统稿和定稿的任务。在这样一个特殊的时期，编写这样一份有特定内涵的报告，弥显珍贵。

更令人感动的是，2019 年末，当协会提出编写《发展报告》时，省级相关部门、各市政府教育主管部门和各级各类民办学校都积极响应，编写工作成了民办教育界的大事。各单位、各学校主动为编写工作提供思路、撰写文稿、报送数据，给予编写工作以不同形式的支持和帮助，为《发展报告》按时、按质、按量地完成做出了贡献。这个报告就是大家共同协作的结果和见证。

在《发展报告》即将付梓之际，我们对参与编写的各机关单位、民办学校、教育专家、教师，以及为本书的出版做出过贡献的各方面人士致以崇高的敬意与真挚的感谢！

“始生之物，其形必丑。”编写民办教育的发展报告在河北省还是第一次。尽管专家和各编写组主动承担，克服困难，高质量地完成了任务，但囿于能力及疫情等因素的干扰，还存在不尽如人意之处，我们诚恳地期望各方提出批评指正。请相信，我们会以越来越高的编写质量，不辱使命，不负期待。

编　者

2021 年 5 月

目　　录

第一编 河北省“十三五”期间民办教育发展总报告

“十三五”期间是河北省民办教育发展的重要时期，随着一系列法律、法规和政策的出台，以及广大民办教育工作者的努力，河北省民办教育取得了迅速发展，规模扩大，质量提升，特色突出，影响力越来越大。发展中也遇到了一些困难和问题，如何解决这些问题，是各级政府、社会各界，特别是民办教育自身迫切需要应对的。

一、民办教育领域加强党的建设与分类管理逐步推进

（一）加强党的建设，保证民办教育的社会主义办学方向

中国共产党是中国特色社会主义事业的领导者，深刻认识加强党对教育工作的全面领导是办好教育的根本保证。习近平总书记提出“教育是国之大计、党之大计”的重要论断，充分肯定了教育的重要地位。民办教育是社会主义教育事业的重要组成部分，必须坚决贯彻党的教育方针，同时还要勇于承担为国家培养人才的重任。加强民办学校党的建设，对保证民办教育的社会主义办学方向具有重要意义。

2016 年是“十三五”的开局之年，也是中国全面建成小康社会决胜阶段的开局之年。2016 年 11 月 7 日，第十二届全国人大常委会通过了《关于修改〈中华人民共和国民办教育促进法〉的决定》。这个决定对 2002 年通过的《中华人民共和国民办教育促进法》进行了修改，其中删除了 2 条，有改动的 16 条，增加了 1 条“民办学校中的中国共产党基层组织，按照中国共产党章程的规定开展党的活动，加强党的建设”。同年 12 月，中共中央办公厅印发《关于加强民办学校党的建设工作的意见（试行）》，要求加强党对民办学校的领导，加强社会主义核心价值观培育，确保学校按照党的要求办学立校、教书育人。教育部等五部门印发的《民办学校分类登记实施细则》也明确要求，申请设立民办学校，必须提交学校党组织建设有关材料，从一开始就要加强党的建设。

"十三五"期间，河北省委教育工委继续向民办高校派出党委书记，从严做好发展党员和党员的教育管理工作，充分发挥党员先锋模范作用，抓好思想政治教育工作，巩固学校意识形态阵地。民办基础教育学校普遍建立党的组织，抓好德育工作，大力宣传社会主义核心价值观，要求学生从小树立远大抱负。全省各地市高度重视民办幼儿园党的建设，根据学前教育特点和幼儿教育实际，落实民办学校党建工作有关要求。民办教育系统实现了党的基层组织全覆盖。

实践证明，民办学校加强党的建设，发挥党组织在民办学校中的政治核心作用，有利于民办学校的健康发展，党组织对民办学校的教育教学活动能够起到很好的监督与促进作用，保证民办教育的社会主义办学方向不动摇。

（二）法律政策出台，分类管理改革逐步推进

"十三五"期间，我国处于全面建成小康社会的关键时期，在党的坚强领导下，贯彻落实创新、协调、绿色、开放、共享的发展理念，以提高发展质量和效益为中心，以供给侧结构性改革为主线，扩大有效供给，满足有效需求，统筹推进经济建设、政治建设、文化建设、社会建设、生态文明建设和党的建设，取得了举世瞩目的成绩。教育作为提高民生保障水平的重要指标，国家在坚持普惠性、保基本、均等化、可持续方向的基础上，增强政府职责，创新教育提供方式，满足群众多样化教育需求。与世界教育的革命性变革相同步，我国教育现代化的步伐加快。

"十三五"期间，随着国家教育生态的不断优化，民办教育体制机制发生了巨大的变化。2016年11月7日，第十二届全国人大常委会第二十四次会议审议通过了《关于修改〈中华人民共和国民办教育促进法〉的决定》，明确了除实施义务教育阶段的民办学校不得选择和设立为营利性民办学校外，其他民办学校的举办者可以自主选择设立非营利性或者营利性民办学校。自此，从2010年中共中央、国务院印发《国家中长期教育改革和发展规划纲要2010—2020年》提出"积极探索营利性民办学校和非营利性民办学校分类管理改革"，以法律的形式固定下来以来，民办教育进入了分类管理的新时代。2016年12月29日，国务院印发《关于鼓励社会力量兴办教育促进民办教育健康发展的若干意见》，从7个方面提出意见，支持并规范民办教育发展。2016年12月30日，教育部等五部委联合印发《民办学校分类登记实施细则》、教育部等三部委联合印发《营利性民办学校监督管理实施细则》，对民办学校分类登记的程序、营利性民办学校的监督办法进行了明确。2017年8月，国务院办公厅印发通知，同意建立由教育部牵头的民办教育工作部际联席会议制度，加强部门协调配合，共同破解民办教育发展中的重点、难点问题。至此，国家层面基本形成了"1＋3"民办教育分类管理的政策体系，以及各部门共同参与、协调配合的民办教育管理制度。

除了以上与民办教育直接相关的政策之外，一些针对教育的大政策也对民办教育的走向产生了较大的影响。高等教育层面，早在“十二五”末的2015年，国务院就印发了《统筹推进世界一流大学和一流学科建设总体方案》，提出了3个阶段性的发展战略目标。2017年9月，教育部、财政部、发改委公布了中国世界一流大学和一流学科建设高校及建设学科名单，137所高校入围“双一流”建设名单。2018年1月，中共中央、国务院印发《关于全面深化新时代教师队伍建设改革的意见》，从6个方面提出新时代教师队伍建设改革的意见，倡导尊师重教，形成全社会优秀人才争相从教的良好局面。2018年11月，中共中央、国务院《关于学前教育深化改革规范发展的若干意见》发布，对幼儿园发展提出了指导性意见，明确到2020年，全国学前三年毛入园率达到85%，普惠性幼儿园覆盖率（公办园和普惠性民办园在园幼儿占比）达到80%。2019年1月，国务院印发《国家职业教育改革实施方案》，明确职业教育要为国家高技能型优质人才资源提供支撑，凸显职业教育的重要地位和作用。同年5月，《国务院办公厅关于印发职业技能提升行动方案（2019—2021年）的通知》发布，部署了近三年的职业技能提升行动，为民办中职、高职及本科教育更好地探索职业教育规律，继续做好职业教育指明了方向。2019年6月11日，国务院办公厅发布《关于新时代推进普通高中育人方式改革的指导意见》，提出要统筹推进普通高中新课程改革和高考综合改革，全面提高普通高中的教育质量。对于民办普通高中而言，可以紧紧抓住多样化、有特色来实现高中教育的创新。2019年6月23日，中共中央、国务院《关于深化教育教学改革全面提高义务教育质量的意见》要求，“树立科学的教育质量观，坚持全面发展，为学生终身发展奠基”。

与支持相同步的，是对民办教育的规范。2017年党的十九大报告中，明确提出“支持和规范民办教育发展”。2018年2月，教育部等四部门联合印发通知，治理无资质和有安全隐患的培训机构，规范校外培训机构办学成为当年教育部的一项重要工作。同时，对存在的数学、语文等学科超纲教、超前学等“应试”培训行为，以及学校和教师中的不良教育教学行为进行治理。经过治理、整改后，各地陆续公布了培训机构的“黑白名单”，对不法培训机构进行震慑，让人们在选择时有了依据。现在对校外培训机构的治理已经成为常态，并逐步建立起科学长效的管理机制。2018年11月，中共中央、国务院发布《关于学前教育深化改革规范发展的若干意见》，其中专门提到要从稳妥实施分类管理、遏制过度逐利行为、分类治理无证办园等方面，规范民办幼儿园发展。2020年8月，教育部、财政部等五部门印发《关于进一步加强和规范教育收费管理的意见》，对民办学校收费坚持实施分类管理的政策，并指出“2016年11月7日以前设立的民办学校，在未完成分类登记相关程序前收费政策按非营利性民办学校管理”。2020 年 9 月，中央深改委审议通过了《关于规范民办义务教育发展的实施意见》，指出“要加强分类指导，强化民办义务教育规范管理，营造良好教育生态，促进学生全面发展、健康成长”。2020 年 10 月 13 日，中共中央、国务院印发了《深化新时期教育评价改革总体方案》，并发出通知，要求各地区、各部门结合实际认真贯彻落实。教育评价事关教育发展方向，要完善立德树人的体制机制，扭转不科学的教育评价导向，坚决克服唯分数、唯升学、唯文凭、唯论文、唯帽子的痼疾，办好人民满意的教育。

通过以上梳理可以看出：一是依法治教的步伐明显加快，一系列法律、法规、政策文件是国家依法治教的依据，政府依法管理、依法治教的步伐明显加快；二是支持与规范并行，这是“十三五”期间民办教育发展的一个最突出特点，规范的目的是为了行业更健康地发展；三是民办教育举办者要加强学习，“十三五”期间，各种政策密集颁布，针对民办教育的相关条款体现在各个层次的文件当中，举办者加强学习，依法办学、规范办学的水平明显提高。

总之，“十三五”期间，是我国教育改革和发展进入提高质量、优化结构、促进公平的新时期，民办教育在加强党的领导与分类管理改革的大背景下，政策体系逐步建立，民办教育事业全面稳步发展。

二、河北省民办教育发展态势：稳中有升，面临挑战

作为教育大省，“十三五”期间，河北省教育改革与发展工作不断推进，教育事业取得了巨大成就。民办教育作为河北省教育事业的组成部分，继续保持良好的发展态势。

（一）各级各类民办教育发展概况

1. 总量：总体规模不断扩大

“十三五”期间，河北省各级各类民办学校（不含培训机构）总数，由 2016 年的 7257 所，增加到 2020 年的 11 268 所；在校生由 2016 年的 2 460 015 人，增加到 2020 年的 3 724 462 人；专任教师由 2016 年的 140 216 人，增加到 2020 年的 236 106 人。（见表 1）

表 1　2016—2020 年河北省民办学校基本情况

年份	项目				
	学校数（所）	毕业生数（人）	招生数（人）	在校生数（人）	自有专任教师数（人）
2016	7257	645343	821037	2460015	140216
2017	8015	726238	971819	2849496	162449

续表

年份	项目				
	学校数（所）	毕业生数（人）	招生数（人）	在校生数（人）	自有专任教师数（人）
2018	9205	821331	1114806	3250252	190972
2019	10260	926328	1171359	3616733	215559
2020	11268	1031922	1192335	3724462	236106

数据来源：《河北省教育事业统计提要》

民办幼儿园由 2016 年的 6153 所，增加到 2020 年的 9724 所；在园幼儿由 2016 年的 986 539 人，增加到 2020 年的 1 082 521 人；专任教师由 2016 年的 62 177 人，增加到 2020 年的 88 932 人。（见表 2）

表 2 2016—2020 年河北省民办幼儿园基本情况

年份	项目				
	学校数（所）	毕业生数（人）	招生数（人）	在校生数（人）	自有专任教师数（人）
2016	6153	307487	405681	986539	62177
2017	6784	352786	461246	1107538	69920
2018	7868	400199	520118	1226869	82159
2019	8816	446958	473014	1280778	88483
2020	9724	478305	401083	1082521	88932

数据来源：《河北省教育事业统计提要》

民办小学由 2016 年的 531 所，增加到 2020 年的 755 所；在校生由 2016 年的 498 403 人，增加到 2020 年的 866 559 人；专任教师由 2016 年的 16 789 人，增加到 2020 年的 29 576 人。（见表 3）

表 3 2016—2020 年河北省民办小学基本情况

年份	项目				
	学校数（所）	毕业生数（人）	招生数（人）	在校生数（人）	自有专任教师数（人）
2016	531	87995	74214	498403	16789

续表

年份	项目				
	学校数（所）	毕业生数（人）	招生数（人）	在校生数（人）	自有专任教师数（人）
2017	603	100604	94378	602170	20467
2018	678	118390	117870	714489	24316
2019	728	126877	123681	809469	27589
2020	755	134808	118960	866559	29576

数据来源：《河北省教育事业统计提要》

民办普通初中数量及在校生人数分别由2016年的236所、357 114人，增加到2020年的338所、670 796人；民办高中数量及在校生人数分别由2016年的135所、178 366人，增加到2020年的242所、395 699人；民办初中、高中专任教师总数由37 405人，增加到2020年的85 049人。（见表4）

表4　2016—2020年河北省民办普通初中、高中基本情况

年份	项目					
	学校类型	学校数（所）	毕业生数（人）	招生数（人）	在校生数（人）	自有专任教师数（人）
2016	初中	236	95948	136171	357114	37405
	高中	135	39379	69417	178366	
2017	初中	258	108103	172356	435955	46629
	高中	169	47896	95438	230102	
2018	初中	266	117592	208234	528540	57839
	高中	196	61508	97889	264175	
2019	初中	293	145263	222891	604704	70238
	高中	220	70906	127372	322846	
2020	初中	338	173448	237737	670796	85049
	高中	242	95268	165637	395699	

数据来源：《河北省教育事业统计提要》

民办中等职业学校由2016年的167所，增加到2020年的172所；在校生由2016

年的 93 754 人，增加到 2020 年的 204 392 人；专任教师数由 2016 年的 3768 人，增加到 2020 年的 7447 人。（见表 5）

表 5　2016—2020 年河北省民办中等职业学校基本情况

年份	项目				
	学校数（所）	毕业生数（人）	招生数（人）	在校生数（人）	自有专任教师数（人）
2016	167	22546	38205	93754	3768
2017	165	24207	51277	119429	4403
2018	161	30024	56385	144533	4870
2019	167	37730	71184	172616	6102
2020	172	46582	83522	204392	7447

数据来源：《河北省教育事业统计提要》

民办普通高校（含独立学院）由 2016 年的 35 所，增加到 2020 年的 37 所；在校生由 2016 年的 345 839 人，增加到 2020 年的 504 495 人；专任教师由 2016 年的 20 077 人，增加到 2020 年的 25 102 人。（见表 6）

表 6　2016—2020 年河北省民办普通高校基本情况

年份	项目					
	学校类型	学校数（所）	毕业生数（人）	招生数（人）	在校生数（人）	自有专任教师数（人）
2016	高校（总）	35	91988	97349	345839	20077
	其中独立学院	17	51099	40391	189979	10995
2017	高校（总）	36	92642	97124	354302	21030
	其中独立学院	17	49736	39428	178303	11026
2018	高校（总）	36	93618	114310	371646	21788
	其中独立学院	17	47795	40368	169705	10899
2019	高校（总）	36	98594	153217	426320	23147
	其中独立学院	16	40923	39042	152037	9930
2020	高校（总）	37	103511	185396	504495	25102
	其中独立学院	16	36483	41531	155776	9558

数据来源：《河北省教育事业统计提要》

由以上数据可以看出，“十三五”期间，河北省民办学校总体规模是增长的，具体到各级各类学校，虽然中职学校的数量有起伏，但总体在校生人数是递增的。

2. 结构：总体结构在进一步优化

与河北省教育总量相比，2020 年，民办学校总数占河北省学校总数的 33.4%，与“十二五”末相比增长了 10.5 个百分点；在校生总数占河北省在校生总数的 22.1%，比“十二五”末增长了 5.8 个百分点；专任教师数占河北省教师总数的 23%，比“十二五”末增长了 7.4 个百分点。（见表 7）

表 7　2015 年、2020 年各类民办教育与河北省教育对比情况

		2015 年			2020 年		
		民办教育	河北省教育	占比（%）	民办教育	河北省教育	占比（%）
总计	学校数（所）	6583	28787	22.9	11268	33756	33.4
	在校生数（万人）	221.02	1359.09	16.3	372.45	1684.97	22.1
	专任教师数（万人）	12.43	80.96	15.6	23.61	102.57	23.0
高等教育	学校数（所）	35	118	29.7	37	125	29.6
	在校生数（万人）	34.39	117.92	29.2	50.45	160.48	31.4
	专任教师数（万人）	1.99	6.94	28.7	2.51	8.54	29.4
中职教育	学校数（所）	180	628	28.7	172	607	28.3
	在校生数（万人）	7.88	61.29	12.9	20.44	83.79	24.4
	专任教师数（万人）	0.36	4.39	8.2	0.75	5.03	14.9
中等教育（初高）	学校数（所）	333	2956	11.3	580	3173	18.3
	在校生数（万人）	46.13	351.92	13.1	106.65	453.3	23.5
	专任教师数（万人）	3.13	27.8	11.3	8.50	36.80	23.1
小学教育	学校数（所）	496	12126	4.1	755	11625	6.5
	在校生数（万人）	43.39	596.24	7.3	86.66	695.92	12.5
	专任教师数（万人）	1.46	32.02	4.6	2.96	37.46	7.9
幼儿园	学校数（所）	5539	12959	42.7	9724	18057	52.2
	在校生数（万人）	89.63	231.72	38.7	108.25	245.31	44.1
	专任教师数（万人）	5.5	9.81	56.1	8.89	14.31	62.1

数据来源：《河北省教育事业统计提要》

其中，民办幼儿园数占河北省幼儿园总数的 52.2%，在园幼儿数占河北省在园幼儿总数的 44.1%，专任教师数占河北省幼儿教师总数的 62.1%；民办小学数占河北省

小学总数的6.5%，在校生数占河北省总在校生数的12.5%，专任教师数占河北省小学教师总数的7.9%；民办中等教育学校数占河北省中等教育学校总数的18.3%，在校生数占河北省总在校生数的23.5%，专任教师数占河北省初高中教师总数的23.1%；民办中职学校数占河北省中职学校总数的28.3%，在校生数占河北省总在校生数的24.4%，专任教师数占河北省中职教师总数的14.9%；民办高等学校占河北省高等学校总数的29.6%，在校生数占河北省总在校生数的31.4%，专任教师数占河北省高校教师总数的29.4%。

民办高校内部结构发生变化。2020年5月，教育部发布通知，要求各独立学院2020年底之前确定转设方案，应转尽转。早在2020年2月，河北省教育厅网站就公布了北京交通大学海滨学院转设为民办的“海滨交通学院”的消息，教育部公示的最终名称是“沧州交通学院”。10月份，又有两份公示相继发出，河北科技大学理工学院、河北工业大学城市学院、华北电力大学科技学院分别和河北工业职业技术学院、承德石油高等专科学校、邢台职业技术学院合并转设，分别组建河北工业职业技术大学、河北石油职业技术大学、河北科技工程职业技术大学，都成为公办学校。

3. 速度：稳中有增，各有不同

“十三五”期间，河北省民办学校总数由7257所，增加到11 268所，增加了4011所，年均增幅11.6%。（见图1）

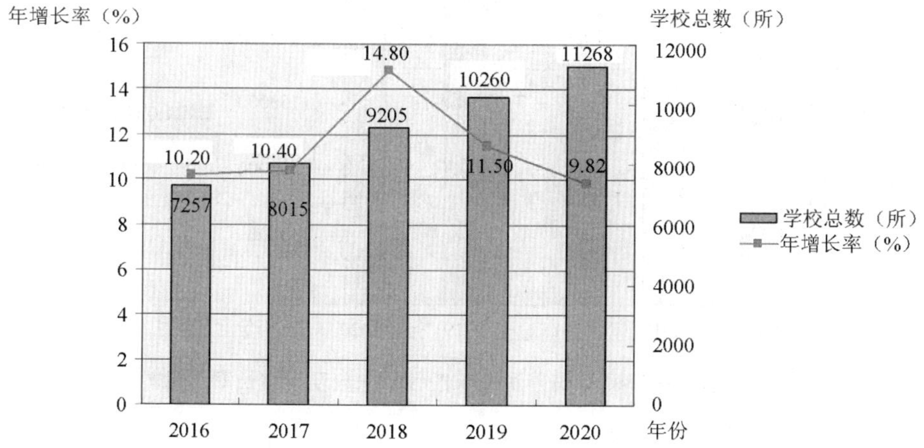

图1　2016—2020年民办学校总数及年增长率示意图

数据来源：《河北省教育事业统计提要》

民办学校在校生总数由2 460 015人，增加到3 724 462人，增加了1 264 447人，年均增幅10.3%。（见图2）

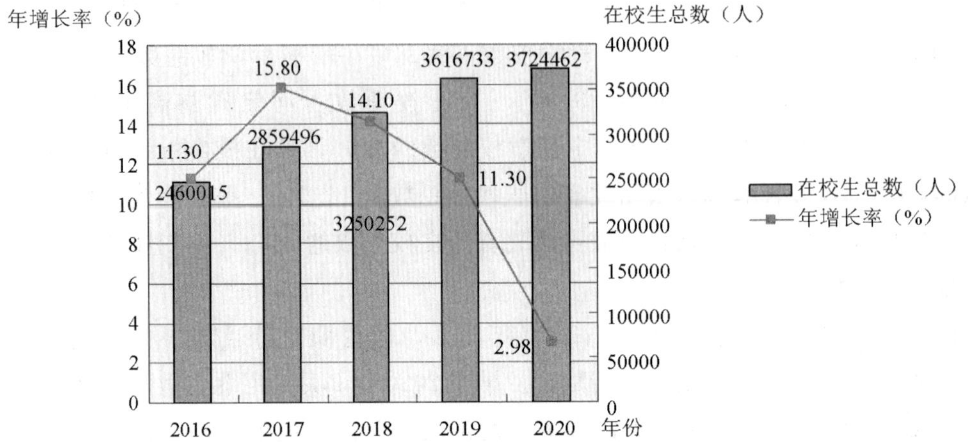

图 2　2016—2020 年民办学校在校生总数及年增长率示意图

数据来源：《河北省教育事业统计提要》

民办学校专任教师数由 140 216 人，增加到 236 106 人，增加了 95 890 人，年均增幅 13.7%。（见图 3）

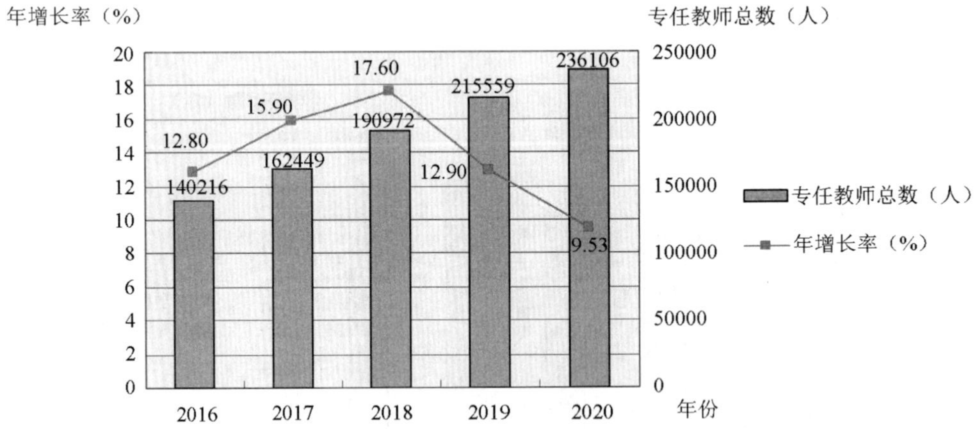

图 3　2016—2020 年民办学校专任教师总数及年增长率示意图

数据来源：《河北省教育事业统计提要》

具体来说，“十三五”期间，民办幼儿园园所数量增长最多，在园幼儿增量最大，园所增加了 3571 所，平均增速 11.6%，在园幼儿增加了 95 982 人，增长了 9.7%；民办高中出现较快增长，学校数量增加了 107 所，在校生增加了 217 333 人，分别增长了 79%和 122%；民办小学、初中学校数量均有增长，分别增加了 224 所和 102 所，增长了42%和43%，在校生分别增加了368 156人和313 682人，增长了73%和87%；民办高校数量基本保持稳定，仅增加了2所，在校生增加了158 656人，增长了45%；民办中职学校数量缩减之后又回升，在校生增加了110 638人，增长了118%。

4. 质量：办学质量进一步提升

“十三五”期间，河北省民办教育伴随着规模扩大、结构优化，办学质量进一步提升。各级各类民办学校的举办者端正办学思想，坚持教育公益性原则，加大办学投入，全体教学人员积极投身教育教学改革。根据民办教育的特点，创新教育模式，面向市场，与实践紧密结合，努力办出自己的特色。高等学校注重创新创业教育，培养应用型人才，赢得用人单位好评。一批中小学校在当地成为热点学校，人们争相选择。幼儿园注重游戏教学，为孩子提供良好的教学环境。办学质量的稳步提高，使得民办教育逐渐赢得了人民群众的口碑，民办教育行业的整体社会形象大幅提升。

（二）民办教育发展面临的挑战

1. 新时代战略转型期的新要求

党的十九大标志着我国进入了社会主义建设的新时代。新时代的本质是中华民族强起来，对于教育而言，就是要建设教育强国。目前，民办教育是我国教育事业的重要组成部分，无论是学校数量还是在校生人数，都占有一定的比例。做强民办教育，是建设教育强国的要求，更是新时代的要求。

党的十九大指出，我国社会主要矛盾已经转化为“人民日益增长的美好生活需要和不平衡、不充分发展之间的矛盾”。而在教育领域的表现就是人民对优质教育的需求和教育不平衡、不充分发展之间的矛盾。由这一主要矛盾所决定，民办教育的功能定位也发生了变化，由原来资源性的“拾遗补阙”，到逐步转化为增加教育的丰富性、多样性，满足公众对选择性教育的需求。

2. 网络与人工智能的挑战

网络发展突飞猛进、日新月异，人工智能给人类带来巨大挑战。网络与人工智能的运用，给教育事业带来翻天覆地的变化。智能机器人可代替人类做很多事，过去花大量时间学习的内容可由智能机器代替；部分职业被人工智能替代，同时又产生了很多新职业；网络与人工智能大量运用于基础教育的课堂教学。因此，民办高等教育必须重新考虑专业建设、课程建设。民办基础教育学校必须关注信息技术运用下的教学、管理改革。

关注网络与人工智能对教育的影响，需要民办教育举办者加大投入力度，跟上时代变迁的步伐。民办教育的资金来源单一，要想在快速变化的时代站稳脚跟，需要面对巨大的挑战。

3. 国内外教育竞争带来巨大压力

从国内来看，公办学校与民办学校存在竞争。公办学校由政府投资，发展历史长，占有主要优质教育资源。近年来，在教育强国建设、“双一流”建设过程中，政府进一步重视对公办高校的投入，放宽政策，公办高校发展加快，民办高校面临的压力越来越大。在基础教育领域，政府投资连年增长，教育基础设施更新换代，教师工资大幅提升，民办学校原本的优势越来越小。幼教方面，经过3期“学前教育三年行动计划”的实施，公办幼儿园数量大幅增长，再加上普惠性幼儿园应达到总量80%这一硬性指标的要求，民办幼儿园的发展空间越来越小。再者，民办学校之间也存在竞争。虽然民办学校在朝着满足人民群众多样化教育需求的方面发展，但是处在转型时期，民办学校之间也存在着诸如生源、教师等方面的竞争。此类竞争是客观发展的现实，要求民办学校必须注重自身内涵发展，否则将会在这一过程中被淘汰。

从国际来看，尤其在高等教育领域，全球竞争加剧。“十三五”前期，我国出国留学人员总数逐年上升，自费留学比例有增无减，而且高中生出国攻读本科占据了一定比例。据统计，留学生每年为美国经济贡献超过200亿美元，反映出家长为从全球选择优质教育资源，不惜支付高额学费的现实。2020年，受新冠肺炎疫情的影响，一方面出现了百万中国留学生滞留海外的现象，另一方面促使更多的学生选择在国内接受国际化教育。不管是学生外流，还是回流，都需要民办教育具备国际视野与全球视角，这是教育全球竞争带来的压力。

4. 分类管理带来的政策层面压力

自2016年11月《中华人民共和国民办教育促进法》修订以来，民办教育分类管理进入实质阶段。鉴于历史上民办教育的复杂情况，全国人大建议各省可根据实际情况对现有民办学校设置过渡期。大多数省份都设置了3—5年的过渡期，河北省要求，2022年9月1日前现有民办学校全部完成分类选择。相关法律规定，义务教育阶段只能选择非营利性民办学校，其他学段的学校可在“非营利性”与“营利性”之间自愿选择。由于时间紧迫，省里的意见多是原则性规定，操作性差，再加上国家层面的《中华人民共和国民办教育促进法实施条例》（修订）迟迟不能出台，影响到省级层面的相关政策与文件无法及时落地。

一系列配套文件的“难产”，导致民办学校无法评估自己到底该如何选择，民办教育的举办人也存在着分类选择上的焦虑。

三、河北省民办教育发展特点：支持、规范，主动发展，贡献突出

“十三五”期间，河北省政府相关部门出台了一系列政策，支持并规范民办教育发

展。民办教育工作者遵循教育规律和市场规律，主动发展，积极作为，为社会做出了突出的贡献。

（一）依法管理，支持与规范并举

1. 基本建立起新法新政框架

随着国家层面“1+3”民办教育分类管理政策的相继出台，河北省省级层面也出台了一系列相应的配套政策：2017 年 12 月 31 日，河北省人民政府发布了《关于鼓励社会力量兴办教育促进民办教育健康发展的实施意见》；2018 年 1 月 9 日，河北省教育厅、人力资源和社会保障厅、民政厅、机构编制委员会办公室、工商行政管理局等五部门联合印发了《河北省民办学校分类登记实施办法》；2018 年 1 月 8 日，河北省教育厅、人力资源和社会保障厅、工商行政管理局等三部门联合出台《河北省营利性民办学校监督管理办法》；根据中央办公厅《关于加强民办学校党的建设工作的意见（试行）》，2017 年 6 月，河北省委办公厅出台了《关于加强全省民办学校党的建设工作的意见（试行）》。以上 4 个文件，基本上建立起了河北省民办教育分类管理的大框架。

河北省配套政策在遵循国家政策的基础上，有 3 个比较突出的特点：一是设立了 5 年过渡期。现有民办学校，到 2022 年 9 月 1 日前全部实现分类管理。过渡期内，现有民办学校仍实行原管理办法；二是转设“单行道”。选择为非营利性民办学校的，不得再转设为营利性民办学校，选择为营利性民办学校的，可以转为非营利性民办学校；三是收费放开。除非营利性民办本科及以上学历教育收费暂实行审批制外，其他非营利性民办学校和营利性民办学校收费实行市场调节价。

另外，2018 年 8 月，司法部发布了关于《中华人民共和国民办教育促进法实施条例（修订草案）（送审稿）》（以下简称《实施条例》）公开征求意见的通知。虽然《实施条例》还未正式颁布，但河北省已根据《实施条例》做了前期准备工作，争取让河北省人大把修订《河北省民办教育条例》纳入立法计划。

2. 依法管理，进行“放管服”改革

自党的十八届四中全会以来，明确了全面推进依法治国的重大任务，全面依法治国进程加快。政府提出，深入推进依法行政，加快建设法治政府。在教育领域，依法行政、依法治校、依法治教深入人心。河北省教育厅早在 2014 年就成立了河北省民办学校评估委员会，依据《中华人民共和国民办教育促进法》等相关法律的规定，通过年检等方式，对省管民办学校加强管理与评估，并对民办教育的改革发展提供咨询和建议。河北省民办教育促进法新法配套政策发布之后，在省管民办学校的年检当中，突出了党建与财务的专项检查。每个年检组中专门配备了检查学校财务状况的财务人员和检查党建工作的专门人员。落实民办学校党的基层组织全覆盖，保证民办教育的发展方向。财务专项检查，逐步摸清民办学校财务状况，及时发布财务预警，督促学校尽快做好资产厘清工作，为分类登记、分类管理做好准备工作。

与政府依法行政并行的是进行“放管服”改革。对内改革传统的行政管理体制，提升政府治理体系的现代化水平，对外提升行政便利化水平，使之更加适应社会主义市场经济发展要求。2018 年 5 月，河北省物价局、教育厅、人力资源社会保障厅联合印发《关于进一步扩大民办学校收费自主权加强事中事后监管通知》，深化“放管服”改革，在权利上做“减法”，在服务监管上做“加法”，在进一步放开民办学校收费标准的同时，明确了民办学校的收费项目、收费规则、退费规则，并制定了 4 项加强民办学校收费事中事后监管的措施。将民办学校收费管理重点由定标准向定规则转变，在深入推进政府职能转变上做了有益尝试。

3. 扶持与奖励

根据河北省人民政府《关于鼓励社会力量兴办教育促进民办教育健康发展的实施意见》，对非营利性民办学校、营利性民办学校实施差别化扶持政策。对非营利性民办学校，在政府补贴、政府购买服务、基金奖励、捐资激励、土地划拨、税费减免等方面予以扶持；对营利性民办学校，主要通过政府购买服务及税收优惠等方式给予支持。民办学校用电、用水、用气、用热，执行与公办学校相同的价格政策。落实民办学校教职工在资格认定、职务评聘、人才引进政策等方面与公办学校教职工享受同等待遇。保障民办学校学生在资助、评奖评优、升学就业等方面与公办学校学生享受同等权利。

2016 年，河北省人民政府发布《关于进一步完善城乡义务教育经费保障机制的通知》，其中规定要“统一城乡义务教育学校生均公用经费基准定额。对城乡义务教育学校（含民办学校）按照不低于基准定额的标准补助公用经费，并适当提高寄宿制学校、规模较小学校补助水平，落实学校取暖补助经费”。同时，“自 2016 年春季学期开始，城乡义务教育生均公用经费基准定额为：普通小学每生每年 600 元、普通初中每生每年 800 元。落实学校生均取暖经费 85 元，不足部分由市、县（市、区）统筹解决。在此基础上，对寄宿制学校学生按照寄宿生年生均 200 元标准增加公用经费补助，优先落实农村地区不足 100 人的规模较小学校按 100 人核定公用经费等政策；特殊教育学校和随班就读残疾学生按每生每年 6000 元标准补助公用经费”。至此，河北省民办义务教育学校的学生真正享受到了生均公用经费补助，体现了公办、民办一视同仁的原则。

高等学校及中职学校学生的国家奖助学金都有分配名额，而且能够足额发放到学生手中。河北省中职学校的免学费补助2300元，也都能惠及每一位民办中职学校的学生。

在幼教领域，截至2020年，虽然已经实施了3期“学前教育三年行动计划”，但民办园仍是主体，所以政府应引导民办幼儿园发展。2015年底，河北省教育厅、财政厅联合出台了《河北省普惠性民办幼儿园认定及财政扶持管理办法（试行）》，鼓励民办幼儿园申请认定为普惠性幼儿园，享受政府补贴，以此来减轻人民群众负担。因为幼儿园的主管部门在区县，2016年以来，石家庄、邯郸、廊坊、沧州等11个设区市及定州、辛集市陆续制定了本市普惠性民办幼儿园认定及财政扶持办法，逐步加快普惠性幼儿园认定步伐。尤其2018年11月，中共中央、国务院发布的《关于学前教育深化改革规范发展的若干意见》提出了学前教育发展目标，到2020年，全国学前三年毛入园率达到85%，普惠性幼儿园覆盖率（公办园和普惠性民办园在园幼儿占比）达到80%。2020年，由于新冠肺炎疫情影响，民办幼儿园受到巨大冲击。河北省教育厅、财政厅联合出台了帮扶政策，并鼓励具备条件且有意愿的民办非普惠性幼儿园转普。对普惠性幼儿园按照《河北省支持学前教育发展资金管理办法》的规定，拨付生均公用经费。2020年9月，各市的一大批民办幼儿园转为普惠，收费降低，切实减轻了人民群众的经济负担。

4. 行业组织推动行业自律，引领民办教育发展

河北省民办教育协会作为河北省民办教育行业的社会团体，积极履行“提供服务、反映诉求、行业自律”的职责，充分发挥桥梁纽带作用，在推动行业自律、引领民办学校、促进民办教育健康发展等方面做了大量的工作。2016年，协会在邢台市追光小学召开了河北省民办中小学高效课堂现场观摩交流会，在隆尧县树人幼儿园召开了民办幼儿园文化及团队建设现场观摩交流会；2017年，协会举办了优秀中小学校长、教师评选活动和幼儿园优秀自制玩教具评选；2018年，协会召开了民办中小学教育信息化工作研讨会和民办幼儿园发展大会；2019年，协会召开了中职学校现场观摩交流会和高校党建工作研讨交流会。协会抓住各级各类民办学校关心的热点问题，引领民办学校发展。新法出台之后，协会及时举办了民办教育促进法新法解读会，此外，每年的年会及常务理事会议上都会邀请相关专家深入解读新法，为民办学校做好“非营利性”与“营利性”选择打好基础。另外，协会每年还会组织会员学校外出考察，先后到温州考察民办中小学，到西安欧亚学院、海南三亚学院、海口经济学院、山东英才学院、江西服装学院、江西科技学院、黄河科技学院等高校考察，开阔视野，学习先进经验。河北省民办教育协会在省内通过会议研讨、活动引领、考察调研等方式，搭建民办教育行业互相交流的平台，提供互相展示的机会，为民办教育的健康发展起到了积极的推动作用。

（二）主动发展，规模与内涵并重

1. 依法办学，规范办学

“十三五”期间，在新法新政颁布实施的背景下，依法办学、规范办学成为民办教育举办者的行业共识。从高校到幼儿园，各级各类民办学校的法律意识明显增强。学校依法制定了《章程》，建立了董事会（理事会）、监事会、党委会和其他治理机构，明确规定了办学方向、宗旨和社会责任，完善了治理结构、议事规则及决策程序。制度建设得到重视和加强，学校能够按照国家法律法规的要求，规范招生行为、教育教学等各项工作。校长依法行使行政管理权，认真落实教职工代表大会、学生代表大会和工会全员代表大会等民主管理制度，开拓民主参与的渠道，维护师生合法权益。

2. 加强党的领导

民办教育是社会主义教育事业的重要组成部分，承担着“为党育人，为国育才”的伟大使命。加强党的领导，是民办教育事业坚持社会主义办学方向的重要保证。加强党的领导，是“十三五”期间民办教育的最突出特征之一。2016 年和 2017 年，国家和河北省相继发布加强学校党的建设工作的意见，要求推进学校党的组织和党的工作全覆盖，发挥党组织的政治核心作用。民办高校由河北省委教育工委、教育厅派驻党委书记和政府督导专员，带领民办高校党的基层组织和广大党员积极发挥政治核心作用、战斗堡垒作用和先锋模范作用。同时，根据《国务院关于鼓励社会力量兴办教育促进民办教育健康发展的若干意见》及《河北省人民政府关于鼓励社会力量兴办教育促进民办教育健康发展的实施意见》等政策，推行“双向进入、交叉任职”，党组织班子主要负责人进入董事会（理事会）、监事会及学校行政机构，党委书记进入董事会（理事会）。民办高校的二级机构都成立了党的总支委员会，并配备了专职工作人员，有专项经费保障各项工作的开展。燕京理工学院党委的《十年支教路，薪火永相传》入选了《全国民办学校党建特色项目汇编》，他们坚持连续 10 多年支援汶川震后的平南羌族乡中心小学，把一个比较落后的学校帮扶成了平武县的优秀学校。中小学也相继完善了党组织，并积极开展工作，发挥民办学校党组织的政治核心作用，有不少学校成为当地的党建工作示范单位，在召开非公经济党建会议时，这些学校都成为参观学习的单位之一。邢台市追光小学、冀州信都学校、隆尧树人文茂中学、张北德智中学等学校的党建工作，都在当地搞得有声有色。其中邢台市追光小学“党建＋教育”“党建＋科技”“党建＋公益”的“1＋3”智慧党建，张北德智中学的青年党校建设，都入选了《全国民办学校党建特色项目汇编》，为民办中小学党建工作提供了可供借鉴的样板。

3. 规模体量仍处于增长态势

“十三五”期间，河北省各级各类民办学校持续发展，规模体量仍处于增长态势。由于民办学校资金来源单一，办学经费主要依靠学费收入，要想持续发展必须要有一定规模。与“十二五”末相比，不论是民办学校的总量，还是各级各类民办学校的在校生人数，都呈现较快增长态势。

民办高中段学校人数增幅超过 100%，充分表明人民群众对高中教育有强烈的需求。虽然在“十三五”时期，河北省各县（市、区）基本通过了义务教育均衡发展达标验收，但由于民办教育的选择性特点，民办义务教育阶段学校人数增幅达 85%以上，表明人民群众对选择性教育的需求明显上升。

对于民办非学历高等教育机构来说，自考助学的历史使命已经完成，大部分机构都处于转型发展期，它们根据自身的特点突破瓶颈、寻求发展。“十三五”末，民办非学历高等教育机构的数量比“十二五”末增加了 13 所，达到 52 所。民办非学历高等教育机构对劳动人口的学历提升起到了很大的促进作用。

4. 内涵建设明显提速

虽然民办教育发展需要一定的规模支撑，但民办学校的举办者、管理者普遍认识到，民办教育正在由规模发展向内涵发展转变，单纯靠规模扩张已经无法适应形势的变化，必须要转到内涵建设上来。

“十三五”期间，河北省民办高校注重内涵发展、特色引领、引进人才、改善办学条件，深化教育教学改革，提高人才培养质量。普通本科高校向应用型本科转型，在 2015 年，河北省确定了 10 所转型发展高校，其中民办高校占 50%，包括河北大学工商学院、河北科技大学理工学院等 2 所独立学院，河北传媒学院、燕京理工学院、河北外国语学院等 3 所独立设置的民办本科高校，教育厅与这些试点学校都签订了任务书。经过 5 年多的建设，这些院校在应用技术型大学办学模式、人才培养模式、强化技能培养等改革方面积累了经验，取得了丰硕成果。2020 年 10 月底至 11 月初，河北省教育厅等主管部门组成专家组深入试点学校，进行了验收。

“十三五”期间，民办本科高校迎来了教育部本科教学合格评估与本科教学审核评估。河北科技学院、河北美术学院对照评估指标体系，加强内涵建设，深化教学改革，保证人才培养质量，达到了以评促建的目的，分别通过了教育部本科教学合格评估。2020 年 11 月，河北传媒学院通过了教育部本科教学审核评估。高职学校与市场紧密结合，为了培养企业所需要的人才，积极与行业、企业共建人才培养基地，推行校企一体化育人，工学交替，订单式培养，增强学生的动手操作能力。入选国家首批现代学徒制试点的渤海理工职业学院，2018 年通过国家验收；石家庄财经职业学院入选第二批现代学徒制试点单位，2019 年 10 月通过国家验收。这两所学校通过校企深度合作，学校与业界“双师”联合传授，重点培养学生的专业技能和职业素养，取得了良好的教学成果，人才培养质量全面提升。

民办基础教育学校更加注重品牌建设。2018 年高考，石家庄精英中学考出了河北省文科最高分，再次证明精英中学“激情教育、精细管理、高效课堂”的办学模式能够挖掘学生潜力、提高学生成绩。围场卉原中学地处偏远，位于河北省最北部，但在当地高考成绩名列前茅，成为高中教育品牌，吸引了内蒙古等外省市区学生就读。一些民办初中、小学积极推行课程改革，大力实施素质教育，成为当地义务教育改革的先行者，有的学校成为当地优质教育的典型。邢台市追光小学、唐山金桥教育集团、永年育英学校、蔚县英华学校等都成了当地的热门学校，家长争相选择，甚至一位难求。

民办幼儿园提供了大量的学位，为河北省幼儿毛入园率的提升做出了较大贡献。2020 年，河北省学前三年毛入园率达到 89.07%，比国家预定的 85%的目标高出了 4.07 个百分点，居于全国领先水平。同时，许多民办幼儿园都以连锁化、集团化的方式发展，办学形式多样，注重办出特色，满足了家长不同的教育需求。

2020 年，受到新冠肺炎疫情影响，河北省各级各类民办学校响应政府号召，停止所有线下教学活动，把课堂搬到网络上，做到了“停课不停教，停课不停学”。虽然网上教学与管理给学校带来了巨大挑战，但这一经历为“后疫情时代”民办学校课堂教学与信息化深度融合提供了有益借鉴，为民办学校内涵发展注入了新的元素。

5. 校园文化建设取得进展

校园文化是一所学校的灵魂。虽然民办学校的建校时间普遍较短，但大家都已认识到文化建设的重要性，都开始积极推进校园文化建设，营造和谐向上的育人环境。“十三五”期间，民办高校加大投入力度，继续建设美丽校园，为教师、学生提供完善、舒适的办公与学习场所。同时，美丽的校园也成为当地的特色景点，提升了当地的文化品位。大多数高校把校园文化建设作为“一把手”工程来抓，增强师生全员共建意识，注重总结、提炼和固化自身发展过程中形成的办学理念和办学思想，形成独具特色的校园文化。如河北传媒学院“传媒是社会的良知、人类的道义”、河北美术学院“自信自立、敢为人先”、燕京理工学院“勤奋创新、璞玉成器”、河北工程技术学院“修德凝道”、石家庄财经职业学院“修德励志、强能善技”等校训，都彰显了自己学校的特色。

基础教育学校及幼儿园也非常注重校园文化建设，注重借鉴其他学校的经验，请校园文化建设专家帮助凝结、提炼。把文化要素落实到德育工作、课堂教学、校本课程、文化活动、师生管理、公共关系、校园环境等方面，全方位、整体推进学校文化建设，初步实现了由经验管理、制度管理向文化管理的转变。石家庄精英中学的激情教育既是学校的办学特色，也成了学校的文化积淀；沙河爱凡杰教育集团的口号“爱，让平凡走向杰出”，是学校举办者、教师和文化建设专家根据学校20多年的发展历程，共同提炼出来的文化成果，对宣传学校及凝聚师生员工的向心力具有重要的意义；邯郸北斗童星幼教集团的口号“做温度适宜的教育”，诠释了幼儿教育的真谛，成为集团的教育文化。

（三）贡献突出，经济与教育共享

1. 为河北省社会经济发展做出了贡献

一是增加了大量的就业岗位。据《河北省教育事业统计提要》记载，截至2020年底，民办学校专任教师总数达到236 106人，为社会提供了23万多个教师岗位。民办高校吸纳了大批研究生毕业生，民办中小学吸纳了大批本专科毕业生，解决了一部分大学生的就业问题，为稳定就业做出了贡献。

二是承担了一定的教育任务，为人民群众提供了多种教育选择。“十三五”时期，民办幼儿园仍占主体，提供了大量学位，为缓解入园难问题做出了较大贡献。义务教育阶段国家实行免费教育，保证每个孩子都有学上，公办学校更注重公平、均衡，消除校际间的差距，实现均等化发展。但是，随着社会经济的发展，人民群众的教育需求具有个性化特点，一律均等化的学校不能满足群众寄宿制、精细化管理、特色教育等方面的特殊需求，而民办学校正好满足了这部分人民群众的需求。民办高校为更多孩子上大学提供了机会，也为提高全国高等教育普及率做出了贡献，而且面向市场办学，又为应用型人才培养创造了条件。

三是提高劳动人口整体素质，为区域经济发展提供人力资源保障。民办高校毕业生许多都充实到基层就业，提高了劳动人口的整体素质。河北省民办高校多为地方高校，对当地经济建设和社会发展的影响尤为明显，一所民办高校可以拉动当地交通、通信、商业、餐饮、旅游等多个产业的发展，许多毕业生留在当地就业或创业，为区域经济发展提供了大量的人力资源。

四是助推科技成果转化。高校作为科技成果的主要供给方之一，在基础研究、应用研究及高新技术产业研究方面发挥了重要作用。虽然民办高校的建校时间短，但凭借其灵活的体制和机制，通过与企业合作、共建等形式，也在逐步重视科技研究。同时，通过与企业合作，助推科技成果的转化，培养企业所需要的人才。燕京理工学院于2018年成立的智能汽车研究院，是中国最早实行校企联合的智能汽车研究院。研究院深入开展技术研究，培养智能汽车专业技术人才，组建创新创业平台、科技企业孵化器，助推智能汽车科技成果的转化。

2. 促进河北省教育体制改革创新

民办教育打破了河北省原有的教育体制和教育格局，改变了经费单靠政府拨款、办学由国家包办的单一模式。调动社会力量投资兴办教育的积极性，建立和完善适应社会主义市场经济、充满生机和活力的多元办学体制。民办教育通过合理配置资源获得了较好的社会效益、经济效益和办学效益，也为公办学校在经济转轨时期适应社会发展和促进教育体制改革提供了新视角和有益借鉴。由于民办教育未利用国家财政性经费办学，办学经费绝大部分来自社会筹措，学校教师工资并不由财政发放，因此政府部门仅履行对民办学校进行监督、评价的职责，客观上推动了政府管理职能的转变。

3. 促进河北省教育公平的实现

教育公平是国家的基本教育政策，也是教育改革和发展的战略任务。“十三五”期间，河北省民办教育持续增长，正是着力于人民群众日益增长的对不同教育形式的需求，民办教育将更多的资源引入教育领域，通过提供更多的学位、更多的教育形式，增加了教育供给方式的选择性和灵活性，使更多的有不同需求的孩子得到了接受教育、选择学校和教师的机会，为促进以人为本的个性化培养创造了条件。不仅对促进教育公平建设和建设和谐社会做出了积极贡献，也有效促进了“能上尽上、能学尽学”目标的实现。

4. 拓宽了教育融资渠道

民办教育的发展使得一些有教育情怀的人投身教育事业，吸引了大量的社会资金进入教育领域，促进了教育投融资体制改革，使教育投资主体多元、融资渠道多样、教育资源扩大。“十三五”期间，由于《中华人民共和国民办教育促进法实施条例》的公布及施行，新审批的民办学校已经出现了“某某学校有限公司”或“某某幼儿园有限公司”等名称，这些学校都属于营利性的民办学校，办学形式更加多元化，教育融资的渠道也更加多样。

5. 加强了国际合作

民办教育在发展过程中，有效利用其体制机制的优势，积极吸引海外优质教育资源，借鉴国外先进的办学思想、教育理念，并引进外籍教师。“十三五”期间，河北省民办高校开展了大量的多种形式的中外合作交流项目，有的是教师互派，有的是学生互换或学位互授等。河北外国语学院专注小语种教学，与“一带一路”国家联系紧密，到 2020 年，学校共开设了 75 个语种，覆盖“一带一路”沿线国家的主要语言，同时还引进了西班牙语院士 6 人，提高了学校的师资水平。民办高校开展国际教育交流，扩大了高等教育规模，促进了民办高校管理体制改革，提升了民办高等教育的国际影响力。另外，“十三五”期间，石家庄、唐山、邯郸等市相继成立了国际学校，学生进入国际学校便有机会入读国外大学，为高中学生提供了另一条读大学的道路。

四、民办教育发展面临的主要问题：矛盾仍须破解，问题亟待解决

河北省民办教育虽然取得了比较大的发展，但和全国一样，民办教育想要持续发展仍面临着一些需要解决的问题。总的来说，旧矛盾仍须破解，新问题亟待解决。

（一）制约民办教育发展的主要矛盾

1. 民办教育发展瓶颈与政策制度尚不完备的矛盾

河北省民办教育经过30多年的发展，尤其“十三五”期间，取得了长足进步。但制约民办教育发展的矛盾也很突出，主要表现为与政策制度尚不完备的矛盾。虽然修订后《民办教育促进法》的体系框架已基本形成，但河北省大多数的现有民办学校仍旧处在过渡期内，法人身份仍然是民办非企业单位，一些优惠政策仍然无法享受。实施营利与非营利分类管理，需要一系列的细化政策加以支撑，包括法人属性、公共财政资助、教师待遇、剩余资产处置、对举办者的奖励或补偿、转设前后的债务衔接、非营利性学校生均补贴等问题都需要在实施细则上加以明确，以便体现政府支持和规范各级各类民办教育健康发展的政策取向。

由于上位法对操作性问题规定得不够明确，以至地方在制定分类管理配套细则时便会遇到困难。因此，地方都在等待国家《中华人民共和国民办教育促进法实施条例》（修订）的及时出台。

另外，在民办学校发展过程中，政府的优惠政策与市场监管及政府服务之间的关系，有些环节尚未理顺，也会影响到民办教育的发展。

2. 事业发展需求与经费来源单一的矛盾

随着社会经济的发展，人民群众对民办学校的办学条件和教学质量的要求会越来越高，但民办学校新审批土地、加盖校舍、改善基础设施等都需要大量的资金投入。民办学校举办者已经认识到，仅仅依靠规模扩张不能使民办教育有大的发展，必须要及时转变到内涵建设上来。但加强管理、引进师资、优化课程等也都离不开资金的支持。因此，未来民办教育的发展，必定是物质成本与人力成本同时上升的，但河北省民办教育的经费来源主要还是靠单一的学费收入。长远来看，民办教育事业发展需求与经费来源单一的矛盾将长期存在。

3. 民办教育重要地位与社会认可度的矛盾

通过国家对民办教育支持力度的加大和民办教育自身的努力，民办教育的社会功能进一步显现，社会对民办教育的认可度越来越高，民办教育已经成为河北省教育事

业不可或缺的一部分。但是不可否认，一些社会媒体还不能一视同仁地对待民办教育。还有一些人对民办教育抱有偏见，这些偏见和传统的择校观不但对民办教育整体产生不公正的看法，也导致民办学校出现招生困难的现象，以及生源不足、生源质量不高的问题，致使民办学校在教学和管理上要比同类公办学校付出更多的成本。

（二）阻碍民办教育发展的主要问题

1. 新时代民办教育发展重新定位问题

我国进入了改革发展的新时代，国家基于对新形势的研判，出台了一系列新的政策。近两三年来，关于民办教育的政策密集出台，民办教育面临比较大的压力。从十九大报告“支持和规范民办教育发展”的表述，到2018年全国教育大会的召开，《中华人民共和国民办教育促进法实施条例（修订草案）（送审稿）》征求意见，再到中共中央、国务院连续印发的学前教育、义务教育、高中教育等3个基础教育学段的重要文件，都直接或间接有涉及民办教育的内容。2020年9月1日，中央深改委第十五次会议审议通过了《关于规范义务教育发展的实施意见》，“落实政府责任，加强分类指导，强化民办义务教育规范管理”。“规范”成为新时代对民办教育的新要求。因为发展公办教育承担的是国家使命，包括意识形态、教育导向、社会稳定、社会公平，甚至社会正义等。当民办教育的收费、招生等对社会公平造成一定的影响时，规范发展就应当是题中应有之义了。

从民办教育内部来看，一些民办学校安于现状，囿于自己的小圈子，裹足不前，自身定位不清，缺乏战略远见。个别学校过于注重经济效益，导致学校发展进入恶性循环。这些也都需要在新的定义下进行规范。

2. 民办学校自身管理渐趋陈旧问题

经过多年的发展，一些民办学校在艰苦发展中磨炼了意志，但削减了锐气，办学理念渐趋陈旧，失去了自己的特色。许多学校在机构上设置相近，在人才培养目标、方案、方法等方面类似。一些相对热门的专业，大家一哄而上，设置率较高，造成了严重的同质化现象。

民办学校在发展之初，大多数机构较为精简，务实高效。可随着时间的推移，以及办学规模的扩大，学校内设机构越来越多地建立起来，进而显得臃肿庞大，失去了应有的活力。更有一些学校照搬照抄公办学校的模式，一级一级地设立管理架构，使得民办教育的优势逐步淡化。

还有一些民办学校，没有建立起现代管理制度，内部管理方法陈旧，存在“家长式”“一言堂”等现象。教学运转的粗放式，导致人才培养质量不优；学校管理的粗放式，导致发展后劲欠缺。

3. 师资队伍建设问题

教师是教育发展的重要保证，而民办学校发展遇到的最大难题便是师资队伍力量薄弱。职业学校当中，“双师型”教师比较缺乏，不能满足应用型人才培养需求。中小学当中，青年教师比例过大，且教师教龄偏短、职称偏低。师资队伍专业结构、职称结构、学历结构、年龄结构等不合理的现象不同程度地存在，师资队伍稳定性不高，自有骨干教师流失较多。造成这些问题的主要原因：一是教师待遇相对偏低；二是学校不重视教师培养，教师能力提升路径狭窄；三是教师平等权利保障不力，还未能完全与公办学校教师享受同等权利。

4. 规范办学有待加强

近年来随着相关政策的逐步推进，一些民办学校进入了动荡期，负债率高企甚至超过 80%。有的学校又进入了征地、建设期，需要大量的资金支持，对这些学校的资金筹集情况，需要引起足够重视。

个别民办学校在招生、收费、学籍管理等方面存在违规行为。招生简章不备案，存在不实宣传、夸大宣传、虚假宣传等现象，误导考生，形成安全隐患；在收费上，超备案收费；在学籍问题上，存在“先上车、后补票”现象。

在完善学校法人治理结构方面，个别民办学校虽然依法制定了章程，但没有按照章程管理学校。虽建立了董事会和监事会制度，但没有依据章程规定的权限和程序共同参与学校的办学和管理。没有健全党组织参与决策制度，“双向进入、交叉任职”没有落实。教职工代表大会和学生代表大会有名无实。在法人财产权问题上，个别学校举办者还没有依法履行出资义务，没有将出资用于办学的土地、校舍和其他资产足额过户到学校名下，这部分学校的法人财产权还没有落实。在财务管理方面，个别学校还没有按照国家有关规定执行相应的会计制度，没有依法设置会计账簿，财务管理混乱，年度财务预算报告和决算报告不完善。数据不实、收支虚假、超范围统计等现象也时有出现。

由于这些民办学校在法人治理结构、落实法人财产权、财务管理、学校管理等方面存在不规范行为，在一定程度上削弱了民办学校的社会公信力，对民办教育的整体发展造成了负面影响。

五、对民办教育未来发展的建议

未来一段时期，中国仍将处于战略机遇期。综合判断，由于国家“教育优先”战略的实施、人民群众对教育需求的持续升级、分类管理的深入推进，使得民办教育的发展有了更稳健的预期。“十四五”时期，通过政府宏观管理的加强、民办学校自身的努力，以及社会层面的积极参与，一定会推动民办教育发展迈上新台阶。

（一）政府宏观管理方面

1. 完善法规政策体系

河北省民办学校分类改革的过渡期是5年，即到2022年9月1日前，要全部实行分类管理。在有限的时间内，河北省要出台省级支持与规范民办教育发展的具体细则。

一是抓紧修订《河北省民办教育条例》。尤其是要注意与国家出台的《中华人民共和国民办教育促进法实施条例》相衔接、相配套。

二是细化相关政策，利于现有民办学校选择。除义务教育阶段的民办学校只能选择非营利外，其他阶段的民办学校可以自主选择营利或非营利。细化政策解决非营利性民办学校事业法人身份确定问题、非营利性民办学校转为营利性民办学校所要面临的财产清算和资产转移中的税费问题、营利性民办学校运行过程中的税费问题、营利性民办学校的土地供给问题、转后税收优惠政策和补偿及奖励等实际问题。另外，要明确非营利性民办学校集团化办学问题，以便现有集团化办学的非营利性民办学校有充足的时间进行选择与应对。

三是保障同等权利。保障民办学校与公办学校的同等法律地位，保障民办学校教师、受教育者与公办学校教师、受教育者具有同等的法律地位。民办学校教师在培训进修、职务评聘、教龄计算、科学研究、表彰奖励、社会保障、社会活动参与等方面依法享有与公办学校教师同等的权利。

2. 建立联席会议制度

民办教育管理涉及多个部门，需要加强部门协调配合，共同破解发展中的重点、难点问题。2017年，国务院已经同意建立由教育部牵头，涉及中央编办、财政部、科技部、发展改革委、公安部等14个部门在内的民办教育工作部际联席会议制度，共同推动形成健康有序的民办教育发展环境。江苏、浙江、山东、四川等省份都已建立了民办教育工作联席会议制度。建议河北省尽快成立民办教育工作联席会议制度，在河北省委、省政府的领导下，统筹协调推进民办教育改革发展的相关工作，健全社会力量兴办教育的政策制度。

3. 落实资金扶持制度

《中华人民共和国民办教育促进法》规定：“县级以上人民政府可以设立民办教育发展专项资金。”据初步统计，全国已有近20个省（市、自治区）设立了民办教育发展专项资金。特别是与河北省发展水平相当或发展水平不及河北省的陕西、云南、江西、内蒙古等地都已设立了民办教育发展专项资金。河北省应该在借鉴其他省市经验的基础上，尽快设立民办教育发展专项资金，用于支持河北省民办学校教师的保险缴纳、业务培训、教育教学研究等师资方面的建设，用于教学仪器、图书资料、信息技术等教育教学设备的购置，以及重点实验室的建设等方面，还用于奖励和表彰有突出贡献的集体和个人，推动民办教育的内涵建设和特色发展。

同时，要建立适当的民办教育专项资金总量增长机制；建立健全政府补贴制度，明确补贴项目、对象、标准、用途；完善政府购买服务的标准、程序及绩效评价制度等，改革民办教育办学经费来源单一的现状。

4. 持续推进“放管服”改革

“放管服”改革有效激发了市场活力和社会创造力，这对民办教育的发展同样适用。首先，进一步规范审批行为。按照国家相关要求，用法治化手段支持民办教育发展，探索通过负面清单和“非禁即入”的方式对民办学校进行准入管理，简化审批流程和环节，最大限度地激活民办教育的办学活力。其次，落实法律法规规定的民办学校各项办学自主权，特别是招生自主权、收费自主权，以及专业课程设置和教育教学等方面的权利。同时，民办学校要加强自律、用好权利。最后，做好对民办学校的服务。教育行政部门要淡化“管理”，强化“服务”。当前民办学校普遍面临着艰难的发展转型，要加强分类指导，把握好监管的方式、力度和节奏。

5. 实施有效监管

由于民办学校存在着诸如政策、经营、市场、财务、安全等方面的风险，尤其在财务风险更加突出的情况下，加强办学行为监管与财务监管就显得尤为重要。一要加强办学行为监管，要加大对学校法人治理结构实际运行情况的监管，规范招生行为，落实招生广告备案制度，继续加强年检评估，科学核定办学规模；二要加强财务监管，对民办学校举办者出资情况、收费情况、结余情况、负债情况进行检查，并要求民办学校建立风险资金储备，加强民办教育发展基金提取监管，建立风险准备金和风险保证金制度，防范办学风险。

6. 实施信息公开制度

实施民办学校信息公开制度，有利于营造民办教育的诚信环境，促进民办教育健康发展。一是为学校规定公示的相关信息，一般包括党建工作、举办信息、登记信息、内部治理信息、招生信息、收费信息、教师和其他人员数量及结构情况、办学条件和年度财务状况、接受和使用捐赠情况、安全情况等；二是建立民办教育管理信息系统，要求各级各类民办学校登录系统，填写相关信息，方便社会各界进行查询。

（二）学校自身建设方面

1. 加强党的建设，改进思政工作

一是继续加强党的建设。民办学校要继续加强党的建设，充分发挥党组织的政治核心和战斗堡垒作用。健全党组织工作保障机制，积极推进“双向进入、交叉任职”。民办学校党组织负责人通过法定程序进入学校董事会（理事会），参与重大决策。做好党员发展和教育管理服务工作。

二是加强和改进思想政治教育工作。把思想政治工作摆在更加突出的位置，加强学校思想政治理论课和思想品德课课程体系和教师队伍建设，深入推进中国特色社会主义理论体系进教材、进课堂、进头脑，把社会主义核心价值观融入教育教学全过程、教书育人各环节。

2. 坚持立德树人，提高教育教学质量

立德树人是教育的根本任务，民办教育同样肩负着“为党育人，为国育才”的重要使命。民办教育已经进入了内涵发展的新阶段，人民群众增加了对优质教育的需求，民办学校一定要适应这个大趋势，做好自身供给侧改革。要积极改善办学条件，提高教育教学质量，尽快提升自身综合实力和市场竞争力，找准自身定位和办学特色，提供高质量、有选择性的教育服务。

3. 完善内部管理制度，加强校长队伍建设

民办学校董事会（理事会）制度是建立现代学校制度的一项重要标志。民办学校想要健康发展，需要完善以董事会（理事会）制度为主的内部管理制度。健全法人治理结构，规范董事会运行程序，落实学校章程治理。加强内部监督机制建设，提高学校资源配置效率。落实董事会领导下的校长负责制，按规定条件聘请职业校长，成立学校行政管理机构，吸收党委成员参与管理，带领学校发展走上快车道。

4. 引进与培养相结合，加强师资队伍建设

遵循民办教育的发展规律，摒弃重使用、轻培养的错误做法，加大自有教师的培训力度，在“三留人”的基础上，为教师成长预留更大空间，增加教师的归属感，把教师留住。同时，要留有专项资金，加大优秀教师引进力度。做到引进与培养相结合，提高学校教师队伍整体水平。

5. 明确自身定位，追求优质、特色、多样性

民办学校必须要明确新阶段自身的定位，因为随着教育改革的深入，不论公办还是民办，要在同一层次、类型上实行公平竞争，民办学校就需要凭借创新精神，实施优质、特色、多样化发展战略。学前教育侧重普惠，义务教育阶段要求均衡、优质，高中阶段要求有特色、多样化发展，而高等教育进入普及化阶段，更需要错位发展、特色办学、面向产业、走向一流。因此，民办教育的举办者要根据自身所在的层次，做好自身定位，狠抓质量提升工程，向着一流质量标准努力攻坚。

（三）社会方面

1. 吸收更多社会资金进入民办教育领域

资金问题一直是困扰民办教育发展的主要问题。要想方设法吸引更多的社会资金进入民办教育领域。一是构建民办学校担保贷款机制，通过盘活固定资产、增加投入、进行社会信用评估，对符合条件的民办学校提供信用担保、低息贷款等服务；二是支持民办学校开展股权等方式融资，拓展民办学校的筹资渠道；三是鼓励社会对民办教育进行捐赠；四是构建规范的民办教育产权确认和流转制度，多渠道、多举措解决民办教育的经费问题。

2. 进一步发挥行业协会及第三方组织的作用

河北省民办教育协会要积极发挥好桥梁纽带作用，进一步加强与会员单位的联系，做好服务和行业自律工作，打造一系列民办教育工作品牌，引导广大会员单位依法办学、诚信办学，走内涵发展、特色创新之路。鼓励会员单位积极承担社会责任，多参与社会公益活动。开展民办教育行业内部的自律与监督、调查与研究、学习与交流等方面的工作，为民办教育科学发展提供切实有效的行业服务。同时，培育第三方组织，探索建立健全民办学校第三方质量认证和评估制度，提高评估结果应用水平，积极引导民办学校服务社会需求，为地方经济文化和社会发展贡献力量，组织评选教学质量高、全面育人成效显著、服务地方发展贡献大的先进单位。

3. 营造积极向上的民办教育氛围

加大对民办教育的正面宣传力度，及时报道民办教育发展成果，表彰一批热心民办教育的董事长，业务能力强、懂教育的专家型校长，热爱教育事业的民办学校教师，以及办学特色突出的民办学校，营造民办学校内涵建设、特色发展的良好氛围。

第二编　河北省“十三五”期间民办教育分学段或类型发展报告

河北省民办高等教育发展报告

一、发展背景

（一）《中华人民共和国民办教育促进法》修订构成民办高教发展的重要宏观背景

2016 年是“十三五”开局之年，是年，全国人大对《中华人民共和国民办教育促进法》进行了修订，在多个领域做了重大调整，必将对民办高等教育产生深远影响。

1. 加强党的领导，从根本上保证民办高等教育的社会主义方向

教育事业的根本任务是立德树人，培养合格的社会主义事业的建设者和接班人，这就从根本上规定了教育事业的社会公益性。《中华人民共和国宪法》规定，中国共产党是中国社会主义事业的领导者，教育必须置于党的领导之下。这次修法的最重要的内容之一，就是加强党对民办教育的领导。从当前形势来看，民办高校的发展面临着极其复杂的国际和国内环境，民办教育本身也面临着重要机遇和激烈竞争。建立健全党委及其基层组织；实现党委负责人进入决策机构，保证党委参与学校发展重大问题决策，保证党的教育方针的贯彻执行，保证学校立德树人根本任务的落实；坚持党委在思想政治工作和意识形态工作中的政治核心作用；加强“思政课程”和“课程思政”的改革与融合；发挥党员在各项工作中的模范带头作用；调动师生员工的主人翁意识，保护其合法权益等，都是民办学校方向明、路子正、动力足、潜力大，有能力迎接机遇与挑战，有信心走向未来的根本保障。

2. 分类管理是民办教育的规范化之路

从改革开放初期民办教育如雨后春笋般蓬勃发展起来，至今已有40多年的历史。即使从民办教育进行规范的学历教育开始也已有20多年。目前，民办普通高校的总体规模达到了全国普通高校“五分天下有其一”的局面，为我国成为世界高等教育大国和毛入学率超过50%做出了巨大贡献。国家对民办教育的管理，几十年来步步推进，最终形成了一套适合在如今历史条件下促进民办教育健康发展的政策和制度。但是在国家法律层面，有一些根本问题并没有得到解决。随着民办教育规模的扩大和办学层次的提升，逐渐显露出许多矛盾和问题，比如民办学校的法人属性、产权归属、国家财政税收扶持政策等问题，越来越严重地困扰着举办人的决策，成为民办教育继续发展的制度障碍。2016年的修法，明确提出了民办学校的分类管理问题，是朝着顺应国际惯例、推进规范管理、明确政策取向、破解民办教育发展瓶颈、保障民办教育走向未来走向世界的根本举措和长远之计。依据新法，民办学校将按照非营利性和营利性两类分别施策。一是使民办学校的法人属性、产权归属等方面存在的问题和矛盾，在法律层面得以澄清和确定；二是有利于按照民办学校的分类，促进财政、税收、土地等方面分类施策的落实；三是有利于激励举办人拓展民办教育发展空间积极性等，推动两类学校分别按照举办者愿望，采取不同措施，发挥机制优势，创新教育产品，提高办学质量，增加教育的有效供给；四是促进一批有发展潜力的民办学校充分利用民办机制，尽快实现赶超，逐步走向世界一流。总体来说，这次修法是支持民办高校长远发展的法律行为。

（二）政府改革给民办高等教育带来诸多利好政策

“十三五”期间，政府“放管服”改革不断深化，为民办教育提供了越来越好的发展环境。政府在实施教育公平、扶持民办教育发展方面采取了越来越多的具体政策，使民办学校有了明显的获得感，在推动河北省民办教育发展方面起了很大作用。

1. 政府的财政支持和税收优惠

“十三五”期间，国家对民办高校实施财政扶持政策，使学校广为受益。

对学生的奖助政策。2016—2020年，全省37所民办高校的学生享受到了与公办高校同等比例和数额的国家奖学金、国家励志奖学金和国家助学金，总额在10亿元以上。据河北传媒学院提供的数据，2016—2020年该校学生共享受国家奖助学金5 537.855万元。（见表1）

对转型发展试点院校的资助。2015年根据教育部部署，河北省教育厅在全省本科院校中遴选出10所试点院校，其中河北传媒学院、燕京理工学院、河北外国语学院等5所民办高校位列其中。2015—2020年，每校获得资助2100万元（每年350万元，共

6 年)，共获得资助 10 500 万元。

表 1　2016—2020 年河北传媒学院学生享受国家奖助学金情况

项目	享受人数（人）	金额（元）	备注
国家奖学金	114	1044000	
国家励志奖学金	2186	10935000	含新疆籍专项奖 4 人
国家助学金	18798	43399550	
总计	21098	55378550	

资料来源：河北传媒学院学生处

对民办高校的税收优惠。国家税务部门对民办高校提供的学历教育服务免征增值税，对学校自用的房产免征房产税及土地使用税，对批准征用的土地免征耕地占用税、用于教学的免征契税。对民办高校增值税和企业所得税的减免虽没有明确规定，但实际上与公办院校一样，都没有征收。

2. 政策的公平原则得到体现

民办高校与公办高校办学环境的公平问题长期存在。"十三五"期间，政府广泛听取民办院校意见，重视民办高校发展，积极采取措施，使民办高校有了较多的获得感，公平问题明显缓解。其中民办高校与公办高校实现了平权的方面有：学生的奖助政策；教师的职称评定；国家级和省级"一流专业""一流课程"的申报；高层次人才培养（硕士、博士）单位的申报；国家的自然科学基金、社科基金、艺术基金等项目的申报；重点学科、综合改革专业、精品课、优秀教学团队、重点实验室、实践教学示范基地等教学项目的申报；优秀教学成果和科研成果奖励的申报；由教育主管部门和其他相关部门（包括省委教育工委、省总工会等）授予教师和学生的个人荣誉、光荣称号等，如优秀共产党员、优秀教师、优秀教育工作者、三好学生、优秀毕业生，以及优秀党的基层组织、优秀学生班级、优秀学生社团等。

总之，在教育领域内，民办高校与公办高校的基本权利实现了平等，成为河北省民办教育改革和发展的强大推力。

3. 国务院的统筹协调为民办教育政策的落实提速

民办教育政策的落实需要政府多部门联动和互相配合。由于有些部门对民办教育的认识不同，在工作上出现了推诿、拖延现象。在政府"放管服"改革中，国务院于 2017 年 8 月 5 日同意建立民办教育部际联席会议，由教育部部长牵头，国家发改委、财政部、人社部、公安部、民政部、税务总局、工商总局等 14 个部门负责人参与，统筹推进民办教育改革发展工作。这项组织措施的出台，围绕着民办教育工作加快了政府多部门之间的信息交流、意见沟通、共同决策、分别落实。民办学校普遍感到这几年民办教育存在的问题的解决进程明显加快，比如转型资金的到位、教师职称的学校评审权等，基本上做到了“同时三到位”，即文件到位、工作到位、资金到位。

（三）世界科技的快速发展推动高等教育发生重大革命

现代科技与现代高等教育是一对“量子纠缠”。科学技术的进步，特别是信息技术的飞速发展，推动着教育面貌发生改变。过去那种以教师、课堂、教材为中心，“老师讲、学生听、满堂灌”，“平时不学、考前不睡、考完忘记”的教学模式正在走向历史的终结。反过来，教育的变化又提高了人才培养质量，进一步推动科技发展，二者形成良性循环。

在“十三五”期间，教育部力促高校网络基础工程建设，积极组织评选优秀慕课、网课，扶持国家级网课平台建设，于2019年4月召开了中国慕课大会，2020年筹备召开世界慕课大会，并发起建立世界慕课联盟。在新冠肺炎疫情暴发前，全国已建立了37个在线课程平台和技术平台，开设了1297门精品网课、401门虚拟仿真实验课。2020年3月疫情暴发后，教育部提出的“超前识变、积极应变、主动求变”的战略意识收到了良好效果。疫情暴发后，一夜之间，在原有平台和课程的基础上，又动员组织了110个在线教学平台，开设了4.1万门在线课程，使1454所高校实现了“停课不停教，停课不停学”。之后的两个月内，共有394万名教师、11.8亿人次的学生居家听课学习。到6、7月份，非毕业生陆续结课并参加了网上考试，毕业生则以不同方式完成了毕业实践环节，通过了毕业资格审核，并完成了学位授予，以“云”地结合、别具一格的形式举办了庄严的毕业典礼，举行了带有2020年鲜明印记的发放毕业证书和学位授予仪式。这是一项具有世界意义的伟大创举，这个创举为“后疫情时代”的高等教育改革和发展提供了有益借鉴。

（四）中国高等教育出现的“大推进”行动

“十三五”期间，中国高等教育猛然发力，出现了一个自上而下全面发动、目标瞄准世界一流的“大推进”行动。这个行动对中国高等教育的发展产生了巨大影响，它构成了河北省民办高校在此期间快速发展的直接环境。

1.“大推进”是多年储能蓄力的爆发

新中国成立之初，我国的4亿多人口中有八成是文盲，人均受教育年限1.6年。当时全国仅有高等学校205所，平均规模500人左右，全国在校生不过11.8万人，全国的研究生总共只有269人，高等教育毛入学率仅为0.26%。经过60多年的筚路蓝缕，到“十二五”结束的2015年，我国已有大学2560所，在校生达到26 752 968人，在校生平均规模突破1万人，研究生在校人数近200万人，高等教育毛入学率已达到

40.0%，新中国迈入了世界高等教育数量大国的行列。但同发达国家相比，我国还算不上高等教育质量大国。

从量的积累到质的跃升，需要一个过程，这个过程的实质是对质量的“大推进”，而这个“大推进”行动在2016年到达了临界点。在2017年党的十九大上，习近平总书记在报告中正式发出了“加快一流大学和一流学科建设”的进军令。这可以看作是“大推进”行动的正式开始。我们把它命名为“大推进”行动，是因为这个行动有着鲜明的特征。一是来势迅猛，在几年内就完成了全面动员、全面铺开、有效提升；二是范围广泛，从中央直属、地方所属到民办高校，从综合性大学到多科性、单科性院校，所有本科院校悉数参与；三是深度推进，要求高校改变的，不仅包括常规的办学条件，还包括学校定位、办学理念、学校治理结构和治理能力、学科建设和课程建设的质量等，改革真正进入深水区；四是总体目标明确，瞄准世界一流。这样的行动被称为“大推进”名副其实，它与中国历史上出现的“大跃进”“大冒进”有着实质区别。“大跃进”“大冒进”是当时在缺乏基础条件和必要积累情况下的揠苗助长，自然会危及后来的发展。但现在不同了，当前的“大推进”有了国家经济崛起、财力雄厚的支撑和高等教育几十年发展的厚实基础，因而是历史的必然。如果当起不起、当进不进，才真正是高等教育的失职和不作为。

2.“大推进”背后的形成机制

“大推进”在“十三五”期间爆发，是当前中国多重机制共同作用的结果。

一是国家战略的推动机制。中共十九大报告综合分析国际国内形势和国家发展的现实状况，提出了2020年全面实现小康；到2035年，基本实现社会主义现代化；到21世纪中叶，把我国建成富强、民主、文明、和谐、美丽的社会主义现代化强国，实现中华民族伟大复兴的“中国梦”。在今后30年的战略攻坚中，高质量的人力资源是最重要的资源，这就必须依赖于教育，其中高等教育要担纲完成两项战略课题：第一项战略任务是“要瞄准世界科技前沿，强化基础研究，实现前瞻性基础研究、引领性原创成果重大突破。加强应用基础研究，拓展实施国家重大科技项目，突出关键共性技术、前沿引领技术、现代工程技术、颠覆性技术创新，为建设科技强国、质量强国、航天强国、网络强国、交通强国、数字中国、智慧社会提供有力支撑”，同时要“培养造就一大批具有国际水平的战略科技人才、科技领军人才、青年科技人才和高水平创新团队”；第二项战略任务是通过新文科的打造，要培养一大批能站在世界中心的位置上，有权威、有话语权、能代表中国发言的马克思主义理论家、政治家、国际战略家、经济学家、法学家、管理学家、教育家、文学艺术家、文艺理论家、媒体传播专家等。要做到这些，高等教育必须以移山造海的气魄，转变观念、创新方法、开辟新路径，实现高等教育质量的重大突破。

二是国际变局的倒逼机制。当前世界出现了百年未有的大变局：一方面，世界性的科技进步和制度创新，使世界多极化加速发展，国际潮流大势不可逆转，这是促进我国崛起的外部环境；另一方面，以美国为首的一些国家，推行逆全球化思维，试图颠覆二战以后形成的国际秩序，大搞霸凌主义、单边主义、民粹主义、保护主义、拉帮结派，制造“新冷战”，造成了国际形势的动荡和不安。尤其是对中国的崛起，它们试图以技术封锁、贸易摩擦、经济制裁、战略围堵、军事威胁，甚至以分裂中国为目标，遏制中国发展。其中，高端技术和高端人才是它们手中最重要的两样“武器”。在这种背景下，中国的高科技和人才资源只能立足于自力更生，中国的高等教育只能勇于承担起有效供给的重担。

三是产业创新需求的促进机制。当代科技革命的飞速发展，已经催生了工业革命4.0。但是当前的中国还只是制造大国，算不上制造强国。中国急需用现代科技武装产业，推动传统产业改造提升，把“中国制造”提升为“中国创造”，实现“中国制造2025”和“2035国家现代化”。世界的科技前沿依然在快速推进，如果我们不能奋起直追，在一些关键领域，我们与前沿的差距还有拉大的风险，这将危害国家安全和民族复兴大业。走向世界、占领前沿的繁重任务同样促进着高等教育改革的深化和发展。

四是高教发展的自强机制。在任何时代、任何国家，高等教育都是国家的知识制高点、文化制高点、文明制高点、科技制高点、人才制高点，高等教育的这种特殊地位和职能把它推向了国家发展战略和社会生活的中心地位。它与国家发展、民族复兴、人民福祉紧密相关，发挥着引领社会道德、文化传承、科技创新、社会进步、人类文明的作用。但在我国高等教育几十年的发展中，有很多令人不满意之处。比如说，高等教育对国家战略和产业发展的关注不到位，人才产需严重脱节，社会质疑太多。再比如说，中国的大学在世界排名中位次不高、国家基础科研有世界影响力的成果少、世界大奖得主人数与中国的大国地位不相称等。钱学森生前发出的“为什么我们的学校总是培养不出杰出人才?”的“世纪之问”，直接指向我国高等教育的质量，引起社会的深切共鸣。在国家需求和社会质疑的双重压力下，教育部正在迅速调整改革发展思路，使高等教育在近几年出现了整体面貌的明显改变。

3.“大推进”的基本进程

在“十三五”的开局之年，“大推进”行动便出现了。是年，中国高等教育发生了几件大事：一是全国人大对《中华人民共和国民办教育促进法》进行了修订，提出了在民办学校中加强党的领导，并对民办学校进行分类管理等重大措施；二是李克强总理在当年的政府工作报告中提出的“大众创业、万众创新”的战略措施，把“双创教育”引入了高等教育之中；三是教育部提出部分高校“转型发展”的意见，并开始省级试点；四是中国加入《华盛顿协议》，推动我国工程教育走向世界，进一步扩大了工程专业的国际认证；五是教育部下发了《关于中央部门所属高校深化教育教学改革的指导意见》，计划在“十三五”期间实施中央高校教育教学改革专项措施等。这些紧锣密鼓的动作可以看作是“大推进”行动的序曲。

2017 年 9 月，中共十九大胜利召开，会议擘画了未来 30 年中国实现现代化和民族复兴的宏伟工程。习近平总书记在大会报告中强调“教育优先”，并提出了“坚持中国特色”和“加快一流大学和一流学科建设”的战略部署。为高等教育走向世界、走向未来指明了方向，为“大推进”行动列出了时间表。

2018—2020 年，“大推进”行动大潮涌动，出现惊涛拍岸之势。

一是 2018 年一年内高密度集中召开了 4 次全国性会议。包括全国教育工作会议（1 月）、新时代全国高等学校本科教育工作会议（6 月）、全国教育大会（9 月）、2018—2022 年全国教学指导委员会专家会议（11 月），提出了一系列指导高等教育发展的新观点，从不同层次、不同角度、不同领域全面发动“大推进”。

二是中央对未来 15 年教育发展做出顶层设计。中共中央、国务院于 2019 年 2 月发布了《中国教育现代化 2035》，教育部等五部门发布了《加快推进教育现代化实施方案（2018—2022 年）》，为高等教育发展提出了明确目标和任务。

三是为“大推进”做人力资源准备。2018 年 1 月，中共中央、国务院印发《关于全面深化新时代教师队伍建设改革的意见》，为新时代教师队伍建设做出了总体安排；2018 年 3 月，教育部等五部门印发《教师教育振兴行动计划（2018—2022 年）》；2018 年 11 月，教育部印发《新时代教师职业行为十项准则》；等等，其中特别强调了师德师风建设的重要性。

四是强化学生的思想政治教育，促进青年学生的德、智、体、美、劳全面发展。近年来，习近平总书记奔走于北京大学、清华大学、北京师范大学等高校，广泛接触师生，与师生促膝谈心，鼓励学生做德、智、体、美、劳全面发展的社会主义建设者和接班人。中共中央把立德树人作为教育工作的根本任务，在每个历史时期都会对大学生的思想政治理论教育和思想政治工作做出明确指示。2017 年 2 月，中共中央印发《关于加强和改革新形势下高校思想政治工作的意见》；2017 年 12 月 4 日，教育部党组印发《高等学校思想政治工作质量提升工程实施纲要的通知》；2019 年 3 月，习近平总书记主持召开学校思想政治理论课教师座谈会并发表重要讲话；2019 年 8 月，中共中央办公厅、国务院办公厅印发《关于深化新时代学校思想政治理论课改革创新的若干意见》；2019 年 11 月，中共中央、国务院印发《新时代爱国主义教育实施纲要》；等等。为坚持用习近平新时代中国特色社会主义思想铸魂育人，为全面贯彻党的教育方针，为持续推动思想政治教育守正创新、提升实效，指明了方向、路径、方法和要求。

五是展开质量革命的具体行动。2018 年 9 月，教育部推进实施“六卓越一拔尖”计划 2.0，连续发布了卓越工程师、卓越医生、卓越农林人才、卓越法治人才、卓越新闻传播人才、卓越教师，以及基础学科拔尖人才的培养计划；质量革命从专业建设和课程建设抓起，2018 年 8 月，教育部等三部门提出《关于高校加快“双一流”建设的指导意见》，2019 年教育部扩大“双一流”建设范围，把全国高校都囊括其中，先后于 2019 年 4 月发布了《关于实施一流本科专业建设“双万计划”的通知》，于 2019 年 10 月发布了《关于实施一流本科课程建设“双万计划”的通知》，随后在全国各类高校中展开了两个“双万计划”的遴选，全国高校以极大的热情积极参与；教育部对全国各类高校普遍提出，在课程建设上“打造‘金课’，消灭‘水课’”的全面提升要求。这些安排对全国各级各类高校震动很大，一个实打实的优质专业和课程的建设高潮在全国铺开。到 2020 年，“一流专业”和“一流课程”的两个“双万计划”第一阶段的工作顺利完成。

六是推进质量革命，加强对全国高校的规范与管理。2018 年 1 月，遵循“质量为王，标准优先”的原则，教育部发布了我国高等教育首个教育质量的国家标准，为高校专业建设和课程建设建立了规范模板；2018 年 9 月，教育部印发《关于加快建设高水平本科教育全面提高人才培养能力的意见》（“新时代高教 40 条”），对新时代中国高等教育发展提出了全面要求；2018 年 2 月，为落实《教育督导条例》，全面实施了国家督学挂牌督导，开创教育督导新时代，同时要求高校建立健全自身“质量保障体系”；2018 年 11 月，教育部成立新一届教学指导委员会，全面加强对高校专业建设的指导。这些措施保证了“大推进”行动的高质量运行。

4.“大推进”的实质及其影响

“大推进”是在新时代国际风云变幻和国家战略发展需要的大背景下，高质量地发展中国高等教育，加快世界一流大学和一流学科建设，培养符合新时代要求的、具有国际视野的各类知中国、爱中国、建中国的适用人才、优秀人才、拔尖人才、领军人才、领袖人才，以应对各类挑战，实现民族复兴大业，筑牢中华民族永续发展的宏大基础工程，是一项百年、千年、万年工程。只有站在这样的高度上，才能洞其髓、识其旨，并主动投入其中。“大推进”对中国高等教育的影响具有实质性、根本性和长期性，会使中国的高等教育发生巨大变化。

“大推进”目标高远，民办高校不可缺席。民办高校的教育工作者以古代先贤的文化自觉为激励，已经加入了“双一流”建设的工作之中。“十三五”期间，民办高校在依法治校、加大投入、深化改革、德育为先、转型发展、面向产业、产教融合、服务地方、创新创业、保障质量、引领社会等方面取得的丰硕成果，都是“大推进”的具体行动和伟大实践。它们奋力追赶全国高等教育的发展步伐，积极承担“双一流”建设重任，已经成为河北省高等教育队伍中的一支劲旅，成为促进河北省经济社会发展的重要力量。

二、发展成果

（一）加强党的领导，坚持社会主义办学方向

1. 健全党的领导体制

根据 2016 年《中华人民共和国民办教育促进法》修订案，以及习近平总书记关于加强党的建设的一系列重要指示，“十三五”期间，河北省民办高校全面加强党的领导和党的建设，坚决维护党组织在民办高校的政治核心地位，确保党委对学校管理和发展等重大问题的参与，在坚持学校的社会主义方向、全面贯彻党的教育方针、加强思想政治和意识形态工作等方面充分发挥了作用。

（1）党委在民办高校中的地位得以确立

根据中央办公厅 2016 年印发的《关于加强民办学校党的建设工作的意见（试行）》，河北省民办高校均已认识到，党组织是党在民办学校中的战斗堡垒，应发挥政治核心作用。

（2）坚持党委书记派遣制度

河北省委历来重视民办高校党的建设工作，各民办高校从成立时起就经地方党委批准建立了学校党委。从 2008 年起，河北省委教育工委开始实行民办高校党委书记派遣制度，河北省委教育工委挑选政治立场坚定、德才兼备、年富力强、热爱并且熟悉教育工作的优秀党员干部到民办高校担任书记，兼任政府督导专员。2016—2020 年为第三届，到 2020 年底，已完成了第四届党委书记的派遣换届工作。

（3）学校党委及其工作部门的健全

据调研显示，在河北省的 37 所民办高校中，学校党委普遍健全了工作部门，包括党委办公室、组织部、宣传部、统战部、纪律检查及监察部、学生工作部、教师发展工作部、安全工作部、党校、马克思主义学院等；行政部门普遍成立了机关党总支或直属支部；教学系或二级学院普遍建立了党总支，且健全了学生党支部和教工党支部、党小组。实现了党的基层组织对全校工作部门和师生员工的全覆盖。

2. 发挥党委工作职能

（1）全面贯彻党的教育方针，保证社会主义办学方向

河北省民办高校要从政治的高度上认识到，民办学校是社会主义教育事业的重要

组成部分，由于其根本职能事关培养什么样的人才，因此具有强烈的公益性。从这个意义上来说，民办教育姓“公”不姓“私”，其办学目标和根本任务是立德树人，是培养德、智、体、美、劳全面发展的社会主义事业建设者和接班人。所以民办高校是党的人才培养基地，要宣传执行党的理论和路线方针政策，执行党中央、上级党组织和本级党组织的决议，引导学校全面贯彻党的教育方针，依法办学、规范办学、诚信办学，坚决反对否定和削弱党的领导，反对西方所谓“普世价值”等错误思潮传播，反对各种腐朽价值观念。“十三五”期间，各民办高校普遍建立了包括领导干部和师生员工在内的多层次学习组织，学习习近平新时代中国特色社会主义理论，在加强党的领导、坚持社会主义办学方向、全面贯彻党的教育方针等办学根本问题上，统一了思想，并且自觉贯彻到办学实践中。

（2）对思想政治工作、意识形态工作的全面领导

“十三五”期间，河北省民办高校党委不断加强思想政治和意识形态工作。党委认真宣传党的理论、贯彻落实党的路线方针政策，加紧推进“思政课程”和“课程思政”改革，加强习近平新时代中国特色社会主义理论教育和“四史”教育，让思政教育普遍进入各类课堂、实践教学、学生公寓、学生社团、校园文化。坚决抵制外部敌对势力、资产阶级腐朽思想，反对宗教势力干预教育，引导青年人拒绝不良习惯的侵袭和引诱，自觉远离不健康、有安全隐患的社会活动和网络活动，保证青年学生的健康成长。

（3）推进民主管理、民主监督，保证民办高校依法办学

河北省民办高校党委贯彻落实教职工代表大会、工会会员代表大会制度，切实保障教职工参与学校民主管理和民主监督的权利，保证教职工对学校重大事项决策的知情权和民主参与权。通过团员代表大会和学生代表大会等制度，加强学生对学校发展的知情权和民主管理的参与。全面实行校务公开制度，学校改革与发展的重大决策及时向师生员工和社会公布。学校的招生规定、收费项目与标准等事项，及时向社会公开。教育主管部门坚持对民办高校的年检制度，运用信息公开系统进行舆论监督，对个别违规学校及时进行查处。

（4）实施师德教育，有效推进教师综合素质提升

各高校党委在处理教育体系内部学生和教师的关系上，坚持“以学生为中心、以教师为主导”的辩证关系。现代信息技术的高度发展，使知识传播、知识形成的逻辑发生了巨大变化。自主学习在学生知识体系形成中的作用明显增强，教师对学生的作用不只是灌输知识，而是指导学生自主学习，帮助学生提高自主学习的积极性，从而获得终身学习的能力。教师在教育中的地位也就随之由“教书匠”回归到“导师”，而且是人生导师。教师自身的道德水平和思想政治水平在学生三观的形成过程中所起到

的作用明显增强。“思政课程”和“课程思政”的结合，恰恰是对教师地位变化的适应。“十三五”期间，各民办高校分别采取办党校、国学院、师德大讲堂、教师发展中心等方式，对教师进行专题培训，帮助教师转变教育观念、提高师德水平、解决教师对马克思主义和习近平新时代中国特色社会主义理论的“信”和“行”问题，鼓励教师用自身道德行为和言传身教潜移默化地影响学生发展。“十二五”期间，教师在自身修养、业务精进、增强责任感和使命感等方面取得了明显进步。从多个民办高校的教师队伍中涌现出了国家级和省级教学名师、优秀教师、优秀共产党员、优秀德育教师，带动了教师队伍综合素质的提升。

（5）推动学校改革和发展

“十三五”期间，各高校党委从实际出发，创新工作方法，在支持学校转型、产教融合、服务地方经济社会发展、深化教育教学改革、提高人才培养质量、支持学校特色发展、开展创新创业教育、推进一流专业建设和一流课程建设、完善质量保障体系建设、规范招生就业，以及紧急问题处理等方面发挥了积极作用。由于党委与学校发展同向同行、携手协商，使党委的政治核心作用得到了学校举办人和学校校长的高度认可，双方互信合作，民办高校的发展在“十三五”期间出现了渐强的趋势。

（6）参与人事管理和服务

各高校党委参与学校各类人才选拔、培养和管理工作，在教职工考核、职称评聘、理论学习、师德教育、教师发展等方面提出意见建议，主动联系，主动关心关爱，调动教职工的积极性和创造性，增强其主人翁意识，为学校发展提供了原动力。

（7）领导共青团、工会等群团组织

各高校党委领导工会、团委等群团组织，积极协调各方利益关系，为学校的和谐发展凝心聚力。各高校的教职工代表大会与工会会员代表大会、团员代表大会与学生代表大会，在“十三五”期间作为制度化安排，坚持正常召开。大会一般为一年一次，有些院校遇有重大问题需要讨论时，会增加临时会议。在大会召开时，河北省总工会和团省、市委都会予以高度重视，经常积极派人参加。同时河北省总工会和团省、市委把民办高校的教工和学生纳入其年度优秀党员、先进教工、模范团员、优秀学生、模范团组织、先进班集体、优秀社团等表彰活动和荣誉称号的授予活动中，极大地激发了民办高校师生的荣誉感和使命感。

（8）加强党的自身建设

“十三五”期间，河北省各民办高校加强党组织自身建设，完善校、院两级组织机构的设置和工作机制建设，加强党组织班子成员和党务干部的配备和管理，积极在学生和教工中发展新党员，教育他们在各自的岗位上发挥模范带头作用。严格党的组织生活制度，密切联系群众，认真贯彻民主集中制，抓好党风廉政建设。

3. 健全学校治理体系

“十三五”期间，河北省民办高校完成了董事会（理事会）、监事会、党委会、校务委员会（或其他以校长为首的行政领导班子）机构的建立和调整，实现了党委负责人对董事会、监事会的进入及党政班子成员的“双向进入”和“交叉任职”。坚持召开正常的党代表大会、教职工代表大会（暨工会会员代表大会）、共青团代表大会（暨学生代表大会），建立了完备的党团组织和其他群团组织等活动经费预算保障和严格管理制度。

4. 推进依法治校

河北省民办高校坚持实行依法治校。“十三五”期间，在河北省委教育工委、河北省教育厅的组织领导下，河北省民办教育协会积极参与，每年组织1—2次董事长（理事长）、党委书记、校长参加的依法办学、依法治校的专题培训会；对所有民办高校进行一次年度检查，并把依法办学作为检查重点；高度重视社会舆情和学生举报，及时查处。“十三五”期间，对4所民办高校重点进行了纪律检查和行政监察，根据问题性质和严重程度，学校领导有的被约谈，有的受到纪律处分，有的被通报批评，甚至有一所民办高校的举办人交由司法机关追究刑事责任。

（二）民办高校的办学理念全面提升

“十三五”期间，对中国高等教育来说是一个教育思想发展、更新的时代。根据党中央对国际国内形势的研判，在党的十九大上，习近平总书记强调“加快一流大学和一流学科建设”，引发了高等教育的“大推进”高潮，显然这个高潮的出现是由思想革命为先导的。河北省民办高校在此期间最大的变化和最主要的发展成果莫过于办学理念的全面提升，其中最根本、最本质的主要有以下4个方面。

1. 使命担当意识提高

任何国家的高等教育都必须服务于国家发展。在我国，为党育人，为国育才，为民育子，办人民满意的大学，推进民族复兴，早日实现“中国梦”，是所有高校必须具备的“初心”。新中国成立几十年来，高等教育的发展取得了极大进展，从根本上改变了中国高校的落后地位。但由于借鉴国外经验不当，也出现了闭门办学、体制陈旧、片面追求学科体系完整、质量提升缓慢、不适应国家产业发展需求的弊端。在党的十九大明确地提出中国大学要加快建设世界一流大学的战略部署之后，河北省民办高校与全国其他高校一样，主动服务于国家发展战略，主动为“中国制造2025”“中国现代化2035”和“两个一百年”实现中华民族伟大复兴的“中国梦”提供理论支撑、科技支撑和人才支撑。这种责任意识、使命感和担当精神的增强，成为引领河北省各民办高校改革开放、创新发展的根本动力。

2. 转型发展理念形成

2014 年春，国务院发布《关于加快建立现代职业教育体系的决定》等文件，提出将发展职业教育作为促进转变经济增长方式、调整产业结构和改善民生的战略举措。教育部明确提出本科院校，特别是地方本科院校要推进产教融合、校企合作，培养目标要从理论型转向应用型，以适应产业发展需要，服务国家发展战略。2015 年 4 月，河北省根据教育部部署，选择了 10 所本科高校作为省级试点学校，其中有河北传媒学院、燕京理工学院、河北外国语学院、河北大学工商学院、河北科技大学理工学院等 5 所民办高校。未被列入试点的其他民办高校也都根据教育部和河北省教育厅的指示精神，自觉安排转型发展，实现专业链与产业链、课程内容与职业标准、教学过程与生产过程的“三个对接”，出现了多种形式的校企合作、产教融合。不但使学校的发展活起来，也为产业发展及地方经济社会发展带来了新思路、新动力、新气象。

3. 国际化理念的普及

习近平总书记的“人类命运共同体”理论论证了国际化发展大趋势不可逆转。第四次工业革命背景下中国高等教育的发展，以及中国大学要实现“中国特色、世界一流”的目标，就必然要以更宽阔的国际视野学习国际、参与国际、走向国际、影响国际。“十三五”期间，河北省民办高校和国外高校的交流活动稳步提升，主要表现在国际交流与合作的范围扩大、形式增多，深度与广度都发生了积极变化，取得了较大成果。

4. 质量意识提升到战略高度

新时代是“质量为王”的时代，办学竞争的实质是教育质量的竞争。民办高校由于办学历史不长，在竞争中处于明显的劣势。在国内外激烈的办学竞争中，民办高校的办学质量与其生存状态、发展空间、社会资源取得、办学层次提升、国际发展机会等密切相关。“十三五”期间，河北省各民办高校对偏重数量扩张和经济效益增长的倾向进行了自我抑制，对质量的重视程度普遍提高。各高校领导都有了强烈的“质量自觉”，树立了“质量立校、质量兴校、质量强校”的坚定信念，努力打造有本校特征的质量文化，并在办学实践中得到贯彻落实。

（三）办学条件明显改善

1. 物质资源条件改善

“十三五”期间，河北省民办高校的办学条件明显改善，从以下办学指标的增长情况可以看出学校面貌的变化。

（1）校园面积

“十三五”期间，河北省民办高校的校均占地面积呈上升趋势。2016 年，35 所民办高校校均占地 648 895.52 平方米，2020 年，37 所民办高校校均占地 685 112.59 平方米，5 年间校均占地面积增长了 5.58%。(见图 1)

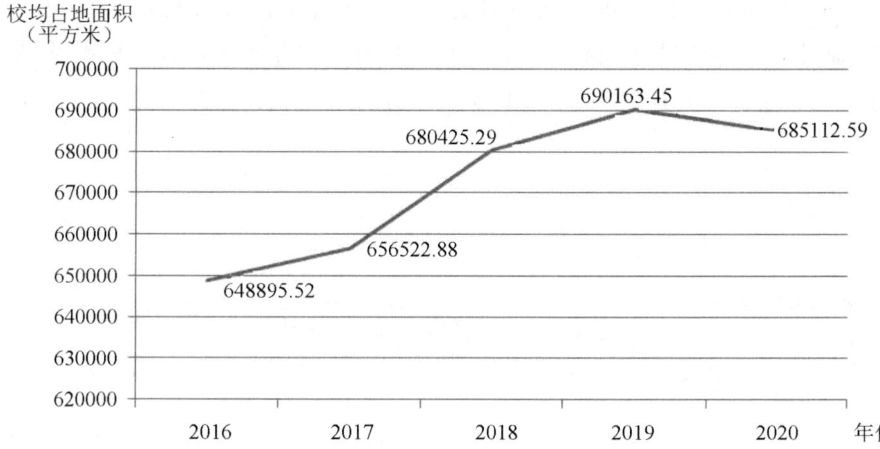

图 1　2016—2020 年河北省民办高校校均占地面积情况

数据来源：河北省教育事业统计数据库

“十三五”期间，河北省民办高校的生均占地面积从 2016 年的 65.67 平方米，一直增加到 2018 年的 68.77 平方米，到 2020 年下降到 50.25 平方米。(见图 2)

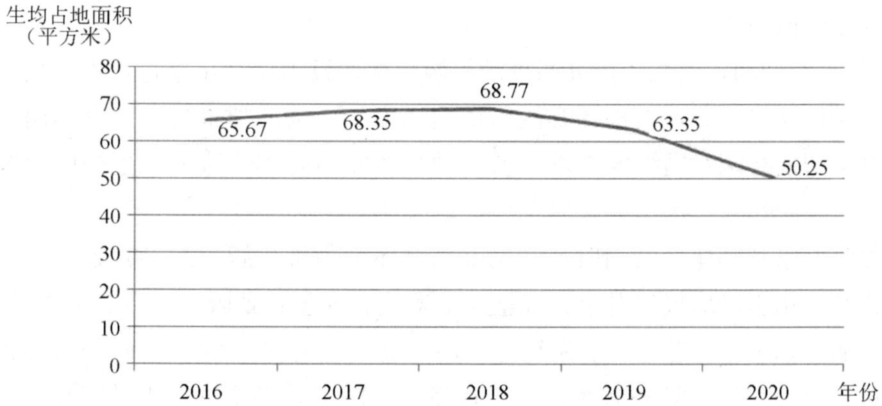

图 2　2016—2020 年河北省民办高校生均占地面积情况

数据来源：河北省教育事业统计数据库

2020 年生均占地面积下降的主要原因是 2019 年和 2020 年专科教育（高等职业教

育）连续扩招，本科规模也有所扩大，在校生规模迅速增长。但从整体趋势上来看，生均占地面积在波动中依然有小幅增长。

（2）图书

图书是高校最重要的教学科研支撑力量，古今中外的高校都把图书馆看作是学校最重要的基础建设和标志性建筑物。“十三五”期间，河北省民办高校的校均图书量从2016年的78.49万册，上升到2020年的96.89万册，5年间增长了23.44%。（见图3）

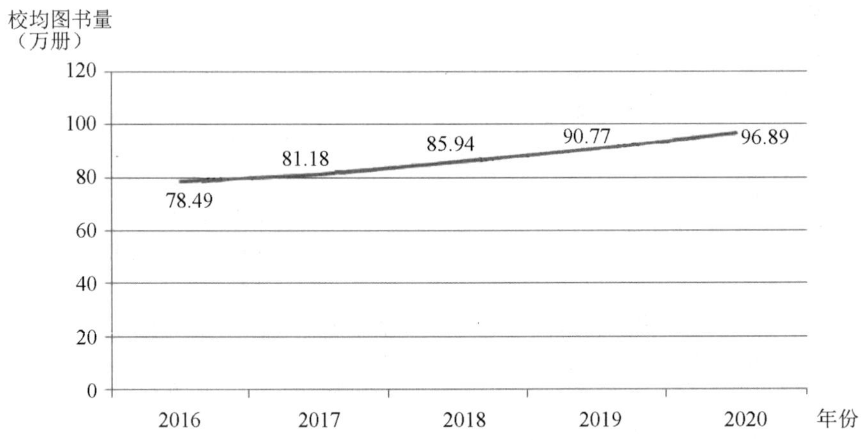

图3 2016—2020年河北省民办高校校均图书量情况

资料来源：河北省教育事业统计数据库

（3）校园网络建设

“十三五”期间，河北省民办高校的校园网络建设工作稳步推进，不断更新校园网络核心区域的网络设备，大幅提升网络访问速度。为满足师生日益丰富的网络接入方式，尤其是智能终端对网络的需求日益增加，各民办高校普遍完成了校园无线网络的全覆盖。

在加强网络基础建设的同时，各民办高校还大力推进智慧校园建设，部分高校自主开发无纸化招生录取报到系统、智慧学工系统、智慧后勤服务平台、资源共享平台、新员工入职培训平台、艺考报名系统等应用系统，引进OA办公系统、资产管理系统，升级网站群管理系统、教务系统、一卡通系统、图书管理系统，提升工作效率，方便师生学习和工作。

（4）教学仪器设备值

“十三五”期间，河北省民办高校的校均教学仪器设备值从2016年的6356.59万元，上升到2020年的7384.16万元，5年间增长了16.17%。（见图4）

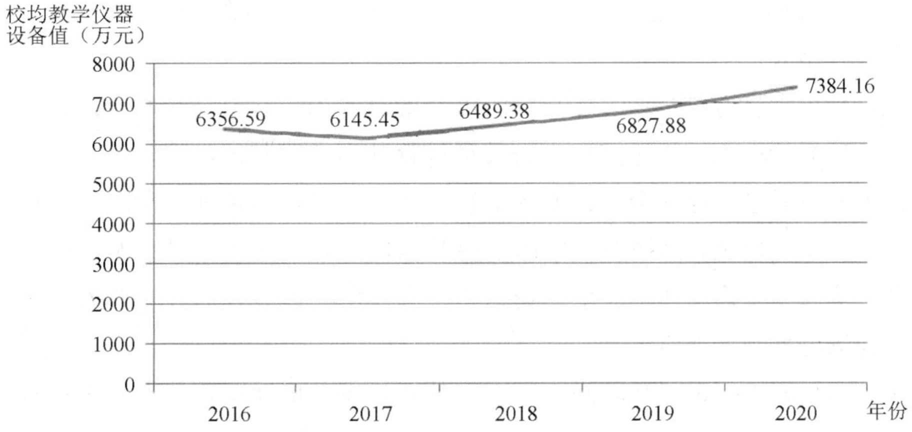

图 4　2016—2020 年河北省民办高校校均教学仪器设备值情况

资料来源：河北省教育事业统计数据库

2. 师资队伍状况

“十三五”期间，河北省民办高校的教职工总数呈明显上升趋势，从 2016 年到 2020 年，5 年间增长了 21.02%。专任教师队伍的总量、结构、素质普遍有所提高。（见图 5）

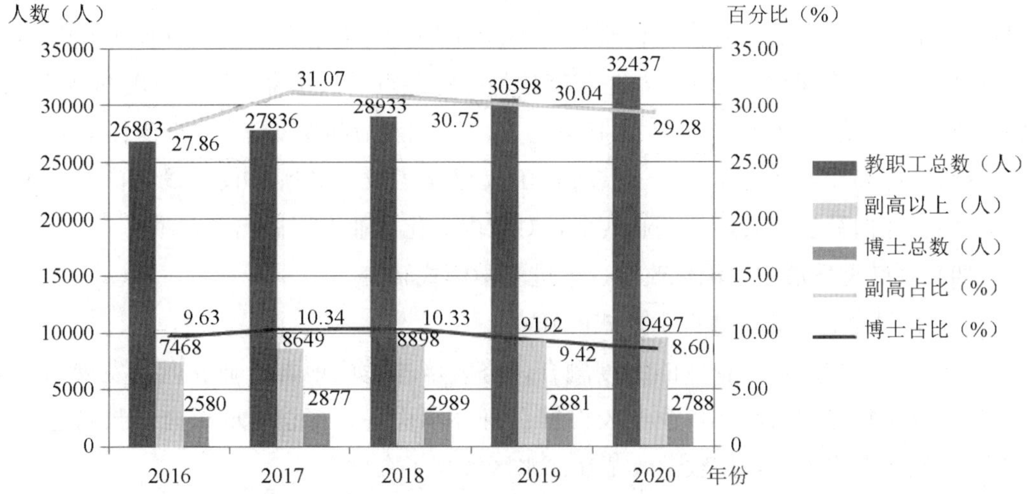

图 5　2016—2020 年河北省民办高校教职工情况

数据来源：河北省教育事业统计数据库

3. 社会资源的利用

“十三五”期间，河北省民办高校积极利用社会资源，拓展专业建设领域，利用丰富的企业资源，建立学生教学训练、顶岗实习平台，进一步拓宽校企合作模式。通过

"产"和"教"在资源、信息等方面的充分融合，发挥学校和企业的最大优势，共同培养优秀的复合型人才。

以燕京理工学院为例。该学院与三河市新宏昌专用车有限公司联合面向学生、企业和社会开展质量教育，共建燕理宏昌质量教育社会实践基地，该基地是河北省教育厅批准的河北省质量教育社会实践基地立项单位。同时，燕京理工学院还对接中国室内装饰协会、中国建筑装饰协会、中国室内装饰协会陈设艺术委员会及多家大型装饰设计企业，为这些装饰设计企业培养输送招之即用的一线设计人才，同时也为解决大学生的就业问题找到新出路。

各民办高校积极探索"互联网＋教育"的新形态，推动现代信息技术在教学中的应用，建设线上精品课程，通过线上线下相结合的方式不断丰富和扩展教学资源。

4. 教学资源的利用

"十三五"期间，河北省民办高校通过完善管理体制，配备专职管理人员，深化管理改革。实验室保证了实验教学的需要，实验项目的开出率，开出项目的合格率，学生实验分组情况和参与率，实验室的开放率，试验设备的完好率，仪器设备的折旧、淘汰、重置情况，大型设施和重要设备的拥有情况，实验经费的保障情况等，都有了明显的进步。图书馆的开放时间、文献检索快捷性、教师学生借阅率、图书周转率、信息服务水平、学术活动的频率和质量均不断提升。网络平台的管理和服务连接着教学、科研、学校治理和社会交往，是各高校的关注重点。近年来，河北省民办高校的网络平台服务水平普遍提高得较快，尤其是在2020年的新冠肺炎疫情之中经受住了考验。

有些民办高校，如河北传媒学院等，不仅提高了教学场所和仪器设备的校内使用效率，而且还向社会开放，与企业共享，对省内文化产业发展做出了贡献。

（四）在转型发展中，深化改革、推进教学模式转变

1. 产教融合、校企合作办学方式的确立

为实现学校与产业、企业的深度融合，努力培养适应地方行业、产业发展需要的应用型、技术技能型人才，各个学校根据自身办学优势，探索形成了有本校特色的产教融合、校企合作方式，使教学改革在深水区实现了突破。

（1）建立完善的校企协同育人机制

为推进产教融合、校企合作的开展，各个学校都将产教融合、校企合作工作列入董事会、校长办公会的重要日程，定期召开专题会议研究，并把产教融合、校企合作的工作列入年度工作要点。

各学校建立了完善的校企协同育人的工作机制，不断吸纳行业、企业参与学校管理、专业建设、课程建设、人才培养，强化行业、企业及社会对学校办学活动的参与和监督，建立并加强校企合作专业指导委员会的建设，坚持“优势互补、资源共享、合作共赢”的原则，积极构建校企协同创新人才培养新模式，探索行之有效的教学方法改革，不断提高教育教学水平和人才培养质量。

（2）产教融合、校企合作形成了不同的办学模式

纵观河北省民办高校的产教融合、校企合作方式，形成了专业共建、课程置换、订单班、冠名班、实习实训、工作室、产业学院等多种形式。大致可分为以下几种。

一是实践教学型合作。根据学生专业综合素质改造提升计划，安排学生到专业对口企业进行实践教学活动，实现“在做中学、在做中教、边讲边操作，边操作边讲”。如保定理工学院建立了以“实践教学四年不断线”和“3＋1”为主要形式的应用型人才培养模式，将项目实操融入整个实习过程中，加强实习过程监督和管理，以技术应用能力培养为主线，搭建了由基本技能训练到专业技能训练，再到综合技术应用训练的递进式、开放式实践教学体系。又如河北工程技术学院引进了河北华恒信通信技术有限公司，开设订单班，共建移动通信、通信工程等专业。该企业在合作中先后投入1000多万元，组建了4个实训室。学生完成学业后，由企业安排直接进入相关岗位就业。截至目前，已累计培养毕业生762人。

二是引企驻校建平台，校企联手唱大戏。如河北工程技术学院将河北世纪建筑材料设备检验有限公司引入校园。合作中，由学校无偿提供1800平方米土地，由企业自行投资、设计、建造面积为3588平方米的框架结构式质检大楼一座，并配置相关设备，总投资约1750万元，组建相关实训室15个，面向土木工程、建筑环境与能源应用工程、建筑电气与智能化、建筑学等专业设立实训项目60余个。实践教学中全程由企业教师进行指导，完成真实的实验实训项目。又如河北东方学院提出了“依托行业办学院、依托企业办专业”的教育理念，始终坚持“校企政共建与产学研联合培养”体制，人工智能专业与国家大数据中心等IT企业共建；交通运输专业对接京津冀交通工具、交通设施及廊坊电子信息走廊的发展定位，实现区域专业共建。

三是校企合作共建产业学院。如河北工程技术学院与河北省软件与信息服务业协会、河北新龙科技集团三方合作组建了软件学院；与河北中科恒运软件科技股份有限公司合作，组建了大数据学院；与科大讯飞合作组建了人工智能学院。3家企业累计投资2000多万元，派出教学和管理人员70余名，在校企协同、共建专业和人才培养中发挥了积极作用。

四是企业工匠进课堂。如河北经贸大学经济管理学院实行企业进校园授课与学分相结合的新模式，将企业引进校园，采用选修课的形式，按月进行课堂授课；引进“教育部产学合作协同育人项目”，鼓励企业通过自主立项并提供专项资金资助高校开

展专业综合改革、课程改革、大学生创新创业训练计划等，以此来共同推动人才培养模式改革，着力培养适应产业发展需要的应用型、复合型、创新型人才。

产教融合、校企合作办学模式的确立，实现了专业共建、资源共享、互利互惠、互动发展，提升了应用型人才培养水平。

案例链接：

燕京理工学院：校企合作育人才，产教融合促发展

2008年，清华紫光培训中心与燕京理工学院通过校企合作的方式，实现了学员实践技能的培养及实习就业。燕京理工学院提供计算机专业学生、场地、设备；紫光培训中心提供相关教学体系、教师团队，并为自愿加入培训的学生提供培训、实习及就业推荐等服务。

紫光培训中心按照燕京理工学院的教学要求，具体负责课程置换方案的实施，完成教学工作，指导学员的实习和毕业设计等。紫光班在提升学生的技术水平的同时，还要培养学生的团队合作精神、项目管理能力、与人沟通能力、组织会议技能、独立解决问题的能力、严谨的时间观念、自主学习和创新能力等。最终实现与原人才培养计划相比明显的优化，使人才的整体素质，特别是技能和能力素质有明显的提升。

在合作培养中，紫光培训中心承诺，学生在学习期间不仅可以积累工作经验，还会获得企业设立的奖学金；在企业的岗位实践中，还可以获得一定的实习报酬。学生通过职业训练和岗位锻炼，磨炼IT技术、外语能力，并亲身体会公司是如何运作的、项目开发是如何操作的、客户交流是如何进行的，提高了学生的竞争力，为未来的发展打下坚实的基础。学生毕业后，由企业按照协议约定安排就业。紫光班的学生中，从事软件开发的占85%左右，从事软件测试或实施的占15%左右，从而保证了高标准的对口就业率，学生的就业薪金普遍高于应届生的平均就业薪金。

截至目前，已有1200余人通过紫光班的学习实现了高质量的就业，解决了企业的用人需求。特别是2015年转型以来，学校更加重视应用型人才培养，加大了与紫光软件集团的合作力度，优化了学生知识体系，提高了学生整体就业水平。对毕业生近3年的调查问卷显示，毕业生的岗位适应能力、起薪水平和就业稳定性持续提升。

2. 人才培养方案的修订和执行

（1）根据学校定位，修订人才培养方案

河北省各民办高校依据教育部发布的《普通高等学校本科专业目录（2012）》和《普通高等学校本科专业类教学质量国家标准》的相关规定，根据应用型人才培养目标定位和社会对人才的需求，按照“知识、能力、素质”协调发展的应用型人才要求，建立了由通识教育课程、基础教育课程、专业教育课程、实习实训课程构成的课程体系。

人才培养方案修订基本按照“专业与产业对接、课程内容与职业标准对接、教学过程与生产过程对接、学历证书与职业资格证书对接、职业教育与终身学习对接”的修订要求进行，全面对照国家标准和行业需求，创新人才培养模式，形成自身特色和优势；重组课程体系，精简课程门数，精选教学内容，强调通识教育，加强实践环节，增加选修比例，切实提高学生的实践能力、创业能力和专业技能，充分彰显应用型人才培养特色。坚持以人为本，把思想政治教育、创新创业教育融入人才培养全过程、各环节。在人才培养方案的修订过程中，根据学校发展定位调研区域经济发展情况，征求用人单位需求及国家和省级教指委专家意见，再经反复论证形成专业人才培养方案。

为保障人才培养方案的严肃性、科学性，各高校采取多种措施严格规范人才培养方案的制定、执行与管理，明确规定了程序性制度，以保证培养方案的落实。

各高校建立了教学运行监控体系，加强对培养方案执行过程的监督与控制，严格根据培养方案确定教学任务、安排教学工作。规范、完善的人才培养方案成为各高校培养应用型人才的依据，成为服务区域经济社会发展的基本保障。

（2）课程体系的调整

为有效提升课程的适应性和契合度，将人才培养方案改革为对学生知识、技能和综合专业素质的改造提升计划。课程设置上，增设用人单位急需的课程、用人单位必需的课程、适应社会经济发展需要的课程。适当增加实践教学比例，注重专业技能的培养。尊重学生个性，扩大通识课程、增加跨专业选修的课程。课程教学大纲经有关教师及专家论证，采取教研室、二级学院、学校三级审核管理制度，以保证培养方案中培养定位和培养目标的落实。出台课程建设标准，搭建线上课程平台，制作和引进精品在线课程，普及共享优质课程，实现优质网络教育资源共享。

创新创业教育融入人才培养体系。设置创新创业类必修课程，规定相应的学时学分；在选修课和分散实践课程中都要安排与创新创业相关的课程、活动和学分。制定创新学分转换办法，激励学生广泛参与创新活动与创业训练，增强创新意识和能力。

（3）对传统教学模式的改革

“十三五”期间，河北省民办高校强化以学生为主体、以教师为主导的意识。根据学科特点，以调动学生自主学习、刻苦学习为教学改革的方向，教师积极尝试问题引领式、讲练结合式、任务驱动式、情景创设式、项目导向式、真实案例分析式、翻转课堂式、现场教学式、研讨式教学、PBL 式教学等多样化的教学方法，提高教学效果；

专业理论课突出专业基础理论，增加应用性内容，努力实现精品化、小型化、多样化，并且关注前沿，及时更新内容；实验课程减少验证性实验，增设综合性、设计型实验，综合实验类课程以项目教学为主；专业课强调在系统学习专业理论知识的基础上提高学生综合应用专业知识解决实际问题的能力；着力提升广大教师将信息技术与高等教育深度融合的意识和能力，把在线开放课程作为课堂教学的重要补充，推进在线课程平台、MOOC、微课等“互联网＋课程”的建设。

突出“课程思政”教育的作用。通过“思政课程＋课程思政”相结合的教育模式，充分发掘各类课程和教学方式中蕴含的思政资源，强调每一门课程的德育功能，落实每一位教师的育人职责，把思想政治工作做在日常、做到每一个人、做到每一个课堂，从而提高“思政”效果。

河北外国语学院经过20多年的教学实践与科研，探索出了一套原创的81个教学方法，被《中国教育报》《中国青年报》、人民网、新华网、凤凰网等媒体广泛报道，特别是“语言自然学习法”，被《中国教育报》誉为“中国外语教学的一次重要改革”。

（4）实践教学创新

坚持“夯实基础、能力导向、注重应用”的原则，围绕专业能力、实践能力培养，加大实践学时学分比重。各高校普遍构建了“一条线、两结合、四层级”的实践教学体系，“一条线”即坚持实践教学4年不断线；“两结合”即课内课外相结合、校内校外相结合；“四层级”即基础实践、专业实践、社会实践、创新实践，形成“理论知识＋技能训练＋综合文化素质＋创新创业实践”的人才培养架构，确保人才培养目标的达成。通过人才培养方案的修订，专业实践课的占比达到40％以上。

建立实践课程体系标准。实践课程体系建设标准紧紧衔接行业标准，以强化学生的岗位技能培养。各专业以职业标准中包括的素养、知识、技能要求为依据，制定出培训项目明确详尽、培养过程严格有序的实践课程体系，并通过这一体系，为学生提供与未来从事职业有关的知识、技能和职业素养，使之在取得学历证书的同时，还可以取得相关的职业资格证书。

（5）考试方法改革

按照应用型人才培养的需要，各民办高校在“十三五”期间大规模进行考试方法改革。以过程性评价和能力评价为目标，实行开卷与闭卷相结合、期末与平时相结合、纸制考试与网络考试相结合、理论考试与现场操作考试相结合、考试与技能竞赛相结合、课程考试与证书考试相结合，使考核方式多样化，为全面、客观、科学地考查学生学习效果打开了新思路。

各高校规范考试管理，严肃考风考纪。一是加强考试前教育，严肃考风考纪，树立诚信意识；二是加强考试环节规范化管理；三是加强考试巡视制度，利用校园网络监控系统对考场进行实时监控，随时通过查看和回放来核验考场纪律情况；四是严肃处理考试违规和作弊现象。

（6）毕业论文管理及指导改革

加强毕业论文（设计）工作管理，提升毕业论文（设计）水平是各民办高校形成的基本共识。各高校都相继制定了《毕业论文（设计）管理办法》《毕业论文（设计）指导教师选聘与考核管理办法》《关于毕业论文（设计）撰写规范》《本科毕业论文（设计）工作指导手册》等一系列文件，形成了毕业论文（设计）管理工作的制度依据。在管理体制上，成立毕业论文（设计）领导小组，形成了教研室、二级学院、学校三级管理体系。为进一步加强监督管理，对照相应工作质量标准，量化考核指标体系，将二级学院毕业论文（设计）工作成果和指导教师指导论文质量情况纳入单位和个人的考核内容，确保毕业论文（设计）工作质量；依据河北省人民政府学位委员会相关文件精神，加大毕业论文（设计）查重力度，每年组织毕业论文（设计）的初检、抽检和终检工作，防范抄袭、剽窃等学术不端行为。“十三五”期间，各高校的毕业论文（设计）查重率呈逐年下降趋势，优秀毕业论文（设计）数量不断增加，影响力不断提升。

案例链接：

河北传媒学院艺术硕士专业学位研究生培养

早在2011年，学校经过艰苦努力和激烈竞争，成为全国首批获准招收专业研究生的5所民办高校之一。2012年，学校开始招收艺术硕士（广播电视领域）研究生，2015年，又增设新闻与传播硕士和翻译硕士。近10年来，学校打破常规，根据专业特点和办学条件，形成了“三年三阶段”培养模式，即一年理论课、一年综合能力训练、一年毕业项目创作。在学生指导上，形成了本校导师、学界导师、业界导师共同指导的“三导师制”。到2020年，共招收了9届研究生，完成了7届硕士的培养。

研究生的创作成果获得多个奖项。如首届毕业生创作的励志故事片电影《旗》进入院线后，获得全国电影金鸡奖的3项提名。研究生刘晓群制作的动画短片《颠倒站》，2016年获全国艺术硕士专业学位设置和招生十周年广播电视专业优秀作品展映优秀作品奖；王琦红、孙琰展、周新蕾等制作的短片《花乡之安逸》《蜕变》《最强女助攻之时光倒回》入围第二十三届北京大学生电影节“飞鹰原创微电影大赛”。在2017—2018年的“研究生创新能力培养资助项目”立项中，6人获省级立项，20人获校级立项。

毕业生就业率连续多年达到100%，其中“专业对口”的毕业生占87.8%，大部分毕业生从事编导、编剧、影视策划、后期制作、主持人等工作，且多数已成为单位业务骨干，有的成为总经理或项目经理。用人单位普遍认为学校培养的研究生专业理论和技能扎实、岗位适应快、管理和创新能力强，满意度达98%以上。

3. 一流专业和一流课程建设

（1）加强一流专业建设

“十三五”期间，全国高校掀起了一流专业建设热潮，河北省民办高校也积极投入其中。河北省各民办高校不断优化本校的专业结构。在专业申报上，主要面向产业需求，根据本校发展规划、办学定位和办学指导思想，在院、校两级调研论证的基础上，学校再组织校内外专家对申报专业进行审核论证，确定是否申报。在专业建设上，以优势专业为核心，按照专业基础相通、技术技能相近、职业岗位相关、教学资源共享的原则构建不同类型的专业群，打破学科、专业壁垒，加快专业整合，优化专业结构和布局，形成了就业、招生、人才培养的联动机制，全面提升专业人才培养和服务经济社会发展的能力。同时，在人才培养方案、师资队伍、教学条件等方面提出明确要求，采取各项措施保障专业建设。着力建设特色专业，以特色创品牌，把特色专业做精、做新。以优势稳规模，把优势专业做强、做大。在专业建设中设立首席专家或专业带头人制度，每专业配备3名以上高级职称教师，形成合理的教师结构团队。根据专业需要建立专业实验室。根据专业的不同特点，实行与社会研究机构或产业部门共建。校内尽量实行同一领域或相关专业的跨专业培养、专业群内的大类培养。经过各高校的共同努力，在2019—2020年国家一流专业建设“双万计划”评审中，河北传媒学院的影视编导专业进入国家一流专业建设行列，河北省民办高校共有82个专业进入省级一流专业建设计划。

（2）积极推进一流课程建设

按照国家“双一流”建设工作意见，以“思想性、观点性、创新性、可复制性、广泛的真理性、强烈的启发性”为原则，河北省各民办高校广泛调动广大教师的参与积极性，形成了“打造‘金课’，淘汰‘水课’”的氛围，学校加大投入、深化改革，加快推进一流课程建设，提升课程质量。截至2020年6月，已建立省级在线精品课程近40门。同年11月，教育部公布了全国评审认定的一流课程5118门，其中河北传媒学院杨博团队申报的“融媒体综艺节目制作”和河北外国语学院杨振团队申报的“中国—拉美和加勒比关系”成为国家一流课程。同时，河北省共认定一流课程305门，其中民办高校有57门，占全省总量的18.7%。河北省民办高校仅经过20多年的发展，就能取得如此重大的成果，是很不容易的。

（五）河北省民办高校发展特色纷呈

办学特色是在长期的办学历史过程中凝练形成的、本校特有的优质资源，是本校区别于他校的识别系统，体现学校的发展路径，引领学校的发展方向。国际经验表明，特色往往是高校立足于世界高校之林的资本。近年来，我国高校对办学特色的重视程度急速提升。民办高校由于起步较晚，又缺乏公办高校的资源优势，实行与公办高校的错位发展、特色发展，成为其赶超公办高校的明智选择。“十三五”期间，河北省各民办高校顺应这一潮流，根据自身发展实际，积极探索办学特色，取得了重要进展。

从各民办高校形成的办学特色来看，主要集中在人才培养模式上。

一是努力探索理论教学模块化改革、实践教学项目化植入的多元协同的人才培养模式。如河北美术学院不断推进“专业与产业融合、教学与创作融合、课堂与工作室融合”，形成了“实践教学与校园文化相互促进、专业建设与相关产业协同发展”的办学特色。又如河北东方学院按照“文物＋艺术＋科技”的办学理念，形成了项目教学模式的办学特色。再如石家庄理工学院探索订单式培养、量身定制，实现人才培养与市场需求的“零距离”对接的办学特色。

二是依据独特的学科专业优势凝练形成的办学特色。如河北传媒学院从学校以艺术、传媒类专业为主的特点出发，历来重视舞台对人才成长的特殊作用，在长期的教学实践中，凝练了“把学生推到舞台上、把舞台搭在社会上”的办学特色。学校不断深化舞台内涵，完善舞台体系，发挥舞台功能，引导学生通过舞台举特色旗、走红色路、唱主旋律、播正能量，把学生培育成德艺双馨的艺术、传媒人才。又如石家庄财经职业学院在办学实践中形成了具有专业特色的“工学交替、学做合一”的育人模式。教育部全国财政职业教育教学指导委员会组织专家在该校进行了深入调研，在调研报告中对该校的校企合作育人模式给予了高度评价，特别认为该校的“企业文化进教学”“企业案例进教材”“业务骨干进课堂”“人才培养进企业”专业人才培养模式是真正地将“构建以就业为导向的职业教育体系贯彻落实到人才培养方案中”。再如河北外国语学院则是坚持对外开放，与世界重点区域、主要国家开展全景式国际合作，做强国际化的办学特色。

三是坚持立德树人的历史使命，形成文化育人的特色。如河北科技学院着眼于应用型人才培养，秉承“正德、厚生、笃学、强能”的校训，合理增负，构建“德能教育”体系，形成办学特色。又如河北工程大学科信学院落实立德树人根本任务，围绕“一体两翼”工作思路，“文化育人”和“创新创业”两翼齐飞，形成了以“甘丹书院”“创新创业驱动”为主要品牌的办学特色。

四是以社会实践为支撑，提升学生实际能力的办学特色。如河北师范大学汇华学院结合师范类专业学生特点，形成了开展“顶岗实习支教工程”的办学特色。又如渤海职业学院探索产教深度融合、校企一体，形成了开展现代学徒制试点的办学特色。

五是强化专业、课程建设形成的办学特色。如华北理工大学轻工学院加强一流专业和一流课程建设，4 个专业获批省级一流本科专业建设点，3 门课程获批省级一流课程，彰显出学校的办学特色。

河北省民办高校的发展历史与现状表明，各种类型的学校都在探索、实践、凝练办学特色，但客观上来讲，由于办学历史相对较短，多数学校的办学优势尚不够强，办学特色多在形成之中。主观上来讲，多数学校对办学特色之“特”的理解还不够全面和深刻，还未能真正触及学校发展的深层次问题，也使得办学特色还不够“特”，这是需要各高校继续深入探讨的。

（六）国际化办学取得较大进展

在全球一体化的大形势之下，高等教育走向世界是必然趋势。在党的十九大上，习近平总书记指出“开放带来进步，封闭必然落后”，并且把“推动形成全面开放新格局”视为重要的治国理念。高等教育作为知识、文化、思想、学术的制高点和大本营，必然要站在国际学术交流的前沿。要建设世界一流大学，最基本的素质之一是具备国际视野。“十三五”期间，河北省各民办高校普遍认识到国际视野对学校发展的重要意义，并付诸办学实践，取得了国际化办学的新成果。

1. 完善国际交流机构，提供外事工作保障

“十三五”期间，河北省民办高校把国际化作为推进学校发展的一个基本视角，成立了国际交流中心，充实外事人员队伍，加大外事经费投入，不断完善外事工作规范，为国际交流工作提供保障。在教育部和河北省教育厅相关机构的指导下，各高校的国际交流活动开展得有声有色、丰富多彩。

2. 国际交流合作范围和合作空间不断拓展

河北省民办高校全面推进双向开放。一方面是努力吸收世界先进文化、先进科技、先进教育理念、先进大学的办学经验，获取国际优质教育资源；另一方面也积极地把中国的优秀文化向世界传播，让世界更好地了解中国。各高校在推进国际化办学进程中，从刚刚开始的外籍教师引进、开设短期交换学习培训项目，到目前基本上建立了全方位、多层次、实质性的交流与合作，国际合作项目数量与规模持续扩大，在高层互访、教师互聘、学生互培、专业建设、科学研究、学术交流、教师进修、国际竞赛、证书考试、学分互认等方面广泛进行国际合作。在学历层次上，合作项目拓展至专科、本科、硕士及博士培养等领域。畅通省级、市级引智工程通道，支持教师主动参与或承担国际科研合作项目、参加重要国际学术会议，在国内举办的国际高端论坛、国际

学术会议层次越来越高，范围越来越广。如燕京理工学院与英国、美国、澳大利亚、韩国等30多个国家和地区的150余所大学及教育机构建立了广泛联系，持续多年与多个国家进行为期两周的学生交互学习，双方学校对此都很满意，双方学生也感到收获很大。

3. 人才培养的国际合作不断深化

河北省民办高校在巩固国际合作成果的基础上，积极拓展合作新渠道，大力推进学生国际交流、联合培养、海外实习、攻读国外研究生等项目，探索课程互认、学分互认的人才培养模式；实行“2＋2”“1＋3”“3＋1＋1”等国内外人才联合培养模式，提高人才培养质量。国外前政要、诺贝尔奖得主等到访日趋频繁，交流沟通日趋密切，已成为与海外院校双向交流的重要平台。如河北外国语学院探索了北欧冰雪语言合作模式、西欧国际班合作模式、古巴高端引智合作模式、哥伦比亚汉语教学合作模式、韩国本硕直申合作模式、东盟合作模式、俄罗斯合作模式等，通过与波兰、古巴等国家的著名大学联合培养硕士、博士，探索了高层次人才的国际联合培养机制。又如燕京理工学院与国外高校探讨合作办学，打造定向培养班，同时引进海外高校教师到校授课，让学生不出国门也可以感受到国际化课堂氛围，体验海外高等教育。合作至今，已有240余名学生参与，其中45名学生顺利进入海外高校攻读硕士研究生，这45名学生中有85％的学生进入的是世界排名前400的高校。

4. 积极推进汉语教育国际化水平

2007年8月，石家庄科技职业学院经中美两国政府批准，在美国新墨西哥州立大学创办了河北省民办高校第一所孔子学院。2008年9月，河北传媒学院在巴西，与巴西利亚大学合作建立了孔子学院。这两所孔子学院在美洲产生了巨大影响。河北外国语学院成立了全球华语学习中心，并与河北经贸大学正式签署了河北省孔子学院中方院校联盟协议，积极推进孔子学院（孔子课堂）建设。孔子学院建设取得显著成效，至2019年9月，新墨西哥州立大学孔子学院学习汉语的学生总数为267人，该校参加2019年美国西南区“汉语桥”比赛时，获得一等奖1名、三等奖2名，并且累计组织80人次参加了3次HSK考试。截至目前，河北省民办高校已累计派出汉语志愿者教师75人，其中有16位教师续任岗位，足迹遍布世界各地的十几个国家。

5. 积极融入国家“一带一路”倡议

通过“一带一路”在教育领域的各类交流合作平台，不断拓展合作领域、增强合作深度。如河北外国语学院开展了“一带一路”沿线国家非通用语言人才和专业建设，开设“一带一路”沿线国家非通用语种国际合作班、“语言＋专业”国际合作班，以一个语种为基础，多个专业为补充，实现了“语言＋商务”“语言＋医学”“语言＋教育”“语言＋管理”“语言＋人工智能”等国际合作项目。又如燕京理工学院搭建了学生国际教育发展平台，积极与联合国人口基金会开展合作，已举办了3届“一带一路”青年领导力项目校园大使活动。再如河北东方学院充分利用“中国·廊坊国际经济贸易洽谈会”的时机，与“一带一路”沿线多个国家的应用科技大学就校际合作与专业对接等方面深入讨论对接，并达成初步成果。

纵观河北省民办高校国际化发展进程可以发现，各高校都在积极探索国际交流与合作发展路径，特别是以“一带一路”沿线国家为重点，积极探索对外交流新渠道，并取得了明显成效，产生了较好的社会影响。

（七）学生中心地位的确立与管理工作创新

“十三五”期间，我国教育理念方面的一个巨大进步是教育界普遍接受了“以学生为中心”的办学理念。在高等教育领域，教育部在本科教学合格评估方案中提出了遵循“学生中心、成果导向、持续改进”的理念；教育部2018年发布的《普通高等学校本科专业类教学质量国家标准》编制的原则首条就是“以学生为中心”。河北省民办高校“以学生为中心”的理念成为共识，主要表现在以下9个方面：①学校的各项工作安排都服从学生的德、智、体、美、劳全面发展；②注重激发学生的学习兴趣和个人潜能；③尊重学生的基础条件、爱好志趣和合理的个人要求，实行弹性管理和个性化培养方案；④改革“教”的方法和“学”的方法，使学生真正成为学习的主人；⑤吸收学生参与学校管理，把学生看作是民主治校的重要力量；⑥全校各部门全力做好为学生服务工作，保障学生有良好的生活环境、学习环境，指导学生身心健康，推动学生创业就业；⑦通过强有力的思想政治工作，做好学生的人生导师，保障学生积极向上、奋发有为，有能力识别和拒绝不良思潮和错误意识的侵袭；⑧关注舆情，认真听取学生意见，保护学生的合法权益；⑨帮助和推进学生自尊自爱、严守纪律，严惩违纪者，保护学生勤奋学习的积极性和成果评价的公平性等。从这些方面入手，河北省民办高校集中力量做了以下工作安排。

1. 建立健全学生工作机构，配备专职学生管理队伍

“十三五”期间，河北省各民办高校将学生管理工作纳入党委职责分工，由一位专职副书记主管，建立党委学生工作部、团委及行政管理部门学生处，明确职责，有效开展工作；按1∶200的比例聘足政治辅导员，普遍制定了教师参与学生指导、成为学生健康成长引路人的导师制度；出台对辅导员和兼任导师的补助、晋级、奖励等政策与培训制度；利用现代网络技术构建教师与学生交流沟通的平台和机制；学校在学习、生活、竞赛、实习实训、毕业论文（设计）、心理、就业、奖助、考研等多方位、多层面上加强对学生的指导，充分体现“育人为本”“学生为本”的指导思想，学生满意程度较高，对提高学生综合素质效果显著。

2. 建立相应制度，线上平台助力学生管理

“十三五”期间，河北省各民办高校制定或修订了包括学生学籍管理、毕业资格审定、学位授予条例、考试纪律、违纪处理办法、团员代表大会、学生代表大会、学生社团登记及管理办法等基本制度，各高校还根据本校实际编写了《学生手册》，制定了学生考勤及请销假管理、住宿管理等具体制度。如燕京理工学院等院校制定和实施了《周日晚点名管理办法》，即学生在每周日及法定节假日由教师（专职辅导员、班主任）负责组织，以现场集中的形式对学生开展点名的管理制度，要求做到非实习阶段毕业班和非毕业班的学生在每周日晚 7 点至 9 点间必须按时到达学院指定的教室进行现场点名签到（实习阶段学生以电话、短信、微信或 QQ 等方式进行点名签到）。又如石家庄科技职业学院进一步完善了《家长委员会制度》，加强与家长的合作，引导家长对子女做出正确、客观的评价及指导。

整合线上力量促管理。如河北师范大学汇华学院创立了学生权益服务群、权益服务官方群、权益服务热线，共收集学生建议意见 3000 余条，涉及学习、生活、后勤保障、校园文化等多个方面，并及时做了处理。又如燕山大学里仁学院以新媒体“里仁青年”平台为中心，打造“两微两端”立体网格式宣传模式，营造“蓬勃向上、奋斗青春”的校园文化。再如河北工程大学科信学院通过建立易班网站、微信平台，占领网上主阵地，宣传和引导学生积极向上、充满正能量、把握舆论导向。还如河北传媒学院发挥本校的专业优势，学生自主制作新闻电视节目、广播节目，在校内出版《河传学子报》，并举办《领航讲堂》、云端团校等活动进行网上网下多媒体传播。

3. 强化学生管理，让学生主动“忙起来”

“十三五”期间，随着高等学校“双一流”建设的全面展开和对人才培养质量标准的提高，各民办高校的管理理念普遍经历了一次大的转变。针对一些学生厌学、逃课、沉迷于网络游戏、上课成为“低头族”、平时不努力、考试常违纪、毕业抄论文、自荐“造”成绩等学风不正现象，各高校都修订了管理办法，并且严格执“法”，督促学生回归学习本位，让学生主动“忙起来”。

案例链接：

燕京理工学院把励志教育融入学生在校生活的全过程

一是通过“思政课程”和“课程思政”引导学生把自己的命运与祖国、民族、人民的命运联系起来，古今中外的仁人志士都有身担使命、艰苦奋斗、无私奉献的人生，鼓励青年学生“为中华崛起而读书”；二是在课堂上下改革教学与管理，发挥学生主动学习的自觉性，激发学生的学习热情，为学生留足能提高独立思考能力和解决问题能

力的作业；三是建立学生自律组织，增加学生自律活动，让他们有机会实现自我管理、自我控制、自我发展；四是辅之以必要的制度约束，例如建立早操和早晚自习制度、周日晚7点点名、开班会制度、课堂上必要的手机管理办法等；五是强化公寓育人功能，建立辅导员和管理员工作的交流融合，通过思想工作和党建进宿舍、文化艺术进宿舍、文明生活进宿舍，把宿舍建设成积极向上、促进学习、文明健康、安全和谐的成长基地；六是丰富校园文化生活，开展形式多样的第二课堂活动，如读书月、文明周、知识竞赛、科技比赛、体育文化节、大学生艺术节、学生艺术作品展等，充实学生的课余文化生活，为促进学生的全面发展提供平台；七是在学校管理制度修订中，突出了对违纪学生处理的严格度，使之成为一个明确的信号，学校将对严重违纪、屡教不改或达不到培养目标的学生实行“零容忍”。

案例链接：

河北科技学院实施“准军校式＋”管理模式

“准军校式＋”模式的内涵主要包括3个方面：一是充分发扬军校集中、统一管理的优势，以学生为本位，以大学生价值观为核心，以执行力为驱动，促进大学生集体主义和纪律观念的养成；二是充分发挥军校管理重视红色文化“软实力”的吸引力和熏陶作用，以思想教育为先导，以理想信念、价值准则、道德规范、团队精神教育为切入点，推动学生德、智、体、美、劳全面发展；三是充分运用军校管理中健全的组织结构，按系统推进治理，放大党团学组织的作用，保障学生优良作风的养成。

“准军校式＋”模式的建构与实施，加快了价值观塑造、知识传授和能力培养融为一体的进程，推进了“三全育人”和“课程思政”建设，学风、校风大为改观。图书馆入馆率和图书借阅量逐年增长；违反纪律的现象明显减少，到课率平均在98%以上，晨读、晨练出勤率从2015年的98.2%提高到2019年的99%，自习出勤率从2015年的98%提高到2019年的98.8%。学生在时间观念、生活作风、参与体育锻炼的意识等方面都发生了积极变化。

4. 创新创业教育成果显著

“十三五”期间，河北省民办高校普遍重视创新创业教育，并采取有力措施，取得了丰硕的成果。

（1）将创新创业教育融入人才培养方案

河北省民办高校普遍将创新创业课程融入专业人才培养方案，开设相关课程，对学生进行系统培养。如河北工程技术学院、石家庄财经职业学院、石家庄理工职业学院等院校从 2012 年起将创新创业课程面向全院学生开课，选配或聘请校内外富有创业经验与创业能力的专业教师、企业家、创业成功人士、科研人员、管理人员为创业导师，形成了一支既有理论又有实践经验，且能够担当起大学生自主创业指导服务的团队。

（2）广搭平台，让创新创业从理论转向实践

“十三五”期间，河北省民办高校通过整合人才、资金、知识、软件、设备、服务等各种资源，广搭平台，形成了专业研发、校内孵化、社会发展的孵化链条。

燕京理工学院与北京华鼎讯通科技有限公司等 6 家公司共同签订协议，获授信额度为 2000 万元，当孵化园项目需要融资时，在此额度内投资方优选投资项目。燕京理工学院是燕郊高新区“双创联盟”的董事会成员之一，于 2015 年 11 月被认定为“燕郊国家高新技术产业开发区小企业创业基地”；2016 年 4 月，被评为“河北省大学生创业孵化示范园（众创空间）”；2016 年 7 月，被授予“全国民办高校创新创业教育示范学校文化建设奖”；2017 年 8 月，被认定为“廊坊市众创空间”，并获得 50 万元的奖励金。

燕山大学里仁学院作为河北省首所“深化创新创业教育改革示范高校”的独立学院，与秦皇岛市科协、科技局、海港区教育局开展合作，共建人工智能学会、众创空间、青少年科技教育基地等，主动与外部资源对接搭建育人平台，获评“河北省‘全国科普日’优秀组织单位”“秦皇岛市科普教育优秀基地”等称号。

河北美术学院坚持“以培养勇于投身实践的敢闯会创优秀卓越人才”为核心，把创新创业教育作为推动教育教学改革的突破口和抓手，努力在创新活动中培育人才。学校基于艺术类专业，面向文创产业，以创新创业教育为基础，以孵化园（众创空间）、大学生创新创业基地为平台，以组织保障、专项经费、师资队伍、创新创业制度、一站式服务等为主要工作举措，系统构建创新创业教育生态体系。该校为鼓励学生创新创业，将创新创业纳入学分管理，制定和落实《河北美术学院大学生创新创业学分置换办法》；设立专项创业奖学金，奖励创业成功及创业大赛获奖的学生。为实现个性化培养，学校构建多层次的创新创业课程体系，面向全体学生开设“创业基础”课程，增设“团队建设与高效管理”等 10 余门选修课程；组织创新创业教育学科带头人编写创新创业教材，如《大学生职业指导与创业教育》等，以保证创新创业教育工作的针对性与实用性；建立创新创业典型案例库、指导教师资料库、创业项目库等资料库，以便更好地服务于创新创业教育的发展。由于该校创新创业教育的教学与实践效果显著，先后荣获“全国创新创业教育实践实训基地建设奖”“全国高等学校创业教育研究与实践先进单位”“河北省首批大学生创业教育示范学校”“全国高校创新创业教育改革优秀典型高校”等称号。

5. 树立全面安全意识，形成良好的安全育人生态

“十三五”期间，河北省民办高校高度重视安全工作。安全是个大概念，包括生命安全、心理安全、个人财产安全、公共财产安全、饮食安全、环境安全等。在学校里，安全是稳定的基础，是发展的前提。多年来，安全意识已经渗透到了学校的方方面面。学校的安全措施可以大体分为“制防、人防、心防、技防”，以及开展形式多样的安全教育活动等5个方面。

（1）制防

据河北省教育厅要求，大部分民办高校都成立了安全稳定工作领导小组，由学校董事长或校长任组长，领导和指挥全校的安全稳定工作。各高校以维护校园安全稳定为总目标，不断完善安全工作管理制度，普遍完善了包括《学校安全工作责任制度》《安全宣传教育培训制度》《安全隐患排查整改制度》《安全应急预案》《饮食卫生管理制度》《心理安全辅导和咨询》《安全档案管理制度》在内的多个安全管理制度，在安全工作上做到了预见性、规范性和针对性相结合。

（2）人防

河北省各民办高校普遍实行了“24小时无缝隙值班制”，通过带班校领导、各二级单位值班教师、保卫人员、公寓人员、后勤人员等编制安全网，对校园内任何角落出现的任何问题努力做到第一时间发现、第一时间处理。

（3）心防

河北省各民办高校普遍建立了包括思政教育、辅导员与管理人员、心理指导教师等多方参与的心理防御系统，对学生进行生命可贵教育、心理指导与疏导、反不良思潮渗透、反不正当利益引诱、反邪教“洗脑”、反网络诈骗等多方面的活动，保障学生的心理安全。

（4）技防

河北省各民办高校普遍加强了“科技创安”工作力度，加大了技术装备和技术人员的投入，转变安全观念，配齐安全工作人员，足额购置警备、消防、通信、急救、能源、交通、监控等防暴、防火、防盗、防疫、防突发灾害等的设施，对校园实行24小时全方位的安全监控，对全员进行技术装备知识的教育与训练，以备事故突发时能够科学应对，保证万无一失。

（5）抓好时间节点，开展形式多样的安全教育活动

以新生入学、毕业生离校、节假日、消防日、国家安全日，以及大型集聚活动，如开学典礼、毕业典礼、学术报告、文艺演出、放映电影、综艺晚会、文化艺术节、运动会等事件为切入点，利用网站、微信公众号、LED屏、广播台、宣传栏、宣传展

牌、宣传条幅等形式，广泛开展学生安全教育活动；开展防电信诈骗主题活动，增强学生安全意识，促进学生形成科学三观指导下的"大安全观"；举行消防逃生、防灾急救等演练，使学生的安全意识做到"警钟长鸣"，增强师生在遇到灾情时的心理准备和技能准备，提高其处置应对与自救能力。

（八）质量保障成为关键措施

在"质量为王"的时代，质量保障体系的完备程度成为关键。"十三五"期间，河北省民办高校从两个方面树起了质量保障的"防火墙"：一方面是通过管理机构和管理制度完善，对日常教学进行全程全面监控，保障教学过程中的质量稳定；另一方面是建立常规的质量保障体系，分阶段对教学质量进行检查和评估，并以此为据，持续改善。两个方面的高度契合，共同构成对教学质量的保障。

1. 健全教学管理机构和制度，保障对教学全面全程的有效监控

据资料显示，"十三五"期间，河北省各民办高校都在不断地完善自己的教学管理机构和制度。

一是健全机构。各高校都设立了主管教学的副院（校）长，并建立了教学指导委员会、学位委员会、学术委员会、专业建设委员会、教务部（处）、质量建设（评估）办公室、教师发展中心、专兼职结合的教学督导机构、学生信息员队伍等组织机构，负责教学工作的设计、论证、建设、运行、监控、检查、督导，保障正常的教学秩序，推进改革，完善制度，提高质量。

二是完善制度。"十三五"期间，各民办高校大幅度修订和新制定了一系列教学管理制度，以适应一流大学建设的新形势，特别是一些核心制度，如人才培养方案、专业质量标准、教学大纲、课堂教学规范、实践教学规范、课程考试和实践考核改革方案、毕业设计（论文）管理、教师教学事故认定处理办法等，都从一流目标和现实问题出发，重新考量，提出了许多新观念、新规范、新要求，总的倾向是加大、加重了难度和严格程度。

三是协同保障。各高校加大了党委组织部和宣传部、人事处、科研处、学生处、设备处（实验管理中心）、图书馆、网络管理中心（信息中心）等部门的协调，制定了双方或多方共同管理的制度，如教师培训进修制度、教师考核奖惩和晋职晋级制度、网课质量评价制度、实践教学运行和考核制度、学生参与教学管理制度等，在全校管理教学、全员关注教学、全程监控教学、提高教学管理效率等方面有了大的改观。

2. 建立完善的教学质量保障体系

"十三五"期间，河北省民办高校质量意识的提升，突出表现在各高校教学质量保障体系的完善上。各高校都建构了有本校特色的质量保障体系，并且一般都被定义为

“全员参与、全面监控、全程督导、及时反馈、持续改进”的校内闭环系统。其大体构造包括 6 个子系统，即领导与组织管理系统、目标和标准系统、资源动员与管理系统、教学过程管理系统、教学监控评估系统和信息反馈系统。6 个子系统的连接和互动，构成了校内质量保障的闭环系统。各民办高校都制定了本校的质量保障体系运行图，下图是华北理工大学轻工学院质量保障运行图。（见图 6）

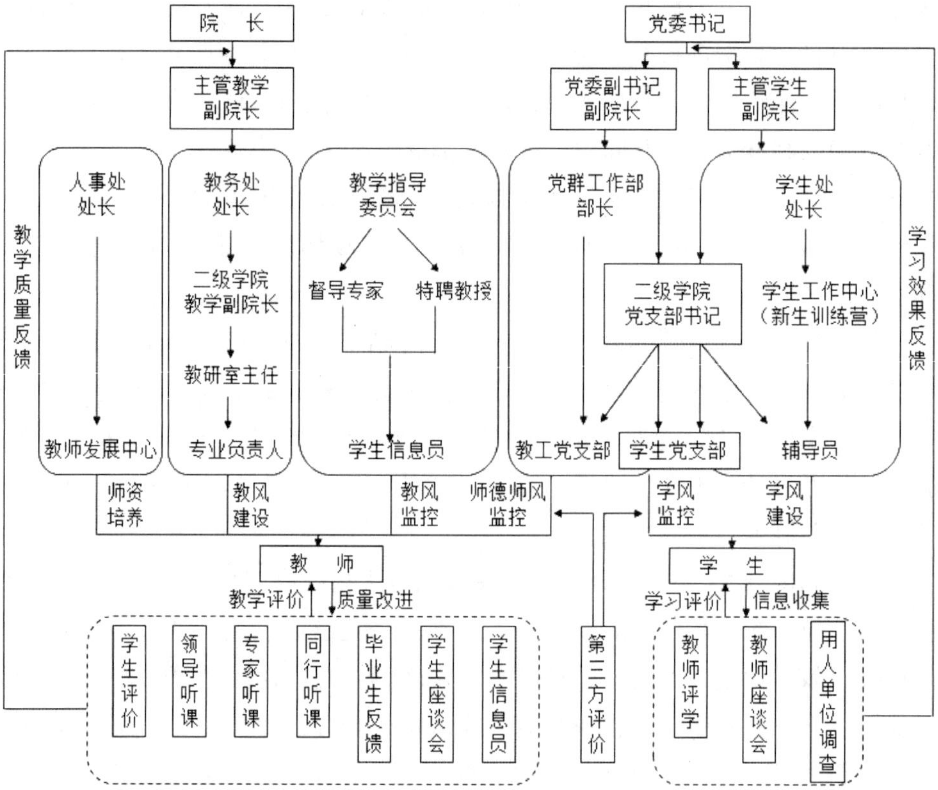

图 6　华北理工大学轻工学院质量保障运行图

资料来源：华北理工大学轻工学院

这个运行图反映了华北理工大学轻工学院围绕落实立德树人的根本任务，依托教学指导委员会，构建校、院、教研室、师生四位一体的教学质量管理体系，不断强化教学质量生命线意识，加强教学管理队伍建设，完善教学管理制度，科学制定和严格实施各个教学环节的质量标准与评价办法，强化过程管理，积极开展检查、反馈、整改等各项质量监控活动，构建闭环的持续改进机制，为保障教学质量奠定了坚实的基础。

在“十三五”时期的后半段，随着国家宏观调控的加强，各民办高校在质量保障体系改进方面扩大视野，陆续引进新的元素，使质量保障体系发生了结构性调整。

如河北传媒学院，2016 年以来该校对质量保证体系进行了两次大的改造。第一次是适应转型发展和应用型人才培养的需要，在质量保障体系的内闭路系统内，强化了实践教学的监控内容。包括重新制定实践类课程标准、重新组织有业界教师参与的教学队伍、重新安排对实践教学流程的监控，从而建立了转型发展条件下的质量保障体系。第二次是在 2020 年接受教育部审核评估过程中，学校感到外部监控对内部质量提升发挥着重要的指导和督促作用，学校便在内部管理闭环之外，又增加了一个外部系统，主要包括 5 个方面的内容：一是接收政府政策指令信息、产业人才需求信息、院校经验参照信息等；二是接受政府主导的教育评估、检查、评审、验收等信息；三是接受社会中介第三方评估信息和社会舆情信息；四是接受国际合作办学、学术交流、技能竞赛、职业考级等信息；五是上报和公开学校数据信息和校务信息。通过校外与校内信息的输入与输出，开拓了质量建设的国内国外视野，丰富了质量保障体系的信息供给，增加了质量提升的参照系，使教学保障体系成为一个更加完整的“内闭环、外开放的双循环”系统。

三、主要成就

高等院校站在人类文化的制高点上，站在世界文明的制高点上，在现代国家中被推到了社会中心地位。大学的这种地位是由其使命和职能决定的，与大学的举办主体无关。古今中外，民办（私立）大学一直是大学的重要组成部分，都为各自国家的发展和社会进步做出了卓越贡献。从目前来看，河北省的民办大学在短短 20 多年的时间里取得了快速发展，学校总数达到了全省高校总数的 29.6%，在校生数达到全省在校生总数的 32.2%。为河北省实现经济强省、科技进步、文化发展等做出了巨大贡献。

（一）人才贡献

大学第一位的任务就是为各行各业提供高层次专业人才。高校毕业生数量、质量、结构和拔尖人才，在很大程度上决定着国家的经济实力、发展潜力、创新能力和社会风貌，这便是每个国家都在努力提高本国高等教育能力的原因。中国高等教育的毛入学率在 2020 年达到了 54.4%，也就是说，中国高等教育已经超越了大众化阶段，进入普及阶段。在这个过程中，民办高等教育的贡献是不容忽视的。“十三五”期间，河北省民办高校的本专科毕业生为 45.03 万人，占全省毕业生的 25.98%。如果把成人教育和各类培训也计算在内的话，约有 100 万之众。从数量来看，这对提升河北省就业人口的受教育年限和职工中的高学历比例起到了重要作用。从质量特点来看，民办高校的生源虽然不是“学霸”，大部分是“三本”或专科，但他们思想活跃，社会交往能力强，善于沟通，长于动手动脑，他们对成为技能型的多面手很感兴趣，而对成“名”成“家”的期望值不高。因此，他们在企业里是一代“留得住、干得好、能力强、有潜力”的新型专业技术人员。根据多项调查显示，民办院校就业率按可比口径统计，不低于公办院校，而企业的满意率则略高于公办院校。

（二）资本贡献

资本是发达经济的基础。发展经济学认为，发展的最基础要素是资本和劳动力。改革开放之前的中国，劳动力并不缺乏（当然还是缺乏受教育年限较长和科技能力较高的劳动力），真正紧缺的是资本。列举一个简单的数据，尽管我国早在 1993 年就提出了公共教育经费要占 GDP 比重 4%的投入目标，但此后社会千呼万唤 19 年，到 2012 年才第一次实现，后来这一指标连续在徘徊中站稳，但它始终低于 4.9%（2018 年）的世界平均水平。“十三五”期间，河北省民办高校的固定资产逐年增加，到 2019 年达到 186.88 亿元，占到全省高校固定资产的 21.4%。显然动员社会资本投入教育，是推动加速教育发展的重要措施。

在上述固定资产中不包括土地资产和无形资产，因为这些资产有待评估。看起来近 187 亿的固定资产并不大，但从社会学角度来看，这笔资本的意义却很重大。一是这笔资本凝聚着举办者 20 多年的心血和数以万计的教育工作者的辛勤劳动。河北省的民办高校绝大多数是从 20 世纪 80 年代适应改革开放新形势下的人才需求，社会上各类补习班、培训班、辅导班蜂起时开始的，在大浪淘沙中幸存下来，之后又经历了 20 多年筚路蓝缕，备尝艰辛，以滚雪球式的发展走到今天。它体现着那一代人对国家命运和社会责任的担当。二是这笔资本是凝聚态的实业资本，没有泡沫。它代表着河北省几十所万人大学，在国家的支柱产业中发挥着重要作用。三是这笔资本的潜力巨大。在国家“双一流”大学建设中，河北省民办高校中的佼佼者已经进入国家级建设队伍，这些学校有信心经过几十年、几代人的努力，进入世界一流大学队伍。

（三）吸收就业贡献

就业问题始终是民生指标中居于核心地位的指标，也是国家紧盯不放的指标。因为就业不仅体现经济的景气程度，也关系到人民的生存状态和幸福指数。“十三五”期间，河北省民办高校在吸收就业、促进就业等方面发挥着巨大作用。

1. 吸收高学历人员就业

民办高校需要向社会招聘教职工，到 2020 年，民办高校的教职工总数已达 32 437 人，其中专任教师为 25 102 人。本科院校的专任教师和辅导员一般招聘硕士及以上学历的毕业生，其他人员的学历起点在本科以上。民办高校教师由于竞争压力较大，一般敬业精神优于公办院校，教学和科研水平也不低于公办学校。这批民办院校一般有近20年的学历教育历史，师资队伍在不断积累经验中成长，且越来越成熟。如河北传媒学院，近5年来，该校自己培养的青年教师中已有15人成长为教授，26人成长为副教授，而且已经出现了一批享受政府特殊津贴的专家，以及众多国家级和省部级优秀教师、教学名师、优秀教学团队。高等学校是高级专业人才培养基地，而民办院校吸收高学历人员就业，可以增强高级专业人才“孵化”的“母基”作用，对河北省的高速发展具有推动作用。

2. 实施“双创”教育，促进创业就业

按照国务院部署，民办院校把“双创教育”列为必修课，强化了“双创教育”。如河北传媒学院建成了4000平方米的“文化创意产业园”，40多家企业进驻，参与学生的就业创业实践。不同院校分别以创业学院、产业学院等多种形式与企业共同实施“双创教育”，深入推进产教融合，指导学生在校期间就进入实际产业岗位进行实操，保证他们毕业后“零距离”就业或创业。虽然“双创教育”的普遍推广并不能直接增加就业创业人口，但是它却能增强毕业生的就业创业能力，从而极大地推进了毕业生的就业和创业，使每年数以十万计的毕业生的就业率和就业质量稳步提高。

3. 吸收农民就业，推动农村劳动力转移

民办院校的建设一般会占用农村土地，学校会主动协助政府部门解决当地居民的就业问题。据调查，各院校从学校周围吸收的就业人口一般在500—1000人，除符合招聘条件进入教学和管理的人员外，其他岗位主要是校园绿化、卫生清扫、公寓管理、餐饮服务、安全保卫等后勤服务部门。这些人员按就业合同享受员工薪酬、福利劳保、社会保障和休假制度，受到师生尊重，同样也是学校的主人翁。

河北省民办高校以不同形式开展劳动力就业方面的培训，对推动城市人口就业和农村剩余劳动力转移起着推动作用。如河北外国语学院以“大学＋”理念为指导，发挥本校专业优势，对接经济社会的发展需要，每年都接受不同人员的培训任务。学校先后成立了教育培训学院、职业教育学院、创业就业学院、继续教育学院、河北省退役军人创业大学、河北工匠学院等，用学校的人力资源、科技资源、智力资源为社会提供点餐式、360度服务的培训活动。又如河北科技学院广泛开展餐旅服务、汽车维修、汽车驾驶、机械加工等专业培训，每年培训人数都在数千人，为北方农村青年人的就业做出了巨大贡献。

（四）社会服务贡献

1. 服务国家重大战略

2020年是党和国家完成脱贫攻坚战的最后一年。虽然党和政府并没有给河北省民办高校分配具体的对口支援任务，但各民办高校发挥本校专业优势，积极参与，主动作为，为这一宏伟目标的实现承担了许多具体工作。如保定理工学院教授边庆年是一位地质和环保专家，近5年来，他为涞源县贫困山区定水井60眼左右，解决了当地群众的用水难题，受到当地群众的高度赞扬。又如保定理工学院的“三下乡”小分队，他们的暑期社会实践活动以“体验省情、服务群众”为主题，一直坚持深入阜平、涞源、唐县等地进行“义务支教、深度扶贫”活动，帮助山区留守儿童学习和快乐成长。再如河北传媒学院根据农村信息化建设的部署，主动承担了唐山和邢台两地多个县级融媒体中心的建设工作，并顺利完成任务，为加强这些地区数字化建设和消除数字鸿沟做出了贡献。还有燕京理工学院的师生在学校党委的支持下，自发组织了一支志愿服务团队，到2020年，已经坚持开展了13年的对平南支农支教活动。其中电商创业团队采用“互联网＋特产”方式，帮助当地农民进行网络营销，把平南的香菇、茶叶、蜂蜜、腊肉等土特产推广、销售出去，切实提高了平南人民的经济收入水平。与此同时，志愿者们还利用航拍等手段，制作了平南旅游微视频，与“互联网＋红色旅游”相结合，大力开发平南的红色旅游资源。2018年5月9日，中国教育电视台《中国教育报道》栏目以《燕京理工学院：十年支教路，薪火永相传》为题，对燕京理工学院的事迹进行了报道。

2. 为2020年抗疫服务

2020年突发新冠肺炎疫情，不仅打乱了人们的生活节奏，还对人民群众的身体健康和生命安全构成重大威胁。河北省民办高校师生在城乡封闭的情况下，临危不惧，自觉站出来为群众服务，其中石家庄医学高等专科学校的黄海鹏同学堪称榜样。疫情袭来正值寒假期间，被封闭在家的黄海鹏作为医学院学生虽知疫情险恶，但他更知道自己作为未来医务工作者的职责。2020年1月底，黄海鹏与家乡的肃宁县相关部门取得联系，申请到武汉担任志愿者。县有关部门考虑到他才18岁，没有批准。随后，黄海鹏主动到县红十字会报到。当时县医学隔离点已经启动，急需志愿者，黄海鹏经过统一培训，正式成为医学隔离点的志愿者。

2月1日，黄海鹏进入医学隔离观察点，为被隔离人员送餐、清理垃圾、消毒、测量体温，辅助医护人员采集血样，有时还要担任心理咨询员、快递员等。

每天给被隔离人员的3次送餐都是对黄海鹏的考验。他需要穿着防护服，两手拎着重达10多公斤的餐盒爬楼梯。护目镜起了雾气，眼前就会变得模糊，脚下的每一步都走得小心翼翼。送餐结束后，黄海鹏会接着将被隔离人员的生活垃圾装进塑料袋中，带到楼下进行消毒处理。这一趟下来需要近一个小时，黄海鹏防护服下的衣服早已被汗水浸湿。防护服下的闷热让人很不舒服，但为了节省时间，不造成防护服的浪费，他就少喝水甚至不喝水，减少上厕所的次数。

在紧张和忙碌中，黄海鹏一天天地坚持着。2 月 13 日是黄海鹏最高兴的一天，因为他所在隔离点的被隔离人员无一人确诊，全部安全回家，黄海鹏心里的一块石头终于落了地。

稍作休整后，黄海鹏又主动申请到县里另一处医学观察隔离点当起了志愿者，一直坚持到最后撤点。

3 月 13 日是黄海鹏 19 岁生日。肃宁县文明办、团县委主要负责同志为大学生志愿者黄海鹏送来了一个特别订制的生日蛋糕。此外，县文明办和团县委还专门为黄海鹏送上了一件抗疫“红马甲”和一封感谢信，以感谢他对家乡防疫工作的付出和奉献。《肃宁周报》《沧州日报》《沧州晚报》、河北新闻网、河北文明网、河北电台、《河北日报》等多家媒体相继报道了他的事迹。

其他各高校师生也均以不同方式参与了抗疫活动。据统计，保定理工学院共有 711 名学生参加了志愿者工作，他们在抗击疫情的各个战线、各个角落默默无闻地工作着。校级团学组织共筹集资金 13 535.75 元，主要捐赠给了湖北省慈善总会、武汉市慈善总会、浙江省慈善联合总会，并收到对方开具的接受物资证明。河北美术学院奋战在抗疫工作中的青年志愿者，共付出了 46 864 个小时的辛勤劳动。

3. 活跃在社会上的大学生志愿者

河北省民办高校大学生志愿者群体是一支非常活跃的社会工作者团队。这支队伍不辞辛劳，不取报酬，恪守职责，一门心思地为社会服务，在社会的每个层面、每个角落都有他们的身影。救灾扶贫、敬老携幼、山村支教、助力特教、协助交通、绿化美化环境、城市文明建设等，哪里有需要，哪里就是他们的岗位。

这个团队的阵营特别强大，工作量也特别巨大。根据石家庄理工职业学院、燕京理工学院、河北师范大学汇华学院、河北经贸大学经济管理学院等 14 所民办院校的统计，河北省民办高校的大学生志愿者共计 70 493 人，2016—2019 年共提供了 2 154 167 个小时的服务，为河北的发展做出了十分重要的贡献。

案例链接：

河北传媒学院为社会服务的 6 条通道

河北传媒学院以本校的特色专业——艺术和传播专业为基础，重视为文化产业服务、为地方经济文化社会发展服务，走出了服务社会的 6 条通道。

（1）为河北省委、省政府的重点工作服务。红色记忆记载着党的初心，记载着共产党和新中国建立和建设的历史。按照习近平总书记的教导，举红色旗，唱主旋律，播正能量，培育德艺双馨的艺术新人，是河北传媒学院始终不变的使命。

一是学校组织师生积极参与河北省委、省政府举办的建党、建军、建国等一系列庆典、纪念、表彰、戏剧影视创作活动。在建党 90 周年之际，师生参与了大型话剧《寻找李大钊》的演出，受到高度评价，该剧获得了河北省"五个一工程"奖。同年，学校还承办了河北省教育系统大型纪念晚会《中华颂》。2016 年，参加河北省庆祝中国共产党成立 95 周年晚会《红色律动》的演出。2018 年 5 月，参加河北省文联纪念《延安文艺座谈会召开 76 周年》专场演出。2019 年，在河北省庆祝新中国成立 70 周年的各类艺术活动中，学校承担了主要任务，师生放弃假期，积极排练。学校承接了河北省委宣传部的重点项目、反映时代楷模的影片《吕建江》的后期录音工作，当时河北省文联领导到现场指导，对师生们高度的专注性和专业性给予了赞扬。

二是大力宣传红色历史，让更多人了解我党我军的英雄事迹。2018 年，学校与国家军事网合作完成《热血军人榜》。学校播音与主持艺术专业的学生利用实习机会，多年来坚持到西柏坡纪念馆、邢台中国人民抗日军政大学陈列馆，以及太行山多处党政军旧址和纪念场馆进行讲解服务，受到主管部门和现场听众的表扬。

三是运用专业优势，深入宣传社会主义核心价值观。近年来，按照河北省委宣传部的部署，学校积极参与社会主义核心价值观主题公益广告创作，有 60 部反映河北特色的广告作品被采用，并陆续在河北省的三级电视台网播出。

四是开放学校的专业场地，为红色艺术的演出、制作提供支持。学校有 1200 平方米、400 平方米两个演播厅，以及多功能演播放映厅、大画幅摄影机、航拍无人机等设施，在完成教学任务的前提下，这些场地经常向社会开放，供影视剧组拍摄、制作、试映、路演、首映等。2018 年 11 月，在学校演播厅承办了红色影片《血战湘江》首映式。学校的原创舞蹈《红色记忆·路》得到了河北省舞蹈家协会的充分肯定。曾在央视电视剧频道热播的《在桃花盛开的地方》，也是学校利用资源优势，与河北省委宣传部等多家单位共同拍摄的大型项目。

（2）为文化强省服务。文化强省已经成为河北省重要的发展战略，作为主要的文化人才培养基地，学校从 3 个方面加强了对河北省文化建设的服务。

一是人才服务。建校以来，学校共向社会输送了 4 万多名毕业生，其中有 65%留在了河北的省、市、县三级广播电视台网，一些县级台网的在职员工中河北传媒学院的毕业生占到了 35%—50%，这些毕业生被称为"会动手、使着顺、留得住、有潜力"的新型人才。

二是用艺术手段推介河北。通过创作艺术片、形象广告、承接大型制作项目，把美丽河北、文化河北推向全国和世界。2017 年，学校与新华网合作拍摄了大型纪录短片《美食中国》，学校安排 300 名师生到全国各地搜集资料，进行专题片的集中创作。

利用这个机会，师生对河北美食进行了专题研究和广泛采访，用很大篇幅进行了弘扬和推广，其中有94部作品在新华网的网络客户端进行了播放。学校承接了反映河北本地文化的大型电视剧《彩云常在》的剧本创作，通过文献梳理、实地走访和多次集体“头脑风暴”，创作组基本完成了其《情感篇》《发展篇》的初稿创作，并得到了剧组的充分肯定。

三是打造文化精品，引领河北文化发展。2015年，学校把带有浓郁河北风情的红色话剧《小兵张嘎》进行了再创作，以崭新的面貌重新搬上舞台，在石家庄演出后反响强烈，并获得了国家艺术基金的资助。在全国巡演150多场次，并且进入国家大剧院演出，受到国家领导人的高度评价。2016—2017年，“河北嘎子”的形象先后登上了英国、俄罗斯、罗马尼亚等国的舞台，受到观众尤其是儿童的喜爱。学校的原创舞蹈《中国梦·太行情》受到观众的广泛赞扬，被授予国家舞蹈最高奖项“荷花奖”。学生刘祖宏反映河北人民倔强与智慧人生的组照《土地上的人》，以极强的感染力获得北京大学生电影节摄影金奖。

四是为社区发展搭台唱戏。多年来，学校坚持到县以下基层单位，助力当地经济文化发展。曾作为主力参加过满城桃花节、赵县梨花节、栾城草莓节、野三坡旅游节的文艺演出活动。近年来，学校又积极参加河北省，以及石家庄、邢台、廊坊等市县的旅发大会。

(3) 为文化产业升级服务。

一是研发新产品。学校师生走出了一条“把声音变成产品，让产品服务人民”的道路，他们与河北广播电台科技频道联手，研发了《为盲胞读电影》节目。节目播出后，虽然服务对象是“小众群体”，却受到了社会的广泛关注。而后，他们又联手创作了200多期《古今中外经典诵读》节目，并与新华网一起制作了4集《中国网事》。

二是为建设新业态提供智力支持。在融媒体时代到来之际，县级融媒体中心的打造成为关键。学校相关专业主动承担责任，派出师生40余人，与遵化市广播电视台记者一起，共同完成50组选题，深入乡镇街道、农村社区、企业学校等进行采访，从历史文化、文旅融合、乡村振兴等角度完成数据库设计和大量信息存储，为遵化市融媒体中心建设助力。后来他们又先后与邢台市新河县、邯郸市大名县、沧州河间市签订了协议，陆续展开工作。石家庄市鹿泉区白鹿泉乡西胡申村发展了林果经济示范区1500余亩，初步形成了以苹果、樱桃、葡萄、寿桃等优新品种为主的现代化、规模化林果种植园。但由于企业没有系统的VI标识，缺乏发展所需的管理、营销、宣传、技术等方面的专业人才，严重制约了企业的未来发展。为此，学校师生行动起来，帮助他们进行整体系列VI设计，包括产品包装、品牌设计、广告语征集提炼，以及其他农产品的艺术形象设计，增强品牌影响力和竞争力。通过挖掘当地民俗、历史，提升“互联网+”意识，用好“互联网+”工具，融入现代营销理念，搭建起新媒体营销平台，将这一村域经济打造成一个特色鲜明、赏心悦目、具有新时期文化符号特征的4A级“动漫体验主题公园”，并带动了白鹿泉乡的文化风土人情的动漫演艺IP，与林果产业有机融合、相得益彰，形成了全新的农业产业。

三是引进创新项目，支持产业发展。学校与央视、中铁合作，共同承担了5集大型电视系列片《中国城轨》的制作。第一次以纪录片方式真实展现了中国城市轨道交通50年的辉煌成就，为河北城市轨道交通产业的发展提供了成熟经验。学校研究生与中国农业大学合作，深入邯郸市曲周县，以及在广西、黑龙江、陕西等地的科技小院，与农民同吃、同住、同劳动，记录了现代农业科技新模式，助推河北省现代农业发展，同时也为艺术学与农学交叉下的研究生培养模式探索出一条新路径。

（4）为繁荣社区文化服务。随着人民群众生活水平的提高，带来了更加强烈的文化消费需求。满足群众的文化艺术需求是艺术类教育义不容辞的责任。

一是连续10年登上央视或省级卫视，呈现精彩的节目。2016年，学校舞蹈学院的演出多达12场，包括央视元旦特别节目、央视网络春晚、全球华侨华人春节大联欢、湖南卫视春晚、河北心连心艺术团《挂红灯》赴张家口惠民演出、中国文联甘肃省“双联”行动和精准扶贫精准脱贫主题晚会、北京政协礼堂全国大学生广告艺术大赛颁奖典礼演出等。

二是与社区联合行动，聚焦地方文化发展。学校与井陉县合作，共同为井陉拉花申遗做了大量工作；与华韵坊合作，使非遗项目传统华韵得以推广；与栾城区政府共建三苏文化研究平台，三苏文化研究会入驻学校文化创意产业园区，研究人员与师生合作，实行资源共享，联手实现三苏文化在栾城的复兴；与正定电视台合作，共办《玩转正定》栏目，拍摄了《古城正定》系列名片式视频节目，与栾城电视台共办《栾城好人》栏目等。

三是开辟剧场，为社区群众演出。学校与母体单位精英集团合作，在市中心开辟了精英剧场（天明剧场）和儿童小剧场，连续6年坚持每周六日演出。已经演出的剧目有48部城市剧和10多部儿童剧，其中包括引进的大型剧目中央芭蕾舞剧团的《红色娘子军》、纪念红军长征胜利80周年的交响音乐会等活动，以及国际名剧《战马》、原创城市剧《幸福国际庄》、原创互动亲子剧《爸爸在哪儿》等。

四是有一支坚守在服务一线的艺术青年志愿者队伍。学校有个“雷锋班”，坚持常年活动在社会基层的各个层面。他们与学校周围的幼儿园、小学、特殊教育学校、敬老院建立固定联系，除了为幼儿、孤儿、特教学生和老人做生活服务外，还辅导孩子们唱歌、跳舞，为老人演唱红色歌曲。逢年过节时与老人和孩子们一起开晚会，欢度节日，用自己的热情去温暖一颗颗孤独无助的心。在暑寒假期间，他们还奔向“老边穷”地区，用自己的专业特长，广泛开展文艺支教、为盲人读书、为老人补拍婚纱照、为老红军整理口述回忆录、为乡村手绘文化墙等各类志愿服务活动。“雷锋班”成为金色名片，2018 年，他们还参加了在清华大学举行的全国“雷锋班”座谈会。目前，全校志愿者人数达到 8348 人，平均每年的志愿服务时间为 32 836 小时。2018 年，囊括了由团中央主办的“镜头中的三下乡”优秀成果遴选活动中的优秀摄影奖、优秀报道奖、优秀视频奖、优秀指导教师奖和优秀实践队员奖等全部奖项，取得了“大满贯”的好成绩。学校青年志愿者多次受到团中央、中宣部、教育部、团省委等部门的表彰，学校团委连续 10 年成为“石家庄市红旗团委”。

（5）为国家扶贫战略服务。

一是精神扶贫。学校拍摄的电影《旗》，以深刻的人文关怀，描写了一个贫困山村、一所学校、一面国旗、一个患有自闭症的留守儿童、一名留守老教师的故事。它向全社会发出了关注贫困的呼吁，向农村青少年发出了励志改变农村贫穷面貌的号召。这部电影登陆院线后，引起了全社会的强烈反响，被誉为“信念之旗、责任之旗、精神之旗、艺术之旗”，并荣获了省级“五个一工程”奖和国家“金鸡奖”的提名奖。

二是文化扶贫。河北省政协的对口扶贫单位是地处边远山区的贵州省纳雍县，纳雍县虽山川秀美、资源丰富，但由于信息闭塞，导致经济落后。学校派出专家组深入调研，并拍摄了美丽动人的视频，改变了纳雍“养在深闺人未识”的局面。

三是技术扶贫。河北省滦平县是国家级贫困县，学校师生深入金沟屯村主动帮其搭建水稻新媒体营销平台，主要负责广告制作、品牌推广、电子商务运营，解决了农户的水稻销售难题。此外，学校还为其他农产品及衍生产品设计了卡通形象、动漫片等文化创意作品，为该村品牌化发展提供了专业服务。

（6）为争得荣誉服务。自建校以来，学校就努力为河北省和石家庄市争得荣誉而奋斗，且取得了一系列成果。2010 年，学校刚成立几年便代表石家庄市参加了《城市之间・国际版》的冠军争夺赛，与美国、俄罗斯、白俄罗斯等国的选手进行对决。在艰苦卓绝、惊心动魄的比赛中，学校师生勇战巴黎，最终战胜对手，获得总冠军。十几年来，学校的艺术作品接连取得了“五个一工程”奖、舞蹈国家最高奖“荷花奖”、电影最高奖“金鸡奖”、央视青歌赛合唱优秀奖、流行唱法优秀奖等奖项。2017 年，学校的 29 名非体育专业轮滑爱好者参加了全国大学生单排轮滑球公开赛，分别获得男子组和女子组第一名。同年，这两支队伍代表河北省参加了第十三届全国运动会，同样获得了非常好的成绩。为备战 2022 年冬奥会、冬残奥会，学校有 3 名教师被选入国家技术官员团队，通过了培训和考核。有8名女生进入了中国女子冰球跨项集训队，并先后参加了在芬兰和北京进行的集训，她们将在2022年一展风采。

四、存在的主要问题及发展建议

（一）当前民办高校遇到的问题

在“十三五”期间，河北省民办高等教育在良好的政策环境和全国高等教育“大推进”形势下，取得了新发展，总体规模继续扩大，结构不断优化，质量进一步提升。但在当前全国高校以一流大学和一流学科为目标的建设高潮中，民办高校的力量整体上看仍十分薄弱。在发展过程中，面临着一些理论、政策和实践问题，需要认真讨论解决。

1. 困扰民办高校发展的歧视问题依然存在

民办学校应与公办学校一样享有在法律上的平等地位。法律上承认民办教育具有公益性，是社会主义教育事业的重要组成部分，这是重大的社会进步，是中国经济体制转型和社会转型的一项成果。但是从目前河北省民办学校现实的处境来看，法律地位还没有得到落实，一些政策措施还应进一步完善。例如，早在2008年前后讨论《国家中长期教育改革和发展规划纲要（2010—2020年）》征求意见稿时，人们就从不同方面提出了对民办教育的政策歧视问题。10多年过去了，尽管民办教育的生态有了很大改进，但有不少问题仍然没有解决。一是民办高校的事业编制问题，河北省出台的相关实施意见并不具体，而且到目前也没有实施；二是民办教师待遇低、社保缴费低、退休后养老金与公办教师差距大的问题，河北省并没有制定具体的调整政策，这严重影响了民办高校师资队伍建设和师资队伍的稳定性；三是对民办高校的奖励只给荣誉不给奖金，科研主管部门只给立项不给经费资助，近两年的高职教育扩招中只给扩招指标，不帮助解决实际困难等；四是民办院校与公办院校相比，在学校设置条件、教学评估等方面都是同一个标准，这种管理上“一刀切”的办法是形式上的平等，实际上的不平等；五是在财政资金扶持问题上，国务院提出了要设立民办教育基金、购买服务等财政措施，在全国有20多个省（市、自治区）都做了实际安排，可河北省至今仍没有相应安排。这些问题的存在，影响着民办高校的办学积极性，也影响着全省高教发展大局。

2. 分类管理政策尚不具体

在“十三五”期间，对民办教育影响最大的政策是分类管理的出台。2016年，全国人大修订了《中华人民共和国民办教育促进法》之后，民办教育分类管理的实施提上了工作日程。国务院于当年出台了《关于鼓励社会力量兴办教育促进民办教育健康发展的若干意见》，教育部会同有关部委出台了民办学校分类管理登记、营利性民办学校监督管理的具体办法。这些文件提出了分类管理的原则性意见，之后河北省也已完成了相关文件的出台，并做出了2022年9月1日前完成分类管理的时间安排。时间已经过去大半，但“选边站队”没有完成，不少民办学校举办人还在犹豫和徘徊。其主要原因是他们特别关注的一些实际问题，从中央到省级文件都没有具体说法。比如两类不同的选择在财政支持、税收优惠、公平待遇等方面到底有多大差别？能不能拿出有说服力的数据测算？再比如，如果选择非营利，在学校存续期间举办人到底应该取得怎样的待遇？这些事关学校未来发展和个人根本利益的问题，在得到明确答复之前，民办学校举办人会一直处于“焦虑期”，他们的办学热情和投入积极性会受到影响，对民办教育的发展很不利。

3.“双一流”建设中存在着不公平问题

从目前来看，民办高校的在校生人数已经占到了全国高等教育的五分之一以上。这是一个了不起的发展成果，也是一个关乎国家未来发展的了不起的动力，所以在当前高校的“双一流建设”中不能没有民办高校的参与。教育部已经在公平竞争中为民办高校发放了“通行证”，这是明智的、有远见的抉择。但是“双一流”建设是要有成本的，公办高校的成本由国家财政支付，民办高校仅靠学费收入这一单一渠道难以承担一流建设的巨大成本。对民办高校的支持不应该只是在享受“一流建设”项目的专用费用上，还应该部分承担教学基础设施建设，如高标准实验室建设、高端人才引进、大型产教融合设施、智慧校园建设等费用。这些费用用在民办高校与用在公办院校是一样的，都是在为党育人、为国育才，不能视为国有资产流失。因此，国家财政应对民办高校做到“优质优扶”，对发展态势较好、质量较高、贡献较大的民办高校，要落实“优扶”待遇。在这个问题上，公办、民办应一视同仁。

4.对民办教育机制优势的发挥还不到位

民办高校的发展优势之一是机制的灵活性，这种机制的灵活性来自自筹资金，从而更加接近市场的特点。在政府的宏观控制之下，只要不违背法律法规，不违反道德，其运行的合理性就应该得到承认，就应该受到保护。从目前的许多政策来看，民办高校的靠近市场的灵活机制越来越弱，已经得不到正常发挥。按照公办教育模式管理民办教育成了趋势，民办教育被称为“二国办”。有5项本应对民办学校而言非常关键的政策，如今却成了民办机制发挥作用的阻力。

一是教师总量的计算问题。民办学校是在没有国家财政供给的条件下运行的，而且这些学校中绝大多数没有可靠的大资本支持，而是靠办学结余滚雪球式的积累而实现发展的。所以只能按低成本、高效率的方式运营，这是民办学校的突出特点和优势。

民办学校少养自有教师，多用社会上的高素质教师是必然之路，这也正好符合市场经济原则。上一版《中华人民共和国民办教育促进法》的相关解释中有一条是民办学校的自有教师不得少于教师总量三分之一的规定。应该说，这个规定既符合民办学校的本质，又符合民办教育发展的实际路线。但在目前的管理实践中却使用与公办高校同样的生师比指标来要求民办高校，不但使众多外聘教师得不到认可，就是校内行政兼课，无论课时多少，也都不能算入教师系列，这明显违背了民办学校的发展规律。

二是学费标准问题。按一般原则，公办高校以保障公平为先，而民办学校应以效率为主。到2020年，高校毛入学率已达54.4%，居民收入不断提高，中产阶层不断扩大，民办学校的收费标准实行按市场价格收费的时机已经成熟，政府相关部门应该实行真正的“备案制”。只要是按招生前公布过的标准收费，不临时加码乱收费用，则应该支持。给学生和家长“用脚投票”的权利选择优质学校，这并不影响办学的社会主义方向，因为市场原则是我国调节社会主义经济的基础手段。民办高校不属于义务教育范畴，由市场调节学费标准是正当的，行政干预表面上是“公平”，但这种“公平”是以效率损失为代价的。它既阻碍了优质民办高校的发展，也不利于一流大学的建设要求。

三是校园面积问题。目前关于高校校园面积的规定是生均60平方米，公办、民办实行同一标准。现在民办学校的校均规模已在万人以上，大学校园面积都在一千几百亩。面积不足的学校为了评估过关，不得不跑到海滩或山区去买地，显然这项指标于国于校都不利。我国并不是人均土地大国，国家已经划定了耕地保护红线，上千亩校园应该是够奢侈了。对学校而言，购买土地是一个数以亿计的巨大压力。而且，随着教学模式和管理方式的改变，在校住宿和学习的集聚状态会得以缓解。随着人口转型，出生率降低，出生人口绝对量减少，即使教育普及率不断提高，在校生数量也会出现减少趋势。如今在巨大资金压力下的建设，在不久的将来可能成为资源的浪费。即便在国外土地资源富有的国家，不仅有大校园高校，也有占地面积很小但社会声誉很高的学校。可见，大面积不等于高质量。教育应综合考虑国土面积状况和学校发展实际需要来设定校园面积“底线”，不必用“一刀切”的办法强求一律。

四是专业设置权。高校专业设置是法定的办学自主权，民办学校根据市场需求变化，灵活调整专业，是其机制优势的表现。但是目前民办高校提出的专业设置计划，在经过了校级论证和省级专业设置评审委员会论证后，报到教育部“备案”时，仍可“备案”也可“不予备案”，教育部工作人员仍有否定两级专家的权力，这是主管部门不依法行政的表现。

五是招生自主权问题。招生自主权既是法律的规定，也是多数国家通行的原则，符合高等教育发展的大趋势。对民办高校而言，更是它们发挥机制优势、争取较好生源、在不利条件下培养拔尖人才的重要保证。但目前只有办学条件特别好的公办学校才能享受这一权利，民办高校被排除在外，这也是不合理的现象。

5. 观念问题仍是根本问题

在法律层面上，公办、民办高校是平等的。但通过一些政策折射出来的现象看，认识不到位的问题还是比较广泛地存在着。比如政府部门不敢旗帜鲜明地把民办教育看成社会主义教育事业的重要组成部分，向民办高校要质量时就讲其“公益性”，一说到扶持就讲“民办性”，在政策设计上“宁左勿右”的痕迹仍很重；一说严管，上下齐心，即使不作为也没有风险；一说扶持，部门间躲躲闪闪，眼观上级，环顾左右，好像帮助民办教育就有“国有资产流失”的“政治风险”。应该说，正是这种观念的存在妨碍着社会力量办学的积极性，从而损害着社会主义教育事业的发展。

（二）对政府政策调整和民办院校发展的建议

1. 对政府政策调整的建议

（1）转变观念是科学决策的关键

一些部门和工作人员对民办教育的认识还停留在 20 世纪“拾遗补阙”“姓资姓社”“宁左勿右”的观念上。在习近平新时代中国特色社会主义理论中，民办教育已经是社会主义教育事业的重要组成部分，促进民办教育发展已经是国家“教育优先”战略的一部分，推进民办高校跟上全国大学“双一流”建设的步伐是实现 2035 年国家现代化和民族复兴目标的重大举措。只有站在这样的高度制定出来的民办教育政策，才是符合国家最高利益的政策。

（2）给民办高校一张“明白纸”

国家正式提出对民办教育分类管理以来，时间已经过去了 4 年，如今却尚无落实。在分类选择上，中央和地方提出的指导意见缺乏操作性，举办人还在纠结，加剧了焦虑。为了给举办人吃下一颗“定心丸”，尽快按照国家意图和个人愿望完成选择，建议政府主管部门对民办教育的各项政策按照非营利和营利两类进行明确，并公布出来。比如在学校存续期间，举办人与学校产权的关系、应该享受的待遇、年度奖励及荣誉称号的获得；学校结束时的奖励计算方法；学校用地的取得办法、财政扶持项目、力度，办学收入和经营收入的优惠办法（包括税种、税率）；政府扶持基金的建立和使用办法；学生的奖助办法；教师的薪资和社保金的补贴办法；教学改革项目的财政补贴等，凡是已经出台的、准备出台的、将来要出台的，都应该开列，而且要把非营利和营利对比开列，使人一目了然。在国务院的实施意见里已经有了相关限制条款的“负面清单”，如果政府的各类扶持奖助政策也开列出来那就是“正面清单”，也就是政府鼓励社会力量办学的“背书”，这样就会使举办者一目了然地看到政策取向，增强其办学信心。对政府而言，也会减少政策的随意性，从而保证政策的持续性和稳定性。

（3）建立科学、有效的评价机制

评估是推动大学成长的有力手段，但也要遵循大学成长规律。目前中国的民办大学有明显的特点：一是历史短，从大规模办高等职业教育到现在不过20年，升本以来不过十几年；二是民办高校大多是靠学费收入的结余滚雪球式发展，缺乏大资本支持；三是民办高校受到国家财政支持的力度很小；四是民办大学的社会地位与公办大学差距很大，在教师招聘、教师待遇等方面面临着很大的困难，高端人才积累很不容易；五是办大学是个长周期事业，不是“短平快”项目，不能急功近利，更不能拔苗助长。

综合考虑这些因素，对民办高校评估提出以下几点建议。

一是合格评估放在升本后10年进行，给新建院校至少10年的自主发展期。在此期间，国家教育部、督导委要加强对新建院校的指导。

二是延长合格评估和审核评估之间的发展期。在此期间，主管部门要通过大数据平台和舆情平台加强监督，对发现问题的高校可派专家实地检查。这种不定期的检查比兴师动众的大面积评估更有震慑力、更能推动学校自主建设。

三是提高评估方案的弹性，增加指标体系中的选择项目、自选项目或替代项目，允许学校发展有所长和有所短，鼓励民办高校特色发展。一定要防止民办高校简单模仿公办高校模式，防止评估的“一刀切”。

四是提高评估的实效性，鼓励学校说实话。遇到临近评估期仍有项目不合格的情况，学校可据实说明，约定本项目的缓评期，不影响本期评估成绩。但对于数据造假的情况，一定要严肃处理。

五是评估结论提倡写实性表述，针对性要强，要明确指出其薄弱环节，为学校今后的建设和发展指明方向。避免用“是”和“否”的二分法结论，这对评估本身不利，对学校发展更不利。在大评委并无接触被评对象的情况下投票表决的办法并不合理，也不公平。建议取消这个只具程序性意义的环节，把权力直接交给专家组更有利于双向监督。

（4）让“放管服”回归本位

“放管服”的本意是简政放权，放管结合，优化服务，以营造便利的经营环境。但从目前来看，对民办教育管理过严，连法定自主权都难以落实，优化服务更难以做到，所以主管部门和地方政府应在战略高度上重视民办教育发展，通过“放管服”改革为民办教育营造一个确实能促进其快速发展的优良环境。河北省的民办教育政策出台的总体思路是等待、观望，创新不足、无意领先、延迟效应明显，往往错失良机，这是河北省民办教育在全国排名不靠前的重要原因，因此在“放管服”改革中应有较大的深化空间。

2. 对河北省民办高校今后发展的几项具体建议

（1）提振信心，跟上一流建设的步伐

在世界大变局和国家战略调整的驱动下，中国高校走向世界一流已是一个不可逆转的趋势，是当前我国高等教育发展的大格局。2017年党的十九大上，习近平总书记向中国高等教育击响了加快“一流大学和一流学科”建设的发令枪。几年来，各级各类高校已经卷入了“双一流”建设的高潮中。教育部首批提出的建设1万个一流专业和1万门一流课程计划已经全部展开。从已经公布的数据来看，河北省民办高校初露锋芒，已有两所学校的一个专业、两门课程进入国家一流建设行列，不少学校进入了省级一流专业和一流课程建设行列。但这个“战绩”还不够辉煌，无论是同公办院校比，还是同先进省份比，都存在很大的差距。比如教育部2019年共认定国家级一流本科专业建设点4064个，其中河北省94个，而民办高校只有1个，与民办高校在河北省高校中的比重很不相称；2020年首批国家一流课程认定5118门，河北省民办院校只有2门，其他一些先进省份的民办院校明显多于河北，如吉林6门，浙江6门，湖北、江苏各3门等。这组数据一方面反映出河北省民办高校基础较差，实力不足，在内涵建设上投入不够；另一方面也反映出河北高校对一流建设的反应不敏感，缺乏冲向一流的勇气和信心。不管是哪种原因，都值得大家警醒。加强一流建设既是服务国家战略大局的需要，民办高校不能缺席，也是民办学校争取国家资源和社会资源支持，加快自身发展的需要。远离一流建设，就是自甘落后；自甘落后，就有生存之忧。有人说，举办人或校长心中有怎样的格局，学校就有什么样的面貌，所以提振民办院校决策人的信心很关键。

因此，建议河北省民办高校在正确研判形势的基础上树立自信，其中有4个重要方面不可忽视。

一是民办教育发展的国家环境越来越好。国家对民办教育的定位和重视程度都有了根本性的改变，各项扶持政策连续出台，资助力度越来越大。“双一流”建设已经走出在“985”“211”中推行的老路，向全国各级各类院校敞开了大门。民办院校已经进入一流建设的行列，公办高校、民办高校已经站在了同一个平台上。现在民办院校已经没有了为“资格”问题抱怨的理由，关键在于自己有没有带领千军万马冲向前列的能力。

二是民办院校独有的优势。如今的民办高校大多数是从改革开放初期处处烽火、遍地狼烟的各种助考班、补习班、培训班里一路攻城夺隘、筚路蓝缕中生存下来，一步步走到今天的。举办人或管理者都有对大势的识别力、顽强的生命力、倔强的冲杀力和超强的发展智慧，这是民办高校独有的优势，是民办高校的超级资源，若把它用到一流建设上来，民办院校便会成为赢家。

三是在中国，自古以来民办（私立）大学便始终冲在文化发展的最前列，其成果远远多于公办大学。中国历史上的圣人、大思想家、大科学家、大艺术家、大医学家、大工匠基本上都来自各类私学。中国传统文化基本上是在民办学校（私学）中形成的。孔子、孟子和诸子百家及后来的学问大家，他们就是靠着一种文化自觉，把中国传统文化推向了一个又一个的高峰。即使在新中国成立前夕，民办的南开大学、厦门大学、复旦大学（前期）在当时的大学中也是佼佼者。更不用说，目前在国外一流大学中私立的比重远远高于公办的事实。所以，大学的优劣不在于公办或民办，而在于大学本身的素质和品位。目前已有一批民办高校冲到了前头，超越公办高校的趋势已经显现。

四是河北省民办高校总体发展水平。从目前河北省民办高校的发展态势来看，各高校的基础条件虽有差别，但差别不大，基本上处于同一水平。而且各校都形成了自己的特色，表现出了顽强的活力和向前的冲击力。它们之间表现出来的差距，实际上是决策人的胸怀、远见、智慧、决策力等方面的差距。

借鉴历史，放眼世界，远观未来，民办高校应该有走向一流的信心。有了这种信心，也就有了冲向一流的勇气和办法。“十三五”期间，河北省民办高校已经在一流建设方面奠定了很好的基础，趟出了路子。下一个五年，民办高校将迎来更多、更好的发展机会，每所民办高校都应该积极抢抓机遇。

（2）营造大格局，增强高质量的内涵建设

一位有远见的领导，搭建一个坚强有力的班子，这是民办高校长远发展的最主要的经验。一把手的状态决定着班子的状态，班子的状态决定着学校的状态。从目前来看，河北省民办高校发展较好的，莫不如此。前些年，有些高校的领导班子比较软弱或力量分散，在做了大的调整以后赶了上来，学校面貌发生了很大变化，位次明显上升。也有些高校不知吃亏在何处，依然在“涛声依旧”的漫曲中踱步，这是特别需要警醒的。从班子的构成、班子的治理能力，就能看到学校的未来。不过民办高校组建领导班子往往是举办人和校长的事，别人很难置喙。所以只能建议学校负责人视野开阔些，提高自己识人、用人的能力，为学校打造一个志同道合、执行力强、能一起实现宏伟目标的领导班子。这件事不容易，但要相信“精诚所至，金石为开”。

好的领导班子要干什么事情？从目前的实际情况来看，各高校都有自己的想法、自己的路子、自己的招数，但形势逼迫着我们必须要想明白，筑牢内涵基础才是根本。在40年前民办教育的始点，大家的各类招数都可能奏效，但千万别把这些招数当作成功经验而“念念不忘”。国家的政治环境变了、法制环境变了、政策环境变了、学术环境变了，学校的社会地位变了、规模和质量要求变了、竞争态势变了，因此发展格局也应随之而变。走向规范、用实力说话，创造行稳致远的大格局才是唯一途径。

大格局可以简单地理解为两个方面。一是从战略上讲，要把战略中心从“规模＋粗放”的外延式发展，转向“质量＋特色”的内涵式发展。那种单纯靠扩大规模、提高学费实现发展的老路子已经过时，只有通过提高质量和增强特色来满足社会对人才的需求，从而占领就业市场，才能占领未来。不要把质量、特色再看成是“软指标”，当作“口号”喊一喊，更不要想着自吹自擂就可以提升，时间长了，学校的真正实力会通过第三方评估和社会舆论准确地反映出来。二是从策略上讲，要与公办高校实现“差别定位”，与同类高校实现“错位竞争”。跟在百年老校或上位学校后面硬拼、硬赶，虽有“蛮劲”，也难以实现超越。可如果在定位上和竞争上走错位、错峰之路，却可收“巧劲”争先之功。民办高校应以加强内涵建设为基础，以正确的战略、策略为支撑，只有这样，民办高校的发展才是前途无量的。

学校领导班子特别需要警惕的是，成就一所高校很难，但毁掉一所高校极易。歪门邪道是高风险和极危险的代名词，当前仍有个别高校缺乏底线思维意识，还在不合理收费、侵害学生利益、数据造假等底线问题上犯“小儿科”错误，结果往往是“偷鸡不成反蚀一把米”。现在的民办高校已经站在了与国外高校和国内公办高校同一个台面上，与它们一样争取办学权、话语权、生源、声誉和社会资源，小格局办不成大事。唯有以办学理念、办学条件、师资队伍、管理水平、质量保障为主要内涵的“实力”才是“丹田”所在，才是力量源泉。

（3）制定新的发展战略，实现向智能型教育转型

包括民办学校在内的地方高校从“十三五”规划的开局之日起，就开始了一个向应用型转变的改革，目前这项改革已经取得了实质性进展。其实民办高校和其他高校一样，还面临着一个更大、更新、更困难的转型。现在的科学技术飞速发展，信息技术开始了由互联信息走向智能信息，教育也必须要跟上，要从网络化的教育向智能化的教育转型。人们对于网络化教育已经很熟悉了，尤其是在 2019 年末开始的疫情中，网络教育基本上得到了普及，创造了一个新形式教育的奇迹。智能化教育更具前沿性，但还不为人们所熟悉，因此具有很强的挑战性。目前在教育技术的前沿，以 5G 为核心，网络化、数字化、云计算、大数据、区块链、物联网、虚拟化等技术正在逐步走向智能化，教育面貌将发生根本性变化。智能技术的飞速发展，已经开始以一种全新的思想和全新的技术影响教育。可以预见，智能技术会很快使教育理念、范式、模式、路径、管理等发生全链条、多维度、深层次变革，教学和管理将高度使用智能技术，

教师的知识和角色都将向智能化转型，学科、专业也必将向智能技术靠拢，教学设备仪器将发生一轮大面积更新。总之，教育将进入一个新时代。对财力不足的民办高校而言，向智能化转型或许是个痛苦的过程，但也是一个由痛苦步入新境界的“涅槃”。不管人们愿意不愿意、自觉不自觉，这个转型对民办高校而言也是必为之举、必由之路，否则会因落后而被淘汰出局。如果民办高校面对智能技术自觉转型，那么民办高校与公办高校将再次站在同一条起跑线上。有远见的民办高校应及早痛下决心，动手做人力、物力、财力上的准备，因为留给大家的时间不会很充裕。如果等到技术已经成熟，别人已踏出路径，然后再跟过去，可能就又被甩在了后面。一步赶不上，步步赶不上，现在舍不得花钱，将来花更多的钱也难以赶上先行者。“后发优势”固然是一件有利的事，但“先发优势”远远强于“后发优势”。先发者可以“收获”更多的财政资金、高端人才、社会项目、社会信誉和更好的发展机会，将来真正有实力的民办高校是不怕痛苦、总往前赶的学校。目前，已有不少学校在智慧校园的建设中谋划智能化大局，这就是转型的嚆矢，各民办高校千万不要错失良机。

（4）加强高校之间的交流与合作

河北省民办高校经过几十年的独立发展，都已经脱颖而出，纷纷成为有实力、有规模、有特色的万人大学了。开办初期那种专业雷同、互相争夺生源的恶性竞争状态已经成为历史，新的时代、新的目标、新的使命、新的科技已经把大家紧密地连接在一起。互相了解、互相支持、互相学习、互相合作、抱团取暖、共同面对机遇与挑战，已经是大家互利共赢的必然选择。以开放的胸怀、合作的虔诚、共同冲击一流目标的宏愿为纽带，开展一些有利于学校、教师和学生全面发展的活动，已经成为各高校的共同愿望，为此特提出以下建议。

一是可以开展的活动。在领导层面，举办治校方略论坛，共同交流办学情况、共同研讨互相关注的问题、共同探讨合作项目等；在学术层面，可以开展民办高等教育研究，探讨民办教育的发展战略，展示教学改革的经验和成果，开放本校或共同举办高端学术活动等；在师生交流层面，推进学生的网课互选和学分互认，举办师生间的文艺、体育比赛活动和专业技能竞赛等。活动要从实际需要出发，坚持小型多样、务实高效的原则，防止讲排场、攀比规格，不给主办学校带来负担，保持活动的可持续性。任何活动都必须坚持互惠原则，不得以营利为目的。

二是可以采取的组织方式。可考虑在河北省民办教育协会的框架下，成立涵盖全省民办高校的二级机构，作为组织活动的平台，各校轮流承担具体活动的组织工作。

河北省民办中等职业教育发展报告

近年来，中等职业教育为社会提供了大量的技能型人才，为社会发展提供了有力的支撑。早在2015年3月第十二届全国人民代表大会第三次会议上，李克强总理在政府工作报告中提出，制定“互联网+”行动计划，推动移动互联网、云计算、大数据、物联网等与现代制造业结合，促进电子商务、工业互联网和互联网金融健康发展，引导互联网企业拓展国际市场，这也为中等职业学校培养什么样的人才提出了新的课题。

随着2016年11月《中华人民共和国民办教育促进法》的修订，民办中等教育既迎来了新的发展机遇，也面临着新的挑战。“高就业率”和家长的“低认可度”之间的矛盾，以及民办中等职业教育体系的不健全、不完善，已经成为民办中等职业教育面临的“时代之考”。对此，河北省中等职业教育以专业建设为突破口，优化专业布局，坚持内涵发展，强化专业群建设，紧紧围绕区域经济发展，开设专业精准对接地方产业，目前已取得新进展。

我国正处在实现“两个一百年”奋斗目标的交汇点，向着实现中华民族伟大复兴的“中国梦”迈出坚实一步的关键时期。随着中国特色社会主义建设进入新时代，我国社会的主要矛盾是人民日益增长的美好生活需要和不平衡不充分的发展之间的矛盾。为此，全国开展了工业、农业、服务业的现代化建设，以及城镇化建设和信息化建设，开展了全面改革，而中等职业教育的发展正是为了这个目标服务的。

一、发展现状

民办中等职业教育起步于20世纪90年代，快速发展于21世纪初，党和国家在职业教育发展关键时期给予的政策指引，促进了民办职业教育的发展。一批教育家和企业家审时度势，准确把握职业教育的发展机遇，多方筹措办学资金，用几十年对职业教育的满腔情怀，填补了公办职业学校的办学空缺和某些专业开设力量的不足。

改革开放以来，在职业教育发展的40年历程中，中国职业教育一直在探索中前进，民办中等职业教育更要面对各种发展中的困难和生存问题。民办中等职业教育工作者克服种种困难，不断优化法人治理结构，不断改善办学条件，不断提升教学质量和管理水平，努力打造职业教育品牌，树立良好的社会形象和社会声誉，为社会培养了一批批技能型、应用型人才，为区域经济发展贡献了自己的力量。

（一）河北省民办中等职业学校基本情况

1. 民办中等职业学校数量

根据河北省教育厅统计数据，“十三五”开局之年的 2016 年，河北省中等职业学校总共有 609 所，其中 442 所为公办学校，167 所为民办学校，公办学校数量占总数的 72.58%，民办学校数量占总数的 27.42%。“十三五”末的 2020 年，河北省中等职业学校为 607 所，学校总数减少了 2 所，其中 435 所为公办学校，172 所为民办学校，公办学校数量占总数的 71.66%，民办学校数量占总数的 28.34%（见表 2）。根据统计数据可知，河北省的中等职业学校以公办学校为主体，在 5 年时间里公办学校数量有所减少，而民办学校数量略有上升，但基本格局没有发生明显变化，在教育结构的较大调整中，民办学校保持了稳中有升。民办中等职业教育为适龄人群提供了优质特色的精准服务，成为河北教育事业发展的增长点和职业教育改革的重要力量。

表 2　民办中职学校数与河北省中职学校总数比

年份	民办中职学校数（所）	河北省中职学校总数（所）	民办中职学校数占河北省中职学校总数比例（%）
2016	167	609	27.42
2017	165	609	27.09
2018	161	604	26.66
2019	167	601	27.79
2020	172	607	28.34

资料来源：《河北省教育事业统计提要》

2. 民办中等职业学校专任教师数量

“十三五”期间，河北省民办中等职业学校教师队伍不断壮大，专任教师的数量及质量逐年提高，体现了河北省民办中等职业学校对教育教学工作的重视程度不断增强，也体现了师资队伍建设上的保障不断加强。2016 年，河北省中等职业学校专任教师总数为 44 873 人，民办中等职业学校专任教师为 3768 人，民办中等职业学校专任教师占比为 8.40%。2020 年，河北省中等职业学校专任教师总数为 50 330 人，民办中等职业学校专任教师 7447 人，民办中等职业学校专任教师占比为 14.80%。民办中等职业学校专任教师的总数占比提高了 6.4 个百分点。（见表 3）

3. 民办中等职业学校发展规模

“十三五”期间，随着国家对职业教育的重视程度不断提高，支持力度不断加大，河北省民办中等职业学校的发展规模不断扩大。2016 年，河北省民办中等职业学校在校生为 9.38 万人，占河北省中等职业学校在校生总数的 14.25%。到 2020 年，河北省民办中等职业学校的在校生人数比 2016 年翻了一番还多，达到 20.44 万人，占河北省中等职业学校在校生总数的 24.39%。其增长速度超过了公办学校，可见河北省中等职业教育对河北省教育事业发展的贡献越来越大。（见表 4）

表 3　民办中职专任教师人数与河北省中职专任教师总人数比

年份	民办中职专任教师人数（人）	河北省中职专任教师总人数（人）	民办中职专任教师人数占河北省中职专任教师总人数比例（%）
2016	3768	44873	8.40
2017	4403	46119	9.55
2018	4870	46588	10.45
2019	6102	48484	12.59
2020	7447	50330	14.80

资料来源：《河北省教育事业统计提要》

表 4　民办中职在校生人数与河北省中职在校生总人数比

年份	民办中职在校生人数（万人）	河北省中职在校生总人数（万人）	民办中职在校生人数占河北省中职在校生总人数比例（%）
2016	9.38	65.81	14.25
2017	11.94	70.62	16.91
2018	14.45	72.43	19.95
2019	17.26	77.46	22.28
2020	20.44	83.79	24.39

资料来源：《河北省教育事业统计摘要》

（二）不断加强内涵建设

1. 办学形式发生很大改变

2014 年教育部颁发的《关于加快发展现代职业教育的决定》，对职业教育做出了顶层设计，提出了打通职业教育升学通道的发展方向，指明了中职学校的办学方向，中等职业学校开展了升学、就业并举的办学形式，给学生的发展提供了多样化选择。广大学子因此升学有路、就业有门。升学班采用“文化素质＋职业技能”的教学模式，越来越多的毕业生通过对口高考或单独招生考试，升入高校进一步深造。

在抓好升学、就业的同时，各学校还开展了人才培养模式改革，开展了校企合作、工学结合的教学改革；继续探索“以就业为导向”的办学形式，大力开展企业的遴选工作，建立专家指导委员会，组织校园双选会；抓好校外实训基地的建设，与企业开展深度合作，组建校企合作订单班，构建“职业素养+专业技能”的就业人才培养模式，探索现代学徒制的5个对接，即专业设置与产业需求对接、课程内容与职业标准对接、教学过程与生产过程对接、毕业证书与职业资格证书对接、职业教育与终身学习对接，不断创新人才培养模式，提升技能型人才培养的针对性和有效性。企业订单班做到了：企业参与招收学生，在组建订单班时企业参与面试挑选学生，实现招生招工一体化；企业参与人才培养方案的制定；企业参与培养学生，采用“师带徒”的方式进行专业技能训练；企业参与考核评价学生，建立多元评价体系；企业参与学生的实习指导和就业安排。

邯郸科实中等专业学校针对中职学校的特点和社会发展趋势，鼓励学生开展“万众创业”，紧密与社会、市场相结合。根据教学需要，该校已和上海、北京、天津、烟台、青岛、苏州等地的30多家企业建立了学生社会实践基地。学校组织阶段性见习、实习活动，毕业生对口或高薪就业率在97%以上。学校鼓励学生自主就业、指导学生自主创业，每年6月学校都会组织近百家用人单位到校招聘毕业生，并对毕业生进行跟踪服务，学生就业满意率达97%以上。自2008年开始，学校每年组织一次校友联谊会，通过校友会为校友搭建平台，促进学生就业、创业。还邀请优秀毕业生回校做成功经验报告，展示校友成就，激励在校学生。

2. 以课程改革为突破口，不断提高教学质量

“十三五”期间，社会经济和科学技术的迅猛发展，对中职专业设置和课程体系建设都提出了新的要求。人才培养方案是学校人才培养的依据，各学校不断进行专业调整，紧跟市场和产业需要开设专业，根据企业对人才需求的标准开展教育教学改革。根据国家职业教育教学大纲的要求、企业人才需求和学生的学习能力，学校注重抓好人才培养方案的制定和修订，开展课程体系建设，及时把新的知识和技术引入教学中。同时开发校本课程，使之符合国家的培养目标要求，提高与企业人才需求的匹配度。有的学校还建立了教学指导专家委员会，定期召开会议，总结人才培养方案实施情况和问题，提出指导性的意见。石家庄天使护士学校为百家解放军医院、武警医院培养护士，结合医院岗位要求，制定可行的、与岗位契合度高的教学大纲，实验实训设备与医院同步更新，操作手法与定向医院一致，并且每学期都会召开学校和医院的联席教学会议，研究、反馈、考核教学成果，让学生“毕业即就业”，“到岗即上手”。

实习是技能型人才培养过程中的重要环节，按照教育部颁发的《职业学校学生实习管理规定》，抓好认知见习和跟岗实习，切实做好实习动员和安排，指导学生做好实习总结或实习报告，并将学生的实习成绩列入学生的多元评价成绩。石家庄法商中等专业学校为了让学生了解专业发展新方向，每年入学的新生都会由其选择的专业组织“职业指导”讲座活动，使新生进一步了解所选择专业的发展前景。学校还组织一年级学生进行为期一天的教学见习活动，组织二年级学生进入企业进行为期1—2个月的教学跟岗实习。学校除了组织常规技能等级考试外，每年还组织一次全校性的“职教周”技能比赛活动，并且每年都会参加省、市的技能比赛活动，大部分专业的比赛成绩可以进入团体前三名，还有的专业在比赛中名列前茅。学校既重视抓教学成果，更重视教学过程，先后开展了学习型个人和学习型班级评选，定期开展对学习过程各环节的检查，并组织学生召开学习总结会，激发学生的学习积极性，培养学生的学习方法，提高学生的学习能力，为学生顺利进入顶岗实习和未来发展打好坚实的基础。

3. 教育教学科研与学校管理并重

民办中等职业学校在发展过程中，逐渐意识到加强教育教学科研和改进学校管理是学校可持续发展的重要条件。近年来，各学校非常重视教学相关制度的建设，并根据国家有关职业教育政策要求及社会和经济发展的需求及时进行补充和完善。一是从相关法律制度、教学管理、管理职责、考核评价、建立中长期规划等几个方面建立比较完备的学校行政管理及教育教学管理制度，并且根据国家有关职能部门的要求和部署及时进行更新和完善；二是通过日常行政管理与教育教学管理工作和各项教育教学活动的开展，全面加强学校管理；三是深化教学改革，完善制度措施，以落实新课程标准为抓手，及时调整专业结构，优化课程设置，不断推进课程改革，提升课程质量。

高度重视教育教学科研工作，可以有效提高民办中等职业学校的教育教学质量，有利于培养有创新精神和创新意识的学生。强化科研工作，推进创新发展，以产教融合为依托，引进先进的教学理念，积极探索新机制、新模式、新方法、新内容。比如唐山金桥中等专业学校，自2012年以来，学校共主持省级、部级和国家级课题20多项，发表论文60多篇，曾荣获全国职业教育优秀论文大赛一、二、三等奖，河北省科研成果一等奖1项，河北省教学成果二等奖2项，河北省优秀科研成果二等奖5项。学校的论文《现代学徒制的研究与实践》作为典型材料出现在了2015年7月举行的现代学徒制国际论坛上，为职业教育教学改革提供了有效的参考依据，保证了教学改革的效率和效果。

（三）坚持党的领导，依法办学，规范管理

河北省民办中等职业教育经过40多年的发展，始终坚持党的领导，依法办学，规范办学，不断夯实办学基础，涌现出了一批颇具实力的民办中等职业学校。在新时代背景下，河北省民办中等职业教育被注入了强劲的发展动力，正在健康、快速发展，形成了与普通高中教育优势互补、共同发展的格局。

1. 以党的政治思想建设为统领，扎实做好意识形态工作

中等职业教育的发展离不开党的领导，党组织在中等职业学校建设中起着非常重要的作用。

一是保证正确的办学方向。党组织在民办中等职业学校中居于政治核心地位，保证学校贯彻落实党的教育方针，实现学生德、智、体、美、劳全面发展，坚持马克思主义在意识形态领域的领导作用，提高学生的政治觉悟和思想道德品质，树立科学的世界观、人生观和价值观，增强拒绝腐朽和错误思潮侵蚀的能力，使学生成为社会主义的建设者和接班人。

二是文化建设的主导作用。中等职业学校的文化建设需要一种强劲力量，而这种力量必须在社会主义核心价值观的引领下才能形成。中等职业学校在党的领导下，不断增强文化自觉，用优秀文化引导学校教育，实现学校创新发展。

三是凝心聚力作用。民办中等职业学校的发展需要全校师生员工结为教育共同体、学习共同体、命运共同体，人人都是学校的主人翁，都是学校管理的参与者。这种局面的形成，需要党组织的政治核心作用、党团员的模范带头作用、强大的思想政治工作来共同完成。

石家庄东华铁路学校在2009年建立了党组织。2016年，石家庄东华铁路学校党支部被石家庄市委组织部评为“非公社会组织‘双强’示范单位”。2018年9月，石家庄东华铁路学校党支部升格为党总支，12月，被石家庄市委组织部评为“石家庄市社会组织党建工作示范单位”。学校团委曾荣获“新华区优秀团委”“石家庄市五四红旗团委”“新华区创建文明城市工作优秀青年志愿服务集体”等称号，学校的多名同学被评为市级“星级志愿者”。近年来，学校党总支充分发挥战斗堡垒作用和党员的先锋模范作用，以抓好党建示范单位为切入点，围绕中心，服务大局，积极融入组织、融入管理、融入学生、融入活动，创造了“五引领、四保证”工作法。“五引领”即政治引领把方向、党建引领建示范、文化引领创载体、作用引领抓活动、群团引领创一流，“四保证”即组织保证、制度保证、活动保证、思想保证。2018年，石家庄天使护士学校党支部被石家庄市委组织部评为“石家庄市社会组织党建工作示范单位”。2019年12月，石家庄法商中等专业学校党支部被石家庄市桥西区教育工作委员会评为“桥西区教育系统党建工作示范校”。

民办中等职业学校的党建活动以“有场地、有标识、有设施、有制度、有资料、

有栏目”为标准，营造出了浓厚的党建教育氛围，党建工作的开展得到了全面加强和改进。党组织为推动学校高质量发展提供了坚强有力的政治保证、思想保证、组织保证和作风保证。

党组织想要在民办中等职业学校的发展过程中真正发挥作用，还需要与学校的行政组织进行不断的融合，只有相互配合好，才能不断地促进民办中等职业学校的发展。增强管理、提高质量、积蓄力量，在党的领导下，真正发挥群众的力量，引领学校发展。在民办中等职业学校面对巨大考验的今天，只有始终坚持党的领导，才能保证在复杂的形势、严峻的挑战和重大的时代使命面前实现可持续发展。

石家庄同创铁路运输学校聘请“三老”办校。从 2016 年开始，学校先后聘请了 4 名具有党务和管理工作经验的“老铁路”担任学校的校长、常务副校长、教育长，聘请了 28 名原石家庄铁路分局运输生产站段从事主要领导管理工作的老同志组成专家顾问团。这些老领导、老工程师、老专家具有长期进行党务管理和思想政治工作的丰富实践经验，有深厚的专业和理论功底，而且具有中高级以上的政工师、工程师职称，这就从根本上奠定了学校的组织基础。铁路学校由铁路人管理，培养传承未来的铁路工匠。

2. 不断加强学校治理体系和治理能力现代化建设

民办中等职业学校逐步推进学校治理体系和治理能力现代化建设，全面推进立德树人根本任务的落实，把树立社会主义核心价值观融入学校教育全过程，加快依法办学的步伐，打造和谐的校园文化，促进民办中等职业学校综合实力的提高。

民办中等职业学校加快推进了学校治理体系和治理能力现代化建设。主要体现在立德树人，把培育和践行社会主义核心价值观融入教育的全过程上；全面贯彻党的教育方针，把社会主义核心价值观转化为学校学生的核心素养；营造劳动光荣、节约光荣的浓厚校园文化氛围，并形成长效机制；大力开展诚信教育，建立守信激励和失信惩戒有效机制；完善“学生志愿服务制度”，明确学生特别是学生团员参加志愿服务的要求，保证学生始终紧跟时代脉搏，将自己的青春力量融入时代洪流当中；充分利用社会实践基地，积极开展针对性强和实效性强的实践育人活动；建立“三位一体”的立体教育网络，形成学校、家庭、社会协同育人体系。

民办中等职业学校还进一步健全了各项制度。

一是建立了现代学校民主管理制度。通过完善学校的规章制度，使学校从校长到教职工，人人都有自己的责任区域，事事都有章可循。通过“项目竞标”的方式创建教师参与学校管理的平台，吸引更多的教师参与项目管理，鼓励他们勇于承担责任，发扬主体精神，推进学校管理的民主化建设。

二是发挥了师生的主体作用，加快建设现代学校制度。大力加强学校制度建设，形成自我约束、自我规范的内部管理体制和监督制约机制，真正落实校长负责制，加快推进党总支、教职工代表大会和家长委员会建设。推进依法办学，制定依法治校指标体系，建立与完善教师申诉与学生申诉制度，建立安全事故依法调解制度。

3. 依法落实法人财产权

为了加强民办学校财产、财务的管理和使用，保证民办学校正常的教育教学活动，《中华人民共和国民办教育促进法》中的第五章针对民办教育机构的办学经费，以及建立健全财产、财务、会计制度和办学经费的用途做了规定。同时明确规定，教育机构在每一会计年度终了时要制作财务会计报告，并接受审计和检查。

民办中等职业学校依据国家有关法律、法规，建立健全了财务、会计和财产管理制度，设置了财务机构，配备了专职财会人员。划清固定资产和低值易耗品的界限，设置固定资产台账，防止因财、物管理不善造成浪费、破损、丢失，努力克服管理中重财轻物的倾向。

教育行政部门完善和规范了民办学校法人登记制度，落实民办学校税收及相关优惠政策、积极实施公共财政资助和奖励政策，鼓励民办学校通过建立企业年金制度等办法吸引和稳定优秀人才；建立健全了民办学校办学行为监管机制，依法推进民办学校规范管理，建立民办学校的督导制度，实行民办学校年度检查制度，定期组织或委托第三方机构，对民办学校的教育教学质量、办学水平进行检查评估；建立健全了适应民办教育事业发展的收费管理制度，规范民办学校资产管理及财务监督，使中等职业教育的生态环境得以改善。

4. 政府扶持政策促进了中职学校的发展

在助学金、免学费的基础上，各级政府加大了对职业教育的宣传力度。职业学校牢牢把握“以服务为宗旨”的根本导向，职业教育工作者切实树立“以学生为本”的教育理念，为每一个学生赢得“人人出彩”的机会奠定基础。

在职业资格证书方面，建立了国家职业资格证书制度与现代学徒制，优化并完善了职业资格证书制度体系；基本建立健全了职业资格认证机制，最关键的是树立了职业资格认证的权威。

进一步完善了多元主体参与职业教育办学的激励机制。一是变革职业教育管理机制，进一步完善落实相关法律制度；二是加快政府职能转变，加强对民办中等职业学校的支持。

创设舆论环境，围绕职业生涯发展与价值宣传提升职业教育的社会吸引力。一是凸显职业教育的“服务”特征，围绕学生的职业生涯发展和自我价值实现来提供教育服务；二是改变宣传策略，让职业教育的宣传口径更加贴近大众心理。

（四）办学特色逐步形成

1. 办出特色已经成为中等职业学校深化内涵发展的必然选择

随着时代发展和素质教育的不断深入，学校逐步形成了“优势项目—特色项目—学校特色—特色学校”的发展轨迹，以科学的教育思想和先进的办学理念为先导，以有效打造并整合学校特色项目为主线，以校本课程建设、教师队伍建设和教育科研工作为保障，不断突出教育创新，以点带面，牵动全局，促进办学特色的形成。随着学校特色项目由“一项”发展为“多项”，由“一枝独秀”发展为“特色项目群”，学校在积极寻找最佳的切入点，使各项特色项目组成有机的整体，从而达到最优结合，最终形成自己的办学特色。

石家庄法商中等专业学校采取了“依托专业办产业、依托产业促专业”的多元化发展之路，改革传统的办学模式，自主建设校内外实训基地，形成了“前店（厂、园）后校”“校中厂”的办学格局，确保学生在校期间可以进行贴近岗位式训练，实现产教深度融合，整体提高教学质量。学校 2012 年 6 月投资创办了斯麦尔快捷酒店，2014 年 2 月建立了贝斯特双语幼儿园，2015 年 8 月引进了 8 号车库汽车维修公司，2017 年 12 月成立了唐依美雅美容公司，目前正在筹划设立会计实训企业。学校这种依托专业办产业的做法，使学生达到了课堂学习和工作实际“零距离”，实现了学校专业建设与相关校办产业协同发展，学生的实践技能得到了及时训练，学校发展的资金问题也得到了很好地解决，从实质意义上做到了产教结合。

石家庄花都形象艺术学校通过多年的办学实践，学校逐步形成了“以赛带练、以赛促学、以赛促教、以赛促改、以赛促管”的教育教学模式。无论是河北省赛事、全国赛事、亚洲赛事还是世界赛事，都是花都师生展示自己的舞台。在教学和管理过程中，教师注重培养学生“逢赛必比、逢赛必胜”的信念。同时，学校还非常重视教学品质，积极鼓励专业课老师向“专家级”教师发展。

石家庄通达铁路学校在校园内建立的综合实训场，具有设施全、设备好等优势，不仅在学生实训中发挥了良好的作用，而且被多家企业选定为职工培训、技能比赛的协办单位。自 2016 年起，中国铁建电气化局集团第三工程有限公司、中铁十二局集团电气化工程有限公司、中国铁建电气化局集团北方工程有限公司均利用学校的综合实训场，对轨道车司机进行赛前培训和技术比武。2019 年 12 月，中国铁建电气化局举行第一届职工技能大赛时，把比赛中的一些主要项目安排在该校进行。这些活动的开展，促进了校企双方的了解与交流，学校师生非常直观地观摩了企业职工的实际工作内容与良好的职业能力。学校为企业提供的优质服务获得了企业的高度评价，多家媒体的报道也提高了学校的社会影响力。

民办中等职业学校在校园环境建设、制度建设、队伍建设、学生管理、书香校园创建等方面挖掘、提炼、培育特色项目，努力挖掘育人功能，积淀了学校文化底蕴，丰富了学校发展内涵，将学生的诚信教育、礼仪教育、心理健康教育作为特色悉心打造，使学校品牌效应不断扩大，办学特色逐步形成。

办学特色促进了学校教育教学质量的不断提高和学生素质的全面提升，推动了学校的整体发展，提升了学校竞争力。加强了对学生行为规范、学习兴趣、勤奋意识和远大理想目标等非智力因素的培养，注重通过各种艺术、体育、科技、社团等活动，开发学生的潜能，做到用办学特色育人，为学生更好地发展服务。

学校要实现可持续发展，必须要有特色，没有特色就没有活力，没有活力就没有发展。民办中等职业学校将办学理念和实践相结合，突出自身的个性、风格和创造性，突出特色创建内涵，以推进学校特色建设，实现学校的办学水平和教育质量的不断提升。

2. 逐步探索国际交流与合作的新模式

目前，民办中等职业学校中开展国际交流合作的还很少，仅仅局限在专业交流、中国学生作为国外大学预科生合作和护士资源输出（与国外养老机构合作）等方面。但这些仅有的合作也为中等职业教育打开了一个面向世界的窗口，在吸收国外先进教育文化理念和资源的同时，也让世界看到我国中等职业教育事业的发展与成就。

与国外学校或企业间的交流合作一定是建立在平等、合作、双赢的基础上，如邯郸科实中等专业学校与葡萄牙维塞乌理工学院合作，进行“3＋4”模式的本科职业教育培养。作为培养技能型人才的中等职业学校，在“世界工厂”“全球经济一体化”的背景下，必须顺应这一时代潮流，加入教育国际化行列。特别是“一带一路”倡议，进一步推动了国际交流与合作，既为我国学校提供了一个国际交流的平台，也为“一带一路”倡议培养了国际化应用型、技能型人才。

二、主要成就

（一）为社会输送应用型人才和知本人才

民办中职教育为河北省职业技能人才培训、产业转型升级发挥了不可替代的作用。民办中等职业学校充分利用了自身的体制机制优势，成为河北省职业培训的主力军。以邯郸市为例，民办中等职业学校每年向社会提供的职业技能培训达 5 万人次，特别是在机械加工、电工、焊工、电梯安装、建筑类等各工种的上岗培训，以及初级工、中级工、高级工的培训中具有不可替代性，为提高劳动者素质、解决就业问题、改善民生做出了重大贡献。

实训基地是职业学校培养学生实践动手能力，让学生熟练掌握职业岗位所需要的技能，以快速适应企业生产一线对应用技能型人才需求的重要场地。按照教育部 2016 年颁发的《职业学校学生实习管理的规定》，河北省大部分民办职业学校都能积极与企业合作建立校内校外实训基地。为了抓好认识实习、跟岗实习和顶岗实习，学校和企业共同制定和修订人才培养方案。按照人的认识规律和技能形成规律，研究教学计划和实习实训计划。在邯郸市的 17 所民办职业学校中，有 15 所与企业合作建立了实训基地，方便学生的各种实习活动。学生在学校进行理论学习后再经过实训基地的系统实践培训，将职业岗位能力与学习内容有机结合，及时转化为实践操作技能，从而具备与岗位匹配的实际工作能力。通过实训基地解决了毕业生理论脱离实际等制约职业教育发展的一系列瓶颈问题，顺利实现职业教育为社会培养高素养、专业技能过硬的应用技能型人才的教学目标，提高职业教育质量，彰显职业教育特色。

民办中等职业学校要把学生培养成为“知本人才”，把物质生产和知识生产结合起来，充分利用知识和信息资源，对接企业，生产高附加值的产品，放大人类的生产劳动。作为一个时代的象征，知识和发明创造对整个国民经济的贡献越来越大，并逐渐超过了传统生产要素，而民办职业教育则为社会培养了更多的“知本人才”，创造了更多的财富。

民办中职教育在发展中形成了若干优质教育品牌，民办职业学校坚持特色立校、人才兴校，取得了不凡的成绩，涌现出了一大批优秀的职业学校或品牌专业，如石家庄法商中等专业学校、石家庄天使护士学校、邯郸科实中等专业学校、承德腾飞中等职业学校、唐山金桥中等专业学校等，这些学校毕业生的“就业率”“就业质量指数”“工作满意度”等数据，在当地职业院校都名列前茅，起到了引领示范作用。

民办中等职业教育品牌的形成源于其机制优势。第一，民办中等职业学校诞生于市场之中，与市场联系紧密，且部分民办职业院校由企业举办，因此比公办职业院校更熟悉企业的用人需求，更能发现市场“利基”；第二，民办中等职业学校实行董事会领导下的校长负责制，决策简单高效，能对市场需求做出及时灵敏的反应；第三，民办中等职业学校实行真正的绩效分配，能够根据工作绩效对校级管理者、中层干部和教师进行准确评价，能够有效激发教职员工的积极性。

（二）为区域经济发展助力

“十三五”期间，河北省民办中等职业学校的在校生人数增长了 110 638 人，培养了大量的技能型人才，为国家和社会的发展做出了巨大贡献。

河北省民办中等职业教育对服务河北省社会经济发展做出了重要贡献，既减轻了河北省各市政府的教育投资压力，又促进了教育公平和社会稳定，助推城镇化建设进程，为河北省社会经济发展培养了大批高素质技能型人才，提升了河北省人力资源的层次和水平。

（三）为京津冀协同发展献力

民办中等职业教育是以就业为导向、能力为本位，坚持走政府引领、校企合作的发展道路。新时代背景下，河北省民办中等职业学校积极响应国家政策，努力为实现京津冀协同发展做出贡献。

一是与京津职业院校进行技术交流与合作。当今社会更需要“丁”字形的人才，工作岗位不仅要求从业人员有过硬的工作技术，还要拥有知识的广度和学术的深度。随着京津冀协同发展进程在各领域的逐步深入，许多民办中等职业学校开展了融合技术学习模式，在主修专业课的同时，通过资源共享平台实现跨专业学习，一些深层次的技术学习课程在网络平台上也通过选修课的形式展现出来供学生进行选择性学习。这不仅可以弥补本校教师资源不足的问题，也能满足学生深度学习的需要。

二是主动与京津职业院校进行中高职衔接。在京津冀协同发展的国家战略高度统一调度下，京津冀跨地域的资源优化配置不再阻力重重。打破资本、技术、产权等各种体制机制障碍，按照市场规律，区域内自由配置的经济一体化初具规模后，人才、劳动力的教育也会随之进一步完善。以职业教育协同发展为目标，一些前沿城市，如省会石家庄、较大城市保定等地的民办职业学校先后与天津达成职教合作协议，打通中职、高职、本科到研究生的阶梯形路径，完善人才流动的上升渠道。

三是民办中等职业学校积极参与北京职业教育布局重组。北京在京津冀协同发展的战略下，开始重新调整自己的职教布局。为疏导北京集政治、经济、文化、教育等核心功能于一体的压力，适当缩减北京的职业教育规模已是大势所趋。2015 年，北京市下发的《北京市人民政府关于加快发展现代职业教育的实施意见》中明确指出，要以推动京津冀职业教育协同发展为目标，支持并鼓励有条件的职业院校通过搬迁、办分校、联合办学等方式向外疏解。在此背景下，河北已有民办职业学校与北京院校展开紧密合作。打造京津冀职业教育集团、寻求产业链分工合作、跨区域合作培养人才、合作开发课程、共享数字化教学资源、共享实习实训基地、共享教学科研成果等，已经一步一步从预想转为现实。

（四）为服务于小康社会建设、脱贫攻坚国家战略贡献力量

河北省民办中等职业教育在推进农村人口进城发展、服务小康社会建设和完成脱贫攻坚战任务等方面起到了积极作用。民办中等职业学校的学生大部分来自农村，通过学校校园文化的熏陶和各门课程的学习，他们的文化素养和职业素养都有了不同程度的提高。尤其像无人机、电子商务、新能源汽车维修等与农业相关的现代化专业，学生学有所成回到农村后，便可以成为现代化的农民或乡镇企业的骨干力量，为当地农业现代化发展和脱贫致富做出贡献。

河北省有很多民办中等职业学校在办学中始终把社会效益放在首位，为了使更多的学生完成学业，为了为社会多做贡献，它们帮助学生解决困难，帮助行业企业开展活动。比如石家庄东华铁路学校始终心系家庭经济困难的学生，多次为他们减免学杂费，并在生活上，特别是心理上提供各种帮助，让学生得到关爱，学会感恩。2018 年 9 月，学校为突患重病的郑金鹏同学举办了爱心捐助活动，全校师生共计捐款 4.8 万多元，师生们还以多种形式表达关爱，提供帮助，用真诚的心、诚挚的情为这个家庭送去温暖。又如石家庄天使护士学校为了弘扬南丁格尔精神，资助有志于献身医疗护理事业的贫困家庭子女完成学业。学校于 2011 年设立了“爱在天使、帮孤助学”工程，对孤儿、烈士子女、贫困家庭的学生提供帮扶，学校与生源地签订“帮孤助学”工程协议，被帮扶学生在校期间，学校免除其每年的中专学费。学生毕业就业后，学校还给予两年的就业跟踪服务，根据他们在工作岗位取得的成绩，学校给予 1000—3000 元不等的奖励。经过多年的帮扶，学校不仅取得了良好的社会效益，还成就了学生、造福了家庭、服务了社会。

（五）促进行业发展

随着社会的发展、科技的进步，我国三大产业中的行业分类呈越来越细化、技术含量越来越高的发展趋势。为了使职业教育能紧跟时代对人才发展的需求，教育部制定了专业目录实行动态管理，定期进行修订和增补专业意见。河北省的很多民办学校正是因为把握住了国家和企业技术发展对人才需求的标准，及时调整了专业，在相对稳定的行业进行岗位能力分解，即开展专业模块化（细化专业方向）的教学改革，实行了模块化的课程体系。通过开展订单式和企业共同培养的方式，培养出新专业、新技术岗位所需要的人才。职业教育以其特有的办学功能在与行业的紧密接触和互动中，及时把新的信息、新的知识、新的技术引入学校课程中，通过对教学的不断改革培养出企业需要的现代化技能型人才，促进行业和企业的发展。

三、存在的主要问题

（一）民办中等职业学校对分类管理过渡阶段的疑虑和困惑

民办学校在营利性和非营利性之间如何进行身份转换？民办学校由非营利性转为营利性时涉及的政策优惠、清产核资到底如何进行？是否允许民办学校进行变更登记？这些问题直接影响着民办学校的当下选择。

现有政策并未明确清产核资的组织方和相关费用的承担方。经调查，民办学校校长、举办者和教育行政部门多倾向于学校资产清算由政府和民办学校举办者共同指定第三方机构组织进行，清产核资应共同组织实施。此外，民办学校资产清算后还需要缴纳相关税费才能重新登记，继续办学。资产过户可能涉及大额税费，学校举办者认为，如果选择登记为非营利性民办学校，则不应当全额征缴税费。

不管做哪种选择，都应以对学校未来发展更有利为前提。但已出台的政策尚未对以上的一系列问题予以明确规定，这使民办学校举办者困惑不安。

（二）政府扶持政策对民办中等职业学校的影响

2002 年颁布的《中华人民共和国民办教育促进法》奠定了中国民办教育的地位和发展趋势。经过 2016 年的修订，分类管理提上日程。在近 20 年的发展历程中，民办教育发展迅速，但也一直处在生存的忧虑和改革的困惑中。

国家为各级各类学校制定了教育方针、教育政策法规，各级教育行政部门对学校的办学情况进行具体的管理和督导。党的十九大报告中指出：要全面贯彻党的教育方针，落实立德树人根本任务，发展素质教育，推进教育公平，培养德、智、体、美、劳全面发展的社会主义建设者和接班人。2017 年 8 月，教育部下发了《中小学德育工作指南》，明确了学校开展德育工作的内容和途径，并要求开展“三全”育人。2019 年，教育部组织召开教育工作会议，提出要把劳动教育写入教育方针；2020 年，教育部下发了《中共中央国务院关于全面加强新时代大中小学劳动教育的意见》，劳动教育进入教育方针，完善了对学生的培养目标。

2017 年，教育部下发了《教育部关于鼓励和引导民间资本进入教育领域促进民办教育健康发展的若干意见》，又进一步对民办学校的地位、权利、教师待遇及保障民办学校学生的权益、税费政策等做了明确的规定。提出了“育人为本，德育为先；分类管理，公益导向；优化环境，综合施策；依法管理，规范办学”的基本原则。2018 年，河北省也下发了《河北省人民政府关于鼓励社会力量兴办教育促进民办教育健康发展的实施意见》，该文件对民办学校的党建和思想政治工作、民办教育的体制改革、完善对民办教育的扶持政策、健全民办学校的内部治理制度和全面提高民办教育的管理与服务水平做了细致明确的规定。

从各级政府颁发的文件中可以看出国家对民办教育的高度重视，政府对民办教育的重视就是最大的扶持，让民办学校举办者感受到了民办教育大有可为，也感受到了职业教育的重任。因为民办学校在解决自身生存问题的同时，也肩负着与公办学校同样的人才培养目标和责任。从各级政府的文件中还可以看出不仅有扶持，还有目标、制约、要求等，体现了国家对民办教育的期望和管理的决心。怎样使民办学校的办学方向不偏离国家法规和要求，同时又能解决自身在发展中遇到的困难和问题，全体民办教育人对下一时期国家的政策倾向和具体实施充满期待。

民办学校举办者不论在未来选择非营利性或营利性，都必须充分认识到教育事业本身的公益性，要求民办学校按照国家对培养人才的要求和教育的规律开展教育工作。教育的本质是根据一定的社会要求，传递社会生产和生活经验，促进人的全面发展，培养社会所需要的人才，也就是以学生的成长为核心。教育事业是有其自身独特规律的行业，民办学校也要按照教育的自身规律开展管理，用优质的教育为学校带来良好的社会信誉，良好的口碑也一定会给学校带来良好的经济效益，使学校形成良性运转。同时民办学校也期待国家和各级教育行政部门落实对民办教育的各项扶持政策，使真正投身于民办教育事业的工作者可以把民办教育做好、做大、做强。

（三）民办中等职业学校的获得感不强

1. 办学行为不规范的民办学校影响了民办教育的整体形象

师生获得感需要靠办学特色、社会认同来提升。由于存在办学行为不规范的民办学校，导致社会对民办学校的公众形象评价不高，普遍认为民办学校的办学动机不纯，并将民办教育行为等同于以利润为目标的经营行为，人们对民办学校就是“高收费学校”的认识普遍存在。

办人民满意的教育，满足学生和家长的多样化学习和未来能顺利走进大学校门、走进企业就业的需求，这是民办教育所追求的目标。民办中等职业学校要加强学习，严格自律，树立办百年名校的远大理想，赢得良好的社会信誉，使民办学校的整体形象光辉起来，这是扭转不良形象的唯一举措，也是每一所民办学校的责任。增强民办教育的集体荣誉感，是提高民办中等职业学校获得感的重要举措。

2. 民办教育在发展中遇到的阻力降低了教师的职业成就感

当前我国民办教育发展仍然存在诸多阻力。一是相关制度不完善。近年来，国家虽然出台了一系列专门支持民办教育发展的政策，但在具体的落实上一直存在“轻民办、重公办”的倾向。二是管理不到位。不少地区对民办教育的指导、规范与扶持明显不足，教育、财政与税务等部门未能切实落实国家对民办学校的优惠政策，更缺少有效扶持。三是民办学校合理的投资回报率不明确。这种状况会直接影响民办学校教师的职业成就感和获得感。民办学校与公办学校差距越大，民办学校及其教师的职业成就感就会越低。

3. “体制边缘人”身份使民办学校教师缺乏获得感

民办学校教师和公办学校教师在工作职责方面原本是一致的，都是国家“教书育人”的教育工作者，但民办学校教师的地位、处境和待遇却与公办学校教师存在“体制鸿沟”。地方上对民办学校教师的权利和义务等的落实还不到位，在工资福利、职称评定、在职学习进修等方面，民办学校教师与公办学校教师存在较大的差距。为民办学校教师建立领域宽泛、层次多元、品质优良的教师专业发展模式，为民办学校教师提供培训进修、学术交流、课题研究等各种机会，这样才能使民办学校教师提高自身的能力与水平。搭建多种平台，让民办学校教师在提升自我的过程中感受到快乐，这样才能使民办学校教师有更多的获得感。

（四）经费投入不足制约职业教育可持续发展

由于经费来源渠道单一，办学经费捉襟见肘，特别是部分学校设备陈旧落后，难以满足现代实用技能型人才培养的需要，形成招生困难、就业困难的恶性循环。一是民办职业学校主要依靠收取学费维持运转，国家资助部分很少，在一定程度上制约了学校的可持续发展，部分学校为了进行校园基础设施建设，只得负债前行；二是经费政策落实不到位，《国院关于大力发展职业教育的决定》中有关“企业按照职工工资总额的1.5%—2.0%用于职业教育培训”“城市教育费附加的30%用于职业教育发展”的政策没有落实到民办学校；三是学校融资困难、贷款困难，造血功能不强。这些因素制约了民办职业学校的可持续发展。

（五）投融资面临困难

目前，由于民办中等职业学校发展前景不明朗，国家投入较少，加之民办中等职业学校本身的资金实力不够雄厚，从而严重制约了社会的投融资。社会资本因对利润回报不乐观，进入的积极性很低；企业投入处于观望状态，大部分企业是想“搭便车”，让学校单向为企业服务发展；金融机构也因风险较大对贷款予以严格限制。学校在遇到事业发展、校园扩建、设备更新等需要大量资金投入时就困难重重，这是制约民办中等职业教育发展的“源困难”。只有政府通过政策导向，帮助民办中等职业教育纾解投融资渠道，使其在办学资金上有“源头活水”的保证，民办中等职业教育的发展才能在不利的形势和困难的条件下实现国家对职业教育的期待。

（六）民办学校发展的同质化带来“同滞化”

在职业教育发展过程中，对职业教育总结出的典型经验是：职业学校要以质量求生存，以特色求发展。目前，石家庄市民办中等职业学校的专业设置主要集中在铁路、护理、学前教育，专业学科设置严重同质化，办学形式相互模仿，缺乏独立的办学精神和创新理念，导致同类学校发展的“同滞化”。

从历史上来看，河北省的公办职业学校起步于20世纪80年代。到20世纪90年代，在教育行政部门的统一领导下，几乎每一个县都成立了一所职教中心。当地教育行政部门对这些学校在专业设置上基本上进行了宏观控制，学校和学校之间的专业尽量不重复设置，各学校也在探索“人无我有，人有我优”的办学之路。从20世纪90

年代末到21世纪初，民办职业学校快速发展，但专业设置比较盲目，单纯考虑了河北省的办学优势和成本优势，所以出现了“同行同质”现象，生源竞争激烈，毕业生就业比较困难。如今，已有一大批民办中等职业学校关闭，即便是仍在运营的，也都发展迟滞。究其原因有三：一是专业设置同质化，课程开设没有特色；二是有些学校未能按国家要求开设课程、开足课时，影响了教学质量；三是没有及时更新专业和课程，人才培养和企业用人需求不匹配，影响了学校信誉。由于办学“惯性”和路径依赖，目前如果由学校自行调整有很大的困难。

四、发展建议

在国家大力发展现代职业教育的背景下，经过几十年的努力，河北省的中等职业教育已为当地经济发展培养了大量的技能型人才，也为高等职业教育输送了大批学生。从调查统计数据来看，河北省的中等职业教育以公办学校为主体，但民办学校已经占有三分之一的比例，国家及各级教育行政部门仍在不断出台对民办教育的支持和扶持政策，形势有利于民办教育的发展，但民办中等职业教育存在着的很多困难和问题也是不容忽视的。要解决这些困难和问题，既需要民办中等职业学校自身继续努力，更需要国家及教育行政部门的继续支持，不仅要在全社会营造尊重技能人才、崇尚技能的良好社会氛围，还应为民办中等职业学校提供政策和资金等方面的实际帮助。

（一）加强舆论引导，为民办中等职业教育创造良好的生态环境

从改革开放以来，特别是党的十九大以来，中国进入了建设中国特色社会主义新时代。为了培养各级各类应用型和技能型人才，国家更加重视职业教育，相继出台了一系列政策，也进行了一系列改革，使职业教育走上了发展的快车道。但职业教育发展还不能满足国家发展对人才的质和量两方面的需求，主要原因是多年来广大人民群众受应试教育的影响，尊重技能人才、崇尚技能的良好社会氛围还没有真正的形成。人们对接受职业教育的认知还比较落后，认为初中毕业后读中职是无奈的选择。这样的状态将影响培养技能型人才的质量，也影响着应用型人才的岗位建设，更影响了“工匠精神”情怀。只有当全社会有了“三百六十行，行行出状元”的职业素养，有了从事技能工作岗位人生同样能出彩的理念，职业教育才能真正地健康发展，我们的社会主义事业才会更加蓬勃地向前发展。

为此，我们要加大各类媒体的宣传力度，设立专门宣传职业教育的版块，确定宣传职业教育的专项主题，多宣传职业学校和个人的典型事迹，开展“大国工匠”的评选活动等，来提高人们对职业教育的认识，转变人们的就业观。政府和各类媒体利用“职教宣传周”等活动，大力弘扬“劳动光荣、技能宝贵、创造伟大”的时代风尚，宣

传职教成果，宣传民办中等职业教育在人才培养、经济建设等方面的巨大贡献，为河北省的民办中等职业教育发展创造良好的氛围环境。每一所职业学校都是一个宣传的窗口，都要以多种形式展示办学成果，注重宣传职业教育的战略意义、经济意义、社会意义、文化意义、人本意义，对社会进行舆论引导，争取早日得到全社会的认可和社会群体的接纳。

（二）出台具体政策，解决民办中等职业学校的用地和校园建设问题

教育是百年大计，办学用地是学校发展的基础，民办中等职业学校在创办初期，大多是靠租赁校舍办学，不仅学校面积小，而且很多学校的基础设施不符合国家《中等职业学校设置标准》。从长远发展角度考虑，民办中等职业学校拥有自己的校园，更有利于学校的发展，更有利于人才培养。但大多数民办中等职业学校很难一次性拿出足够的资金自建校园，政府应尝试在民办中等职业学校校园用地的方式上进行创新，采取类似于“以租代买”的方式支持民办中等中职学校自建校园。或由政府协调将一些富余且安全的公办学校校舍提供给具备办学能力的民办中等职业学校使用。也可以政府组建民办职业教育园区，采取租赁或购买的方式，提供给民办中等职业学校使用，以改善办学条件，提高教育教学质量。

（三）转变观念，实现教师“双向流通”

纵观河北省的民办中等职业教育发展历程，其规模不断发展壮大，并已逐渐成为河北省教育体系的重要增长点和促进教育改革的重要力量，与之形成鲜明对照的是民办中等职业学校教师队伍建设相对滞后。主要原因是民办中等职业学校教师的社会地位不高、待遇保障不足、职称评聘不畅、专业发展困难等问题未能从根本上解决，从而使民办中等职业学校的教师队伍出现不稳定现象，成为制约民办中等职业教育可持续健康发展的瓶颈。

现行地方政策对民办中等职业学校教师队伍建设的重要意义认识不足、扶持力度不够，思想观念上仍存在“民办教育是拾遗补阙，是权宜之计、过渡之策”“民办学校教师可多可少”等观点。同时，还存在法律、法规不清晰，相关部门态度不明确，一些扶持措施浅尝辄止，没有持续推进等问题。认清形势，转变观念，是改善民办中等职业学校教师待遇、稳定教师队伍的先决条件。

在树立先进观念的基础上，通过提高民办中等职业学校教师待遇，消除公办、民办学校教师职业差别，使民办学校教师无后顾之忧，实现民办学校和公办学校教师“无障碍双向流通”，让民办中等职业学校的专任教师获得同样的职业认同感、岗位幸福感、育人责任感、事业成就感、社会荣誉感，应当成为河北省教育改革的重要目标。

（四）优势互补，“公”“民”合作

在长期的办学实践中，公办和民办学校形成了自身的办学特色和优势。为实现民办中等职业学校与公办中等职业学校的资源共享和优势互补，可以通过深化办学体制改革，进一步健全政府主导、社会参与、办学主体多元、办学形式多样、充满生机活力的办学体制。从实际出发，开展公办和民办学校联合办学、委托管理等试验，探索多种提高办学水平的途径和方式。在河北省中等职业教育领域形成以政府为主导、全社会积极参与、公办教育和民办教育共同发展的格局。

（五）打通中职生发展的通道，让学历和技能双提升

随着社会主义现代化建设对人才需求标准的提高，越来越多的行业和企业已经提高了人才招聘的学历要求。国家从2019年开始调整职业教育结构，不仅加大了专科层次的发展，还大力发展本科及研究生层次学历职业教育，使城乡新增劳动力可以更多地接受高等教育。这就需要通过建立“职教高考”制度，来完善“文化素质＋职业技能”的考试招生办法。因此，建立中等职业教育和高等职业教育相互衔接的现代职业教育体系，为中职学生提升学历和职业技能建立通道就显得尤为迫切。目前，河北省中等职业学校的学生可以通过参加高考和单招进入高职院校学习，但是河北省的这一通道尚不够畅通。相邻的山东省将从2022年起开始实施“职教高考”制度，并已确定将半数左右的省属本科高校转型为应用型大学。届时，中等职业学校的学生通过职教高考升入优质本科高校的渠道将会更加畅通，人数也会逐年增加。到时加大对高职院校深度参与专业学位研究生的教育培养，构建多途径发展模式，既有利于职业学校的学生升学成才，也有利于提升本科高校的高层次应用型技能人才培养能力。

除了灵活打通中职毕业生的学历提升通道外，还应该关注中职毕业生就业后专业能力的继续提升。绝大多数中职生毕业后会直接进入社会就业，这部分学生的后续发展值得重点关注，应为他们的不断“充电”创造条件，应对相应培训给予一定政策和资金上的支持。通过订单式和“互联网＋”远程职业培训等多种模式，开展就业技能培训、岗位技能提升培训、创业创新培训等，为直接就业的中职毕业生铺设一条适合他们的学历和职业能力提升之路。

（六）提供技能人才发展的空间

要真正提高职业教育在整个教育系统中的地位，归根结底还是要提高技术人才的地位和待遇，打破技术人才成长的壁垒和瓶颈。

“十三五”期间，技能人才工作取得明显成效，有力促进了产业升级和技术创新，但技能人才供给与需求之间的结构性矛盾仍然突出，人才培养体系不健全，社会认识还存在偏见。通过充分发挥政府、企业、学校、社会的协同作用，完善技术工人培养、评价、使用、激励、保障等措施，实现技高者多得、多劳者多得、优劳者多得，努力在优化技能人才结构、提高技术工人待遇上取得新进展，使技术工人“成长有通道、发展有空间、社会有地位”。

在现实条件下，绝大多数的中职毕业生和高职毕业生会在体制外就业，所以我们应该建立优秀技能人才体制内外合理流动的渠道，在人才培养、人才待遇、人才评价、人才激励和人才环境等方面不断激发他们的积极性、主动性、创造性，从而为河北省“十四五”期间民办中等职业学校发展创造条件，为京津冀协同建设提供坚实的人才保障，为实现“中国制造2025”贡献力量。

河北省民办普通高中教育发展报告

一、发展现状

（一）河北省民办普通高中数量

“十三五”期间，河北省民办普通高中教育呈现较快发展态势，保持持续增长。截至2020年，全省有民办普通高中242所，其增长趋势明显高于全省平均速度。（见表5，图7）

表5 2016—2020年河北省普通高中总数与民办普通高中数情况

年份	河北省普通高中		民办普通高中			
	数量（所）	年增减（所）	数量（所）	年增减（所）	增长率（%）	占比（%）
2016	598	20	135	44	48.35	22.58
2017	630	32	169	34	25.19	26.83
2018	655	25	196	27	15.98	29.92
2019	679	24	220	24	12.24	32.40
2020	707	28	242	22	10.00	34.23

资料来源：《河北省教育事业统计提要》

“十三五”期间，河北省民办普通高中数量占全省普通高中总数的比例显著上升。特别是2020年，民办普通高中的数量在全省的占比达到近5年来的最高值。（见图8）

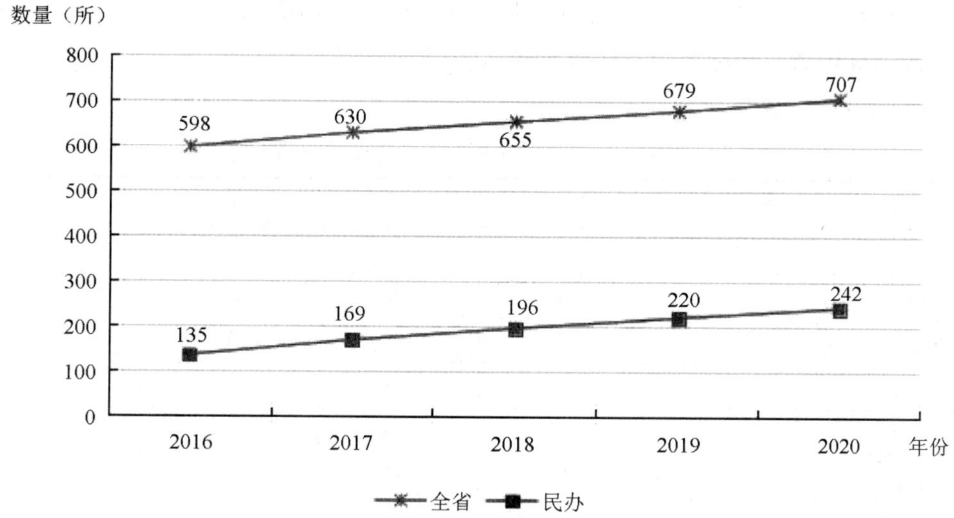

图 7　2016—2020 年河北省民办普通高中数量变化情况

资料来源：《河北省教育事业统计提要》

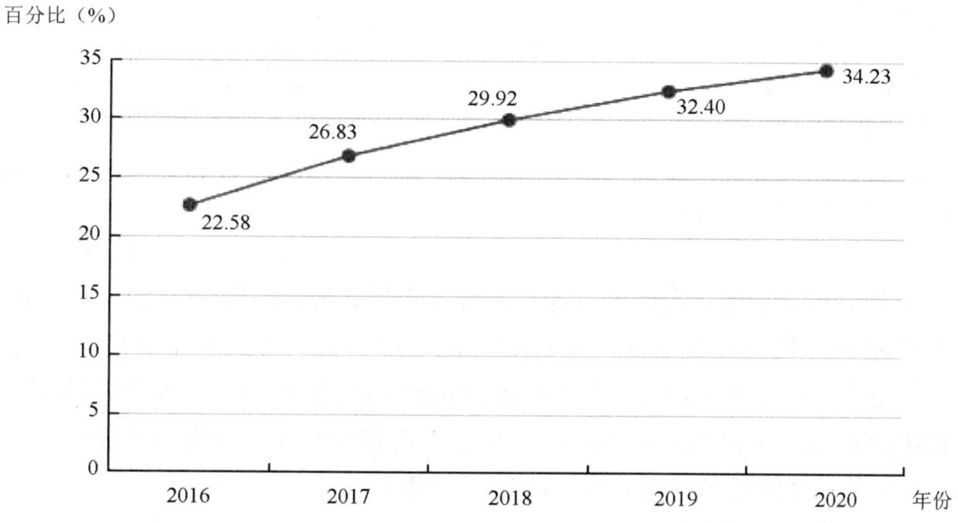

图 8　2016—2020 年河北省民办普通高中数量占比情况

资料来源：《河北省教育事业统计提要》

（二）河北省民办普通高中分布情况

1. 民办普通高中各市分布情况

“十三五”期间，民办教育在河北省的发展态势较好，各地区的民办普通高中均迎来了一个较好的发展时期，各地区的民办普通高中数量不断增加，其中石家庄、衡水的民办普通高中数量相比其他地区数量较多。（见表 6）

表 6　2016—2020 年河北省各地区民办普通高中数量

地区	2016 年	2017 年	2018 年	2019 年	2020 年
石家庄	29	33	35	35	40
唐山	19	22	23	25	27
秦皇岛	6	7	8	12	12
邯郸	8	11	11	13	18
邢台	7	10	13	18	20
保定	15	20	22	23	25
张家口	8	9	12	12	12
承德	1	1	2	3	5
沧州	9	14	17	19	20
廊坊	7	9	11	13	14
衡水	19	26	34	38	39
辛集	3	3	3	3	2
定州	4	4	4	5	7
雄安新区	—	—	1	1	1

资料来源：河北省教育事业统计数据库

截至 2020 年，石家庄的民办普通高中数量在河北省是最多的，为 40 所；而衡水的民办普通高中数量与其他地区相比，占比是最高的，占到全市普通高中总数的 62.9%；定州的民办普通高中数量占到全市普通高中总数的 50%；承德、邯郸、雄安新区的民办普通高中在本地普通高中总数的占比相对较小，分别为 20%、22.35%、12.5%，其他各地区的占比都在 30%以上。（见表 7）

2. 民办普通高中城乡分布情况

“十三五”期间，河北省民办普通高中的数量逐年递增，城乡分布趋势较为稳定，主要集中在城区。城区民办普通高中的数量占河北省民办普通高中总数的比例居于首位，在 45%以上，但比例逐渐减小。镇区民办普通高中的数量占比虽居于第二位，但比例不断提高，大有赶超之势。乡村民办普通高中数量最少，虽也呈逐渐增多的趋势，但发展速度相对比较缓慢。（见表 8）

表 7　2020 年河北省各地区民办普通高中数量占本地高中总数比例情况

地区	民办数（所）	总数（所）	占比（%）
衡水	39	62	62.90
石家庄	40	124	32.26
唐山	27	82	32.93
保定	25	77	32.47
邢台	20	64	31.25
沧州	20	56	35.71
邯郸	18	80	22.50
廊坊	14	39	35.90
秦皇岛	12	34	36.36
张家口	12	36	33.33
定州	7	14	50.00
承德	5	25	20.00
辛集	2	6	33.33
雄安新区	1	8	12.50

资料来源：《河北省教育事业统计提要》

表 8　2016—2020 年河北省民办普通高中城乡分布情况

年份	河北省民办普高中数量（所）	城区		镇区		乡村	
		数量（所）	占比（%）	数量（所）	占比（%）	数量（所）	占比（%）
2016	135	73	54.07	53	39.26	9	6.67
2017	169	88	52.07	70	41.42	11	6.51
2018	196	96	48.98	85	43.37	15	7.65
2019	220	102	46.36	97	44.09	21	9.55
2020	242	112	46.28	108	44.63	22	9.09

资料来源：河北省教育事业统计数据库

（三）河北省民办普通高中办学规模

1. 河北省民办普通高中在校生数

“十三五”期间，河北省民办普通高中的在校生数不断增长。2020 年，河北省民办普通高中在校生数为 39.57 万人，占全省普通高中在校生总数的 26.08%，相对于 2016 年有较大增长。（见表 9）

表 9　2016—2020 年河北省普通高中在校生总数与民办普通高中在校生数情况

年份	河北省普通高中在校生		民办普通高中在校生			
	人数（万人）	年增减（万人）	人数（万人）	年增减（万人）	增长率（%）	占比（%）
2016	121.33	5.54	17.84	3.36	23.20	14.70
2017	129.14	7.81	23.01	5.17	28.99	17.82
2018	133.49	4.35	26.42	3.41	14.82	19.79
2019	141.20	7.71	32.28	5.86	22.18	22.86
2020	151.75	10.55	39.57	7.29	22.58	26.08

资料来源：《河北省教育事业统计提要》

自 2016 年以来，河北省民办普通高中的在校生数增势明显，民办普通高中在校生数在全省普通高中在校生总数中的占比越来越高（见图 9，图 10）。这说明民办教育在河北省的发展比较受群众认可，且发展势头良好。

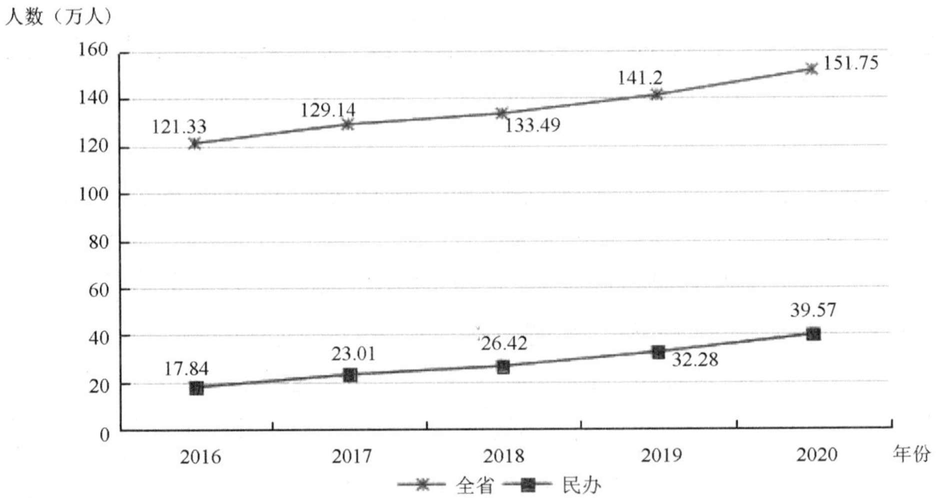

图 9　2016—2020 年河北省普通高中在校生总数与民办普通高中在校生数情况

资料来源：《河北省教育事业统计提要》

2. 民办普通高中招生数

2020 年，河北省民办普通高中招生数为 16.56 万人，占全省普通高中招生总数的 29.53%，相对于 2016 年有较大增长。2018 年，河北省的普通高中招生数为负增长，在大环境不利的情况下，民办普通高中招生数仍然实现了正向增长。（见表 10）

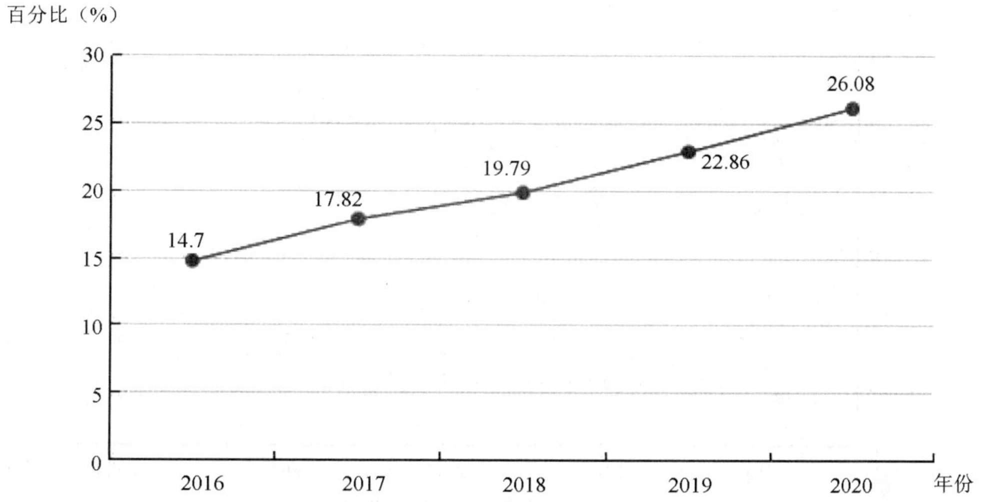

图 10　2016—2020 年河北省民办普通高中在校生数占比情况

资料来源：《河北省教育事业统计提要》

表 10　2016—2020 年河北省普通高中招生总数与民办普通高中招生数情况

年份	河北省普通高中招生		民办普通高中招生			
	人数（万人）	年增减（万人）	人数（万人）	年增减（万人）	增长率（%）	占比（%）
2016	43.27	2.50	6.94	0.87	14.33	16.04
2017	45.71	2.44	9.54	2.6	37.46	20.87
2018	44.89	−0.82	9.79	0.25	2.62	21.81
2019	50.67	5.87	12.74	2.95	30.13	25.14
2020	56.08	5.41	16.56	3.82	29.98	29.53

资料来源：《河北省教育事业统计提要》

据图 11 可以看出，2016—2020 年民办普通高中的招生数在不断增加。受大环境影响，2018 年较 2017 年的增长数相对较少，增长率也是近几年的最低值。

据图 12 可以看出，2020 年民办普通高中的招生数在河北省普通高中招生总数中的占比，相对于 2016 年增长超过 10 个百分点，可见民办普通高中发展稳定，态势良好。

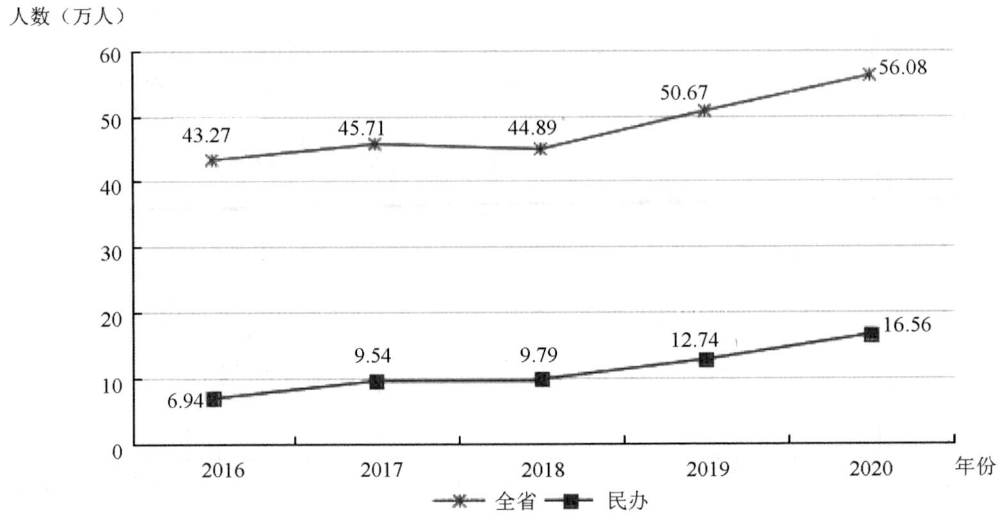

图 11　2016—2020 年河北省普通高中招生总数与民办普通高中招生数情况

资料来源：《河北省教育事业统计提要》

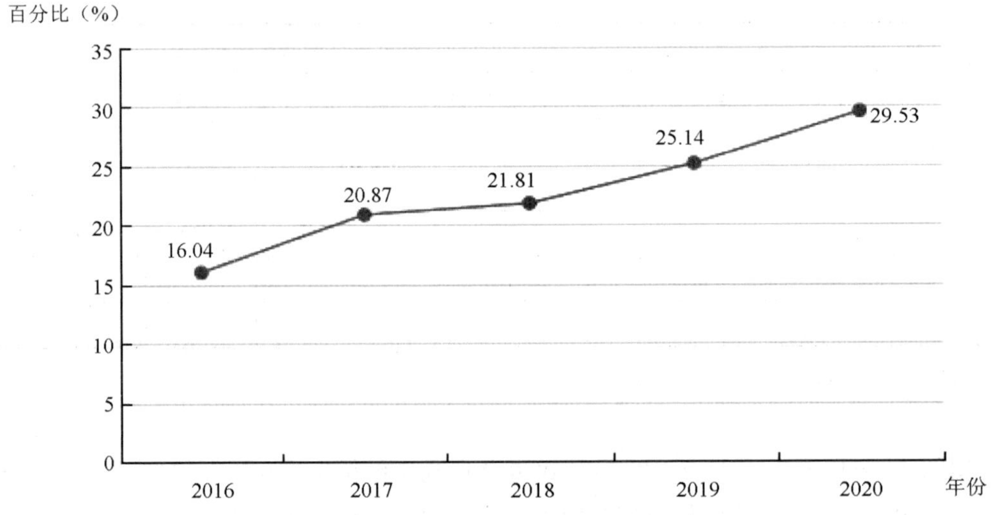

图 12　2016—2020 年河北省民办普通高中招生数占比情况

资料来源：《河北省教育事业统计提要》

3. 民办普通高中毕业生数

2020 年，河北省民办普通高中毕业生数为 9.53 万人，占全省普通高中毕业生总数的 20.95%。（见表 11）

表 11 2016—2020 年河北省普通高中毕业生总数与民办普通高中毕业生数情况

年份	河北省普通高中毕业生		民办普通高中毕业生			
	人数（万人）	年增减（万人）	人数（万人）	年增减（万人）	增长率（%）	占比（%）
2016	36.82	1.58	3.94	0.76	23.90	10.70
2017	37.70	0.88	4.79	0.85	21.57	12.71
2018	40.11	2.41	6.15	1.36	28.39	15.33
2019	42.76	2.65	7.09	0.94	15.28	16.58
2020	45.50	2.74	9.53	2.44	34.41	20.95

资料来源：《河北省教育事业统计提要》

据图 13 可以看出，无论是河北省普通高中毕业生总数还是民办普通高中毕业生数都在不断增长。2016—2020 年民办普通高中毕业生数的增长速率不稳定，2019 年更是出现了近年来的最低值，仅为 15.28%。据图 14 可以看出，民办普通高中的毕业生数在河北省普通高中毕业生总数中的占比不断提高。

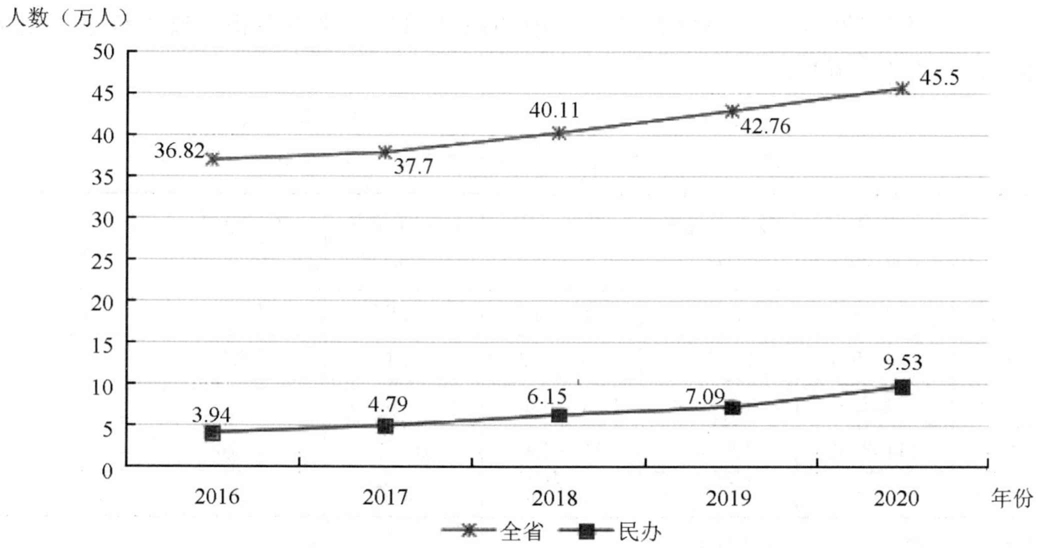

图 13 2016—2020 年河北省普通高中毕业生总数与民办普通高中毕业生数

资料来源：《河北省教育事业统计提要》

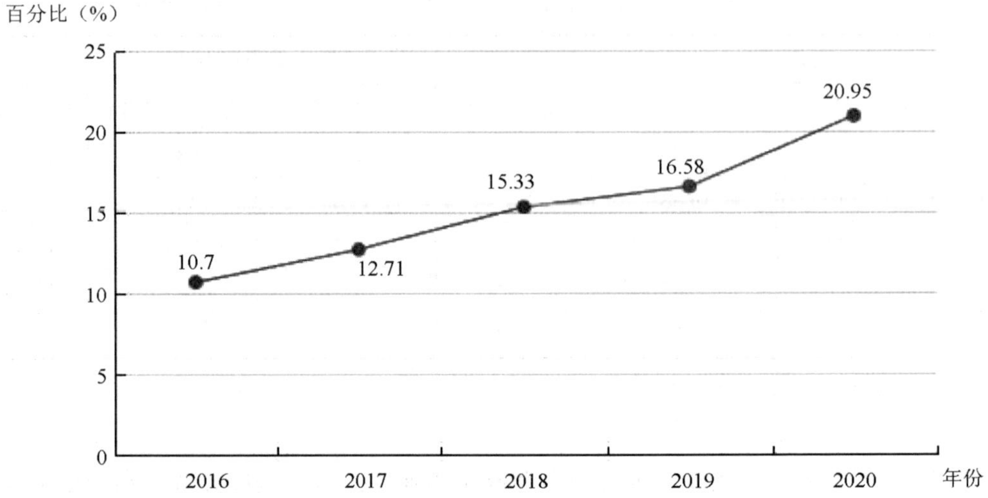

图 14　2016—2020 年河北省民办普通高中毕业生数占比情况

资料来源：《河北省教育事业统计提要》

（四）河北省民办普通高中办学条件

“十三五”期间，河北省民办普通高中的占地面积、建筑面积、教室数量不断增加，办学条件不断改善。（见表 12）

表 12　2016—2020 年河北省民办普通高中办学条件情况

年份	占地面积（平方米）	较上年增长（%）	建筑面积（平方米）	较上年增长（%）	教室数量（个）	较上年增长（%）
2016	8208454	9.28	3833517	20.67	8848	12.14
2017	10670957	30.00	5450282	42.17	13872	56.78
2018	12452988	16.70	7139032	30.98	15950	14.98
2019	14462052	16.13	8266200	15.79	18510	16.05
2020	16384539	13.29	9387555	13.57	21293	15.04

资料来源：河北省教育事业统计库

据图 15、图 16、图 17 可以看出，民办普通高中的占地面积、建筑面积、教室数量等数据不断提高，但是增长速度起伏较大。其中以 2017 年的增速最为明显，占地面积、建筑面积、教室数量较上一年分别增长了 30%、42.17%、56.78%。2017 年之后，各项数据的增速有所回落。

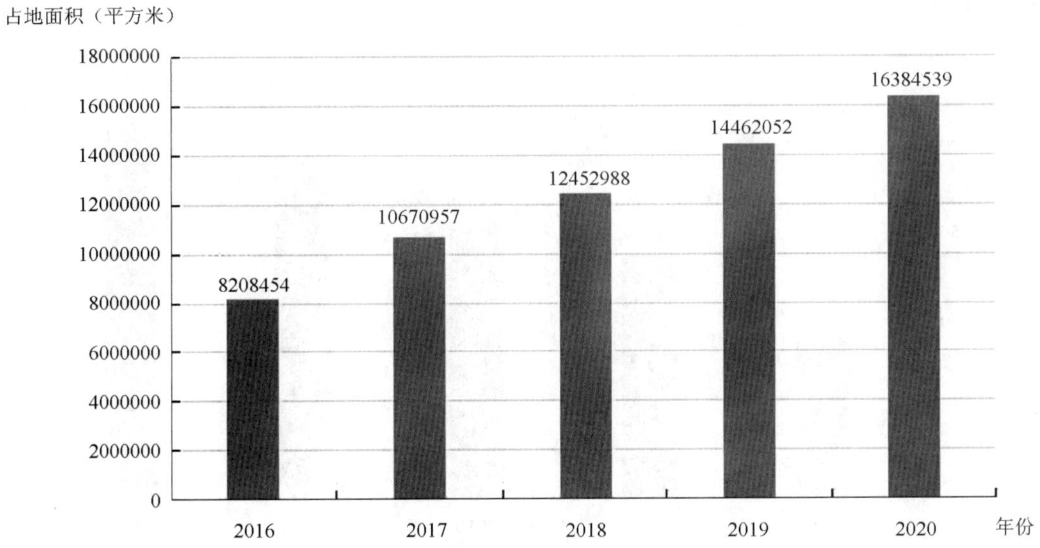

图 15　2016—2020 年河北省民办普通高中占地面积变化情况

资料来源：河北省教育事业统计数据库

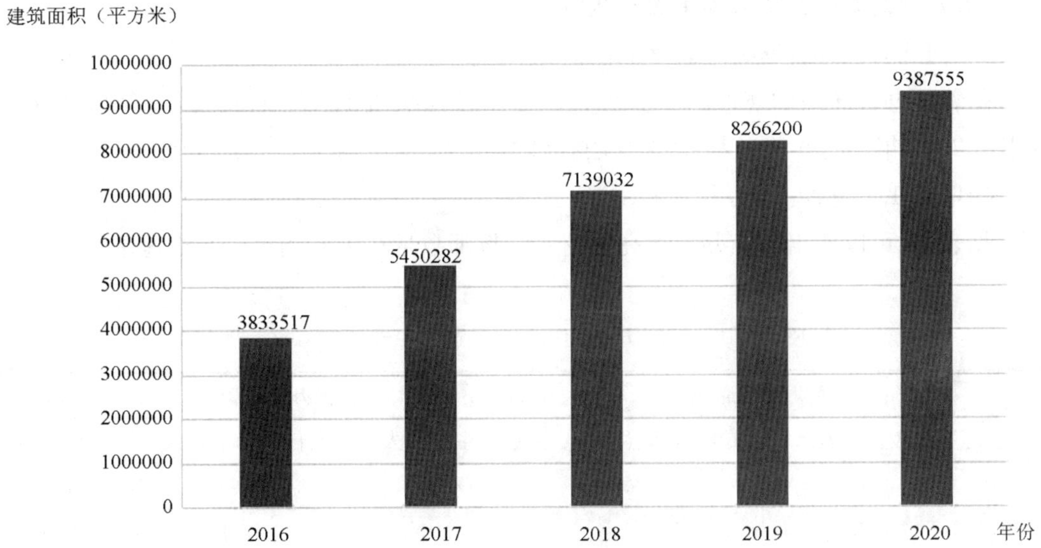

图 16　2016—2020 年河北省民办普通高中建筑面积变化情况

资料来源：河北省教育事业统计数据库

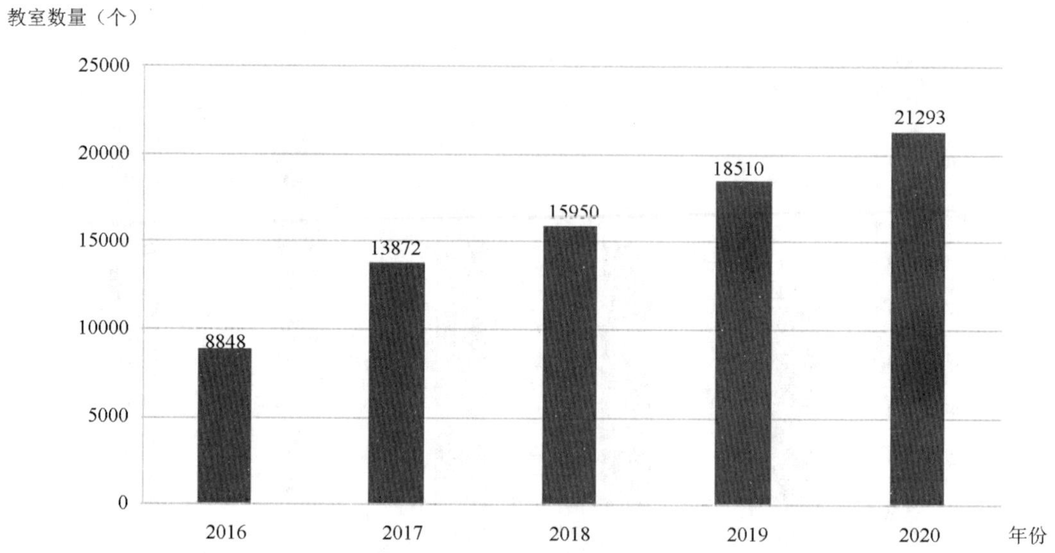

图 17　2016—2020 年河北省民办普通高中教室数量变化情况

资料来源：河北省教育事业统计数据库

（五）河北省民办普通高中教师队伍

1. 河北省民办普通高中教师队伍情况

随着民办普通高中规模的不断扩大，专任教师队伍也在不断壮大，教师数量逐年增长。2016 年，民办普通高中的专任教师数量为 0.97 万人，2020 年增长至 2.67 万人，净增长 1.7 万人。（见表 13）

据表 13 可以看出，民办普通高中的专任教师数量在不断增加，且增速平稳。

表 13　2016—2020 年河北省民办普通高中专任教师数量情况

年份	河北省普通高中		民办普通高中		
	在校生（万人）	专任教师（万人）	在校生（万人）	专任教师（万人）	占比（%）
2016	121.33	11.24	17.84	0.97	14.70
2017	129.14	12.02	23.01	1.29	17.82
2018	133.49	13.15	26.42	1.62	19.79
2019	141.20	14.23	32.28	2.10	22.86
2020	151.75	15.22	39.57	2.67	26.08

资料来源：河北省教育事业统计数据库

据图 18 可以看出，民办普通高中的专任教师数量在河北省普通高中专任教师总数中的占比在不断增加。

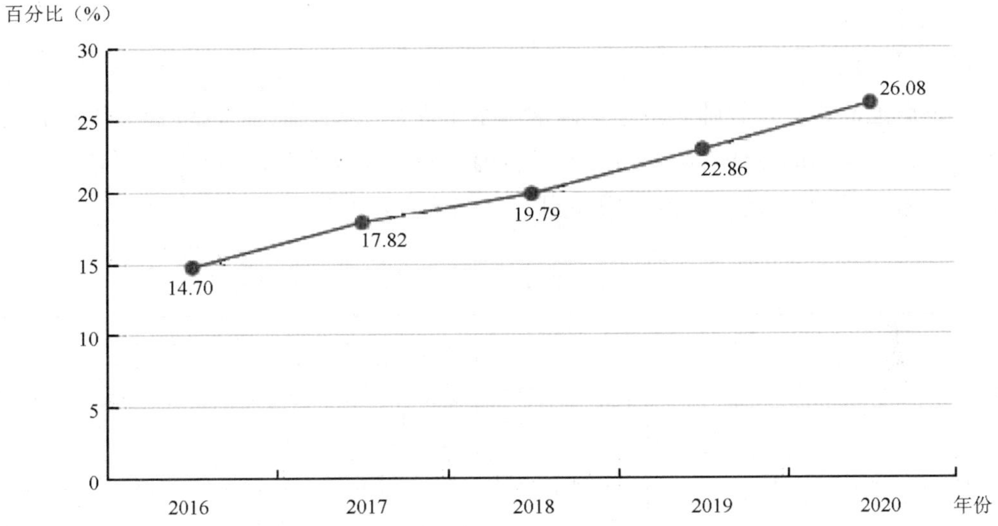

图 18　2016—2020 年河北省民办普通高中专任教师占比情况

资料来源：河北省教育事业统计数据库

2. 河北省民办普通高中教师构成情况

（1）年龄结构

民办普通高中的教师队伍普遍趋于年轻化。自 2016 年以来，民办普通高中的专任教师中有一半以上的年龄在 35 岁以下，专任教师年龄在 45 岁以下的人数占总人数的 80%以上。（见表 14）

表 14　2016—2020 年河北省民办普通高中教师年龄构成情况

年份	总计（人）	30 岁以下（人）	30—34 岁（人）	35—39 岁（人）	40—44 岁（人）	45—49 岁（人）	50—54 岁（人）	55—59 岁（人）	60 岁及以上（人）
2016	9661	3680	2279	1916	780	542	280	83	101
2017	12874	5310	2609	2331	1112	758	444	148	162
2018	16196	7620	3109	2477	1302	781	477	217	213
2019	20953	10526	3852	3119	1563	787	584	289	233
2020	26685	14486	4501	3181	2311	958	687	394	167

资料来源：河北省教育事业统计数据库

年轻教师越来越多，使得民办普通高中的专任教师队伍更加年轻化，教师队伍更具活力。2016 年，民办普通高中 30 岁以下专任教师数占河北省普通高中专任教师总数的 38.09%。到 2020 年，民办普通高中 30 岁以下专任教师数占河北省普通高中专任教师总数的 54.29%，增幅非常大。

（2）学历结构

民办普通高中专任教师队伍的总体学历水平提升明显。截至 2020 年，民办普通高中本科及以上学历的专任教师数占河北省普通高中专任教师总数的 98.17%，硕士学历专任教师数由 2016 年的 987 人，增加到 2020 年的 2793 人。（见表 15）

表 15　2016—2020 年河北省民办普通高中教师学历构成情况

年份	教师总数（人）	博士		硕士		本科		专科		专科以下	
		数量（人）	占比（%）	数量（人）	占比（%）	数量（人）	占比（%）	数量（人）	占比（%）	数量（人）	占比（%）
2016	9661	0	0	987	10.22	8345	86.38	328	3.40	1	0.01
2017	12874	0	0	1569	12.19	10762	83.59	541	4.20	2	0.02
2018	16196	0	0	1915	11.82	13784	85.11	495	3.06	2	0.01
2019	20953	0	0	2333	11.13	18053	86.16	563	2.69	4	0.02
2020	26685	0	0	2793	10.47	23402	87.70	490	1.83	0	0

资料来源：河北省教育事业统计库

据表 15 可以看出，民办普通高中各个学历层次的专任教师数都在不断增长，本科及以上学历的专任教师人数增长迅速。本科及以上学历专任教师的比例基本维持在 95%以上，且占比不断增加。研究生学历专任教师占比始终维持在 10%左右，仍需不断引进高学历人才，提高民办普通高中专任教师的整体学历水平。

（3）职称结构

“十三五”期间，民办普通高中专任教师中具有中、高级职称的教师比例逐年下降。具有高级职称的教师比例由 2016 年的 11.51%降到 2020 年的 6.78%，具有中级职称的教师比例由 2016 年的 26.47%降到 2020 年的 18.38%，具有助理级职称的教师比例由 2016 年的 27.89%降到 2020 年的 15.48%。（见表 16）

据表 16 可以看出，民办普通高中专任教师各个职称阶段的人数不断增长，其中未评定职称的人数也在不断增长。民办普通高中具有职称的教师比例逐年下降，未评定职称的教师比例逐年上升，主要原因是当前民办普通高中专任教师年轻化，因此民办普通高中专任教师队伍建设面临着较大挑战。

表 16 2016—2020 年河北省民办普通高中教师职称构成情况

年份	教师总数（人）	正高级		副高级		中级		助理级		员级		未评职称	
		数量（人）	占比（%）	数量（人）	占比（%）	数量（人）	占比（%）	数量（人）	占比（%）	数量（人）	占比（%）	数量（人）	占比（%）
2016	9661	0	0.00	1112	11.51	2557	26.47	2694	27.89	429	4.43	2869	29.70
2017	12874	0	0.00	1663	12.92	3243	25.19	3109	24.15	676	5.25	4183	32.49
2018	16196	0	0.00	1739	10.74	3480	21.49	3394	20.96	780	4.81	6803	42.00
2019	20953	16	0.08	1813	8.65	4553	21.73	3698	17.65	1802	8.60	9071	43.29
2020	26685	35	0.13	1809	6.78	4901	18.38	4132	15.48	2142	8.03	13666	51.21

资料来源：河北省教育事业统计数据库

二、主要成就

（一）从民办普通高中的办学数量上分析

“十三五”期间，通过数据统计反映出无论是规模数量还是质量效益，河北省民办普通高中都是在一个相对高增长的态势下发展的。尤其是与公办普通高中新增加的学校数量相比，更是数倍于公办高中增数。河北省民办普通高中的增长率每年均为两位数，甚至在 2017 年增长率达到 28.47%。河北省民办普通高中从 2016 年的 135 所迅速增加至 2020 年的 242 所，几乎翻了一番。同期，河北省普通高中从 598 所增加至 707 所。由此可以清晰地看到，河北省民办普通高中的增量几乎就是全省普通高中的增量，贡献率极其巨大。这些民办普通高中的诞生满足了人民群众上高中的迫切需求。同时民办普通高中的数量占河北省普通高中的比例也是逐年稳步增长，从 2016 年的五分之一，上升到 2020 年的三分之一。显而易见，数量的增加反映出河北省普通高中的蓬勃发展，而在此过程中，民办教育贡献突出。

从河北省各地区民办普通高中的增长数量来看，省会石家庄得天独厚的教育人口基数和全省政治、经济、文化中心的地位，使得它建立的民办普通高中数一直独占鳌头。河北省民办普通高中发展最快的是衡水市，虽然这一地区的高中阶段教育人口和经济水平在河北省的排名相对靠后，但衡水地区民办普通高中的数量增长，在近 5 年来呈现快速上升态势。到 2020 年，石家庄的民办普通高中数在河北省排名第一，数量为 40 所，衡水位列第二，数量为 39 所。这也是河北省民办普通高中发展的一个独特现象：一个人口、经济均在末流的地区，却在民办普通高中的数量和质量的发展上呈现出迅猛态势，直逼与其经济、人口均不在一个等量级的省会城市。

（二）从民办普通高中的办学质量上分析

近5年来，按照办学性质可以划入民办范畴的河北省示范高中的“附属学校”，其教学质量有了大幅提升。以衡水一中、衡中实验分校、石家庄二中实验学校、衡水志臻中学等一批由原公办高中“镶嵌”而产生的河北高中名校为例，其在高考成绩、办学规模等多个方面已经成为河北省区别于其他省份的“独特风景”。

而一批纯粹的民办普通高中，如石家庄精英中学、承德卉原中学、保定美术中学等，均从“普通高考、特色高中”的角度，在全省或区域内脱颖而出，受到社会的高度评价。“十三五”期间，民办普通高中无论是数量上还是质量上，都展现出了长足的发展势头，为国家和河北省走向普及高中教育贡献着力量。

（三）从规模和质量的角度上分析

河北省民办普通高中为全省人民的高中优质教育、特色教育选择注入了足够的活力，因为民办普通高中所享有的独特的跨区域选择生源的优势，让老百姓充分享有了对优质高中的再次选择权。仅从这一点来讲，民办普通高中在一定程度上实现了人民群众对优质教育的公平选择。

三、存在的主要问题及发展建议

（一）办学性质确定上的困惑

目前，河北省的民办普通高中有相当一部分不能达到“四独立”的全部要求，“名校办民校”的大背景依旧显著，尤其是在对公众的宣传中，“某某教育集团”的名义往往掩盖了“公”“民”性质。

此类问题的存在，既是历史原因造成的，也有区域内当地政府方面的原因。这类问题给民办普通高中的生存造成巨大压力，很大程度上挤占了纯民办普通高中的生存发展空间，让这些纯民办普通高中本就举步维艰的生存之路更加坎坷崎岖。因此在今后一段时间里，厘清办学的基本性质，是各级政府和教育主管部门需要面对，并按照国家的政策要求彻底解决的现实问题。

（二）营利与否选择的困惑

根据《中华人民共和国民办教育促进法》的相关要求，高中阶段的民办教育将划分为非营利与营利两类进行管理，其中河北省的过渡期是到2022年。对于学校和办学人而言，在过渡期结束之前的选择是根据省域主管教育部门的指导意见具体实施的。但是目前教育行政部门与其他有关职能部门的相关配套措施，尤其是与土地、税务等一系列交叉管理部门的协调，仍然处于讨论和摸索之中。不清晰、不明朗的政策前景，让民办普通高中在非营利与营利的选择上陷入两难境地。

（三）教师队伍建设的隐忧

伴随着“十三五”期间河北省民办普通高中的快速发展，一定程度上满足了人民群众对高中教育的迫切要求。

从统计数据中可以看出，民办普通高中的专任教师数量从2016年的0.96万人陡增至2020年的2.67万人，同期全省的普通高中专任教师从2016年的11.2万人增加到2020年的15.2万人，而新增加的专任教师以大学毕业生为主，这些年轻教师急需规范培训，快速成长。同时期的公办普通高中在“三支队伍”建设的政策统筹下，国培计划全面铺开，青年教师队伍的成长按计划分步骤次第展开。民办普通高中的青年教师队伍培训却因缺乏条件而困难重重，在一定程度上制约着民办教育的可持续发展。

各级各类民办普通高中专任教师队伍的另外一个重要特征就是流动性较大，或因薪酬，或因压力，或因编制，使其稳定性较差。加之“十三五”期间，河北省人事劳动保障部门将公办教师和民办教师的养老保险非常清晰地划分为事业单位性质和企业单位性质，加剧了民办教师队伍的不稳定性。从数据分析中不难发现，民办普通高中的教师队伍中未评职称的人数占教师总数的比例从2016年的26.7％攀升至2020年的51.2％。如果统计上初级助理职称，民办普通高中的青年教师接近三分之二是无职称或仅具备初级职称。再加上评优、获奖等方面的歧视性政策，更刺激了民办青年教师“跳槽”的冲动，加剧了民办普通高中教师队伍的生存、成长和稳定的困难。

（四）民办普通高中自身规范化建设急需加强

伴随着“十三五”期间河北省民办普通高中的快速发展，屡有不规范的办学行为出现。无论是超大规模办学、办班，还是党建工作弱化；无论是劳动用工、五险一金规范，还是保障师生合法权益等范畴，都存在不规范行为，这需要民办普通高中的举办者、管理者保持高度清醒的头脑，必须加强规范化管理。河北省民办教育协会应该加强这一方面的行业协同督导，积极配合教育行政主管部门进行规范化评价，引导民办普通高中向健康方向快速发展。

四、发展展望

（一）下一阶段民办普通高中的发展趋势

河北省民办普通高中在“十三五”期间处于一个相对繁荣时期，目前即将进入“十四五”规划，河北省普通高中教育仍将蓬勃发展。作为“三分天下有其一”的民办普通高中，在“十四五”期间必须经历一次政策性的抉择，即非营利与营利的选择，这将会是一个比较激烈的重构过程，各地区的民办普通高中一定会在办学性质上做出真正的区分。与此同时，普通高中的质量关仍是一个永恒的话题。人民群众从“要上一个高中”到“要上一个优质高中”，这是极大刺激各个普通高中发展的动力。只顾规模不管质量的原始发展模式将被淘汰，今后以转变观念、改善条件、提高质量、强化管理为内涵的发展模式将成为优质民办普通高中的共同之路。

因此，那些兼顾规模与效益，尤其是兼顾经济效益与社会效益、坚持以党的教育方针为指导的民办普通高中会顺利度过新《中华人民共和国民办教育促进法》的过渡期，转入一个更趋于向好而稳定发展的新阶段。河北省的民办普通高中格局也会随之重新洗牌，形成各具特色、百花齐放，与公办普通高中共同发展的局面。

（二）急需加强民办普通高中的党建工作和思想政治工作

民办教育必须牢记为党育才、为国育人的神圣使命，尤其是高中阶段必须落实立德树人的根本任务，这是底线。所以落实好新《中华人民共和国民办教育促进法》中关于基层党建工作的诸多要求，是“十四五”期间民办学校的头等大事。学校要以党建为引领，做好各项工作，把师生的思想政治教育贯穿于学校工作的方方面面，尤其是要发挥课堂主渠道的作用。

河北省民办初中教育发展报告

“十三五”是河北省民办基础教育发展的重要时期，政策环境显著优化，民办初中教育的内涵品质不断提升。改革创新已成为学校发展的主要出路和途径，高端、特色、个性化成为办学目标，特色创建呈现与时俱进的新特点和新变化，办学规模不断扩大，其作用和地位进一步得到了社会的肯定和认可。

一、发展现状

（一）政策环境显著优化

“十三五”期间，国家出台了一系列相关政策促进民办教育持续、健康、稳定发展。河北省政府从实施层面出台相关配套政策，支持民办教育政策落地，这是民办初中教育发展的根本原因。

（二）数量与规模稳中有升

1. 基本情况

“十三五”期间，民办初中的学校数量明显上升，2020 年民办初中数占河北省初中总数的比例较 2016 年提高了 3.25 个百分点。（见表 17）

表 17 2016—2020 年河北省民办初中学校数量变化情况

年份	民办初中数（所）	河北省初中总数（所）	民办初中数占河北省初中总数比例（%）
2016	236	2379	9.92
2017	258	2375	10.86
2018	266	2367	11.24
2019	293	2405	12.18
2020	338	2466	13.17

资料来源：《河北省教育事业统计提要》

“十三五”期间，民办初中的招生数、在校生数、毕业生人数逐年增加。（见表 18）

表 18 2016—2020 年河北省民办初中学生数量变化情况

年份	招生数（万人）	在校生数（万人）	毕业生数（万人）
2016	13.62	35.71	9.59
2017	17.24	43.60	10.81
2018	20.82	52.85	11.84
2019	22.29	60.47	14.52
2020	23.77	67.08	17.34

资料来源：《河北省教育事业统计提要》

2. 办学条件不断改善

“十三五”期间，民办初中的占地面积、固定资产、校舍面积快速增长。其中占地面积由 2016 年的 8 692 128 平方米，增加到 2020 年的 25 764 624 平方米，增长了 1.96 倍；固定资产由 2016 年的 467 025 万元，增加到 2020 年的 1 992 204 万元，增长了 3.27 倍；校舍面积由 2016 年的 3 750 272 平方米，增加到 2020 年的 14 276 428 平方米，增长了 2.81 倍。（见表 19）

表 19 2016—2020 年民办初中占地面积、固定资产、校舍面积变化情况

年份	占地面积（平方米）	固定资产（万元）	校舍面积（平方米）
2016	8692128	467025	3750272
2017	17774266	1242607	8512089
2018	19452045	1359985	10699030

续表

年份	占地面积（平方米）	固定资产（万元）	校舍面积（平方米）
2019	22275238	1680969	12431930
2020	25764624	1992204	14276428

资料来源：河北省教育事业统计数据库

3. 教师队伍

（1）基本情况

截至 2020 年，河北省民办初中专任教师数为 41 177 人，河北省初中专任教师总数为 215 798 人，民办初中专任教师数占全省初中专任教师总数的比例为 19.08%。

（2）职称结构

截至 2020 年，河北省民办初中具备高级职称的教师有 1196 人，仅占民办初中教师总数的 2.90%，而未定职称的教师有 28 254 人，占民办初中教师总数的 68.62%。由此可见，民办初中专任教师的职称结构有待优化。（见表 20）

表 20　2020 年河北省民办初中教师职称结构情况

职称	人数（人）	占民办初中教师总数比例（%）
高级职称	1196	2.90
中级职称	5449	13.23
初级职称	6278	15.25
未定职称	28254	68.62

资料来源：河北省教育事业统计数据库

（3）学历结构

截至 2020 年，河北省民办初中具备硕士及以上学历的教师有 1857 人，占民办初中教师总数的 4.51%；具备本科学历的教师有 31 959 人，占民办初中教师总数的 77.61%。（见表 21）

表 21　2020 年河北省民办初中教师学历结构情况

学历	人数（人）	占民办初中教师总数比例（%）
硕士及以上	1857	4.51
本科	31959	77.61

续表

学历	人数（人）	占民办初中教师总数比例（%）
专科	7340	17.83
高中及以下	21	0.05

资料来源：河北省教育事业统计数据库

（4）年龄结构

截至2020年，河北省民办初中30岁以下的教师有21 879人，占民办初中教师总数的53.13%；60岁及以上的教师有131人，仅占民办初中教师总数的0.32%，而30—39岁、40—49岁之间的教师共占到民办初中教师总数的43.72%。由此可见，河北省民办初中教师年龄结构“两头大、中间小”的情况有所缓解。（见表22）

表22 2020年河北省民办初中教师年龄结构情况

年龄	人数（人）	占民办初中教师总数比例（%）
30岁以下	21879	53.13
30—39岁	13887	33.73
40—49岁	4112	9.99
50—59岁	1168	2.84
60岁及以上	131	0.32

资料来源：河北省教育事业统计数据库

（三）发展模式与办学特色基本形成

河北省民办初中的办学模式大概可以分成集团式办学、滚动式办学和简易式办学等3种类型。

民办基础教育虽然性质相同，但办学特色各异，主要有4种类型：一是以双语教学为基本手段，办出国际特色；二是以应试教育和素质教育相结合为基本特色，办出文化、艺术相结合的综合特色；三是以中国优秀传统文化为基本特色，走中外融合教育模式；四是特色学校。

这4种类型的学校在办学思路上坚持了4个原则：一是创新性，人无我有，人有我精；二是领先性，处于领先地位，有导向和示范功能；三是科学性，符合发展的规律；四是稳定性，长期显现，逐渐成熟，成为传统。这些学校充分结合自身实际，形成综合特色，已逐渐成为河北省的优质名校。

二、主要成就

（一）基本形成由“补充”到“重要作用”的转变

民办初中办学规模逐年扩大。截至2020年，河北省有民办初中338所，占全省初中总数的13.71%；河北省民办初中的在校学生人数为670 769人，占全省在校学生总数的22.25%。大部分学校处于饱和状态，出现了部分民办名校一位难求的局面。2020年7月，河北省大部分市、县均实行摇号招生。

教育教学质量逐年攀升，尤其教学特色日渐明显，占有较大优势。

新修订的《中华人民共和国民办教育促进法》及相关政策的颁布，规避了一些以营利为目的的社会资本进入，有营利诉求的举办者也开始观望和调整，减少投资。但随着社会经济的稳步发展，对高质量、多元化的基础教育需求有增无减，有责任心的举办者的热情、社会投资与社会需求同时出现了鲜明的增长态势，对民办初中教育有较强需求的趋势依然存在。

（二）改革创新已成为学校发展的主要思路和途径

宏观上，由单一的教育家到教育家、企业家、战略家、政治家“四家”合一的“大家”管理模式正在形成，办学思想进一步端正，办学的目的是提高质量，创建百年名校，而整个过程是依法依规办学、为国为民育人。2019年10月，《河北民办教育》第三期发表文瑞春校长的文章，题为《“四家合一”的“大家”管理模式探索与实践》，从理论到实践提出了“大家”管理的思想、内涵和方法，在河北省民办教育界掀起了管理模式的讨论热潮，在国内也产生了一定影响。

中观上，体系化教育、模式化课堂、个性化发展的模式，正在积极地探索中。邢台爱凡杰教育集团“爱让平凡走向杰出”的教育体系化，以爱为教育的核心，其下形成“立志、爱人、知行合一、自主学习、自我成长”的派系，派系之下又进行了“135自主学习自我管理”的程序标准化，形成体系化而不是碎片化的教育。模式化课堂在优秀学校中已基本形成，如承德围场卉原中学的“1+1”课堂模式、雄安新区博奥学校的“三段六步绿色课堂”、定州新华中学的“五步学习法”等，均在2018年河北省课堂改革经验交流会上进行了介绍和推广。在体系化教育和模式化课堂的基础上，学生的个性化发展将得到进一步提升。

微观上，在课堂的教学改革中，智能化技术的运用已成为范式和成果，在河北省内乃至全国都有较大的影响力。

（三）高端、特色、个性化成为办学目标共识，学校特色发展日渐明显

公立学校主要是均衡教育，而民办学校则主要是解决部分人对优质教育的需求，

努力创建“个（个性化）、特（特色化）、高（高端化）”已成为民办学校的共识。

“以质量求生存，以特色谋发展”是民办学校把握自身定位的选择。民办学校根据自身特点，大胆探索有自己特色的内涵发展模式。

在发展特色内涵的过程中，越来越多的民办初中从应试教育中突围，摆脱了单纯追求应试的目的，积极发挥民办体制和机制优势，将构建以生为本、可选择、多极化、充满活力、面向未来的教育生态积极推进到以“个、特、高”为途径的品牌化建设中。

1. 承德围场卉原中学的办学体制特色

承德围场卉原中学“投资者、管理者、教育者三位一体”的办学模式，形成了办学体制特色。学校的13位股东中，除校长一人脱产外，其余全部是一线教师，他们既是投资者，又是管理者，还是教育者，实现了责权制的高度统一。从根本上规避了“投资者要效益、管理者要成绩、教育者要待遇”的弊端。

2. 雄安新区博奥学校的管理机制特色

中国民办教育协会提出“三思二律二十四字办学”的实践经验，其中“三思”指教育家思想、企业家思想、战略家思想。博奥学校结合“三思”理念，提出了“四家”合一的“大家”管理模式，形成了管理机制特色。

在世界多极化的动荡环境和随着中国经济转型教育也必将随之转型的特定历史时期，民办学校的任何单一的“家”都不能面对发展，合成是必然选择。因此教育家、企业家、战略家、政治家合成的“大家”应成为学校高层领导的代名词，要站在这一高度来回答为什么办学、如何办学，要明确办学追求的目标是提高教育质量，提高质量的目的是增加效益。而在办学过程中，由质量转化为效益绝不是本阶段的终点，而是创建百年名校、振兴中华、服务人民远大目标的准备和资本。

3. 邢台爱凡杰中学的传统文化教育特色

邢台爱凡杰中学传承民族文化精粹，进行传统文化教育。学校践行“爱让平凡走向杰出”的核心价值观，倡导“民族文化是爱的基础”和“爱是民族文化的核心”的思想和理念，进行“仁者爱人”的“爱的教育”，教育教学质量突出，在冀南一代享有很大的知名度，并在国内名校论坛中有一定影响力。

4. 承德围场天卉中学的教学改革特色

承德围场天卉中学的高效课堂改革创立了“大单元教学模式”，被列入“全国高效课堂九大教学范式”，《中国教师报》曾用8个整版报道了该校的办学事迹。

5. 衡水信都学校的精细化管理特色

衡水信都学校注重精细培养，形成了合作开放的管理团队；精细引领，提升了教师服务内涵；精细研究，激励教育科研深度开展；精细助推，落实立德树人。学校先后多次被评为国家、省、市先进民办学校，被中国教育科学研究院授予“全国名校”称号。2014 年，河北省民办教育协会精细化管理现场会在该校召开，社会反响强烈，影响巨大，效果明显。

6. 唐山英才国际学校的魏书生思想教育特色

唐山英才国际学校是魏书生教育思想实验校。学校践行魏书生教育思想，实行民主治校、科学育人的六步分组教学模式。该校曾获得“全国家庭教育实验校”“传承国家经典示范校”“德育报第一实验校”“全国第 116 所红军学校”“全国教育系统先进集体”等多项荣誉。

7. 石家庄新乐博林中学的“高质量党建引领高质量发展”管理特色

党建挂帅，探索学校管理“四新特色”，该校曾获得“新乐市优秀党支部”“河北省党建工作示范校”“河北省明星学校”等荣誉称号。

8. 保定易县蓝天中学的“智慧课堂”现代技术特色教育

学校进行“互联网＋教学”大教育，以信息化教学为核心，建立了两种模式，即“学校＋教研院”的运营模式和“基地＋数据”的教研模式，强化“六个引领”。在短短两年的时间内，与省内外的 400 多所学校建立了联盟教研关系，接待来校参观交流的人数达 1000 多人次。

另外，邯郸永年育英学校“全面发展，德育为首，教学为主，实现高质量发展”的质量管理特色，张家口市“办好青年党校，提高思想觉悟”的政治教育特色，沧州青浦初级中学家庭与学校共同参与的教育特色，廊坊固安三中“对接京津冀”的大地域教育特色，秦皇岛奇石艺术学校的“以美育美”办学特色等，都赢得了社会的认可和家长的赞扬。

（四）河北省民办教育协会的指导受到民办学校的广泛认可

河北省民办教育协会积极配合河北省教育厅的相关工作，大力参与民办学校的发展建设，主要做了以下 4 个方面的工作：一是指明办学方向，指导民办学校认真学习新版《中华人民共和国民办教育促进法》等一系列法规文件，学法、普法、用法，与时俱进；二是强化特色发展，在河北省民办学校大力营造特色建设的氛围，鼓励民办学校根据自身特点，大胆探索有自己特色的内涵发展模式，努力创建优秀名校；三是典型引路，谋划全员提高，通过精细化管理现场会、教学改革论坛及现代智能技术培训，起到良好的示范引领作用；四是狠抓科研兴校工程建设，进行课题研究，努力提高教育教学质量。

三、发展瓶颈与主要问题

（一）发展瓶颈

一是民办基础教育发展整体规划较弱，健全河北省民办教育发展制度体系，形成引导民办教育主动发展的政策环境迫在眉睫。

二是学校规模大，学生数量多，经济效益低，办成“高端、特色、个性化”学校的难度很大，需要政府加大扶持力度。

三是稳定的教师队伍尚未形成，民办学校教师和公办学校教师的平等待遇还未落实，人才立校步履艰难，需要政府予以关注。

（二）主要问题

1. 办学特色有待进一步彰显，教育质量有待进一步提高

“满足人民群众对优质教育的需求，满足人民群众对特色教育和个性教育的需求”的办学目标任重道远。

2. 学校发展不平衡

河北省民办初中的集团式办学、滚动式办学和简易式办学等 3 种类型发展不平衡。

3. 党建工作

加强党的建设是学校坚持正确办学方向的保障，但民办教育举办者的政治意识不强、思想认识不足、主动支持不够的问题仍然存在。

4. 全面推动中华优秀传统文化教育

以传承中华优秀传统文化为特色的课程体系构建还未真正落地，文化匹配及人才培养储备尚不能满足实际需要。

四、发展建议

（一）完善法律环境

解放思想，创新思路，加大引导支持力度，尽快健全河北省民办教育发展的法规制度体系。

（二）提供支持保障

搞好发展规划，建立协调机制，统筹民办中小学发展；落实民办学校待遇，稳定教师队伍；细化布局结构，鼓励特色、品牌发展；建立全面的民办中小学质量保障体系。

（三）创新工作，提高竞争力

平稳过渡，推行“分类管理”新政；加强党建工作，强化思想政治工作；出台新政策，支持学校以教育为中心，不断提升教育教学质量、创建品牌、提高竞争力；实

行“优校优扶”，促使学校控制办学规模，着力创建“高端、特色、个性化”的学校；充分发挥民办教育协会“思想上引领，业务上指导和行为上监督”的重要作用。

河北省民办小学教育发展报告

一、发展现状

“十三五”期间，我国民办教育进一步得到党和政府的高度重视，国家和地方政府相继出台了促进民办教育发展的政策文件，使得民办教育伴随着经济社会的发展不断发展壮大。民办教育也真正发展成为我国教育事业的重要组成部分，为我国教育事业的整体发展做出了重要贡献。2016 年《中华人民共和国民办教育促进法》的修订，使得各级各类民办教育发展空间更加广阔，河北省的民办小学教育更是迎来了新的发展契机。

（一）民办小学办学规模稳步扩大，办学实力不断增强

1. 学校数量和在校生人数呈上升趋势

“十三五”期间，河北省的民办小学顺应经济发展、市场需求，得到了社会和家长的进一步认可。从全国来看，在小学学校总体数量不断减少的情况下，民办小学数量却稳步上升。（见表 23）

表 23　全国小学与民办小学数量变化情况

年份	全国小学		民办小学	
	数量（万所）	年增减（万所）	数量（所）	年增减（所）
2015	19.05	－1.09	5859	＋178
2016	17.76	－1.29	5975	＋116
2017	16.70	－1.06	6107	＋132
2018	16.18	－0.52	6179	＋72

数据来源：全国教育发展统计公报

从河北省来看，民办小学近几年来在学校数量、学生人数、教师队伍、占地面积等方面都在持续增长，特别是 2016—2017 年的变化最为明显。从河北省民办小学数据统计（见表 24）可以看出，河北省民办小学教育在发展中不断壮大，小学数量从 2016

年的 531 所发展到 2020 年的 755 所；在校生人数从 2016 年 498 403 人发展到 2020 年 866 559 人；专任教师从 2016 年的 16 789 人发展到 2020 年的 29 576 人；占地面积从 2016 年的 7 499 038.43 平方米发展到 2020 年的 11 121 633.83 平方米，均呈现出高速发展的态势。

表 24　2016—2020 年河北省民办小学数据统计情况

年份	学校数（所）	在校生数（人）	专任教师（人）	占地面积（平方米）	校舍面积（平方米）
2016	531	498403	16789	7499038.43	2836283.23
2017	603	602170	20467	8576552.71	3409244.45
2018	678	714489	24316	10080645.67	4106434.33
2019	728	809469	27589	10834909.68	4631743.54
2020	755	866559	29576	11121633.83	4893697.64

数据来源：河北省教育事业统计数据库

2. 民办学校更加注重基础性投资，办学实力增强

“十三五”期间，河北省民办小学的基础性投资主要侧重在两方面：一是原有民办学校为促使学校良性发展加大了自身建设性投资；二是一些社会资本进入民办教育，出现了更具实力的民间投资。无论是增资还是投资，都有力地巩固了民办教育的行业地位，确保了良好的发展势头。从河北省民办小学教育投资统计（见表 25）中可以看出，从 2016 年到 2020 年，河北省民办小学在基础设施和教学设备等方面的投入持续加大，最具说服力的一组数据是固定资产从 319 947.99 万元增长到 617 531.66 万元。

表 25　2016—2020 年河北省民办小学教育投资统计情况

年份	运动场地面积（平方米）	图书（册）	电脑（台）	多媒体教室（间）	教学仪器设备值（万元）	实验设备（万元）	固定资产（万元）
2016	2112352.70	6470083	28997	4165	31439.32	11235.7	319947.99
2017	2428189.18	8002642	34844	8233	38343.77	13138.29	422313.76
2018	2807537.22	9825233	42453	10824	48766.86	15770.99	538480.94
2019	3047619.01	10847582	49292	12959	54597.61	17392.02	599856.91
2020	3317206.34	12286632	54671	14727	63793.76	19298.75	617531.66

数据来源：河北省教育事业统计数据库

（二）在竞争发展中注重内涵建设，教育质量不断提升

21世纪的中国正由教育大国迈向教育强国，进入以提高质量、促进公平、优化结构、改善环境为主要特征的发展新阶段。近几年，面对生源减少、竞争加剧、转型提质的严峻挑战，河北省民办小学充分把握国家的政策红利，积极强化内涵建设，改善办学环境，突出办学特色，打造高标准的校园文化，通过提高办学质量赢得了社会声誉，受到了家长青睐，在激烈的竞争中站稳了脚跟，实现了可持续发展。

1. 内涵发展，打造特色品牌

一是各民办小学加大了投入力度，在校园建设、教学场地建设、教学设备建设、图书购置等方面都发展很快，教学质量明显提高，对学生和家长形成了较大吸引力。

二是提升内部管理，突显管理优势。民办学校大都是全寄宿制学校，封闭管理规避了社会上的不良风气；以德育入手的养成教育抓得实、抓得细，管理落实到位；教师敬业专一，业务精熟；教研工作重实效，教师成长迅速；学校服务周全，安全保障到位，家长安心更放心；各学校都能做到校风好，教风和学风正。民办学校的这些管理优势本身就可以成为一种优势资源。

三是注重品牌建设，锻造各自特色。在竞争激烈的新时代，河北省民办小学根据自身区域优势、文化特点、校本特色，找准了自己的品牌定位，锻造了有自己特色的品牌形象，并获得了不凡的行业口碑。如承德兴隆县开发区实验学校的“幸福教育”、石家庄私立麒麟小学的“日常英语教育”、邯郸永年区育英学校的“七彩校园文化”、邢台市爱凡杰教育集团的“135双自主管理”、邢台市追光小学的“生命课堂”、保定唐县六一小学的“快乐课堂”、唐山英才国际学校的“特色校本课程开发”等，都形成了“人无我有，人有我优，人优我专，精益求精”的学校特色文化，成就了自己的品牌形象。

2. 提升质量，实现教学赶超

“十二五”时期，河北省的一些民办小学还存在生源不足、师资不足、教学成绩不突出的问题。但随着民办小学在“十三五”时期的励精图治、精细管理、大胆改革，各校都塑造出了一支思想坚定、勇于担当、能打硬仗的主力教师团队，民办教育的管理优势成为教学质量提升的内核动力。“十三五”期间，河北省各地的民办小学大都成为当地教育质量的排头兵和领头羊，实现了对优质公办学校的教学赶超，民办教育成为响亮的教育品牌，越来越受到当地群众的欢迎和青睐。

3. 投身课改，做教育改革的急先锋

早在2001年，《基础教育课程改革纲要（试行）》（以下简称《纲要》）就曾指出：“大力推进基础教育课程改革，调整和改革基础教育的课程体系、结构、内容，构

建符合素质教育要求的新的基础教育课程体系。”《纲要》颁布后，河北省的民办小学教育利用其刚性的制度优势、灵活的机制优势、务实的资源优势在改革中勇立潮头，敢于担当，成为当地教育改革的先锋。

保定唐县六一小学自主承担的保定市“小学‘快乐课堂’教学模式构建研究”课题，从 2014 年开始，深入开展了为期 3 年的教学模式改革，最终构建了“四环节、七步骤”的“快乐课堂”教学模式。从 2017 年开始，学校积极推广“快乐课堂”教学模式，从改革初期的语文、数学、英语学科逐渐推广到所有学科，且效果良好。通过课堂教学模式的改革，实现了学生在快乐中学习、在学习中体验快乐、成为课堂学习的主人的目标。学校不但进行了课堂改革，在课程设置上也大胆创新：将“水滴机器人”、书法、阅读纳入常规课程体系；将竖笛、葫芦丝、口风琴、陶笛、诗词吟诵纳入音乐课堂教学；将“尧风舞龙”、足球、乒乓球、健美操作为体育教学必修课。学校的全面教学改革更是得到我国著名教育专家王建宗、教育评论家陶继新的高度评价。

邢台市追光小学的“生命课堂”，本着对学生一生负责的态度，着重培养学生的综合素养，提升学生的综合能力，为学生的终身幸福奠定基础，其核心理念是相信学生、解放学生、启发学生、发展学生。生命课堂将教学变成了学教，学生主动学成为课堂的主旋律，体现了学生的主人翁地位，实现了学生乐学、好学，学生的倾听习惯、搜集信息的能力、表达能力、思辨意识、创新意识都得到了不同层次的提高。这样的课堂对于教师专业素养的要求更高了，从一定程度上说，生命课堂不仅解放、发展了学生，更是解放、发展了教师；不仅激发了学生的生命力，同样激发了教师的生命力。

唐山英才国际学校小学部深层次开发特色校本课程，将轮滑、游泳、竖笛、啦啦操、舞蹈、航模、儿童画、陶艺、二胡、羽毛球、跆拳道、书法、象棋、手球、篮球、足球、播音主持、机器人、剪纸等 30 多门课程列入不同年级的“选修课程”，制定课程考核标准，达标后颁发结业证书。这些课程让孩子们从小增长了见识，培养了兴趣，感悟了快乐，得到了全面发展。

邢台市爱凡杰教育集团在学生成长过程中实行“双自主管理模式”，即“135 自主互动式”教学模式和“135 自主行为”管理模式。“双自主管理模式”以学生发展为中心，在教学和管理中充分重视、发挥学生的主体地位，为学生提供发现、探索、创造、实践的空间，通过“自主、探究、合作”，培养具有创新精神和创新能力的学生。双自主管理是让学生全员、全方位、全过程参与学习和管理的一种模式，通过参与管理的过程，让学生养成良好的生活和学习习惯，享受成长的幸福和快乐，成为学习的主人、管理的主人、成长的主人。集团自推行“双自主管理模式”以来，一批批学生成长为了成绩好、习惯好、素质高的阳光少年。

（三）国家对民办学校的利好政策落到实处

1. 国家政策的落实

“十三五”期间，国家在生均经费、学生营养餐发放、免费教科书、贫困寄宿生补助等方面给予民办学校学生和公办学校学生相同的政策支持。2016 年修订的《中华人民共和国民办教育促进法》给予了民办学校更广阔的发展空间。2018 年，河北省先后出台了《关于进一步规范学校资助经费提取做好内部资助工作的通知》和《关于进一步扩大民办学校收费自主权加强事中事后监管的通知》等多个文件，在规范民办学校办学行为的同时，给予民办学校更大的自主权力。民办学校也抱定服务社会、办好公益的初心，在学校内部实行了除国家贫困救助以外的学校公益救助和奖学金制度，使现在的民办小学有了更广阔的生源，一些贫困家庭的孩子和孤儿在这里可以得到更好的教育和管理，促进了教育的公平。

2. 民办学校教师地位的落地促进了教育交流

近年来，国家加大了对民办学校在资金、税收、用地等方面的政策支持。各民办学校也为解除教师后顾之忧而积极为教师解决医疗、养老、工伤、生育等保险的问题。与以前相比，民办教师队伍更加稳定。特别是“十三五”规划中“鼓励公办学校、民办学校开展人才交流和深度合作”的规定，给民办教育与公办教育的合作交流提供了极大便利，也为河北民办教育支持边疆教育开辟了一条新途径。2016 年，河北诺亚教育旗下的唐县六一小学选派 3 名优秀教师到新疆库尔勒二十一团子弟学校支教一年，将河北省教育的新理念和新课改带到了新疆。新疆二十一团子弟学校也选派 3 名教师来到唐县六一小学交流，将新疆人民的坚毅不屈、力争上游、无私奉献、尽职尽责和“千年不腐”的胡杨精神带到了河北。

（四）集团式发展正成为民办学校发展壮大的一大趋势

随着河北省各民办学校办学实力的不断增强，集团化办学正成为河北省民办中小学教育发展的一大趋势。以十二年一贯制学校为例，2016 年河北省民办十二年一贯制学校有 23 所，到 2018 年达到 50 所，两年间增加了 27 所，分别是安平县同华学校、安平育才中学、北京师范大学沧州渤海新区附属学校、北京师范大学任丘附属学校、北京忠德肃宁实验学校、大厂幸福学校、阜城县长城双语学校、馆陶县佳合国际学校、河北苍龙国际学校、河北省固安县英才中学、衡水市冀州区富宁学校、衡水市启明学校、景县育英学校、卢龙私立弘远学校、迁安市弘毅学校、秦皇岛市昌黎县华夏中学、秦皇岛市山海关区私立龙腾学校、饶阳县璐德艺术学校、石家庄创新国际学校、石家庄瀚林学校、石家庄敬业中学、石家庄联邦实验学校、肃宁县育英学校、唐山金桥道尔顿国际学校、唐山实验学校、威县仲夷中学、遵化市阳光燕山学校。

这种情况的出现主要是来自两方面力量的推动。

1. 在不断壮大中形成的品牌型教育集团

在不断的竞争发展中，随着办学规模的不断扩大，为发挥学校的办学优势，提高教育竞争力，更好地整合师生资源，有更多的民办中小学形成了九年一贯制、十二年一贯制的集团式办学模式，并在教育竞争中增强了实力和活力。

2. 跨界资本涌入形成的实力型教育集团

2017 年建校招生的北京忠德肃宁实验学校，是一所企业家跨界投资举办的集小学、初中、高中及国际教育于一体的寄宿制私立学校。学校占地面积 120 亩，建筑面积 12 万平方米，总投资 4 亿多元，从建校之初就具备了雄厚的资本实力，这样的教育集团其发展后劲可期。

二、存在的主要问题

近年来，河北省民办小学教育为满足人民群众的需求做出了积极贡献。民办小学教育举办者以博大的教育情怀投资民办教育，以强大的教育责任感参与学校的管理，创新办学，繁荣了河北省小学教育事业。然而，在河北省民办小学发展的过程中，也还存在着一些问题。

（一）国家给予的利好政策到地方后力度减弱

1. 地方政府缺乏具体的实施意见

《中华人民共和国民办教育促进法》是实施科教兴国战略，促进民办教育事业健康发展，维护民办学校和受教育者的合法权益，促进民办教育健康发展的一部法律。《中华人民共和国民办教育促进法》虽在专项资金、教师待遇、经费资助、用地划拨、金融信贷、税收减免等诸多方面给予了民办学校优惠政策，但目前为止并没有具体的实施意见，利好政策的落实不能及时到位。

2. 轻视民办教育的行为和现象仍然存在

民办教育对促进社会教育发展做出了重大贡献，已成为社会主义教育事业的一支生力军。但在实际工作中仍存在一些轻视民办教育的行为和现象，如民办学校尚未被列入正常的教育管理之列，有些县的教育行政部门在学校招生、教师职称评定、进修培训等方面并没有将民办学校与公办学校同等对待。

3. 民办小学的党支部建设有待支持和改进

为加强党对民办学校的领导，较大规模的民办学校都建立了党支部，规模小的学校归属于当地党委指定的支部领导，但民办学校党建工作仍然面临一些新情况、新问题、新挑战。尤其是民办小学存在党组织覆盖率比较低，隶属关系不顺畅，党组织书记队伍还不强，党员教育管理比较松散，党组织保证监督作用发挥不到位，思想政治工作薄弱，党务活动不规范，党员的政治生活不经常，以及学习培训、发展新党员等方面尚存在不足。

（二）经费筹措难，基础设施薄弱

1. 资金的短缺制约着民办学校的发展

对于民办教育而言，随着办学规模的逐步扩大和教学设施的不断增加，部分民办小学在资金投入上面临许多困难，在融资渠道上存在诸多不便，使学校发展受到一定的制约，甚至影响了个别民办小学的正常运作和发展。

2. 个别民办学校基础设施薄弱，发展潜力堪忧

近些年，随着国家对义务教育学校投入的持续增加，公办学校基础设施建设阔步向前，迎来了温暖的春天。与公办学校相比，多数民办小学的基础设施更新速度较慢。民办学校的硬件建设、教学设施尚需加强，图书、仪器及相应配套设施达标率较低，学生活动场地、体育设施达不到相关规定与要求，这些基础设施建设上的不足影响着民办学校的良性发展，发展潜力堪忧。

（三）教师队伍不稳定，福利待遇偏低

1. 教师流失现象严重

近年来，在河北省民办小学中存在着一个共性问题，就是教师流动性较大。由于“十三五”期间国家对义务教育学校资金投入的加大，公办小学的办学条件普遍改善，加之有“国家编制”的金字招牌，当公办学校招聘教师时，符合条件的民办小学教师基本上都参与了应聘，民办学校成为公办教师的“培养基地”，造成了诸多民办小学优秀教师的“流失”，对民办学校师资力量造成很大冲击。

2. 教师“退休”后待遇无保障

民办学校教师流失的另一个原因就是教师工作量大而且退休待遇无保障。虽然学校给一部分教师办理了养老保险，但实际操作中入保率只有一定比例，民办小学的部分教师“退休”后待遇无保障。为解决此类问题，学校本身应认真执行劳动法的有关规定，让教职工享受有关福利、休假（重大节日、产假、婚丧假等）制度等，要建立规范的工资制度和正常的增资机制。同时，还应为符合条件的教职工缴纳社会保险，切实解除教职工的后顾之忧。

（四）可持续发展后续动力不足，面临诸多挑战

1. 教师专业化发展的挑战

近几年民办小学补充的教师相当一部分不是师范院校的毕业生，而且由于学校发展规模增速较快，很多教师都是边教边学边成长。与公办学校相比，教师的学历、资

历不达标的较多，岗前培训达不到公办教师岗前集中培训水平，师资队伍的管理水平、知识水平、专业水平较为薄弱。

学校的举办人（董事长）及管理者（校长）的办学理念、管理方式及业务水平是决定学校生存发展的关键，能否适应竞争激烈的教育形势，也是摆在学校管理者面前的一个严峻考验。

2. 品牌化发展的挑战

学校品牌的打造是一所学校办学理念、办学特色、教育品质、学校文化等内容的集中体现，这一切都需要学校在创建、发展过程中逐步积淀。当前，就河北省民办小学教育整体发展情况来看，创建优质品牌学校是每所民校的共同追求。但是走好这条品牌之路，还需教学质量的支撑。教学质量是学校的立根之基，特色品牌是学校的兴旺之本。质量在，根基在；品牌在，优势在。在近几年的教育发展中，河北省民办小学坚持“质量第一”的理念，很多学校在当地打出了一片天地。但由于发展后继乏力，民办学校要生存发展壮大，打造属于自己的品牌，并非易事。

三、发展建议

（一）深化教育教学改革

1. 以学生的发展为本，实施课改，优化生源质量

深化课程改革是适应时代发展的新要求。经济全球化深入发展，信息技术突飞猛进，多元化的价值观、思想文化交融交锋更加频繁，学生的成长环境发生了深刻变化，经济竞争日趋激烈，河北省经济社会发展对创新人才的需求和社会对多样化、个性化的优质教育的需求日益强烈，时代和社会发展需要进一步提高人民的综合素质，培养创新人才。这些变化和需求对课程改革提出了新的更高要求。

深化课程改革是切实提升学生综合素养的迫切需要。课程是教育思想、教育目标和教育内容的主要载体，是学校教育教学活动的基本依据，直接影响着人才培养的质量。深化课程改革，是落实立德树人根本任务、深入实施素质教育、全面提升学生综合素养的迫切需要，有利于全面提高河北民办教育育人效果，促进每一个学生的健康成长，具有全局性、长远性战略意义。

河北省民办教育协会高度重视课程改革。2016 年，在邢台市追光小学召开的河北省高效课堂现场观摩会及后续的一系列课改活动，吸引了全国 23 省、500 多家学校来学习培训，“生命课堂”系列课程设计获教育部一等奖。这是一个成功的范例。当前，河北省民办中小学课程改革正步入“深水区”。从总体上来看，课程改革整体规划与系统设计不够，与立德树人的要求还存在一定差距，因此课程改革力争在一些重点领域

和关键环节取得新突破，如进一步明确学校育人目标、学科标准与改革方案，构建与综合素养培养相适应的新型课程体系，优化与学生成长和学科发展相适应的课程内容，推进教与学方式的深度变革，健全多元评价与办学质量监测体系，加强课程改革的资源建设等。继续探索和推广在邢台市追光小学召开的河北省高效课堂现场观摩会及后续一系列课改活动的经验是各学校的期待，希望河北省民办教育协会多做这些功德无量的好事。

2. 以教师专业化发展为支撑，打造教师高标准准入制度及专业化终身培训体系

2020 年 2 月，教育部召开新闻发布会，有关负责人表示，我国将深入推进中小学教师资格考试试点改革，提高中小学教师入职门槛。从民办学校自身而言，提高学校教师准入的标准势在必行。

提高学校教师应聘门槛，是以学校制度、教师培训体制成熟为前提的，而常规的教师培训对于教师的成长、发展起到了非常大的作用，但这种“大波轰”式的培训模式存在缺乏针对性、个性化的短板。因此，应该针对民办教师成长的不同阶段开展不同侧重点的培训。入职前，培训以坚定教师职业信心、为教师入职提供基础性引领与帮助为重点；入职后，侧重对教师专业能力的提升，特别要注重发挥优秀老教师的榜样引领作用；同时，通过制定科学的“教师五年短期培训规划”和“教师中长期培训规划”，既注重培训短期微观的可操作性，又注重培训中长期宏观的远瞻性，从而形成科学的、操作性强的、可持续发展的教师终身培训体系。

3. 加大与大学、教育科研机构合作，提升教育资源含金量

民办小学之间的观摩、交流与合作十分重要，民办中小学加大与大学、教育科研机构的合作更有利于运用含金量更高的教育资源。

从学校层面来说，合作办学能实现双赢，一来为中小学带来更多的发展机会和平台，从学校管理到教育教学、从政治思想到师德培训、从专业提升到校园文化建设等方方面面，中小学都会在合作中收获经验，受到启发；二来也能为高校带来收获，比如延伸学校影响，拓展优势学科或专业的生源选择，甚至是转变或影响高校领导对于高校办学育人的理念和思路。通过合作，学校的领导层可以更直观地了解中小学在学校管理、课程设置、培养模式等方面的情况，从而促进大学的教学改革。

从教师层面来说，高校和中小学合作的重要意义在于搭建起了教师之间沟通交流的桥梁。中小学教师具有向更高水平教师、专家请教的要求和渴望。通过这种合作，中小学民办教师通过更专业化的成长渠道快速成长，高校教师则可以更深入地了解中小学的教学规律，以便在大学教学中予以衔接，这对提升大学的教学质量也是有益的。

就民办中小学的学生来说，他们是合作最大的受益者。首先，引入高校优质教育

资源，能够提升学生的视野，让学生接触到一些从未接触过的知识和观点，这有助于拓宽他们的知识面，培养他们对于某个或某几个学科的兴趣。其次，在中小学生心中大学往往是神秘和神圣的地方，能够接触到大学的老师，聆听心目中敬仰的著名学者讲课，对提高学生的学习热情和学习动力是很有帮助的。最后，由于大学和中小学在学习方法、模式上存在着很大的不同，往往学生在进入大学后会出现或长或短的不适应期，大学与中小学的交流有助于缩短升学后带来的不适应期。

合作是一个双赢的模式，但河北省民办中小学在这方面尝试较少，成熟经验不足，希望在今后的发展过程中更多开展在这方面的交流。

4. 利用信息化，打造网络新校区

2020 年春节，一场突如其来的新冠疫情打乱了国人正常的生活、工作和学习。防疫非常时期，网络教学成为热词，开展网络教育适应了防疫期间的教学需要，积极响应了国家教育部停课不停学的号召，更是学生自身学习的需要。但是对不少民办小学来说，学校网络平台的基础建设不够，是一个制约信息化教学发展的重要因素。在未来的教育中，信息化、智能化教学将会成为教育的重要手段，并逐渐成为关乎教学质量的基础性措施。政府应从财力上和技术上支持、推进民办中小学的信息化建设，帮助民办中小学的教育教学尽快实现现代化。

（二）依法实行办学规范化

1. 加强党的领导，发挥党支部的战斗堡垒作用

“十三五”期间，河北省民办中小学的党建工作取得了一系列可喜成果，各民办学校都成立了党支部并且充分发挥了战斗堡垒作用，使学校各项工作创新发展。比如学校涌现出一大批拒收家长礼金、红包、购物卡的党员和教师，营造了风清气正的校园氛围；党员教师带头履行社会职责，开展社会公益活动，在抗疫救灾中发挥了巨大作用；学校党支部坚持德育为首，注重以德育人，带领学生参与歌颂祖国歌颂党、以爱国文化为主题的红色校园文化活动等。希望地方党组织继续加强这方面的建设，使民办中小学的学生积极向上、全面发展，将来成为社会主义事业的建设者和接班人。

2. 依法办学、规范办学

只有依法办学，规范学校的办学行为和教育教学活动，维护学生、教师和学校的合法权益，保证党和国家教育方针的贯彻落实，民办学校的办学方向才是正确的。依法办学涉及学校工作的方方面面，比如健全依法治校工作机制，把依法治校纳入学校重要工作议事日程、列入学校年度工作计划，有明确的主管领导、工作机构和人员负责依法治校工作，年度工作有方案、有部署、有检查、有总结，营造依法办学、依法管理的浓厚氛围；积极开展“法律进学校”活动，法治教育得到切实加强；完善学校

内部管理体制，依法建立董事会、监事会、学校党支部、党政联席会，校长应具备国家规定的任职条件，董事会应支持校长依法行使教育教学和行政管理职权；依法制定学校章程，经教育行政部门核准后按照章程实施办学活动；依法制定教育教学、财务、教师、学生、后勤、安全等各项管理制度，内容合法、公正、公开并得到切实有效执行，校园环境、秩序及教育教学质量良好；加强民主管理与监督，依法建立教职工工会和教职工代表大会制度，实行校务公开制度，依法保障教职工对学校重大问题、重大决策的知情权、参与权和监督权；师生合法权益得到尊重和维护；学校依法依规办学，学校法人财产权落实到位，无抽逃资金及侵占、挪用学校资产现象，无乱招生、乱办学、乱办班、乱收费、乱发文凭等现象；依法建立学校财务年度审计、公布制度，无违反国家会计、财务制度现象等。这是一项复杂工程，政府主管部门应及时公布政策信息，组织学校领导认真学习，并进行法制宣传，保证依法治校的全面落实。

（三）深化教师学习，构建学校核心价值观

湛卫清博士在《构建学校核心价值观》一文中指出：学校的核心价值观，即为了儿童、为了教育、为了社会而深植于学校所有成员心灵深处的精神诉求，是所有成员对学校一切人、事、制度等各方面进行判断的价值标准，它是凝聚学校全体成员的根本。

就民办学校而言，要倡导教师学习教育哲学，这是教师认识教育本质规律的基础，也是教师产生精神诉求和学校形成核心价值观的前提；要通过学习来唤醒教师心中的教育哲学，构建学校的核心价值观。由于价值观的超知识性，学校的核心价值观不能像普及科学知识那样，仅仅通过传播和灌输来统一头脑，必须通过讨论、交流、实践活动等方式来发挥核心价值观的启迪和规范作用；核心价值观必须内化到师生的行动、学校制度和物质环境中去，并围绕核心价值观进行学校文化建设。当这种核心价值观真正成为师生行动指南的时候，学校才能真正成为一个有理想、有灵魂、有追求的教育共同体，也才能真正完成立德树人的任务。政府和学校应该共同努力实现这个目标。

（四）打造具有吸引力、激励性的薪酬、晋升体系

教师在学校教育中的主导地位，决定了其主动性和积极性是学校教育质量和发展命运的关键。用激励手段调动教师教书育人的主动性和积极性应该成为民办学校各项政策中的首选。激励是一整套政策，但从实际出发，最重要的是两类，一类是工资、福利待遇政策，另一类是晋职晋级政策。建议学校的人事部门认真学习、研究相关政策和其他学校的先进经验，制定符合本校实际、带有本校特色的政策体系。特别要注意政策的公平性和激励的科学性，既要使先进者受到鼓舞，又要保证大多数人受益；既要保证教师的优先地位，也要让其他各类人员都有获得感。政策的最终效果是使全校教工团结一心，各尽其力，保证学校持续发展。

河北省民办学前教育发展报告

一、发展环境

“十三五”期间，随着改革创新的不断推进，我国学前教育的改革发展进入了一个关键时期。一系列指引学前教育改革发展的政策法规密集出台，改革发展实践不断取得新的成就，开创了学前教育改革的新局面，公办与民办相结合的学前教育公共服务体系已经基本形成。

（一）政策环境

1. 国家出台相关法律法规及政策文件

“十三五”期间，民办学前教育既迎来了新机遇，同时也需要面对新挑战。随着民办幼儿园规模越来越大，在发展过程中也凸显出很多不足。为了规范民办幼儿园的办园行为，指导举办者依法依规合法经营，据初步统计，“十三五”期间国家共出台相关法律法规及政策文件 23 个（见表 26）。

表 26　2016—2020 年国家出台的相关法律法规及政策文件

时间	法律法规及政策文件名称
2016.2	《教育部基础教育二司 2016 年工作重点》
2016.3	《幼儿园工作规程》（修订版）
2016.6	《关于加快中西部教育发展的指导意见》
2016.11	《托儿所、幼儿园建筑设计规范》（2016 年版）
2016.11	《关于修改〈中华人民共和国民办教育促进法〉的决定》
2016.12	《民办学校分类登记实施细则》
2016.12	《营利性民办学校监督管理实施细则》
2017.1	《国家教育事业发展“十三五”规划》
2017.1	《关于鼓励社会力量兴办教育促进民办教育健康发展的若干意见》
2017.4	《关于实施第三期学前教育行动计划的意见》
2017.4	《幼儿园办园行为督导评估办法》
2017.4	《关于加强中小学幼儿园安全风险防控体系建设的意见》
2017.9	《中华人民共和国民办教育促进法》（修正版）

续表

时间	法律法规及政策文件名称
2018.5	《中华人民共和国民办教育促进法实施条例（修订草案）（征求意见稿）》
2018.7	《关于开展幼儿园“小学化”专项治理工作的通知》
2018.11	《新时代幼儿园教师职业行为十项准则》
2018.11	《关于学前教育深化改革规范发展的若干意见》
2019.1	《关于开展城镇小区配套幼儿园治理工作的通知》
2019.2	《中国教育现代化2035》
2019.4	《学校食品安全与营养健康管理规定》
2019.6	《幼儿园责任督学挂牌督导办法》
2019.8	《国务院关于学前事业改革和发展情况的报告》
2019.8	《托儿所、幼儿园建筑设计规范》（2019年版）
2020.2	《县域学前教育普及及普惠督导评估办法》

2. 法律法规及政策文件的高频发布，对民办学前教育发展的影响

（1）分类管理，赋予了民办学前教育明确的法律身份

2016年，国家层面出台了《民办学校分类登记实施细则》《营利性民办学校监督管理实施细则》。“分类管理”曾经让民办幼儿园经历了一段时间的困惑和迷茫，经历一系列的政策解读和地方落地后，部分民办学前教育机构看到了未来的机会和发展方向。民办普惠性幼儿园将遵循非营利性幼儿园的管理规范，享受公益性教育相关政策与补贴；民办非普惠性幼儿园让幼儿园的举办者能合理盈利，依照营利性幼儿园的监督管理细则探索发展之路。“分类管理”刺激了高质量、高水平的办园投资者的投资热情，从行业发展的角度来看，促进了民办幼儿园的长远发展。

（2）规范发展，给民办学前教育指明了方向

2018年11月15日，《关于学前教育深化改革规范发展的若干意见》发布，对河北省民办学前教育影响深远，文件要求2020年普惠性幼儿园覆盖率（公办园和普惠性民办园在园幼儿占比）达到80%，并禁止民办幼儿园上市，对集团办园、非营利性民办学校转让的限制，让资本纷纷驻足。党的十八大以来，我国的学前教育发展取得了阶段性的成就，河北省严格执行了关于优化教育布局与办园结构的指示：拓宽途径扩大资源供给、健全经费投入长效机制、大力加强幼儿园教师队伍建设、完善监管体系、规范发展民办园、提高幼儿园保教质量、加强组织领导等多方面的具体要求。

（3）专项整治，让城镇小区配套幼儿园加快了普惠进程

2019年1月，国务院办公厅印发《关于开展城镇小区配套幼儿园治理工作的通知》后，河北省根据实际情况，出台了具体的工作方案及配套工作措施。2019年3月，河北省人民政府办公厅下发通知，要求11个设区市、定州市、辛集市及雄安新区着手制定各自的文件，聚焦城镇小区配套幼儿园规划、建设、移交等工作，在全省范围内全面启动城镇小区配套幼儿园专项整治工作。此项工作本应由区教育主管部门负责，可由于教育主管部门管理职能的单一性及执法权的有限性，只得协同住建、发改、自然资源、住房城乡建设、民政和财政等相关业务部门联合实施移交工作。在移交的过程中，大多数小区配套幼儿园都是民办幼儿园，在移交之前都需要按照一定的周期向房地产开发商、物业商业公司等园所场地原持有人缴纳几十万甚至是上百万的高额房租。通过此次专项整治，取消了房租的缴纳，产权移交区政府。回收的城镇小区配套园多数已委托办成了普惠性民办园，并要求执行普惠性幼儿园收费标准。

从2019年11月12日召开的全省城镇小区配套幼儿园专项整治工作中期推进电话会议上获悉，截至2019年11月，河北省城镇小区配套幼儿园专项治理工作取得了阶段性成果，回收率达到71.09%，其中唐山、邢台、衡水、定州、辛集已实现全部回收；石家庄市回收数量最多，达到140多所。河北省将配套幼儿园建设用地纳入国土空间规划，服务人口在0.3万—1.2万人间的城镇小区要配建4—12个班的幼儿园，明确配套幼儿园的位置、规模等管控要求，杜绝随意调整、挤占。同时，强化对城镇小区配套幼儿园工程的监督检查，加大抽查抽测力度，严格执行工程质量终身责任书面承诺、永久性标牌、质量信息档案等制度。

为促进普及普惠安全优质发展，各市将进一步完善普惠性民办园认定和扶持实施细则，明确城乡普惠性民办园收费标准，通过减免租金、财政补贴等方式予以支持。河北省将进一步建立健全财政政策体系，完善普惠性民办园扶持政策，引导社会力量更多地举办普惠性幼儿园，多渠道增加资源供给。出台公办幼儿园生均公用经费财政拨款标准，明确每生每年400元，涵盖各类公办幼儿园和经教育部门认定的民办普惠性幼儿园；优先落实幼儿资助政策，保障家庭经济困难的幼儿、孤儿和残疾儿童得到资助；重点支持新建、改扩建公办幼儿园，通过购买服务等方式，推动扩大普惠性学前教育资源。

（二）社会环境

河北省民办幼儿园的发展除了受政策因素影响外，还受经济发展、居民收入、人口结构、居民消费等社会因素的影响。

1. 河北省生产总值和居民消费价格增幅情况

据 2016—2020 年河北省国民经济和社会发展统计公报数据显示：河北省生产总值从 2016 年的 31 827.9 亿元，增加到 2020 年的 36 206.9 亿元，增幅高达 14%；河北省居民消费价格较前一年的增幅从 2016 年的上涨 1.5%到 2020 年的上涨 2.1%，上涨幅度越来越大。（见表 27）

表 27　河北省生产总值和居民消费价格增幅统计表

年份	河北省生产总值（亿元）	河北省居民消费价格增幅（%）
2016	31827.9	1.50
2017	35964.0	1.70
2018	36010.3	2.40
2019	35104.5	3.00
2020	36206.9	2.10

资料来源：河北省国民经济和社会发展统计公报

2. 河北省居民人均可支配收入和人均可消费支出增长情况

据 2016—2020 年河北省国民经济和社会发展统计公报数据显示：河北省居民人均可支配收入从 2016 年的 19 725 元，增加到 2020 年的 27 136 元，增幅为 38%。按常住地划分，河北省城镇居民人均可支配收入从 2016 年的 28 249 元，增加到 2020 年的 37 286 元；农村居民人均可支配收入从 2016 年的 11 919 元，增加到 2020 年的 16 467 元，增幅巨大。河北省城镇居民人均可消费支出从 2016 年的 19 106 元，增加到 2020 年的 23 167 元，增长了 21%；农村居民人均可消费支出从 2016 年的 9798 元，增长到 2020 年的 12 644 元，增长了 29%。（见表 28）

表 28　河北省居民人均可支配收入和人均可消费支出增长统计表

年份	全省居民人均可支配收入（元）	城镇居民人均可支配收入（元）	农村居民人均可支配收入（元）	全省居民人均消费支出（元）	城镇居民人均可消费支出（元）	农村居民人均可消费支出（元）
2016	19725	28249	11919	—	19106	9798
2017	21484	30548	12881	15437	20600	10536
2018	23446	32997	14031	16722	22127	11383
2019	25665	35738	15373	17987	23483	12372
2020	27136	37286	16467	18037	23167	12644

资料来源：河北省国民经济和社会发展统计公报

3. 河北省常住人口与新生人口情况

截至2020年底，河北省常住人口7 627.64万人，比2016年末增加了157.59万人。（见表29）

表29 河北省常住人口与新生人口统计表

年份	常住人口（万人）	新生人口（万人）
2016	7470.05	92.50
2017	7519.52	98.93
2018	7556.3	84.88
2019	7591.97	82.03
2020	7627.64	—

河北省生产总值和人均生产总值的增长，以及人口城镇化率的提高，对幼儿园的发展起着重要的推动作用。但居民消费指数的上升，使幼儿园的办园成本有所提高，收费标准必然上升，从而会影响幼儿园的入园率。人口出生率和新出生人口绝对量的减少，也对幼儿园的总体规模有所限制。但总体来看，多种因素都对提升幼儿园的办园质量起着巨大的促进作用。

二、发展状况

据《河北省教育事业统计提要》的数据显示，截至2020年底，河北省有民办幼儿园9724所，占全省幼儿园总数的53.85%。民办幼儿园有在园幼儿1 082 521人，占全省在园幼儿总数的44.13%；有专任教师88 932人，占全省幼儿园专任教师总数的62.14%。（见表30）

表30 2016—2020年河北省民办幼儿园基本数据统计表

年份	民办幼儿园数量（所）	占河北省幼儿园总数比例（%）	民办幼儿园在园幼儿人数（人）	占河北省在园幼儿总数比例（%）	民办幼儿园专任教师人数（人）	占河北省幼儿园专任教师总数比例（%）
2016	6153	45.13	98653	42.14	62177	58.57
2017	6784	47.22	1107538	46.64	69920	61.05
2018	7868	51.03	1226869	51.08	82159	64.93

续表

年份（年）	民办幼儿园数量（所）	占河北省幼儿园总数比例（%）	民办幼儿园在园幼儿人数（人）	占河北省在园幼儿总数比例（%）	民办幼儿园专任教师人数（人）	占河北省幼儿园专任教师总数比例（%）
2019	8816	53.24	1280778	53.58	88483	65.51
2020	9724	53.85	1082521	44.13	88932	62.14

资料来源：《河北省教育事业统计提要》

（一）河北省各地区民办幼儿园数量

“十三五”期间，河北省的民办幼儿园增加了3571所，年度增长率为10%—15%，其中2018年增幅最大，增加了1084所，增长率为16%，全省各地区的民办幼儿园增长情况见表31。

表31　2016—2020年河北省各地区民办幼儿园数量统计表

地区	2016年	2017年	2018年	2019年	2020年
石家庄	674	808	890	938	1113
唐山	588	667	775	857	862
秦皇岛	243	261	304	325	350
邯郸	1019	1007	1122	1240	1204
邢台	653	762	843	1076	1264
保定	973	1053	983	1080	1217
张家口	277	282	345	353	407
承德	279	293	300	303	306
沧州	631	690	776	965	1027
廊坊	438	449	816	817	944
衡水	334	466	496	578	744
定州	31	33	45	85	89
辛集	13	13	22	30	30
雄安	—	—	151	169	167

资料来源：河北省教育事业统计数据库

河北省民办幼儿园的数量庞大，且近几年来一直在持续增加。受政策及疫情因素影响，“十三五”末，各地区民办幼儿园的增量明显放缓。2020 年，邯郸市民办幼儿园的数量比 2019 年减少了 36 所。由此可见，民办幼儿园的拐点已经显现。

（二）河北省各地区民办幼儿园在园幼儿人数

“十三五”期间，河北省民办幼儿园的在园幼儿人数自 2016—2019 年逐年增加，2020 年出现大幅回落，与 2019 年相比减少了近 20 万人。具体到各地区来看，2016—2019 年均呈现上涨态势；2020 年与 2019 年相比，除石家庄的在园幼儿人数略有增加外，其他各地区都有不同程度的下降，邯郸市最为明显，减少了 6 万多人。（见表 32）

表 32　2016—2020 年河北省各地区民办幼儿园在园幼儿人数统计表

地区	2016 年	2017 年	2018 年	2019 年	2020 年
石家庄	115186	134489	149874	148074	156702
唐山	82872	95223	102744	108195	99449
秦皇岛	31331	35502	37727	38205	36540
邯郸	203284	209553	199626	217542	155883
邢台	112415	128984	141423	154787	128553
保定	161933	176107	153908	160252	155691
张家口	41256	50371	61909	54771	40619
承德	29273	31802	33546	32936	27528
沧州	92086	100164	122265	130310	96151
廊坊	62156	65611	100290	99520	79603
衡水	46935	70391	85003	92707	65423
定州	4717	5740	8623	12702	12628
辛集	3095	3601	6911	7394	5955
雄安	—	—	23020	23383	21796

资料来源：河北省教育事业统计数据库

“十三五”末，河北省民办幼儿园的在园幼儿人数大幅回落，究其原因，主要是民办幼儿园相对减少，而公办幼儿园由于 3 个“三年行动计划”的实施，增加了大量学位，大量的幼儿开始回归公办幼儿园。

（三）河北省各地区民办幼儿园专任教师人数

“十三五”期间，河北省民办幼儿园的专任教师总量逐年增加，5 年间净增 27 985 人，达到 88 932 人（见表 30），全省各地区的民办幼儿园专任教师数量情况见表 33。与全省的 9724 所民办幼儿园进行匹配，平均每所民办幼儿园有专任教师 9 人以上，师生比为1∶12，距教育部规定的师生比还有一定的提升空间。

表33 2016—2020年河北省各地区民办幼儿园专任教师数量统计表

地区	2016年	2017年	2018年	2019年	2020年
石家庄	7691	9112	10269	10455	12251
唐山	5696	6533	7724	8617	8386
秦皇岛	2122	2310	2558	2662	2866
邯郸	11805	11912	12599	14202	12555
邢台	7001	8208	9231	10560	10376
保定	9705	10878	10433	11057	11490
张家口	2193	2560	3409	3030	3256
承德	1973	2110	2170	2363	2366
沧州	5913	6597	8981	9395	9233
廊坊	4594	5021	7648	7702	8065
衡水	2961	4025	4949	5750	5440
定州	324	390	588	948	1013
辛集	199	264	351	374	405
雄安	—	—	1249	1368	1230

资料来源：河北省教育事业统计数据库

河北省民办幼儿园的专任教师队伍庞大，截至2020年底，民办幼儿园专任教师总数占全省幼儿园专任教师总数的62.14%，吸纳了大量的幼教专业应届毕业生就业，为稳定社会就业做出了贡献。由于师生比偏低，民办幼儿园要想更好地发展，还需进一步增加专任教师的数量，并不断提升教师的教育教学质量。

（四）河北省民办幼儿园发展历程

1. 进一步提速的快速增长阶段（2016—2017年）

《中华人民共和国民办教育促进法》的修订，推进了民办幼儿园的快速增长，助力民办幼儿园进入快速增长期。自2010年7月29日《国家中长期教育改革和发展规划纲要2010—2020年》中提出“积极探索营利性和非营利性学校分类管理”后，民办幼儿园的增速开始加快。2011—2013年，每年的增长速度是5%；2013—2015年，每年的增长速度是7%；到2016年，全国民办幼儿园的增长速度已经超过了10%。

2. 转瞬即逝的资本化、投资并购阶段（2017—2018年）

2016年《中华人民共和国民办教育促进法》修订案推出后，给了社会资本在学前教育上的营利保护。营利性幼儿园的学费可以自由调节、可以融资、可以并购上市，资产证券化的流程权限更加清晰。同时，幼儿园可以作为一个商品进行宣传，在传媒上所受限制相对较小。在这样的大背景下，河北省出现了涉及资金达几千万的民办幼儿园收并购案例，各方资本以10—15倍的年度结余收购个体幼儿园。2017—2018年间，一度出现了学前教育市场空前的并购热潮，也吸引了大量的非教育人士投资并进入这个领域。

2018年国务院发布了《关于学前教育深化改革规范发展若干意见》后，资本市场运作行为戛然而止。《意见》提出，社会资本不得通过兼并收购、受托经营、加盟连锁、利用可变利益实体、协议控制等方式控制国有资产或集体资产举办的幼儿园，非营利性幼儿园、民办幼儿园一律不准单独或作为一部分资产打包上市；上市公司不得通过股票市场融资投资营利性幼儿园，不得通过发行股票或支付现金等方式购买营利性幼儿园资产。曾经一度被资本市场追捧的幼儿园融资项目迅速落下了帷幕。

3. 普惠性民办幼儿园阶段的到来（2019—2020年）

在很长一段时期内，民办幼儿园缓解了“入园难”的困境，弥补了由于地方财政不足而产生的学位供应不足现象。幼儿园的房租从2010年的10万—20万，攀升到2019年的几十万到两百多万不等；幼儿园的硬件配置、装修装潢越来越豪华；学前教育从业者的工资以10%—15%的增幅逐年递增，即便如此仍很难招到优秀的从业者。诸如以上的高额房租、豪华装修和不断攀升的人工成本催生了“入园贵”现象。随着河北省城市化进程的推动和房地产行业的大力发展，社区配套幼儿园随着各类社区的兴起开始陆续出现，但是缺乏统筹规划。

2019年1月22日，国务院办公厅下发《关于开展城镇小区配套幼儿园治理工作的通知》后，河北省于2019年3月14日印发了《河北省城镇幼儿园专项治理工作方案》。截至2019年11月15日，河北省城镇小区配套幼儿园回收率达到71.09%，其中唐山、邢台、衡水、定州、辛集已实现全部回收，石家庄回收数量最多，达140所。

（五）河北省民办幼儿园的发展趋势

根据“十三五”期间河北省民办幼儿园的发展状况，可以预测今后民办幼儿园将面临新的发展机遇和变革挑战。

1. 民办幼儿园数量会继续增加

根据目前的新生儿出生率、城乡入园率测算，未来5年幼儿园的缺口仍将促进民办幼儿园数量的增加。考虑到目前城乡入园率不均衡的现象，幼儿园的增长区域将主要在镇区和乡村。因城市改造、农村城镇化建设、移民搬迁、新开发区建设、园所升级换代等因素影响，未来5年可能新增几百家甚至上千家幼儿园。按照“十三五”期间河北省新增了3000多所民办幼儿园来计算，未来5年至少还会增加几千所民办幼儿园。

2. 民办幼儿园将分类型发展

伴随着90后、00后家长的教育专业程度不断提升，其对教育的重视程度也相应地越来越高，公办幼儿园和普惠性民办幼儿园已不能满足家长的个性化需求。从办园规模和教育部的整体目标来看，未来几年普惠性幼儿园将是主流，高端幼儿园是其特色补充，所以走高端特色路线是民办幼儿园的创新之路。民办普惠性幼儿园由于国家财政的相关支持，办园成本相比较低，容易实现低收费、普惠性的办园思路。而为了满足家长的高品质要求，走高端化路线创办的高品质民办幼儿园将承担高昂的办园成本，通过自收自支，面向高收入家庭。普惠性幼儿园和优质优价的高端民办幼儿园共同发展是未来民办幼儿园的基本趋势。

3. 民办幼儿园将越来越重视品质提升

在未来的一段时间内，与普惠性教育资源相比较而言，民办幼儿园的教育教学质量将是其生存和发展的前提，更将成为园所的发展重心。民办幼儿园不但要以质量为办学宗旨，而且要以幼儿为根本，创造良好的教育教学氛围。特别是学龄前儿童，正处于良好习惯的养成期，提供优秀的教学内容，通过优秀的教师团队完成高质量的教育教学活动，应是民办幼儿园长期关注的工作重点。

三、民办幼儿园发展中存在的问题

民办幼儿园在发展壮大的过程中面临着很多挑战，并且随之产生了一些问题，主要表现在以下几个方面。

（一）资金来源单一，办园条件有限

由于民办幼儿园仅依靠收取单一的保育费维持运转，很多额外的服务不在收费管理规定的范围内，导致很多幼儿园缺乏长期稳定的资金保障。由于受资金来源的影响，导致办学条件的提升和改善进展缓慢，很多幼儿园3—5年才能进行一次园舍的修缮和教学设施的更新。

（二）教师流动性大，师资队伍整体水平偏低

虽然幼儿教师数量近年来不断增加，但整体学历并不高，素质有待提升。由于福利待遇不高、社会认可度低等原因，导致幼儿教师的流动性较大。同时幼儿教师还面临着难以参加教研活动、接受继续教育、进一步深造等多方面的困难。

（三）政策落实不到位，扶持力度不足

国家呼吁鼓励社会力量兴办教育，但国家与之相配套的政策却没有及时跟进。政策的迟迟不能落地或者落地不彻底，给民办幼儿园投资者带来了困扰和担忧。关于投资回报周期和回报率，在法律法规中无明确规定，这不仅让投资者担心，也令民办幼儿园的教职员工担心。

随着经济的发展、城镇化进程的加快、多元文化的出现，以及人民生活水平的提高，有条件选择教育需求的人群越来越庞大。幼教是现代国民教育体系中重要的组成部分，是基础教育的“基础”。幼教的发展关系到幼儿的健康成长和千家万户的切身利益，关系到国家和民族的长足发展。未来 5 年，在政府的主导下，将进一步规范和扶持民办幼儿园发展。河北省的民办幼儿园在“十三五”期间赢得了发展时间，在这个巨大的存量中，绝大多数民办幼儿园都有 3—15 年的办园经验，虽然发展还不平衡，但是基本上获得了当地教育主管部门颁发的办学学科证，都具备了独立法人的办学资格，也在经营过程中积累了一定的办园经验。由于民办幼儿园数量巨大，接下来必将出现从数量优势向质量优势的转变。民办幼儿园为了能够与其他主体的园所具有同等的竞争力，应将办园观念和办园行为快速地转到为社会提供多样化、个性化、优质教育的需求上来，同时得到幼儿、家长和社会的多重认可，这样才能获得更大的发展空间。但是这些数量和质量的提升都需要政府的政策支持和资金的帮助。

四、“十四五”期间的发展建议

目前的幼儿家长以 90 后为主，他们热衷新事物，对成绩关注度不高，追求个性发展。这一代独生子女的家长普遍具有高学历，对互联网接受程度高，注重素质教育和体验感受。民办幼儿园未来应在课程研发、打造高素质教师团队、完善办学设施、建立运营管理体系、树立以儿童为中心等方面花费大量心血和精力，打造全心全意的健康成长服务生态圈。宏观调控与市场调节的充分融合，必将推动民办学前教育的多元化发展。在“十四五”规划纲要中，针对经济社会发展目标提出了民生福祉要达到新水平，实现全民受教育程度不断提高。贯彻国家“十四五”规划，并结合落实《河北教育现代化 2035》和《加快推进河北教育现代化实施方案（2018—2022 年）》，对“十四五”时期的河北省民办幼儿园提出如下建议。

（一）加大财政支持，营造更好的发展环境

幼儿教育已经列入国家的教育序列，各级政府应为民办幼儿园的持续发展保驾护航，应为民办幼儿园的发展营造良好的发展环境。各地教育行政部门应该结合本地实际，统筹各类资金，通过财政补贴、租金减免、税费减免、金融支持等一系列措施，加大地方对民办幼儿园的财政支持，帮助解决民办幼儿园面临的实际困难。特别需要区别不同类型的民办幼儿园，采取针对性、实效性更强的帮扶政策。建立健全生均拨

款制度，明确社会捐助和政府资助政策，在规范收费管理的前提下，放开收费上限，通过市场调节自主定价。增加民办幼儿园的社会投入，建立拨款、资助和捐赠等相关制度，使扶持政策不断完善。

（二）提高福利待遇，加强在职培训

近年来，河北省民办幼儿园得到了长足发展，办园条件全面改善，普及程度快速提高，保教质量不断提高，撑起了河北省学前教育的半边天，为缓解“入园难”问题做出了突出贡献。针对民办幼儿园教师的福利待遇，除了呼吁提高工资标准外，建议配套相关指导意见和措施，保障工资标准与公办幼儿园教师的水平相当，还应在养老、医疗、失业、工伤和生育等保险方面给予一定的扶持，并在国培、省培等各级培训中增加培训名额，扩大培训范围。各级政府及职能部门应依法落实民办幼儿园教师的社会地位和福利待遇问题，切实落实其工资、职称评定和社会保障等各项权益。

（三）落实各级政策，转变政府职能

学前教育具有基础性和公益性的特征，与义务教育类似。通过学前教育立法，加快学前教育法制建设，建立一个公开、透明的学前教育法律法规体系，明确民办学前教育的责任主体、领导体制、监管机制、办园性质、经费投入、教师待遇、办园条件等方面的具体要求，是办园有法可依、管理依法协调的当务之急。民办幼儿园需要接受政府多个部门的监督管理，其中包括教育行政、卫生健康、行政审批、市场监督等十几个部门。从目前来看，这些政府职能部门的管理大多数工作以检查、监督为主，放开、服务意识薄弱。建议地方政府加快“放管服”改革步伐，把工作重点转移到以放权、扶持、服务上来，对懒政、不作为等行为加强公开监督和行政问责。

河北省民办国际教育发展报告

人才成就未来，教育成就梦想。随着世界教育发展趋势的不断变化，教育与社会经济发展结合得越来越紧密。以学习者为中心，注重能力培养，促进人的全面发展，全民学习、终身学习、个性化学习的理念日益深入人心。特别是民办国际教育的突飞猛进，填补了公办教育的空白，适应了时代的发展需求。基于国家政策对民办教育的积极鼓励和国内一线城市及华东地区国际教育的引领作用，“十三五”时期，河北省社会力量兴办国际学校的热情稳步提高，对国际学校办学模式的思考更加理性，国际学校的开办水平大幅提升，国际学校的运行要素更加完备，教育开放布局更加优化，开放层次与水平不断攀上新台阶。

一、发展回顾

（一）河北省民办国际教育发展状况

“十二五”时期，中国国际教育机构大部分位于北京、上海、广州等一线城市与华东地区，河北省国际教育占比较小，并主要集中在部分公办、民办学校国际班和国际部。比如中央美院附中国际部、邯郸莱克外国语学校、唐山市一中国际班、北京景山学校曹妃甸分校国际部、石家庄康福外国语学校、秦皇岛市第一中学国际班、衡水第一中学国际部、美国利弗莫尔国际学校（天津）、河北联邦国际学校、天津二中剑桥教育中心等。

“十三五”期间，随着《中华人民共和国民办教育促进法》的修订和经济的不断发展，中产家庭数量不断扩大，高质量教育需求不断增加，河北省民办国际教育市场空间容量增大，各行业资本的投资意愿增强，民办国际学校数量出现增长，优质办学、集团化办学的趋势凸现。K12、K15 模式的国际学校异军突起，逐渐成为民办国际学校的主力。比如 K15 国际学校——邯郸莱克教育集团创办的广平县莫恩公学国际学校、河北省联邦国际学校等，K12 国际学校——北大附属廊坊益田同文学校等，九年一贯制国际学校——盛华碧桂园中英文学校、石家庄第二中学石门校区国际部等。尽管规模层次、教育方式及教学质量不同，但无疑是在教育领域拓疆扩土，焕发了民办国际教育的生机与活力。

（二）民办国际学校的举办者与举办形式更加多元化

河北省民办国际学校市场参与者呈现多元化趋势，主要有 8 类市场参与者，即教育机构、语言培训机构、留学机构、教育集团、地产公司、公立名牌校、国外学校品牌、名企跨界办学。同时，民办国际学校的开办形式也更加多元化，比如由之前某些学校的国际部、国际班等某个单一层次的国际学校，发展至由集团化办学的 K12、K15 国际学校等。

（三）民办国际学校产业分工日趋完善，理念更加创新

目前，国际学校已基本形成监管部门、第三方机构、国际学校供应商、教学服务供应商、学生服务机构的产业链条。河北省新兴国际学校在教学服务环节多有创新，以邯郸莱克教育集团创办的莫恩公学为例，可以看到其顺应国际化趋势及新时代需求的新颖教育理念。邯郸莱克教育创办于 2001 年，创建之初即顺应我国“入世”之后对外语市场的需求，在河北省率先开办了外语培训和真正融通国际的外语学校。2002 年，莱克国际学校成立，是经教育行政主管部门批准成立的一所以中英文双语教学的新型寄宿制学校。学校占地两万多平方米，场地设施和现代化设备齐全，现拥有 50 个班

级，2500余名在校学生。学校以“品行足下，德育未来”为办学理念，以“国际化、艺术化、个性化”为办学特质，力求打造一所“轻负担、高效能、融合多种教育资源优势、突显国际元素”的现代化学校，并致力于将学生培养成为身心健康、富有爱心、勤学好问、能负责任、具有国际视野和民族精神的现代小公民。同时，学校多年来不断与一些国外的学校、教育机构合作办校，资源共享，积累了丰富的国际教育实践经验。在此基础上，经过6年的积淀准备，莱克教育集团在“十三五”期间创办了广平县莫恩公学国际学校，这是一所融汇中西、培育精英的十五年一贯制寄宿式顶级国际化学校。学校坐落于邯郸市莫恩教育小镇，总建筑面积约12万平方米，2019年5月投入使用。莫恩公学的国际教育实践，探索出了一条宝贵的民办国际教育之路。

莫恩公学在发扬先进教育教学理念的基础上，开创了具有自主知识产权的办学理念、课程设置、37度后勤服务、留学申请服务、留学后市场服务等内容。比如莫恩公学提出了其独特的办学理念，即真正的教育意义在于唤醒，唤醒学生自主学习思考的能力，让每一个学生从被动学习走向主动学习，以中国传统文化为底蕴，融合国际化教育理念，消除教育上的空间边界，开拓学生视野，助力学生走向全球，让学生从课堂走向田野，在自然中唤醒学习的乐趣，让学生从书本走向实践。

莫恩公学将中国教育理念与国际教育理念相交、中国课程体系和国际课程理念结合、中国文化与世界文化相融，突出“融合文化、融合课程、语言多元、输出多元”。从“民族认同、世界认知、赋能未来”3个维度出发，创设莫恩八大影响力课程，赋予学生六大必备核心素养，从而培养具有中国梦想、国际视野、卓越品格、引领未来的民族精英人才。

学校除了为学生在校期间提供酒店式、管家式后勤服务外，还为学生提供语言培训和国际课程的系统性学习、留学申请及留学后市场等服务。相对于单独的语言培训和国际课程培训、留学中介、国外院校代理等割裂性服务的形式具有无可比拟的优势。

二、发展经验

（一）抓住市场需求，有利于国际学校的开办启动

市场需求是民办国际学校开办的必要条件。河北省为人口大省、教育大省，但传统的应试方式对于广大学生来说显然是形式过于单一，人们期待孩子有更多的成才途径；经济水平不断提高，中产阶级增多，更多的家庭期待让孩子享受更优质的教育；越来越多的家庭更加重视教育，期待孩子全面发展，并最终成为精英人才和国际通用人才；素质教育和国际教育的呼声越来越高，为民办国际学校的开办提供了广大的供

求市场。

（二）郊区选址建校，有利于国际学校的长远发展

随着一线城市的不断开发，教育用地相对不足，可谓寸土寸金。同时，一线城市的国际教育已经发展得相对成熟，国际学校在郊区选址显得更为合理。

（三）明确学生发展目标，有利于解决家长最为关心的问题

民办国际学校的开办过程中，家长最关心的问题仍是学生的发展问题。所以一所成功的民办国际学校，首先应该由先进的教育教学理念进行引导，由优质的教育教学质量予以支撑，从而实现学生的成长、成才目标。

（四）集团化办学有利于国际学校的高效运营

相比单体学校，集团化办学有清晰的治理结构，具有明显的成本优势。集团可以在总部设立职能性部门，如集团法务部、行政人事部、财务部、国际合作部及课程研发部等。尤其是课程的研发，要在集团而不是在单体学校进行，这样能够吸引更多的社会专家参与到其中，能够服务于集团旗下的每一所学校，可以使校长将精力集中在教育教学本身，而其他事务可以赋能于职能部门。

（五）合理统筹运行要素，有利于国际学校的顺利开办

民办国际学校开办之时，涉及资金、设计、审批、建设、师资、课程、设备采购、国际合作、综合服务协调等运行要素。合理统筹各运行要素，视各要素的轻重缓急，采取或有先有后，或同步，或穿插等方式进行，有利于国际学校顺利开办。比如国际学校在建设之时，可同步进行师资筹备、课程设计、洽谈国际合作等工作，以确保在最短的时间完成最多的任务量。

三、存在的主要问题及发展建议

根据《中国国际学校发展报告》统计，自2015年起，随着中国经济的快速发展，中国国际学校数量大幅度增长，发展势头迅猛，中国国际化学校数量远超千所。跨界资本的不断涌入，大大加速了民办国际化学校的兴起和收购热潮，集团化办学也逐渐成为民办国际化学校的大热发展模式。

虽然民办国际学校的数量呈现逐年递增趋势，但从目前经营的实际状况来看，无论是新建校还是老牌学校，都在政策、人才、生源等种种因素的影响下，遇到了很多发展难题。

（一）主要问题

1. 生源问题仍是民办国际学校面对的普遍难题

目前，河北省民办国际学校起步较晚，国际教育氛围尚未形成，成果尚未明显显现，且学费相对高昂，理念不够普及，一些家长对国际教育仍停留在一知半解，甚至有所误解的阶段。一些家长仍持有“孩子学习不好才送出国读书”的旧观念，而对于学习成绩较好的学生，公立学校、高考路线依旧是学生家长的首选。这都使得生源问题成为民办国际学校面对的普遍难题。

2. 家长对学校未来信心不足

相较于一线及沿海发达城市，河北居民对国际教育的认知程度有待提高。大部分家长对学校了解不透，信心不足，顾虑重重。入学前，家长主要顾虑的是不知道如何择校、入学费用不菲、孩子可能不适应新学校等问题。入学后，家长主要顾虑的是国际学校对学生教导不严格，孩子面对探究式教学可能无所适从，国内课程教授可能偏简单、进度偏慢，多元文化可能会给孩子带来困惑等问题。毕业后，家长还会顾虑毕业升学去向不明，未来回国可能不适应等问题。

3. 民办国际学校发展良莠不齐

受诸多因素的限制，河北省民办国际学校的发展不均衡，良莠不齐。有的学校名不副实，有其名而无实际的“国际”内容，在社会上造成不良影响。

4. 民办国际学校尚未引起足够重视

因为占比较小，民办国际学校未能得到社会各界足够的重视及支持。

5. 在外教管理方面有漏洞

无论是国际化教育还是国际教育都在趋于理性。究竟什么样的课程适合什么样的教师传授，其实很多人都在思考。一些学校在起步阶段会扩大一定比例，但包装作用很大。在实际工作中，因为中外文化的差异，在对中外教师管理上采取的标准不统一，造成对外籍教师的管理随意性大、不规范，致使一些外教留给学生和家长的印象不好。

6. 民办国际学校的党建工作不到位

近些年来，民办国际学校的党建工作参差不齐，与教育事业的快速发展相比，还存在着诸如相关部门重视程度不够、职能地位不明确、隶属关系不顺畅、党员的先锋模范作用难以得到发挥等问题。

（二）对国际学校及政府管理部门的几点建议

民办国际教育需要经过这样一个阵痛期，待所有的问题和漏洞解决后，留给管理者的是方法和经验。前期用制度约束，在校内创设包容开放的文化。它会反推学校的管理更具预见性和计划性，从而有清晰明了的规划与进步的阶梯。有的放矢地及时解决问题，旨在有效地促进民办国际教育尽快步入良性发展轨道。

1. 不断提升自身内涵与发展实力

增加教育内涵，提升发展能力，加大宣传途径与力度，进一步传播国际教育理念及国际课程等相关概念，提高社会公信力与认知度。学校在与家长的沟通过程中，需要进一步解释国际教育理念及国际课程等相关概念。

2. 加强战略管理

民办学校的管理者为谋求学校的可持续发展，应在对学校内部条件和外部环境进行系统分析的基础上，制定学校战略目标，拟定优选战略方案，并组织实施和控制。加强战略管理在当前学校管理主体多元化、权力均衡化、投资多渠道化、竞争激烈化的复杂环境之下，有着特殊的价值。要求管理者从整体性、综合性出发，从学校内外部，从历史、现实与未来的联系中做出具体化和个性化的思考，从战略分析、战略选择、战略实施、战略控制等多个环节上去努力。

3. 不同的阶段采取不同的管理方式

在预设过程中，首先要将外教的功能清晰化，最后落实到课程的完成上。建议在外教的课程完成上设立一个考核要求，并在谈合约时明确告知，将较大的问题解决在外教入校之前。因为外教相对有很好的契约精神，而中式管理最大的挑战往往是在管理过程中发现问题。

4. 民办国际学校需要政策支持、行业扶持

民办国际学校因为占比较小，未能得到足够的政策支持与行业扶持，期待下一步能够获取更多的支持，比如用地支持、资金支持、舆论支持等。

5. 加强对国际学校党建工作的领导

要加强对民办国际学校党建工作的分类指导，选配好党组织负责人，相应发展学校中的入党积极分子，激发学校决策者的参与热情。同时，加强《党章》及政治理论的学习与培训，提高民办国际学校中党员的综合素质，努力开创国际学校党建工作的新局面。

四、发展展望

在国际学校预测需求量快速上升的情况下，未来 5 年国际学校或仍将处于供不应求的状态，国际学校仍然是一个主要看供给的行业，需求端会持续保持较为旺盛的状态。因此河北省作为首都经济圈的重要经济协作区，民办国际教育应是大有作为，愿景可期。

（一）民办国际学校在未来的入学人数将越来越多

随着经济的发展，教育消费不断升级，加上河北省为教育大省，升学竞争激烈，另外近些年留学需求旺盛，人民期待素质教育的需求不断加强。同时由于北京、上海、广州和华东地区国际学校的成熟与影响，以及京津冀一体化进程的加快和各方资本对

教育的关注，再考虑到目前国际学校在校生数远低于潜在需求量，因此未来国际学校入学人数有望进一步提升，河北省民办国际学校数量将会不断增加。

（二）集团化办学在未来民办国际学校增量中将扮演重要角色

近年来，集团化办学已经成为国际学校发展的一个主要趋势。“十三五”期间，河北省新增民办国际学校当中占有很大比例的是早先的教育集团，这些学校从开始办学时就以集团化办学思维布局，而非做好单体学校再进行复制，管理架构也以集团化中央厨房的模式开始。通过稳定的运营模式，集团化扩张步伐进一步加大。相比单体学校，集团化办学优势更加明显。

（三）教育教学质量是民办国际学校内涵式发展的核心

广义来说，国际学校的运行要素有很多，比如师资情况、课程情况、升学情况、硬件设施、文化氛围等，甚至具体到教师的薪资水平，都会影响国际学校的发展。但最影响国际学校品牌和口碑的因素仍是学生的毕业升学成绩和未来成长状况。这两大因素又受学校的生源、教学质量、国外合作情况、学生的综合能力培养等因素影响，其中教学质量处于核心地位，因此教育教学质量仍是民办国际学校内涵发展的核心。

（四）民办国际教育的时代已经到来

随着民办国际学校不断进入全国的二三线城市，民办国际学校的黄金发展期已经到来，相信民办国际教育的新时代也会随之而来。

（五）营利性民办国际学校的并购重组将加速

随着我国对国际学校需求的增长，新时代国际学校的投资热潮仍将持续升温，资本的进入将推动营利性民办国际学校的整合和发展。因此，在民办国际教育领域，兼并、重组的现象将会大量发生。随着民办国际学校并购重组的持续推进，将形成更多的民办国际学校教育集团。

新时代，新机遇。随着外籍人员流入及出国留学人群的不断增多，对国际学校的需求将会日益增加，这便为民办国际学校的快速发展提供了更为广阔的空间。同时，随着修订后的《中华人民共和国民办教育促进法》的落实，尤其是民办学校分类管理改革的推进，民办国际学校的发展将会遇到挑战与机遇并存的新形势，但总体上讲是机遇大过挑战。随着国际教育需求的增长，河北省民办国际学校有望在顺应分类管理的基础上得到进一步的发展和壮大。

第三编　河北省“十三五”期间民办教育分市（区）发展报告

石家庄市民办教育发展报告

一、基本情况概述

近年来，石家庄市认真贯彻“积极鼓励、大力支持、正确引导、依法管理”的方针，引导民办教育健康、优质发展，初步形成了门类齐全、体系完备的民办教育体系，民办教育已成为全市教育事业的重要组成部分。

截至2020年底，石家庄市有民办幼儿园1113所，在园幼儿156 702人，专任教师12 251人。石家庄市的民办幼儿园持续稳步发展，目前民办幼儿园数占幼儿园总数的59.78％，普惠性幼儿园覆盖率达到88.9％。

石家庄市共有民办中小学167所，其中民办小学81所、民办初中46所、民办高中40所；民办小学在校生105 534人，民办初中在校生80 724人，民办高中在校生47 765人；民办小学专任教师4134人，民办中学专任教师（含初中、高中）11 275人。

石家庄市共有民办中等职业学校64所，在校生120 279人，专职教师3169人。民办中等职业学校涵盖16个大类、103个专业。

二、主要成效和典型做法

（一）构建顶层设计，加强制度建设

“十三五”期间，石家庄市转发《河北省民办学校分类登记实施办法》《河北省营利性民办学校监督管理办法》等文件，并制定了《关于做好2019年中等职业学校招生工作的通知》《关于印发进一步加强民办学校管理意见的通知》《关于规范民办中等专

业学校招生行为的通知》等文件，加强对民办学校的监管，坚决治理各种非法办学和违规办学行为；建立了民办教育工作联席会议制度，并下发了《关于建立石家庄市民办教育工作联席会议制度的通知》，不断优化民办教育发展环境，促进石家庄市民办教育规范、健康发展。

（二）规范办学行为，促进民办教育健康发展

1. 严格办学事项审批

严格民办学校办学地址、举办者、设立等事项的审查，以变更事项审批为契机，督促变更学校严格按照国家标准完善治理机构、提升办学条件、健全管理制度，对于与标准差距较大的学校不予审批变更事项，并责令其限期整改。

2. 强化年度检查工作

为规范民办学校办学行为，提高办学质量，推动民办教育持续健康发展，石家庄市教育局每年根据上级部门要求，组织开展民办学校年度检查，对依法办学、教育教学、办学条件、办学行为、资产财务管理等方面，组织专门人员开展年度检查工作，根据检查情况进行量化打分、综合评定，并制定《年检结果通报》向社会公布，要求进一步加强学校管理，提升教育质量，全面提高民办学校的办学水平。

3. 强化属地化管理机制保障监管

早在 2011 年，石家庄市教育局就制定了《关于民办普通初级中学和中等学历教育审批管理的意见》，按属地管理的原则，由学校所在地的县级教育行政部门对民办普通初级中学和中等学历教育学校实施管理。

（三）加强民办学校管理，落实招生制度改革

1. 严格落实民办义务教育招生改革

2020 年是民办义务教育改革之年，石家庄市教育局严格按照《中共中央、国务院关于深化教育教学改革全面提高义务教育质量的意见》《河北省教育厅关于做好 2020 年义务教育招生入学工作的通知》，以及《石家庄市 2020 年义务教育招生入学工作实施方案》等文件精神，对于报名人数超过招生计划的民办学校，采取电脑随机派位方式确定招生结果。为此，石家庄市专门建设了石家庄市义务教育招生入学服务系统，进行全市统一报名、派位。截至 2020 年招生工作结束，平台共计访问 1700 万余次，访客数达 79 万余人，共计报名 51 282 人，电脑随机派位计划录取 35 719 人，67 所学校完成招生任务。此次招生工作得到了河北省教育厅领导的高度认可，指出石家庄市民办义务教育招生工作走在了全省前列，同时也得到了石家庄市委、市政府领导的肯定，以及家长和社会各界人士的认可。

2. 开展违规招生办学行为专项检查

每年秋季学期开学前，石家庄市教育局基础教育处都会组织开展针对民办普通初中和高中违规招生办学行为的专项检查，重点对提前招生、分班考试等违规行为进行检查，各学校根据督导检查情况进行整改，进一步规范招生和办学行为；职业教育处进行“规范市属民办中等职业学校招生办学行为”督导检查，针对各学校的办学行为、安全稳定工作进行督查，列出“办学行为负面清单”，要求民办中职学校对照“办学行为负面清单”对学校办学场地、师资配比、设施设备、招生管理、实习管理、就业安置、收退费等情况逐条进行自查自纠，对自查出来的问题及时梳理，分析原因，制定整改方案，并立即开展整改。

3. 严格规范民办中职学校办学行为

首先，建立招生简章备案制。为规范民办中职学校招生行为，维护招生秩序，石家庄市教育局要求民办中职学校对招生简章进行备案，内容包括学校基本情况、专业设置及收费情况、学校地址、联系电话、招生人数、收费标准等。其次，民办中职学校坚持现场注册学籍。多年来，石家庄市教育局职教处坚持组织专门人员深入所有民办中职学校对每一个新生进行现场注册，石家庄市严格执行学籍管理规定，坚决杜绝重复学籍、冒名顶替和以虚假信息建立学籍等行为。最后，规范中职学校监管资助工作。石家庄市教育局职教处有专人负责每月审核“全国学生资助管理信息系统中职子系统”中免学费和国家助学金受助学生名单，并监督审查各县（市）、区的中职学校的工作进展情况，确保国家资助资金落实到位。加强对民办中等职业学校的过程性督导，指导石家庄市民办教育协会共同开展多项对民办中等职业学校的督导工作。

（四）加大普惠园扶持力度，推进民办幼儿园健康发展

1. 建立健全制度保障

“十三五”期间，石家庄市先后出台了《石家庄市学前教育管理办法》《石家庄市人民政府办公厅关于开展无证幼儿园综合治理工作的实施意见》《石家庄市居民住宅项目配建教育设施移交管理办法》等文件，研究制定了《石家庄市普惠性民办幼儿园认定及财政扶持管理实施办法》《石家庄市教育局关于加强幼儿园规范管理的规定》等规范性文件，为民办幼儿园的普惠、安全、优质发展提供了完善的制度设计。

2. 加大普惠性民办幼儿园认定和扶持力度

石家庄市委、市政府连续 5 年将创建普惠性民办幼儿园列入利民惠民实事，石家庄市现有普惠性民办幼儿园 735 所，普惠学位 122 100 个，通过政府购买服务的方式，减免了住宅项目配套园为普惠性民办幼儿园的租金。同时，积极鼓励各县（市）、区采取配置玩教具、改善办园条件、购买保安服务等多种举措加以扶持。2017 年，在河北省学前教育推进会上做典型发言，并于2018年在河北省“双创双服”活动中以专刊形式刊发，在全省推广石家庄市普惠性民办幼儿园做法；高标准完成2018年度普惠性民办幼儿园政府购买服务专项资金的绩效评价工作；2019年，圆满完成石家庄市委开展的“为民解难题”专项整治工作，努力办好人民满意的学前教育，荣获河北省“双创双服”创新优秀案例，新华社、《人民日报》等国家及省、市新闻媒体进行了多次宣传报道。

3. 提升民办幼儿园师资素质，推动民办幼儿园规范发展

首先，通过采取派驻专家、学习培训、优质园互助、园长荣誉激励等多种举措，进一步提升了普惠性民办幼儿园的师资素质，提振了民办幼儿园的办园士气。近年来，石家庄市免费培训民办幼儿园优质师资达到7万余人次。其次，开展幼儿园常规工作检查，对幼儿园进行认定和分类管理，确保民办幼儿园规范发展，深入开展无证园综合治理，联合公安、民政等9个部门按照部门职责稳妥完成了无证园的综合治理。最后，通过实施集团化管理模式，建立结对帮扶制度，采取名园帮弱园、老园带新园、城市园结对农村园、优质公办园引领民办园等措施，引领和带动县域内特别是民办幼儿园整体质量提升，形成了不同办园主体互动并存的学前教育发展新格局。

（五）加强对校外培训机构的治理

1. 构建“全方位”制度体系，建立校外机构联合治理机制

石家庄市建立了由政府统筹协调，教育行政部门牵头，人社、民政、工商、行政审批、公安、消防、城管、税务等部门和各乡镇（街道办事处）共同参与的工作联动机制，形成工作合力，建立校外机构管理长效机制，联合9个部门共同研究制定《石家庄市校外培训机构设置与管理办法》，进一步规范了校外培训机构设置条件与标准、审批程序、监督管理和规范办学标准，建立“黑白名单”定期公告制度要求。目前公布了第一批和第二批“黑白名单”，其中“白名单”学校855所，“黑名单”学校226所，治理成效显著。

2. 构建“立体化”治理体系

分类整治治“标”。向家长、学生、教师、社区、培训机构等5个层面发放《校外培训机构调查问卷》两万余份，收集违规办学、有偿补课等有关线索，广泛征求合理化建议，对培训机构开展“地毯式”排查，针对排查出的问题，分门别类建立工作台账，实行整改销号制度，将不同的培训机构移交相关部门分类进行治理。

宣传引导治“本”。石家庄市教育局、行政审批局走进石家庄市广播电台“行风热线”直播间，就“校外培训”的话题与听众进行互动交流，现场接听、答复听众的咨询与提问，取得较好反响。向全市公开《致所有学生家长的一封信》和培训机构审批

服务指南，宣传引导学生和家长理性看待参加校外培训的作用，树立正确的教育观念。

信用管理治“效”。对培训机构实施信誉积分管理，有违规行为的，除依法依规接受处罚外，同时扣除相应的信誉积分，低于60分的列入民办教育“黑名单”。

3. 构建“多渠道”监督体系

发挥社会监督作用。建立石家庄市民办教育信息服务平台，将培训机构的办学概况、办学范围、师资情况、收费情况等信息通过平台向社会公布，接受群众监督。

履行行政监督职责。借助平台开发了培训机构在线填报系统，监测各县（市）、区的整改情况。同时建立了工作体系、制度建设、承诺书、检查台账、监督平台等5个清单。通过随机暗访、日常检查、定向巡查相结合，实行月报告制度，每月一次县（市）、区级检查，做到学校、师生检查全覆盖。

形成行业自律合力。组织培训机构签订《依法规范办学承诺书》，公开市、县两级教育行政部门举报电话，建立行业监督台账，加强培训机构行业自律。

三、存在的问题及建议

（一）民办中小学教育存在的问题

1. 民办中小学两极分化严重

部分民办学校经过多年的探索，已经成长为管理规范、办学理念先进、社会声誉度较高的名校。而还有相当一部分民办学校由于生源不足、办学条件差、教学质量低、教育理念落后等因素，导致学校处于艰难生存的阶段。

2. 师资队伍上，多数民办中小学远远落后于公办中小学

民办中小学教师队伍整体素质低于公办学校，且教师流动性大，名师比例低。民办中小学教育在国内起步较晚，多数教师年龄较低，缺乏充足的教学经验，在教学质量、教学内容上都无法与公办中小学教师相比。

（二）民办中职学校存在的问题

1. 办学场地不足

民办中职学校在办学初期由于受到政策、资金、规模等方面的限制，绝大部分靠租赁办学场地来实施教学，目前石家庄市90%的民办职业学校仍然是租货场地办学。特别是近年来，石家庄市加大城市升级改造的力度，一些学校租赁的办学场地拆迁改造，使得这些学校很难找到合适的办学场地，造成了大量的学生流失、教师队伍不稳定、招生困难等问题。另外租赁成本逐年增加，加大了办学的成本，增加了学生家庭的经济负担。

2. 生源不稳定，招生欠规范

今后几年，石家庄市每年的初中毕业生稳定在 11 万人左右，按照国家职普比例大体相当的要求，留给中等职业教育的生源大约有 5 万人，而石家庄教育系统内的中职学校、省属中专、技工学校约有 170 所，校均生源不足 300 人。这样的学校布局已经不能适应日新月异的经济发展形势和生源市场。一些民办中职学校在招生过程中出现了抢夺生源、虚假宣传等现象，并且还存在着招生代理、有偿招生等问题。

3. 办学方向不明确，专业设置盲从

目前，石家庄市民办中职学校共开设 16 大类、103 个专业，每年调整、新增专业 30 余个。但是有的学校专业设置五花八门，横跨多个专业大类，存在盲目跟风现象。虽然一些学校看似办得很红火，但是已经出现了就业率不高、不稳定的问题。

（三）民办幼儿园存在的问题

石家庄市部分民办幼儿园的办园水平亟待上档升级，在管理机制、保育教育、卫生保健、教师队伍和教科研等方面都有待提高。

（四）民办教育培训机构在发展中仍然存在一些问题

一是培训机构资质不全，有一部分机构的设立未经上级主管部门批准，这些机构的违规办学行为时有发生，在社会上造成了不良影响；二是培训机构办学条件参差不齐，有些培训机构随意租用场地，聘用教师不稳定、不规范，培训质量难以保障；三是培训机构存在虚假宣传现象，误导学生、家长及社会。

四、下一步工作计划

石家庄市将认真贯彻落实河北省教育厅的工作要求，依法规范，加大治理，引导提升，推进全市民办教育的健康发展。

（一）推进民办学校分类管理

切实加强对《中华人民共和国民办教育促进法》的学习和研究，有序推进民办学校分类管理，研究和破解民办教育发展过程中的困难和问题。

（二）规范民办学校办学行为

按照国家和河北省有关办学标准，严格按照审批机关核定的办学规模，控制招生规模和在校生人数；在招生方面，落实义务教育阶段学校坚持免试入学的办法，严禁提前招生、掐尖招生、违反规定变相考试选拔等，切实规范招生行为；认真执行国家和河北省有关收费政策，严格按照公布的收费项目和收费标准收费，不得超标准、超范围收费。

（三）加强对民办学校的监管

进一步做好民办学校年检工作，全面实施区域网格化管理，消灭管理盲区。对校外培训机构严格管理，健全整治排查制度、台账管理制度、“回头看”制度。在寒、暑期等重点时段，集中开展违规办学专项整治，以点带面，做好治理。

唐山市民办教育发展报告

一、基本情况概述

截至 2020 年底，唐山市有民办学校 909 所，其中幼儿园 862 所、小学 11 所、初中 6 所、高中 27 所、中职 3 所，民办学校在校学生 171 768 人，专任教师 13 691 人，涵盖了学前教育、义务教育、高中阶段教育等各个领域，初步形成了“以政府办学为主体，社会各界共同参与办学”的多层次、多形式、多门类、多元化办学新格局，成为唐山市教育事业不可或缺的重要组成部分，并朝着“讲求特色，内涵发展，规范行为，依法管理”的方向稳步推进。

二、政策引导，逐步优化民办教育发展环境

近年来，唐山市鼓励和支持民办教育发展，坚持顶层设计。早在 2009 年，唐山市政府便印发了《关于促进民办教育发展的意见》，进一步明确了鼓励和支持民间资本进入教育领域的一系列政策措施，从土地使用到水、电、煤气、暖气价格等各个方面坚持与公办学校同等待遇，让民办学校充分享有应有的法律地位。

2014 年，唐山市制定了《唐山市加强和规范民办幼儿园管理的实施意见》，进一步明确了民办幼儿园的管理体制和管理责任，完善了民办幼儿园的设置标准和准入制度。2019 年，唐山市启动制定《唐山市进一步促进民间资本投资教育促进民办教育发展的意见》，目前已征求完相关单位意见，待《中华人民共和国民办教育促进法实施条例》修订公布后，将以市政府名义出台。一系列政策的出台，为民办教育发展创造了宽松环境，提供了有效政策支持，推动了民办教育依法、有序、快速地发展。

三、以质图强，民办教育办学特色日益凸显

近年来，唐山市民办教育进入以办学质量、办学特色为追求的内涵发展期。民办学校在办学过程中，充分发挥办学机制灵活的优势，在推进教育教学改革、创新人才

培养模式、加强学校内部管理等方面进行积极探索，涌现出了一批办学特色鲜明、教育教学形式实用多样的民办学校。比如唐山金桥教育集团、唐山东方教育集团、唐山金童教育集团、远方文学培训学校等，其办学特色鲜明，办学成效显著，受到社会的高度认可，为唐山市民办教育的发展起到了良好的示范作用。（见表1）

表1 各类民办学校（教育机构）的特点及对唐山市教育发展所起的作用

各类民办学校（教育机构）的特点	对唐山市教育发展所起的作用	典型学校
民办学前教育已成为唐山市学前教育的主力军	大多数民办幼儿园实现了“独立的园舍、独立的法人、独立的财务、独立的用人机制”；遍及唐山市城乡，办园水平也日益为社会所认可，对推动唐山市学前三年教育的普及发挥了重要作用	路北区童星幼稚园、路北区五彩风车幼儿园、高新区东方明珠幼儿园等已成为河北省示范性幼儿园
民办基础教育正逐步成为受人民群众欢迎的优质教育资源	“高起点规划、高标准建设、高质量发展”的办学定位，以及富有特色的教育教学创新模式，成为受人民群众青睐的优质教育资源	唐山东方国际教育集团与北京实验学校战略集团实现战略合作，共同签署联合办学合作协议；金童首郡小学与上海师范大学附属第二外国语小学合作办学，让唐山学子“不出唐山市，享受上海教育”；北京第二实验小学教育集团唐山博杰学校落户唐山市，培养“一长、多能、零缺陷”的新时代人才；金桥小学、金桥中学被评为河北省首批民办教育明星学校
民办中等职业教育已成为重要的职业教育人才培养基地	办学水平和办学质量稳步提升，紧贴社会用人需求，实施“订单教育”，深化与企业的合作，注重办学特色，注重学生的技能培养，为培养中初级技能型人才做出了积极贡献	唐山市的金桥中专、实验中专、科技中专实行“校企结合、订单办学、跟踪管理、全程服务”，不断畅通“升学与就业”两个出口，走出了一条反映市场需求、顺应时代要求的特色办学之路
民办教育培训机构成为满足人民群众多样化教育需求的基础平台	从事外国语、美术、书法、舞蹈、声乐、器乐等方面的培训，最大限度地满足了部分民众学习外国语和艺术等方面的需求，与普通学校形成优势互补的格局，成为培养高素质专业人才的基础平台	新东方、新起点、远方文学、金童少儿英语等已经成为具有一定规模、一定声望的优质教育培训基地；星知光、世纪星等是颇受家长和社会普遍认可的特殊教育学校

四、科学发展，民办教育服务经济社会的能力不断增强

（一）维护社会和谐稳定

一方面，各级各类民办教育机构通过举办学历教育和非学历教育，为社会输送各类人才，缓解了地方各级财政投资办学的经济压力；另一方面，民办教育满足了社会对教育多样化的需求。比如唐山实验学校、乐亭高平中学、滦州市海阳学校等优质民办学校，既解决了义务教育中优质教育资源分布不均衡的问题，又弥补了公办义务教育在“质”上的不足，承担起满足人民群众对教育多样性需求的任务。2019 年，唐山市民办普通中小学的在校生数就达 57 900 余人，极大地缓解了城区学位不足的矛盾，在维护社会稳定、化解社会矛盾中起到了重要作用。

（二）提供更多的选择性

公办教育的重要使命是保障教育公平，确保国民接受最低程度的有质量的教育。民办教育则侧重满足不同群体的多样化需求，尤其是对优质教育的需求，与公办教育相互补充。在合理的教育体系中，选择性教育的任务主要依靠民办教育。

（三）激发教育活力

民办学校的活力如同“鲶鱼效应”，可以激发出整个教育体系的活力。比如唐山东方国际教育集团积极与国际多所知名高校友好往来，被多所高校授予“优质生源基地”称号，进一步扩大了学生升学成才的渠道，开创了民办学校发展的新路径。

五、存在的主要困难和问题

唐山市的民办教育尽管得到了较快发展，取得了较大成效，但在思想观念、管理体制、办学效益等方面还有较大差距，存在不少问题和困难。

（一）思想认识不到位

对相关法律法规学习宣传不够，人们对民办教育的认识不高，不明白“民办教育事业属于公益性事业”，抱有“民办不如公办”“重公办、轻民办”思想观念的还大有人在，社会认可度不高，缺乏对民办教育理解、支持的社会环境。由于河北省的民办营利性、非营利学校分类具体实施办法尚未出台，一些投资者对民办教育的投资回报、产权归属等问题还存在困惑，举办者较多还处于观望等待状态。

（二）民办学校自身办学不规范

部分民办学校在办学上缺乏科学、先进的理念，办学章程简单，或者干脆照搬照抄，办学无特色，管理制度不健全，管理人员水平不高，管理过程中存在许多不规范的现象，董事会（理事会）等决策机构形同虚设。有的民办学校虚假宣传，通过恶意

竞争招揽和争抢生源。有的民办学校在教育局多次明令禁止的情况下，多层次设置收费标准，并存在乱收费现象，扰乱招生秩序。有的民办学校学籍管理不规范，人籍分离、空挂学籍，这在相当程度上影响了学校的健康发展，也影响了社会对民办学校的认同感。

（三）扶持力度不够

唐山市政府虽然于2009年出台了《关于促进民办教育发展的意见》，但针对性、操作性都不够强。《中华人民共和国民办教育促进法》中规定的设立民办教育发展专项资金、制定奖励扶持措施等规定没有得到较好落实。民办教育用地、项目建设、教师待遇等优惠政策也没落实到位，民办教育和公办教育的差异性比较明显。民办学校教师队伍不稳定的问题比较突出，全市民办教育发展缺乏统筹规划。

六、工作建议

为进一步加快推进唐山市民办教育的发展步伐，满足人民群众多样化和个性化的教育需求，特提出以下几点建议。

（一）提高站位，进一步宣传贯彻民办教育法律法规

党的十九大报告提出“支持和规范社会力量办学”，《中华人民共和国民办教育促进法》也明确规定“民办教育事业属于公益性事业，是社会主义教育事业的组成部分”。要充分认识到支持和规范民办教育发展既是贯彻落实十九大精神的要求，也是法律赋予的职责所在，充分认识民办教育是教育事业发展的主要增长点和促进教育改革的重要力量，对加快教育事业发展具有重要作用。因此，要多形式、多渠道、多层次、全方位地广泛宣传、贯彻落实好民办教育法律法规，引导全社会提高认识，转变“重公轻民”的思想观念，营造加快发展民办教育的良好氛围，大力鼓励社会力量举办教育，推进唐山市教育事业全面发展。

（二）明确责任，进一步加强对民办教育机构的指导和监管

要进一步明确市、县两级教育行政部门和唐山市教育局机构内部在党的建设、招生、学籍管理、教育教学、安全卫生、日常事务、文明创建工作中的管理责任，切实明确职责和人员分工，充分发挥职能作用，具体管理、协调和研究解决民办教育发展中的问题，确保各项政策措施在民办学校能及时落实到位，保证民办学校的健康稳步发展。要建立和完善对民办学校的督导评估制度，通过督导评估，对民办学校的办学方向、教育质量、安全工作、总体运行状况及教育教学工作、教师培训工作进行规范管理，促使学校依法办学，规范运行。

（三）加强民办学校自身建设

完善民办学校的管理体制，健全组织机构，加强校园文化建设，特别是要按照《中华人民共和国民办教育促进法》的要求，加强学校党组织建设，开展党的活动，以党建促校建，不断提高办学水平，提升社会形象。积极推进依法治校，规范民办学校的办学行为，采用“三同”机制，即民办校园与公办校园同考核、同指导、同发展，助推民办校园规范发展。

（四）统筹规划，进一步创新民办教育的体制机制

教育部门要将其纳入工作重点，按照因势利导、因地制宜、注重特色的原则进行统筹规划，随着法律的修正及国家对义务教育投入力度的加大，应重点发展非义务教育阶段的民办教育，同时要大力发展比较薄弱而国家又积极倡导的职业教育转移，寻求新的生存和发展空间。要创新办学体制和拓宽融资渠道，可以探索打破民办教育单一的法人投资模式，尝试采取股份制等多种形式，形成政府主导、社会参与、办学主体多元、办学形式多样、充满生机活力的办学体制。

（五）完善制度，进一步落实民办教育的扶持政策

进一步完善相关制度，依法设立民办教育发展专项资金并纳入财政预算予以保障。充分发挥各职能部门作用，形成发展民办教育的合力。在建设用地、项目立项、税费、融资等方面，按照公益事业建设的有关规定，给予同级同类公办学校同等的优惠政策，依规合理减免相关税费。要通过认真研究，建立公办、民办教师合理流动的机制，稳定民办学校教师队伍。

秦皇岛市民办教育发展报告

“十三五”期间，秦皇岛市坚持立德为根本、树人为核心，牢固树立创新、协调、绿色、开放、共享的发展理念，严格遵循“积极鼓励、大力支持、正确引导、依法管理”的民办教育工作方针，创新工作机制，着力在支持和规范两方面下功夫，全市民办教育呈现持续、协调、健康发展的良好态势，为“十四五”期间民办教育发展奠定了坚实的基础。

一、基本情况概述

截至 2020 年，秦皇岛市共有民办学校 386 所，其中民办中职 16 所，在校生 4971 人，专任教师 361 人；民办高中 12 所，在校生 9918 人；民办初中 8 所，在校生 11 438

人；民办小学0所，在校生3488人（为九年一贯制或十二年一贯制学校内小学生数量），民办中小学专任教师1463人；民办幼儿园350所，在园幼儿36 540人，专任教师2866人。

二、工作情况

（一）全面加强党对民办教育工作的领导

按照河北省委办公厅《关于全面加强全省民办学校党的建设工作的实施意见（试行）》要求，以“不忘初心、牢记使命”主题教育为契机，全面加强民办教育机构党建工作。根据民办教育机构的条件完善党组织设置，建立独立党支部或成立联合党支部。选优配强党支部书记，建立健全民办教育机构党组织参与决策和监督机制，强化思想引领，牢牢把握党对民办教育机构意识形态工作的领导权、话语权。加强指导与监督，把党建工作作为年检年审、评估考核的重要内容，确保民办教育机构正确的办学方向。

（二）稳妥推进民办学校分类管理工作

组织各级各类民办教育机构认真学习《河北省营利性民办学校监督管理办法》《河北省民办学校分类登记实施办法》，同时以下发有关文件、组织会议等形式宣传、解读有关政策。按照教育部、河北省教育厅《关于开展民办学校办学情况问卷调研的通知》的要求，对全市民办学校的管理人员基本信息、党组织基本信息、教职工基本信息、在校生基本信息、土地基本信息、校舍基本信息、举办者基本信息、财务情况基本信息进行了一次问卷调研，完成了《民办学校基本情况报表》《秦皇岛市民办学校基本情况汇总表》，有序推进现有学校分类登记及管理过渡期间的相关工作。同时，针对2016年11月7日《全国人民代表大会常务委员会关于修改〈中华人民共和国民办教育促进法〉的决定》公布后批准设立的民办教育机构或进行变更业务的现有民办教育机构，先行实施分类管理制度，从中探索、优化分类管理、分类登记的工作程序和方法，为2022年推动现有民办教育机构全面实施分类管理和分类登记工作奠定了基础。

（三）积极开展中职民办学校结对帮扶工作

认真落实河北省教育厅、河北省人力资源和社会保障厅《河北省中等职业学校结对帮扶工作实施意见》和秦皇岛市人民政府《关于加快发展现代职业教育的实施意见》的文件精神，进一步促进秦皇岛市中等职业教育协同发展，制定秦皇岛市教育局《中等职业学校结对帮扶工作实施意见》，充分发挥国家示范校及国家重点校的辐射引领作用，以专业建设为重点，以师资队伍建设、校企合作运行机制和信息化建设为依托，针对具有发展潜力的民办中职学校开展了为期两年的一对一结对帮扶工作。通过结对帮扶，秦皇岛市东方航空服务中等专业学校等 9 所民办职业学校在提升管理水平、推进课程体系建设、促进师资队伍建设、加快产教融合进程、提高信息化水平等多个方面取得了明显成效。

（四）大力推进小区配套园治理工作

积极贯彻落实中共中央、国务院和河北省委、省政府对城镇小区配套幼儿园专项治理工作部署，加强组织领导，落实政府责任，制定《秦皇岛市城镇小区配套幼儿园专项治理工作方案》，强力推进小区配套幼儿园的治理。规范配套幼儿园使用，移交后的配套幼儿园，优先举办为公办园，条件不具备的，委托举办成普惠性民办园。秦皇岛市纳入治理任务中的 71 所已建成配套园中，有 47 所已办成普惠性民办园，7 所近期开园办成普惠性民办园。

（五）持续开展无证园治理工作

2017 年，秦皇岛市政府印发《秦皇岛市集中清理整顿无证幼儿园工作实施方案》，首次开展无证园集中整治。2018 年，转发《关于进一步规范民办幼儿园管理切实保障幼儿安全的通知》，进一步推进无证园治理工作。2019 年、2020 年，分别印发《关于进一步开展无证幼儿园清理整顿工作的通知》《秦皇岛市无证幼儿园专项治理工作方案》，大力推进无证园治理。通过 4 年的专项整治，无证园由 2017 年的 391 所到目前全部清零，共颁发办园许可证 136 所、取缔 311 所（治理期间出现部分新的无证园），其中 2020 年颁发办园许可证 41 所，撤销（含自然消亡）92 所。

（六）研究制定扶持民办园发展政策

根据《中共河北省委、河北省人民政府关于学前教育深化改革规范发展的实施意见》《河北省普惠性民办幼儿园认定及财政扶持管理办法（试行）》，并结合秦皇岛市实际，制定印发了《秦皇岛市普惠性民办幼儿园认定及财政扶持管理实施办法（试行）》，按照每生每年 400 元的标准对普惠性民办园予以生均经费补助。同时，实行优质优价，按照等级类别进行收费，鼓励普惠性民办幼儿园发展。2018 年初，针对普惠性幼儿园覆盖率较低的问题，秦皇岛市积极谋划，快速部署，印发了《秦皇岛市加快学前教育普及普惠发展工作方案》，大力开展普惠性民办园认定工作，全年新增普惠性民办园 77 所，新增普惠性民办园学位 13 967 个。

（七）深入开展校外培训机构专项治理和“回头看”工作

认真落实教育部和河北省教育厅关于切实减轻中小学生课外负担，开展校外培训机构专项治理行动的部署要求，坚持“部门合作、分类施策、内外结合、同步治理”的基本原则，秦皇岛市教育局会同人社、民政、市场监督、审批等部门通力协作，召开专题会议，制定并向社会公布专项治理行动工作方案、举报电话，对照专项治理 6

项任务，通过开展排查摸底、建立台账、全面整改、督促检查等专项治理措施，按照“规范一批、整改一批、取缔一批”的工作要求，扎实开展校外培训机构专项治理工作，有力地解决了人民群众反映的校外培训机构突出问题。通过专项治理，全市共排查校外培训机构 787 所，发现问题机构 528 所。2019 年 6 月中上旬，秦皇岛市在上述专项治理行动的基础上，紧紧围绕“全市校外培训机构专项治理效果、规范经营情况、长效机制建立情况及管理服务平台使用情况”等 4 个方面的工作内容，再次开展了校外培训机构专项治理“回头看”工作，组织各县区对辖区内的校外培训机构又进行了一次全面摸排检查，进一步巩固了 2018 年的专项治理成果。

（八）扎实推进民办教育机构疫情防控工作

认真贯彻落实教育部、河北省教育厅和秦皇岛市委、市政府疫情防控工作决策部署，以对广大师生生命健康高度负责的态度，严格落实各部门、民办教育机构和家庭的责任要求，认真研判教育系统疫情防控工作形势，按照“属地化管理、一体化推进”的原则，会同县区教育和体育局领导共同研究疫情防控工作措施，督促、指导民办教育机构开展疫情防控工作。按照河北省教育厅应对新冠肺炎疫情工作领导小组办公室《关于印发河北省 2020 年春季学期复课复学条件核查验收工作方案的通知》《关于印发河北省 2020 年秋季学期校外教育培训机构开班条件核查验收工作方案的通知》，以及河北省委办公厅、河北省人民政府办公厅《关于认真做好秋季学期各级各类学校开学工作的通知》的要求，对照《秦皇岛市 2020 年春季学期复学复课条件核查验收表》的 14 项核验项目、24 类核验内容和《河北省 2020 年秋季学期校外教育培训机构开班条件核查验收细则》的 13 项核验项目、23 项核验内容，市、县两级按照“分级办学、分级负责”的原则，严格条件、严格标准，依照“先申请、后核验”的程序，完成了对民办教育机构开学（开班、开园）的核查验收工作。

三、取得的成绩和工作经验

（一）对民办教育工作的组织领导能力不断提升

秦皇岛市高度重视民办教育发展工作，每年都把支持和规范民办教育发展列入政府工作报告民生事项，作为为民办实事的具体体现之一。秦皇岛市教育局坚持每月定期向秦皇岛市委、市政府汇报支持和规范民办教育发展的工作；及时根据委局领导分工和机关科室职能的变化，重新调整民办教育发展工作领导小组成员名单。在 2019 年机构改革过程中，秦皇岛市教育局在严格控制人员编制及减少内设机构的情况下，专门成立了社会力量办学科，具体负责全市民办教育的统筹规划、综合协调和宏观管理，做到责任清晰、任务明确，较好地解决了以前民办教育分层多摊管理的格局。依据民办教育机构发展不同时期的要求，不定期召开工作会议，学习贯彻上级有关民办教育机构发展工作有关精神，结合秦皇岛市当前工作形势，研究部署秦皇岛市民办教育发展工作。近年来，先后印发《秦皇岛市人民政府关于鼓励社会力量兴办教育促进民办教育健康发展的实施意见》《秦皇岛市委、秦皇岛市人民政府关于深化教育教学改革加强中小学管理的若干措施》《秦皇岛市教育局关于规范校外培训机构发展的若干措施》《秦皇岛市普惠性民办幼儿园认定及财政扶持管理实施办法（试行）》《秦皇岛市加快学前教育普及普惠发展工作方案》等文件，有力地推进了民办教育发展。“十三五”期间，在秦皇岛市委、市政府的坚强领导下，全市各相关部门和各县区党委政府从讲政治的高度，将民办教育发展作为推动教育事业改革发展的一项重要内容，强化责任担当，主动作为，综合施策，营造了秦皇岛市支持和规范民办教育健康发展的良好局面。

（二）民办教育机构数量不断增加

坚持“积极鼓励、大力支持、正确引导、加强管理”的民办教育发展方针，认真落实《秦皇岛市人民政府关于鼓励社会力量兴办教育促进民办教育健康发展的实施意见》等文件精神，严格执行各类民办教育机构准入负面清单制度，加强与审批部门的沟通与协调，严格掌握民办教育机构在举办者资格、办学条件、资产来源、资金金额、师资队伍、内部管理、培训内容、党的建设等方面的设置审批条件。从实行差别化扶持政策、创新财政扶持方式、拓宽办学筹资渠道、建立基金奖励制、执行同等资助政策等方面积极引进社会资本兴办教育。“十三五”期间，校外培训机构逐年递增，目前秦皇岛市共有校外培训机构684所（学科类318所，非学科类366所），基本满足了中小学生选择性学习的需求，对中小学生培育发展兴趣特长、拓展综合素质发挥了积极作用；各类民办学校386所，其中“十三五”期间新增了秦皇岛市崇德中等职业学校、北戴河区树人中学、海港区临榆国际学校、昌黎汇文安丰中学、抚宁区奇石中学、秦皇岛市山海关区龙翔高中有限公司、青龙满族自治县实验中学等10所民办中小学校，较“十二五”期间民办学校总量增长了34.5%，对发展秦皇岛市教育事业和完善教育体系发挥了巨大作用；秦皇岛市注册审批的民办幼儿园由2015年的227所增加到2020年的350所，在园幼儿占到全市在园幼儿总数的49.48%，通过扩大学前教育资源，2020年全市学前三年毛入园率达到了88.1%，完成了河北省要求年底前达到88%的目标任务。

（三）对民办教育机构的监督管理长效机制得到健全完善

近年来，对现有的民办教育机构监督管理规章制度进行了审查、修改、完善。同时，把平时工作中的好经验、好做法上升为制度规范，建立健全了民办教育机构动态管理的信用体系，全面推行“黑白名单”制度，年度工作检查制度，授课内容备案审查制度，证照和招生对象、培训内容、上课时间及教师资格证公示制度，以及收费项目及标准向社会公示制度等。按照“属地管理”和“谁审批谁监管、谁主管谁监管”的原则，根据不同的业务职责和管理权限，形成了市级统筹、县区为主、部门联动、齐抓共管的民办教育机构管理工作模式。一系列符合新规定、新要求的制度，构建了民办教育机构监督管理长效机制，有效地促进了民办教育机构健康有序发展。

四、存在的问题

第一，民办教育机构的审批与监管分属不同部门，造成了规划不够科学和后续管理衔接不畅。

第二，民办教育还没有引起社会各个方面的高度重视，人们对民办教育的认识还有偏见，以致对民办教育的重视程度不够，影响了民办教育的高质量发展。

第三，县区政府对民办教育扶持的力度还不够大，大多数民办教育机构除了举办者的个人投入外，基本上都是依靠收取学费维持运行，单一的资金渠道来源，导致多数民办教育机构缺乏长远发展规划。

第四，各县区经济发展水平不同，造成区域间民办教育发展不均衡。

第五，民办教育机构教师队伍的总体素质还不能很好地适应当今素质教育发展的需要；社会保障政策不健全，教师的合法权益得不到充分保障，造成民办教育机构师资队伍不稳定。

五、下一步工作计划

（一）进一步完善民办教育机构的准入制度

贯彻实施《中华人民共和国民办教育促进法》等法律法规，加强与审批部门的沟通，全面落实民办教育机构前置审批要求，探索建立符合秦皇岛市实际的民办教育机构办学标准，对场地面积、设施设备安全、师资队伍、教学内容与标准等做出更加明确的规定，把好民办教育机构的入口关。

（二）完善对民办教育机构的监管机制

加强执法队伍建设，探索成立教育行政执法专门队伍，加大对民办教育机构的监督管理。严格落实对民办教育机构的年检等监管制度，促进民办教育机构依法、规范经营。

（三）加强民办教育机构信用体系建设

明确课程清单、师资力量、招生运营情况网上公开，接受社会监督；明确评价清单，开展群众满意度测评活动，鼓励社会、学生及家长参与监管。继续落实好“黑白名单”制度，实施失信联合惩戒机制。充分应用信息化手段和大数据，实现多部门、多层级、多区域齐抓共管，引导民办教育机构在提高教学质量、履行社会责任上下功夫。

邯郸市民办教育发展报告

一、基本情况概述

近年来，邯郸市坚持以习近平新时代中国特色社会主义思想为统领，认真贯彻落实国家、河北省关于规范民办教育发展的有关政策要求，结合实际，遵循“积极鼓励、大力支持、正确引导、依法管理”的原则，坚持“规范、引领、扶持、发展”的工作思路，着力提升民办教育的治理能力，严格规范民办教育的办学行为，全面提高民办教育的办学质量，促进民办教育的规范有序、健康和谐发展。

截至 2020 年底，邯郸市共有民办学校 1643 所，占全市学校总数的 31.42%，其中民办初中 80 所、民办高中 18 所、民办中职 19 所、民办小学 322 所、民办幼儿园 1204 所；在校生 643 814 人，占全市学生总数的 27.97%，其中民办初中 135 493 人、民办高中 38 433 人、民办中职 20 836 人、民办小学 293 169 人、民办幼儿园 155 883 人；专任教师共 38 499 人，占全市专任教师总数的 25.93%，其中民办中学（初中、高中）13 337 人、民办中职 1054 人、民办小学 11 553 人、民办幼儿园 12 555 人。

二、工作情况

邯郸市深入贯彻落实国家、河北省关于规范各级各类民办学校、幼儿园和校外培训机构办学行为的相关法律法规，严格落实“以县为主”的管理责任，持续深化“放管服”改革，依法科学制定章程，完善法人治理结构，创新体制机制和育人模式。

（一）加强组织建设

邯郸市严格要求民办学校党组织要发挥政治核心作用，切实增强“四个意识”、做到“两个维护”，牢牢把握党对民办学校意识形态工作的领导权、话语权。加强党组织建设，理顺民办学校党组织隶属关系，健全各级党组织工作保障机制，选好配强民办学校党组织负责人。市、县教育行政部门要求将民办学校和校外培训机构党建工作纳入年检，并作为重要内容进行考核。同时，坚持党建带群建，加强民办学校共青团和工会组织建设，履行各自职能。

（二）坚持规范发展

通过加强民办学校党的思想建设、组织建设、作风建设和制度建设，邯郸市教育局按照学前、小学、初中、普通高中、中职中专和校外培训机构等按学段实行了分类管理，并分别由学前教育处、义务教育处、高中教育处和中等职业教育处结合学段特点归口管理。各县（市、区）教体局严格落实属地责任，结合民办教育改革和发展需要，通过日常督查、年度检查等方式帮助民办学校调整办学思路，确定办学定位，实行课程改革，坚持依法治校，强化民办教育和校外培训机构规范化、标准化发展。

（三）落实安全管理责任

民办学校要严格遵守有关安全的法律法规，重视校园安全工作，确保校园安全技术防范系统建设符合国家和地方有关标准，学校选址和校舍建筑符合国家抗震设防、消防技术等相关标准。邯郸市教育局要求各县（市、区）教体局对民办学校和校外培训机构实行安全管理网格化全覆盖、安全防范器材全覆盖、视频监控全覆盖，建立健全安全管理制度和应急机制，制定和完善突发事件应急预案，定期开展安全检查、巡查，及时发现和消除安全隐患。

（四）建立常态化规范机制

1. 专项整治常态化管理

在2018年实施的校外培训机构专项整治基础上，邯郸市将其纳入常态化管理，2019年又深化为“规范校外培训机构办学行为专项行动”，提出了民办学校“八严禁”和校外培训机构“六不准”的纪律要求（即民办学校严禁提前招生，严禁无计划超计划违规跨区域组织招生，严禁组织各类选拔生源考试，严禁变相“掐尖”，严禁签订“自招签约”，严禁以各类竞赛证书、学科竞赛成绩或考级证明等作为招生依据，严禁收取或变相收取与入学挂钩的“捐资助学款”，严禁以不正当手段争抢生源；校外培训机构一不准与任何中小学校联合招生，二不准以任何形式进行与中小学入学相挂钩的保证性承诺或其他虚假宣传，三不准以任何形式参与中小学校的招生和升学活动，四不准以各种形式到中小学校内进行招生宣传，五不准在未取得办学许可证的情况下开展培训活动，六不准为任何小学、初中招生提供学生或家庭信息），进一步细化分工、强化检查、压实责任。

2. 疫情期间专项治理

2020年疫情期间，邯郸市下发了《关于继续暂停校外培训机构线下培训活动和严禁社会人员无证办学的通知》，在全市范围内开展专项清理整治无证办学和违规开课行动，重拳出击、铁腕治理，持续开展校外培训机构专项治理，加强对校外培训机构的监管，杜绝擅自违规开展线下培训活动。武安市、永年区、磁县专门召开全县（市、区）关于规范校外培训机构办学行为专项治理工作会议，成立专项督查小组，在全县（市、区）范围内开展校外培训机构违规开课及社会人员非法办学专项督查；永年区、魏县、涉县教体局在全县范围内划分详细管理区域，安排相应的监督管理员，形成学校与公安一对一联合机制，确保接受举报后整治工作顺畅有力。疫情期间，全市共整治校外培训机构违规开课 40 多起，共查处取缔无证办学机构 80 余所，有效打击了非法培训机构无证办学和违规开课情况。

3. 深入推进规范整顿

2020 年 10 月中旬，邯郸市下发了《关于全面开展规范整顿各级各类民办学校（幼儿园）和校外培训机构活动的通知》，在全市各级各类民办幼儿园、民办小学、民办初中（含九年一贯制）、民办普通高中（含完全中学、十二年一贯制）、民办中专学校、民办校外培训机构范围内，针对党建工作、办学条件、规范办学、教职工队伍、安全管理等 5 个方面，大力开展为期 10 个月的规范清理整顿，不断完善办学条件，严格控制办学规模，加快现代制度建设，步入规范化、标准化发展路径，促进民办教育健康有序发展。

（五）严格执行民办学校年检制度

按照《河北省民办学校年度检查办法》的要求，加强民办学校管理，规范民办学校年检工作，促进民办学校持续健康发展。年检为优秀或合格的民办学校，具有当年的招生资格；年检不合格的，由审批机关责令其限期整改，同时相应核减其当年度招生计划。整改后仍不合格的，由审批机关视情节取消其当年的招生资格或责令停止办学。

三、取得的成绩和工作经验

（一）民办教育发展迅速

“十三五”期间，邯郸市民办教育发展迅速，无论是从数量还是从办学规模上来看，民办教育都已成为邯郸市教育事业的重要组成部分。民办教育的兴起，弥补了邯郸市公办教育的不足，满足了人们对教育多元化的需求，在解决了大量学位需求的同时，还为邯郸市教育注入了新的活力，形成了教育竞争，促进了邯郸市教育成效的全面提升。

（二）深化民办义务教育招生制度改革

2019 年底，邯郸市深入贯彻落实中共中央、国务院《关于深化教育教学改革全面提高义务教育质量的意见》和河北省教育厅的要求，实施并完成民办义务教育招生制度改革。体现“公民同招、民办摇号”，对入学热点问题进行了“26 问”详细政策解读。开发了“邯郸市民办学校招生入学服务系统”，按照“一县一策、一校一案”的办法和属地管理原则，将民办义务教育学校招生入学工作由审批地教育行政部门统一组织实施。全市80所民办初中和322所民办小学全部纳入平台管理。全市共有4.2万名初一新生和3.8万名小学一年级新生通过平台录取，公开公平和阳光透明的招生方式取得了良好的社会效果。

（三）强化引领与管理结合

邯郸市强化了以公益课后服务“弹性离校”和各级各类民办学校的规范整治相结合的综合管理体系。全市2014年启动并实施了“弹性离校”工作；2018年开始实施“一供餐两托管”改革试点，并推迟了中小学到校时间，开展了一系列课后服务的探索；2019年下发了《关于深入实施小学生校内课后服务工作的通知》，深入做好小学生校内课后服务工作，“弹性离校”坚持公益普惠、自愿参加、科学实施的基本原则，按照学生自愿申请、学校公开审核、统筹协调安排、统一组织活动的流程开展工作，为校外培训机构的规范化管理起到了良好的示范和引领作用，目前20个县（市、区）的课后服务实施率为100%，城区学生课后服务参与率突破了50%。邯郸市“弹性离校”等课后服务工作为校外培训机构的管理起到了积极的示范作用。

四、存在的问题

“十三五”期间，邯郸市民办教育事业取得了长足发展，民办教育数量和校外培训机构数量在整个教育中的比重越来越大。在民办教育发展过程中，虽有成绩，但严格对照国家、省、市关于规范各级各类民办学校、幼儿园和校外培训机构办学行为的相关政策法规，还是存在一些问题的，主要表现在：一是个别县（市、区）民办学校特别是民办幼儿园存在无证办学和证照不全办学的问题；二是个别民办学校仍存在无计划、超计划招生的情况；三是民办学校（幼儿园、校外培训机构）的教职工队伍不稳定。

五、下一步工作计划

（一）继续推动民办教育健康规范发展

继续按照“规范化、标准化”的办学要求，加强民办学校和校外培训机构的党建工作、办学条件、规范办学、教职工队伍建设、安全管理等，完善年检制度，按照非营利性与营利性民办学校分类管理举措，推进指导现有学校有序过渡，推动民办中小学校新时代转型发展、特色内涵发展。

（二）继续加大对校外培训机构的日常管理

及时掌握清理整治非法办学工作进展情况，对工作进行精准部署。坚持台账定期动态调整，定期更新校外培训机构“黑白名单”。在全市探索成立教育行政联合执法队，共同加大对校外培训机构经营活动的监督管理，建立取缔非法办学机构长效管理机制。

（三）加强民办学校和校外培训机构教师队伍建设

健全教师考核评价制度，开展教师师德培训等活动，完善重师德、重能力、重业绩的评价标准，逐步形成导向明确、科学的教师评价体系。继续开展评优评先活动，增强教师的荣誉感和归属感。

（四）加强部门协调管理

进一步落实“以县为主”的管理责任，教育部门作为民办教育的业务主管部门，应切实履职尽责，并积极协调和加强与市场监管、民政、行政执法等部门的沟通合作，形成合力，使民办教育更加规范、有序、健康地发展。

邢台市民办教育发展报告

一、基本情况概述

邢台市民办教育始于20世纪80年代的“文化双补”，壮大于20世纪90年代民办中小学校的大力发展，规范于21世纪初期。截至2020年底，全市共有民办中小学、幼儿园1520所。其中民办幼儿园1264所，在园幼儿128 553人，专任教师10 376人；民办小学192所，在校生195 594人，专任教师7211人；民办初中30所，在校生73 217人；民办高中20所（含完全中学），在校生31 350人；民办初、高中专任教师8144人；民办中等职业学校14所（含省属民办中职2所），在校学生3276人，专任教师245人。民办教育的健康发展，对邢台市的经济和社会进步发挥了积极的作用。首先，民办教育的发展与壮大，弥补了公办教育资源的不足，扩充了优质教育资源，为学生家长选择优质教育资源提供了条件。其次，民办教育灵活的办学机制也对公办学校的教育体制提出了挑战，促使公办学校不断提升自身的竞争力，为教育注入了活力。再次，民办教育为大中专毕业生和下岗职工提供了更多的工作岗位。

二、工作情况

（一）加大政策扶持，营造良好发展环境

2017年，邢台市教育局出台了《邢台市关于鼓励社会力量投资兴办教育的十条措施》，并将其列入《邢台市主城区基础教育三年攻坚行动计划（2017—2019年）》，在放宽社会办学准入条件、落实差别化扶持政策、拓宽办学筹资渠道、探索多元主体合作办学、创新财政扶持方式、落实税费优惠激励政策、落实同等资助政策、鼓励集团化办园政策、对新建非营利性民办学校给予师资支持政策和实施"一事一议"政策等10个方面营造宽松的投资环境，吸引民间资金进入教育领域，促进邢台市民办教育的健康发展。近3年来，邢台市新审批民办中学21所，满足了人民群众对高中教育的个性化需求。

（二）促进普惠性民办幼儿园健康发展，推动普惠性学前教育资源不断扩大

2018年9月，邢台市出台了《邢台市教育局关于进一步推进普惠性民办幼儿园发展的指导意见》，从认定范围、认定标准、政策扶持、监督管理等方面进行了明确规定，填补了邢台市普惠性民办幼儿园的政策空白。目前，邢台市共认定普惠性民办幼儿园690所，普惠性幼儿园覆盖率达到87.77%。民办幼儿园在供暖、供水、供电、供气等民生领域的收费标准执行与公办幼儿园相同的价格政策。

（三）加强监督管理，规范办学行为

1. 严格年度检查制度

按照分级审批和属地管理的原则，邢台市教育局依照《河北省民办学校年度检查办法》的有关规定，每年安排对全市民办中小学校、幼儿园的办学情况进行年度检查，并将年检结果进行通报，且予以公开。近5年来，经年检，有3所学校暂缓年检、5所学校暂停招生、5所学校整改、4所学校撤销。

2. 加强日常监管

从2016年开始，邢台市教育局先后组织开展了3次全市范围的民办中小学、幼儿园排查整治活动，对全市民办中小学、幼儿园的办学（园）行为、办学（园）条件、办学（园）水平、师德师风、教育教学、安全工作等进行专项检查。

3. 加强业务指导，促进办学水平提高

在邢台市开展的创建5A级学校活动中，将民办中小学均纳入其中，每年两次深入学校检查指导工作，督促学校在硬件建设、队伍建设、管理水平和校园文化等方面实现新突破，取得新进展。目前，民办学校已建成5A级学校5所、4A级学校9所。

（四）大力发展民办职业教育

一是鼓励民办中职增设专业，满足市场需求，2020年，邢台市有4所民办中职学校共增设新专业8个；二是指导民办学校做好招生工作，截至2020年8月底，邢台市民办中职学校秋季共计招生1813人。

（五）加强校外培训机构治理

按照河北省教育厅对专项治理工作的要求，通过成立联合机构、制定工作方案、召开推进会议、专项治理“回头看”、民生领域专项整治等方式，积极推进工作开展。市、县两级建立了包联台账，明确包联人，通过明察暗访加强日常监管；充分利用全国中小学生校外培训机构管理服务平台实施动态管理，建立“黑白名单”，在邢台市教育局网站公布了434家培训机构信用分级分类监管评价结果。建立问题和整改清单10项，逐步构建长效机制，共同维护健康良好的教育生态。

三、存在的问题及工作建议

（一）存在的问题

1. 管理力量不足

因机构改革和人员编制等原因，政府部门对民办学校的日常管理人员较少，县级教育行政部门只有两个县有专门科室和人员管理民办教育工作，而民办学校数量较多（尤其是民办幼儿园占比更大），导致出现了管理力量薄弱。审批与管理的分离，更是给学校、幼儿园的管理带来诸多困难。

2. 无证幼儿园数量较多，治理难度大

清理无证幼儿园是一项长期而复杂的艰巨工作，需要多次地反复清理整治，更需要县（市、区）政府的大力支持与协调，以及多个有关部门的通力协作。

3. 民办中职学校困难较多

资金短缺、办学条件差、师资力量不足等问题使得学校单靠自身很难取得发展，且大多数难以达到国家规定的中等职业学校设置标准。

（二）工作建议

1. 在政策上扶持

建议完善政策体系，明确发展重点，落实促进民办教育发展的相关政策，对民办学校实行分类管理，促进营利性与非营利性民办学校分类发展，在项目申报、土地政策、规划建设、财政税收、奖励评定等方面给予大力扶持。

2. 在财力上扶持

按照《中华人民共和国民办教育促进法》的规定，市、县两级政府应设立民办教育发展资金财政预算机制，设立民办教育发展专项资金，制定差额补助、定额补助、项目补助、奖励性补助等公共财政支持政策。

3. 在师资上扶持

对新建标准化民办高中学校给予师资支持，由教育行政部门选派一定比例的公办教师进行支教。支教期间，教师原有的公办教师身份、档案关系、工资和社会保险等均保持不变，同时享受民办学校的应有待遇。建立并完善民办学校教师社会保障制度，提高民办学校教师待遇。

4. 在管理上扶持

规范民办学校产权关系，完善法人登记制度，健全质量监控体系，完善退出机制，依法加强监管，确保民办学校健康、有序、长远、科学地发展。

四、下一步工作计划

第一，依据《河北省民办学校分类登记实施办法》和《河北省营利性民办学校监督管理办法》，继续做好民办学校的分类管理工作，强化事中监管，引导民办教育健康发展。

第二，进一步强化民办学校的年度检查和日常监管，引导民办义务教育学校积极改善办学条件，完善教育教学设施设备，提高教师工资待遇水平，规范招生办学行为，加快民办教育高质量、特色发展。

第三，进一步治理民办幼儿园“小学化”倾向，遵循幼儿身心发展规律，科学施教，不断提高学前教育保教质量。

保定市民办教育发展报告

一、基本情况概述

截至2020年，保定市共有各级各类民办学校1325所，其中高中25所、中等职业技术学校10所、初中50所、小学23所、幼儿园1217所；在校学生共389 652人，其中高中45 950人、中职17 782人、初中102 212人、小学68 017人、幼儿155 691人；专任教师25 697人，其中中学（初中、高中）11 355人、中职1017人、小学1835人、幼儿园11 490人。

二、工作情况

“十三五”期间，为推进教育现代化进程，促进公办、民办教育共同繁荣，加快推进全市教育均衡化、优质化发展，保定市紧紧围绕“积极鼓励、大力支持、正确引导、依法管理”的民办教育十六字方针，立足市情谋发展，创新管理求突破，不断加大扶持力度，民办教育的办学内涵不断丰富，办学水平逐步提升，民办学校整体竞争力明显提升。

（一）落实法律法规，宣传民办教育

为了更好地实现依法管理、依法办学，保定市以《中华人民共和国民办教育促进法》及其相关法规为主要宣传内容，通过新闻媒体、微信平台等方式向社会广泛宣传，并组织民办学校举办者、董事会成员和学校领导班子成员参加培训班进行学习，要求各民办学校组织全体教职工也要认真学习这些内容，力求真正做到依法管理、依法办学，切实保障广大教职工和学生的合法权益，并依法维护学校的合法权益。

（二）落实相关政策，加大民办学校扶持力度

根据河北省人民政府《关于鼓励社会力量兴办教育促进民办教育健康发展的实施意见》《保定市促进民办教育健康发展实施办法（试行）》等文件要求，在扶持民办学校上，一是强化师资支持，对达到一定办学规模的民办幼儿园、非营利性义务教育阶段和高中阶段民办学校，通过挂职、支教交流等形式，派遣一定数量的公办学校教师到校任职，支持其发展；二是保障用地需求，规划全市教育设施时，统筹布局民办学校和公办学校，留出民办教育发展空间；三是加大财政扶持，根据民办教育发展规模，设立促进民办教育发展专项资金，专项资金总额根据实际情况动态调整并纳入预算。按照同类公办学校标准，为普惠性民办幼儿园、义务教育阶段民办学校拨付生均公用经费。

（三）加强常规管理，规范办学行为

一是加强了对民办学校常规管理的督查，随机检查，发现问题及时下达整改通知书限期整改，有效地提高了民办学校常规管理的水平；二是规范了民办学校的广告和招生工作，加强对民办学校招生广告的管理，力求做到事中监督，事后详细核查，确保招生宣传的真实性；三是加强学校安全管理，每逢新学期开学之际，都会对民办学校的校舍建筑、食堂卫生、电器电路、防火防盗、车辆安全等方面进行检查，且经常进行不定期检查；四是加强对民办学校的全面督查，认真抓好对民办教育机构的年检工作，促进其全面规范办学。通过年检，进一步加强了民办教育机构的内部管理，提高了依法办学、自我约束、自我规范的意识，涌现出了一批高质量、有特色的民办教育机构。

三、取得的成绩和工作经验

（一）民办教育快速持续发展

“十三五”期间，为进一步优化民办教育发展环境，保定市教育局主动与有实力的企业家联系，鼓励支持新建民办幼儿园 32 所，新增幼儿学位 4500 个，扩大了保定市民办幼儿园的办园规模，提升了民办幼儿园的办园水平；新建民办培训机构 36 所，并引进了红黄蓝亲子培训等知名品牌机构；2017 年新建民办高中 1 所并正式投入使用，解决了保定市高中阶段教育学位不足问题。三利中学、集英学校、宏利佳学校、金鑫小学等一批优秀民办学校的建立，基本满足了人们对优质教育资源的需求；全市民办幼儿园基本满足了适龄幼儿的入园需求，缓解了学前教育资源紧缺的矛盾，部分满足了广大人民群众对教育的多样化、优质化的需求。

（二）减少了生源外流

自三利中学、宏利佳学校创办以来，保定市优质学生外流呈逐年减少趋势，使得一心想着外出求学的学生能够安心地在当地就读。在家门口就可以享受到较为优质的教育资源，一定程度上降低了家庭的教育成本，同时也避免了家长在接送、看望子女路途中可能出现的安全风险。

（三）增强了办学活力

民办学校面向市场，自主办学，学校举办者的竞争意识、效率意识、主人翁意识，以及危机感、责任感都较强，为学校发展注入了新的活力。尤其是优秀学校的稳步发展，“鲶鱼效应”明显，对原有公办学校形成了一定的竞争压力，激发了公办学校的竞争意识和危机意识。有力推进了传统办学体制的创新，形成了与社会发展相适应的新型办学机制。

（四）增大了教育民间投入

民办教育将社会上蕴藏的投资潜力和热情广泛地调动起来，带动了更多的社会资金投入教育。比如宏利佳学校、宏利佳高级中学分别投入约 9000 万元和 5800 万元，其基础设施、师资力量、办学特色等方面都有较高的起点。

（五）特色办学品牌创建初见成效

保定市领导经常性地深入民办学校开展调研工作，引导各校端正办学思想，找准目标定位，在特色办学及品牌创建上下功夫、做文章，久久为功，如今已初见成效。唐县六一小学被授予“保定市民办名校”“河北省民办明星学校”荣誉称号，校长张鸿昌被授予“河北省民办优秀校长”荣誉。启明中学的中考成绩连年位居全市前列。

四、存在的问题及工作建议

（一）存在的问题

社会认识仍需进一步提高，个别民办学校的办学行为仍需进一步规范，常规管理还需进一步提升，财务管理尤需进一步加强，教育行政部门的管理力量和管理水平仍需进一步充实和提高，非法办学的情况还时有发生，相关法律的刚性化和可操作性缺失，教育执法力量的薄弱等原因给查处工作带来很大的难度。在今后的工作中一定高度重视，针对新情况、新问题，采取必要的行政和法律措施努力加以解决。

（二）工作建议

第一，统筹规划，加强引导，探索发展新路子。一是立足实际，加快编制《保定市民办教育发展规划》，将民办教育纳入保定市教育事业发展规划之中，并与城乡规划和乡镇土地利用总体规划相衔接，力争规划完整、布局合理；二是切实承担起义务教育阶段的主体责任，切实改善公办学校的办学条件，办好高质量的公办教育；三是在今后一段时期内，政府应对公办初中进行重点扶持，实施政策倾斜，加大经费投入，办强公办初中，逐渐形成民办教育、公办教育竞相发展，优质民办教育辐射和扶持薄弱公办学校发展的良好格局。

第二，完善政策，加大支持，改善学校办学条件。立足新形势、新要求，细化民办教育建设和办学方面各项优惠扶持政策。如加大对学校土地、财政的支持力度，重点在校舍建设土地划拨或“招拍挂”方面予以优先考虑、优惠倾斜。

第三，健全机制，加强监管，规范学校办学行为。一是保定市政府要充实民办教育管理机构，专题研究民办学校发展中存在的问题，制定切实可行的办法，促进民办学校的稳步发展；二是规范学校办学行为，要切实加强对民办学校的指导和管理，进一步规范民办学校的招生行为，促进办学精细化、科学化，要优化对民办学校校长（园长）、教师的培训和继续教育，提高他们的管理和教学水平，加大对民办学校的财务审计力度，要探索建立师生身体和心理保健机制，对全体师生做到定期体检和心理检测，杜绝校园暴力事件的发生；三是加大对新审批民办幼儿园的办学指导力度和后期监管力度。

第四，开拓思想，细化政策，做好学校教师队伍建设。一是细化人才支援政策，改变公派教师“保留财政工资”的简单做法，结合河北省中小学、幼儿园教师“市管校聘”管理改革等相关政策，通过成立教师人才交流中心等方法，对民办学校教师实行人事代理制度，畅通教师流通渠道，在减少公派教师及引进的外地教师后顾之忧的同时，加快建立民办学校、公办学校和教师的多方协商机制，实施有计划的人才支援政策；二是精心设计，慎重推行“报备员”制度，以“提前谋划，与新进教师一并招考，统一分配，以进城考补充缺额”的思路完善“报备员”制度，在保证“报备员”质量和发展的前提下，真正发挥其后备教师的作用。

第五，加大宣传，提高认识，树立发展新理念。一是加强对《中华人民共和国民办教育促进法》等法律法规的宣传，通过各种渠道大力宣传保定市民办教育所取得的成绩，转变和更新人们对民办教育的认识；二是有关部门要保证法律政策的落实到位，主动为民办教育事业的发展做好服务工作，共同营造有利于民办教育发展的良好氛围。

五、下一步工作计划

（一）加强对《中华人民共和国民办教育促进法》的宣传，提高全社会对民办教育的认识

通过各种宣传方式，形式多样地宣传民办教育的重要地位和作用，宣传国家鼓励民办教育的政策和法规，充分调动社会各方力量参与民办教育的积极性，引导民间资金流向教育，多渠道筹措教育资金，扩大教育资源，以满足人民群众对不同层次教育的需要。让更多的人了解民办教育、支持民办教育，为民办教育的发展营造良好的社会环境。

（二）制定民办教育发展规划，合理调整学校布局

相关政府部门应将民办教育纳入国民经济和社会发展规划，对各类民办教育的布局规模、办学条件、生源、师资进行全面的统筹，制定民办教育的发展规划，引导民办教育健康有序地发展。严格按照有关规定审批民办学校，合理布局，保护合法办学，严厉查处违法办学。

（三）加强对民办学校的管理和监督，坚持公益性，诚信办学

建立和完善有关审批和督导评估制度，通过督导评估，对民办学校的办学方向、教育教学质量、总体运行状况进行规范管理，促使学校依法办学、规范运行、健康发展。遵循社会与教学发展规律，把社会效益放在第一位，实现社会效益和经济效益双赢。

（四）加强对民办学校的管理力度

每年对民办学校进行年度检查，审查收费情况、师资情况、学生基本情况、教学质量情况、教育教学管理情况、安全工作情况、教师工资发放情况等。这样不仅可以控制民办学校随心所欲地收费的行为，而且可以监督其聘用的教师是否具备教师资格，保证师资水平，确保教学质量。

（五）进一步巩固好无证办学的治理成果

对无证办学、违章办学发现一起，处理一起。

（六）组织民办教育管理人员参加相关培训

组织保定市的民办教育管理人员系统学习法律法规，对原有的民办学校尽快完成新的分类管理工作，并且进一步完善党建工作。

总之，通过这一系列的工作安排，更好地把保定市民办教育工作规范好、落实好，促进保定市民办教育事业健康持续发展。

张家口市民办教育发展报告

“十三五”期间，张家口市按照《中华人民共和国民办教育促进法》等法律法规的有关要求，加强民办学校规范管理，积极促进民办教育健康发展，民办教育整体发展取得了一定成绩。

一、基本情况概述

近年来，张家口市认真贯彻“积极鼓励、大力支持、正确引导、依法管理”的民办教育发展方针，引导民办教育健康、优质发展，初步形成了门类齐全、体系完备的民办教育体系，民办教育已成为全市教育事业的重要组成部分。

截至2020年底，张家口市共有各级各类民办学校459所，其中高中12所、中等职业学校17所、初中13所、小学10所、幼儿园407所；在校生共112 634人，其中高中27 530人、中职6487人、初中25 464人、小学12 534人、幼儿40 619人；专任教师6921人，其中中学（初中、高中）3012人、中职280人、小学373人、幼儿园3256人。这对于深化教育办学体制改革，满足人民群众日益增长的教育需求，为国家培养各类适用人才，促进经济和社会发展等起到了积极的作用。

民办教育事业属于公益性事业，是社会主义教育事业的组成部分。民办教育的壮大与发展，对张家口市的教育及经济发展与社会稳定均做出了积极贡献。

二、主要成效

（一）增加了教育资源总量，缓解了财政压力

各级政府尽管在加大教育投入等方面做了很大努力，但仍难以满足教育事业发展和人民日益增长的教育需求。民办教育适应新时代的需要，面向社会自筹资金，自我发展，成为张家口市教育发展的巨大力量，缓解了政府的财政压力。

（二）弥补了公办教育的不足，满足了社会对教育的多样化需求

民办教育是市场经济的产物，伴随市场经济的不断完善，人们对教育的个性化需求越来越迫切，只有发展民办教育才能满足社会多种多样的教育需求，才能更加有效地弥补教育资源的不足。

（三）为经济发展、社会稳定做出了积极贡献

民办教育直接带动了张家口市相关产业的发展。全市目前现有专任教师近7000

人，其中绝大部分是刚毕业的大学生，有效地缓解了大学毕业生的就业压力。

三、典型做法

张家口市政府把民办教育作为教育事业发展的重要增长点和促进教育改革的重要力量，坚持积极鼓励、大力支持、正确引导、依法管理的原则，鼓励出资、捐资办学，促进社会力量以独立举办、共同举办等多种形式兴办教育。支持民办学校创新体制机制和育人模式，提高质量，办出特色，努力将民办教育做强、做大、做优。各级各类民办学校全面贯彻国家教育方针，坚持社会主义办学方向和教育公益性原则，把育人效益放在首位，自觉规范办学行为，维护全市民办教育的良好形象。

（一）认真落实民办教育扶持政策，全力保障民办学校合法权益

张家口市各级政府、各部门认真做好民办教育的统筹规划、综合协调和宏观管理工作，成立相应机构，配备专人管理民办教育工作，并将民办教育发展纳入教育督导范围。张家口市教育局与发改委、人社局联合下发了《关于进一步促进民办教育健康发展的意见》，梳理了行政执法的法律依据，修订了教育行政处罚文书格式，制定了教育行政处罚流程制度，建立健全了各项行政审批程序和监督管理的制度，着力完善监管模式，进一步引导和规范民办教育依法办学。同时，在教学教研、师资培训、资助政策、考核评估等方面与公办学校同等对待，特别是实行公办、民办学校一体化管理。全市民办学校日益规范、稳定、安全，民办学校、民办培训机构呈梯次发展，民办学校向规模型、质量型发展，基本走上了健康发展轨道。

2020 年 11 月，张家口市人民政府办公室下发了《关于印发鼓励民办教育发展的若干措施的通知》，对符合教育发展规划、通过“招拍挂”取得土地使用权且利用非国家财政性资金新建、改扩建的民办学校给予适当补助。对于固定资产投入在 5000 万元以上不满 1 亿元的民办学校，按照不超过实际基本建设投入资金的 5％给予补助；对于固定资产投入在 1 亿元以上不满 3 亿元的民办学校，按照不超过实际基本建设投入资金的 10％给予补助，承担区域内义务教育任务的民办学校，按照不超过实际基本建设投入资金的 15％给予补助；对于固定资产投入在 3 亿元以上的民办学校，按照不超过实际基本建设投入资金的 15％给予补助，承担区域内义务教育任务的民办学校，按照不超过实际基本建设投入资金的 20％给予补助。固定资产实际投入须经审计部门审计确认。民办学校享受国家规定的税收优惠政策。非营利性民办学校与公办学校享受同等待遇，按照税法规定进行免税资格认定后，免征非营利性收入的企业所得税。对营利性民办学校取得的幼儿保教保育和学历教育劳务收入免征增值税，对其用于教育的房产、土地免征房产税、土地使用税。民办学校的用电、用水、用气、用热执行与公办

学校相同的价格政策。

鼓励和支持引进国内外优质教育资源。对签约引进的知名教育集团给予一定的资金支持，用于品牌管理、教师培训、课程建设、教学质量提升奖励等。对引进知名教育集团且承担义务教育任务的民办学校，根据实际情况在师资配备上予以政策扶持。

注重以年度考核评估为契机，规范民办学校的办学行为。在审核各学校提交资料的基础上，针对财务审计报告不规范、未进行物价备案的单位下达限期整改通知书，要求在规定期限内认真整改，经复评检查达到规范要求后，审定为年检基本合格单位。通过年检，促进了张家口市民办学校办学条件的改善，规范了民办学校的办学行为，在一定程度上提高了全市民办教育机构的办学水平。

进一步完善了师资队伍保障机制。各级政府人事部门所属的人才服务机构积极做好民办学校教职工的人事档案管理工作。允许教职工在公办学校与民办学校之间合理有序流动，公办学校教师到民办学校工作，教龄没有间断的，连续计算工龄教龄。民办学校教师被国家机关和事业单位录（聘）用的，在民办学校正式聘用的工作年限计算为连续工龄。民办学校依法保障教职工的工资、福利待遇，并按有关规定为教职工办理与公办学校教师同等的社会保险。民办学校教师在教师资格认定、业务进修、职称评定、表彰奖励、科研立项、职业技能鉴定等方面与公办学校教师同等对待。

保障民办学校学生的合法权益。民办学校的学历证书与公办学校具有同等效力，民办学校学生在升学、转学、考试、就业、申请助学贷款、国家奖学金、助学金、交通乘车、医疗保险、户籍迁移、先进评选等方面与公办学校学生享有同等权利。

新闻媒体大力宣传党和政府发展民办教育的方针政策和法律法规，宣传民办教育的优秀典型，为民办教育健康发展创造良好的舆论环境。

（二）依法加强民办教育管理，切实规范学校办学行为

健全民办教育管理机制。张家口市教育局负责全市民办教育工作的统筹规划、综合协调和宏观管理。张家口市发改委、人社局及其他有关部门在职责范围内分别负责相关的民办教育工作。按照“谁审批、谁主管、谁负责”的原则，加强对民办学校办学条件、办学活动的指导、监督和督导评估，依法规范民办学校的办学行为。

严格民办学校的审批。认真落实《中华人民共和国民办教育促进法》，严格按照相关设置标准、程序、权限审批民办学校。除要求学校具备规定的标准条件和相关部门出具的校舍建筑消防、抗震安全合格等文件外，还要注重对学校的办学方向、办学理念、举办者和校长整体素质的考察。

进一步完善民办学校法人治理结构。民办学校依法设立理事会或其他形式的决策机构，依法行使决策权。切实保障校长行使教育教学和行政管理的职权，逐步推进民办学校监事会制度。民办学校加强党团组织、工会组织建设。

加强对民办教育的日常管理。为进一步规范民办教育办学行为，张家口市教育局出台了《关于进一步促进民办教育健康发展的意见》，加强对民办教育的日常管理。日常督查方面，针对民办学校类型、层次、结构复杂，以及办学认识不到位、管理难度大等问题，多次召开会议，研究制定管理措施，将校园管理、教学秩序、安全工作、环境卫生、行为习惯、校园文化等纳入经常性督查内容，建立检查台账，做到检查有记录，信息有通报，整改有落实。在人员培训方面，对民办学校的校长和办学举办者进行法律法规和管理工作培训，统一思想，端正办学目的，提高认识，强化法制观念，促进其依法办学，规范管理。利用寒、暑假时间组织骨干教师和校长参加业务培训，积极开展岗位练兵，广泛进行业务交流，不断提高教师的业务技能和校长的管理水平。

（三）夯实基础，扎实推进全市民办学校党建工作稳步发展

“十三五”期间，张家口市民办学校党建工作在张家口市委组织部的正确领导下，在各县区教育局党组的重视和指导下，坚持应建必建原则，扎实有效地开展工作，将党的建设工作与学校教育改革发展有机结合起来，通过夯实组织基础、规范党员管理，培树先进典型、强化示范引领，党组织的战斗堡垒作用和党员的先锋模范作用得到了较好发挥，战斗力和凝聚力得到增强。民办中小学校和民办培训机构等各类民办学校作为社会主义教育事业的重要组成部分，同样承担着培养社会主义建设者和接班人的重任。加强民办学校党的建设，对于全面贯彻党的教育方针、坚持社会主义办学方向、落实立德树人根本任务具有重要意义。

截至 2020 年，张家口市有党员教职工的民办学校、培训机构共 64 所，采取单独建立、联合建立的方式建立党组织 44 个，其中党总支（东方中学）1 个，基层党支部 43 个，共有党员 486 人。

四、存在的问题及工作建议

（一）存在的问题

1. 部分民办学校法人治理结构不完善，管理水平偏低

许多民办学校没有建立起科学、完善的管理体制。缺乏科学民主的决策程序和内部制衡机制，董事会有名无实；许多学校还是家族式管理，董事会领导下的校长负责制还没有真正建立起来，不规范的办学行为时有发生。这些问题如不加以解决，民办学校就很难持续发展和稳定提高。

2. 师资队伍建设还不能很好地适应学校发展需要

张家口市的民办学校教师队伍普遍存在年龄结构、知识结构、职称结构不合理的现象。主要体现在退休教师和刚毕业的教师人数居多，而中年骨干教师几乎是断层，这种状况影响着教学质量的提高。同时，由于满负荷或超负荷工作，且工作压力大等原因，学校难以留住好的教师。不少学校也想培养本校的骨干教师，但又担心培养好后被别人挖走，加之学校经费限制，师训工作没能很好地开展，因此教学质量提高受到制约。

（二）工作建议

1. 完善民办学校法人治理结构

民办学校应依法设立理事会（董事会）或其他形式的决策机构，依法行使决策权。民办学校的举办者应当依照法律法规制定学校章程，依据规定权限与程序参与学校办学和管理活动。校长必须具备国家规定的任职条件，并报审批机关核准。要切实保障校长行使教育教学和行政管理的职权，逐步推进民办学校监事会制度。民办学校应加强党团组织、工会组织建设。

2. 建立健全的教师社会保障体系

民办学校必须配备与所开课程相适应、具备资质的教师队伍和管理人员。民办学校聘任的教师应当具备法律法规规定的教师资格和任职条件。民办学校必须与其聘用的教职工签订劳动合同，明确双方的权利义务，依法保障教职工的工资、福利和社会保险待遇。

民办学校教师应该有可靠的社会福利保障。民办学校应该有合理的聘任制度和用工制度，保障教师的合法权益，这是民办学校进好人、用好人和留住人的必要条件。同时，要注重教职工的教育、管理、培养，维护教职工的合法权益。

3. 加强民办学校的资产与财务管理

民办学校要依法建立健全财务、会计和资产管理制度，配备具有会计从业资格的财会人员。学校的办学经费只能在学校的资金账户中统一管理使用，不得转往学校账户以外的资金账户，更不得存入个人账户。学校存续期间，不得以任何方式和名义抽逃、挪用办学经费。学校应严格按照物价部门批准的标准收取费用，所收费用应主要用于教育教学活动和改善办学条件，确保学校正常运行和健康发展。民办学校应当在每个会计年度结束时制作会计报表和财务报告，委托注册会计师事务所进行审计，并接受审批机关的监督和管理。学校应依法建立风险防范机制。

承德市民办教育发展报告

“十三五”期间，承德市认真贯彻落实“积极鼓励、大力支持、正确引导、依法管理”的民办教育发展方针，促进了民办学校平稳、有序发展，增加了教育服务供给，满足了人民群众多样化的教育需求，民办教育已经成为承德市教育事业的重要组成部分和促进教育改革发展的重要力量。

一、基本情况概述

截至2020年底，承德市共有民办中小学17所，其中民办小学4所，占全市小学学校总数的0.88%，在校生10 221人（含5所九年一贯制学校的在校生），占全市小学在校生总数的3.82%；民办普通初中8所（含5所九年一贯制学校），占全市初中学校总数的7.27%，在校生15 108人（含九年一贯制学校、完中初中的在校生），占全市初中在校生总数的10.33%；民办普通高中5所（含1所完全中学），占全市普通高中学校总数的20%，在校生9471人，占全市高中在校生总数的14.35%。另有民办中等职业学校4所，占全市中等职业学校总数的16.67%，在校生6432人，占全市中职在校生总数的16.34%；民办幼儿园306所，占全市幼儿园总数的30.15%，在园幼儿27 528人，占全市在园幼儿总数的34.04%。

按照河北省教育厅及相关部门的统一部署，承德市组织开展了无证幼儿园专项治理工作。2020年初，承德市排查摸底无证幼儿园共260所。截至2020年11月15日，整治合格后颁发办学许可证的幼儿园58所，整治后仍不合格被取缔的幼儿园202所。

二、发展情况

多年来，市、县两级政府和教育主管部门按照“积极鼓励、大力支持、正确引导、依法管理”的民办教育发展方针，把规范管理与充分利用市场机制手段相结合，促进并保持了承德市民办教育在2017年以前呈平稳、有序、良性的发展，增加了教育服务供给，满足了人民群众多层次、多样化的教育需求，一定程度上缓解了城镇中小学大班额问题，涌现出了一批特色鲜明、质量突出的民办学校。从2017年开始，社会力量投资举办中小学现象呈加速发展态势，使承德市民办教育出现了新的变化。

（一）学校数量快速增长

2017年以前，承德市的民办中小学长期稳定在9所，2017—2020年间，新增中小学 8 所，增长近一倍。

民办中小学的迅速增加，增加了教育资源供给，满足了群众的多样化教育需求，激发了办学活力。

（二）规划建设起点较高

新增学校中绝大多数设计规划的是办学规模大、投资数额大、硬件标准高、管理团队和师资配备水平高，比如隆化天卉初中、承德承实高中、承德福环高中、承德晨曦高中等。

（三）收费标准较高

2018 年，河北省物价厅等三部门印发了《关于进一步扩大民办学校收费自主权加强事中事后监管的通知》，允许专科以下非营利性学校和营利性学校根据办学成本、市场需求、当地社会发展水平、社会承受能力等因素自主确定学费、住宿费标准。由于办学投入大，承德市各民办学校确定的收费标准普遍较高。

近年来，承德市民办学校迅速增加的原因主要有 4 个方面：一是社会公众对多样化教育的需求逐年增长；二是资本逐利的驱动，2017 年以前，承德市民办教育体量与省内其他各市相比较小，办学市场潜力大，“洼地效应”使社会资本集中在承德市投资办学；三是行政审批职能划转和审批权限下放的双重因素使承德市教育局对民办基础教育学校的宏观调控能力弱化；四是地方政府大力支持社会力量投资办学。

三、下一步工作计划

面对承德市民办教育的现状和发展趋势，承德市教育局认真开展调研，结合国家、河北省对民办教育的方针政策，就承德市民办教育管理工作专题向承德市政府领导汇报。目前，根据承德市政府领导指示，正在起草《关于加强管理规范社会力量办学促进民办教育健康发展的实施意见》（暂定名），拟以市政府名义出台。其中主要内容包括：“加强宏观调控，严格设置审批”，要求各县区科学规划，分类施策，根据本地教育事业发展的实际需要，统筹做好对各类民办学校布局、规模的指导性规划，分类把握设置政策，确保社会投资规范有序地进入教育领域；学前教育要坚持政府主导和公益普惠基本方向，坚持公办、民办并举；义务教育阶段要严格控制新增义务教育阶段民办学校（包括含义务教育阶段的完全中学），强化政府发展义务教育的责任；普通高中要实行总量控制、适度发展，促进合理布局和有序竞争；支持社会力量举办中等职业学校，扩大职教资源供给；鼓励社会力量举办社区教育、老年教育等。

拟采取加强业务监管，通过规范办学规模、招生工作、教育教学、法人治理等措施进一步规范民办学校的办学行为。拟采取“加强财务和资产监管”若干措施，确保民办教育的公益属性。

沧州市民办教育发展报告

一、基本情况概述

截至2020年，沧州市的民办学校共计1123所，其中高中20所、中等职业学校7所、初中31所、小学38所、幼儿园1027所；在校生共计230 349人，其中高中28 774人、中职9789人、初中43 292人、小学52 343人、幼儿园96 151人；专任教师共计17 242人，其中中学（初中、高中）6655人、中职312人、小学1042人、幼儿园9233人。

二、发展情况

（一）民办中小学、幼儿园教育工作

按照《沧州市教育事业“十三五”发展规划》，沧州市本着“积极鼓励、大力支持、正确引导、依法管理”的民办教育发展原则，营造良好的民办教育环境，坚持扶助与管理并重，促进民办基础教育学校稳定规模、规范管理、内涵发展、提高质量。

1. 积极搭建扶持发展的政策平台

积极落实《国务院关于鼓励社会力量兴办教育促进民办教育健康发展的若干意见》和《河北省人民政府关于鼓励社会力量兴办教育促进民办教育健康发展的实施意见》等文件精神，按照国家、河北省文件的要求和沧州市政府领导的批示意见，结合沧州市民办教育现状，在充分征求了沧州市委组织部、市场监管局、发改委、财政局等15个部门意见的基础上，起草了《沧州市人民政府关于鼓励社会力量兴办教育促进民办教育健康发展的实施意见》，明确了总体要求，提出了促进发展的“六项、二十八条”措施，并通过了沧州市政府法制办的合法性审核，2018年8月6日正式印发实施。

出台向普惠性民办园购买学前教育服务实施意见，进一步鼓励社会力量举办学前教育。为进一步办好学前教育，实现幼有所育，不断扩大普惠性学前教育资源供给，引导支持民办幼儿园提供普惠性服务，努力构建覆盖城乡、保障基本、公益普惠的学前教育公共服务体系，自2018年以来，沧州市突出问题导向，坚持改革创新，积极探索、实施、推进普惠性民办幼儿园认定扶持工作。2018年，按照国家、河北省有关文件精神，沧州市教育局在充分借鉴省内外先进地市经验、开展主城区和沧州市管县民

办园专题调研，以及充分征求沧州市财政局意见的基础上，起草了《沧州市购买普惠性民办幼儿园学前教育服务实施办法（试行）》。经沧州市政府常务会议审定，2018年11月6日，由沧州市政府办公室正式印发，成为河北省内继石家庄市后，第二个制定出台认定扶持普惠性民办园实施办法的地市，这项政策为沧州市学前教育的普及普惠发展提供了强力的政策支撑。2019年，按照实施办法有关要求，沧州市积极推进县域普惠性民办园试点认定和扶持工作。在不断加大宣传力度，积极引导民办幼儿园提供普惠性学前教育服务的基础上，经民办园自愿申报，截至2019年底，全市共有7个县（市、区）认定普惠性民办幼儿园36所，有效发挥了普惠性民办园扩大资源供给、提高学前教育普惠水平、促进实现普惠目标的重要作用。2020年，为加快推进沧州市学前教育深化改革规范发展，在统筹考虑沧州市2019年相关政策试行情况，以及借鉴近年来河北省内先进地市经验的基础上，沧州市进一步修订了《沧州市购买普惠性民办幼儿园学前教育服务实施办法（试行）》，2020年8月28日由沧州市政府办公室正式印发。截至2020年10月份，全市共有16个县（市、区）认定普惠性民办园241所。

按照国家和河北省普通高中基本办学标准，近年来，沧州市不断加强民办普通高中的办学条件建设，拓展资源供给渠道，努力发挥民办普通高中在促进高中教育特色发展中的重要作用。2019年，全市新建3所民办高中，2020年又新建3所。这6所民办高中可提供13 700余个学位，有效扩充了沧州市普通高中教育资源，加快了沧州市高中阶段教育普及步伐。在招生管理方面，沧州市坚持民办高中学校享有与公办高中学校同等的招生权利，并与公办高中学校同期招生，扩大学校办学自主权。同时，在实施高考综合改革、深化高中课程改革进程、加强优质普通高中建设等各项工作中均按照公办、民办同等地位、同步推进的原则，不断扶持促进民办高中优质、特色发展。

2. 不断加强规范管理和推进健康发展

一是清理整治无证幼儿园，提高规范化办园水平。2018年4月12日，沧州市委、市政府两办转发了沧州市综治办、教育局、公安局共同制定的《关于强化监管清理整治无证幼儿园的实施意见》，正式启动沧州市清理整治无证幼儿园工作。通过督办整改，2018年共有51所无证幼儿园取得办学许可证，245所被依法取缔。为进一步强化动态监管，2019年4月5日，沧州市教育局下发了《沧州市教育局关于进一步清理整治无证幼儿园的通知》，所有县（市、区）全部向社会公示了县域民办幼儿园的“黑白名单”。2019年，在巩固2018年整治成果的基础上，又有59所无证幼儿园取得办学许可证，50所被依法取缔。2020年，全市的685所无证民办幼儿园中，有209所经督办整改取得办学许可证，有476所被依法取缔（含自然消亡），整改完成率达100%。

二是落实“六规范”，推进全市幼儿园科学保教。2017年，沧州市制定了严格实施

“六规范”、全面加强幼儿园管理的工作要求，从审批行为、教师行为、保教行为、收费行为、安全行为、监管行为等 6 个方面加强管理，推进全市幼儿园办园规范化。2018—2019 年，通过制定实施《沧州市开展幼儿园“小学化”专项治理工作实施方案》，下发《沧州市幼儿园一日活动标准化管理行为细则（试行）》，以民办园、农村园为重点整治幼儿园“小学化”，推行科学化、规范化、可操作化的标准，推进全市幼儿园科学保教。

三是加强民办年检工作。组织各县（市、区）教育局严格按照《中华人民共和国民办教育促进法》《河北省民办教育条例》《河北省民办学校年度检查办法》等法律法规，以及属地相关部门管理职能和管理权限的规定，与审批部门积极配合开展民办学校年检工作，利用年检加强监管，规范各级各类民办学校的办学行为。

四是加强日常监管，依法依规管理。2020 年初，沧州市召开学籍管理和民办高中管理专题会议，就党建和思想政治教育工作、举办者资质、法人财产权落实、财务管理、学费收取使用情况、学籍管理和招生工作、校园安全管理和教职工管理等重点问题进行部署。加强招生监管，落实《河北省教育厅关于严禁普通中小学校提前招生的通知》，规范各民办学校的招生行为，印发《沧州市教育局关于做好民办中小学（幼儿园）涉疆招生专项治理工作的通知》，规范民办学校的涉疆招生行为。

（二）民办中职教育工作

1. 开展招生宣传工作

统一印制沧州市中职学校分专业招生计划，发至各初中学校。召开招生工作动员会，协调部分民办中职学校深入初中进行招生宣传。

2. 开展年检工作

按照河北省教育厅开展民办职业院校年检工作要求，制定了年检标准，组织检查组逐校认真检查。年检合格的可以继续招生，不合格的责令其限期整改或者取消招生资格。

3. 开展教学评估工作

为加强职业教育吸引力，提高办学质量，沧州市开展了中职学校教学评估工作。具有招生资格的民办中职学校全部参加教学评估工作，从教学课程、课堂教学、教师素质、教学管理机制等 9 个方面给予检查和指导，收效显著。

4. 帮助拓宽视野和办学道路

近年来，相关部门利用工作调研时间，采取“走下去”和“请上来”的方式，对各民办中职学校发展情况进行了“一对一”把脉定向的座谈和指导，重点加强在专业建设、教学管理、校企合作、就业指导等方面提高认识，探索了有效措施。

三、取得的成绩和工作经验

（一）民办幼儿园教育工作

为引导支持民办幼儿园提供普惠性服务，自2018年以来，沧州市突出问题导向，坚持改革创新，在充分借鉴河北省内外先进地市经验及开展专题调研的基础上，制定了《沧州市购买普惠性民办幼儿园学前教育服务实施办法（试行）》，成为河北省内继石家庄市后，第二个制定出台认定扶持普惠性民办园实施办法的地市，为沧州市学前教育的普及普惠发展提供了强力的政策支撑。2019—2020年，全市累计认定普惠性民办园286所，有效发挥了普惠性民办幼儿园扩大资源供给、提高学前教育普惠水平的重要作用。

（二）民办中职教育工作

各民办中职学校坚持依法办学，较好地贯彻了产教融合、校企合作的原则。学校高度重视毕业生就业指导工作，以“出口旺”赢得“入口旺”。

四、存在的问题及工作建议

（一）存在的问题

1. 资金投入不足

民办学校的投资多由个人或企业承担，相对公办教育有政府财政支持来说，民办资本力量薄弱，承担风险能力较弱，基础建设投入不足，因此在校园环境建设、教育设备完善等方面都要落后于公办学校。部分民办学校的教育投入一般只是用在校舍的建设上，仅仅满足于学校基础设施建设，对教育发展应当添置的教学设备、教学器材、教学资源等教学设施不做发展性计划，对教育科研的投入也不做安排，教学条件难以满足教学的需要。

2. 办学思想相对滞后

一方面，由于投资主体的营利性与社会力量办学的公益性之间的内在矛盾，导致民办学校在办学指导思想上往往落后于教育发展的需要，偏离《中华人民共和国民办教育促进法》精神，一些民办学校只注重扩大办学规模，而忽视了教育内涵的发展，缺乏科学的发展规划和管理措施；另一方面，在学生教育发展观上，只注重尖子生培养，而忽视了学生的全面发展。在民办学校的发展意识里往往把学生的分数作为衡量学生发展的唯一标准，以考试作为导向，以分数作为衡量教师业绩与学生学业发展的标准，考什么就教什么、不考不教的意识仍然存在。

3. 师资队伍不稳定

民办学校的师资不但数量不足，而且现有教师的素质也不容乐观。主要表现在师资队伍年龄结构不合理、教师流动性大、师资队伍缺乏凝聚力、教师缺乏学习提高的意识和机会等方面。

（二）工作建议

各级政府应加大对民办教育的支持力度，对民办教育的实惠性支持政策应进一步加强，对已有优惠政策应进一步贯彻落实，并且应尽快出台民办学校分类管理的实施方案。

五、下一步工作计划

（一）加强对民办教育的统筹规划，优化发展环境

继续加大对《中华人民共和国民办教育促进法》和省、市有关文件精神的宣传，进一步落实有关优惠政策，扩大扶持面，不断提高办学水平。

（二）加强监管，正确引导民办教育规范发展

引导民办学校坚持正确的办学方向，强化质量意识。切实加大教学投入，创新学生培养模式，不断提高教育教学质量。创新办学体制，进一步加强民办学校校长的培训力度，鼓励民办学校引进和培养名教师、名校长，对其经营理念、办学水平进行经常性考核，提高管理水平。规范办学行为，坚持依法治校，加强安全管理，坚决打击虚假宣传、违规招生、乱收费等违规办学行为。加强教育教学常规管理，抓常规制度建设，让教学常规有规可依、有规可查。重视民办学校的教育教研工作，加强学校教育教学的常规管理。

廊坊市民办教育发展报告

一、基本情况概述

截至2020年底，廊坊市共有民办中小学68所，其中，高中14所（包括普通高中、完全中学、十二年一贯制学校）、初中32所（含普通初中、九年一贯制学校）、小学22所，另有中等职业学校5所。全市共有民办幼儿园944所，其中普惠性民办幼儿园493所，提供普惠性学位90 558个。

二、发展情况

（一）出台政策措施，支持和规范民办教育发展

第一，2017 年 11 月，廊坊市委、市政府两办出台了《关于进一步加强民办幼儿园管理的若干意见》，明确了各职能部门对无证幼儿园的管理和整治职责；第二，为贯彻落实新《中华人民共和国民办教育促进法》《国务院关于鼓励社会力量兴办教育促进民办教育健康发展的若干意见》和《河北省人民政府关于鼓励社会力量兴办教育促进民办教育健康发展的实施意见》，廊坊市教育局牵头起草了《廊坊市人民政府关于鼓励社会力量兴办教育促进民办教育健康发展的实施意见》，并于 2018 年 6 月正式印发，为廊坊市民办教育发展起到了承上启下和政策引领的作用；第三，2019 年 10 月，廊坊市教育局会同自然资源和规划局、住建局联合制发了《关于利用企业腾退土地发展民办教育的若干意见》，从根本上破解了工业、商业用地举办民办学校的政策局限，为民办教育发展拓展了用地空间；第四，2018 年 4 月，廊坊市教育局、财政局联合印发了《廊坊市普惠性民办幼儿园认定管理办法》，规范了普惠性民办幼儿园县级初审、市级复核、公示公开、评审认定和授予牌匾等工作流程。为进一步推进全市普惠性民办幼儿园创建工作，2020 年 3 月，廊坊市委教育工作领导小组印发了《关于推进普惠性民办幼儿园创建工作的实施意见》，为普惠性民办幼儿园创建工作奠定了政策基础，为完成 2020 年的创建目标任务提供了组织保障。

（二）实行规范管理，有效治理民办幼儿园和校外培训机构

2017 年 4 月，廊坊市政府办公室下发了《关于迅速开展幼儿园安全大检查的紧急通知》，在廊坊市域范围内开展无证幼儿园治理工作。经过各县（市、区）、廊坊开发区 8 个月的共同努力，截至 2017 年底，全市排查出无证幼儿园 1567 所，通过整改提高，已达标办证幼儿园 365 所，关停取缔无证幼儿园 965 所，已消除安全隐患登记备案园 237 所，且所有无证备案园均建档立卡实行备案管理，全市无证幼儿园整改完成率达 100%。

2018 年，廊坊市积极开展校外培训机构治理专项行动。按照 2018 年廊坊市教育局等五部门联合印发的《廊坊市校外培训机构专项治理行动实施方案》和 2019 年廊坊市教育局等七部门印发的《市、区两级联合开展市城区民办幼儿园和校外培训机构暑期大排查、大治理、大整改攻坚行动实施方案》的要求，印发通知、制定方案、召开会议，全力推动廊坊市校外培训机构治理工作，促进培训机构规范有序发展。截至 2018 年底，全市共排查出校外培训机构 1969 所，其中存在问题的培训机构 1258 所。在治理校外培训机构过程中，关停取缔 722 所，整改规范有证和无证机构 478 所（含新审

批发证 10 所），暂时停业整改 58 所，治理完成率达 100%。

（三）积极推动普惠性民办幼儿园创建工作

2016 年，按照《政府工作报告》提出的全市要扶持 10 所面向大众、行为规范、收费合理、质量较高的普惠性民办幼儿园的工作计划，根据河北省有关文件规定，廊坊市教育局组织评估组在复核申报材料的基础上，对县级初审后申报的民办幼儿园进行了现场评估认定，最终全市认定普惠性民办幼儿园 21 所。2018 年，经市、县两级共同努力，市级复核认定普惠性民办幼儿园 23 所。2019 年，市级复核认定普惠性民办幼儿园 3 所。2020 年，廊坊市政府强力推进普惠性民办幼儿园创建工作，截至 8 月 20 日，共认定普惠性民办幼儿园 468 所。自 2018 年以来，累计认定普惠性民办幼儿园 493 所。全市普惠性民办幼儿园实现了数量突破，全市学前教育普及普惠率实现了质的飞跃。

三、取得的成绩和工作经验

（一）全市无证幼儿园整治工作实现新突破

2017 年，廊坊市委、市政府“两办”起草的《关于进一步加强民办幼儿园管理的若干意见》，在向全市的县、乡两级党委政府和市直部门进行了 4 轮征询意见及 30 余次修改完善后，历时 4 个月正式印发。依照《意见》精神，进一步明确了各职能部门对无证幼儿园的管理和整治职责，明确了无证幼儿园“清零”整治目标，并推出了新举措。比如党政领导挂帅督办包乡镇、部门协作包村街、工作人员驻园包整改，建立一人一园、一天一查、一周一汇总的工作机制；综合施策，分类整治，疏堵结合，持续督查，建立一园一卡一档案、一园一策一登记的长效机制。在政治工作中，开拓思路，创新工作方法。全市以创办《无证民办幼儿园排查整治通报》为抓手，把各县（市、区）无证幼儿园“清零率”和整治经验随《通报》每周发布一次。这一做法引起了廊坊市委、市政府领导的高度重视，曾多次在《通报》上做出批示，并对成绩显著的部门予以表扬。无证幼儿园排查整治成效显著，截至 2017 年底，全市排查出无证幼儿园 1567 所，通过整改提高，已达标办证幼儿园 365 所，关停取缔园 965 所，已消除安全隐患登记备案园 237 所，且所有无证备案园均建档立卡实行备案管理，全市无证园整改完成率达 100%。2018 年 9 月 27 日，在河北省安全生产巡查反馈视频大会上，廊坊市民办幼儿园整治工作得到表扬。

（二）民办幼儿园的普及普惠程度有了质的飞跃

2016 年，根据《河北省普惠性民办幼儿园认定及财政扶持管理办法》的规定，廊坊市教育局按普惠性民办幼儿园认定的有关标准要求，经县级初审、市级复核、公开公示、评审认定、授予牌匾等工作流程，组织专家现场评估认定，最终全市认定普惠性民办幼儿园 21 所。2020 年，廊坊市政府在《政府工作报告》中提出，要加强推进普惠性民办幼儿园创建工作，年度工作目标要新创建普惠性民办园 350 所。3 月 16 日，廊坊市委教育工作领导小组印发了《关于推进普惠性民办幼儿园创建工作的实施意见》，把创建目标任务分解下达到各县（市、区）、廊坊开发区，进一步压实县级政府主体责任，加快推进了创建工作。为确保普惠性民办幼儿园创建目标任务如期完成，6—7 月，廊坊市委督查室、廊坊市政府督查室联合廊坊市教育局分 3 次对普惠性民办幼儿园创建工作进展缓慢的永清县、广阳区、安次区和固安县进行了督查，进一步强调要按时保质完成创建目标任务。截至 2020 年 8 月 20 日，廊坊市共认定普惠性民办幼儿园 468 所。自 2018 年以来，累计认定普惠性民办幼儿园 493 所。全市普惠性民办幼儿园实现了数量突破，全市学前教育普及普惠率取得质的飞跃。截至 2020 年，全市现有幼儿园 1135 所，在园幼儿总数 165 674 人，其中民办幼儿园 944 所，在园幼儿数 79 603 人。

（三）全日制民办中小学发展较快，规模不断扩大

从纵向来说，2016 年全市民办教育机构（不含校外培训机构）总数为 488 所，其中全日制学历教育学校 50 所。到 2020 年，总数发展到 1017 所，其中全日制学历教育学校 73 所。特别是 2018 年以来，廊坊市新建了一批办学条件较好、办学标准较高的全日制学校，如香河县北京景山学校大爱城分校（普通小学）、三河市玉山实验学校（九年一贯制）、三河市燕郊以诺实验学校（九年一贯制）、廊坊京城学校（普通高中）、廊坊北大附属益田同文学校（十二年一贯制）等，为廊坊市民办教育发展补充了新鲜血液。“十三五”期间，廊坊市民办学校办学条件不断改善，教育质量不断提高，涌现出了一批管理规范、特色鲜明、办学水平较高的优质特色学校，如大厂幸福学校、北京八中固安分校、廊坊十五中、廊坊育人学校等。这些学校办学特色鲜明、教学成绩优异，为更高层次学校输送了大批优秀毕业生，获得了家长的认可和社会各界的好评。这些学校的迅速崛起，为廊坊市的教育注入了新的生机与活力，也提升了廊坊市基础教育的整体办学水平。

（四）切实推进民办学校分类管理改革

新《中华人民共和国民办教育促进法》颁布实施后，廊坊市就开始以民办幼儿园为试点，探索建立非营利性与营利性民办学校分类管理政策体系，对民办学校实行差别化扶持政策。在年检过程中，对民办学校加强分类指导和规范管理，进一步推动各类民办学校明确法人属性，明晰产权归属，目前已取得了初步成效。

四、存在的问题及工作建议

（一）存在的问题

1. 文件精神的落实问题

按照河北省委、省政府《关于学前教育深化改革规范发展的实施意见》中“自2019年春季学期开始，各地要切实落实省定每生每年400元的公办园生均公用经费财政拨款最低标准，以后年度适时提高拨款标准，建立增长机制”和“各市县和雄安新区要将提供普惠性学位数量及办园质量作为奖励和支持的重要依据，参照公办园生均公用经费财政拨款标准，对通过认定的普惠性民办园予以补助”之规定，各县（市、区）、廊坊开发区应落实市级普惠性民办幼儿园省定每生每年400元的公办园生均公用经费财政拨款最低标准，但至今未落实到位。

2. 校外培训机构出现死灰复燃迹象

近两年来，由于校外培训办学地点隐蔽、违法成本低，致使无证无照的校外培训机构死灰复燃，很多无证培训机构非法办学，严重扰乱了校外培训机构的办学秩序，影响了廊坊市的民办教育形象。依法打击无证办学、从严治理无证培训，是一项长期而艰巨的任务。

3. 民办中小学违规提前招生屡禁不止

以往民办中小学的招生工作大多采用考试、测试等办法，或者采取举办冬令营的方式违规提前招生，在一定区域内“掐尖”招生抢生源和“大班额”问题突出。为此，要求民办中小学及时下达市管民办学校当年秋季招生计划，并借鉴先进地市电脑派位招生的做法，对违规招生进行了严厉整治，但个别现象仍有发生。另外，民办高中阶段学校办学现状不容乐观，违规办学行为亟待规范。关于民办高中的招生工作，或生源不足，或生源质量较差。个别民办中等职业学校存在虚假宣传和违规招生问题，亟待纠正。

（二）工作建议

1. 推动建立民办学前教育发展专项资金

会同有关部门落实《国务院关于鼓励社会力量兴办教育促进民办教育健康发展的若干意见》和《河北省人民政府关于鼓励社会力量兴办教育促进民办教育健康发展的实施意见》中提出的“鼓励和支持市、县政府按照国家有关规定，设立民办教育发展基金，成立相应的基金会”的要求，在保证中央和河北省学前教育资金补助政策落实的基础上，通过建立、拨付专项资金，撬动社会资金投入民办学前教育的建设和发展。利用资金奖补措施，在落实普惠园省定每生每年400元生均公用经费财政拨款最低标准的基础上，要出台扶持普惠性民办幼儿园的补助政策。将普惠性民办幼儿园的认定作为支持学前教育普及普惠发展的重要工作内容。引导普惠性民办幼儿园稳步扩大规模，满足幼儿就近、低费、高质量接受学前教育的需求。

2. 希望财政部门加大对民办教育，特别是民办学前教育的扶持力度

加大对民办中小学财务账目管理培训力度，规范学校财务行为。加大奖补资金投入，支持民办幼儿园尤其是普惠性民办幼儿园发展。

3. 推进建立完善校外培训机构和民办幼儿园治理长效机制

为加强对校外培训机构和民办幼儿园的治理，防止违法办学（办园）和违规招生死灰复燃，一是落实县级政府治理校外培训机构和民办幼儿园的主体责任，成立教育执法大队，加强执法力量，专司违法违规办学；二是按照“重点突破、示范引领”的原则，在暑期关键节点对重点区域的整治工作实行“挂牌督办”，重点突破；三是坚持内外结合、标本兼治、同步治理的工作思路，各职能部门联合执法，实行办学隐患和办学内涵兼治、校外培训和校内教育教学行为兼治，达到彻底清除违法违规办学的治理目标。

五、下一步工作计划

（一）进一步鼓励社会力量进入教育领域

拓展社会力量参与教育发展的渠道和范围。建立更加透明的教育行业准入标准，强化监测监管，鼓励社会力量和民间资本通过多种方式举办学校和教育机构，提供多样化教育产品和服务。发挥市场机制的作用，支持培育教育新业态，扩大教育需求与消费。研究制定相关规范和管理办法，鼓励教育服务外包，引导社会力量为学校提供实训实习、教师培训、管理支持、质量监测、就业指导等专业化服务，作为政府教育服务的重要补充。

（二）切实推进民办学校分类管理改革

从加强党对民办学校的领导、实施分类管理等方面研究创新办学体制、提高民办学校管理水平和办学质量的新路径。继续探索按照非营利性、营利性对民办学校进行分类管理的机制模式。选择为非营利性民办学校的，不得再转为营利性民办学校，选择为营利性民办学校的，可以转为非营利性民办学校。建立非营利性与营利性民办学校分类管理政策体系，实行差别化扶持，加强分类指导和规范管理，推动各类民办学校明确法人属性，明晰产权归属。建立健全政府补贴、政府购买服务、助学贷款、基金奖励、捐资激励等制度，引导社会力量举办非营利性民办学校。推动民办学校适应经济社会发展需要，更新办学理念，深化教育教学改革，提高办学质量。鼓励公办学

校、民办学校开展人才交流和深度合作。保障民办学校依法自主办学，完善法人治理结构，健全收费制度、资产管理和财务会计制度，建立教育质量监测、财务监管、风险防控和退出机制，规范民办学校办学秩序，防范办学风险。

（三）继续落实国家和河北省校外培训机构治理工作精神

按照国家和河北省专项治理校外培训机构的各项工作要求，建立健全“黑白名单”制度，落实联席会议制度，对失信培训机构实行联合惩戒制度，合理利用网络和纸质媒体进行宣传警示，形成舆论震慑，强力整治无证校外培训机构；实行有证校外培训机构月报制度，“知实情、拿实招”，规范有证培训机构办学行为，减轻学生过重课业负担和家长经济压力，纠正有证培训机构违规招生、违规教学和高价收费、不规范退费等行为。

衡水市民办教育发展报告

“十三五”期间，衡水市紧紧围绕全市民办教育改革和发展的中心工作，把建设现代化学校管理制度作为全年工作重点，在积极鼓励、大力支持民办教育发展的同时，强化对民办学校办学行为的规范管理，全市民办教育工作取得了新的进展。

一、基本情况概述

截至 2020 年底，衡水市共有民办教育机构 847 所，其中中职学校 10 所、高中 39 所、初中 20 所、小学 34 所、幼儿园 744 所；有在校生 321 336 人，其中中职 4059 人、高中 106 830 人、初中 92 723 人、小学 52 301 人、幼儿园 65 423 人；有专任教师共 22 630 人，其中中职 198 人、中学（初中、高中）16 024 人、小学 968 人、幼儿园 5440 人。

二、发展情况

（一）明确政府责任

1. 领导重视

各级政府始终把民办教育纳入地方经济社会发展总体规划，摆在教育全局工作的重要位置，与公办教育同等对待。

2. 明确部门职责

在政府各有关部门服务、管理民办学校的职能和责任方面，做到职责明确、责任到人。

3. 建立协调机制

市、县两级均建立了由政府分管领导牵头，教育、财政、市场监管、发改等部门组成的民办教育服务与管理联席会议制度，统筹研究、协调解决民办教育发展中的困难和问题。

4. 加强调研督查

衡水市委教育工作领导小组经常组织教育等部门组成工作调研和督查小组，深入各县（市、区）和学校了解民办学校发展情况，征求意见和建议，对民办教育政策落实、发展环境的优化等工作进行督查，发现问题及时进行整改和完善。

（二）加大政策扶持

2016 年以来，衡水市委、市政府先后多次制定和完善相关政策，加大对民办教育的扶持力度，2018 年出台了《关于进一步促进民办教育健康发展的实施意见》，2019 年出台了《关于进一步加强民办学校规范和管理的意见》。这些文件对民办学校在规范分类管理、拓宽准入条件、健全退出机制、明确学校收费自主权、保障师生合法权益等方面做出了明确规定，形成了有利于民办教育发展的良好政策环境，有效调动了民办学校发展的积极性。

（三）加大舆论支持和会议推动

长期以来，衡水市各级党委、政府及教育行政部门多次通过报纸、广播、电视、网络等新闻媒体，召开民办教育现场会、观摩会、经验交流会、工作推进会等会议，以及通过举办民办教育成果展等途径和方式，大力宣传民办教育的地位和作用，宣传民办教育的方针和政策，宣传民办学校的先进典型和经验，让全社会更加了解民办教育、重视民办教育，逐步形成了全社会关心和支持民办教育的良好氛围。

（四）坚持正确引导和依法管理

一是健全服务管理机制，市、县两级教育行政部门均设立了民办教育主管机构，配备管理人员，并实行主管科（股）室主管与其他各科（股）室分工负责的管理机制；二是创新服务与管理举措，对民办学校的年检实行结果公示、整改复查制度，对民办学校的财务管理实行年度审计制度，以及教育主管部门对学校财务的内部抽查审计制度等。

（五）适时推进转型调整

1. 调整发展策略

根据教育事业的发展需要，全面发展各种层次类型的民办教育。积极发展高等教育，鼓励发展中等职业教育，重点发展优质学前教育，引导发展各类紧缺实用型的非学历培训机构，限制发展普通中小学教育。

2. 存量优化重组

鼓励引导薄弱民办学校向有经济实力者转让办学权或终止办学。鼓励支持有条件的企业、名校利用自身经济实力、品牌及管理优势，采取收购、合并、兼并、组建教育集团等多种形式，对薄弱及运转困难的民办学校进行兼并重组。支持有实力的民办学校通过联合重组或相互持股的方式实现强强联合。

（六）加强学校内涵建设

对民办学校内涵建设提出发展要求。一是调整办学定位，引导民办学校根据市场变化和学校办学条件，适时调整办学定位，拓展办学渠道，找到适合自身发展的生源市场和生存空间；二是突出办学特色，引导和推进民办学校创新办学理念，加强个性化品牌创建，避免同质化竞争，积极创办特色专业，开设特色课程，发展特色校园文化，培养特色人才，打造特色品牌；三是加强师资队伍建设，引导和推进民办学校支持教师参加学习进修，督促民办学校按规定为教职工办理养老、医疗等社会保险，解决教师的后顾之忧，稳定教师队伍；四是建立现代学校制度，推进民办学校清理内部关系，选择出资方式，完善学校法人治理结构，建立健全董事会领导下的校长负责制，健全学校科学决策、民主管理、健康发展的管理机制，通过近几年的调整和优化，衡水市民办学校的整体结构不断优化，办学实力显著增强，可持续发展能力得到有力提升；五是加大投入，提高标准，建设现代化校园，搭建网络平台，增加图书和先进的教学仪器设备，改善办学条件。

三、取得的成绩

作为衡水市教育的重要组成部分，民办教育不仅承担了大量的基础教育任务，而且有效扩大了教育资源总量，缓解了教育投入不足与教育需求快速增长之间的矛盾，较好地满足了人民群众多样性和选择性的教育需求，为地方经济建设和社会发展做出了突出贡献。

四、存在的问题

近年来，由于形势的发展和变化，衡水市民办教育发展也面临着一些困难和问题。

（一）民办学校和公办学校出现此消彼长趋势

衡水市的民办教育基本都是平民办教育，办学经费主要靠学费和住宿费。2001—2010 年，是衡水市民办教育的起步和快速发展阶段，民办学校在办学条件和教师工资等方面具有明显优势。但是近几年来，国家和河北省对公办学校，特别是义务教育阶段学校持续加大扶持力度，民办学校的办学优势逐渐消退，与公办学校在硬件设施和教师工资待遇等方面的差距逐渐拉大。随着办学成本的增加，部分民办学校的生存和发展面临着较大压力。

（二）民办学校的发展环境还需进一步优化

目前，虽然自上而下都在鼓励民间资本进入教育领域，但在具体政策层面，公办与民办仍存在很大差异，有些政策没有做到同等对待。比如义务教育阶段学校校舍安全、现代化创建等办学条件改善工程，上级资金只对公办学校进行补助；相当一部分民办学校的水费、电费，尤其是冬季取暖费仍被要求按照企业标准缴纳等。就衡水市而言，衡水市委、市政府制定的文件中关于扶持和奖补政策的各项规定，各地落实情况不够均衡，少数地方没有完全落实到位。

五、下一步工作计划

“十四五”期间，衡水市促进民办教育发展的总体思路是围绕教育总体发展规划和要求，着眼于“三个优化”，即优化环境、优化结构、优化管理，努力促进民办学校群体向高水平、特色化的办学方向发展，继续为衡水市的教育事业发展贡献力量。

（一）优化发展环境

进一步提高对民办教育的重视程度，充分认识民办教育的地位和作用，加强对民办教育事业的统筹规划，完善民办教育联席会议制度，深入调查了解民办教育发展中存在的主要问题，统筹解决民办教育发展过程中的突出问题，进一步完善和推动各项扶持政策落实到位。

（二）优化办学结构

继续鼓励和引导各类社会资本进入教育领域，按照国家和河北省、衡水市的有关规定，举办高起点、高定位、高品位的民办学历教育机构，鼓励发展中等职业教育，重点发展优质学前教育，引导发展各类紧缺实用型的非学历培训机构。鼓励支持有条件的企业、名校利用自身经济实力、品牌及管理优势，采取收购、合并、兼并、组建教育集团等多种形式，对薄弱及运转困难的民办学校进行兼并重组。鼓励支持衡水市有实力的民办学校通过联合重组或相互持股等方式实现强强联合。鼓励引导薄弱民办学校向有经济实力者转让办学权或终止办学。加大对民办学校的支教力度，组织公办学校对口帮扶薄弱的民办学校，可以根据民办学校需求，派遣公办学校管理人员到民办学校挂职协助。

（三）优化管理机制

进一步完善机制，加强民办学校的人事和财务管理工作，依法保障民办学校教职工的工资福利等待遇。加强民办学校的年检和督导，积极开展规范管理学校和诚信民办学校创建，不断规范民办学校的办学行为和内部管理。建立民办学校危机预警与干预机制，制定应急处理预案，防止和妥善处理可能发生的办学危机，确保平稳过渡。

辛集市民办教育发展报告

“十三五”期间，辛集市认真贯彻落实《中华人民共和国民办教育促进法》，积极鼓励、大力支持、正确引导、依法管理，全市的民办教育事业得到了长足发展。

一、基本情况概述

截至2020年底，辛集市共有民办中小学6所，其中高中2所、初中2所、小学2所，另有民办幼儿园30所；有在校生15 025人，其中高中1311人、初中2626人、小学5133人、幼儿园5955人；有专任教师1025人，其中中学（初、高中）590人、小学30人、幼儿园405人。

二、发展情况

（一）统筹兼顾，把民办教育纳入全市教育事业总体发展规划

辛集市政府高度重视发展民办教育工作，分管领导和各职能单位深入各办学单位开展调查研究、现场办公，及时解决民办教育发展过程中出现的困难和存在的问题。连续出台了学前教育发展系列文件、校外培训机构治理相关文件，指明了工作方向。

（二）加强党的建设，强化意识形态引领

2019年初，根据中组部和河北省委组织部相关文件的要求，辛集市委教育工委把民办学校党组织建设纳入统一管理。结合民办学校的实际情况，共设立5个独立党支部、7个联合党支部，并按照《党支部工作条例（试行）》完成了支部选举。设立了民办学校党总支，加强了对民办学校党的基层组织的管理，在意识形态建设、支部建设、发展党员等工作上迈出了坚实一步。

（三）积极落实优惠政策，支持民办学校发展

近年来，辛集市依法加大对民办教育的扶持力度。

第一，民办学校的招生、考试、升学纳入教育部门的统一管理。

第二，民办学校的收费标准根据生均培养成本确定，报教育、物价等部门审核备案并公示，待公示后方可收取。校外培训机构的收费标准根据办学成本核算，待公示后方可收取。

第三，完善义务教育公用经费政策、普惠性民办幼儿园补助政策和贫困生补助政策，并按照相关标准及时拨付到相关单位。

第四，辛集市教育局把民办学校的教育教学管理、师德师风建设、教师业务培训、评优评模等工作纳入日常工作，与公办学校统一管理。

第五，加强队伍建设。按照国家规定，对民办学校的教职工任职资格提出了明确标准，要求必须持证上岗、无证不上岗。

（四）强化监督检查，依法规范办学行为

严格学习制度。辛集市教育局组织相关科室和民办学校认真学习《中华人民共和国民办教育促进法》及系列文件，使民办学校自觉学法、学政策，依法办学、依法治校。

严格落实分类管理。明确幼儿园的分类，鼓励幼儿园登记为非营利性幼儿园。

严格民办学校年检制度。依据《中华人民共和国民办教育促进法》和河北省年检管理办法，对民办学校从党的建设、遵守法律法规等 10 个方面进行检查，检查结果向社会公开。

严格管理标准。严格按照省定幼儿园分类评定标准和评估标准对民办幼儿园进行办学评估检查。根据国家和省文件精神，出台了《辛集市校外培训机构管理办法》和《辛集市民办学校红黑名单管理办法》，做到了按标准管理、按政策管理。

严格财务管理。要求民办学校必须建立会计制度，进行会计核算，编制财会审计报告。

严格收费管理。根据省、市政策会同财政、物价等部门对民办学校的收费标准进行核准、备案。

三、存在的问题

（一）管理人员少，监管难度较大

辛集市教育局没有专门管理民办教育的科室，管理人员较少且工作任务重。由于民办教育政策复杂，加之民办学校数量众多，导致在监管上存在困难。

（二）办学行为不规范

校外培训机构办学随意性大，市场不规范，波动性大。

四、下一步工作计划

（一）宣传贯彻民办教育法律法规

党的十九大报告提出“支持和规范社会力量办学”，《中华人民共和国民办教育促进法》也明确规定“民办教育事业属于公益性事业，是社会主义教育事业的组成部分”，要多形式、多渠道、多层次、全方位地广泛宣传，要贯彻落实好民办教育法律法规，引导全社会提高认识，营造加快、规范发展民办教育的良好氛围，推进辛集市教育全面发展。

（二）落实民办教育的扶持政策

要按照法律要求，结合辛集市民办教育发展实际，进一步完善相关制度。要充分发挥各职能部门的作用，形成发展民办教育的合力。在建设用地、项目立项、税费、融资等方面，按照公益事业建设的有关规定，给予民办学校与同级同类公办学校同等的优惠政策，依规合理减免相关费用。

（三）加强对民办教育机构的指导和监管

要明确专门管理机构，明确职责，充分发挥职能作用，具体管理、协调和研究解决民办教育发展中的问题。要建立和完善督导评估制度，对民办学校的办学方向、教育质量、安全工作、总体运行状况及教育教学工作、教师培训工作进行规范管理，促使学校依法办学、规范运行。

定州市民办教育发展报告

一、基本情况概述

截至2020年底，定州市有民办高中6所、中职学校3所、初中4所、小学7所、幼儿园89所（公示认定民办普惠园38所），有在校（园）生51 177人，有专任教师3337人。

二、发展情况

“十三五”期间，定州市认真落实国家、河北省有关民办教育的法律法规及政策文件，积极调研，制定了定州市有关民办教育发展的法律法规文件和方案。明确了民办教育发展方向，规范了民办学校办学行为，建立了一套满足人民群众多样化、多层次教育需求的民办教育体系。陆续出台了《定州市民办中小学设置标准》《定州市民办幼儿园设置标准》《定州市规范职业教育暂行规定》《定州市规范民办幼儿园40条》《定州市校外培训机构设置标准和管理办法》《定州市人民政府关于进一步鼓励社会力量兴办教育促进民办教育高质量发展实施意见》《定州市人民政府关于专项治理无证幼儿园工作实施方案》《定州市人民政府关于治理无证培训机构工作实施方案》等文件。

定州市教育局针对各项政策落实情况进行不间断地督导检查，并将每次的检查结果都在全市进行通报。按照河北省关于民办学校年检文件的要求，定州市教育局认真布置，积极行动，全面组织，全方位对民办学校予以检查评估，高标准完成了每年的年检工作，保证了民办学校健康安全运行。加强了对无证幼儿园、无证培训机构的治理力度，规范办学行为，成立了相关执法部门联合检查组对无证幼儿园、无证培训机构进行了多次督导检查。截至 2020 年 10 月，全市关停无证幼儿园 87 所、无证培训机构 157 所。定州市教育局指导民办幼儿园办证办照 120 所，验收符合标准办证办照的校外培训机构 158 所。

为了加强对民办学校管理，定州市教育局研究决定自 2018 年 4 月起，每月召开民办学校例会，总结上个月的工作亮点，布置下个月的重点工作。主管民办教育的副局长每年年初都同全市民办学校签订规范办学双向责任书。

三、取得的成绩和工作经验

定州市民办学校快速发展，逐渐形成民办教育规模，成为公办教育的重要补充，为全民教育发展做出了巨大贡献。截至 2020 年，民办高中发展到 6 所，投资超过 10 个亿，在校学生 8829 人，专任教师 722 人，为高等院校输送了大量人才，为社会发展做出了巨大贡献。民办初中已建成 4 所，其中开元中学建成了河北省环境一流、师资一流、设施一流的高标准民办学校。全市有民办初中在校生 22 477 人，专任教师 1270 人，为高中教育输送了大批优秀生源，为社会培养了有知识、有技能的大批劳动者。全市有民办幼儿园 89 所，总投资近 1 个亿，有在园幼儿 12 628 人，专任教师 1013 人，民办幼儿园的成长壮大极大地缓解了群众反映的入园难、入园贵问题，为学前教育发展做出了应有的贡献。培训机构的发展适应了社会发展的需要，在提高学生基础知识能力、掌握各方面特长本领等方面做出了很大贡献。职业学校也有了长足的进步，增加了适合社会需要的专业，包括建筑、机器人、无人机、财会、3D 打印等，满足了多种行业对人才的需求，同时加大了校企合作力度，为社会培养了一大批技能型人才，为稳收入、稳就业奠定了基础。为了降低入园门槛及收费标准，定州市大力推动民办园转普惠园工作，到 2020 年 8 月底，共认定 38 所普惠园，解决了普通群众家庭入园难、入园贵的问题，得到了人民群众的赞扬和认可。

主要经验一是实行负面清单责任制和“黑白名单”动态管理制；二是向社会、新闻媒体公开曝光违规办学行为；三是违规办学单位纳入不良诚信记录名单；四是对违规单位法人、校长进行严肃约谈，出现两次违规办学行为以上的予以暂扣办学许可证，责令整顿、整改，直至符合办学行为为止；五是树立正面典型，大力宣传，让社会满意，让群众满意；六是建立属地管理责任制，完善责任追究制。

四、存在的问题

目前，定州市民办教育规模较大，而师资力量有待加强，教育教学设备不能满足民办教育的发展速度；举办者和单位法人的投资力度不大，且贪图眼前利益的思想较重，办学行为需进一步规范；教育教学理念滞后，发展动力不足；品牌民办学校数量少，职业学校专业设置缺少超前性，缺乏核心竞争力。

五、下一步工作计划

继续出台规范民办教育的文件、政策和规定；制订长远培训计划，强化民办教育质量提升措施；加大教师培训力度，提升教师专业水平；加强师德师风建设，打造新时代师德高尚、业务精湛的教师队伍；监控举办者的投资预算，保证资金到位，保证完成目标；加快与金融部门合作，加强对民办学校的资金监管，保证资金运行安全；进一步发挥负面清单和“黑白名单”制度的作用，严格规范办学行为；严格年检制度，发挥年检制度的引导作用，实行一票否决；继续执行每月民办学校例会制度；巩固无证幼儿园、无证培训机构治理成果，坚决打击违规办学行为；引导职业学校加强校企合作，增强专业竞争力，拓宽就业渠道。

雄安新区民办教育发展报告

“十三五”期间，雄安新区深入贯彻落实党的十九大精神，根据上级文件要求，积极推进雄安新区民办教育事业健康、有序发展，切实加强规范管理与指导，努力提高民办学校办学水平和教育质量。

一、基本情况概述

截至2020年底，雄安新区有民办学校185所，其中民办幼儿园167所、中小学18所，有在校（园）生39 044人，有专任教师2121人。

二、发展情况

（一）落实法律法规，宣传民办教育

为了更好地实现依法管理、依法办学，以《中华人民共和国民办教育促进法》及

相关法律法规为主要宣传内容，通过新闻媒体、微信平台等方式向社会宣传；要求三县组织各民办学校全体教职工认真学习，力求真正做到依法管理、依法办学，并依法维护学校的合法权益。

（二）落实相关政策，加大民办学校扶持力度

根据河北省人民政府《关于鼓励社会力量兴办教育促进民办教育健康发展的实施意见》等文件要求，在扶持民办学校方面，一是出台相关政策，相继印发出台了《切实减轻中小学课外负担开展校外培训机构专项治理行动工作方案》《开展无证幼儿园专项治理工作方案》；二是强化师资支持，通过挂职、支教交流等形式，派遣一定数量的公办学校教师到校任职，支持民办学校发展；三是加大财政扶持，按照同类公办学校标准，为普惠性民办幼儿园、义务教育阶段民办学校足额拨付生均公用经费。

（三）加强常规管理，规范办学行为

一是加强对民办学校常规管理的督查，并随机检查，发现问题及时下达整改通知书，限期整改，有效地提高了民办学校常规管理的水平；二是从 2019 年开始对民办初中实行电脑派位招生，进一步规范了民办学校的招生行为；三是加强学校安全管理，每逢新学期开学之际，都要加强对民办学校的校舍建筑、食堂卫生、电器电路、防火防盗、车辆安全等方面的检查，同时督促民办学校安装了一键报警装置，实现了学校、教育局、公安局联网；四是加强对民办学校的全面督查，认真抓好对民办教育机构的年检工作，促进其全面规范办学。通过年检，进一步加强了民办教育机构的内部管理，提高了依法办学、自我约束、自我规范的意识，涌现出了一批高质量、有特色的民办教育机构。

对于校外培训机构，雄安新区督促三县教育局组织多个专项检查组，深入各县校外培训机构排查问题，并重点对培训班名称、办学地址、培训内容、师资配备、招生规模、收费标准等信息进行详细的备案登记。

三、取得的成绩

（一）增加了有效供给

昝岗私立中学、蓝天幼儿园、爱德蒙幼儿园、新龙城幼儿园等一批优秀民办学校基本满足了各县群众对优质教育资源的需求。2020 年，共认定普惠性民办幼儿园 94 所，一定程度上缓解了三县学前教育资源紧缺的矛盾，部分满足了广大人民群众对教育多样化、优质化的需求。

（二）增强了办学活力

民办学校面向市场，自主办学，学校举办者的竞争意识、效率意识、主人翁意识及危机感、责任感都较强，为学校发展注入了新的活力。尤其是昝岗私立中学、蓝天幼儿园的稳步发展，对原有公办学校造成了一定的竞争压力，激发了公办学校的竞争意识和危机意识，有力地推进了传统办学体制的创新，形成了与社会发展相适应的新型办学机制。

（三）增大了教育民间投入

民办教育将社会上蕴藏的投资潜力和热情广泛地调动起来，带动了更多的社会资金投入教育。比如近几年来，昝岗私立中学、高盛名仁初级中学、蓝天幼儿园分别累计投入约 600 万元、500 万元和 200 万元。

四、存在的问题

（一）资质甄别问题

雄安新区成立后，各类民办办学机构风起云涌，分校、借壳、独创等形式五花八门，资质甄别困难。

（二）民办幼儿园办学条件参差不齐

民办幼儿园普遍存在生均占地面积不足，室外活动场地小，教具、玩具及幼儿读物严重缺乏。

（三）教师队伍素质水平较差，流动性大

绝大多数幼儿教师入职前没有受过专业训练，未取得幼儿教师资格证，幼儿园管理水平较低。

（四）幼儿教育“小学化”现象严重

绝大多数幼儿园为迎合家长需求，违背教育规律，存在教授拼音、生字及加减法等现象。

（五）无证幼儿园治理问题

学前教育的公办学位不足，发展不均衡，因此为满足家长需求，部分乡镇对无证幼儿园不能完全取缔。因县教育局执法权限所致，加之监管职能部门职责不明确，联合执法难以形成合力，导致取缔无证幼儿园的工作推进困难。

（六）社会培训机构

社会培训机构乱开办、乱招生、乱收费现象严重，安全隐患较大，并且监管职能部门职责不明确。同时由于消防验收前置，使社会培训机构取得办学许可证十分困难。

五、下一步工作计划

挖潜增容，充分发挥公办园的引领示范作用；先行建设优质学校，为人民群众提供更多的、可供选择的优质资源；加大整治力度，加强对无证培训机构的治理整顿，下力气取缔那些课程内容有偏差、存在安全隐患的劣质无证机构；加强民办幼儿园的教师培训，提升民办幼儿园的办园水平；加强日常监管，按照“日巡查、周检查、月排查、季度总结”和“网格化”要求，深入开展安全隐患大排查和专项检查，同时防范和遏制安全事故的发生。

第四编　河北省各类民办院校典型经验

民办高等教育部分

河北传媒学院：做到“三个坚持”，发挥党组织的政治核心作用

河北传媒学院始建于2000年，2001年12月成立党委，至今已是第六届。前5届党委书记分别是冉杰、张玉忠、赵亮、杜慧强、赵军山，现任书记是宋思洁。从第四届起，党委书记由河北省委教育工委派出。学校党委由7人组成，有专职的书记、副书记和纪委书记。党群工作机构和部门有纪委、党委办公室、组织部、宣传部、统战部、学生工作部（处）、安全工作部（处）、教师工作部（教师发展中心），独立设置校团委和校工会。在12个二级学院设立了党总支，有专职书记和副书记。目前有党员897人，其中教师党员611人、学生党员286人。学校党委在河北省委教育工委的领导下，坚持“抓党建、促发展”的工作思路，为学校的健康和谐发展提供了有力保证。

校党委牢记管党治党的主体责任，完善党建规章制度，坚持立德树人的根本任务，坚守意识形态阵地，发挥各级党组织的战斗堡垒作用和党员的先锋模范作用，努力做到工作的前沿是党员，艰苦的地方有党员，让党旗飘起来，让党徽亮起来。

一、做到“三个坚持”，发挥政治核心作用

（一）坚持党委与举办人互相认同，密切合作

河北传媒学院的举办人翟志海，是第十二届全国人大代表、第八届国家督学、民革中央委员、中国民办教育协会副会长。他一直认为，国家兴旺，系于教育；教育事

业作为事关国家命运和民族未来的人才工程，必须在中国共产党的领导之下进行；民办院校虽然姓“民”，但也承担着培养社会主义事业建设者和接班人的历史使命；坚持党的领导，是民办院校的必然选择。建校初期，翟志海请老一代艺术教育家冉杰先生担任学院院长时就主动提出，请他同时牵头筹建学校党委。学校历届党委在加强自身建设的同时，全力支持举办人做出的符合社会主义办学方向的决策，带领师生凝心聚力，推动学校快速发展。学校党委强有力的组织作用和思想政治工作，使其自身成为学校的政治核心，得到举办人的高度认同和全力支持。

（二）坚持党委在法人治理结构中的地位与作用

完善法人治理结构，建立中国特色现代大学制度，是当前民办高校面临的一项重要任务。学校党委的主要任务是贯彻党的教育方针、保证社会主义办学方向、加强党的自身建设、积极参与学校决策、领导思想政治工作、凝聚师生力量、督导学校依法规范办学、提高教育教学质量等。党委与学校董事会、校长领导的校务委员会“三套班子”实行分工负责，互相配合，共同对人才培养和学校发展负责。为了保证“三套班子”的密切协调，党委主要负责人进入董事会和校务委员会，校长则是党委会主要成员，实现了“双向进入、交叉任职”。学校坚持党政工作同部署、同落实、同检查，党建工作需要的人员、经费、场所等，学校都给予全力保障，真正实现了党组织在学校有位也有为。

（三）坚持党委的责任担当

在学校的发展进程中，历任党委书记都能够主动工作，勇于担当，敢于成为“党建第一责任人”。通过加强党的自身建设，发挥党委在学校的政治核心作用、基层党组织的战斗堡垒作用和党员的先锋模范作用。2017 年，学校党委被河北省委组织部、宣传部、高校工委授予“全省高校党建工作先进集体”称号，是 15 个先进集体中唯一的民办高校。

为推进党建工作规范化、科学化，学校制定了《党委会议议事规则》《学校领导班子学习制度》《党总支（直属党支部）工作条例》《教工党支部工作条例》《学生党支部工作条例》等文件，为进一步规范基层党组织的建设，发挥党组织的战斗堡垒作用和党员的先锋模范作用打下了良好的基础。学校还制定下发了《发展党员与党员教育管理工作实施意见》，按照《中国共产党章程》规定及上级文件要求，细化发展标准，严格发展程序，保证发展质量。

为进一步健全和完善领导干部联系基层制度，学校党委制定下发了《关于领导干部及教师党员联系师生的实施方案》和《关于建立领导干部直接服务辅导员工作制度的通知》，明确了具体的联系方式和工作任务，定期深入基层、深入宿舍，对党建目标落实情况进行督查。

二、多措并举，推动立德树人根本任务落到实处

加强对意识形态工作的领导，严把意识形态阵地，扎实推进“三进”（进教材、进课堂、进头脑）工作。制定了关于意识形态工作相关制度，落实了哲学社会科学类报告会、研讨会、论坛、讲座等审批制度。坚持“课堂讲授有纪律，公开言论有规矩”，决不允许散布违背党的理论和路线方针政策的言论。多年来，学校无一例党员干部信教或进行校内宗教传播活动。

加强了对党员干部的教育管理，结合“不忘初心、牢记使命”和党史学习教育，在检视问题和整改落实阶段，各级党组织和全体党员自觉对标对表查找不足，对照党章党规找差距，正视存在的问题，做到了学习教育有效果，整改落实有措施。

学校注重大学生思想教育工作，充分发挥课堂教学的主渠道作用，发掘各类课程蕴含的思政教育资源，逐步实现“思政课程”与“课程思政”的协同育人，通过改革思政课教师评价机制，引导思政课教师潜心从教，做学生成长的引路人。在思政课的实践教学环节，有学分要求，有教学内容和教学目标，有指导教师和专项经费。在发挥专业特色方面，通过发掘专业课特色思政教育元素，制定专业课教学目标，拓展教学内容的深度和广度，在教学方式、教学内容、教学方案、教学理念上实施“课程思政”全方位课程改革。

学校重视大学生的心理健康教育工作，成立了心理健康教研室，配备了6名专职教师，3年来共为1000多名学生开展了心理咨询服务，在帮助学生克服心理障碍、积极完成学业方面起到了很好的作用。

三、推进“四项工程”，使党建植根于立德树人的教育实践中

（一）推进“大德育”工程

让德育和思想政治教育从单纯的“两课”课堂上走出来，建立起“全员参与、全方位坚守、全过程贯彻、全力整合教育资源、全面实施知行合一考核”的大德育教育体系，形成教书育人、专业育人、实践育人、管理育人、服务育人、环境育人、社会育人的总和力量，保证人才的全面发展。学校的这个做法曾在河北省高校党建工作会议上做过介绍。

（二）推进主旋律工程

学校培养的是艺术传媒类人才，引导师生在艺术教育、艺术实践和服务社会活动中，自觉抵制低俗文化和西方腐朽文化的侵袭，弘扬社会主义核心价值观，引领青年

学生秉持“传媒是社会的良知、人类的道义”的校训，举红色旗，走特色路，唱主旋律，播正能量，做德艺双馨的传媒人。学校党委积极推进学校各有关部门和教学单位，承担党和政府组织的诸如建党、建国、建军及地方政府为满足人民群众文化需要而举办的各类活动。近几年，学校师生编创或参与了诸如励志电影《旗》、大型话剧《寻找李大钊》、歌舞剧《红色娘子军》、儿童剧《小兵张嘎》、综艺节目《人间正道》、舞蹈《中国梦·太行情》等，在学生深受感染和教育的同时，也取得了非常好的社会效果，其中多个项目获得了“五个一工程”奖、舞蹈“荷花奖”、电影“金鸡奖”、中宣部艺术基金等国家级奖励，为主旋律占领舞台做出了贡献。

（三）推进以雷锋为榜样的志愿服务工程

组织党员干部和教师带领学生党员和入党积极分子，用自己的艺术专长为地方经济文化建设服务，共同讨论产业发展战略，共同进行文化创意创新活动，共同举办电视台和网络频道，共同为社区群众演出，推动地方经济文化发展。让学校师生在社会这个大舞台上经风雨、见世面，汲取社会营养，增长专业才干，在为社会服务的实践中实现“德艺双馨”，解决了党建工作游离于教学之外的倾向，使党建工作实打实、接地气。比如学校音乐艺术学院在 2013 年创建的第一届雷锋班，在辅导员老师的带领下，发挥自身专业优势，深入社会，服务社会。雷锋班举办的“春暖花开，爱心传递——雷锋班关爱尿毒症女孩义演义卖”公益活动先后被凤凰网、中国网、中新网、新民网、石家庄市电视台、《石家庄日报》《燕赵晚报》《燕赵都市报》等多家媒体报道，让患有尿毒症的女孩邢乔梅受到了更多的社会关注。雷锋班第 17 任班长李峰威曾做客学校的“领航讲堂”，还参加了“践行雷锋精神，我们在路上”汇报交流会，并受邀参加了中宣部、团中央在清华大学举办的“与时俱进学雷锋，做有本事的好人”研讨会。在湖北召开的“与时俱进学雷锋，发扬传统做君子”大学生志愿者内涵建设与服务文明城市创建研讨会上，学校雷锋班辅导员郝雨晨应邀做了主题发言。

（四）推进“五进公寓”工作

为保证党组织的全覆盖和育人过程的全覆盖，学校积极推进“五进公寓”工作，即党团组织进公寓、学生社团进公寓、校园文化进公寓、综合考评进公寓、心理健康工作进公寓。在学生公寓内建设了党团活动室、心理拓展室、考研自习室、健身活动室等共计 76 个活动场所，改善了学生公寓内的学习和生活环境，提升了党组织的向心力和凝聚力。

四、加强师德师风建设，牢记立德树人使命

为深化师德师风建设，学校适时成立了教师工作部，进一步加强了对教师职业道

德、职业素养的培育和提高。学校通过制定师德师风建设方案、“四有好老师”评选及师德教育培训和座谈等，加强教师职业道德修养和作风建设，引导广大教师将自觉提高与制度约束相结合、提倡与禁止相结合、鼓励与惩治相结合。通过制定《外聘教师管理规定（修订稿）》，特别在外聘教师的聘任及考核中将师德师风放在首要位置，实施“一票否决”，将师德师风建设贯穿于全部教师，不留死角。通过制定《优秀教研室评选办法（修订稿）》，选派教师参加河北省教育厅、总工会组织的教学基本功大赛、演讲等活动，在增强教师从业技能的同时，进一步完善教师的教风建设，规范教师的教学过程。

学校注重师德师风培训工作，学习方式和培训内容都非常丰富，学习内容包括《师德的修炼与实践》《教师大计，师德为本——和高校教师谈师德》《教师的职业修炼与专业发展》《习近平青年教育思想贯穿立德树人全过程的思考》《德与法高度一致下的高校教师职业修养》《优秀教师师德分享》等。另外，还加强学习《教育部关于进一步加强和改进师德建设的意见》《教育部关于建立健全高校师德建设长效机制的意见》《高等学校教师职业道德修养》《高等学校教师职业道德规范》等文件。各二级学院还通过各类讲座、研讨会、观看影片、书写感悟、组织讨论等方式，体会师德师风的重要意义，端正育人方法和态度，明确了为谁培养人、怎样培养人和培养什么样的人，切实提高了教师加强思想、道德、作风建设的自觉性，为立德树人的顺利进行打好了思想基础。

五、加强爱国主义教育，培育师生家国情怀

习近平总书记在全国教育大会上强调：“要在厚植爱国主义情怀上下功夫，让爱国主义精神在学生心中牢牢扎根。”这启示我们，爱国主义教育的根本目标是修心铸魂。无论在哪一个阶段，只有在学生内心深处播撒下爱国的种子，使之生根发芽、开花结果，才能真正地实现对“社会主义建设者和接班人”的修心铸魂工程，这是一项事关“培养什么人”的重大命题。

学校充分挖掘各类资源，积极建立大学生思想政治教育实践基地，先后共建华北烈士陵园、西柏坡、曲寨社会主义新村、河北省博物馆、梅花抗战纪念馆等 5 个爱国主义教育基地，以及河北省脑瘫儿童康复救助中心、河北省血液中心等 35 个社会实践基地。目前，这些基地分别对应思政课的相应内容授课，学生们的心灵受到了爱国主义和革命传统的洗礼。

学校设立的“领航讲堂”会定期邀请校外专家和名人学者来校教学，关于爱国主义教育的专题讲座已开展了 30 余场。曾邀请长征和国防文化学者葛江洋先生、知名收

藏家詹洪阁先生、李大钊之孙李建生等专家学者来校做爱国主义教育专题讲座。“领航讲堂”成为学生自我管理、自我教育，引领青年学生自我成长的新平台。

学校通过内外并举，线上线下同行，实现了有榜样模范的宣讲，有知行合一的实践。“领航讲堂”曾邀请河北农业大学果树 9301 班先进集体代表时翠平、河北省 90 后道德模范河北农业大学 2009 级学生何飞、本校身残志坚的优秀学生张君等，讲述的共同主题是“励志”“爱国”，受到学生的普遍欢迎。学校还组织了全体师生在线上向时代楷模致敬的专项学习活动。

学校从举国上下防控疫情的伟大实践中挖掘爱国主义教育的鲜活素材，构建爱国主义教育教学的“素材库”“案例库”。经过系统梳理，自觉融入思政课教育教学和“三全育人”的体系中。每位辅导员老师在直播班会课时都会引实例、讲精神、谈家国、说担当。学校尝试让身边的抗疫英雄形象通过宣讲或漫画等形式鲜活起来，让伟大的抗疫精神传播到学生心里。学校通过邀请抗疫一线医务人员、志愿者等分享一线战疫故事，给学生们讲授抗疫爱国事迹；学校结合专业特点，鼓励学生在疫情期间创作了大量的文艺作品，让抗疫精神深入课堂，走近师生，激发爱国共鸣。让青年学生切身体会到伟大的抗疫精神，这是对伟大的爱国主义、集体主义、社会主义精神的传承和发展，是对中国精神的生动诠释，是民族精神和时代精神的内涵展现。

燕京理工学院：十年支教路，薪火永相传

一、燕京理工学院“平南支农支教”活动简介

2008 年 5 月 12 日 14 时 28 分，四川省汶川县发生里氏 8 级大地震，举世震惊，举国悲痛。国难当头，燕京理工学院（原北京化工大学北方学院）立即行动，捐款捐物，支援灾区人民抗震救灾，至今从未间断。重点帮扶的四川省平武县平南羌族乡中心小学，从当地一所比较落后的学校成为平武县的一所优秀学校，学校师生为灾区恢复和重建贡献了自己的力量。

二、主要做法

（一）国有难，举身赴之，与灾区人民共克时艰

地震发生后，学校立即启动了为震区祈福和募捐活动。广大师生积极响应，慷慨相助，先后为灾区捐款捐物累计 220 余万元，以实际行动支援了灾区人民抗震救灾、重建家园。

（二）重承诺，勇担当，支农支教路传承十余年

震后两个月，"雷锋连"党支部发起倡议，经学校批准，组建了"情系灾区，爱撒平南"四川汶川地震支农支教实践团。学校师生一行10人，冒着余震赶赴河北省廊坊市对口支援重建的四川省平武县平南羌族乡开展支农支教活动。十余年来从未间断，与灾区政府、学校和人民结下了深厚的情谊。

2008年7月13日，实践团经过近40多个小时的路途颠簸终于抵达余震不断的平南羌族乡。志愿者们来不及休息，徒步六七公里山路来到华光村一农户家中，拼上3张桌子，召集全村26名小学生，为他们补习因地震未完成的课业。平南羌族乡中心小学因地震遭到损坏，学校随即拿出2万元现金为学校购买课桌100套，同时在相距近百里的4个村子里设置巡回支教点，为孩子们补习功课，并为其及时进行了心理疏导和游戏减压。志愿者们每天冒着余震、滑坡的危险，翻山越岭，深入农舍走访慰问灾民280余人。其中，志愿者焦岩策同学认华光村村民罗德满夫妇为干爸、干妈，十余年来始终保持着密切联系，抚慰了他们在地震中失去女儿的巨大悲恸。

十余年来，学校每年暑期都组织形式多样、内容丰富的支农支教活动，且成效显著。在支教方面，实践团从2008年开始为当地学生补习语文、数学课程，2010年增加了英语、美术、手工课程，2012年增加了音乐、舞蹈课程，2014年增加了法律、武术、足球、篮球等课程。2015年开始，实践团开通"互联网＋在线课堂"，打破了时间和空间的限制，建立了长效的支教平台。2011年、2014年，实践团带领当地小学生们走出大山，来到北京，完成了看天安门、游故宫、爬长城、与外国友人合影、在大学校园学习等人生的许多第一次体验。在支农方面，实践团响应国家精准扶贫的号召，打通了一条"互联网＋特产"的网络营销之路，把当地的香菇、茶叶、蜂蜜、腊肉等土特产推广、销售出去，切实提高了平南人民的经济收入水平。

三、主要成效

（一）共筑梦，同奋斗，大学生致富山乡升华自我

斗转星移，平南羌族乡，这个曾经遭受地震灾害摧残的贫困山乡，如今已经发生了翻天覆地的变化，踏上了致富奔小康的康庄大道。2014年，学校长期对接支教的平南羌族乡中心小学挂牌更名为平武苏维埃红军小学，学校的综合考评成绩从地震前的全乡末位跃居全乡第二名。实践团开展的"互联网＋特产"网络营销活动，第一年运作收入就超过万元，当地农民尝到了互联网带给他们带来的实实在在的甜头。

十余年的平南支教，使学校的全体师生进一步意识到了自己肩负的社会责任，这不仅是燕京理工学院对社会的贡献，更是燕京理工学院宝贵的精神财富和德育工作

品牌。

（二）凝聚精神，立德树人，民办高校释放新动能

十余年的支农支教活动基本形成了以开展支农支教、志愿服务为主要内容，以弘扬伟大抗震救灾精神、雷锋精神、红军精神为主要基调，以培养大学生爱党、爱校情怀和国家责任为主要育人导向的特色文化和精神。燕京理工学院汶川地震十余年支农支教路已成为“情系灾区爱撒平南，弘扬伟大抗震救灾精神”的长期坚守；成为秉承服务人民，奉献大爱，践行新时代雷锋精神的不懈坚持；成为延伸红军小学红色教育，发扬前仆后继英勇奋斗红军精神的重要实践，成为主动创新思想、改变面貌，献身教育事业、扶贫大业的坚强助力；成为坚持立德树人、实践育人，培养大学生爱党爱国情怀和国家责任的持续行动；成为敢于勇立潮头、竞逐时代，建设美丽中国，实现伟大复兴“中国梦”的重要力量。

在汶川地震 10 周年之际，学校 10 年支农支教活动引起了社会的强烈反响。《中国教育报》、中国党刊网分别刊发了学校 10 年支农支教活动介绍，中国教育电视台《中国教育报道》栏目做了专题报道。学校支农支教团队应邀到华北科技学院、防灾科技学院等 8 所高校举办了“汶川地震十年支农支教路”事迹宣讲会。

燕京理工学院汶川地震支农支教活动将坚持不懈地做下去，将持久参与并见证平南地区震后 20 年、30 年乃至数十上百年的建设发展。

河北外国语学院：点亮沟通世界的语言丝路，助力中国走向世界舞台中心

河北外国语学院是河北省唯一一所拥有 71 个语种、培养面向各个领域行业专业外语人才的大学，并且这种培养方式已经坚持了 15 年，覆盖“一带一路”沿线所有国家的官方语言及中东欧 17 国语言。目前，学校有在校生 21 000 人，专任教师 1365 人，是河北省博士后创新实践基地、中拉国际交流语言人才供应基地、国家援非工作外语人才供应基地、2022 年冬奥会志愿者选拔培训基地、河北省“招才引智十佳单位”、河北省硕士学位授予单位立项建设规划院校。

河北外国语学院拥有外国专家 210 人，建有河北省外国院士工作站，拥有全日制外籍院士 7 人，其中一名院士是石家庄市人民政府决策咨询顾问，一名院士被列入国家“外专千人计划”，两名院士被列入河北省“外专百人计划”，两名院士获“燕赵友谊奖”，两名院士是“中国友谊奖”候选人。

河北外国语学院现开设了 136 个本科、专科专业，涉及传媒类、计算机类、金融

类、建筑类、商务商贸类、教育类、医护类、交通旅游类、艺术表演类及外国文学类等十大领域，已形成对外商贸文化交流、对外技术服务两大专业集群。通过两大专业群建设，为国家及地方开展中外教育文化交流、国际贸易往来提供了有力支撑。

一、畅通4条渠道，实现国际化工程五洲开花

通过20多年的努力，学校打通了与外事相关部门沟通、与国外大学合作交流、协助“一带一路”及对外服务、开展国际直通班的渠道。

目前，河北外国语学院已与全世界82个国家的345所大学开展了校际间本、硕、博多层次合作，合作院校遍及美国、英国、德国、法国、俄罗斯、西班牙、葡萄牙、日本等国家，覆盖了拉丁美洲的古巴、哥伦比亚、阿根廷、巴西、智利、多米尼加、巴拿马等22个国家。合作领域涉及专业建设、学生交流深造、教师互访进修、校企合作、科研项目合作、出版合作、高端人才引进等方面。

二、首创“大学＋”理念，全景式服务经济社会

河北外国语学院以“大学＋”理念为指导，强调“学校的所有功能应主动为社会的所有需要服务，挖掘大学本身的资源和价值，充分发挥我们的专业优势，对接经济社会的需要”。为此，学校成立了专门服务地方经济社会的社会大学，包括13个二级学院——国际老年大学、退役军人就业创业大学、工匠学院、国际留学生学院、国际预科生学院、职业教育学院、继续教育学院、创新创业学院、行政培训学院、网络教育学院等。

截至目前，学校参与集体式大型志愿服务活动259次。在中国吴桥国际杂技艺术节、廊坊国际经济贸易洽谈会、上海世博会、北京奥运会、唐山世界园艺博览会、北京世界园艺博览会、河北省旅游发展大会、中国第六届国际物流发展大会、中国数字博览会等大型活动中，都有学校师生担任翻译及双语志愿者服务工作。

目前，河北外国语学院已成为河北省政府、外专局、商务厅、贸促会、电视台，以及石家庄市中级人民法院、出入境管理局等单位的合作翻译单位，已翻译文本近千万字。

依托国际化办学特色和多语种、多国家、多大学合作优势，学校探索创新“高校校友会＋高校侨联＋地方侨联”的工作模式，使高校侨联与高校校友会成为地方侨联的延伸与补充，让高校校友会成为地方侨联最有知识、最有精力、最有活力、最有创意的生力军、主力军。通过整合学校的自身资源，与各级侨联密切合作，助力侨联更好发挥参政议政、海内外联谊、服务经济发展、参与社会建设、文化交流、维护侨益等功能，真正打通侨联侨务工作的最后一公里，为新时代侨务工作积累了经验，发挥了作用。

今后，河北外国语学院将坚持国际化引擎，发挥自身优势，一如既往地为河北省经济社会发展贡献自己的力量。

河北美术学院：艺术类本科院校课程体系重构探索与实践

河北美术学院积极推进课程建设工作，遵循“突出重点、分类建设、注重能力、深化改革”的理念，不断优化课程体系，改革创新教学内容、方法与手段，推动课程教学与信息资源的有机融合，大力打造“金课”，淘汰“水课”，培养学生的自主创新精神和实践操作能力，提高教学效果和人才培养质量。

一、重构课程体系

（一）“三平台＋九模块”课程体系

学校遵循“夯实基础、能力导向、注重应用”的原则，坚持以美育人、以美化人，围绕专业能力、实践能力的培养需求，形成了“三平台＋九模块”的课程体系。

学校构建通识教育平台，通过公共基础课程、素质拓展课程、通识选修课程等3个模块全面推进，形成了通识教育完整体系，提高了学生的综合素质与能力；搭建专业教育平台，专业基础课程、专业课程、专业方向课程、专业任选课程贯穿专业教育全过程，夯实专业基础，全面提高学生的专业技能水平；打造实践教学平台，通过集中和分散实践两种方式，综合培养学生的实践操作能力和自主创新能力。

学校新的课程结构体系加大了实践学时、学分的比例，适度增加了选修课比例，重视学生实践能力的培养，为学生提供了更广阔的自主选择空间，促进了其“知识、能力、素质”的综合发展。

（二）课程结构特色

在学校“三平台＋九模块”课程体系的基础上，专业教育与通识教育同步探索实践，形成了独具特色的课程结构。

1. 书法学专业“1＋3＋1”课程结构

书法学专业优化调整教学体系，形成“1＋3＋1”课程结构，即一以贯之的基础课、三向分流的个性培养、一技之长的创作实践相结合的结构体系，敢于以否定性、批判性思维冲破僵化模式，建立起审美的新感性、新规则，以便学生在审美感性的境遇中寻求自我审美、自由实现的途径，在艺术创作中实现自我的实用价值。

2. 动画专业工作室项目实践

动画专业在课程体系构建中注重课程与实践教学平台的对接，打造精准化人才培养体系。学生在一、二年级重点学习专业基础知识与能力，熟练掌握动画制作的整体流程，提高创意设计水平；三年级开始进入方向工作室和双选工作室，在学产对接实践教学平台工作室和企业实训平台中得到锻炼，通过各类项目实践为自己的职业发展打下坚实的基础。

3. 选项课形式的体育教学

学校通过开展选项课的形式重构体育课程体系，将民族民间传统体育项目（太极拳、健身气功、书法、绘画等）融为一体，实施差异化体育教学改革。学校还为病、伤、残、弱学生开设了体育保健课，鼓励学生学会并坚持至少两项终身受益的体育锻炼项目。此外，学校利用“运动世界”校园跑步锻炼平台培养学生良好的锻炼习惯。

二、推进课程建设与改革

（一）“三层次、四类型”课程建设模式

学校坚持“突出重点、分类建设、注重能力、综合改革”的建设理念，构建了“三层次、四类型”的课程建设模式，构建校级合格、优质、精品课程 3 个层次，建设公共基础课程、专业课程、实践课程、综合素质拓展课程 4 类课程。发挥优质课程和精品课程的示范作用，带动学校课程建设和教学水平的整体提高。

同时，学校重点建设了一批专项示范课程（课程思政、传统文化、创新创业等），充实教学内容，探索切实有效的教学方法，整合优化教学资源，不断完善课程体系，全面提高学校课程建设的整体水平。

（二）建设措施与成效

学校坚持以成果目标为导向，探索以提升教学效果为目的的创新教学方法，开展互动式、项目式、启发式、探究式教学，丰富多样化的作业构成和课程考核方式，提升课程学习的拓展性、挑战性。结合线上教学实践，大力推进现代信息技术与教育教学深度融合，持续推进课程建设与改革。

1. 课程思政教学改革

学校深入挖掘通识课程、专业课程及各教学环节育人功能，形成各类各门课程协同育人格局，把思想政治工作贯穿教育教学全过程。

“文字设计研究”课程将思政元素融入教学，从中国汉字构成入手，融合传统书法笔意，通过对文字设计方法的学习与研究，结合京津冀地域文化特色和防疫海报字体设计进行艺术创作，提高了学生的人文素养与爱国主义情怀。

“传播学”课程通过作业、讨论、模仿等形式，让学生对家乡所在地的政务微博进行内容分析，了解家乡的实时变化，并通过传播学的研究方法探索其新媒体建设现状，

引导学生强化热爱祖国、热爱家乡、服务社会的理念。同时结合“互联网+”大学生创新创业项目比赛，选择服务学校、服务京津冀等类型，推进课程思政建设。

2. 项目式、案例式教学探索

学校立足专业特点，实施项目教学式、案例教学式、任务驱动式等教学方法改革，推动翻转课堂、混合教学等教学方法在课堂中的运用。

“城市广场景观设计”课程采用模拟项目教学的方式，组织学生对学校的罗马帝国广场进行方案设计，通过基地实地踏勘、收集有关资料、项目策划、方案修改、项目详细设计、设计方案汇报等一整套程序，培养学生调查分析、方案撰写和思维创新的能力。

“数字化效果图表现技法”课程调整教学方式为“优秀案例展示—课程标准引入—创作小组分配—选题—制定创作计划—学生完成创作”，使教学内容更加丰富、课堂形式更加活跃，帮助学生通过居住空间设计实践提高专业实践能力，了解室内设计的现状和发展动态，掌握家具和人体尺度的关系、顾客需求对空间规划的影响、空间设计的要点等内容。不仅提高了课堂的互动性和参与性，还激发了学生的学习积极性。

3. 深入开展混合式教学

学校结合疫情期间的教学特点，根据“停课不停学，停课不停教”的要求积极开展线上教学，逐步实现了现代信息技术与教学的深度融合。在线教学的重点在于充分体现学生作为学习主体的主动性、积极性与创造性。教师在满足学生个性需求的基础上，借助各平台提供的学生数据统计信息监控学习过程，并进行过程性评价。

学校规范线上教学实施过程，加强对教学进展、师生互动，特别是学生学习情况的跟踪与分析。通过专题培训，指导教师熟悉线上教学的组织实施技巧和策略，熟练掌握在线教学网络平台的使用方法，提升教师的信息化教学能力。征集在线上教学实践中具有亮点与特色、教学效果较好的在线教学优秀设计与实践案例。

学校建立起深入思考、探索在线教学的新模式，进一步推动教育教学改革与研究，逐步实现了现代信息技术与教育教学的深度融合，为学校全面开展课堂教学模式改革奠定了良好的基础。

三、经验总结

学校持续推进课程建设与改革，更新建设理念，优化课程体系，实施科学的课程评价，严格课程管理，提升教师的教学能力，完善以质量为导向的课程建设激励机制。让课程优起来、教师强起来、学生忙起来、管理严起来、效果实起来，形成了多类型、多样化的教学内容与课程体系，进一步提高了教学水平和学生的综合能力。

河北工程技术学院：共建现代产业学院，培育应用型人才

在“十三五”期间，河北工程技术学院充分利用自身办学机制灵活的优势，通过校企合作、产教融合，不断整合校内外资源，增强办学实力。学校鼓励现有学科专业对接相关行业、企业，积极寻求和企业的利益共同点，通过为企业无偿提供土地、房屋等方式，先后吸引多家企业进入校园，开展深度融合，先后经历了开展订单班、共建生产性基地、组建工作室、引进专业团队等多种形式。2018 年，学校增设了大数据科学与技术、智能科学与技术等新兴专业，面对教师不足、前端技术匮乏等现实情况，学校积极转变思想，更新观念，在总结以往校企合作经验的基础上，联合中科恒运股份有限公司，共同组建了中科恒运大数据学院，逐步探索出了“人才共育、过程共管、成果共享、责任共担”的合作新模式，并取得了可喜成效。

一、校企共管，不断完善运行机制

中科恒运股份有限公司成立于 2010 年 5 月，是一家以数据挖掘、数据分析和三维仿真为核心技术，以大数据应用软件、电子政务软件、模拟仿真软件为主导产品的军民融合型高新技术企业。2017 年，该公司开始与学校接洽，校企初步达成合作意向，后经过多轮磋商，双方于 2018 年正式签署合作协议，并组建了中科恒运大数据学院。学院是隶属于学校的二级教学单位，实行理事会领导下的院长负责制。理事会成员和学院领导班子由校企双方共同组成。为保证学院规范运行，校企共同制定了理事会章程和议事规则，明确了双方职责，定期组织召开会议，研究解决学院发展中的重大问题。在学院日常管理中，校方重点负责公共基础课、专业基础课教学和学生思想政治教育工作，企业方重点负责专业课、实践课教学和学生职业生涯规划及就业指导。近 3 年来，学院各项工作运行有序，未发生过任何教学事故或管理事故。

二、校企共育，创新人才培养模式

中科恒运大数据学院面向 IT 行业发展和区域经济社会需求，重视强化学生的职业胜任力和持续发展能力，以提高学生实践和创新能力为重点，校企共同编制了大数据科学与技术专业人才培养方案，在保证符合国家和学校人才培养方案编制基本要求的同时，进一步完善了人才培养目标，重构了课程体系，重设了教学进度。学院采用“2＋1＋1”模式，前三年在校内学习，第四年到企业实践，大一、大二年级重点安排公共基础课和专业基础课教学，大三年级重点结合案例项目开展专业课教学，大四年级

结合真实项目开展企业实操教学，通过实施“案例项目、做真项目、真做项目、解决问题”的四步流程，让学生“用即所学，学即所用”，切实提高学生的实践动手能力。有效促进了课程内容与技术发展衔接、教学过程与生产过程对接、人才培养与产业需求融合，大大提高了教学效果和人才培养质量。

三、资源共用，打造实习实训基地

在合作过程中，校企双方优势互补，学校无偿提供场地 900 多平方米，免费提供水电暖等基础设施，企业出资共建了大数据分析、大数据运行等专业实验实训室 5 个，累计投资 1500 多万元。实验室参照公司的真实环境进行建设，使学生能够以“准员工”身份在校内参与全真企业活动，感受企业的工作氛围，实现在校“顶岗实习”，“零距离”地进行实践，掌握跨入社会所需的各项技能。另外，实验室兼具生产、教学、研发、创新创业功能于一体，构建了网络基础支撑平台和云计算基础设施平台，提供物联网、移动互联网、大数据开发环境，开发了实验室管理信息系统，并提供实训案例项目支持。实验室还设立了体验研发中心、校企协同创新中心、教师提升中心、课程研发中心，并以实验室为依托创办大学生创新创业基地，校企资源共享共用，优势互补。

四、成果共享，切实实现互惠共赢

在合作办学中，学校和企业共享发展成果，确保双方共赢。一方面，学校为企业提供了智力和劳动力支持，节约了企业的经营成本；另一方面，企业的介入为学校带来了师资、技术和设备，增强了学校的办学实力。3 年来，学校教师到企业挂职学习 15 人次，企业派出教师 21 人次；学校教师和学生支持企业完成研发项目 6 项，校企结合案例项目开发教材 4 部，联合申报专利 5 项，开展横向课题 7 项，联合申报省级重点实验室 1 个。

自合作以来，校企严格恪守协议要求，认真履行各自职责，在专业设置、课程建设、学生管理、教学管理、学生就业等方面全方位融合，协同培养人才，为进一步拓展合作的深度和广度，共谋发展奠定了坚实基础。

保定理工学院：“三五六三一”产学研协同育人模式的探索与实践

产教融合是新时代建设中国特色的一流大学、培养创新型人才、提高人才素质的有效途径。2017 年 12 月 19 日，国务院办公厅印发《关于深化产教融合若干意见》，指出深化产教融合，促进教育链、人才链与产业链、创新链有机衔接，是推动教育优先发展、人才引领发展、产业创新发展、经济高质量发展相互贯通、相互协同、相互促进的战略性举措。保定理工学院作为民办高校的一员，一直紧跟时代的步伐，以培养高素质、高层次应用型人才为根本目标，不断积极探索和实践产教融合新模式。从2017年国家政策出台后，学校在全校范围内开展产教融合项目，组织相关的专家结合学校实际构建产教融合模式，经过两年的实践，已有了一定的教学成果。

一、“三五六三一”产学研协同育人模式概述

管理科学与工程学院结合学校办学定位及人才培养需求，根据所属专业的特点，探索出“三五六三一”产学研协同育人的模式，即“三主体、五对接、六模式、三系统、一体系”的产教融合新范式。“三主体”指的是政府、企业、学校；“五对接”分别是专业与行业对接、课程与岗位对接、教学与生产对接、毕业证书与职业证书对接、学校教师与企业师傅对接；“六模式”指结合专业开展项目式、研学式、订单式、培训式、顶岗式、三三式；“三系统”指教学性生产系统（专业链—课程链—能力链）、生产性教学系统（行业链—岗位链—人才链）、研究性生态系统（产业链—技术链—成果链）。通过这些操作完成一套产学研协同育人的闭环体系。

在政府、企业、学校三方的共同协作和努力下，产教融合的实践探索还在不断地完善和创新中，目前的成果主要是申请并完成了3项国家级产学研协同育人项目，再就是结合学院专业特色开展的六大产学研协同育人模式。

目前通过产学研协同育人体系的实践，有针对性地建立了实施保障体系。最终围绕“产、学、研”三结合达到六协同的效果，即协同育人、协同创新、协同创业、协同研究、协同转化、协同发展。

二、“三五六三一”产学研协同育人六模式

（一）“项目式”产教融合模式

“项目式”产教融合模式主要结合电子商务及法律、市场营销、工商管理等专业开展。学校与河北绿建宝科技股份有限公司合作，共建电子商务实验室一间，企业投入价值15万元的办公设备，学校提供相应的实验场地。与此同时，学校就此项目还与河间市政府签署了人才战略协议。通过政府、企业、学校三方的共同努力，企业将真实项目引入学校，学校根据项目需求成立了电子商务运营班、创新创业实践班，选拔优秀学生参与其中，由专业教师和企业导师共同带领完成。“项目式”产教融合模式一方面教师可以将学生实践中接触到的知识点进行记录，并作为案例引入课堂教学；另一

方面锻炼提高了学生的实践能力，将理论学习与实践有机结合在一起。此外，还可以为企业储备人才，将创新性思维带入企业，创造更多的产业价值。

（二）“研学式”产教融合模式

“研学式”产教融合模式以电子商务及法律的专业见习为依托，通过到电商行业发达的地区，比如上海、杭州等地，与具体企业相结合开展岗位实习。该模式的首批学生到上海阿迪达斯公司开展线上电商业务，在工作的过程中，学生一方面加深了对专业知识的理解，一方面锻炼了自身的实践能力。在为期4个月的专业见习过程中，指导教师利用休息时间带领学生去电商发达的地区和公司参观学习，分别去了义乌电子商务城、南京苏宁集团、扬州声谷（喜马拉雅、美团等公司）。学生获取了电商最前沿的信息和发展前景，更加明确了未来的就业方向。

教师通过该模式，一方面搜集了学生在工作岗位中的案例，包括电商技能知识及电商纠纷的法律知识，形成了专业实践的案例集，将其应用在课堂教学中，使得课堂教学内容更加丰富，提高了学生的学习兴趣，也能有针对性地讲解课程中的重点、难点；另一方面通过探索及总结，教师将教学改革和科学研究进行深入开展，并且还与企业联合进行项目研究，最终达到产学研协同的效果。

（三）“订单式”产教融合模式

“订单式”产教融合模式是物流管理专业与苏宁北京物流集团合作后提出的模式，物流管理专业的学生在人才培养上采取订单式培养模式。从大一开始，物流管理专业的所有实践课程均到苏宁北京物流集团进行，该公司有先进的物流设备，打破了模拟的实践形式。学生通过物流管理概况课程的实践，加深了对物流相关概念的认知和理解，明白了货物流通的整个环节，见到了先进的物流设备，并了解了企业的文化。

（四）“培训式”产教融合模式

“培训式”产教融合模式主要依托工程造价和工程管理专业开展，与全国较大的两家工程类公司——广联达科技股份有限公司和斯维尔科技股份有限公司合作，以一项国家级产学研协同育人项目为引领，开展培训并考取相关的职业证书，增加学生的就业砝码。

通过开展广联达和斯维尔的软件培训，将真实的工程项目案例引入，学生不仅能加深对所学知识的理解，还能锻炼实践能力，最主要的是掌握了这项技能，打通了“零距离”就业的通道。目前，70%以上的工程类公司均采用这两款软件，因此通过广联达和斯维尔的软件培训使得学生的专业技能更加突出，就业前景更加广阔。

（五）“顶岗式”产教融合模式

“顶岗式”产教融合模式是依托今麦郎集团、北京链家房地产有限公司、德胜农林科技公司、我爱我家房地产有限公司、苏宁集团等多家大型企业，结合市场营销专业的毕业实习而开展的模式。由学生自主选择以上几家公司作为毕业实习单位，学校及教师等不参与学生的选择、面试及录取等环节，主要是锻炼学生的就业能力。一方面将毕业实习落到实处，防止出现学生假实习的情况，让学生真正得到锻炼；另一方面为企业储备人才，提高人才的就业率。

（六）“三三式”产教融合模式

“三三式”产教融合模式不同于其他模式，因为针对的专业是学前教育专业，该专业的特殊性在于面对的服务对象较为特殊，在开展项目的过程中需要关注的地方较多。

学前教育专业从大二开始，采取幼儿园见习、实习等不断线的模式。学生每个学期有 3 个月的时间完成理论知识的学习，之后分别到 3 个幼儿园进行见习。每个学期根据所学课程制定见习五大主题，分别是幼儿园保育、幼儿教师基本技能、幼儿园环创设计、幼儿园班级管理及大四的综合能力培养。学生与固定的幼儿园签署实习协议，通过 4 年服务于一个幼儿园的形式打消幼儿园在频繁更换教师方面的顾虑，也有助于学生的系统性学习。通过这样的模式，学生将理论与实践有机结合，并且在学习过程中还能考取各种职业证书，增加了就业的砝码。

通过不同专业开展的各项产教融合模式，打造了 3 套系统。教学性生产系统，将专业链与课程链及能力链有机联系在一起；生产性教学系统，将行业链与岗位链及人才链有机结合；研究性生态系统，将产业链与技术链及成果链连接，完成产学研的闭环式系统。

通过“三五六三一”产学研协同育人模式的探索与实践，不断地发现问题并有针对性地提出了相应的解决措施，为以后管理科学与工程学院产教融合工作的开展奠定了坚实的基础，为保定理工学院的特色建设注入了活力。

河北东方学院：文化引领，产教融合，构建特色育人体系

河北东方学院肩负社会责任和历史使命，坚持“文化引领，创新发展”，大力实施文化育人工程，深入推进产教融合，校门向社会打开，课堂向社会延伸，形成了自身的文化特色，成为“中国优秀文化教育研究基地”“全国高校美育教学研究实践基地”“京津冀博物馆文化教育培训基地”。学校作为“河北省版权示范单位”“廊坊市版权服务站”，诠释了文化引领、产教融合的行动内涵。

一、应用型人才培养体系，突出文化内涵

（一）人才培养方案设置传统文化模块

学校认真研究与审视办学传统、社会需求和国内相关院校的成功经验，构建“平台＋模块”“专业＋文化”的人才培养体系，科学制定人才培养方案。文物修复与保护、艺术与科技等专业群，实现了“文物＋艺术＋科技”的培养过程；在设计传统文化模块时，开设了中国优秀传统文化系列公选课程必修课，内容涵盖中国文化史、艺术、历史、陶艺、书法、绘画、拓印、修复等数十门课程，形成了科学合理的传统文化课程教育体系。

（二）培养体系，突出人文素养

学校建立应用型人才培养体系，紧紧围绕区域经济发展对人才的需求，按照“培养学生文化创新意识，提高自主学习和探究能力”的教学要求，以强化人文素养为原则，实现职业和岗位的“五个对接”，即学院与行业联合、专业与企业融合、课程体系与科技进步契合、教学与科研汇合、教师教授与学生项目训练结合，形成了“教学研做一体化”培养模式。

（三）教学改革，突出人文情怀

学校为提升学生的人文精神，以工作过程为主线，采用项目化教学法，推进教学改革，创新教学模式，真正实现实地实练、实题实做、实操实用。通过大师进课堂、学生进工地等教学手段，让学生与行业大师面对面，感受并传承“艺术精神”。安排学生进工地，参观大师设计项目，参与具体项目的设计，加深了他们对专业理论知识的理解，丰富了其实践经验。让学生在教师的指导下，感悟传统文化，在感悟中明理并内化为每个学生内心的认知，外显为自觉的行动。在所学专业的教学过程中，采用课堂讨论、头脑风暴、示范和指导练习、角色扮演、小组活动、模拟教学、案例分析、微课视频、翻转课堂等教学方法，突出培养学生的 3 种能力，即实物实修的技术能力、实战实操的应用能力、实景实做的设计能力。

二、产教融合，文化引领，实施应用型人才培养

学校为培养学生的人文精神素养，围绕“文化”做文章，明确提出了“主动适应社会需求，培养人文素养与专业能力结合，知识学习与实践能力并重，诚信做人与创新精神兼备的应用型人才”的人才培养目标。

（一）一流专家引领专业发展

学校将“名师领衔、专家治学”作为办学理念，高起点、高标准地打造本科专业。

文物与博物馆专业聘请国内著名的文物专家、首都博物馆学会原常务副理事长、首都博物馆原馆长马希桂担任首席专家；文物保护与修复专业聘请中国文物保护协会副会长、国家博物馆学术研究中心原主任铁付德担任学科带头人；环境设计专业聘请中国建筑装饰协会设计委员会副主任、中国室内装饰协会设计委员会副秘书长、天津美术学院环境与建筑艺术学院原院长兼书记彭军教授担任学科带头人；影视传媒专业聘请新华社《摄影世界》杂志首席摄影师崔坚、北京电影学院音像出版社制片主任郝攻担任学科带头人。同时，南开大学文学院艺术设计系教授张品、北京建筑大学教授谭述乐、文化与旅游部恭王府博物馆研究员胡一红、河南新乡考古研究所所长傅山泉等担任文物与艺术专业的教学工作。大师云集，进一步加强了校园文化核心元素的建设，提升了校园文化品位。

（二）高标准实验实训设施引领专业建设

学校建有完备的实验实训教学基地，特别是构架了完整的“文物＋艺术＋影视＋传媒专业群”教学实验平台。学校与北京国博文化遗产研究院和江西省陶瓷行业协会合作，成立了陶瓷文化艺术研究中心，推进陶瓷艺术的研究、保护、开发利用；与中国社会科学院考古研究所安阳工作站、河南省安阳文物考古研究所合作，成立了金属文物保护修复中心、纸质文物保护修复中心等；与殷墟博物馆、廊坊市博物馆、安阳博物馆等合作，建造了学校艺术馆和文物标本馆；与网易新闻廊坊站、支付宝全球博物馆文创平台、凤凰卫视等单位合作，资源共享，成果共有，科研共创，协同育人。

（三）引企入教实现专业共建

学校人才培养紧密对接行业、企业发展需要，人才培养标准对接职业标准，教学过程对接生产过程，将课堂延伸至企业具体的项目上来，实现校企融合、专业共建。企业以多种方式融入人才培养环节，参与学校的专业规划、教学设计、课程设置、实习实训、教材开发等建设。学校与北京灵魂石文化有限公司合作，共同建设影视传媒动画制作中心，主动根据行业、企业需求，调整课程目标，把职业课程融入课程体系中，把岗位职业标准融入教学内容中。学校将影视摄影与制作、广播影视节目制作、视觉传播设计与制作、数字媒体应用技术、数字媒体艺术、艺术与科技等专业的课程与企业共同开发，构建起以通识课程和学科专业课程为基础平台，以专业方向课程、实践课程、职业课程等为模块的课程体系。学校携手拍卖行，举办“文化进校园，与艺术同行”校园艺术品拍卖活动，实现艺术拍卖“进校园、进课堂”。学校还与海马汽车廊坊广和4S店、有间工作室围绕“我是未来设计师”活动主题，开展涉及珠宝首饰、园林景观沙盘、室内装饰手绘、海报、3D室内展示等内容的“海马杯”艺术设计大赛。引企入教，学校建设了专业平台，引进了创新创业项目，共建了双师双能队伍，构建了生产实训场景，为实现学生毕业后进入行业的“无缝连接”打下了坚实基础。

三、以文化人，形成特色育人环境

文化是大学的灵魂，具有对大学生进行价值观、人生观教育，培养其道德情操、文化素养的功能。学校将传统文化教育融入校园文化建设，充分发挥其潜移默化的作用，营造浓郁的传统文化氛围。

（一）打造系列文化品牌

学校以校园文化建设为平台，以活动载体建设为依托，经过长期的努力，形成了“七个一”的品牌文化活动，即每学期每个专业举办一次有重要影响的学术报告会、每学期安排一次专业课程实践考察、学生每年参加一次社会实践活动、学校每年开办一次创新创业大赛、学校每年举办一次经典诵读大会、学校每年开展一次“知中国——中华传统文化知识竞赛”、学校每年组织一次校园艺术品拍卖活动。通过这一系列校园艺术文化生活，为学生搭建了一个深化学习、强化实践、创新发展的实战平台，让学生能够在实践中学习，在学习中实践，并在求知、求美、求乐的浸润中激发潜能，充分体现“时时皆育人，处处皆课堂”的意义和价值。

（二）以辐射地方文明的成果，营造隐性的文化课堂

廊坊作为京津协同发展示范区、科技创新成果先行区，是国家文化名城、书法名城、版权示范城市。为了适应廊坊市大力发展文化创意、大数据等产业的需要，学校融入廊坊市版权示范城市的创建工作中，创作各种文创作品 2 万多件，取得著作登记证书 1 万多本，被河北省版权局授予“河北省版权示范单位”。

学校充分发挥学校艺术馆、文物标本馆的育人功能与作用，每年联合廊坊市博物馆开展国际博物馆日系列活动，通过观摩文物修复、亲子书法体验、手绘绫绢扇、泥塑、陶艺、文物修复陶瓷拼接、童心巧手制花灯等内容，以“润物细无声”的方式，使学生在活动中感受、弘扬、践行传统文化，同时也推进了廊坊书法名城建设。

学校以廊坊建设国家文化名城为契机，创作了文化文物类、非遗类、乡村民俗类、重大题材类、生活创意类、融合创新类、红色创意类、景区和城市主题等 8 个类别的作品，提升了学校服务地方文明的水平。

在 2020 年抗击新冠疫情期间，廊坊市争创全国文明城市，学校的 2000 余件作品参与了创城建设，作品类型涵盖了创城标志、创城吉祥物、创城主题漫画、动漫等，为廊坊创建全国文明城市做出了贡献。

（三）建设四季如画、别具艺术风格的育人校园

除打造“一院一品一风格”的文化育人环境外，学校充分利用校园空间，建立了教学成果展示区、宣传橱窗、宣传栏，展示了摄影、绘画、书法、诗文、设计、手绘、模型等300多件师生作品，把校园环境文化建设与教风、学风、校风的建设相结合，与全面推进素质教育相结合，与促进师生全面发展相结合，使校园环境蕴含着人文、科学、艺术精神，品位高雅，内涵丰富，发挥出环境育人的功能，体现出学校的人文精神与专业特色。

燕京理工学院：深入开展教师暑期实践锻炼，促进“双师双能型”教师队伍建设，促进转型发展

一、背景

本科高校转型发展是因教育主动适应经济社会发展而提出的一项高等教育领域供给侧结构性改革。从2014年开始，国务院开始引导一批非研究型普通本科高校向应用技术型大学转型。2015年，经河北省政府同意，燕京理工学院等10所学校被列为河北省普通本科高校向应用技术型高校转型发展的试点学校。

一方面，转型发展是燕京理工学院作为民办高校的重大发展契机，学校地处燕郊，是京津冀协同发展的核心区域和环首都经济圈战略的桥头堡，在转型发展、服务地方经济发展方面具有天然的地理优势；另一方面，转型发展也可以服务学生的自身成长，契合学校“以应用型人才培养为主，满足多样化发展需求，为经济社会培养面向基层、综合素质高、‘四会五有’（即会学习、会做事、会做人、会与人共处；有感恩之心、有博大胸怀、有吃苦精神、有创新意识、有创业能力）的应用型、技术技能型人才”的培养目标定位。

转型发展的主要任务是培养应用型人才，提升学校服务社会的能力。教师队伍是人才培养的具体实施者，是转型发展的重要基石，学校一直把“双师双能型”教师队伍建设作为转型发展的主要任务之一。

二、主要做法

燕京理工学院把教师暑期实践锻炼作为“双师双能型”教师队伍建设的主要抓手，以实践促转型。

（一）教师暑期实践锻炼的设计理念

1. 优化教师能力素质结构

学校成立时间较短，教师队伍以青年教师为主，普遍缺乏实践经验。青年教师的成长环境较为单一，在知识积累与更新、教学手段与方法等方面会随着教龄的增长不断得到提升，但对于实践能力及企业、行业一线的新理念、新技术、新工艺等缺乏一个好的获取途径。而暑期锻炼能够使青年教师通过在企业的实践，提高专业技能和实践能力，提升自身的素质，完善知识结构，为培养应用型人才奠定良好的基础。

2. 调整专业结构，完善人才培养体系，实现“三对接”

在参与企业实践锻炼期间，教师们通过调研，了解了企业行业现状、发展方向及对于人才的需求方向，为学校的专业设置调整寻求依据，实现了专业设置与产业需求对接；熟悉了企业生产工作流程及企业岗位所需能力素质，为学校的课程内容调整提供依据，实现了课程内容与职业标准对接；熟悉了企业生产过程，提升教师实践经验及能力，实现了教学过程与生产过程对接。

3. 深化产教融合，推进校企合作，服务地方经济

在暑期参加实践锻炼的教师作为学校与企业之间的桥梁，利用自身的理论知识、研究能力等方面的优势，为企业提供研发、工艺改进、项目开发、方案设计与完善、培训等各方面的服务，深化产教融合，推进校企合作，服务地方经济社会的发展。

（二）教师暑期实践锻炼的主要举措

1. 教师选派

学校在学期末组织暑期实践锻炼的教师选派工作，在组织过程中需要关注以下几个方面。

（1）考虑教师实际与意愿

根据学校的师资队伍建设规划，综合考虑教师的专业、职称、工作经历、工作表现等各方面条件，结合教师本人意愿，按需要、有计划、分批分期地进行实践锻炼。

（2）考虑企业岗位特点，明确实践目的

在教师报名参加暑期实践锻炼时，要考虑实践的企业和岗位是否与自己的本专业对应，且需结合专业建设、课程建设需求及教师的成长特点，明确实践的目的、拟解决的主要问题及预期的实践成果等。

（3）本着服务地方经济的原则，以京津冀地区的企业为重点

学校在选择企业时，要满足其代表行业先进水平，在京津冀地区乃至全国有一定的影响力，且与学校专业对口；有专门的职工培训机构或人力资源部门，校企合作基础良好；能够提供青年教师实践锻炼所需的岗位和指导老师；能够选派一定数量的企

业家、高技能人才、工程管理人才定期到学校交流或兼职任教等几方面条件。

2. 组织实践

实践锻炼以实践团队的形式进行，每个团队指定负责人，负责实践锻炼期间的相关工作。实践时间一般为 7 月中旬至 8 月中旬。教师在实践过程中，除了提升实践能力、优化能力素质结构以外，还需根据实际情况完成以下几方面的任务。

（1）进行社会调研

教师利用在企业实践锻炼的机会，对京津冀地区的人才需求情况，企业对各专业人才知识、素质、能力的要求情况，毕业生在企业的工作表现情况等进行调研，并形成调研报告。报告将作为调整专业结构、完善人才培养体系的依据，有助于“三对接”的实现。

（2）与企业合作研发

教师与企业联合开展课题研究、产品研发、工艺改进、项目开发、方案设计与完善、培训等工作，利用学校的人才优势服务地方企业。

（3）形成实践教学案例

教师根据实践经历，结合课程教学内容，形成教学案例。把教学过程与生产实际相结合，逐步实现课程教学案例全覆盖。

3. 总结考核

暑期实践锻炼工作结束后，开展总结考核工作。

（1）总结交流

参加实践锻炼的教师及各二级教学单位要对暑期实践的工作进行总结，整理汇总实践成果，总结经验，查找不足，并以总结交流会的形式与全校教师进行交流分享。

（2）考核

从教师的实践表现、预期实践目标的完成情况等方面，对各二级教学单位及实践教师进行专项考核，并且将考核结果纳入教师个人及单位（教研室、二级学院）的年终考核。

（3）表彰、推广

表彰先进，总结经验，查找不足。对实践锻炼中的优秀个人和先进集体进行表彰，对相应实践成果进行推广。

（三）教师暑期实践锻炼的相关保障支撑条件

1. 组织保障

学校成立院、校两级领导及工作小组，负责暑期实践锻炼期间的相关工作。在实践锻炼期间，组织检查慰问小组赴各实践企业，检查慰问实践锻炼的教师，并与实践企业就人才需求、培养方式、课程设置、岗位对接、学生就业等方面进行深入探讨，进一步加强校企合作，深度融合，互利共赢。

2. 政策保障

学校制定相应政策，为教师暑期实践锻炼提供政策保障。一方面，把暑期实践锻炼作为对教师个人及所在单位的重要考核指标，并把实践经历作为青年教师进行职称评定的必要条件；另一方面，把暑期实践锻炼经历作为教师在评优评先、岗位晋升、“双师双能型”教师认定等方面的优先条件。

3. 经费保障

学校划拨专项经费，在实践教师的补助、检查慰问、评优奖励等方面提供经费保障。

三、实践效果

2014—2018 年，学校连续 5 年开展了教师暑期实践锻炼工作，共计 500 余名教师参加了实践锻炼，对学校的“双师双能型”教师队伍建设及应用型人才培养工作起到了很好的促进作用。

（一）有效地促进了“双师双能型”教师队伍建设

通过暑期实践锻炼，学校大部分青年教师提升了实践能力，优化了能力素质结构，学校“双师双能型”教师队伍结构得到了优化。截至 2018 年底，全校“双师双能型”教师比例达到 46.1%。

（二）优化了专业设置，完善了应用型人才培养体系

以教师暑期实践锻炼成果为依据，学校根据产业需求调整了专业设置，根据行业职业标准改革了课程内容，通过教学案例及教师实践能力的提升，优化了教学过程，基本实现了专业设置与产业需求、课程内容与职业标准、教学过程与生产过程的“三对接”，有效地提高了应用型人才培养质量。

（三）深化了校企合作

通过教师在企业课题研究、产品研发、工艺改进、项目开发、方案设计与完善、培训等方面做的工作，以学校人才优势服务于地方企业，深化了校企合作，服务了地方经济社会的发展。

四、总结评价

对于学校来说，教师暑期实践锻炼是促进“双师双能型”教师队伍建设、完善应用型人才培养体系、促进转型发展的重要手段；对于社会来说，教师暑期实践锻炼是

学校服务地方经济社会发展的一个很好的切入点；对于企业来说，是合作共赢、协同发展的新途径；对于其他向应用技术型高校转型的大学也具有一定的借鉴意义。地方政府、相关合作单位对于学校的教师暑期实践锻炼活动都给予了高度的评价，对学校的办学思路和人才培养方式也都表示了肯定和支持。

通过在企业进行实践锻炼，教师改变了观念，增长了才干，切实提高了实践动手能力。但由于实践时间短、工作责任大，对基层工作的了解和把握还存在一定的差距，影响了教师实践能力的培养。为提高教师实践锻炼的有效性，学校与企业需要建立长期的校企合作战略关系，进一步拓展实践活动，争取更多的实践锻炼机会，建立起青年教师下基层接受历练、提升素质、施展才华的挂职锻炼长效机制。

河北科技学院：在应用型人才培养中突出劳动教育

河北科技学院全面贯彻党的教育方针，落实立德树人的根本任务，坚持“地方性、应用型、有特色”的办学定位，以服务国家发展战略、服务人才培养为主线，以培养适应区域经济社会发展为需要，以能力培养为重点，建设有特色的民办大学。根据学校办学定位和学生的层次特点，因材施教，把劳动教育纳入人才培养全过程，与德育、智育、体育、美育相融合，努力构建新时代劳动教育体系，紧密结合经济社会发展变化和学生生活实际，分类开展劳动教育实践活动，积极探索具有中国特色的劳动教育模式，创新体制机制，注重教育实效，实现知行合一，进一步促进了学生正确世界观、人生观、价值观的形成。

一、创办有鲜明特色的民办高校

从当前而言，民办高校与公办高校相比存在较大差距，但是未来教育的竞争，必将是办学特色、办学质量、办学品位的竞争。在这些方面，民办高校凭借办学机制的优势，处于有利的地位。河北科技学院将感恩教育、劳动教育、自律教育、科学技术教育，以及学校的军校管理教育模式相融合，将其渗透到专业教学与学生管理工作中，融入师生学习生活中，不断内化为品格，外显到行为，使“特色”文化的内涵得到了进一步拓展升华，明显提升了特色教育品位，取得了良好的教育效果。

二、依托军校式管理，探索多种形式的劳动教育模式

河北科技学院自2009年起实行军校式管理模式，让在校学生养成了令行禁止、拼搏进取、吃苦耐劳、艰苦朴素的优良军人品质。

2010 年，学校开始探索多种形式的劳动教育模式，各学院结合专业能力素质要求、职业发展需求和教学计划安排，分层分类，对校园环境、宿舍、教学楼等公共区域进行卫生维护，有序组织学生在每学年的劳动周里集中开展劳动实践。

2020 年开始，学工处积极和教务部门沟通，吸取其他院校经验，探索构建新时代劳动教育体系，优化劳动教育课程设置。明确人才培养方案中的劳动教育内容，形成理论与实践相结合的劳动教育必修课程。以大学生就业指导、职业生涯规划和创新创业课程为依托，开展理论课教学，教育学生树立正确的劳动观和就业择业观。同年，学管系统探索成立了劳动教育基地。

三、加强劳动精神学习宣传

学工处、校团委、二级学院配合学校党委宣传部通过各类宣传平台，在全校开展劳动教育学习宣传活动。各学院以班级为单位，通过座谈会、主题班会、专题讲座、主题党团日活动等多种形式，结合时代主题和生动案例提升学习效果，教育学生正确理解马克思主义劳动观，把握劳动精神和奋斗精神的实质和内涵，培养学生正确的劳动价值观和良好的劳动品质，养成勤于劳动、善于劳动、乐于劳动的良好习惯。

学校以重大时间节点为契机，组织开展劳动文化宣传教育活动：邀请大国工匠、劳动模范来学校开展校园活动，让学生近距离感受工匠精神和劳模风范；邀请工会、共青团等群团组织来学校开展劳动教育专题讲座，指导学生开展劳动活动，教育引导学生形成良好的劳动意识。

四、构建新时代劳动教育体系

（一）优化劳动教育课程设置

学校明确人才培养方案中的劳动教育内容，形成理论与实践相结合的劳动教育必修课程，规定实践课不少于 16 学时；以大学生就业指导、职业生涯规划和创新创业课程为依托，开展不少于 16 学时的理论课教学，教育学生树立正确的劳动观和就业择业观；实践部分以日常生活劳动、生产劳动和服务性劳动为主，分类实施；作为劳动教育必修课程的补充，思政课和专业课教学中要有机地融入劳动教育内容。

（二）灵活设立学年劳动周

各学院结合专业能力素质要求、职业发展需求和教学计划安排，分层分类，有序组织学生在每学年的劳动周里集中开展劳动实践。各学院可根据实际需要编写劳动实践指导手册，明确教学目标、活动设计、工具使用、考核评价、安全保护等劳动教育要求。

（三）发挥实践教育基地的劳动育人功能

学校进一步整合校内资源，从 2021 年 4 月 1 日起在校园内设置劳动教育实践基地，以学院为单位划分责任田，落实“一院一品”，学生全程参与。劳动教育不仅要学生们出大汗、下大力、下苦力，还要求他们勤思考、懂技术、会创新，把劳动教育从技能教育提升到品质教育。

学校积极拓展校外渠道，结合专业见习、实习等教学活动，组织学生到实践教育基地参加劳动活动，实现“会做人，能做事”，充分发挥学校各级各类实践教育基地的劳动育人功能，满足不同学历层次、不同专业的学生多样化的劳动实践需求，增强学生对劳动精神的体验感受和认知理解。

（四）将劳动教育纳入第二课堂成绩单

学校以第二课堂成绩单建设为抓手，客观记录与审核学生参加劳动实践的活动情况，实现劳动教育管理、科学评价的信息化。学生在校期间通过参与劳动教育活动及实践累计第二课堂学时，在每个学期末按照学校的学时、学分对应关系，统一认定为第二课堂学分。为此，学校合理划分了劳动教育思想的 3 个阶段。

第一阶段：本科、专科一年级。此阶段学生刚刚进入大学校园，学生的价值体系建立处于初步阶段，对事物的看法较为浅薄。

第二阶段：本科二、三年级，专科二年级。此阶段学生处于对大学认识的定型期，学生的价值体系逐步完善，思维从不成熟走向成熟，追求卓越的意愿强烈。

第三阶段：本科四年级，专科三年级。此阶段学生处于临近毕业的特殊时期，学生的思维逐步社会化，对社会的认知更加真实确切。

（五）开展劳动教育典型选树活动

学校以“五一”国际劳动节主题活动和“劳动之星”“星级宿舍”评选等为抓手，组织开展劳动技能和劳动成果展示等活动，选树一批优秀典型，对劳动表现突出的学生予以表扬，并作为评优、评先的重要参考之一。

五、分类开展劳动教育实践活动

（一）广泛开展日常生活劳动教育

学校以“服务育人”为载体，加强学生日常生活劳动教育，结合校园生活，组织学生开展绿化养护、校园卫生、教室清洁、实验室维护、文明寝室建设等劳动锻炼。每学年劳动锻炼时长不少于 6 学时，培养学生掌握日常生活的劳动技能和形成良好的行为习惯，助力校园文明建设。

（二）深入开展专业生产劳动实践

学校围绕专业特色，积极打造“专业＋劳动实践”“创新创业＋劳动实践”的新型实践模式。工科专业结合专业开展实习教学，每学年安排一定学时的生产劳动实践。以校内外专业实践教育基地为依托，学校组织学生到高新企业体验现代科技条件下劳动实践的新形态、新方式，安排学生参与生产实践活动，同时与“互联网＋”“创青春”等创新创业赛事深度融合，积累职业经验，提升就业创业能力。

（三）积极开展服务性社会劳动实践

学校以校、院两级团学组织为主体，开设“菜单式”志愿劳动项目，加强学生公益性劳动意识。非工科专业结合专业开展实习教学，每学年安排一定学时的服务性劳动实践。学校积极搭建志愿服务平台，组织学生深入城乡社区、福利院和公共场所等参加志愿服务，开展公益劳动，曾参与北京世界园艺博览会和北京市通州区大运河森林公园志愿服务活动，以及创城、“三下乡”社会实践、社区治理等活动。学校还积极利用“西部计划”，引导学生扎根基层建功立业，培养学生形成到艰苦地区和行业工作的奋斗精神。

（四）家校共育，充分结合优秀中华传统文化教育，形成协同育人格局

学校自2003年开始全面宣扬优秀中华传统文化，开展“孝行科技”“中华传统美德进校园”等活动，鼓励师生给亲人写感恩信，帮父母洗脚、做家务，把劳动教育成效扎根到每一个家庭，使家庭劳动教育真正做到日常化，受到了家长们的一致认可。

六、总结

通过劳动教育案例教学的实践，我们感悟到案例教学不仅仅是一个单纯的教学方法，更体现了一种全新的教育思想和教育理念。案例教学创设了一种真实而深刻的思想学习境界，体现了以弘扬学生主体性为宗旨、以提高学生的全面素质为目的、以培养学生的创新精神与实践能力为根本的教育理念。

河北工程大学科信学院：创立书院工作机制，打造党建特色

围绕“如何使习近平新时代中国特色社会主义思想进入头脑、融入生活、见诸行动”这一命题，河北工程大学科信学院党委在育人实践中，以弘扬社会主义核心价值观，培养学生“爱国、敬业、诚信、友善”的优秀品质为切入点，在回答“培养什么样的人、如何培养人、为谁培养人”这一根本问题中，形成了以文化人的“书院工作机制”，获得了一些经验，取得了一些成果。

一、运行方式

甘丹书院，下设主馆和5个主题文化馆。主馆又称荀子学堂，5个主题文化馆分别是青蓝书屋、立文馆、善身馆、载德馆、沉鱼出听。以培育学生“爱国、敬业、诚信、友善”的公民品格为主旨，以荀子思想、邯郸优秀成语典故、一二九师革命文化为教学内容，通过认知、体验、行为等3个维度，实现知行合一，将社会主义核心价值观浸入心灵、融入生活、嵌入行为。在育人过程中，围绕3对基本矛盾，即课程设置与师资队伍培养、主题文化馆的建设与学生实践环节、宿舍文化与行为养成，形成了独特且富有实效的教育模式。

二、关键机制

（一）通过通识课程建设，提升学生对优秀传统文化的认知

在认知层面，以荀子学堂为基础，完善课程体系建设，开设了“荀子思想”“新编《弟子规》”两门文化素质拓展课程，解决认知问题。

（二）以主题文化馆为“体验室”，将社会主义核心价值观融入头脑

书院以5个主题文化馆为实践和体验平台，以邯郸成语典故、一二九师革命故事、社会主义核心价值观等为题材，通过话剧、微电影、文化导游等形式，定期围绕各馆主题开展活动，使学生在资料收集、作品创作、人物刻画、剧情导演、角色扮演等形式中体验文化的核心内涵，实现教育与自我教育。

书院拥有10支习近平新时代中国特色社会主义思想的优秀文化导游团队，在资深专家的指导下，他们围绕着“新时代”“新矛盾”“新目标”“八个明确”等主题，在课堂、宿舍、居民社区、农村、厂矿企业等场合进行宣讲，并依据所见、所闻、所悟，完善资料，充实内容。此外，书院还拥有12支一二九师精神的优秀文化导游团队、10支邯郸党史的优秀文化导游团队、15支邯郸成语典故的优秀文化导游团队，先后开展了专题讲解千余次，受众万余人。

书院举办微电影节、话剧节，为文化插上有声的翅膀。通过微电影的制作与观赏、微话剧的编排与现场感染，全环节引领大学生人生价值的思考和启迪。对不同主题的研究、撰写、编排、演练、传播与宣讲，使大学生将教育他人与自我教育紧密结合，不断传承与创新，最终净化灵魂、塑造行为。其中，受学生推崇的剧目有《黄君珏》《郭书玉》《将相和》《西门豹治邺》《邯郸学步》《负荆请罪》等。

（三）将宿舍作为文化落地的阵地，围绕宿舍文化与行为养成，促进社会主义核心价值观融入生活、见诸行动

在行为养成层面，书院以宿舍里“会说话的墙”为切入点，以宿舍里“文化导游”与行为养成为落脚点，促进学生陶冶情操、优化人格。在宿舍基础文明建设的基础上，学生通过对邯郸文化的认知与体验，选择主题进行宿舍文化建设，营造具有文化气息的生活氛围，使宿舍成为学生美化生活、优化环境、独立人格、健康身心的成长与成才基地。并且宿舍的每个成员都是“文化导游”，在深刻理解本宿舍展现的文化内容的基础上，向师生展示其文化内涵与特色，充分发挥宿舍小阵地的思想政治教育功能，将社会主义核心价值观嵌入行为。

三、机构设置与人员配备

河北工程大学科信学院设有机关职能部门和5个教学部，即管理工程教学部、建筑工程教学部、电气及其自动化工程教学部、机械工程教学部、水电及资源工程教学部。各部门相互配合，分管主题文化馆，全员参与，协同共进。其中，机关职能部门负责位于教学楼的主馆，管理工程教学部负责位于明德楼的善身馆，建筑工程教学部负责位于成学楼的沉鱼出听，机械工程教学部负责位于致远楼的载德馆，水电及资源工程教学部负责位于明志楼的青蓝书屋。

四、工作成效

（一）育人模式日趋成熟

书院经过多年的建设，已经成为学院党委牢牢把握大学生意识形态的阵地、党建文化高地、社会主义核心价值观培育地。

学院党委工作成效显著。“甘丹书院与学生公民品格塑造”和集党员教育、管理、评价、服务为一体的“党员先锋指数管理模式”，均入选了河北省高校党建研究会重大课题，且都荣获一等奖。学院党委先后于2014年、2017年连续获评河北省“全省高等学校先进基层党组织”荣誉称号；2014年、2016年，获评邯郸市教育工委“优秀基层党组织”荣誉称号；2013—2018年，连续获中共河北工程大学委员会“优秀基层党组织”荣誉称号。“甘丹书院与大学生品格塑造”先后获得河北省高校党建课题一等奖和河北省教育厅校园文化建设成果三等奖。“文化导游：高校党建靓丽的风景线”获河北省教育厅校园文化建设成果三等奖。

由于育人方式鲜活，效果显著，书院受到了校内外各级领导、参观者的一致好评，相关做法被《邯郸日报》《光明日报》刊登报道。书院的红色话剧《太行女杰——黄君珏》入选河北省第五届大学生艺术展演，在千余个优质节目中脱颖而出，并赴保定学院参加会演。

（二）安全稳定工作扎实平稳

近年来，学校依托书院育人模式，丰富文化活动，实现引导和教育，连续5年安全零事故。

（三）将公民价值要求纳入人才培养方案

学校的人才培养目标是“高文化艺术素养应用型技术人才”，为此提出了“一体两翼”的工作思路，其中的“一翼”就是用文化艺术高素养塑造学生的正知、正见、正能量。学校将社会主义核心价值观中的公民价值要求，从课程设置，到实践环节，再到行为养成的考核，全部纳入人才培养方案中。

（四）人才培养质量显著提升

1．文化引领与精神传承方面

书院从多方位、多角度立体设计，激发学生参与文化育人的认知、体验和行为的全过程，激发学生的积极性与创造性。书院还以整体视角发展学生的主体性，为学生搭建文化体验平台，鼓励学生不断创新活动形式，营造师生互动、民主和谐的良好氛围，充分激活学生主体的积极参与，实现教育与自我教育的有机结合。至今，甘丹书院已经基本实现了全员参与，并在学生精神风貌、人文素养、公民品格养成等方面取得了明显成效。

2．学风方面

学校在主题文化馆开展相关活动400余项。总体上看，课堂表现明显好转，迟到、早退现象明显减少，教师对学生的评价有所提高，风气渐正，氛围渐浓。学生挂科率、重修率明显降低，考研率逐年上升。

3．人才输送方面

书院源源不断地为社会输送着一批批有理想、有本领、有担当的青年。学校毕业生在工作岗位上表现优异，从用人单位的反馈意见中可以看出，学校毕业生得到了高度认可和一致好评。5年来，学校涌现出了两名全国自强之星，985高校考研率不断提高，参军入伍率逐年提升。2012—2018届毕业生中，共有78人考取了公务员或选调生。

河北经贸大学经济管理学院：国旗护卫者，德育先行军

河北经贸大学经济管理学院国旗护卫队成立于2010年4月18日，是由学院党委学生工作部、学院武装部直接领导的半军事化学生组织。这支队伍从最初3人的升旗小

组发展到 42 人方队，从无规范动作到斩获“全国团体一等奖”和“十佳升旗手”，从校内升旗护旗到国旗知识宣讲，再到校外志愿服务，队员们始终严格遵循“气氛团结、本领过硬、思想向上、作风严谨”的队训，不怕艰苦，风雨无阻。他们的训练方法和队伍培养以天安门国旗护卫队为范本，坚持每周至少 16 个小时的严苛训练。每天晚上，校园内总能看到他们踢正步、站军姿的身影，两人成列，三人成行，无论走到哪里，队员们积极向上的精神面貌和严谨的生活作风都让人心生敬意。他们用行动无言地影响着身边的每一位师生，多年来始终是学院思想政治教育工作中最亮的那颗星。

一、国旗护卫队的发展建设

自学院国旗护卫队建队以来，始终以宣传《中华人民共和国国旗法》、护卫国旗为使命，以弘扬爱国主义精神、增强全民国防观念为己任，以培养和展现当代大学生爱国荣校、勇于担当的精神风貌为目标，以服务校园文化建设、拓宽思政教育途径、助力大中小学德育体系建设为宗旨，始终坚持在重视组织建设和队伍管理、强化思政教育和日常训练的同时，积极参与全国同类比武练兵，创新开展德育共同体建设志愿服务。

经过 10 年的不懈努力，如今的国旗护卫队已经成长为学院积极培育和践行社会主义核心价值观、体现中国特色社会主义先进文化前进方向、促进学院校园文化建设的有效载体。

（一）强本固基，重视组织建设和队伍管理

1. 学院党委高度重视，为组织机构、基本设施建设提供保障

国旗护卫队隶属武装部，由党委学生工作部、武装部共同管理，武装部专任教师负责训练管理和组织活动，学生工作部负责思想政治工作。建队以来，学院给予了大力支持，不仅拨发了专门经费，还与军区有关部门协调，使训练用枪得到保障。

2. 具体措施到位，确保训练管理制度化

国旗护卫队定期召开专题会议、总结会议，研究和部署相关工作；制定和完善了队训、队规、选拔制度、誓词，确定了队徽和队歌等；定期制订训练计划，保证训练时间及内容更新；严格进行训练成绩考核及记录；除日常训练外，还将军事理论课程列入队员的培训计划。

（二）规范程序，合理设置队员训练日程和训练模块

1. 强化教育和训练

国旗护卫队的训练方法和队伍培养以天安门国旗护卫队为范本，国旗护卫队曾多次到北京学习建队经验，现已形成了独具特色的训练模式和方法，主要训练内容包括

《中国人民解放军队列条令》、定向越野、轻武器射击、军体拳等。

2. 广泛培养，重点选拔

国旗护卫队在严格的训练选拔过程中采取淘汰制，体能不佳要被淘汰，体能佳但动作不协调也要被淘汰，经过二次淘汰筛选后才能成为国旗护卫队预备队员。预备队员们每天早晨6点训练，不论刮风下雨，从不间断，经过第三轮训练考核合格后方能成为正式的国旗队护卫队队员。作为一名国旗护卫队队员，日常生活中还必须符合大学生精神文明行为准则要求，如有违反，轻者批评，重者清退。

3. 注重学习和传承

一是老带新滚动式发展，通过言传身教，强化团队意识和集体观念，增强优良传统和精神的传承；二是集中训练和分散训练相结合，以集中为主，分散为辅，增强队员训练的自觉性和训练的灵活性；三是注重仪式感，每年老队员退队、新队员入队时都会举行隆重的交接仪式，组织全体队员参观和座谈，新队员在国旗下宣誓入队，使之感受到老队员的荣誉与期望，肩负起国旗护卫队的责任与使命。

（三）积极参与，全国同类比武练兵屡获佳绩

2016年9月28日—10月2日，由团中央学校部、全国学联秘书处主办，中国国旗网承办的第三届全国高校升旗手交流活动在北京举行，学院国旗护卫队受邀同全国27支高校国旗护卫队一起参加了交流展示。最终，学院国旗护卫队队员吴浩然同学荣获“全国高校十佳升旗手”荣誉称号，国旗护卫队荣获“优秀组织奖”。活动期间，国旗护卫队还参加了高校国旗班建设交流、升旗仪式规范培训、升旗手文艺表演等活动，并在10月1日早晨到天安门观礼台观看了升旗仪式。

2017年9月29日上午，第四届全国高校升旗手交流展示活动在北京举行，来自全国各地35所高校的国旗护卫队在京比拼。最终，学院国旗护卫队队员刘子彧获得“全国十佳升旗手”荣誉称号，国旗护卫队获“全国高校国旗班交流建设团体三等奖”，河北经贸大学经济管理学院被授予“优秀组织奖”。

几次国庆首都之行，既增强了国旗护卫队队员作为国旗卫士的使命感与荣誉感，有助于发挥升旗仪式的教育引导作用，也使学院的品牌学生团队在走出校园、走出河北，充分展示经管学子风采的探索道路上继续前进，更为学院深入开展爱国主义校园文化建设、践行社会主义核心价值观增添了新的元素。

（四）建立基地，积极助力河北省德育共同体建设

早在2012年，学院国旗护卫队就陆续在石家庄市13所中小学建立了志愿服务基地，训练中小学国旗班，教授军体课，宣讲国旗、国歌、国徽知识，传播爱国、护旗精神，努力做到爱国教育从小学生抓起，在中学生加强。迄今为止，国旗护卫队已完成校内外升旗任务近1000次，校外国旗知识宣讲近500次，受益中小学生达2.7万人次。同时，国旗护卫队还积极参加河北省教育厅、省属医院、华北军区烈士陵园等单位的升旗仪式，受到了社会各界的一致好评。

2017年10月25日，全国首个省级“德育共同体”——河北省“德育共同体”正式成立，学院作为发起单位之一参加了成立大会。学院国旗护卫队也以此为契机，积极广泛地与河北省中小学展开深度合作，努力实现河北省大中小学德育教育的共同发展。

二、开设国旗文化展厅，营造爱国氛围

为了普及国旗知识，宣传国旗文化，学院专门辟出场地开设了国旗文化教育展厅，展厅规模虽小，但内容却很丰富。展厅分五大板块：国旗诞生板块，介绍国旗诞生的来龙去脉；国旗知识板块，介绍《中华人民共和国国旗法》《中华人民共和国国歌法》和国徽的相关知识；党建墙板块，贴有入党誓词、党的宗旨和党的纪律等党建内容，适合举办入党宣誓、重温入党誓词等活动；国旗护卫队发展和荣耀板块，摆放了学院国旗护卫队的发展历史和曾获得的集体及个人荣誉；最后一个板块是联谊交流区，是国旗护卫队和各高校护卫队联谊比赛时互赠的礼品。展厅得到了学院的鼎力支持和河北省收藏家协会、老教授协会的无偿捐赠。展厅对外开放，供校内外同学参观学习，充分发挥了国旗文化教育的实物载体作用，让爱国主义精神在校园内看得到、摸得着、感受得到。

为深化主题教育成果，学院在国旗护卫队成立了临时团支部，进一步突出了党的政治建设和思想引领。

国旗文化教育的全方位开展取得了丰硕的成果，国旗护卫队队员积极响应参军入伍，2020年就有3位00后光荣地加入了中国人民解放军。2016级会计专业的陈广焕以惊人的毅力通过了严苛的测试，成为一名特战旅战士。他说，正是多年在国旗护卫队中的浸润与洗礼，才造就了他顽强的品格。更令人骄傲的是，2017级金融专业学生杨柏林作为海军方队一员参加了2019年的国庆阅兵式，接受祖国和人民的检阅。近10年来，国旗护卫队送走了一批又一批队员，退队的队员将爱国主义精神带到了学习和生活中，就是毕业后也秉持着军人的作风，忠诚于党，爱岗敬业，时刻不忘自己的初心。

三、大学生国旗护卫队在校园文化建设方面的意义

在学院党委的亲切关怀下，在全院师生的共同关注与大力支持下，在部队教官严

格的军政训练与半军事化管理下，国旗护卫队走过了 8 年的风雨历程。

在高校组建大学生国旗护卫队是进行爱国主义思想教育、提升学生综合素养的有效载体，也是开展校园文化建设的重要渠道。

（一）标杆和激励作用

通过队列训练，提高了队员们的身体素质和健康水平，提升了意志品质；通过心理素质的培养锻炼，使队员们养成了严守纪律、勇敢奋进的优良品质，树立起了克服未知困难的信心和坚决完成任务的决心；通过军事理论学习，使队员了解到我国的国防力量，提高了他们的民族自尊心和自豪感，更认识到了自己对社会和国家的价值。

（二）示范和传承作用

作为一个学生组织，国旗护卫队从日常训练等方面入手，在成员之间建立起了融洽的感情、协调的关系和良性的竞争，全队上下形成了令行禁止、步调一致的良好风气。新加入的队员时刻能受到良好作风纪律的熏陶，潜移默化地传承了护卫队老队员吃苦耐劳、举止文明、勇敢顽强的作风。在校内外的一系列活动中，国旗护卫队队员将爱国主义思想传递到每一个人的心中，并逐渐形成了“热血、坚韧、忠诚、担当、传承”的国旗护卫文化。

（三）塑造校园文化品牌作用

如今，国旗护卫队已经成为学院里一面活动的旗帜，有效地激发了青年学生的爱国热情，增强了师生的国防观念，带动培养了更多师生爱国荣校、勇于担当、甘于奉献的精神风貌和精神内涵，营造出积极向上的校园文化氛围。

参与河北省德育共同体，积极携手省内中小学校开展中小学爱国主义教育和国防教育，更使学院国旗护卫队成为探索和实践河北省德育教育新思路、新方法的先行军，为推动河北省德育共同体快速发展做出了积极的贡献。

国旗引领航向，国旗凝聚初心，国旗文化教育奏响了新时代主题教育的最强音。几年来持续推进的爱国主义教育，把学院师生紧密地团结在国旗周围，促使其自觉用“四个意识”导航，用“四个自信”强基，大手牵小手，共著德育新篇章。

石家庄财经职业学院：展室群与非遗传承的文化育人功能及实现价值探索

石家庄财经职业学院以社会主义核心价值观引领文化建设，一手抓展室群文化建设，一手抓文化传承的实践探索，深入挖掘文化所蕴含的思想观念、人文精神和道德规范，把文化建设与人才培养紧密结合，以高度的文化自觉推进展室文化育人功能并进行价值探索，在师生中积聚更深沉、更持久的力量。

一、建设的背景

党的十九大报告中强调："文化是一个国家、一个民族的灵魂，文化兴国运兴，文化强民族强。没有高度的文化自信，没有文化的繁荣兴盛，就没有中华民族的伟大复兴。"这成为指导新时代中国特色社会主义文化发展的新思想、新理论。

石家庄财经职业学院作为一所财经类高职院校，以体现职业属性为着眼点，以专业特色为着力点，建成了国学馆、共产主义运动展室、中国职业教育展室、会计专业展室、物流贸易专业展室、创新思维空间展室；确立了珠算、石家庄市鹿泉北白砂舞龙、衡水内画等 3 项非物质文化遗产传承项目，打造出新时代高校传承优秀传统文化的新名片。

二、育人功能探索

（一）展室群文化特色及其育人功能

展室群的展板设计图文并茂，藏品作为知识链接，聚焦趣味性和知识性，声光电屏等多媒体打造视听新体验，强化师生的场景化参与。这一方面弥补了传统课堂育人的不足，另一方面使学生的学习意识、学习习惯、学习兴趣得以升华。

学校在入学教育中，将展室群参观学习列入新生入学教育常规要求；在现场教学应用中，根据展室特点从不同角度进行现场教学与真实实践；在科研过程中，各展室人员充分利用展室资源，广泛开展科研课题研究；在社会服务方面，展室承接对外文化展示，建立定期开放日，成为广大考生、兄弟院校、行业企业、文化名人参观交流的必选项目。

校史馆以学校的历史发展为主线，秉承"承前启后，继往开来"的原则，通过大量的历史照片，以及 400 多件实物、模型，系统展现了学校 20 多年来的风雨历程和办学成效，旨在向师生、校友和社会提供一个展示学校历史和优良传统的平台，展现学校在快速发展过程中，锐意进取的今天和光明灿烂的未来。

中国职业教育展室以中国职业教育的历史发展为主线，全面展示我国职业教育的发展历程。展室共有各类珍贵藏品 300 余件，分古代职业教育展、近现代职业教育展、当代职业教育展、未来职业教育发展等 4 个部分展示，以生动、翔实的资料图片和文字说明再现了中国职业教育的发展历程。展示内容时注重点面结合、图文结合、展板与实物结合。在展示风格和表现手法上注重传统与现代结合，使学生目之所及、耳之所闻，处处都能感受到职业教育文化的熏陶。

共产主义运动展室分为共产主义运动萌芽、共产主义运动在苏联、共产主义运动之马克思主义中国化毛泽东思想时期、共产主义运动之马克思主义中国化邓小平建设有中国特色社会主义理论时期、共产主义运动之马克思主义中国化习近平新时代中国特色社会主义思想时期等5个部分。展室共有各类藏品374件，其中1949年之前出版发行的各类珍贵藏品17件、国外及外文藏品12件。作为学校思想政治教育基地和党员教育活动基地，展室每周三下午为社会开放日，累计接待师生、社会人士1.5万余人，成为思政教育课程的理想阵地。

会计、物流、贸易专业展室是集会计、物流、贸易文化展示、展品收藏、专业教育和对外交流为一体的专业性展室，从传统与现代多元化视角向学生全面清晰地介绍会计、物流、贸易的发展轨迹。展室设置有古账房、古钱庄、现代会计、现代银行等独立单元模型，是学校财经商贸类专业的文化教育实践基地。

创新思维空间展室共分为创新概述、创新思维启示区、创新创意激发区、创新成果展示区等4个部分，另设有团队PK区和沙盘推演区。展室建成后已经发挥了创新创业课程实际体验和学校众创空间“蚂蚁工厂”项目的驻前拓展功能。

（二）非物质文化遗产传承及其育人功能

学校已逐步实现了对传承工作的课程、社团、工作室建设，实现了对非遗项目的保护、研究和传承。

学校成立了以河北省石家庄市鹿泉北白砂舞龙传承人郄林习为牵头人的“北白砂舞龙技能大师工作室”，以衡水内画技能大师刘卫兵、雒玉茹为牵头人的“财经内画工作室”和以武万亮教授为牵头人的“珠算文化工作室”。通过创建技能大师工作室，搭建高技能人才研修平台，建立高技能人才绝技绝活代际传承机制，推行技能大师带徒制度，培养了一批具有绝技绝活的高技能人才。

学校已向教育部申请成为珠算非遗文化传承基地；“北白砂舞龙技能大师工作室”被列入河北省高等职业教育创新发展行动计划（2019—2021年）项目，并荣获2019年河北省大学生“调研河北”社会调查活动三等奖。

三、实现价值探索

（一）文化育人成效

学校以展室群为文化育人载体，作为理想信念教育、创新思维教育、职业认知教育、专业认知教育、校情认知教育的主阵地，形成了以“五育六爱”为主要特征的五位一体的文化育人新格局。校史馆通过校情校史认识教育，培育学生的“爱学校之情”；中国职业教育展室通过对职教的认知教育，培育学生“爱职业教育之情”；共产主义运动展室通过对党史、国史、新中国发展史的认知教育，培育学生的“爱国、爱党之心”；会计、物流、贸易展室通过开展专业认知教育，培育学生的“爱专业之情”；创新思维空间展室通过开展创新思维认知教育，培养学生的“爱创新之意”。

非物质文化遗产传承项目通过文化传承和文化熏染，增强了学生对世情、国情、人情的认知，并把优秀传统文化精神内化为学生的文化素养，在教育实践中形成正确的行为方式和价值观念。

（二）社会贡献及影响

学校的展室群及非遗文化传承项目，吸引了约 1.2 万名高职生及 20 所中职学校的近 4 万名在校生前来参观学习。作为河北省 128 所高校中首家以共产主义运动为主题的展室，共产主义运动展室在坚定理想信念教育、“不忘初心、牢记使命”主题教育、高职院校思政教育改革、党课建设等方面有着重要意义和深远影响。

教育部财经类专业教学指导委员会调研组成员、国防大学战略专家王宝付教授，西苏格兰大学工程与计算机学院院长、著名文化学者蒙曼教授，著名影视表演艺术家、导演唐国强、高亚麟等人先后来校参观并给予了高度评价。

时任河北省教育厅厅长刘教民、副厅长贾海明及中华职业教育社总社副总干事杨农曾到校调研，并对学校职业教育的文化育人工作给予了充分肯定。

重庆市民办教育协会、河北省高校校长团、山西省高校校长团、河北省民办教育协会、河北省民办高校书记团、河北省机关事务管理局等组织纷纷来校观摩交流，在高校、党政机关中产生了较大影响。

《中国教育报》《燕赵晚报》等国家级、省级媒体对学校的展室主题教育活动进行了专题报道，产生了广泛的社会影响。

石家庄财经职业学院：“四阶段”岗上培养，植根企业育人才

石家庄财经职业学院积极开展校企合作，充分发挥学校和企业双主体育人作用，与河北顺捷集团共同培育会计人才。学校的会计专业根据企业会计相关岗位需求，利用企业真实的工作岗位和丰富的业务案例，结合高职院校学生成长及学习特点，将工匠精神和职业能力培养融入校企育人全过程，构建了“拜师识岗、从师跟岗、择师轮岗、出师顶岗”的“四阶段”岗上育人模式，对“企业文化进教室”“企业案例进教材”“业务骨干进课堂”“人才培养进企业”的“四进体系”进行了深入探索，初步形成了“学生—学徒—准员工—员工”四位一体的人才培养模式。学校探索校企联合招生、联合培养、一体化育人的长效机制，建立学校、企业、行业参与的评价机制和教

学质量监控体系，实现了“双身份认证”“双主体育人”“双师资培养”“双基地实训”，形成了独具特色的现代学徒制。

一、拜师识岗，校企共同育人才

企业师傅将学生带入岗位环境，完成企业认知。学生从认识岗位工作开始，了解企业文化，学习作为会计职业人的职业素养、企业基本技能素质训练、企业员工关系管理、企业注册登记等内容。

学校和企业重视文化育人，开设企业文化课程。校企共建会计文化展室，营造会计文化氛围，实现会计文化、敬业精神、行业规范、职业道德的继承和发扬，塑造现代会计的工匠精神。

由学校导师在校讲授涉及财务核算、成本结算、税费计算等专业基础知识；企业师傅依托校内实训基地，引入企业的典型业务对学生进行技能训练，使其实现对工作岗位的初识，从中体验、模仿、尝试、感悟企业文化和会计职业规范。

二、从师跟岗，进行专项能力训练

学生识岗后，借助在学校的专业理论知识学习，跟随企业师傅在企业开展工商注册、财务核算岗位、税务会计岗位、审计助理岗位的跟岗训练。学生在跟岗过程中，接受企业师傅的技能训导，逐步进行岗位工作学习，或者进行岗位辅助性工作，加深对岗位工作内容和技能规范的认知，并培养自身敬畏职业、精益求精、团结协作的工作精神。跟岗期间，企业建立教学管理部，由专职管理人员进行学生管理。

三、择师轮岗，实岗育人见真章

学生在河北顺捷集团各基地进行代理记账岗、财务咨询岗、审计助理岗之间的轮岗操作，独立完成企业“量身定制”的任务，实现“传承企业文化、传承工匠精神”，培养扎实的职业素养。

通过引入行业标准、企业规范及岗位准则，学校引导学生接受行业企业新制度、新技术，在真实岗位中提升学生的职业素养。企业按初级员工的培训要求对学生进行各岗位技能培养和训练，使学生达到各岗位考核标准和符合上岗的基本要求。学校教师到企业进行集中授课，主要包括管理会计、投融资管理和战略管理等专业课程知识，为学生将来的职业发展奠定基础。

四、出师顶岗，实现校、企、生三方共赢

校企双方按照代理记账、工商咨询、审计助理的岗位标准对学生进行上岗考核，考核过关率作为企业师傅津贴发放的重要标准。双方还建立了定期检查、反馈等质量监控机制，强化对企业带徒师傅的考核。企业师傅加强对学生顶岗工作指导，要求其做好顶岗日志，强化顶岗工作的考核。

通过实施“工作任务引领，企业实岗育人”改革后，学生在工作任务中理解了专业知识，在协作中掌握了专业技能；企业收获了为其“量身定制”培养的人才，减少了培训支出；学校不断深化人才培养模式改革，提高了人才培养质量。

通过“四阶段”岗上培养，企业师傅将学生带入岗位环境，从认识岗位工作到手把手教会岗位技能。学生跟岗学习，轮岗进行实操锻炼，出师顶岗，成长为职业道德高尚、岗位技能过强的顺捷会计人。这一模式实现了工学交替、学岗互通、育财会精英，保证了学校、企业、学生三方共赢。

现代学徒制模式实现了双身份认证、双主体育人、双师资培养、双基地实训。学校以提高校企合作、产教融合对教育教学的促进作用为立足点，基于产业链、人才链与教育链的融合，形成了“四双”体系构建，即统分结合的双层运行管理机制、“工学交替、交互训教”的“双贯通”课程衔接体系、学习场景和工作场景相融合的“双情境”教学方式、岗位标准和教学评价“双支撑”的评价体系。石家庄财经职业学院作为国家现代学徒制试点单位，会计、工商企业管理、汽车检测与维修技术等 3 个专业顺利通过了教育部验收。

全国财政职业教育教学指导委员会对学校的财经类专业校企合作进行了调研，在反馈报告中指出，石家庄财经职业学院校企合作深入，形成了“企业文化进教室、企业案例进教材、业务骨干进课堂、人才培养进企业”的校企合作育人模式，这些做法对全国其他财经类院校的专业建设和人才培养具有重要的借鉴意义。

石家庄工程职业学院：打造特色航空航天教育体验基地，助力全民国防科普教育深入开展

石家庄工程职业学院创建于 1996 年，是经河北省人民政府批准、教育部备案的全日制普通高等专科学校，位于石家庄市新华区学府路 169 号，有在校生 1.4 万余人，图书馆藏书 60 余万册，现开设航空工程、信息工程、建筑工程、经济管理、艺术设计、医学、学前教育等 7 个系共 40 余个专业。

2012年起，学校着眼国家战略新兴产业发展需求和区域经济社会发展需要，依托原空军第四飞行学院的复转军人，在全省率先开设了服务于通用航空产业的航空类专业，投资3000余万元建设了航空专业实训基地，在行唐兴建了含1200米跑道的通用机场一座，逐步形成了特色优势明显的航空专业集群。自2012年以来，该专业培养了2000余名学生，大部分都受聘于航空企业、对口就业率达到95%。军企校联办的航空工程系的成立，填补了河北省内高校没有航空工程核心专业的空白。

依托丰富的航空航天优势资源，学校在专业建设基础上筹建了青少年航空航天教育体验基地。该基地为学校航空工程系的飞行、空乘、航空维修等专业提供了实训和知识拓展的场所。基地面积近2万平方米，分室内和室外两大展示演示区，拥有近千件航空航天器模型、文物及7架飞机实机。目前基地已初步形成了一个集航空科技、航空文化、航空教育、航空体验为一体，主题突出、特色鲜明的综合性科技场馆。基地设有管理及专兼职解说人员10余人，通过与亚光速科技公司建立校企合作等方式，有效保障了展品的维护更新和稳定的经费投入。

近两年来，学校先后被石家庄市委宣传部、石家庄市国防教育办公室批准命名为“石家庄市国防教育场所”；被河北省人民政府、河北省军区联合命名为“河北省国防教育基地”；被石家庄市科协命名为“石家庄市科普教育基地”；被河北省科技厅认定为首批“河北省科普示范基地”；被河北省双拥办、河北省退役军人事务厅、河北省军区政治工作局认定为“河北省拥军服务站”。

为更好地践行学校服务社会的职能，2018年以来，学校在国防教育和科普教育活动开展中大力实施“请进来，走出去”策略，主动联合《燕赵晚报》、石家庄广播电视台、河北广播电视台等单位，面向石家庄市中小学生，组织了30多场共2500余人参加的公益科普教育体验活动，内容涵盖航空科普知识讲座、参观航空航天馆、航空旅行安全模拟体验、观看无人机航模表演、模型飞机制作与放飞等项目。学校师生和家长普遍对活动展现出浓厚兴趣，并给予了高度评价，有力地促进了石家庄市国防科普教育活动的广泛深入开展。

为更好地传播航空文化，展示航空科技运动魅力，依托学校无人机专业的生源和资源优势，学校组建了无人机航模展演队伍，努力将之打造成流动的科普展馆。两年多来，结合科普活动周、职教活动周、全国科普日等活动及节假日，学校组织表演队走出本校，走进河北地质大学、石家庄市第九中学、石家庄市植物园等多个单位和场所，开展了10余场公益科普宣传展演，取得了良好的社会效益。

近几年来，学校创新举措，支持国防建设和军队建设，积极联合部队开展实用性科技项目合作。学校和石家庄警备区进行了民兵编组合作项目，派遣了6名人员参加民兵编组和训练，并将一架飞机作为机动备用保障设备。学校还开展了军民融合的科研项目，合作研发复合材料在飞行员头盔上的应用、战斗机战时应急降落灯光系统和多用途应急救援无人机等项目。

下一步，学校将继续加大基地的投入和建设力度，进一步扩充优化基地空间布局，拓展提升展品数量质量，通过增设多种模拟飞行、空战表演、航天漫游等互动参与式项目，使普通观众特别是广大青少年可以亲身体验航空航天的独特魅力，增强对航空航天事业发展的认识与认知，感受我国在航空航天和国防科技领域取得的巨大成就，激发他们的爱国热情，培育爱国情怀，培养科学思维、探索精神、创新意识和实践能力。同时学校还将航空航天科普教育与国防教育进行深度融合，充分发挥好基地爱国主义教育、国防教育和科普教育的功能，为提高全民科学素养，增强全民国防观念，建设创新型国家做出更大的贡献。

今后学校将立足自身工作实际和行业特点，有计划、有步骤、有重点地积极开展工作，并不断创新工作载体，充实工作内容，完善工作方法，夯实工作基础，确保工作效果，以更高的标准和更好的条件，面向更多的社会群体，开展更广泛的军事国防和科学普及教育，同时也希望为安置复转退役军人提供更多、更好的就业岗位和发展机会，希望可以一直为祖国的国防、部队、军人服务下去，并争取做得越来越好。

石家庄科技信息职业学院：校企合作、产教融合是新时代职业院校发展的必由之路

为深入贯彻落实国家关于深入科技体制改革，建立以企业为主、市场为主导、产学研深度融合的培养体系，2016 年，石家庄科技信息职业学院与石家庄滴泉生物科技有限公司携手成立了饮料配料应用技术协同创新中心，旨在通过建立校企协同合作，共同推进学生培养和技术创新。

一、企业情况

石家庄滴泉生物科技有限公司成立于 2012 年 5 月，是以经营饮料技术服务为依托，生产销售饮料及乳品、冷食领域的复配食品添加剂和食用香精为主要业务，同时从事益生菌冻干粉、果蔬汁浓浆及功能性食品添加剂等产品的生产销售的公司。2017 年 12 月，更名为石家庄润启生物科技有限公司。

二、具体做法

（一）典型项目，真岗实做，做中学，学中做

2016 年，针对部分人群因肠胃不适、肠道微环境不良而需补充益生菌的情况，饮料配料应用技术协同创新中心的技术人员及学生针对相应人群便秘和腹泻两种情况提出了解决方案，继而研发了两种复合益生菌产品。通过对嗜酸乳杆菌、鼠李糖乳杆菌、干酪乳杆菌、乳双歧杆菌等 4 种益生菌进行搭配，结合超强双歧因子（水苏糖和低聚果糖、菊粉）进行配伍，有效地提升了益生菌的繁殖能力，极大遏制了肠道中不良菌群的繁殖，改善了肠道的微环境。经过同加工厂的合作，最终推出了产品——亿百天益生菌冻干粉。

2016 年，润启公司发现客户在生产低糖饮料产品的过程中存在甜味剂复配甜度不协调的问题。于是公司采用科学的配伍方案，在符合食品安全国家标准及食品添加剂使用标准的基础上，研发出了甜感纯正、甜味醇厚的复配无糖甜味剂，基础配料采用了国际上普遍认可的阿斯巴甜、甜蜜素、安赛蜜、食盐。产品得到了客户的认可，形成了产品销售，并申请了发明专利。

2016 年 6 月，根据客户反馈，中心针对莜麦膳食纤维进行了酶改性，提高了膳食纤维的适口性和油脂吸收能力。产品从莜麦麸皮中通过去除淀粉类物质萃取而得，通过特殊酶改性生产工艺加工，得到了一种质地很轻、黄褐色精细颗粒的膳食纤维，具有高纤维、低热量的特点。由于莜麦膳食纤维的中性和惰性特点，不会对产品的色香味有任何的影响，可用于乳制品、保健食品及烘焙食品之中，能够提供天然谷物纤维，打造营养健康理念。

2016 年 10 月，经过 5 年的努力，润启公司为燕京集团研发出了天然无糖复配甜味剂，为九龙斋酸梅汤的升级提供了优良的配方设计服务。公司在筛选了国内外不同的天然甜味剂原料后，复配出的天然无糖甜味剂符合食品安全国家标准及食品添加剂使用标准，基础配料采用了国际上普遍认可的甜菊糖、罗汉果糖苷、甘草提取物、赤藓糖醇。产品得到了客户的认可，形成了产品销售，并申请了发明专利。

2016 年 10 月，润启公司在与汇源集团公司、天津冠芳可乐公司、河北壹州食品公司的沟通中，客户提出了低用量的山楂饮料稳定剂的需求。中心通过筛选果胶、黄原胶、羧甲基纤维素钠、魔芋胶、卡拉胶及缓冲盐类，设计出了用量 2.2 千克/吨的饮料稳定剂，有效地解决了山楂饮料生产过程中容易浆水分离的问题，提升了产品的稳定性，产品符合食品安全国家标准及食品添加剂使用标准，最后顺利推出了产品，并申请了发明专利。

学生依托饮料配料应用技术协同创新中心，实现真岗实做，打破了传统的课程体系和教学模式。课堂实训一体化，直接对接企业进行技术研发，教师指导学生，企业引领需求，先典型后拓展，使学生能够实现“学中做、做中学”。

（二）校企融合，实现资源共享，互惠双赢

通过校企合作建立的饮料配料应用技术协同创新中心。从宏观上讲，顺应了国家社会经济的发展。从中观上讲，实现了学校与企业的双赢。学校通过合作，更直接地了解企业的需求，及时调整专业设置、课程设置和教学内容，切实提高人才培养的针对性和适用性。企业理想的员工是既熟悉工作流程，又拥有解决生产中实际问题的能力，中心通过“把车间建在学校，把课堂设到车间”，切实提高了学生的实践能力。从微观上讲，校企合作实现了教师、学生与企业员工的三方获利。学校教师可以到中心直接参与企业生产、经营、科研等活动，有利于教师将生产与教育紧密结合，不断提升其实践与科研能力；通过校企合作，学生不仅掌握了理论知识，还通过具体的项目进行“干中学”，生产性实训车间为提高学生操作技能、实践动手能力和专业技术应用能力的培养奠定了基础；企业里的技术专家、高技能人才可以到学院兼职，直接参与到教学、教研工作中去，进一步提高了企业员工的素质和技能。

三、成果成效

自成立至今，中心已获得横向合作项目 4 个、自身研发项目 3 个，全部申请了专利，并有一项获得专利证书，其余 6 项正在申请中。同时在产品市场开拓方面，益生菌项目、甜味剂项目、饮料稳定剂项目都产生了实际销售。

2017 年 11 月至 2018 年 11 月，润启公司联合河北文华嘉壹农业科技有限公司开发了 0.00 系列产品，推出了零色素、零防腐剂、零蔗糖的健康概念。在工艺方面，引进了世界先进的无菌冷灌装工艺，做到不添加防腐剂；坚持绿色健康的企业产品理念，做到用果糖代替蔗糖，做到从不添加色素，做到柠檬味和青柠味饮料用柠檬汁代替食用香精。

2018 年 9 月，中心为完达山设计了纤维乳产品，一上市就受到了广大减肥人士的热捧。中心从技术角度完成了产品的稳定性设计及工艺生产协调改进的工作，保证了产品的顺利推出。

目前，中心能够提供冰激凌的配方设计服务、果汁饮料配方设计服务、调制乳配方设计服务（可可牛奶、麦香牛奶、谷物牛奶等）、酸奶配方设计服务、乳饮料配方设计服务、碳酸饮料配方设计服务、茶饮料配方设计服务、固体饮料和奶茶饮料配方设计服务等，同时还能为企业提供相关的技术支持服务。

虽然饮料配料应用技术协同创新中心在工作中取得了一些成绩，但依旧有需要改进的地方。在今后的发展过程中，中心将继续深化校企合作模式，加强实验设备的投入，着重在学生培养和产品研发方面下功夫，尽快申请建立食品创新中式车间，早日完成从实验室配方设计创新到工厂实际生产，以便更好地为食品行业服务，为校企合作提供崭新的模式示范，为河北省创业创新事业的发展贡献微薄之力。

石家庄医学高等专科学校：面向基层，服务社会，努力培养优秀医疗卫生事业人才

石家庄医学高等专科学校是2006年2月经教育部正式批准成立的全日制普通民办医学高等专科学校，由原河北冀联医科专修学院、石家庄白求恩医学专修学院、河北新华医科专修学院等3所民办学校合并改建而成。学校现占地面积约113万平方米，校舍建筑面积约67万平方米，资产总额18亿元，图书馆馆藏图书147万册。学校现开设有临床医学、护理学、口腔医学等20个专业，全校有教职工1532人，有全日制专科在校生16 212人。

建校以来，学校认真贯彻党的教育方针，始终坚持以习近平新时代中国特色社会主义思想为统领，牢牢把握正确办学方向，以面向基层乡镇社区，培养应用型、技能型医疗卫生人才为目标，大力推进教学条件建设，全面加强学校内涵建设，学校办学水平和人才培养质量得到显著提升。学校先后被教育部、民政部评为“全国德育教育先进校”“人才培养水平评估良好单位”“诚信自律建设先进单位”，为社会培养了10万余名卫生事业人才，涌现出受到习近平总书记接见的“最美军嫂”张秀桃和河北省自强之星王文庆等一大批先进典型，为国家医疗卫生事业发展做出了积极贡献。

一、坚持党的领导，牢牢把握正确的办学方向

学校办学之初，学校董事会就把党的领导作为建校根本列入学校章程中，明确提出要健全学校各级党组织，加强党的领导，自觉贯彻落实习近平新时代中国特色社会主义思想，牢牢把握正确的办学方向，促进学校各项事业健康发展。

（一）党委书记进入董事会，参与重大决策

学校认真贯彻落实《中华人民共和国民办教育促进法》的有关要求，在学校内部治理结构上确保党组织负责人进入董事会，参与学校重大决策。每次董事会换届选举时，学校都要成立以校党组织负责人、学校举办者为成员的董事会换届领导小组，依法依规组织换届选举，并召开教职工代表大会，吸收学校党组织负责人、教职工代表、

校领导进入新一届学校董事会，并保障依法行使董事权利，参与学校重大决策。依据《中华人民共和国民办教育促进法》和国家对社会组织的有关要求，学校在制定学校章程、董事会议事规则过程中严格落实学校法人财产权、校长的行政管理权及教职工的民主管理权和民主监督权，确保党对学校工作的全面领导。学校始终坚持董事会领导下的校长负责制，定期召开党政联席会、校长办公会、教职工代表大会，完善权力运行机制，及时采纳教职工对学校发展的合理化建议，依法规范管理，真正做到党的领导制度化、规范化。

（二）加强党的建设，发挥党组织的政治核心作用

健全学校基层党组织、抓好党务工作队伍是党的方针政策在学校贯彻落实的前提和基础。建校以来，学校着眼发展，在学校各系部、处室全部建立起基层党委和基层党支部，选齐配强基层党组织负责人，加强群团组织建设，成立学校工会组织、共青团组织。严格落实党内各项生活制度，认真贯彻民主集中制原则，严格执行党委中心组的学习制度，全面加强党委班子的自身建设，提高党委班子的能力素质。大力加强基层党组织建设，持续开展“五好”党支部创建活动，认真落实党组织“三会一课”等各项组织制度，经常开展巡视督导民主生活会，认真做好评优评先工作，每年都要表彰基层先进党组织和优秀党员、优秀党务工作者。按照中央“控制总量，优化结构，提高质量，发挥作用”的要求，学校认真做好党员发展工作，每年都要举办入党积极分子培训班，确保党员发展质量。学校认真做好党费缴纳工作，确保每名党员按期足额缴纳党费。学校开展全体党员“戴党徽、亮身份”活动，强化党性观念、党员意识。通过开展扎实有效的组织活动，学校切实把全校教职员工汇聚在党的旗帜下，发挥了党组织的功能作用，保证了学校正确的办学方向，促进了学校各项事业的发展。

（三）筑信仰，培养合格接班人

教育始终面对的一个根本问题就是为谁培养人、怎样培养人和培养什么样的人，而为社会主义培养合格的接班人是民办高校的首要任务。建校以来，学校始终坚持德育为先，认真贯彻党的教育方针，积极践行“医者仁心，德高学医，技高为医”之古训，扎实开展培根铸魂工程。学校认真贯彻全国教育工作会议精神，深入学习习近平新时代中国特色社会主义思想，扎实抓好“三进入”工作，认真开展“两学一做”“不忘初心、牢记使命”等主题教育实践活动，严格落实各级书记讲党课活动，充分利用校报、校园网、橱窗等宣传舆论阵地，传播党的创新理论成果，确保习近平新时代中国特色社会主义思想进教材、进课堂、进头脑。近年来，学校还积极开展以培养学生“诚心、爱心、信心、恒心”为主题的立心工程，通过祭孔、写家书、唱红歌、主题班会、大学生艺术节、暑期农村社会实践等各种活动，培育学生坚忍不拔的意志品质和医者仁心的良好品行。建校之初，学校就以"白求恩"作为校名，始终践行白求恩精神，始终用白求恩精神育人，并要求学生争当白求恩精神传人。学校通过系列学习教育活动，使广大师生筑牢社会主义理想信念，做合格的社会主义建设者和接班人。

二、坚持质量为本，努力为社会培养优秀人才

质量是学校的立身之本。学校成立以来，始终坚持"质量立校，特色强校"战略，针对基层乡镇社区缺医少药的现实，以为基层培养"下得去、用得上、留得住"的应用型医疗卫生事业人才为目标，大力加强学校内涵建设，不断提高人才培养质量。

（一）持续推进教学条件建设

教学条件是学校办学实力和办学水平的综合体现，也是保障教学质量的基本前提。近年来，学校坚持社会效益第一，各位出资人、学校举办者不计报酬、不求回报，以教育家的情怀、慈善家的仁爱，多方筹集资金，加大办学投入，持续推进教学条件建设。为了改善办学条件，2013 年，学校决定投资 16 亿元在灵寿县建设新校区。经过几年的建设，在美丽的滹沱河畔，一座现代化的大学校园拔地而起。学校现建有图书馆、体育馆、人体生命科学馆、病理馆、实验中心、实训中心，4 栋教学楼，4 个可容纳两万人同时就餐的餐饮服务中心，28 栋学生公寓楼，以及各类实验、实训室 190 多个。2018 年，学校着眼发展，新建德标口腔实训基地、人体病理标本馆、眼视光配置中心、美容中心、社区门诊、中医国医堂门诊、检验中心、外科手术室、老年护理等各类实验、实训室 20 余个。学校还投资 2400 万元在灵寿县青铜镇购置土地约 24 万平方米，用于中医药文化产业园建设。学校积极开展智慧校园建设，先后投资 1400 万元完成了平台搭建，实现了身份统一认证，教学、人事、后勤管理实现线上运行。良好的办学条件有力地保障了教学需要，促进了人才培养质量的提高。

（二）大力加强师资队伍建设

人才是兴校之本。近年来，学校下大力加强师资队伍建设，改善教职工待遇，积极引进人才，已连续 4 年每年提高薪酬 20%，达到公办同类院校水平。学校积极改革薪酬分配制度，实行全员绩效考核，激发广大教职员工干事创业的积极性，创造拴心留人的工作环境；采取在岗培训与送出去培训相结合，先后送近百名教师到国内外知名高校、医院进修深造，提高了教师队伍素质；积极开展师德师风教育，塑造教师的良好形象，高素质的人才队伍保证了人才培养质量的提高。

（三）深入开展教学改革

多年来，学校始终以改革增活力、促动力，抓好教学改革。针对社会需求，学校积极改革教学内容，完善人才培养方案。学校大力改革教学方法手段，加强教学信息

化建设，大力倡导启发式、案例式教学方法，强化实践教学环节，提高临床教学水平；加强教学质量管理，改革教学督导机制，强化教学整改，不断提升教学质量。近年来，学校人才培养质量得到社会的高度认可，根据权威评估机构的高校排名，学校连续多年在高职高专院校省内排名前10，新生报到率在90%以上，毕业生就业率在95%以上，学校学生在全国职业院校技能大赛中屡屡夺冠。在全国乡镇社区，有10余万名学校优秀毕业生守护着基层老百姓的健康，助力“健康中国”的建设。

三、坚持服务社会，积极助力政府打赢脱贫攻坚战

学校自建校以来，坚持学校发展与服务当地经济社会发展同频共振。近年来，学校先后为社会提供就业岗位上千个，为西部贫穷落后地区培养学生近万人，为国家培养基层卫生事业人才10余万人，为实现“健康中国”做出了积极贡献。

（一）立足驻地，服务当地经济社会发展

学校驻地附近是灵寿县三圣院乡同下村和新兴村，这两个自然村地处灵寿县东南，人均耕地少，自然资源匮乏。尤其是新兴村，是从山区搬迁下来的安置村，村民思想观念落后，就业能力弱，脱贫攻坚任务重。

学校新校区搬迁至灵寿县以来，学校董事会、校党委高度重视扶贫工作，助力两个自然村脱贫致富。为帮助同下、新兴两个村脱贫致富，学校急群众所急，投资10余万元为新兴村安装了自来水，为老百姓解决了吃水难问题。为帮助当地居民稳定脱贫，学校决定每个贫困户落实一个就业名额，先后招聘附近村民近百人到学校后勤部门就业，使每户家庭都有了稳定收入。此外，学校每年拿出3万元为新兴村全体村民解决医保问题，避免因病致贫返贫。在学校占地补偿上，本着维护村民利益的原则，学校按照每亩地双千斤当年粮食价格补偿当地村民，附近村民几乎家家都得到了土地补偿，再加上打工的收入，村民人均收入水平有了明显提高。这些举措有力地促进了当地经济社会发展。

（二）发挥优势，开展教育科技扶贫

学校充分发挥教育资源优势，积极开展教育科技扶贫。灵寿县是中医药材种植基地，学校在灵寿县青铜镇建设了中医药产业示范园，带动当地老百姓积极调整产业结构，开展药材种植。学校药学系立足自身优势，组织专业老师深入乡间地头，送技术下乡，指导当地农民种植药材，防治各种病虫害。学校积极开展教育扶贫，为鼓励当地村民子女上学，学校决定凡是附近村民的子女上医专，一律免除学杂费，学校先后为几十名村民子女免除学费近50万元，为当地村民家庭的未来发展打下了坚实基础。

（三）送医下乡，实施健康扶贫

学校充分发挥医学院校的资源优势，利用寒、暑假和周末组织临床医学系、中医系的师生送医送药下乡，到村民家中开展医疗卫生服务，做好疾病预防工作，开展医疗科普教育，增强当地村民的卫生健康意识，提高当地的医疗健康水平。近年来，在当地政府的大力支持下，在学校的帮扶下，附近村民的生活质量有了明显提高，村容村貌也发生了显著变化，老百姓的文明素养有了很大提升，几百户村民稳定脱贫。

此外，学校还积极开展多种形式的志愿服务活动，学校“小水滴”爱心社团常年活跃在乡村社区，为贫困家庭献爱心、送温暖。学校常态化组织义务献血活动，荣获“河北省血液中心先进单位”称号。学校还积极组织实施大学生志愿服务西部计划，一批批优秀毕业生志愿赴疆、赴藏，投身西部开发建设。在 2019 年举行的石家庄市旅发大会上，学校组织 600 名大学生志愿者参加大会服务工作，成为旅发大会上一道亮丽的风景线。

近年来，学校在自身实现跨越式发展的同时，积极服务当地经济社会发展，得到了当地政府的高度肯定，赢得了社会的高度赞誉。

渤海理工职业学院：现代学徒制试点建设中的高职院校师资队伍建设与成效

师资队伍建设是高职院校立足发展的根本。教育部 2014 年《关于开展现代学徒制试点工作的意见》中明确提出：“校企共建师资队伍是现代学徒制试点工作的重要任务，现代学徒制的教学任务必须由学校教师和企业师傅共同承担，形成双导师制。”

2015 年，渤海理工职业学院成为教育部首批“现代学徒制”试点院校之一，会计试点专业利用集团办学优势，探索和实践在“工学结合、产教融合、双主体育人”和“现代学徒制”的人才培养模式下的“校企互聘共用的双导师队伍”培养平台，打造了一支业务能力强、职教特点鲜明的教学团队，取得了十分明显的成效。

一、“现代学徒制”模式下师资队伍建设的实践探索

（一）建立了灵活的双向互聘共用机制，制定了配套的制度文件

为建设高效的双导师师资队伍，学校探索和实践了“现代学徒制”人才培养模式下的师资培养平台建设，组建了校企互聘共用的双导师队伍。制定了《现代学徒制双导师队伍建设指导意见》，明确了双导师的含义、职责、遴选标准、选拔程序、培养要求、考核评价及激励政策。依据《意见》，各专业制定了《导师遴选办法》《现代学徒

制双导师队伍培养计划》《导师带徒协议》等实施文件。

（二）一批一线业务骨干和企业管理人员成为兼职教师

现代学徒制班的专业课程教学由企业导师和学校教师共同承担。企业要求学徒岗位导师与学生同堂学习，提高理论认知。学校定期为企业导师安排技能专项培训教学，将企业导师带徒质量纳入学校教学质量测评体系，实施多元评价。

（三）建立了双导师双向挂职制度

企业负责人参与学校的教育教学管理和培养青年教师工作，系主任在企业挂职锻炼，负责专项事务督办，参与新产品开发和质检。学校助力企业打造学习型团队，提升了基层技术骨干的业务素质；助力企业实现技术创新，与学校共同搭建“产学研”实践平台；助力企业进行转型升级，学校教师参与企业的技术研发，以及工艺流程、工作方法的改进。

（四）在企业设置教学管理部

学校与企业共同制定了《渤海理工职业学院现代学徒制教学质量监控体系及运行管理办法》，在企业中的教学过程被纳入学校整体教学监控体系，教务处牵头对企业的教学管理部开展教学检查和日常检查。

二、“现代学徒制”模式下师资队伍建设的成效

（一）形成了校企互聘共用的双导师队伍

学徒培养由学校的优秀教师和企业管理者、一线技术骨干、能工巧匠等企业导师共同实施。通过3年的实践和培养，会计专业已拥有了一支专兼结合的双导师教学团队，其中专职教师16人、企业导师29人，双师教师占比达到了56.25%。为更好地实施人才培养，学校聘任专业校企双带头人，组建校企双教研室，职称职务双向互聘，导师队伍校企双线管理。

（二）构建了企业导师管理机制

校企共同制定了《企业师傅遴选和聘任办法（适用于会计专业）》，由专业确定企业导师标准，集团计财中心推荐，学校选拔审核；新聘导师接受专业与企业培训后开展带徒工作；按照《导师津贴发放办法》，按期发放导师带徒津贴，保障导师的权益；加强企业导师的理论培养，企业导师与学徒共享在线移动课程，提升导师的理论水平；导师带徒质量评价纳入教学质量评价体系，学徒、集团计财部门及学校对导师进行评价，实行多元考核，对导师采用滚动式管理，不合格的不再聘任。

（三）构建了校内教师培养机制

为了培养“双师型”教师，学校要求专业教师到企业与学徒同岗实践，会计专业

教师深入企业挂职学习的时间每年平均在40天以上。其间，专业教师以讲座的形式为企业进行培训，学校定期为企业导师安排技能培训教学。

（四）教师能力得到全面提升

在校企一体的培养平台下，教师能力得到了全面提升，获评行业教学名师1人、河北省优秀教师1人、黄骅市优秀教育工作者1人、学院师德标兵2人、学院教学标兵3人。教学信息化及教学能力得到有效提升，并且硕果累累。2017年河北省信息化教学技能大赛教学设计比赛三等奖；2018年学院教案设计大赛第一名，教师讲课大赛一等奖；公开发表论文26篇，出版教材8册，承担省厅教改研究课题3项。

（五）效果对比明显，赛场竞技多捷报

将2016级会计专业学徒制班与普通班的专业核心课程成绩进行对比可以发现，学徒制班各科成绩的平均分均高于普通班，且差异显著。（见表1）

表1　2016级会计专业学徒制班与普通班成绩对比

核心课程名称	学徒制班平均分	普通班平均分	平均分差量
财务会计实务	84.5	66.0	18.5
成本会计实务	79.0	61.0	18.0
税费计算与申报	84.2	70.8	13.4
经济法实务	75.8	61.3	14.5
平均差量			16.1

2018年，学校对23个学徒岗位开展调研，企业满意度为93.48%。企业对学徒制班的综合素质给予了较高评价，尤为凸显的是岗位适应能力，评价为“上手操作快”，其中有8个岗位主管给出了满分。

实施“现代学徒制”人才培养模式以来，试点班的学生多次代表学校参加专业技能竞赛，并取得了优异的成绩。在第十三届全国大学生“新道杯”沙盘模拟经营大赛河北省省赛中荣获高职组一等奖；在全国高校商业精英挑战赛“科云杯”财会职业能力大赛中获二等奖1项、三等奖1项。

通过真实职业环境的熏陶、工作任务的训练和企业导师的言传身教，加强了学生职业精神的培养，学生的职业素养逐渐养成。学生的合作意识、实践能力、创新精神均得到了有效提升，学徒制毕业生已基本适应了企业员工的身份。

曹妃甸职业技术学院：立足曹妃甸，服务新唐山，融入京津冀，迈向国际化

曹妃甸职业技术学院创建于2017年，是经教育部备案的一所高等职业院校，具有独立颁发国家承认学历证书的资格。学校追求高品格、高品位、高品质，走高位发展、特色发展、创新发展之路。学校总占地面积108万平方米，建筑面积75万平方米，总投资45亿元。建校之初，学校秉承“立足曹妃甸、服务新唐山、融入京津冀、迈向国际化”的发展定位，主动服务国家京津冀协同发展战略，服务唐山建设国际化沿海城市和曹妃甸建设“三新”城市战略，打造国际化职业教育的典范。

一、“瞄准当地需求，补充当地人才缺口”，服务区域经济发展

秉承“政校企合作、产学研一体、教学做合一”的办学模式，学校一直与当地区域经济的发展并肩同行。在校城融合发展中，学校精准发力，积极填补人才缺口，提升社会服务能力。“国家医师资格考试实践技能考试基地”“养老护理员省级培训基地”的先后获批，为唐山医师、养老护理人员的人才培养提供了有力保障。瞄准区域的基础产业和支柱特色产业，面向市场和社会需求，深入开展校企合作，先后与首钢、龙成煤业、中石油等当地知名企业开展合作，精准对接区域经济发展对人才、技术和服务的需求，获得了当地政府和企业的一致好评。

二、“先行先试，示范引领”，顺应京津冀协同发展大势

作为一所位于“京津冀协同发展示范区的先行启动区”的高职院校，学校积极承接京津资源，助力学校发展的同时，带动区域内综合实力提升。2018年7月2日，北京大学与曹妃甸职业技术学院就“慢性病患者健康状况监测与智能管理系统关键技术研究”项目进行签约。依托项目的开展，引入北京大学优质的科研资源、教育资源，为学校也为当地建设提供了强大支撑。2019年11月22日，北京市工艺美术高级技工学校曹妃甸实训基地在学校正式启用，大量的文化资源、工艺产业项目源源不断地入驻，又将形成一股学校和当地发展的巨大推动力。除此之外，学校还积极与凤凰新联合（北京）教育科技有限公司、神州高铁等京津企业开展合作，引企入校，聚集京津优势企业资源，助推区域经济发展。

三、“放眼国际，广泛交流”，高标准定位学校发展目标

2017年，学校被联合国教科文组织授予“世界职业技术教育培训基地”。3年来，学校与美国、德国、英国、法国等13个国家的优质高校建立了合作关系。引进德国TUV、新西兰IEF等国际先进、成熟适用的优质资源，培养具有国际视野的技术技能人才，服务国家“一带一路”倡议。学校不仅有原汁原味的外语学习环境，更有多个国家的交换生走进校园，为学生创造了多元文化交流的机会。学校于2019年10月开展了“匠谷名师海外培训计划”，首次派遣大批教师走出国门去海外学习先进的职业教育理念和先进做法。这既是加强学校教师发展体系建设的重要举措，也是学校实现国际化战略目标的有力保障。

民办中等职业教育部分

石家庄法商中等专业学校：规范办学夯基础，特色兴校促发展

“十三五”期间，学校紧紧围绕党的教育方针，结合国家“十三五”规划的相关要求，落实立德树人的根本任务，坚持“理论为精、实践为重、技能为先、人格为本”的办学理念，秉承“崇德、尚能、求实、创新”的校训，遵循教育教学规律，注重提高教育教学质量，学校各项工作有序开展，取得了明显的成效。

一、学校基本情况

石家庄法商中等专业学校是于2007年4月经石家庄市教育局批准设立的一所中等职业学校，学校占地面积约13万平方米，建筑面积约5.5万平方米。2019年，学校招生2672人，在校生规模达到6945人，毕业生人数为1448人。学校现有专任教师206人，“双师型”教师占比为16%，兼职教师占比为8%，专任教师本科以上学历占比为33%，专任教师硕士以上学历占比为14%，专任教师高级职称占比为4%。学校现有仪器设备总价值1050万元，实习工位数1952个，图书2.2万册；生均教学仪器设备值1510元，生均实习工位数0.3个，生均纸质图书3.2本。

学校为社会培养各类技能型应用人才两万余人，遍布教育、机械加工、社会服务等各行各业，受到了用人单位的广泛好评。

二、注重日常规范管理，夯实基础，教育教学工作有序开展

（一）德育工作情况

学校按照规定开足、开齐、开好德育课，充分发挥思想政治课的关键课程作用。把社会主义核心价值观体系融入教育教学全过程，引导学生树立中国特色社会主义共同理想，弘扬民族精神、时代精神，加强以爱岗敬业、诚实守信为重点的职业道德教育。学校不断强化学生的养成教育，通过开展形式多样的德育活动来不断提升学生的思想水平、政治觉悟、道德品质、文化素养，培养德、智、体、美、劳全面发展的社会主义建设者和接班人。

在学校领导的关心支持和上级团委的正确指导下，学校团学组织不断发展壮大，团学活动更加丰富多彩，社会宣传力度显著提升。仅 2019 年，校团委就邀请了感动中国十大人物“河北好人”吕保民同志到校做报告，并被学校授予“校外德育辅导员”称号；邀请荣获“感动省城十大人物”称号的最美退役军人王月洋的“道德 90 后”团队到校宣讲公益事业，并成立法商中专公益支队；邀请育文派出所民警到学校为全体学生进行了“防电信诈骗、防校园欺凌”的法制讲座；邀请石家庄市人民检察院“春晖”法治宣讲团成员进行“法治知识”讲座；组织了“青春心向党，建功新时代”主题团日活动，邀请团省委宣传部副部长李青同志，团省委青年讲师团成员、河北师范大学安巧珍教授，燕山大学马克思主义学院副院长柴勇教授，来学校宣讲党和国家关于青年工作的一系列重要指示和精神；举行了庆祝新中国成立 70 周年校园合唱大赛，并参加了桥西区“庆祝新中国成立 70 周年”合唱比赛、“中华经典诗词进校园”等一系列重要的德育教育活动。

（二）教学工作情况

为实现专业设置与产业需求对接，加快培养服务经济社会发展的高素质劳动者和技术技能人才，学校经过充分的市场调研，于 2019 年新开设了电子竞技与管理、无人机操控与维护两个热门专业。

学校建立了专家指导委员会，在每年 5 月份职教周活动时召开教学指导委员会会议，总结教学计划实施情况和问题，对各专业人才培养方案的修订提出指导性的意见。

学校开展校企深度融合，组建校企合作订单班，构建“职业素养＋专业技能”的人才培养模式，探索现代学徒制的 5 个对接，不断创新人才培养模式，提升技能型人才培养的针对性和有效性。组织一年级学生进行为期一天的教学见习活动，组织二年级的学生进入企业进行为期 1—2 个月的教学跟岗实习，为学生顺利进入定岗实习和未来发展打好基础。

学生的就业率达到99%以上，其中数控技术应用、汽车运用与维修、学前教育等专业的就业率达到100%；会计、计算机网络技术、计算机平面设计、旅游与酒店管理、电子商务、计算机动漫与游戏制作、美容美体、建筑装饰、建筑工程管理等专业的就业率也达到了98.5%。各专业对口就业率平均达到86.7%。初次就业起薪均在3000元/月以上，学生的就业满意度较高。2019年，升入高等教育的毕业生比例达到43%。

三、结合学校实际，做好特色创新，推动学校快速发展

为了给学生的实习实训创造良好条件，学校从办学实际出发，采取了“依托专业办产业、依托产业促专业”的多元化发展之路。改革传统的办学模式，自主建设校内外实训基地，形成“前店（厂、园）后校”“校中厂”的办学格局，确保学生在校期间可以进行贴近岗位式训练，实现产教深度融合，整体提高教学质量。2012年6月，学校投资创办了斯麦尔快捷酒店；2014年2月，学校建立了有20个教学班的贝斯特双语幼儿园，目前幼儿园数量已达到6家；2015年8月，学校引进了8号车库汽车维修公司；2017年12月，学校成立了唐依美雅美容公司。学校目前正在筹划设立会计实训企业，准备将工学结合贯穿教育教学全过程。

学生从入学开始就接受相应的动手和实践课程，并根据培养目标同步深化文化、技术技能学习和训练，逐步实现就业需求和人才培养的有机衔接。学校的学前教育专业、汽车维修专业、旅游与酒店管理专业每两周都会选派一批学生到幼儿园、8号车库汽车维修公司、斯麦尔快捷酒店进行见习和实习，达到了课堂学习和工作实际“零距离”，实现了学校专业建设与相关校办产业协同发展。学生的实践技能得到了及时训练，学校发展的资金问题也得到了很好的解决，从实质意义上做好了产教结合的大文章。

通过数年的拼搏与奋斗、摸索与总结，学校坚持“依托专业办产业、依托产业促专业”的发展思路，逐步形成了产教结合、校企合作的新形式——“校企一体化”的发展路径，这种“校企一体化”的发展路径正在引领着学校其他专业的发展，对学校的发展产生了极大的促进作用。学校的这种做法得到了石家庄市民办教育协会、石家庄市教育局、河北省民办教育协会、河北省教育厅等各级领导的重视和认可，成为学校鲜明的办学特色。

石家庄天使护士学校：坚持党的领导，推进内涵发展

石家庄天使护士学校是河北省教育厅主管的省级重点中专学校，有在校生近5000

人，教职工 168 人。学校的教学、生活设施齐全，师资力量雄厚，设有现代化的护理技能训练中心、眼视光训练中心等 26 个教学实验实训室（厅）。学校建立了稳定的实习就业基地，是百家解放军、武警医院及地方医院护士的选拔基地。学校有国家资助，学生入学即签订就业协议，充分保障就业，毕业生连年供不应求。

学校在办学过程中取得了一些成绩，先后被评为“河北省重点中等职业学校”“石家庄市民办教育先进单位”“石家庄市安全稳定和谐校园”“石家庄市五五普法工作先进单位”；连续两年获得“石家庄市中等职业学校护理技能大赛团体一等奖”；连续 5 年参加河北省卫生厅护理技能考核均取得了第一名的好成绩；先后获得“河北省教育厅年检优秀学校”“第三届河北省中等职业学校优秀教学团队”“石家庄市五四红旗团支部”“河北省五四红旗团支部”“5A 级社会组织”等荣誉称号；2018 年，学校党支部被中共石家庄市委组织部授予“石家庄市社会组织党建工作示范单位”称号。

一、坚持党的领导，依法办学，规范办学

（一）加强党组织建设，健全了党团组织

学校党支部于 2012 年经新华区委五七街道党工委批准成立。同时，五七街道团工委还批准学校成立了团总支。近年来，学校党支部带领全校教职员工团结进取，奋力开拓，全面履行各项职能，大力加强教职工自身建设，切实维护了教职工的合法权益，推动了学校各项工作的开展。

（二）坚持“一二三”工作思路，打造天使特色党建品牌

1.“一种思维”拓宽党建工作新思路

以十九大精神为引领，以党支部为政治核心，保证正确的政治方向，凝聚师生力量，引领校园文化，促进学校发展。切实加强党支部建设，创新党建活动载体，发挥党支部坚强的战斗堡垒作用。

2.“两个平台”丰富党建活动新载体

学校全面贯彻落实立德树人的教育方针，积极落实中共中央提出的脱贫攻坚的任务要求，紧密结合学校实际，搭建“两个平台”：一是与扶贫村党支部共建，提升党建工作效果；二是加强校园文化建设，提升学校办学质量。

3.“三项举措”激发党建工作新活力

（1）支部共建，助力脱贫攻坚

学校紧紧围绕“爱在天使，帮孤助学”和“支部共建，助力扶贫”两个重点，做到在精准施策上出实招、下真功、见成效，全面落实教育扶贫工作。

学校党支部与灵寿县陈庄镇寒巴村党支部开展“携手共建，助力扶贫”活动，签

订了支部共建协议书，指导寒巴村党支部落实“三会一课”等各项制度，与寒巴村签署了“爱在天使，帮孤助学”工程协议，目前已有7名符合条件的学生到学校就读，共减免学费157 500元。学校还帮扶了一名石家庄市社会福利院的孩子免费到学校就读，减免学费19 600元。

（2）搭建爱心桥梁，培育爱心天使

学校自2017年10月起建立了爱心超市，师生把自己闲置的服装、书籍、生活用品等捐献给爱心超市，经统一消毒、整理后供给有困难的学生使用。3年来，爱心超市共收到图书2000余册，服装1000余件，其他生活用品600余件，帮助困难学生150余人。

学校出资设立了“天使爱心基金”，用于救助身患重病急需救治的学生。2017年，学校为身患重病且家庭经济困难的学生梅景茹捐款3万余元；2020年，学校为患脑瘤的学生高佳悦捐款2万余元。

（3）丰富校园文化，提升综合素质

学校有着独特的校园文化，设有12个文化节气月，建有综合素质训练厅、音乐厅、多功能厅等，组建了管乐队、舞蹈队、护士礼仪展示队等学生社团组织，为学生搭建了丰富的活动平台。一是每年举办校园文化艺术节，丰富学生的课余文化生活；二是以重大节日为契机，开展形式多样的主题教育活动；三是组织开展志愿者活动，目前服务队共有志愿者2000余人，平均每年开展志愿服务达4000小时，服务群众1万余人次。

（三）建立完善的理事会，学校实行理事会领导下的校长负责制，民主管理，科学决策

理事会由出资人、学校负责人、教职工代表组成，依据《中华人民共和国民办教育促进法》，制定了《理事会章程》和《议事规则》，严格按照程序决定学校重大事项。校长由理事会推举产生，报河北省教育厅审批、备案后，履行职责，依法行使教育教学和行政管理职权。学校认真贯彻落实《学校教职工代表大会制度》和《学生代表大会制度》，民主管理，科学决策。学校充分发挥教职工代表大会作为教职工参与学校民主管理、决策和监督主渠道的作用，凡是涉及学校发展的重大事项都要提交教职工代表大会讨论表决通过。学校还制定了《学生代表大会制度》，紧紧围绕“学生思想调研与引导”“校园文化生活丰富与活跃”“学生权益诉求与保障”“师生纽带桥梁作用发挥”“自身组织建设与完善”等几个方面，解决了很多学生管理中的实际问题。

二、办学特色鲜明

（一）独特的校园文化

学校注重校园文化建设，注重学生全面发展和综合素质的提升，成立了多种学生社团。学校还结合社会活动和专业特点，每月围绕一个主题开展活动，让学生每天都在讲述自己的故事。

（二）完善的教学生活设施

学校的建筑面积为 37 902 平方米，教学、生活设施完善，建有办公楼、教学楼、学生公寓楼、护士技能训练中心、护士综合素质训练厅、微机教学中心、党员活动厅、学生餐厅、学生浴室、校园超市、医务室等。教学实验室包括解剖实验室、生理实验室、病理实验室、药理实验室、微生物免疫学实验室、显微镜室、外科手术室、妇科实验室、产科护理实验室、儿科护理实验室、口腔修复实验室、验光与配镜实验室、康复理疗实验室、养老与保健实验室等共计 26 个。学校的所有教室都配备了多媒体设备，采用多媒体教学，充分满足了培养现代护理人才的教学需要。学校每年固定投入 500 万元用于教学设备升级改造和校园建设，不断改善办学条件。

（三）学校本着“职业教育就是就业教育”的办学理念，走“专业化、特色化”发展道路，努力创建天使教育品牌

为满足市场需求，学校开设了护理、口腔修复工艺、眼视光与配镜、助产、中医康复与保健、老年人服务与管理等专业。学校本着“为学生服务、为社会服务”的办学宗旨，以素质教育为本位，突出专业教学特色。根据国家颁布的教学大纲、教学计划，结合从业岗位实际，制定教学实施方案，使学生逐步实现从厌学到乐学，再到好学的转变，为就业奠定基础。学校根据国家颁布的教学大纲，结合教学实际和用人单位意见，修订教学大纲和教学规章制度，并汇编成册，在教学活动中遵照执行。

（四）用“一二三”工作法，保障学生实习就业

以扩大就业范围、提升就业质量、提高学生满意度为基本要求，学校推行了“一二三”就业工作法。

1. 一张时间表

学校提前谋划，系统安排，从实习就业动员、收集毕业班学生电子花名册、联系合作医院、组织学生参加面试、安排学生去医院报到及过程监督、走访友好合作医院、学生二次就业等方面列出工作进度表，确保学生就业工作有序进行。

2. 两个“一对一”

实施困难学生“一对一”，对就业困难的毕业生群体进行摸底调查，建立就业困难毕业生档案；专业教师实行“一对一”服务，实施动态跟踪管理，及时掌握就业困难毕业生的就业情况。

3. 三个“关键招”

第一，摸底子。学校每年 3 月底会对所有毕业生从意向行业、意向岗位、意向地区等情况进行详细摸底，掌握每个毕业生的详细情况。

第二，找路子。一是认真梳理近几年毕业生的就业流向，结合专业特点和行业需求，广泛搜集就业信息，通过加强教学实习基地建设等手段来为学生就业扩宽渠道；二是落实好部队医院的就业安排；三是充分发挥网络作用，借力推动线上招聘工作。

第三，开方子。一是提高思想认识，把实习就业工作作为学校当前重中之重的工作来抓，动员全员参与，群策群力促进学生就业工作的落实；二是鼓励毕业生到部队地方医院就业；三是深入倾听学生需求，通过分类辅导，提供个性化指导和服务，帮助学生制定职业发展规划、掌握就业政策、调整就业观念、提升就业能力。

三、制度完善，预案有力

学校编印了《学生手册》，并实现了每生一册，内容包含收费、退费、学籍异动、考核、奖惩、国家免学费和助学金评定、学生处分程序及申诉等，学生自己就可以对照执行。学校落实国家资助政策，及时、准确、足额发放。对于国家助学金的评选，学校做到程序规范，公开透明，全程公示。在这项工作中，学校做到了零差错。

学校的安全稳定制度健全，各种突发事件的处理应急方案充分。学校制定了各种突发事件处理应急预案并装订成册，教职工和学生人手一册。建立了安全稳定工作责任制，并形成常态，层层签订安全稳定工作目标责任状。学校食堂、校园超市管理规范，并定期检查，严格执行国家食品卫生相关法律法规，坚决杜绝三无食品，保障食品安全。

邯郸科实中等专业学校：以耕耘书写精彩，用钻研创造佳绩

邯郸科实中等专业学校创办于 1996 年，是 1999 年河北省教委批准组建的中专学校。2008 年 7 月，学校被河北省教育厅认定为“合格中专学校”。2009 年 3 月，邯郸市教育局、邯郸市发改委批准学校招收普通中专学生。2012 年 9 月，邯郸市教育局授予学校“邯郸市优质品牌学校”荣誉称号。2019 年 4 月，河北省委国安办、河北省教育厅授予学校“河北省国家安全教育实验学校”荣誉称号。学校始终坚持以“真诚办学，服务社会”为宗旨，努力做到“政府肯定、家长放心、学生开心、社会满意”。

一、学校概况

学校规划建筑面积 138 600 平方米，现有建筑面积 84 000 平方米。学校内部由行政管理、教学单位、科研机构和学生服务部门等 4 部分组成，其中管理机构 9 个、教学单位 11 个、科研机构 5 个及学生服务部门 3 个。

学校现有学生 8000 人，其中中职生 4007 人、高端职教 600 人、网络教育 200 人、成人教育 800 人，年短期培训大学生 2000 人次。学校的主要专业包括电梯运维、工业机器人、会计、软件技术、学前教育、艺术教育、艺术设计、形象设计、计算机应用及电子商务等。

学校现有教职工 269 人，其中专任教师 214 人、外聘教师 15 人，专任教师中本科以上学历 162 人、研究生以上学历 15 人。

二、学生成长

（一）提升素质

学校围绕特色构建素质教育体系，开办“六节”活动。一是校园迎新节。9 月份，学校会组织开学典礼，表彰老生、迎接新生，组织迎新联欢会，为新、老学生共建和谐“大家庭”创造平台。二是校园体育节。10 月份，“强身健体，打造和谐团队”的校园体育节让学生在运动中享受快乐，在快乐中健康成长，既创造了佳绩，又磨炼了意志。三是校园科技节。11 月份，把科技元素与德育元素相结合，以自我教育和同伴教育模式相结合，让学生在自觉地参与、体验和感悟中促进自身发展，在广阔的空间中思考，在讨论评估中展现，在动手实践中学会合作和进取。四是校园读书节。3 月份，以“经典伴我成长”为主题的校园读书节拉开序幕，进行晨诵、午读、暮省等读书活动，让学生养成爱读书、会读书、读好书的好习惯，引导学生达到从“阅读”到“悦读”的境界。五是校园感恩节。4 月份，校园感恩节抒发着爱国、爱校、爱师长、爱父母的情怀，“感恩、责任和担当”的思想在学生的心中激荡。六是校园艺术节。5 月份，校园艺术节不仅给学生提供了一个展示自己爱好和特长的艺术舞台，更加提升了师生对学校的认同感和自豪感，增强了学生以校为荣的爱校、爱专业的意识。

（二）以学生为中心

通过学生座谈会、调查问卷、毕业生反馈等方式，从不同角度调查学生对学校的理论学习、专业学习、实习实训、校园文化、社团活动、校园安全等方面的满意度。

（三）奖学金助学生成才

学校设立了校长助学金、奖学金、励志奖学金、优秀班干部奖学金、优秀三好学生奖学金、三好学生奖学金、贫困生资助等。5 年来，学校发放各类奖助学金共计 172.5 万元。

三、质量保障

（一）动态调整专业

学校面向市场设专业，面向岗位开课程，面向技能抓教学，紧密结合市场，对接京津冀区域协作及中原经济协作区中心城市战略，进行动态调整专业。及时调整专业结构、课程设置和人才培养方案。

（二）加大实训建设投资

2017 年 3 月，学校投资建设了 6600 多平方米的实训楼，可以满足 2000 名学生进行实训；2018 年 4 月，学校投资建设了 6649 平方米的公寓楼，可以满足 1600 名学生的住宿；2020 年 3 月，学校投资建设了 8658 平方米的求真楼及报告厅，为“做中教”“做中学”、质量提升、技能提升奠定了基础。

（三）教师成长

学校始终坚持把师资队伍建设作为提高教学质量的关键来抓，制定了教师培训规划和建设目标。组织开展教师技能竞赛、说课比赛、微课制作、优质课评选、教案评比等竞赛活动。2018 年起，学校开始发放教职工有期股权，标志着教职工“既是教工又是股东”的体系形成。

（四）规范管理

1. 教学管理

学校非常重视与教学相关的制度建设，并及时补充和完善。一是从相关法律制度、教学管理、管理职责、考核评价、中长期规划等方面建立教育教学管理制度，保障教育教学秩序；二是通过日常教育教学管理和教育教学活动的开展，加强管理，以开展“强力提师能、创建新课堂”活动为契机，打造高效课堂，更新理念、创新教法，夯实教学管理；三是深化教学改革，完善制度措施，以落实新课程标准为抓手，优化课程设置；四是提升专业建设，2019 年，学校的计算机应用专业被评为邯郸市中等专业学校市级骨干专业，2020 年，学校的艺术设计专业入围了邯郸市市级特色专业。

2. 学生管理

一是以行为规范教育为载体，深化全方位管理，学校组织了德育系列活动，将习惯养成融入教育之中；二是启动班主任培训计划，加强了班主任队伍建设；三是每周召开工作座谈会，对学生在生活、学习、安全等方面存在的问题及时沟通，把问题消灭在萌芽，同时积累管理经验；四是开展多姿多彩的班级文化大赛，既提高了学生的动手能力、凝聚力，又丰富了学生生活。

3. 安全管理

校长是学校安全工作的第一责任人，负责制定各类人员安全责任制、各方面安全措施，并进行安全网格化管理。门卫严格实行登记制度，学生凭假条和学生证出入。学校有安全检查制度，校领导定期对体育课、课外活动和消防、基建等设施进行检查，对有安全隐患的设施立即予以整改或拆除。班主任组织学生学习安全常识，提高安全防范意识，加强饮食及交通安全教育。学校规范食品卫生，严防群体性疾患的发生。

（五）引领习惯

良好的习惯可以使学生一生受益，全校师生积极响应校长提出的“十个习惯”的培养，即说到做到、健康第一、喜欢清洁、勤俭节约、学会感恩、凡事计划、耐心倾听、规范行为、物归原处、不忘责任。

（六）加强党建

党支部发挥政治核心作用。学校坚持以党风正校风，以党建带动教师队伍建设，以党的思想引导学生正确价值观的形成。认真落实开展争创“党员示范岗”、争做“群众满意服务标兵”等活动，形成了“比、学、赶、帮、超”的工作氛围。

四、校企合作促就业

（一）合作情况

5 年来，学校相继与北京升华电梯、北京宽带通、北京九州电梯、北京方正宽带通、天津龙发装饰、天津九创装修、天津智慧港宽带通、北京博文中科、深圳劲电宝新能源等单位合作，先后为毕业学生提供了 1328 个实训就业岗位。

（二）合作效果

5 年来，校企合作质量逐年向好，合作人数逐年上升，2016 年 261 人，2017 年 536 人，2018 年 588 人，2019 年 655 人，2020 年 753 人。通过对学生的跟踪调查，学校了解到学生对工资待遇和工作环境都十分满意。

五、社会服务

（一）举办公益活动

2019 年 5 月，学校承办了 2019 年邯郸市中等职业学校平面设计大赛，有 29 所中职学校的 103 个代表团、311 名选手参赛。2019 年 6 月，邯郸市民办中等职业教育工作现场会在学校举行，邯郸市教育局领导出席，邯郸市 17 所民办中职学校的董事长、校长、业务校长等 50 余名领导参会。

（二）教育对口扶贫

学校积极参加针对贵州扶贫的“彩虹励志”计划，帮助有志青年拥有一技之长，还组织向永年县尚古小学捐赠了50台笔记本电脑及两万元现金，并对该校的教师进行了信息技术培训。

六、特色创新

（一）学同事提管理

学校通过“一周一分享”营造“向身边优秀干部学习”的氛围。通过学习，提高了干部发现问题、分析问题、解决问题、总结问题的能力，为提高教育教学质量打下了坚实的基础。

（二）切合实际办特色

针对职业院校学生的特点，学校积极探索分类培养，个性化教育，挖掘潜能。通过“十个习惯”引领，展开特色德育；通过“六节”活动，培养学生创新能力；探索“一个专业办一个公司”，提升学生的综合素养。

七、国际交流与合作

学校响应“一带一路”倡议，积极促进中葡职教交流合作。2019年1月，校长张玺、书记高志远出访葡萄牙维塞乌理工学院洽谈合作办学。2019年6月，葡萄牙维塞乌理工学院校长帕瓦教授等一行三人来访，双方签订了职教合作办学备忘录。

八、展望未来

“雄关漫道真如铁，而今迈步从头越”。学校将一如既往地坚持党的教育方针，用真诚的办学理念统领全局，大力实施“质量立校、创新兴校、特色强校”的发展战略。学校要有高度的社会责任感，坚持办学的公益性；要潜心研究学生成才规律，培养学生创新能力；实施现代管理体制，优化资源配置；加强校园文化建设，不断提升办学品位。

承德腾飞中等专业学校：工学结合，知行合一，培养社会需要的专业技能人才

承德腾飞中等专业学校是由承德腾飞集团创建的一所全日制中等专业学校。腾飞集团创建于1992年，由腾飞轿车修理专修连锁公司、腾飞华胜连锁、腾飞中专、腾飞

职业技术专修学院、西点企业管理公司组成，连续多年被承德市人民政府授予“重合同守信用企业”和“先进集体”“优秀企业”称号，被河北省道路运输管理局评为“全省汽车维修行业诚信经营企业”，被人民日报社新闻信息中心列入第三届“全国诚信单位光荣榜”。

一、学校概况

2000 年，学校经河北省教育厅批准成立，位于承德市双滦区双塔山镇，占地面积约 7 万平方米，建筑面积约 4.2 万平方米，有在校生 2800 余人、专任教师 123 人，专任教师中副高以上职称 8 人、中级职称 30 人、初级职称 65 人，“双师型”教师达 55 人。学校以“学好本领报国家，挣钱孝敬咱爹妈”为理念，以“品德高尚、身体健康、技艺精湛、吃苦耐劳、承受挫折、举止优雅”为育人标准，学校摸着良心办教育，坚持走军事化管理特色之路，成为职业教育的典范。

学校开设有汽车运用与维修、汽车企业管理、计算机应用、机电技术应用、家政服务等专业。学校是国家教育部 TEAM21 工程学校、国家教育部 AYEC 工程项目学校、河北省重点职业学校、河北省明星职业学校、河北省依法诚信办学学校、河北省扶贫办劳动力转移示范培训基地、承德市国防教育基地，是河北省民办教育协会副会长单位。

学校曾多次承担承德市预定新兵役前的训练任务和退役士兵的适应性培训任务，取得了良好的效果，得到了军分区和承德市退役军人事务局领导的好评。承德市民兵应急营应急二连编在该校，学校曾多次参加重要任务，得到了上级领导的充分肯定。

汽车运用与维修专业是学校设置最早的专业，在河北省内有很大影响，主要培养企业需要的汽车维修和保养人才，设有 1500 平方米的实训基地和两家校办工厂供学生实习；汽车企业管理专业主要培养汽车销售、保险、接待、售后服务人才，学校拥有按照 4S 店模式设置的营销实训室，让学生按照工作岗位的要求进行训练，毕业生受到用人单位的广泛欢迎；计算机应用专业主要培养平面设计、办公文员，设有多个现代化机房供学生使用，学生毕业后进入各广告设计和影视公司工作；家政服务专业主要培养幼儿教师和保育员，学校设有琴房、舞蹈教室，培养学生的综合素质，学生毕业后进入幼儿园或婴幼培训机构工作。

二、明确的培养目标

通过多年的实践和与企业的紧密合作，学校逐渐总结出了用人单位的 6 个用人标准，并以此标准培养学生。

（一）品德高尚

学校的教育思想是“先教做人，后教做事”，学校的教师和学生牢记校训“学好本领报国家，挣钱孝敬咱爹妈”。在每个学生的床头卡上都记着父母的生日，让他们始终记得感恩父母、感谢学校、感谢企业、报效国家。

（二）技艺精湛

学校对学生的要求是“理论精通，技术精湛”，学校把教学作为学校工作的中心，不断提高理论和实践教学水平，加强实训教学力度，努力使理论和实践教学比例达到1∶2，以提高学生的实际动手能力和专业技能。

（三）身心健康

只有拥有健康才能获得成功的人生。在竞争激烈的现代社会，胜利属于能够承受巨大压力的人，只有拥有健康的身体和健全的心智，才能精力充沛地工作。

（四）承受挫折

承受挫折和忍受委屈是一个人成功的必要条件，学校在教育过程中有意识地对学生进行挫折教育，设置不公平体验，锻炼学生的气度和胸怀。

（五）吃苦耐劳

学生在校期间经常参加学校组织的各种活动，比如青年志愿者、汽车义诊、勤工俭学等，这些活动不但锻炼了学生吃苦耐劳的精神，同时也培养了学生的社交能力。

（六）举止优雅

学校培养出的学生不但要有能力，还要有品位，因此教学内容还包括了对仪容、仪表、仪态的训练，确保学生在与人交往时有得体的穿着打扮和言谈举止。

三、学生管理工作

学校实施军事化全封闭管理，每年组织春、秋两次军训和一次长途徒步拉练，培养了学生强健的体魄和令行禁止、雷厉风行的作风。在学生教育管理上，实施班主任、辅导员制。每个班级设置一位班主任，负责对班级进行全面管理。班主任和辅导员必须保证有一人在校，随时关注学生的动态。班主任和辅导员的宿舍与学生在同一个楼层，班主任、辅导员与学生“同吃、同住、同学习、同娱乐、同训练”，严格按照一日常规对学生进行管理，让学生学会合理地安排一天的时间。学校注重培养学生的政治意识，让学生了解社会、认同国家。每晚7点，所有的班级都会在班主任的组织下准时打开电视收看中央电视台的《新闻联播》，以此来让学生了解国家日新月异的变化，让国家的大政方针入脑入心。

学校注重对学生的德育教育，鼓励学生通过提高自身的能力，改变自己，孝敬父母，奉献企业，回报社会，报效国家。在教育过程中，学校将中华传统文化中的“忠孝”作为教育的切入点。

四、教学工作

在教学上，学校按照1∶2的比例设置了理论课和实践课；在课程内容上，学校紧跟市场需要，每年都要派专业老师到用人单位进行实习和调研，根据市场的变化及时调整教学内容，实现学生学习与就业的无缝对接。学校坚持培育和弘扬工匠精神，努力造就源源不断的高素质专业技能人才，为推动社会经济发展做出贡献。创办学校的腾飞集团是承德市著名的民营企业，学校充分利用企业办学的体制优势，实行工学结合、半工半读，在提高学生实际动手能力方面效果明显。

学校根据企业日常工作的实际制定了一系列规范的操作流程，从每一项维修工艺的工作流程到每一件工具、每一个零件的摆放位置都进行了明确的规范。把实训车间变成了企业的维修车间，使学生的实习环境和将来的工作环境尽量贴近。同时学校还将公司的派工单引进学校，组织教师进行分析，并在教学中加以应用。

为了提高教学水平，学校每年都要安排专业课教师到维修企业工作3—4个月，使教师不但有扎实的理论知识，而且有精湛的动手能力。与其他职业学校派遣教师到企业实习不同，学校和腾飞集团同属一个经济实体，这种工作交流更加深入，也更具操作性，教师在实践中收获更多。

为了让学生就业后能够更好地适应企业，每年寒、暑假期间，学校都会把一批品学兼优的学生送到企业实习，让他们从事一些技术含量较低的工作，并且和工人一样接受企业的管理。通过实习，学生不但在实际工作中得到了锻炼，适应了企业的各种管理和制度，服从意识、集体意识得到了加强，同时也创造了经济价值，为学生家庭减轻了经济负担。

腾飞集团在校园内及周边开设了恒昌汽车公司和财通汽修厂，学校的每个学生在第二学年必须到厂内顶岗实习一个月，经考核合格后方可进入校外企业实习。通过在校办工厂实习，实现了学生从课堂到岗位的无缝衔接。

学校教师的教学成果也十分显著。2015年，学校教师在河北省“创新杯”说课大赛上获得一等奖，在全国说课大赛上获得二等奖；2016年，学校的两名教师分别获得省、市说课大赛一等奖，全国说课大赛二等奖。

五、招生就业工作

学校在招生上严把入口关，对每个学生进行面试，保证生源质量。在就业方面，学校与京津冀地区的1000多家用人单位建立了密切的合作关系，对所有考核合格的毕业生，学校实施终身不限次数就业服务。对于进入用人单位就业的学生，学校会在一个月、三个月、半年、一年等时间节点上对毕业生进行回访，确保毕业生在就业单位稳定、健康发展。对在企业不适应的毕业生及时进行调整，对有工作需求的回流毕业生及时进行再次安排。学校的就业学生，2016年为916人，2017年为640人，2018年为736人，2019年为813人，2020年为902人，学生就业满意度达到95%以上。为了进一步提高学生的就业质量，学校正在加大力度开发江浙沪地区的就业市场，现已初见成效。

六、党建情况

学校党支部充分发挥政治核心作用，各项工作紧紧围绕“全面提高教育教学质量，办好人民满意教育”的目标。2012年，学校党支部被承德市教育局评为先进党支部。学校坚持以党风正校风，以党建带动教师队伍建设，以党的思想引导学生正确价值观的形成。将深入学习宣传贯彻党的十九大精神作为当前的首要政治任务，及时召开学习宣传贯彻十九大精神动员会，制订专题学习计划，安排部署学习活动。同时，学校充分利用网络平台、微信公众号等多种方式，对十九大精神进行广泛宣传。全体党员挂牌上岗，充分发挥模范带头作用，认真落实开展争创“党员示范岗”、争做“群众满意服务标兵”等活动，制定方案，明确内容，形成“比、学、赶、帮、超”的创先创优机制。

七、毕业生情况

建校20年来，学校为社会各界培养了两万多名优秀毕业生。学校的毕业生因为服从意识强、执行能力强而受到用人单位的广泛欢迎。

学校帮助很多毕业生实现了自己的人生理想，成为所在单位的技术骨干或管理人员，还有的毕业生选择了自主创业。学校不仅帮助企业实现了经济效益，也创造了良好的社会效益。

唐山市金桥中等专业学校：构建校企互融的多元化现代职业教育体系

唐山市金桥中等专业学校创建于2007年，隶属唐山市金桥教育集团，是经唐山市人民政府批准设立的一所全日制中等专业学校。经过13年的不懈努力，学校现已形成了集中专学历教育、成人高等教育、短期技能培训、职业技能鉴定四位一体的教育服务体系。学校占地面积 96 710 平方米，校舍建筑面积 57 100 平方米，教学设备总价值 862 万元。学校现开设有机电技术应用、社会文化艺术等 12 个专业、55 个教学班，有在校生 3000 多人，建有铆焊综合实训中心、机械加工、影视制作、皮影等 21 个功能教室。学校的机电技术应用、汽修专业被评为省级骨干专业，社会文化艺术专业被评为省级特色专业。学校被确定为河北省“120 项目”学校、唐山市幸福教育实验校、河北省民办教育协会副会长单位。学校连续 8 年被评为“唐山市民办教育先进学校”，连续多年被评为“河北省电大系统成人高等教育先进单位”。

一、学生管理

学校以立德树人为根本，关心关爱学生，用爱浸润学生心灵，唤醒学生自主意识，全面提高学生的职业素养。积极推行全员育人、教师包班的育人机制。实行学生自治，成立学校自治委员会，各班成立班级自治委员会，在学校管理框架内，自治委员会制定自己的班规、班纪和量化考核体系。学校加强正确引导，加强德育活动，做好舆论宣传，弘扬雷锋精神，发挥模范作用，确保自治效果，形成管理特色。

二、教学改革

学校强化科研工作，推进创新发展。以产教融合为依托，以专业组为单位，组织课题立项，切实开展科研活动，及时总结经验，转化科研成果。2012 年以来，学校共主持省部级和国家级课题 20 多项，发表论文 60 多篇，并多次在国家级和省级比赛中获奖。学校完成了产教融合背景下，专业建设、培养模式、课程体系、教学方法和评价体系的各项研究，为产教融合的顺利实施提供了体系保障。尤其是学校发表的论文《现代学徒制的研究与实践》，在 2015 年 7 月召开的现代学徒制国际论坛上作为典型材料进行了探讨和交流，为职业教育教学改革提供了有效的参考依据和有价值的经验。

三、特色创新

（一）机电技术应用专业实施“现代学徒制”培养模式

1. “现代学徒制”人才培养模式的方案

（1）分析岗位，明确标准

课题组成员在北京北车轨道运输设备股份有限公司唐山分公司开展调研，了解企业的岗位设置情况、岗位标准和人员能力要求。在调研的基础上，确定学徒岗位，制定人才培养方案、考核标准、质量监控参数和依据。

（2）构建基于“现代学徒制”下的校企双主体育人机制

学校通过与北京北车轨道运输设备股份有限公司唐山分公司签署“现代学徒制”实验基地校企合作协议书，建立双主体育人的培养机制，共同承担教育教学职责。

（3）构建学生学徒体系

学生实训是基于企业生产任务及岗位来制定的，学生实训体系包括制定教学方案、指导教师授课、岗位师傅授徒、学徒产品生产、岗位量化考核、轮岗培养、综合岗位考核等7个实训环节。

（4）形成适合机电技术应用人才培养的“1.5＋1＋0.5”的工学结合的“现代学徒制”人才培养模式

结合实验基地的需要，通过对行业发展的人才需求规格的调研，不断改革和完善人才培养方案，确立“1.5＋1＋0.5”的人才培养模式。即学生入学后，第一、三、五学期在校学习文化知识和专业知识；第二、四学期在基地各个岗位轮岗，由企业师傅带领轮岗实训；第六学期顶岗实习。

（二）“还原自主”教学方法的研究与实践

1.“还原自主”教学方法的产生

（1）还原真实的情景

在课堂教学伊始，学校根据知识技能认知规律和专业的培养目标，以及学生未来就业的不同行业，为学生倾心打造知识技能产生的真实情景。

（2）还原真实的任务

在教学过程中，学校以学以致用为宗旨，为学生还原真实的工作任务，展现任务的要求、标准和在社会生活实践中的作用，让学生感受责任与担当。

（3）还原真实的过程

学校以“做中学”为导向，着力为学生打造真实的实践过程。把静态的无生机的知识和技能，还原到社会生活和生产实践中去，把无用的知识技能变为实用的本领技能；将知识还原成原始状态，展现知识的产生过程，让学生亲身感受操作规范，激发学生学习的积极性和主动性。

（4）教师自主教学

任课教师根据专业培养目标及岗位职业能力，再结合教学大纲，并依据知识技能的形成规律，自行调整教材的内容结构和前后顺序，自主制定授课方式、授课时间和考核评价标准，打破了教材和传统教育方法的束缚，提高了课堂的教学效果。

（5）学生自主学习

以学生为主体，依据技能人才成长规律，教师引导学生自主发现问题、自主分析问题、自主解决问题、自主总结规律，充分发挥学生的自主学习能力，让学生找回自信，感受收获的喜悦，从而提高学生解决问题的能力和水平。

石家庄花都形象艺术学校：不断奋进的石家庄花都形象艺术学校

石家庄花都形象艺术学校始建于1994年，前期主要从事短期培训教育。2008年，经石家庄市教育局批准，石家庄花都形象艺术学校成为一所全日制中等职业学校。2010年，学校被评为“河北省重点中等职业学校”。2014年，学校的人物形象设计专业被评为“河北省特色专业”。学校于2018年与河北女子职业技术学院达成合作协议，共同建立了河北女子职业技术学院花都校区，在中高职衔接、混合所有制办学等方面进行了深入探索。目前，学校初步形成了集短期培训、中职教育与高职教育多层次办学的格局，现有3个校区，占地面积约10万平方米，建筑面积6万多平方米，共开设有6类、20多个学历制专业和职业技能培训专业。现有在校生5000余人，教职工260余人。多年来，学校一直致力于培养高素质、高技能、高学历的复合型人才，共为社会培养了9万余名行业精英，为服务民众、社会发展做出了巨大的贡献。

在20多年的办学过程中，学校始终坚持“文化立校、特色办学、改革创新、多元发展”的办学宗旨，遵循“尚德、至善、存真、尚美”的校训，坚持走长短结合、校企合作、中高职衔接、升学就业结合、国际交流的多元办学道路。学校坚持统筹规划，强化制度治校，坚持专家引领办学，打造学校文化、追逐质量、品牌立校的内部机制建设，不断改善办学条件，提升办学品质，努力创设温馨、和谐、优美、文雅的校园环境，促进学校不断发展。

一、党建工作引领，培育和践行社会主义核心价值观

（一）加强党的建设工作

在上级党委的领导下，学校成立了中共石家庄花都形象艺术学校党支部，党支部书记刘斐同时兼任校团委书记。

（二）校党支部带动党团组织、学生会组织开展活动

在深入践行社会主义核心价值观和中等职业学校学生公约的过程中，发挥学校基层党组织的战斗堡垒作用，以党组织带动团组织、学生会组织，抓准方向，落实党团“两学一做”“三会一课”制度。每个学期由党组织书记、校长带头讲团课，由校团委、学生处紧抓落实，搞好校园文化氛围，组织效果显著的文体活动，让学生在活动中去体会、去感悟、去提升思想认知水平。

二、建立健全思想政治教育组织，明确工作职责

（一）建立思想政治工作小组

为了加强思想政治教育工作，学校成立了以负责学生管理工作的副校长为组长，以专业部主任、思想政治课教师为成员的工作小组。工作小组在党支部的领导下，结合教育主管部门的要求开展各项工作。

（二）重视班主任队伍建设，组织班主任业务培训

班主任在班级管理中的作用不可忽视。首先，学生处的管理干部要打造校园学习的"大环境"，班主任则要重视学生管理的"小环境"。如何打造班级管理的"小环境"，这是一门科学，是一门技术，更是一门艺术，需要班主任耐心细致地去研究，而且班主任的基本功非常重要。为加快班主任的成长，学校采用新入职教师担任"副班主任"的方式，由有经验的班主任主要负责班级管理，副班主任跟随班主任进行学习，并制订个人班主任学习成长计划，每学期末进行评比。对于学习进步快的新教师，学校会在新学期为其安排班主任工作，并发放班主任津贴，提高其福利待遇，帮助年轻教师成长。

（三）制定《班级量化考核管理办法》和《学生个人量化考核管理办法》

学校制定了《班级量化考核管理办法》，涵盖班主任自身事务、学生出勤、学生纪律、学生卫生、第二课堂活动、好人好事、实习就业等几个方面的内容，每一项工作都会在每月的工作中占有一定的分值，由学生处和专业部根据《管理办法》，再结合班主任工作常规及日常检查情况，对班主任每月的工作进行考核评比。

为了加强学生管理，学校还制定了《学生个人量化考核管理办法》，从学习和操行两方面进行考评，由班委会成员每日负责检查学生的日常行为、课堂纪律、出操出勤、就寝纪律、好人好事等多个方面的表现，采用加减分的方式，对学生每周、每月的情况进行考核，每月的汇总情况作为学生年度、学期评先的重要参考依据。

三、以新时代"工匠精神"为己任，抓好学生教学工作

教学工作是学校的核心工作，也是学校的核心竞争力。

（一）加强师资队伍建设

1. 学校领导非常重视教学品质

学校鼓励专业课老师向"专家级"教师发展。基础课老师则要加强研讨，通过教案编写、学情分析、板书设计等培训，不断夯实教师教学的基本功。

2. 采用“走出去、请进来”的方式培训班主任和教师

要求每年每位教师至少要深入企业、用人单位学习一个月的时间，了解最新、最先进的技术，将企业、用人单位的岗位需求融入教师的教育教学过程中。学校还会定期聘请企业、用人单位的技术专家到校给教师和学生上课，传授专业知识。

（二）落实“教、学、做、管”一体化

学校的教师既是教学的身份，又是班主任的身份。在课上，教师的职责是传授学生知识、技能；在课下，则要关爱学生的身心健康。

学校的教室既是理论的课堂，又是实训教学的场所。教师讲解完理论知识，走下讲台就开始指导学生实训。

“双重身份”的教师，“教学做”一体化的教室，充分地保证了学校的教育教学质量。

（三）逐步成型的“花都”教育教学模式

通过多年的实践、摸索，学校逐步形成了“以赛带练、以赛促学、以赛促教、以赛促改、以赛促管”的教育教学模式。各种级别的赛事都是花都师生展示自己的舞台，在教学和管理过程中，教师非常注重培养学生“逢赛必比、逢赛必胜”的信念。

通过参加各类赛事，让教师和学生熟悉了各级比赛的标准和要求。每项赛事结束后，教师都要认真总结经验、教训，并将比赛的标准和要求融入教育教学工作中，用更加先进的知识和理念指导学生的学习和学生管理工作。

不断奋进是石家庄花都形象艺术学校全体教职工始终不变的追求。

石家庄太行科技中等专业学校：以生为本，特色立校

近几年，学校认真贯彻执行党和国家的教育方针，落实习近平新时代中国特色社会主义教育思想，坚持以服务为宗旨，以就业为导向，以技能为核心，以培养学生过硬的职业素养和实践能力为根本，以为京津冀地区培养高素质、实干型人才为指导思想。

一、学校概况

石家庄太行科技中等专业学校创建于 1999 年，至今已有 20 余年的历史。学校占地面积约 12 万平方米，建筑面积 6 万多平方米，有 8 个教学区，12 栋宿舍楼，拥有多功能操场、图书馆、2 个浴室和 4 个食堂。学校现有教职员工 200 余人，在校生 7000 余人，开设有汽修类、幼师类、计算机类和铁路类共 4 类、11 个专业。学校共有 43 个

实训室，其中铁路类实训室 2 个、计算机类实训室 20 个、汽修类实训室 6 个、幼师类实训室 15 个。

学校以市场需求为导向、以就业单位的用工标准为基准，实现了教学、管理与就业和升学的高度对接。近 4 年来，在省、市技能大赛中，学校学生共获得了 300 余个奖项，深受各界好评，学校也被评为“河北省重点职业学校”“石家庄市品牌学校”“石家庄市优秀学校”。

二、充分发挥课堂教学的主渠道作用

按照中等职业学校教学大纲的要求，德育教育的目标是把学生培养成爱党爱国、具有良好道德品质和文明习惯的社会主义合格公民，培养成德、智、体、美、劳全面发展的高素质的劳动者。

首先，按照中职教学大纲的要求，学校开足、开全“四大门类”的德育课程，素质教育课则要求教师保证每一堂课的教学质量。一是要备好课，针对学生客观存在的实际问题备课，联系社会环境与教育背景备课；二是在课堂上一定要让学生联系自己的思想实际找出存在的问题，引导学生带着问题学，带着问题问老师，带着问题参加讨论，不断寻求适合自己的答案，最终使问题得到解决；三是德育课教师要做出中肯的评价，同时要善于捕捉学生思想的亮点，及时给予肯定和鼓励。

其次，所有的学科都要明确教学目标，尤其是要重视学生的情感、态度及价值观的转变。教会学生知识技能固然重要，但更要解决好为谁学习、为什么学习的问题。传道授业是一个统一的整体，社会价值与个人价值也是一个统一的整体，建构主义告诉我们，每个学生都非常渴望了解学习的内容究竟有什么用，但这却往往被老师所忽视。只有教师从学生的角度去授业，学生的思想教育才能完成。在开展听评课或教研活动时，学校始终把这项内容的标准和要求列入考核教学质量的范畴。

三、搞好团学组织建设，让学生在社团活动中受教育

学生的在校活动时间大致可分为两部分，一部分在课堂，另一部分在课外。如果想要让学生在课余时间受教育、提升品质，那么社团活动是最有效率的。学校的团学组织健全，学生会、校团委所属基层组织机构完善。尤其是校团委，下属机构有各学院团总支、各班级团支部，并明确规定了各级组织的责任。全校每名学生都至少参加了一个社团组织，各个社团组织都有明确的目标和任务。学校积极构建第二课堂，经常开展健康向上的文体活动，利用团队活动、社会活动，开阔学生视野，陶冶学生情操，发挥学生特长。

学校每学期还要组织五六次大型文化活动。一是认真开展入学教育活动，培养学生爱祖国、爱人民、爱社会主义，同时也要爱老师、爱同学、爱学校，自觉维护教育教学秩序，创建和谐文明的新校园；二是精心组织军训、安全教育、纪律教育活动，教育学生提高安全防范意识，珍爱生活、珍爱健康、珍爱生命，增强纪律观念和锻炼吃苦耐劳的精神；三是利用团队活动、团员生活会等，教育学生坚定社会主义信念，树立共产主义理想；四是每周三电影晚会、每周六舞蹈晚会，让学生在快乐中生活，在快乐中成长；五是每年春季都有一次拓展训练，拓展学生的全面素质。这些活动的坚持开展，促进了优良校风、班风和学风的形成，使学生在相互激励、相互学习中得到思想和品行的不断优化。

四、抓好教育教学质量，提升学校综合实力

随着社会的进步和经济的发展，各行各业对中等职业学校毕业生的需求量越来越大，随之对学生的知识技能要求也越来越高，要求中职学生不仅具有坚实的创业基础、过硬的专业技能、良好的行业适应能力，以及创新能力、协调沟通能力、领悟和语言表达能力，还要具有良好的职业道德、团队精神、敬业精神和吃苦耐劳精神。

因此，各行业对传统的职业教育提出了改革的要求。一是学校的专业结构要满足各行业对人才的需求；二是课程设置应以行业标准化为导向，坚持将课程设置为校企结合、工学结合、产教结合的职业教育办学模式，从而使专业课程具有明确的职业性、岗位性、针对性、实践性和灵活性，提高学生的技能水平和职业能力；三是建立保证能在教学中践行学历文凭与《职业资格证书》并重的“双证书”制度；四是制订教学计划，以加强实训和动手能力培训为重点，增加实训课时比例；五是创立校企结合的职教模式。

另外，技能大赛是促进职业教育发展、提高办学质量的有力措施，是对中等职业教育成果的集中检阅。近 5 年来，学校参加省、市技能大赛共获得 300 余个奖项。其中，计算机学院在 2015 年曾获得省赛个人一等奖与团体一等奖，学前教育学院在 2017 年与 2019 年两次获得市赛个人一等奖及团体一等奖，汽修学院在 2018 年获得省赛个人一等奖及团体一等奖，铁路学院在 2019 年获得市赛个人一等奖及团体一等奖。学前教育学院教师代表队在 2020 年的河北省教师教学能力大赛中获得二等奖。

技能大赛对学校的教学产生了积极的推动效应，促进了学生学习兴趣的提升、教学模式的改革、师资队伍和实训基地的建设，并且学校还能够将竞赛项目转化为教学资源，做到“以赛促教、以赛促学、以赛促改”，推动了学校课程建设与改革的进程。

学校在办学过程中始终秉承“明德修身、强技立业”的校训，以质量求生存，以

特色求发展。通过多年的努力奋斗，学校的办学能力和办学水平显著增强。

石家庄东华铁路学校：不忘立德树人初心，推动学校高质量发展

石家庄东华铁路学校创建于1995年，是石家庄市教育局批准成立的一所全日制民办学校，占地面积约13万平方米，建筑面积5万平方米，有教职工403人，在校学生8000余人。学校开设有内燃机车运用与检修、城市轨道交通运营管理、电气化铁道供电、美术设计与制作等12个专业。近年来，学校不忘立德树人的初心，牢记为党育人、为国育才的使命，不断推动学校在更高水平上实现更高质量发展，各项工作成绩突出，赢得了良好的社会声誉。

一、坚持“五引领、四保证”，以党建促校建

多年来，学校理事会对党建工作高度重视，并于2009年建立了党组织。2016年，被石家庄市委组织部评为“非企社会组织‘双强’示范单位”。2018年9月，经上级党委批准，学校党支部升格为党总支。同年12月，被石家庄市委组织部评为“石家庄市社会组织党建工作示范单位”。近年来，学校先后接待了8批次省、市、区的非企单位党务干部来校学习观摩。

“十三五”期间，学校党总支充分发挥政治核心作用和党员的先锋模范作用，以抓好“党建示范单位”为切入点，围绕中心，服务大局，积极融入组织、融入管理、融入学生、融入活动，创造了“五引领、四保证”工作法。“五引领”即政治引领把方向、党建引领建示范、文化引领创载体、作用引领抓活动、群团引领创一流；“四保证”即组织保证、制度保证、活动保证、思想保证。近年来，学校共发展新党员5人；校团委荣获“新华区优秀团委”“石家庄市五四红旗团委”“新华区创建文明城市工作优秀青年志愿服务集体”等称号；多名学生被评为市级以上“星级志愿者”；2018年7月，学校志愿者社团社长叶玮同学被新华区文明委评为“新华好人”。

二、务实基础，着力加强干部队伍建设和师资队伍建设

通过中层干部竞聘上岗、民主测评、党课教育、专题培训、述职考核等一系列措施，学校努力锻造了一支敢于负责、勇于奉献、勤于学习、善于落实的干部队伍。近年来，共有21名同志通过公开竞聘充实到干部队伍。中层以上干部队伍结构合理、特长突出、群众威信高、执行力和战斗力强，保证了各项工作的顺利开展。

学校师资力量雄厚，现有授课教师371人，其中“双师型”教师53人，副高及以

上职称 19 人，中级职称 22 人，初级职称 40 人。学校还聘请了全国劳模、全路“十佳司机”、省部级劳模供电专家、北京铁路局技术比武状元、北京铁路局政研会原副秘书长、高级政工师、中国铁路职工思想政治工作研究会特约研究员、“火车头奖章”获得者等十几位行业模范、带头人担任专业教师。

三、深化教育教学改革，全面提高教育教学质量

学校始终牢牢把握“稳中求进、质量优先、深耕细作、砥砺奋进”的工作基调，以服务为宗旨，以就业为导向，深化教育教学改革，全面提高教育教学质量，不断推动学校在更高水平上实现更高质量发展。

一是以培养具有工匠精神、职业道德、职业技能和就业创业能力的社会主义事业建设者和接班人为目标。学校进一步解放思想，更新教育理念和教学观念，明确人才培养目标，深化人才培养模式改革，制定并落实人才培养方案；对接岗位规范、行业标准，兼顾职业资格证的考核内容，不断完善课程体系建设，提高学生的职业资格证书获取率；以最新的行业标准和企业实际需求为依据，编写校本教材和实用技术培训手册。

二是加强教育教学管理干部队伍和师资队伍建设。学校明确职责，分级负责，落实干部选拔、培养、考核、评议、奖惩等制度，努力提高科学化、专业化、精细化管理水平；完善教师培养和培训制度，关心教师的专业成长，加强“双师型”教师队伍建设，培养出一批教学名师和专业带头人；以提高质量为导向，强化教育教学常规管理，完善并落实教师量化考核制度，奖勤罚懒，奖优汰劣，充分调动广大教师的工作积极性和主动性，努力形成爱岗敬业、学习研究、互帮互助、尊生爱生的浓厚氛围。

三是改革教学方法，提高教学水平。学校根据职业岗位的能力和素质要求，深入开展项目教学、案例教学、场景教学、模拟教学，倡导启发式、探究式、讨论式、参与式教学，丰富教学手段，充分调动学生的学习积极性，培养学生的学习兴趣，变“要我学”为“我要学”，提高教学效果。

四是大力开展各项教育教学实践活动。除积极参加省、市中职学生技能大赛以外，学校每学期都会举办“校园技能节”，开展各项专业技能比赛，真正践行了“以赛促学、以赛促教”的教育教学理念。为了将这些活动的积极影响发挥到极致，学校还将学生在各种活动、比赛中的精彩表现和取得的优异成绩，通过照片和视频的形式反馈在校园中，也反馈给学生的家长，让家长了解孩子在学校的优秀表现，以提高学生的自豪感和成就感，从而形成教育的良性循环。

五是持续开展以爱国主义教育为核心的德育系列活动。学校举办了升国旗仪式、

国旗下演讲、军训、“感恩祖国”红歌比赛、参观革命圣地西柏坡、烈士陵园扫墓、主题班会等活动，形式多样，成效显著，激发了学生的爱国主义和集体主义精神，培养了学生优良的道德品质和高尚的道德情操。学校还先后组织了多批次共千余名学生参加的社会实践活动，达到“实践长才干”的目的。

四、加大投入，办学条件极大改善

2017 年，学校在原有铁路实训设备的基础上，投资 60 余万元购置并升级改造了接触网轨道作业车和内燃机车。2018 年，学校投资 80 多万元新增了多媒体设备 80 多套，实现学校多媒体教室全覆盖；投资 400 多万元升级改造了 400 米跑道，建造了标准化操场。2019 年，学校新建了两个机房，配备了价值 150 多万元的 200 多台计算机，满足了学校的教学需要，如今供教学使用的计算机已超过 700 台。近年来，学校新建并改造了教室、宿舍 5000 平方米，所有师生宿舍全部安装了空调；建设了较高标准的图书馆；全面实施了校园优化、美化、亮化工程。校园环境优美、设施齐全、布局合理、文化氛围浓厚，充满生机和活力。

五、加强校园文化建设，营造良好育人氛围

学校积极挖掘、提炼多年来形成的文化内涵和文化精髓，始终以社会主义核心价值观为主导。从进校门迎面矗立的孔子塑像，到校园内的《三字经》《弟子规》、优秀传统故事展板，再到利用橱窗、板报、条幅、电子显示屏、校园广播等充分展示学校的理念文化、制度文化、环境文化、企业文化和饮食文化等，形成了具有自身特色的校园文化，充分发挥了环境育人、文化育人的作用。

不断完善校园文化设施布局，使校园环境更优美、更整洁、更有秩序、更人性化、更富有铁路文化特色，促进师生身心健康发展，使广大师生在校园文化的浸润中提高思想觉悟和道德修养水平。同时，加强对校园安全工作的领导和指导，落实制度，化解矛盾，消除隐患，凝聚力量，保证了教育教学和各项工作的顺利开展。2016 年以来，学校连年被石家庄市教育局命名为“平安和谐校园”。

六、关心教师生活，不断提高教职工工资福利待遇

多年来，学校始终把维护教职工利益放在十分重要的位置，努力为广大教师的成长成才创造条件，切实为他们解决工作和生活中遇到的各种困难和问题，积极鼓励教职工考取《教师资格证》、申报专业技术职称。学校与教职工依法签订聘任合同，明确权利和义务；按规定为教师办理了养老、医疗、生育、失业、工伤、意外伤害等保险；

进一步完善了教职工申诉制度；学校每月按时发放工资，从未有过拖欠；每年发放两次过节福利，并组织教职工免费参加体检；充分发挥工会组织的作用，不断完善教职工代表大会制度，每年年底都会召开教职工代表大会，鼓励广大教职工积极为学校的高质量发展献计献策。通过民主管理、民主监督，进一步增强了广大教师的主人翁意识，获得感、幸福感和安全感不断提升。

邯郸市现代工业中等专业学校：努力办好“现代”职业教育

邯郸市现代工业中等专业学校是2008年经邯郸市教育局批准成立的一所民办中等专业学校，位于邯郸市肥乡经济开发区新华北街3号。学校占地面积51 621平方米，建筑面积45 088平方米。学校的党、政、学管理机构健全，建有综合艺术中心、各专业实训中心等，覆盖空冷、计算机、机电、电工、钳工、焊工等专业，学校还设有PLC程控实训室、电子实训室、计算机组装实训室、电学实验室、电子商务实训室、3D打印模拟室和多个室外训练场，并设有多个微机教室、语音室、舞蹈房、钢琴房、琴房、声乐训练室、手工美术室等。

学校以“厚道做人，仁心育人”为校训，以“办老百姓放心学校”为宗旨，笃行“让学生满意、让家长满意、让企业满意、让社会满意”的办学理念，同时打造合作育人、合作就业、合作创新的发展平台，不断扩大现代教育品牌的影响力和知名度，弘扬“大国工匠精神”及全方位、全过程的合作办学模式，为新时代培养了大批合格的新型技能人才，得到了上级领导和社会的高度赞扬，赢得了良好的口碑。

一、大力开展党建工作

学校党总支按照上级党组织的部署和要求，党建活动以“有场地、有标识、有设施、有制度、有资料、有栏目”为标准，营造出了浓厚的党建教育氛围，党建工作得到了全面加强和改进。抓好党建带团建，学校党总支携手校团委，在校内外积极组织开展教学、管理和服务、社团等各种活动，有力地促进了学校各项工作的开展，受到省、市、区组织部领导的肯定与表扬。学校被河北省委组织部定为“非公企业党建观摩单位”，学校党建经验被中宣部内部特刊《党建引领》刊登。

二、学校运行机制和办学特色

（一）制度建设

学校建立了完善的教育制度、教学制度与管理制度，步入了正常发展和良性进步的轨道。学校由董事会确定办学规划和发展战略，以校长为首的行政管理层和广大教师共同完成制度的制定，制度涵盖了学生安全管理、教育教学、招生稳生、食堂安全、财务管理等多个方面。

（二）文化建设

为营造鲜明的校园文化，学校设计了自己独特的标识，如校牌、校服、校旗、校徽、校报等。这些标识一方面突出了学校的整体形象，另一方面也能激发师生的荣誉感和责任感。

学校在教室、走廊等处布置了名人像、语录牌、科学家照片、学生作品等；保持校园的整洁优雅，使一砖一瓦、一草一木都能起到陶冶性情、激发美感的作用；修建了花坛、长廊、荷花塘、雕塑、壁画等，让学生用自己学到的知识技能来美化校园。

学校加强校风、教风和学风建设，展现学校的形象、个性和风貌，制定了“厚道做人，仁心育人”的校训，激励教师为人师表、辛勤工作，也鞭策学生先要学习做人的道理。同时学校利用各种形式，如晚会、班会、兴趣小组、竞赛、敬老等开展教育活动，均收到了良好的效果。

三、安排好校内外实验实训教学、工学交替工作

学校教学团队设计了全新的课程体系。为了确定各专业核心能力课程，学校将合作企业的典型职业岗位进行了工作任务分析，确定了典型工作任务，每一个典型工作任务都对应一门专业核心能力课程。之后派出专业教师到企业进行考察、实习、学习，并把企业的专业人员请到学校进行面对面授课，使学生能够有一个直观的认识。学生把在学校学到的知识，在企业的实习中加以运用、实践，取得感性认识。通过在实训中教学，工学交替，学生毕业后可以与企业无缝对接。

四、教学成果

2019 年 3 月，在河北省职业院校学生礼仪比赛中，获得个人二等奖 1 人、个人三等奖 1 人、个人优秀奖 10 人，另有两名老师获得“优秀竞赛指导老师”称号；2019 年 5 月，在邯郸市学生职业技能竞赛中，在平面设计、学前教育、职业礼仪、信息化办公、电气安装与维修等项目上获得优秀组织奖 3 个、团体一等奖 4 个、团体二等奖 8 个、团体三等奖 4 个、个人一等奖 14 人、个人二等奖 23 人、个人三等奖 15 人、个人优秀奖 10 人、“优秀指导教师”称号 14 人，另有 5 人入围国家级创业创新大赛第二阶段。

五、创新学生管理工作

（一）班主任队伍建设

对于班主任工作，学校整理出了较为完善的“班级管理一日工作流程”“班规”“班会集锦”“实习工作流程”“实习管理注意事项”“班主任工作主要内容”等，并定期对班主任、学生会进行专题培训，使班级管理向制度化、规范化方向推进了一大步。一、二、三年级的学生管理工作各有特色，学生风貌及精气神充满正能量，正朝着“团结、紧张、严肃、活泼”的目标不断前进。

（二）德育工作紧紧围绕“厚道做人，仁心育人”的校训展开

学校把传统文化引入校园，举办专题论坛讲座，组织学生诵读《弟子规》，并身体力行。学校把国旗下讲话和晚集合讲话结合起来，把周末回家为父母洗脚、做家务等与课堂德育课结合起来，把去敬老院、孝德堂做义工与思想教育结合起来，把在校外热心助人与校内尊师敬师结合起来，对学生进行了一次次传统文化的洗礼，爱国、惜食、敬师、孝亲、助人等正能量布满校园，改变了一些学生不正确的思想轨迹。学校还组织了大量丰富多彩的活动，并组建了40个学生社团。

（三）坚持不懈地抓好安全教育工作

学校积极开展消防、交通、禁毒等系列安全教育。通过完善工作网络，落实安全责任，建立安全台账，层层负责，提高防火、用电及交通、饮食等安全教育的实效。学校通过一系列活动提高了学生的自救自护能力，杜绝安全事故的发生。为了应对突发事件，学校定期组织安全演练、演习，并且通过安全知识竞赛等丰富多彩的活动，提高了学生学习安全知识的兴趣和意识。以“校园预防”为重点，学校深入开展了法制教育，认真组织学生学习《中华人民共和国未成年人保护法》和《中华人民共和国预防未成年人犯罪法》，并通过开展法制教育讲座、观看法制教育片等形式，增强了学生的法制观念。另外，学校每周一安排排查，使安全工作得到了有效保证。

学校办学坚持与时俱进，不断做好“现代”教育品牌，创新人才培养模式，做到了创新和创业并举，拓宽了就业道路，得到了企业和社会的高度认可。学校与多家知名品牌企业和知名幼教集团建立了稳定的合作关系，涵盖学校全部专业，实现了专业对接“零距离”，以及学生毕业后全部就业。

石家庄路翔铁路中等专业学校：不忘初心，筑梦路翔

石家庄路翔铁路中等专业学校是经石家庄市教育局批准成立的一所全日制中等专

业学校。学校有在校生 2185 人，教职工 100 余人，开设有内燃机车运用与检修、铁道运输管理、电气化铁道供电、铁道施工与养护、铁道车辆运用与检修、城市轨道交通运营管理等专业。

自建校以来，学校始终坚持以教书育人、管理育人、服务育人为工作宗旨，以教育市场为中心，以用工单位为导向，积极响应国家政策，不忘初心、牢记使命，牢固树立“以人为本”的思想，始终把培养铁路人才作为办学工作的第一要务，将立德树人融入思想道德教育、文化知识教育、校内实训各环节。学校的学科体系、教学体系、教材体系、管理体系都围绕这个目标来设计，教师围绕这个目标来教，学生围绕这个目标来学。以此来构建德、智、体、美、劳全面培养的教育体系，并形成更高水平的人才培养体系。

一、学校发展抓党建，抓好党建促发展

（一）党建引领制度

学校建立了党政联席会议制度，对重大决策、重大改革措施等重要事项坚持集体研究、民主决策。党支部加强日常教育管理，严格落实“三会一课”制度，推进“两学一做”学习教育常态化、制度化；扎实开展“主题党日”活动，组织党员开展“党员标准大讨论”，为每个党员设立“党员先锋岗”，以激励党员始终以一个党员的标准严格要求自己，工作中处处干在前，真正起到党员的模范带头作用。

（二）党建引领道德

学校在每年的开学之初便会制订德育工作计划，做到月月有计划、周周有主题。学校对班级的黑板报宣传和文化墙的设计都有具体的要求，在体现班级特色的基础上，班主任应指导学生正确利用宣传途径，体现班级个性，让班级成为每个学生“智慧的加油站”“力量的积聚处”。

（三）党建引领决策

加强学校党建工作能够提高党对学校的领导，加强文化建设能够提高学校内部的凝聚力。在这个过程中，学校的党建和文化建设的核心目的都是促进学校发展，提高学校的市场竞争力。

（四）党建引领文化

学校党组织是学校的政治核心，起着联系群众的桥梁作用，校园文化以其独特的育人功能恰恰与当前学校党建工作的目标、方法相吻合，必然成为学校党建工作的重要着力点。学校党支部在创建特色校园文化的过程中，充分发挥了党组织的引领作用，开拓了学校工作的新局面。

二、以思想道德教育为主线，抓好学生管理

学校始终坚持德育为主线，将法制教育、感恩教育、社会生存教育、文化素质教育、心理健康教育、养成教育、职业道德教育作为德育教育主题，培养学生全方面素质的提高，使学生树立正确的世界观、人生观、价值观。

学校有计划、有针对性地对学生进行爱国主义、集体主义、法制、环保、安全、心理健康、孝心敬老、感恩和文明礼仪养成等9个方面的教育，做到重点清、要求高、措施实、效果好。

学校建立了学校、家庭、社会三结合的教育体系，加大了社会参与学校德育建设的力度，逐步形成了教育模块，切实加强心理健康教育，培养学生面对挫折的顽强毅力和吃苦耐劳的精神，从而提高学生适应社会生活的能力。

学校结合石家庄市全国文明城市创建工作，组织开展了思想道德建设活动，利用板报、专栏等开展宣传教育。同时，学生处、团支部也组织开展了“成人礼”和班歌大赛等活动。

三、学校定位及发展规划科学规范

学校一直坚持以促进就业为导向，以用人单位的需求为教学内容，本着以课堂教学为现场服务，学习课程与就业单位所需紧密结合的办学方式，做到学生“上岗就业零距离，上岗能发展”。

学校坚持以教书育人、管理育人、服务育人为工作宗旨，以教育市场为中心，以用工单位为导向，积极响应国家政策，始终把培养铁路人才作为办学工作的第一要务。学校在此基础上培养了一批老中青结合的教师队伍，形成了一套“从严管理、从严教学、从严要求、从严训练、和谐人文”的教学管理特色，向铁路系统培养和输送了一批又一批的“路翔人”。

学校领导审时度势地提出了“创路翔特色、争行业第一”的办学新目标，创路翔特色既是市场的要求又是发展的需要，争行业第一既是目标，也是鞭策。在这一目标的指引下，学校教职工团结一致，迎难而上，屡创佳绩，得到了社会和用人单位的认可。

在2017年的石家庄政府工作报告中，提出要大力弘扬工匠精神，厚植工匠文化。在这种大背景下，学校领导班子在全校师生大会上提出了要发扬工匠精神，让工匠精神成为学校师生的一个重要精神特质，在学习和工作中要崇尚精益求精，恪尽职业操守。

四、教学以培养专业技能人才为主体

学校充分发挥教师在教学改革中的重要作用，鼓励教师积极参与评课、研课、观摩课等课堂教学活动，研发具有学校特色的校本教材。

在学科教学中，各教师根据学科特点进行分类设置目标，建立学生档案，充分引领、促进学生可持续发展。在学科教研方面，学校要求：一是各科教师必须参加教研活动；二是要独立钻研教材，研究教法，总结经验，做教学研究的有心人；三是组织观摩课、公开教学课，开展教师相互听课活动，取人之长，补己之短。

学校设立充足的实训设备设施供学生实训。学校所有的实训课教师均来自铁路一线，具有中、高级工程师或技师职称，他们将课本的知识点与自身的工作经验充分融合，再结合学生的现状分阶段进行讲解、实操，对不同层次的学生设置不同的教学方案，使得每个层次的学生都能将技术掌握扎实。

学校把学生的就业指导工作作为学校发展的生命线。为此，学校开展了丰富多样的就业教育活动，对学生进行职业生涯成长规划教育，以培养学生的职业能力、职业素养；建立就业学生的管理跟踪和巡视回访制度，积极为毕业生提供后续管理服务和技术支撑。近两年，学校毕业生的就业率达到98％，对口就业率达到85％，用人单位满意率达到93％。

五、抓学校文化建设，建平安校园

学校文化建设是学校发展的动力，是学校的灵魂和根本。先进的学校文化对促进学生良好品质的养成，全面提高学生素质，陶冶学生情操，构建学生健康人格，促进学生、教师、学校的和谐发展，有着十分重要的作用。学校提倡滋养三气，即教师的“正气、书卷气、学者气”和学生的“大气、灵气、儒雅之气”，如今已形成学校的行为文化特色。

学校积极组织举办班歌大赛、校园文艺联欢、队列比赛、成人宣誓仪式、小型趣味运动会等活动，这些活动活跃了校园生活，培养了学生兴趣，给师生提供了展示自我才华的舞台。

安全制度是围绕学校师生安全，规范学校安全管理，规范师生安全行为，要求全体师生共同遵守的规章制度。学校通过建立健全安全制度，丰富了校园安全文化，明确了各部门应承担的安全职责，加强了宣传教育，不断提高师生遵守安全制度的自觉性。学校定期健全校园安全制度，不定期对各项安全制度执行情况进行督促检查，发现问题及时整改，确保各项安全制度落实到位。

经过多年的发展，学校虽已经走上了发展的“快速路”，但始终深知“不忘育人初心、方得始终”的道理。学校一定会继续认真办学，为学生插上腾飞的翅膀。

石家庄军兴信息工程中等专业学校：明确办学定位，提升办学水平

石家庄军兴信息工程中等专业学校是经石家庄市教育局批准成立的全日制中等专业学校。2006 年，学校自筹资金，在石家庄市和平西路太华工业园区兴建校舍，学校占地面积约 4 万平方米，建筑面积 3.7 万多平方米，包括学生公寓 5 栋、教学楼 2 栋、实训楼 2 栋、办公楼 2 栋，实训场地含电子电工实训室、计算机实训室、计算机组装实训室、形体房、化妆间、幼儿实操实训室、蒙特梭利实训室、电钢琴房、图书阅览室、高铁模拟室外实训仓、高铁模拟仓等，校园内生活配套设施齐全。学校现开设有铁道运输管理、机电技术应用、计算机网络技术、社会文化艺术等专业。

一、坚持党的领导，构建和谐校园文化

学校设有党支部及团委，以党建带团建，充分发挥学校党员及团员的先锋模范带头作用，自主开展形式多样的党建、团建活动。

学校开展每月一大主题的系列活动。3 月是“争做社会主义接班人”主题，组织开展党员思想教育，团员成人礼系列活动；4 月是“党员团员站起来”主题，发展培养新党员、团员，组织进行爱国主义参观、学习、讲座；5 月是“携手创建文明城市”主题，党员、团员志愿者共同进行美化校园，并走出校园进行志愿者活动；6 月是“评议自查”主题，党员、团员进行自评及互评，进行知识考查及问答比赛；9 月是“党员、团员培训学习”主题，加强思想教育、基础常识学习，以及最新政策培训学习等；10 月是“爱国”主题，组织党员、团员进行爱国主题活动，比如红歌比赛、爱国演讲大赛等；11 月是“与法同行”主题，加强党员、团员的法制意识，时刻谨记制度规范；12 月是“年终评议自查”，结合上半年的工作进行反思对比，表彰先进个人。

二、精准办学定位，明确人才培养目标

（一）办学定位

学校以培养思想品德高尚、基础知识扎实、专业技能熟练、适应社会发展需要的复合型人才为办学定位，实施“2.5＋0.5”职业技能培养模式和校企合作培养模式。

（二）办学理念

学校本着学校规划与市场发展相一致、学校的招生计划与企业用人计划相一致、

学校的专业设置与社会产业相一致的"三个一致"原则，把适应市场需求作为办学的第一理念，为用人单位输送最合适的人才。

（三）人才培养目标

学校的人才培养目标是培养与经济发展需要相吻合的实用型人才，主要是按照3条质量标准进行培养。一是具有高中文化程度；二是具有中专技术理论；三是具有中专实际操作技能。达到这3条标准的毕业生就具备了普通高中生、大专生都不具备的特殊本领，将会成为具备地方特色的"特色人才"。

三、全面推进素质教育，促进学生全面发展

（一）严格管理，制度约束

学校实行半封闭式、军事化管理模式，严格执行学生一日生活制度，严格规范学生行为习惯。学校配备了24小时生活老师及军事教官，共同管理学生的日常生活。

（二）提高素质，均衡发展

学校一直以来都非常重视德育工作，并专门设立了德育部门，组织师生开展形式多样的德育活动。

1. 坚持文化育人

学校十分注重发挥文化的育人功能。一是充分挖掘教育资源，培养爱国主义情感。利用学校周边红色资源和教育资源，开展爱国主义教育；搭建国学走廊，学习儒家文化；利用学校传统军事化管理理念，组织学生成立国旗护卫队、预备役，促进军营文化与校园文化融合。二是打造校园文化系列品牌，形成了校园集体舞大赛、社会文化节、校园达人秀、成人礼等校园文化活动品牌。三是抢占网络思想文化新阵地，着力建设了包括校园微信公众号、校园抖音官方账号、校园快手官方账号等集宣传、教育、管理、服务于一体的校园网络思想政治教育大平台。

2. 坚持创新育人

学校每年投入200万元更新教学设备，保障专业器材始终满足教学工作的需要。同时对于品学兼优、具备创新精神的学生，学校设立了军兴励志奖学金进行奖励。学校同时开设了校园兴趣社团，其中包括钢琴社、声乐社、文学社、电竞社、舞蹈社、乒乓球社、广播站等，每个社团都配备有指导老师，并在学生中间选拔社长，培养学生的创新精神，充分发掘学生的特长和潜力。

3. 坚持实践育人

学校志愿服务队成立于2015年，隶属校团委，以"用爱温暖你我"为志愿口号和初心，目前志愿者参与人次已过万。如今，志愿服务队已形成了以"助老助残""脱贫

攻坚”“社区服务”“寸草心行动”“交通文明”“大型活动”为主题的志愿服务，分别开展了“创城协警志愿者服务”“旅发大会志愿者服务”“走进社区为孤寡老人送爱心志愿服务”“法制志愿服务”等志愿活动。学校的这些教育活动得到了上级教育部门的大力支持和认可，学校团委连续多年被授予“新华区优秀团委”称号。

4. 坚持服务育人

学校强化育人与服务相结合，切实解决学生的实际问题。一是逐步建立和不断完善国家助学政策，建立包括国家奖学金、国家助学金、贫困补助贷、军兴励志奖学金在内的多元化奖学助学工作体系；二是加强就业指导工作，提供优质的择业就业服务；三是密切关注学生的心理健康问题，开展深入细致的心理咨询与健康教育，培养自信、成熟、三观端正的优质少年。

四、深化产教融合教学模式改革，强化大国工匠后备人才培养

（一）深化产教融合的职业教育模式

教学内容坚持面向市场、服务社会发展、促进就业。学校推进“订单式”培养、工学交替培养，在大中型企业开展产教融合试点。目前已在铁路专业、无人机专业、工业机器人专业、社会文化艺术专业、计算机专业中推行企业与学校共建人才培养基地、技术创新基地、科技服务基地，实现教育链和产业链有机融合。建立健全对接中高端发展水平的产业的教学标准体系。强化课堂教学与实习、实训的融合，加入项目教学、案例教学、情境教学等教学模式。引导行业、企业深度参与专业教学、顶岗实习、岗位资格认证等方面的标准制定和教学评价，努力将学生培养成为符合新时代社会人才需求的“准员工”。

（二）强化大国工匠后备人才培养

大国工匠精神一直是引领学生未来发展的核心精神。学校每年都会组织专业技能大赛，同时每年还会积极参加省、市、区组织的技能比赛，“有赛必参加”成为学校教务处的工作指导思想。通过比赛中的激烈竞争，提高学生对专业技能的重视程度，提升学生的专业水平和专业精神。

五、打造优质教师团队

为了不断提升教师的综合水平，学校定期组织教师进行专业技能培训、师德师风培训、教师业务水平考核，鼓励青年教师积极投身于各项教研活动中，鼓励青年教师树立远大的教育理想，并不断进行学历提升。同时依托领导干部督查制度、学生教学评价制度，使整个教师队伍的发展真正做到有规划、有制度、有监管、有反馈，不断

提升教师自我约束与自我提升观念，全面促进教师综合素质水平的提高。

办学 17 载，学校历经磨炼与成长。今后学校将继续坚持“以人为本、质量立校、特色兴校”的办学方针，积极响应国家号召，锐意进取，为中等职业教育做出应有的贡献。

石家庄通达铁路中等专业学校：凝心聚力践使命，精心育人谋发展

石家庄通达铁路中等专业学校是经石家庄市教育局批准设立的全日制中等专业学校。学校创建于 2007 年，现有两个校区，北校区位于石家庄市和平西路 697 号，占地面积约 8 万平方米；西校区位于石家庄市鹿泉区职教中心，占地面积约 9.5 万平方米。学校环境优美，有齐全的生活设施和实习实训设施，以及良好的教育教学质量。

一、“十三五”期间学校发展态势

学校自 2015 年在校生数量强劲增长至 3900 人后，5 年来，在校生规模一直稳定在 3500 人以上。学校在原有 5 个专业的基础上，为适应国家铁路运输企业、铁路施工企业和城市轨道交通企业的用工需求，在 2018 年增设了电气化铁道供电、城市轨道交通运营管理、城市轨道交通供电等 3 个专业，现有专业涵盖了铁道运输、铁道施工和城市轨道交通施工与运营管理等行业的主要工种。“十三五”期间，学校为我国铁路企业与城市轨道交通运营企业输送了数千名毕业生。

学校坚持“以特色求生存，以质量求发展”，不断强化内部管理，狠抓教学质量，严格遵守国家的法律、法规和政策规定，实现了“依法办校”。“十三五”期间，在石家庄市教育局进行的历年年检中，学校均获得“合格”以上成绩，2018 年获得“石家庄市优秀学校”称号。

学校在教育教学的过程中，不仅注重学生综合职业能力的培养，还注重宽基础、强技能，提高学生的学习能力、岗位适应能力、岗位迁移能力，使得毕业生到岗就业后，很快就能得到企业的重用。

学校在校园内建立的综合实训场，具有设施全、设备好等优势，不仅在学生实训中发挥了良好的作用，而且吸引了多家企业选定学校为职工培训、技能比赛的协办单位。自 2016 年起，中国铁建电气化局集团第三工程有限公司、中铁十二局集团电气化工程有限公司、中国铁建电气化局集团北方工程有限公司均利用学校的设施设备，对轨道车司机进行赛前培训和技术比武。2019 年 12 月，中国铁建电气化局举行第一届职工技能大赛时，便把一些主要项目安排在学校进行。学校为企业提供的优质服务，获

得了企业的高度评价，多家媒体的报道也提高了学校的社会影响力。

二、新时代背景下学校的发展现状

学校于2017年建立了党支部，安排了专职的党支部书记，在学校思想政治工作、学生教育工作、教师师德师风培养等方面发挥了较好的作用。

学校坚持教书育人、管理育人、服务育人、环境育人。在文化建设方面，一是利用多种形式，宣传正面典型，形成良好的校园文明之风；二是通过丰富多彩的活动，凸显正能量，树立校园新风尚；三是坚持学生值周劳动，强化对学生的劳动教育，组织志愿者慰问环卫工人，到养老院开展志愿服务，教育学生树立劳动光荣的观念；四是每年利用假期组织学生到企业勤工俭学，一方面使学生深入地接触社会，培养劳动意识，另一方面学生勤工俭学的收入对于缓解家庭经济困难起了很大的作用。

为了提高教学质量，学校坚持不断地加大投入，校内的实习实训设施建设不断发展。学校现有6个多媒体教室，均装备了一体机等较为先进的多媒体教学设备，提高了信息化教学水平。校园内建立了两处专业实训场，共有铁路线路400米、电气化接触网600米、大型实训设备10台，包括轨道牵引车、轨道作业车、轨道吊车、客车车辆等，并且设置了牵引变电所及模拟实验室。学校另有专业实训室12个，不仅能够满足学校各专业学生所涉及工种的岗位实训，还能为企业培训及技能大赛提供场地。

学校聘请了省内高校退休教授、高级讲师，以及企业中具有技师、工程师以上技术职称的人员担任专职或兼职教师，对保证专业教学和实训质量起到了较好的作用。学校每年都会安排学生参加职业技能大赛，并且连续多年组队参加石家庄市六局委举办的中职学生职业技能大赛，均取得了较好成绩。

学校围绕立德树人、为党育人、为国育才、培养中国特色社会主义建设者的目标，进一步加强了德育工作。在日常管理中，不断对教职工进行“三育人”的教育与指导，实施了“全员导师制”，开全、开满德育课。学校共青团组织日益健全，团建活动丰富多彩，连续5年被评为“区级先进团委”，2019年被共青团河北省委授予“河北省中学共青团专业委员会委员学校”称号。学生会在学生自我管理、自我服务、创建和谐文明校园中发挥了很好的作用。近年来，学校涌现出了一大批省、市级先进班集体和先进个人、优秀班团干部等，2019年还有4人获得国家励志奖学金。随着学校法制教育的加强，使得学生遵纪守法的意识也普遍增强。“十三五”期间，学校未发生较大的安全事件，学生受处分人数逐年减少。

学校多次组织全体教师认真学习教育部颁发的《中小学教师职业行为规范》《中小学教师违反职业行为规范处理办法》《中等职业学校教师专业标准》等文件，不断进行师德、师纪、师风教育，“十三五”期间未出现教师违反师德师纪的行为。学校每年都会聘请校外知名学者、专家到校进行师资培训，包括主题班会示范、课件制作、教师职业形象和文化礼仪等，提高了教师的职业责任心及教学管理水平。

近年来，随着新技术、新工艺、新材料的广泛应用，企业对员工的学历及技能水平有了更高的要求，同时学生和家长也对提高学历有着强烈的愿望。为适应这种新变化，学校自 2017 年起，针对毕业班学生中期望提高学历的学生开办了升学辅导班。2018 年，参加辅导的 97 名学生中有 92 人升入高职院校。2019 年，参加辅导的 140 余名学生中有 137 人升入了高职院校。2020 年，360 多名学生参加了高职单招，其中考入交通运输行业名校的学生达到 80 多人，且绝大多数被公办高职院校录取。学校还与两所知名院校签订了联合办学协议，进行铁路专业的大专函授教学，满足了部分就业学生提高学历的要求。

回顾既往，学校取得了不错的成绩。展望未来，在国家社会主义现代化强国建设的进程中，学校全体师生决心以习近平新时代中国特色社会主义思想为指导，坚持社会主义办学方向，坚持立德树人的根本目标，创造出更加优异的成绩。

石家庄同创铁路运输学校：以立德树人为本，创优质品牌学校

石家庄同创铁路运输学校是经石家庄市教育局批准成立的一所民办全日制中专学校，位于石家庄市西三环与和平路交叉口。学校占地面积约 6 万平方米，现有教职工 124 人，在校生 2118 人。目前，学校已逐渐发展成为集学历教育、短期培训、职业鉴定、就业指导为一体的综合性技能人才培训基地。

一、认真抓好党的建设

2019 年，学校党支部认真贯彻党的十九大精神，结合学校实际，找准党建工作与学校实际教育工作的结合点，按照办好人民满意教育的要求，大力加强党的思想、组织、作风建设，推动学校各项工作取得新进展。学校的党建工作以支部为重点，以党员、教师为主体，以制度来规范，以监督来强化，始终把党风廉政建设贯穿于“廉洁办学、廉洁从教、廉洁自律”这一主线工作。抓好两个结合，即把抓党风廉政建设与教育教学管理结合起来，把抓党风廉政建设与师资队伍建设结合起来。

二、打造学校办学品牌

（一）争创品牌院校

学校在创建品牌院校上，围绕建立铁路名校、平安学校、文明学校、无烟学校、卫生学校，持久发力，进行了整整一年的工作。

（二）塑造思政品牌

1. 落实思政一岗双责

在学校主要领导的带领下，校领导班子成员开展了思想政治工作，既做到了开展校务管理与教学工作同做好思想政治工作“一个岗位两个责任”，又注意做到学生思想教育体现“思政课堂”和“课堂思政”，即设立专门的思政课，并在专业课和文化课中渗透思政元素。

2. 组建“同创大讲堂”讲师团

学校明确了讲师团的4个着眼点：认清学生“拔节孕穗期”的行为特点，强化培养什么人、怎样培养人、为谁培养人的具体工作思路；思政课从政治名词概念里抽脱出来，拓宽“我说你听、我打你通”的单一灌输渠道；强化“抢阵地、占阵地、守阵地意识”，引导学生“埋下真善美的种子，扣好人生的第一粒扣子，挑起担当铁路后备军的担子”；加强讲师团成员的自身建设，做到“先学一步、多学一点、深学一些”，不断拓宽知识视野、国际视野和历史视野。

3. 每日一课，百看不厌

学校每周日至周四下午6点到8点半，组织学生观看学校制作的《每日一课》，其主要内容是中央电视台《国家记忆》栏目里的先进人物。这些先进人物的事迹非常生动感人，是活生生的且有温度的思政课。在观看过程中，学校要求学生做到有计划、有记录、有体会、有交流、有成果展示，取得了很好的教育效果。

三、创新教学教研活动，培养技能型人才

（一）学校人才培养定位

学校着重培养面向铁路各工种生产及管理一线岗位，熟悉铁路规章制度和组织管理基本知识，熟练掌握铁路基本理论和实际操作技能，德、智、体、美、劳全面发展的高素质劳动者和技能型人才。

（二）不断完善课程体系建设

课程设置分为公共基础课和专业技能课。公共基础课包括德育课、文化课、体育与健康、公共艺术、历史，以及其他基础课。专业技能课包括专业核心课、专业（技

能）方向课和专业选修课，开设有铁路概论、铁路运输安全管理、铁路技术管理规程等课程。

校内外实验实训教学在学校的教学工作中占有重要的地位。实验实训教学是培养铁路建设人才的迫切需要，是促进学校建设发展的要求，也是培养学生的实践能力和创新能力，提高教学质量，提高学生就业能力的重要任务。学校建有供电实训场和供电实训室、电工实训室，校内外实验实训教学比例占到专业课的30%。

从各铁路集团公司、站段聘请的高、中级技术人员共35人，他们以兼职教师的身份来学校授课。他们既有高水平的理论知识，又有丰富的实践经验，确保了学校的教学质量和水平，为培养高素质的技能型、实用型人才奠定了基础。

为适应企业需求，促进学生角色的转化，在校领导的大力支持与帮助下，学校组织学生分别到石家庄供电段、石家庄机务段、石家庄电务段、石家庄火车站、石家庄工务段进行实习，大大提高了学生的实践操作能力和理实结合能力。通过现场学习，弥补了课堂平面教学的不足，增加了学生对专业的兴趣和对企业的认识。

学校为二年级学生安排了大量的室外实训学习，充分利用学校现有的实训器材、器具对学生进行实训课的训练，并严格要求教师对实训课进行记录总结，促进了实训效果的提升。

（三）大力开展校企合作

学校积极与石家庄铁路供电段、石家庄铁路车辆段、石家庄铁路客运段、石家庄铁路机务段等铁路单位建立了深度、广泛且密切的联系，签订了“校企合作协议书”。在此基础上，学校不断完善产教融合、校企合作机制，并根据就业需求和学校特点设置课程，大力开展“订单式”教育和培训，将就业指导贯穿于教育培训全过程。同时，不断深化“双基地”建设，以共建合作、互利互惠为基础，将教学观摩、教育研究和学生实践实训有机结合，努力实现校企联合体共建共赢的教育发展目标。

学校与中铁电气化局、中国铁建电气化局、中铁工程局、中铁通信信号总公司、中国中车集团等用人单位建立合作关系，学生就业渠道十分广阔。学生凡来校就读，入学即签订就业协议，毕业即安置。为保证毕业生就业安置，学校与铁路各单位建立了长期稳定的就业安置关系，基本实现了学生就业高工资、家长放心、学生安心、用人单位满意的办学就业模式。

（四）教学成果显著

2019年，在石家庄市中等职业学校学生技能大赛铁路牵引供电接触网比赛中，学校获得1个团体二等奖、1个团体三等奖，有2人获得个人二等奖、4人获得个人三等奖。2019年12月19日，石家庄市教育局举办了全市中职学生技能大赛，学校获得1

个团体二等奖、1个团体三等奖，有4人获得个人二等奖、2人获得个人三等奖。

四、不断改善办学条件，做有爱的教育

（一）办学条件进一步改善

2019年5月，学校投资约200万元对学校操场进行了升级改造，铺设了塑胶跑道，改建了主席台，美化了篮球场地，新建了乒乓球、羽毛球场地。为了避免安全事故的发生，8月份，学校投资约180万元对学校的所有线路进行了改造。同时，学校投资150余万元对宿舍、办公室、教室、值班室全部安装了空调，真正做到了校园空调全覆盖。

（二）做有爱的教育

2019年4月19日，由学校副校长带队来到邯郸市贫困学生郭金慧的家中，对其进行了帮扶。2019年4—10月，学校助力北京世界园艺博览会，贴心周到的服务给主办方留下了深刻印象。2019年10月，学校学生在河北省旅发大会中工作突出，被石家庄市政府评为“优秀志愿者合作单位”。

五、进一步拓宽就业渠道

2019年4月，学校输送的百余名学生通过层层选拔、考核，最终作为志愿者参与了世博会的各项服务活动；9月初，学校的24名轨道车专业学生前往神华集团朔黄铁路公司就业；10月，学校的70名志愿者为第四届河北省旅游发展大会进行了服务活动；10月16日，北京铁路博物馆的工作人员到学校开展了实习生面试工作，铁路运输管理专业的7名学生被录用。

民办高中部分

石家庄精英中学：高效“6+1”课堂铸就精中奇迹

石家庄精英中学于1993年创办，是一所高标准、现代化、全日寄宿制民办学校，是河北省级示范性高中、全国十大课改名校。学校总部位于石家庄市高新区学苑路25号，占地面积约13万平方米。目前，学校有石家庄、邢台、海南陵水等4个校区，在校师生共计1.7万多人。学校拥有雄厚的师资力量、专业高效的管理团队和一流的硬

件设施，为八方学子创造了理想的学习和生活条件。学校坚持专家治校、名师执教，风雨兼程二十余载，硕果累累。2017年被国家教育质量监测中心评为"中国高中50强"，已经连续4年成为清华大学生源基地，连续多年被评为"石家庄市高中教学先进单位"，为重点名牌大学输送了众多优秀毕业生，为社会培养了一批批栋梁之材。

学校建校之初一度发展迅猛，到2003年之后出现转折，升学成绩逐年下降，招生数量逐年减少，生源质量越来越差，滑入发展的谷底。2010年，全国著名教育专家李金池出任石家庄精英中学校长，提出了"救亡图存"的口号和"新精中改造计划"，确立了"为中华民族培育英才、为学生终身幸福奠基"的办学理念，实施"激情教育、高效课堂、精细管理"的办学方略，大力推进课堂领域改革，在短短几年间便使学校重新焕发了生机与活力。

一、开展激情教育，创建激情文化

还在做衡水中学校长的时候，李金池校长就提出，一个没有激情的学校是没有希望的学校，一个没有激情的年轻人是没有未来的。要建设名校，要提高教育质量，就必须优化师生的心态，培育师生的激情，就必须打造一支富于激情的教师队伍，培养大批富于激情的学子。来到石家庄精英中学后，李金池校长进一步提出了激情教育的办学理念，要求对师生进行激情教育，并在学校里创建一种激情文化。

石家庄精英中学的激情教育包括两个层面。一方面通过目标导航、环境营造、政策激励，着力培育广大一线教师的激情，创设一种激情文化，在学校里形成一个千帆竞发、百舸争流，每一位教职工都奋发向上的局面；另一方面通过开展激情早读、激情跑操、课堂激情展示、激情远足等活动，对学生进行激情教育，让学生们阳光自信、活力四射、勇于进取，使快节奏、高效率的学习和生活成为精中学子的常态，使整个校园激情燃烧。

学校的激情文化体现在学校教育的各个方面。第一，领导干部有激情，率先垂范。校长坚持跟早操、查晚休，坚持下班去蹲点，坚持到一线听评课。校长的每一次讲话都做到精心准备、激情澎湃，以激情传递激情，以激情激发激情。第二，优化环境，净化心灵，培育激情。提倡"同事之交淡如水"，建立和谐的人际关系，保持风清气正，远离低级趣味，让学校成为精神特区。第三，精致设计校园生活。学生们每天的激情生活从早晨的激情跑操、就地激情早读开始，上午大课间时要在5分钟内集结到操场进行激情跑操。课堂上要激情展示、激情辩论，敢于挑战权威。课下要做风行少年，走在校园的路上从来都是健步如飞。第四，高远目标教育，开掘激情。通过主题班会，对学生进行理想教育、高远目标教育，让学生牢记"胸怀天下，自强不息"的校训，让学生每天生活在理想之中、目标之中、追求之中。第五，标杆激励。在教师中开展“十大青年教师希望之星”“最富激情备课组”“十大激情班集体”等一系列评优活动，激励大家向标杆看齐，形成你追我赶的态势。第六，活动激励。学校经常组织师生开展优秀教师报告会、激情学子报告会、激情演讲比赛等系列活动，激发师生激情。每年都组织高一年级学生进行40公里的远足活动，磨炼意志，挑战极限。

二、实施精细管理，提升管理水平

李金池校长在“新精中改造计划”里提出，要向管理要效率、要效益、要效果，并对学校的管理体制、运行机制进行了全面的改革和创新。改革到深处必然是细节决定成败，石家庄精英中学的精细化管理既是细节管理，又是人文管理。学校力求从细微之处入手，提高每一位教职工的执行力，把校长的理念、学校的要求在每一个环节上都落到实处，全面提升管理水平，为打造高效课堂提供根本保障。

学校教学实行“三备两研”备课制度，经过层层量化与规范，实现了教学进度日历化、每天习题精编化、教师评价日常化、教师例会常态化的精细科学的管理制度。

行政管理方面，每周五晚召开行政办公会，总结本周的教育教学工作，剖析存在的问题，并明确下周要采取的针对性措施；领导干部开展“六个一”活动，要求所有一线教师之外的干部每天要跟一位教师交流，每天要跟一位学生交流，每天要发现一个问题，每天要发现一个亮点，每周要参加一次教研活动，每周要参加一次评课；领导干部实行“走动式”管理，深入一线发现问题、解决问题。

三、探索高效“6＋1”课堂

（一）一切从实效出发，探索课改新途径

李金池校长到石家庄精英中学之后，在三周内走遍了学校的大小角落，接触了方方面面的教职工，对学校整体情况进行了细致入微的调查研究。他认为，一所学校无论是公办还是民办，外部环境因素固然重要，然而最重要的还在于学校自身的素养。优质的师资、优质的生源几乎被优秀学校垄断，常规做法几乎不可能让精英中学快速跻身优质学校之列。课堂是学校的原点，一所学校的核心竞争力潜藏于课堂之中，而精英中学最大的软肋也正是课堂。精英中学要活下去、活得好，就必须创造出比别人更高的课堂教学效率，就必须对课堂进行改造。

传统课堂教学有两大顽疾。一是效率低下。教师在课堂上滔滔不绝地强行灌输，要求学生死记硬背，破坏了学生的学习生态，扼杀了学生的学习兴趣，使学生变得麻木、呆板、消极、厌学，无法保证升学率。二是毁灭人的创新精神。传统课堂要求唯

师是从、唯书是从，实质就是教师对学生的压抑、控制和束缚。结果，学生的大脑被禁锢，学生的独立性被剥夺，学生没有了自信，丧失了独立思考能力。

李金池校长在认真分析了全国的课改形势之后，为精英中学的课改确立了5条指导思想。第一，必须实事求是，一切从教学实际出发，一切朝教学实效落脚，不玩概念，不搞花样；第二，不能跟风，不能照搬照抄，必须走自己的路；第三，新的课改路径不仅要颠覆旧的课堂秩序，而且要建立一种符合新课改精神的、有着科学理论依据的、规范的课堂形态，并把它稳定下来；第四，新的课改路径既要适合初中教学，更要适合高中教学，并且能够大幅提高教学质量和高考成绩，让薄弱高中在恶性竞争的教育生态下实现战略突围；第五，新的课改探索不仅要解决高考升学率的问题，而且要通过课改实践，回答钱学森之问“为什么我们的学校总是培养不出杰出的人才”，探索出一条培养创新人才、杰出人才的路子来。

（二）一切从校情出发，建构课堂新模式

李金池校长来到石家庄精英中学时，面对的校情是：从教人员身份复杂，教学水平参差不齐；教师面向全国公开招聘，从教人员来自五湖四海；教师队伍过于年轻，毕业不足3年的大学生占教师总数的70%；教师队伍极不稳定，从教人员流动频繁。这样的校情决定了精英中学的课堂教学改革必须走一条建构课堂模式的道路。唯有如此，才能把籍贯地域、教学风格、年龄水平、兴趣爱好等各不相同的教师群体在教学上统一起来。否则，“一人一把号，各吹各的调”，教学活动根本无法组织。

李金池校长认为，课堂模式本身是有优势的。因为它可以使复杂的问题简单化，把理念的东西实操化，把实操的东西流程化，便于教师掌握和实际操作，更便于新手上路。

在理清思路之后，李金池校长带领精英中学的教师们开始了课改探索。在这个过程中，他们大胆地进行课堂改革实验，大胆地借鉴各地的课改经验，经过不断地探索、比较、实践，博采众家之长，最终总结形成了高效“6+1”课堂教学模式。

（三）一切为提高效率，科学设计七大环节

高效“6+1”课堂由两部分组成，第一部分是高效“6+1”模式中的“6”，在课堂中进行，包括“导”“思”“议”“展”“评”“检”6个环节；第二部分是高效“6+1”模式中的“1”，谓之“用”，在课后的自习中进行。因此每项教学内容的教学流程都需要7个环节，即“导”“思”“议”“展”“评”“检”“用”。

导，课堂起点，包括“导入”和“导学”。导入，是一节课的开端，教师要用简洁明快的语言或通过一定的媒介实现旧知向新知的导入。导入之后，便是导学，教师简要告知学生当堂的学习目标、重点难点、需要解决的问题，然后向学生发放《课堂导学提纲》。

思，自读深思。要求学生在十几分钟内认真看书、独立思考、深入钻研，要求教师勤于巡视并密切关注每一个学生的自学状况，确保每一个学生精神高度集中。

议，合作学习。一是两两合作，互帮互学；二是小组合作，问题讨论，解决自学中的疑难问题。学生们在合作中产生灵感，在讨论中碰撞出思维火花，相互启迪，加深印象。

展，激情展示。通过问题展示，最大限度地暴露学生自学和讨论中存在的疑点、误点和盲点，然后让学生各出奇招，提出解决问题的方法和思路。教师要通过诱导和激赏调动起学生探究的激情和质疑精神。

评，点评精讲。“思”“议”“展”“评”4个环节是递进关系，如同打仗时一步步缩小包围圈的过程。在“评”这个环节，教师带领学生盘点“战果”，提醒学生有哪些规律性的东西要记住，有哪些知识要掌握。

检，检测反馈。在教师的引导下，学生对当堂课所学内容进行整体回顾、反刍内化、自我评价。最后，再由教师对当堂课所学效果通过提问等形式进行检测。

用，巩固迁移，学以致用。这个环节在课后的自习课上进行，主要是让学生联系实际进行习题巩固训练，是学生完成学习任务的最后环节。

（四）吸收三大理论营养，实现课改七项创新

高效“6＋1”课堂在设计上主要吸收了建构主义教学理论、人本主义学习理论和诱思探究学科教学论等三大理论的思想营养，在新课改领域实现了7项创新。

第一是课堂模式创新。高效“6＋1”课堂，“体”用上海育才中学，“头”取江苏洋思中学，“臂”采山东杜郎口中学和昌乐二中，“脑”借陕西诱思探究，源于衡中，魂在精中。精英中学的这种课堂博采众长，把若干课改元素重新进行科学的排列组合，形成了一种新的课堂模式。

第二是流程设计创新。依循了由浅入深、循序渐进的学生认知发展规律，各环节环环相扣又泾渭分明，确保学生在课堂上持续兴奋、学习高效。

第三是课堂导学创新。首创导学提纲，明确导学流程，帮助和引领学生研读教材文本，在不用教师讲的情况下一步步攀登知识高峰。

第四是课堂规范创新。建立和重塑新的课堂规范，对每一个教学环节中教师和学生应该如何做都进行了明确具体的要求，克服了教师在课堂教学中的随意性。

第五是备课研课创新。在备课环节实行“三备两研”制度，每一节课的备课均需经过分头初备、集体研备、个人复备3道工序，每一节课的集体研备又分初研和二研两次进行。凝聚集体智慧，确保课堂高效。

第六是课外练习创新。建立良好的习题组编机制，确保习题质量。所用习题完全靠自己组编，绝不用现成的外来资料。同时实行限时练习，提高学生的做题效率，避免增加学生的课外负担。

第七是评课文化创新。通过听课、评课倒逼课堂教学改革，凡听课必评课，凡评课必发言，凡发言必给授课老师先提 3 条缺点，再提 1 条优点，且不得与前面的发言重复。看似不讲情面，却实实在在地加速了青年教师的成长。

四、高效课堂生机无限，精中实现逆势崛起

高效“6+1”课堂形态规范、易于操作、适用面宽、朴实无华，通过改变学生的学习状态和学习习惯提高成绩，通过优化学生的心理、提升学生的自信来提高成绩，通过培养学生的学习能力来提高成绩，为学校带来了深刻的变化。

学校的高考成绩年年跃上新台阶。2015 年，高考纯文理本一应届生上线人数打破了自恢复高考以来河北省示范性高中学校本一上线人数的最高纪录。2016 年高考，张亚楠同学以优异成绩被北京大学录取，成为学校第一个应届考入“清北”的学生。

2018 年高考，学校的升学率出现“井喷”，以辉煌成绩惊艳省城。应届生本一纯文理上线 1940 人，再次刷新省城本一上线最高纪录，本一上线率为 91.6%。高考文理科达到 600 分以上者共 1131 人，位居河北省第一。其中，郭家萌同学以 707 分成为 2018 年河北省文科高考成绩第一名，也是全国一卷各省十几年来的最高分。郭家萌、高辰飞、安红光、孙楚晋、齐海洋、武文昊等 6 人分别被北京大学、清华大学录取，蒙长泰同学被香港中文大学录取。

2019 年高考，学校再传捷报，应届本一纯文理上线率为 93.6%。河北省理科前 1000 名、文科前 500 名中，精英中学有 62 人，比上一年增加了 17 人。刘泽乾等 6 人进入全市文理前 10 名。李志宁、刘泽乾、吴鹤、王杰、刘涵星、郭易、侯丁淳等 7 人分别被清华大学、北京大学录取。

2020 年高考，学校的张浀茼、解佳琦、冯武祎、张轩汇、郭一定、杨心晴、高敬迪、李战江、杨永哲、韩绍辉等 10 人分别考入清华大学、北京大学。同时，张浀茼同学入选享誉全国的清华大学钱学森力学班。另有一批学生考入中国科学技术大学、浙江大学、复旦大学、中国人民大学、南京大学等中国著名高校。

在李金池校长的带领下，精英中学在短短几年内实现了逆势崛起，创造了震惊整个教育界的“精中奇迹”，引起全国同行的瞩目。自 2012 年至今，精英中学先后迎来了全国 29 个省（市、自治区）的数千所学校的近 20 万名教育同人观摩交流，全国大型教育教学研讨会相继在精英中学召开。

“精中奇迹”也吸引了各方力量主动上门洽谈合作办学。2014年11月，石家庄精英中学任县分校揭牌。2017年以后，精英中学陆续在邢台、邯郸、三亚、福州等地建立分校。

教育部原副总督学、中国教育学会常务副会长郭振有来学校参观后评价，李金池校长首创的高效“6＋1”课堂模式有着科学的理论支撑和规范的课堂形态，它既能提高课堂教学效率，又能提升学生的创新能力，它集众家之长于一身，便于一线教师操作，应该在全国推广学习。

“长风破浪会有时，直挂云帆济沧海”。在广大教育界同人的关怀和支持下，石家庄精英中学将努力构筑省会优质教育新地标，打造河北优质教育品牌，加速实现跨入全国名校行列的宏伟目标。

围场卉原中学：追求高质量，创办明星校

围场卉原中学是2000年5月经河北省教育厅批准，由秦海山等13位教师自筹资金60万元创建的一所全日制民办中学。学校占地面积约11万平方米，建筑面积10万平方米，是一所拥有134个教学班、近500名专任教师、9000余名在校生的初高中一体化完全中学。20年来，学校始终以“打造民办教育品牌学校，让更多的孩子享受更优质的教育”为办学目标，全面贯彻党的教育方针，全面实施素质教育，取得了丰硕成果。2005年，学校被河北省教育厅认定为“省级示范性高中”。学校先后被评为“承德市社会力量办学示范校”“河北省民办教育明星学校”“全国自律与诚信建设先进单位”“河北省社会组织优胜红旗单位”。2013年，学校被评为“全国最具特色中学”。2014年，学校被河北省教育厅评为“河北省普通高中课程改革先进学校”。2010年起，学校连续多年被评为承德市“普通高中推进素质教育先进单位”。

2020年3月13日，学校独资4亿元与承德市双桥区政府签约，创办承德双桥卉原中学。学校占地面积约14万平方米，预计初中部有20轨、60个班，可容纳3000名学生；高中部有20轨、60个班，可容纳3000名学生，达到河北省义务教育阶段标准化学校和河北省示范性高中建设规模。

2000年创校伊始，学校便强调以改革创新立校，创新了一系列民办教育新思路、新举措。

一、“三位一体”，全省首创

秦海山及其他12位股东创建学校的同时，也创造了一种全新的投资者、管理者、

教育者“三位一体”的民办教育办学体制。

13 位股东除秦海山一人脱产外，其余全部为一线教师，他们既是学校管理制度的制定者，又是执行者、管理者、监督者，实现了责、权、利的高度统一。从根本上规避了一些民办学校投资者要效益、管理者要成绩、教育者要待遇的管理与实际脱节的弊端。

“三位一体”办学体制得到了河北省教育厅考核组组长、河北省社会力量办学处处长的高度评价：“你们这种投资者、管理者、教育者‘三位一体’的办学模式在全省尚属首例，秦校长办学思路清晰，办学目标明确，发展规划合理，可以说发展前景不可限量!”

随着学校的不断发展壮大，这种“三位一体”的办学模式越来越显示出强大的凝聚力和积极的影响力。股东做好了，带动其他领导；领导做好了，带动其他教师，大大增强了学校工作的执行力，形成了卉原中学独特平等的校园文化、自然健康的人文环境、和谐向上的工作氛围。

二、“三个百分之百”，创建师资团队

建校之初，学校创造性地实现了教师队伍的“三个百分之百”，即百分之百的专任教师、百分之百的年富力强教师、百分之百的辞职教师。

“三个百分之百”保证了师资队伍的年轻化、专业化和基本稳定，成为学校师资队伍建设的突出特色。

20 年来，学校的教师队伍始终能保持相对稳定。2010 年高效课堂改革后，突出的办学业绩、年年辉煌的中高考成绩让学校的声誉越来越好，招生年年火爆。2020 年，学校招聘教师时也出现了火爆的情况，新老校区预计招收新教师 150 余人，可网上报名者竟突破了 3000 人。

三、“三全”管理，严而有爱

“像爱自己的孩子一样爱学生，一个月内必须记住每一个所教学生的名字”，这是建校之初秦海山对所有教师提出的要求。

学校的学生来自全市各地，学习基础参差不齐，管理难度较大。为此，学校实施全封闭管理，创造了正、副班主任跟班的“全程、全员、全方位”的“三全”管理模式。从学生起床、早操、晨读到午休、晚自习，班主任都一直参与其中，全天候、全方位地进行管理。

陪伴是最好的教育。“三全”管理模式不仅减少了学生违规、违纪的机会，更养成

了良好的学习生活习惯。

围场是国家级贫困县，在学校就读的学生中有许多寒门学子。为救助家庭经济困难的学生，2000 年 11 月 18 日，学校启动了“卉原爱心工程”，首次捐款达 9600 余元，救助学生 100 余人。

为深化“卉原爱心工程”，2005 年 4 月，学校又实施了“两个一工程”，即每位教师帮助一个贫困生，转化一个后进生。这样，每年又有 200 余名贫困生得到了教师的爱心救助，200 余名后进生得到转化。

四、教学改革，成效显著

学校的创建者从建校伊始就对教学改革有独到而深刻的认识。秦海山经常讲：“私立学校的学苗没有优势，而且方方面面都处于劣势，如果公立学校怎么办我们也怎么办，肯定死路一条，我们只有用不同的方法才能超越别人。”

卉原中学的教学改革分以下两个阶段。

（一）第一阶段（2000—2010 年）

学校的创建者都是从公立学校辞职的一线教师，他们非常清楚公立学校的教学弊端，所以能够准确找到超越的方法，落实生本教育，多层面实施教学改革。

1. 改革的核心目标

学校打破题海战术，取消练习册，实行教案、学案一体化，自习时间不许讲课，把自习时间还给学生。

2. 集体备课

学校要求每位教师必须先进行集体备课后方能上课。集体备课每周两次，且雷打不动。主要方法是以各备课组为单位，采取“个人备课—集体讨论—个人写案”的备课方式。做到“三定六统一”，即定时间、定内容、定主备人；统一教学进度、目标、重点、难点、作业、测试。集思广益，优势互补，集众人之智慧，解教学之难题。学校的每一节课都不是哪一位教师的“单打独斗”，而是融汇了教师们的集体智慧。

3. 教师下“海”

学校不允许教师以任何名义给学生定任何练习册、习题集，却让各科教师自选自定多种教辅参考资料，学校统一核销。教师根据教学内容先在“题海”中精选习题，集体备课时经过备课组集体讨论筛选出最适合学生的练习题。学生做的每一道练习题都是教师们题海拾贝、优中选优的结果。对此，《中国教育报》有个形象的比喻“从粗饲料到配方饲料”。

4. 尊重差异，因材施教

建校之初，学校根据学苗基础整体偏低的现实，制定了“低起点、小容量、快步走”的教学方略。低起点，要求所有学科的教学起点尽量降低，每个知识点都要从最基础的地方学起，学过的知识如果已经遗忘，就要进行必要的复习和补充，不怕因此占用时间。除例题外，每节课的学案都要辅以适当的练习题，讲练结合，使学生在训练中发现问题、解决问题，进而把知识落到实处；小容量，每节课设计的内容不贪多，以多数学生能顺利接受为度，缓解差生在学习中的压力，让学生天天都能听得懂、学得会、跟得上，不仅学会了知识，还学出了自信；快步走，即教师要千方百计地提高课堂效率，这样的教学策略彰显了对学生的尊重和相信，尊重差异，相信潜力。学生无论成绩高低都能在这里找回自信，学习成绩自然会随之提高。

5. 分层指导，分类推进

学校根据入学成绩把学生编成特招班和平行班，教学中因材施教、因基础施教，做到特招班学生吃得饱、平行班学生消化得了，使两种类型班的学生同步提高、同步前进，让不同层次的学生都能节节有收获、天天有提高。两种类型班的教师每天要准备两套学案，批改两类作业。《中国教育报》形象地称之为“从配方饲料到分槽喂养”。

改革成效：2003 年首次高考大捷，全县应届生重点上线 57 人，卉原中学占 30 人；入学时仅 484 分、位列全县第 284 名的延慧以 630 分成为承德市文科高考成绩第一名，位列全省第 13 名，改写了围场县历届高考生的成绩没有获得过承德市第一名的历史。到 2010 年，卉原中学的中高考成绩不仅年年稳中有进，而且屡创辉煌。

（二）第二阶段（2011—2020 年）

秦海山说，教育不应该只追求美丽的结果，更应该追求幸福的过程，要让师生享受完美而幸福的教育生活。

2010 年 4 月开始，学校投入 100 万元组织全校教师到昌乐二中学习“271”高效课堂模式。之后，学校彻底打破教师“一统天下”的局面，让学生自主学习，把课堂还给学生。

学校的教学改革也遇到各种压力和阻力，但压力和阻力不能动摇秦海山改革的决心。他在全体教师会上宣布：宁可暂时不要成绩，也要推进教学改革。于是，全校加大推进教学改革的力度，仅一个学期的时间，学校就创造了“1＋1”“1351”高效课堂模式。

“1＋1”即一节高效自主学习课和一节高效展示探究课。一节高效的自主学习课。通过自主学习，学生必须独立完成导学案，掌握导学案上 50％—70％的内容，其余有疑惑或解决不了的内容留待展示探究课上解决。自主学习课上，教师可以指导学生有效地运用学习策略，把握学习方向，采用科学的途径提高学习效率，但不可以讲课。一节高效的展示探究课。学生完成导学案并不意味着第一节课的结束，教师必须通过批阅导学案全面了解学生对知识的掌握情况，从而确定下一节课点拨和讲解的重点，并依据学情再设计几个拓展和延伸的问题，以便引领学生在第二节课进行讨论探究，完成新的知识建构。展示探究课上，教师讲课不得超过 10 分钟，只有这样，一节高效的自主学习课才算完成。

“1351 高效课堂模式”的基本含义是在教育理念、教学操作流程、导学案编制、导学案使用、课堂时间分配、教师与学生活动、学情效果评价等 7 个方面创设“1351”主体架构，在组织形式上，形成组内异质、组间同质的 4 层小组学习结构。“1351”高效课堂模式的核心是课堂教学，分为引入、讨论、展示、点评、检测 5 个环节，要求教师转变观念，转换教育角色，真正做学生学习的引领者、组织者、参与者和欣赏者，充分信任学生，放手让学生自己学习、思考、质疑、合作、讨论、探究，充分体现“我的课堂我做主”的理念。各个学科根据自己的学科特点，构建适合本学科的“1351”模式。

高效课堂改革对卉原中学意义深远，且改革成效显著。改革后的第一届（2012 年）高考，学校的二本上线人数全市第一，600 分以上的高分人数全市第一，高考综合成绩排名全市第一，应届考生段宏宇被北京大学录取。

高效课堂改革后的 9 届高考，虽然学校依然高分低分兼收（很多被各县重点中学拒之门外的低分学生也能到卉原中学就读），各年级分数较低（中考 440 分以下）的平行班占一半以上，但学校的一本、二本上线人数及上线率年年均以绝对优势位居全县第一，高考重点上线人数、上线率年年都有新突破，共有 32 名应届生考入了清华大学和北京大学，创造了承德教育的奇迹。

2018 年、2019 年、2020 年连续 3 届高考，学校的文理科 600 分以上人数全市第一，进入承德市文理科前 10 名人数全市第一，考入清华大学和北京大学的人数全市第一。

高效课堂改革让学生学会了自主管理，许多管理难题迎刃而解，课堂成为全面提升学生综合素质的基地。

学校的“1+1”“1351”高效课堂模式示范全市、引领全省、影响全国。学校推行高效课堂改革后，全国各地到卉原中学取经学习的学校领导和教师络绎不绝。

2011 年，学校被中国教育学会基础教育评价委员会定为全国高效课堂交流协作网培训基地。2013 年，《中国教育报》以《寻找轻负担高质量的学校》为题，用 3 个整版的篇幅连续报道了卉原中学的改革成果。同年，河北省民办教育协会在卉原中学召开了河北省民办中学教学与管理改革、创新现场观摩交流会。2013—2014 年，承德市教育局先后 5 次组织全市重点中学领导和骨干教师到卉原中学观摩学习培训“1+1”“1351”高效课堂模式。2014 年，学校被河北省教育厅评为“河北省普通高中课程改革先进学校”。2010 年起，学校连续多年被评为承德市“普通高中推进素质教育先进单位”。

保定市美术中学：基于“自教育”思想的学校创新发展

办学理念是学校成员对学校的理性认识、理想追求及教育观念的复合体，是沉淀了学校的历史传统，反映了学校的社会背景，以及校长和广大教师共同愿景的教育思想体系。办学理念从学校历史土壤中生长，既来源于办学实践又作用于办学实践。每一所学校都需要凝练出自己的办学理念，指引学校未来发展的方向。

保定市美术中学在长期的办学实践和课改探索中，凝练出具有共识性的“自教育”思想，以此为办学理念指导学校文化管理，以及课程、课堂、教师发展和学生成长等方面的创新探索，并在探索实践中不断丰富、发展和完善。

一、“自教育”思想缘起

基于问题。近年来，人们逐步认识到传统教育中存在太多包办和替代现象。这一问题提出学生不仅是教育对象，也是教育主体，强调要发挥学生的主体作用，但在做法上仍未完全摆脱传统教育的消极影响。对教育弊端的反思，使学校认识到提出和实践“自教育”不仅是对教育弊端的纠正，更是拓展教育主体的要求。

基于趋势。随着互联网时代的到来，“自时代”的序幕迅速拉开。“自组织”“自平台”“自课程”“自学习”等层出不穷，学习资源空前丰富，教育从封闭走向开放，人们随时随地可获取所需要的学习资源。学习已变成一项可以自我主导、管理并完成的任务。

基于实践。在引领学校不断发展的过程中，通过自主创业、自主成长的经历，贺宇良校长深深意识到，无论是校长，还是教师和学生，具有“自教育”的意识和能力是何等重要。因此，学校一直在校内践行自主学习、自主管理的理念。学生是学习的主人，在课堂上高度自主，自主预习功课、自主组织教学、自主展示成果等。学生是自主管理的主体，自主组织升旗仪式、管理班级、管理书吧、组织家长会等。通过一系列自主学习、自主管理活动，学生提升了自我教育的意识和能力。

“自教育”的理论和实践相互穿插，理论指导实践，又从实践中总结、提升出理论的精华，两者相互依存、相互促进，共同推动“自教育”思想在学校的发展壮大。

二、“自教育”思想阐释

学校的教师团队融合新时代元素，对“自教育”进行了校本化的定义。“自教育”是指作为主体的人，自己把自己作为教育对象，以影响自我身心发展为直接目标的活动。个体自身发展的需求是“自教育”的起因和动力，个体基于内在需求明确目标，为了达成目标实施“自教育”行为，自发自觉地进行自我调节和自我完善，提高自身素质和技能；同时“自教育”不排除外部世界和社会环境的影响，个体在外部世界和社会环境中所接触的一切人和物都可能激发其产生兴趣和求知欲，从而引发自我教育行为，主动学习，积极求教，通过自我感知、自我思考、自我判断、自我觉悟，内化为自身的经验和技能，实现自我发展。

一切的教育活动都是一个过程，都是以过程的形式存在和发展的。“自教育”活动的展开也必然表现为一个过程，正确认识和把握“自教育”过程的本质和规律，是有效开展“自教育”活动、实现“自教育”目的的重要保证。“自教育”始于自我发展意识的觉醒和“自教育”目标的确立，实施于主体进行的活动与交往中，从而使学生获得发展，产生积极的心理体验。

“自教育”具有 3 个特性。一是“自教育”的 3 类主体。“自教育”认为，学校教育应该包括 3 类主体，即校长、教师、学生。校长应该是学校战略的选择者、师生成长的引领者；教师要充分发挥自己的主体性，促进对自我的教育，自觉成为学生理想自我构建的榜样；学生要能够能动地发展自己的潜能，通过自我设计、自我构建、自我努力逐渐实现自身的成长。二是“自教育”的合一目标。根据党的教育方针，学校教育团队从历史和现实的教育实际出发认识教育的本质，结合学校的办学实践，提出“自教育”的合一目标，即终身发展与完整成长。从时间上来说，“自教育”要自始至终贯穿于个体一生，实现个体持续的发展与成长；从空间上来说，“自教育”的最终目的是实现个体的完整成长，不仅是心理与身体、理性与非理性、人格与能力的完整成长，更重要的是学会自我教育，具备自我教育的能力，实现自身的价值。三是“自教育”的 3 项原则。原则构成了行动的基础，又指导了行动，通过行动实现生命中的愿望。“自教育”的 3 项原则是自由、规则、守一。自由是指一定规则下的自由，注重人的自我解放、自我选择和自我创造；规则是指由教师和学生共同协商制定的行为规范和要求，提倡平等与自愿；守一是指不忘初心，恪守规范，终有成就。

三、“自教育”驱动下的学校创新发展

“自教育”既是价值观，也是方法论，指导着教育实践，驱动学校创新发展。

（一）“自然而然，自如其然”——构建“自教育”学校文化

“自教育”文化中的每一类主体既是承载者，又是创造者，以自身的言行凝聚成学校共同的价值观，在趋同的价值观中“自如其然”，重塑自我，成就自我。

在“自教育”文化的构建中，尤其是在理念文化的梳理中，保定市美术中学确立了“为未来的画家、设计大师奠基”的学校使命，“为全球学校贡献价值”的办学愿景，“培养美术拔尖创新人才”的培养目标。基于这 3 个方面，进一步提炼了学校的“一训三风”，即“自己创造未来”的校训，“自由自在、自觉自愿、自治自励、自立自强”的校风，“自觉觉人、自省省人、自律律人、自达达人”的教风和“自学自悟、自动自发、自始至终、自然而然”的学风。“自教育”文化作为一种塑造人类品质的精神力量，是保定市美术中学可持续发展的精神导向和内驱力。

（二）“自治自律，自动运转”——创新“自教育”治理模式

“自教育”治理是建立在特定目标引导、文化引领完善体制保障下的自我管理，从“要我做”的被动接受到“我应做”的自觉行动转变过程，是内化组织价值目标心底呼唤“我愿做”的过程。学校让每一位师生都具有参与学校治理的自觉性、主动性、创造性，总结出“自定标准、自主承诺、自定奖惩、自查互查、自评互评”的“自教育”治理 20 字方针，这也是“自教育”治理的 5 个核心环节。

学校实行扁平化治理，优化组织结构，提高治理效率。不设副校长，减少层级，由校长直接面对学校各职能部门。这些部门向上对校长负责，向下为教师、学生服务，每个部门都是一个完整的治理团队，部门主任是这个团队的领导者。此外，在“自教育”治理实践中，各组织机构及成员不是孤立的存在，而是处于一个共同的学习型组织中，这个组织就是“自组织”。“自组织”在学校的具体化就是共同体，如目前学校建立了干部自成长共同体、教师自成长共同体、学生自成长共同体、家长自成长共同体等 4 个成长共同体。各组织成员自觉结为事业、命运共同体，自觉成长，做自己的领导者。

（三）“自我选择，自我建构”——开发了“自教育”课程体系

随着“自教育”理论体系和实践体系的不断深化和发展，学校在课程建设过程中将学生、教师、校长和家长共同作为“自教育”课程的主体，研发了适应 4 个主体不同发展需求的“自教育”课程体系。

在这 4 类“自教育”主体课程的研发中，主要采取了“自建构”和“建构自”双向并行互为补充的方式。“自建构”主要从课程研发的主体来讲，指的是学生、教师、校长、家长作为课程建构的主体，参与课程思想的凝练、课程内容的建构、课程方法的设计和课程资源的开发。“建构自”主要从课程建构的内容来讲，指的是建构让学生、教师、校长、家长能够实现“自我认识、自我悦纳、自我规划、自我完善”的课程，使其明确自我概念，提高自我意识，确立自我形象，增强自我力量，着眼于每一类教育主体的终身发展和生命的完整成长。

（四）“自育自觉，自律自主”——形成了“自本课堂”模式

“自教育”理念转化为具体的办学行为有一条重要的途径，就是课堂教学。保定市美术中学的课堂教学走过了一个不断改进、纠偏的过程。目前，学校立足课堂教学的本质和学习的本质，基于学生发展的需要，在传承已有课堂改革成果的基础上，突出教学改革的创新点，建构了相对完整的“自本课堂”。“自本课堂”指的是师生共同作为学习者，相互学习，共同提高，达成学习共识，实现生命完整成长的场所。

“自本课堂”打破了师与生、教与学的主体概念，提倡建立和谐的师生关系，即在课堂上，既不是以教师为中心，教师单向传输，学生单向接受，也不是以学生为中心，追求自学和自习，将教室解体为零散的个体，而是以学习为中心，在课堂上形成师生学习共同体。学生主动地建构知识，教师变知识的传输者为学生建构知识的帮助者、引导者、促进者。

（五）“自觉自动，自主成长”——搭建了教师自成长的平台

保定市美术中学突出教师在学校的主体地位，明确提出将人力资源作为学校发展的第一资源，追求教师发展优先，重视教师资源的投入、开发和有效利用。

学校探索了教师的成长路径，即目标导向与生涯规划相结合、教学实践与活动带动相结合、学习提升与科研引领相结合、考核评价与奖励机制相结合，形成了教师自成长链（自育、他育、博育）和他成长链（日反思会、周成长课、日月成长汇、学期成长节和寒、暑假成长节），助力每一位教师快速成长。

学校探索了美术拔尖创新人才的培养模式。培养创新型人才是基础教育不可推卸的责任，也是“自教育”思想的实践探索。学校不断创新求变，开设了美术拔尖创新人才培养工程。该工程以培养学生深厚的人文底蕴、敏锐的审美判断、宽阔的艺术视野、较高的表达技艺、独特的创意实践为目标，通过创新文化建设、创新班级管理机制、创新课程设置、创新师资配置、创新教育服务等措施，为学生种下成为画家、设计大师的种子。

四、“自教育”助力美术中学硕果累累

在23年的发展过程中，学校取得了累累硕果，课堂教学改革、校园文化凝练、学校品牌建设等屡获国家、省、市级殊荣。教育部授予全国教育系统最高荣誉“全国教育系统先进集体”，中央文明委授予“全国文明单位”。河北省教育厅授予“河北省课

改样本校”“河北省安全文明校园”“河北省教育系统先进集体”等称号，河北省总工会授予“河北省五一奖状”，中共河北省委、省政府授予“河北省文明单位”称号。多次荣获保定市高考最高荣誉“全面实施素质教育，提高教育教学质量立功单位”“保定市培养拔尖优秀高中毕业生先进单位”。2011—2019 年，学校共有 160 名学生考入清华大学、中央美术学院。每年有多名学生获得中央美术学院、清华大学高考专业测试单科第一名；文化成绩连续 4 年每年增长 25 分左右。50%以上的毕业生进入大学后担任班长、团支书等职；95%以上的毕业生成为班干部、学生会干部、社团干部。

在发展过程中，学校也充分发挥辐射带动作用，通过各种方式为教育发展贡献力量。2019 年，贺宇良校长积极响应国家关于教育扶贫的号召，主动选派干部赴四川凉山支教，为打赢脱贫攻坚战和加强民族团结贡献力量。2019 年 8 月底，保定市美术中学、北京市八一学校保定分校派出 3 位教师赴四川省凉山彝族自治州冕宁县民族中学支教，针对冕宁县民族中学存在的师资、生源、管理等方面的问题提出整改措施，将“自教育”文化体系、管理体系、课程体系、教师成长体系等一一向学校干部、教师做了介绍，获得了一致肯定与高度赞扬。经过一年的帮扶，冕宁县民族中学在德育、智育、体育、美育、劳育等各个方面都有了很大改善，支教帮扶团队也得到了冕宁县民族中学和冕宁县教体局的高度肯定，并专门致信保定市教育局对两校的支教干部表达感谢。2020 年，宣传部和教育部联合授予凉山支教帮扶团队“最美教师团队”称号。

由保定市教育局主办，保定市美术中学和北京市八一学校保定分校承办的保定教育大讲堂，为全市教育行政干部及中小学校长、教师接受最前沿、最权威、最全面的教育信息打开了一扇窗，助力全市教育事业的崛起、跨越和复兴，目前已有 20 余位专家来此开讲 30 余次。2020 年 6 月，受教育部基础教育司邀请，学校派人参加了普通高中办学质量评价标准的研制工作会议，为标准的制定出谋划策。

受保定市教育局委托，贺宇良校长担任了保定市贫困县高中校长工作室的主持人。充分发挥自身的示范作用，整合北京专家资源，为推动保定市贫困地区高中教育发展贡献力量。

站在新的发展节点，全体美中人将继续提升教育智慧，贡献教育价值，以“自教育”点亮美中新时代。

沧州市颐和中学：聚焦新时代教育改革，推动学校实现新突破

颐和中学创办于 2005 年，是一所集初中、高中为一体的寄宿制民办完全中学。建校 15 年来，学校先后被评为“全国特色学校”“全国生命教育示范学校”“河北省文明

校园”“河北省民办教育明星学校”“河北省创新教育实验学校”“沧州市文明单位”。曾有多位省级领导先后来校调研，有《中国教育报》等媒体曾对学校的办学特色进行过相关报道。

一、坚定正确政治方向，实现党建工作新突破

学校始终以党建工作统领全校工作，坚持将党建工作融入学校的日常工作中，渗透到教育教学的各个环节。

（一）将党建工作与学校理念建设相结合

当前，我国基础教育同质化倾向严重，各个学校的想法、做法都差不多，大都还是应试教育，偏离了教育的本源。颐和中学意识到这是基础教育潜在的危机，必须牢牢把握正确的办学方向。学校主要领导始终密切关注党的方针政策，将目光紧盯大城市优质教育，明确了办学理念和定位。建校之初，学校就提出了“为学生一生发展打好底色”的办学宗旨，“用思想管理学校，以人文提升品质”的管理理念，“让每一位学生都得到适宜的发展，让每一位家长都看到孩子的进步，让每一位教师都感到职业的尊严”的办学目标，“学生喜欢，教师自豪，同行尊重，社会满意”的办学愿景，“学校促进教师发展，教师推动学生发展，学生成就学校发展”的发展战略。通过十几年的实践，逐步形成了颐和特色。

办学 15 年来，学校历经 3 次搬迁，至今依然蓬勃发展，成为沧州市民办教育的一面旗帜，其根本原因在于坚持党的领导，理念超前，内涵发展。自 2015 年以来，学校连续 6 年编辑印发《教育新常态》作为教师培训教材，将党和国家近一年来发布的与教育有关的政策文件印发给全体教职工进行学习，从思想上、实践上引领教师发展，指导教育教学实践。

（二）将党建工作与环境文化建设相结合

学校充分利用楼道墙面，将各个楼层分成红色文化、文明校园、核心素养、生涯规划、行为规范等不同主题，每层一个特色，形成系列进行展示，让师生在潜移默化中受到感染。尤其是三楼的党史文化走廊，通过数十块展板，全方位展示了中国共产党从一大到十九大的主要历程和成就，配合文化实物的展橱和马克思铜像，营造了良好的党建文化氛围。

学校还极力打造班级文化，每月确定一个主题，各班围绕主题制作班级文化墙，以此来加强对学生的思想引领，让爱党、爱国、爱校的种子在每位学生的心里发芽、生根、生长。各个楼层都配置文化展橱，结合各楼层的主题展出相应的实物，给师生以直观的印象，使学校文化建设成为党建工作的重要组成部分，成为校园里一道亮丽

的风景线。

近年来，学校还定制了一批具有颐和文化符号的纪念品，用来表彰优秀党员，提升党员文化自信。比如在建党 90 周年之际，为每位党员同志定制了个性化纪念邮折；在党的十八大和十九大召开之际，定制了个性化纪念邮册和茶杯；在毛泽东同志诞辰 120 周年之际，订购了纪念邮册等。学校还通过重新布置党员活动室，购置数万元党建方面的书籍，强化阵地建设，做牢、做实党建工作。

（三）将党建工作与学校德育活动相结合

党建活动是党员提高党性认识、保持思想先进性的重要形式。学校坚持把党建工作与德育活动融为一体，通过丰富多彩的活动提高党员的政治修养，提升学生的思想道德素质。比如学校在 2017 年 3 月组织党团员、优秀学生代表到北京圆明园、清华大学等地参观，11 月组织党团员、优秀小记者代表到北京参观“砥砺奋进的五年”成就展；2019 年组织党员、班主任到北京国家博物馆参观“伟大的变革——庆祝改革开放 40 周年大型展览”。一系列的党团活动，不仅增加了党团员的自豪感，还增强了党团员的凝聚力和战斗力。

学校还注重从细处着眼、小处入手，狠抓学生的思想道德建设。从每一次国旗下演讲、主题班会、跑操点评抓起，教育引导学生树立正确的世界观、人生观、价值观，让红色文化渗透到学校德育工作中，沁润每个学生的心灵。2020 年，颐和中学将建校 15 年来的《国旗下演讲》集结成册，并发给学生，引领学生健康成长。

（四）将党建工作落实到“三会一课”上

每周一下午全体党员和非党员中层干部集中学习，特别是开展“不忘初心、牢记使命”主题教育以来，大家认真研读学习了《习近平新时代中国特色社会主义思想三十讲》《习近平新时代中国特色社会主义思想学习纲要》《习近平关于“不忘初心、牢记使命”论述摘编》等著作，学习了习近平总书记的最新重要讲话和关于教育工作的重要论述，观看了纪念马克思诞辰 200 周年大会，开展了丰富多彩的主题党日活动。支部书记亲自上党课，宣讲十九届四中、五中全会精神。每次学习都会现场发放学习记录纸，学习结束后当场上交，极大地提高了学习效果，提高了党员干部对新时代中国特色社会主义思想的理解与贯彻。

2019 年是颐和中学的党建工作提升年，学校从提高党建档案标准抓起，将以往的档案重新整理，分门别类，统一格式和封面，装订成册，并定制党建专用档案盒，整体提升了党建档案水平。2019 年 12 月，为总结、交流、推进沧州市民办学校党建工作，沧州市委教育工委组织召开了全市民办学校党建工作推进会议，颐和中学校长郭树发作为沧州市区唯一一所民办寄宿制学校代表上台做了以“党旗红、学校兴”为主题的发言。

（五）将党建工作落实到助力京津冀协同发展上

2014 年 2 月 26 日，在习总书记的亲自推动下，京津冀协同发展正式上升为国家战略。在北京非首都核心功能区疏解外移的大背景下，在沧州明珠商贸城整体承接的过程中，学校义无反顾地承担起商户子女的入学任务，使商户子女能够享受到优质的教育服务。本着“简化程序”的原则，学校在学籍管理、转入学手续、考试招生和学业成绩等方面做出特殊安排，为商户子女的入学提供便利，解除了商户家庭的后顾之忧，使他们能够在沧安心经营，赢得了商户们的广泛赞誉。从 2017 年暑假开始，至今已有数百名商户子女来校就读。

二、创新德育工作思路，实现立德树人新突破

当前，学校教育重智轻德的倾向越来越严重。反思长期以来德育的时效性，大多是生硬的规范，空洞的教化，使得德育显得苍白无力。学校积极探索德育创新的有效途径和办法，倡导教育回归育人本位是学校教育的本源，开拓了一个独特而全新的育人环境，改变了长期以来学校德育空洞无力的局面，营造了“崇德善行、和衷和谐”的良好校风。

三、创新学生管理，应用“司机管理模式”

2009 年 8 月，教育部出台《中小学班主任工作规定》，其中第十六条明确规定：“班主任在日常教育教学管理中，有采取适当方式对学生进行批评教育的权利。”然而广大教师认为，这个规定的出发点虽是好的，不过批评的“度”究竟在哪里？批评的尺度如何把握？如果把握不准，就有可能伤害学生的自尊心，甚至造成师生关系的对立。所以，如何引领、规范班主任行使教育权成了当务之急。为此，学校制定了《颐和中学学生日常行为规范及违反惩戒标准（试行）》，该标准既是学生的日常行为规范，又是教师行使批评教育权的依据。

学校积极探索中学生发展性评价体系，自主创新“司机管理模式”应用于学生管理。所谓司机管理模式，就是学期初每名学生都有 12 分，平时做义工、做好事、在某方面有突出表现或有较大进步都可以获得加分。若有违纪，则按《颐和中学学生日常行为规范及违反惩戒标准（试行）》进行扣分，并依据扣分情况给予不同等级的惩戒教育。

司机管理模式的量化积分以学期为单位计算，记入学生成长记录袋，学期结束后归零。司机管理模式实质是一种问责制，既告诉学生应该怎么做，同时又让学生明白

如果不按规范要求去做，就需要承担一定的责任，其实质是为学生提供了自我管理、自我教育、自我完善、自我发展的平台。同时，司机管理模式也规范了班主任行为，对于常规违纪每次扣 1 分，扣分后学生随即进班学习，杜绝了体罚和变相体罚，降低了师生矛盾激化的概率，师生关系得到极大改善。

司机管理模式的根本目的是促进学生的成长与进步。为此，学校出台了学生素养正向清单、负向清单和奖励办法，以及借分制度、申诉制度、听证会制度等相关制度。这样做的目的是关注学生的合理诉求，给学生改过的机会，消除学生的抵触情绪。

没有惩戒的教育不是完整的教育。2020 年 9 月 10 日，教育部发布了《中小学校学生违规行为惩戒实施暂行办法》，其中关于惩戒行为、惩戒方式、惩戒程序、申诉制度、保障措施等方面，与颐和中学的司机管理模式高度契合，为教师依法执教、依法管理提供了法律依据与方式方法。

四、创新“三好学生”评选

许多人对“三好学生”这一荣誉都不陌生，学校将传统的“德智体”三好学生评定标准，延伸为“做颐中好学生，做家庭好子女，做社会好公民”的“新三好”评定标准。

“新三好”的提出缘于一件偶然的小事。一次，一名学生严重违反了校规校纪，学校把学生家长请来进行沟通。在这个过程中，学生用不礼貌的语言和态度对待家长，而那位母亲很无奈地说：“你在家可以跟我这样说话，可在学校不能这样跟我说话。”颐和中学校长郭树发看到这一幕后，他的心被深深地刺痛了。他提出：“现代教育的功能不仅仅是考试、升学，而首先是人的发展，是造就一代身心健康，且有道德、有情感、有文化归属和文化认同，能够自立于现代社会的合格公民。因此，我们的教育不仅仅是教授知识，还是一个全面育人的过程。我们不仅要培养好学生，更要在学生的心灵播下做好人的种子，让他们走出校门后能做一个大写的人、一个合格的公民。”身为正高级教师、特级教师的郭树发校长一直在颐和中学推行着自己的教育理念，他常说，学生首先应是一个社会上的公民，而传统“三好学生”的评选，仅局限于校园内这一特定环境下学生的表现，不能真实地反映学生的全部。中学阶段是一个人行为习惯和世界观形成的关键时期，于是，他提出了评选“新三好”学生的想法。

“新三好”学生的评选在校园里掀起了一股又一股热潮，“新三好”的评定标准更强调学生的个性发展和社会性，在“德”方面的要求更具体。为此，学校还开展了形象大使、文明宿舍、美德少年等评选活动，对后进生设立进步奖，激发他们昂扬向上的精神，促进了学生良好个性品质的养成。许多家长表示，孩子来颐和中学后，在

“新三好”的评定标准下变得懂事了，知道体贴父母了，花钱也不再大手大脚了。更为重要的是，“新三好”的评定标准在学生们心中生根发芽，为他们一生的发展打下了良好的基础。

五、创设德育主题活动

学校的任务是为未来社会培养合格公民、建设者和领军人物，这需要学校的教育、引领和熏陶。为了促进学生的全面发展，学校为学生提供了形式多样的德育主题活动，如今有些活动已成为颐和中学的传统和特色。

（一）德育“四个一”工程

德育“四个一”工程即树立一种精神、培育一种风尚、学会一项运动、培养一项爱好。树立一种精神旨在培养学生“精神饱满、雷厉风行、做事专注、学习投入”的作风；培育一种风尚是指培育文明风尚，使学生成为有修养、有气质的人；学会一项运动是帮助学生学会一项终身受益的锻炼方式；培养一项爱好的目的是提升学生的品位，从而可以更好地享受高品质的生活。德育“四个一”工程体现的是学校的教育理想，即为学生一生发展打好底色。

（二）德育主题教育活动

很多学校每学期都会搞一些活动，但大多数是应景式的，热热闹闹地过去就完了。颐和中学站在立德树人的高度，将德育课程化，赋予活动更多的教育内涵，坚持年年做，形成规范，形成特色。

入学课程。不只是传统的军训，而是将入学教育、军训、生活指导、学习方法指导等融为一体，比如培养学生生活自理能力的“生活小能手”比赛、培养学生自主学习能力的“学法讲座”等。

节日课程。一是每年 5 月的毕业季和 9 月的教师节都会举行大型联欢会，5 月的慰问毕业班联欢会至今已举办了 13 届，9 月的教师节暨校庆联欢会至今已举办了 11 届；二是利用我国传统节日和国际节日举办活动；三是自主设立节日，比如将 2011 届初中毕业生高延德的发明专利获批的日子定为学校“发明日”。

名家课程，即邀请名家、专家进校园。学校已先后邀请文化部原部长王蒙，国防大学教授吴希来，北京大学教授胡佩诚，全国著名特级教师李庾南、余映潮、张文娣，北京五中校长杨春林，北京十一学校特级教师王笃年，传统文化名家肖先华、樊珺、井沁，生命教育专家边疆，励志演讲名家王国权、吴刚，沧州市书法家协会主席张之、韩焕峰、李德瑞等众多名家、专家到校讲学或举办笔会，这些名家、专家的到来对学生的影响非常深远。

社会课程。读万卷书、行万里路。学校策划了各种活动让学生走出校园，了解社会，磨砺意志，增强社会责任意识。比如山东威海刘公岛、石家庄烈士陵园、沧州烈士陵园等红色之旅，京杭大运河、沧州文庙、沧州博物馆等传统文化之旅，以及参加沧州国际武术节精品拳种展演、沧州铁狮重铸揭幕仪式、武术书法京杭大运河邮票首发式等社会活动，促进学生深入理解革命历史和中华优秀传统文化，躬身践行社会主义核心价值观。

传统文化课程。让德育深入灵魂，并落实到行动。自 2011 年起，学校每学期都会集中进行中华优秀传统文化培训，平时将传统文化教育纳入课表，让学生了解中华优秀传统文化。每天早晚进行中华传统文化经典诵读，让学生不断提升自省能力，修正价值取向和做人准则，增强民族自豪感和文化自信心。

生命教育课程。生命教育是通过体验式活动引导人们认识生命、尊重生命的一种提升生命质量的主题教育。从 2010 年至今，学校全体教职工分 3 期走进生命教育课程，高二 4 班全体学生走进 3E 智慧青少年领袖特训营，举办了 5 期"生命手拉手"大型公益活动，在全国首开教职工全员和学生整班建制开展生命教育课程的先河。学校因开展了众多丰富有效的生命教育活动被评为"全国生命教育示范校""全国生命智慧优秀单位"，并多次在全国生命教育工作会议上进行汇报展示。

六、深化课堂改革，实现教育质量新突破

众所周知，新一轮课程改革中最具标志性的就是变革教师教的方式和变革学生学的方式。瞄准课堂，直击课堂顽疾，既是素质教育的突破口，也是民办教育摆脱同质化竞争、形成特色的突破口。因此，学校结合新课改创造性地提出了"1521"课堂教学改革。

"1521"即 1 个团队、5 个核心理念、2 人互助、1 个主体，有效地破解了学生管理和课堂教学两大难题，并且把学生推到了自主管理、自主学习的前沿，其实质是为学生提供了自主管理、自主教育、自主完善、自主发展的平台。

"1521"课堂教学改革的 5 个核心理念是：不以时间划分课堂、立足于两个改变、追求思维完形、构建学习共同体、在育人中教书。课堂不定位于时间划分而是定位于学生学习方式的变革；教师角色变成教练，变教学生学习为引发学生学习、支持学生学习、管理学生学习；思维完形就是要使学生能对所学知识点进行辨别、确认、建构、拓展；学习共同体就是推动学生与客体（教材、教辅、媒体）、他人（同学、教师）及自己的相遇与对话；在育人中教书就是要尊重教育规律和人的成长规律，关注学科育人，关注课堂育人。

"1521"课堂形态的基本流程是：自主学习、二人互助、小组合作、展示分享、点评质疑、教师点拨。"1521"课堂教学改革的出发点不是为了某种形式，而是要解决课堂内外学生精力流失和学习效率低的问题，目的是帮助学生走向自主学习、高效学习。"1521"课堂形态把自主学习、合作学习、展示分享等高效学习的基因植入课堂，把学习的权利还给学生，充分调动了学生学习的主动性和积极性，加之团队的相互促进，形成了良好的学习氛围。

目前，学校的课堂改革研究正向纵深发展，逐渐形成了各学科、各种课型的基本课改流程。新授课中有大量的概念课，传统的概念课教学通常是"一个定义，几点说明，一道例题，几个练习"。而"1521"课堂形态下的概念课教学分为"问题情境、内涵概括、概念明确、概念辨析、概念巩固、概念应用"等6个步骤，使学生亲历概念生成的过程，而不是被动地接受结果，这样使学生得到的是渐近的、连贯的思维，对知识的理解和掌握会更加深入和牢固。

"1521"课堂教学改革作为颐和中学教师的教学行动指南，在教师们的辛勤工作中得到磨炼，在磨炼中不断完善，也得到了兄弟学校和专家的好评。颐和中学的教师先后应邀到安徽、江苏、山东等地的名校进行同课异构活动；与江苏洋思中学联合开展教改成果展示活动；在第十届中国新教育发展论坛年会上做示范课；在第二届中国课改节上获多项说课大赛一等奖。

七、构建全面育人课程体系

学校把思想教育视为学生发展之魂，把文化教育视为学生发展之本，把艺体教育视为学生发展之翼，把劳动教育视为学生发展之基，不断探索新时代育人模式和全面育人课程体系，构建了德、智、体、美、劳五育并举的校本课程体系，先后开设了52门形式多样的校本课程和社团活动。

体育课程。体育是实现立德树人根本任务、提升学生综合素质的基础性课程。学校立足时代需要和学校"四个一"德育目标，根据学生的兴趣爱好，因地制宜地开设了武术、篮球、足球、排球、健美、象棋、围棋等校本课程，并建立了相应的社团组织，培养学生终身受益的锻炼方式和习惯。

美育课程。美是纯洁道德、丰富精神的重要源泉，美育是审美教育、情操教育、心灵教育，也是培养丰富想象力和创新意识的教育，能提升审美素养、陶冶情操、温润心灵、激发创新创造活力。学校立足学生终身发展，开设了简笔画、趣味卡通、公共礼仪、铜丝工艺、合唱团等校本课程，并建立了相应的社团组织，锻炼学生拥有发现美的眼睛、创造美的双手，培养学生追求美的心灵。

劳育课程。劳动是创造物质财富和精神财富的过程，是一切财富价值的源泉。学校以校园劳动和家庭劳动为依托，开设了标本制作、模型制作、温馨绣坊、花卉文化等校本课程，并建立了相应的社团组织，同时开展了“我是小靓厨”、生活小能手、“垃圾也是宝、节俭最光荣”等活动，让学生体会劳动的光荣，养成热爱劳动、热爱生活的态度，形成良好的劳动习惯。

以德育为魂、智育为本、体美为翼、劳育为基，15 年来，学校共培养了 12 238 名优秀毕业生，取得了令人瞩目的成绩。霍继臻、王勇同学分别获得高考理科沧州（含各县市）第二名、第四名，6 名毕业生分别考入清华大学、北京大学；高延德同学取得 4 项国家专利；马义超同学在第二十五届河北省青少年科技创新大赛中获得一等奖；张忠健同学在河北省青少年模型运动锦标赛上获得第二名；等等。

颐和学子是幸运的，他们感受着学校诸多的人文关怀，感受着师爱的博大与深厚，感受着紧张而有序的学习生活。毕业生陈伦同学由衷地写下了诗歌《献给颐和》。诗中写道：“自从找到你，我便不在激流的漩涡中旋转。理想是船，颐和是帆。自从找到你，我便不在高山的脚下迷茫。执着是绳，颐和是梯。自从找到你，我便不在旷野的边际惆怅。努力是翅，颐和是风……”

“雄关漫道真如铁，而今迈步从头越”。15 年来，颐和中学勇立潮头再起航，青春芳华再出发。站在新起点，颐和中学不忘教育初心，牢记为党育人、为国育才的使命，传承“为学生一生发展打好底色”的办学宗旨，书写“厚德、敦行、励志、笃学”的荣耀与辉煌，朝着“让每一位学生都得到适宜的发展，让每一位家长都看到孩子的进步，让每一位教师都感到职业的尊严”的办学目标和“学生喜欢，教师自豪，同行尊重，社会满意”的办学愿景不断迈进。

民办初中部分

沙河市爱凡杰中学：“135 自主互动式”课堂教学模式的探索与实践

河北省沙河市爱凡杰教育集团是冀南平原上一颗冉冉升起的教育新星，集团旗下的一所中学和两所小学全面启动了教育教学改革，构建了“135 自主互动式”教学模式，并取得了不错的效果。

一、“135 自主互动式”教学模式的内涵

（一）1 个中心，即以学生为中心

以学生为中心，就是在具体的教学过程中把学生作为学习的主体。学校改变教师主宰课堂的现象，充分调动学生参与学习的积极性和能动性，通过自主学习、合作探究，在教师的引导和帮助下自觉主动地掌握知识、锻炼能力、体验情感，树立正确的人生观和价值观。

（二）3 个环节，即课前预习、课内探究、课后拓展

1. 课前预习

课前预习，是指学生在课前自学将要学习的新课。在上课的前一天，教师要给学生布置预习任务，提出预习的具体要求，并对预习方法做必要的指导，为课内探究做好充分的准备。

2. 课内探究

课内探究，是指课堂教学中教师主导、学生作为主体参与的教学活动。课内探究时，教师应关注学生的个性差异，重视学生的个性发展，强调学习内容与生活的联系，培养学生积极主动的学习态度，激发学生的学习兴趣，让学生动口、动手、动脑，充分开发学习潜能，在主动探究的过程中增长知识和能力。

3. 课后拓展

课后拓展，是课堂学习的继续，是学习主体由共性到个性、学习内容由封闭到开放、学习方式由静态到动态的转变过程。通过课后拓展，让学生带着问题走出课堂，带着问题走进生活，经过个性化、开放性的学习和训练，巩固知识，发展能力，学以致用。

（三）5 个步骤即目标导学、设疑自学、解疑合学、质疑再学、感悟拓学

目标导学，依据教材和学情，在课前预习的基础上提出学习目标，作为课堂探究的核心和主线，引导学生进行学习活动。

设疑自学，围绕教学目标创设问题情境，设置具体问题，放手让学生自主学习、自主探究。

解疑合学，通过课堂互动，展示交流，合作分享，检查自学效果，探讨解决自学中难以解决的问题。

质疑再学，引导学生针对所学知识，在解决预设问题的基础上提出新的更高层次的问题，诱发学生深入探究。

感悟拓学，运用所学知识，引导学生进行迁移拓展和运用，并进行当堂训练或检测。在此基础上，学生进行反思归纳，感悟提升。

二、“135 自主互动式”教学模式下的学习组织建设和管理

学习小组是学生合作学习时最基本的学习性组织，在课堂学习中有着举足轻重的作用，因此想要有效开展合作学习，就必须做好学习小组的建设。

（一）学习小组的组建

组建学习小组时要遵循“组内异质、组间同质”的原则，每班分成 6—8 个学习小组，每组 6—8 个学生。一般还要遵循成绩互补、性格互补、学科互补等 3 个原则，并且考虑男女生平衡、本人自愿等因素。学习小组一旦建立，就要成为一个相对稳定的集体，一起学习、交流，甚至一起进行课外活动。

学习小组在运行过程中会出现组内运转不良、组间缺少竞争等问题，班主任要适时对小组成员（包括组长）进行微调。新学期开始时，要根据实际情况重新进行分组。

（二）学习小组的管理

1. 确定组长

推举学习努力、责任心强、有一定组织能力的学生担任组长，负责全组的组织、分工、协调等工作，形成以优秀生为首席的学习共同体。

2. 人人都是课代表

每个小组成员都要担任组内某个学科的课代表（也可称作学科组长），让每个人都能参与学习小组的管理，增强学生的集体荣誉感和责任感。

3. 小组文化

学习小组可以用数字顺序命名，或用组长姓名命名，也可以选定一个具有励志意义或特殊情趣的名字，还可以有小组守则、口号、座右铭等，并由此提炼出小组精神。

4. 成员编号

一般按成绩顺序编号，成绩最好的学生为 1 号，以此类推，课堂上称号不称名。组员按成绩编号，便于上课时照顾不同层面的学生。

5. 学习小组管理流程

学习小组的管理流程为学科教师、班级课代表、组学科代表、小组成员。

（三）学习小组的评价与激励

学习小组是基本的学习单位，因此评价要直接面向小组，而不是直接面向个人，对个体的评价一定要归入小组的评价中。正确的评价应该是先有小组间的评价，再有小组内的个体评价。小组评价可以用量化打分的形式，也可以采用等级制或定性评语的方法。评价的内容是多方面的，包括课堂上展示的次数、展示的质量和每次考试的分数，还包括课堂纪律、课堂礼仪和课堂文化等。

教师要适时激励学生，让各小组之间形成比学赶超的竞争氛围，调动学生学习的积极性。激励的方式应灵活多样，比如加分、排名、奖状、奖品、照相、流动奖杯等。

对学习小组实行“捆绑式”评价和激励，有助于增强团队精神，形成合作互助的学习氛围，最终实现“兵教兵、兵练兵、兵强兵”，使学生成绩整体提高。

学习小组是学生自治的基本组织形式，既是学习小组，也是行政小组和研究小组，在合作学习、班级管理和班级活动等方面发挥着越来越广泛的作用。

三、“135 自主互动式”教学模式的实施策略

（一）推进“教师五个一工程”

为打造一支适应课改需要的教师队伍，启动课改之时，在董事长的倡导下，学校启动了“教师五个一工程”，要求教师每人每月读一本好书、做一节公开课、写一篇文章，每学期学习一项技能、进行一项小课题研究。经过一段时间的尝试和探索，在学校内形成了一个基于课改、服务课改的工程体系。教师读课改方面的书籍，做课改探究课，把课改中发现的问题确立为课题，开展小课题研究，把研究成果写成文章，同时学习媒体运用、板书设计等课堂教学所必需的技能。“教师五个一工程”的开展，使教师的专业能力迅速提升。

（二）举行教学技能大赛

为提升教师驾驭课堂的能力，并检阅课改成果，从 2014 年秋季开始，学校先后举行了 4 次课堂教学技能大赛。每次大赛都要求教师全员参与，分学科教研组初赛、学校复赛、集团决赛等 3 个层面进行，邀请教育专家和专职教研人员观课评课，参赛教师现场说课，并进行教学反思。赛课之后，组织优胜教师在集团旗下各学校巡回示范作课。通过赛课活动，培养锻炼了一大批课改骨干，特别是一大批优秀青年教师脱颖而出，打造了一支热心课改的教师团队，营造了热烈的课改氛围。

（三）落实集体备课

每周每个学科安排一个集体备课日，落实“三次备课制”。第一次为个人初备，每个人提前两周写出各自的草稿教学案；第二次为学科组集体备课，提前一周进行，在集体备课日教师带着自己的草稿教学案参加集体备课，学科组研讨之后由主备人整理出电子文稿，打印后发给大家使用；第三次为教师个人于课前再次备课，结合个人的教学风格和所教班级学生的学习状况对教学案进行最后的修改和完善。经过“独备、组备、改备”等环节，既吸收了集体智慧，又发挥了个人特长，形成了高质量的教学案，保证了良好的教学效果。

（四）搭建合作平台

在“135”教学模式的构建和实施过程中，学校非常重视与兄弟学校的合作探究，虚心学习并吸收借鉴其先进经验。学校先后到河北涿鹿中学、江苏洋思中学、江苏东庐中学、江苏宜兴实验中学、山东即墨二十八中、河北育红中学、湖南许市中学等学校考察学习，这些学校的成功经验为学校提供了很大的帮助。2019 年 4 月，学校特别邀请许市中学的何军校长前来进行班级自主管理、自主学习的培训指导。2015 年 5 月，集团承办了两省六地课堂教学技能大赛。2015 年 10 月，集团承办了河北省第四届学校文化建设学术年会，各地优秀教师现场作课，传经送宝。同时，集团也选派了教师外出作课交流，有 4 名教师参加了河北省第四届学校文化建设年会和唐山汉沽一中课改展示课赛课交流，有一名教师参加了在洋思中学举办的全国首届高效课堂大赛，均取得了优异成绩。

（五）构建课堂文化

课堂文化是学校文化的核心，打造适合生命成长的课堂文化，是课堂教学改革的重要内涵。在课堂文化的构建中，学校确立了 3 个理念，即“以人为本”的发展理念，“自主、合作、探究”的学习理念，“爱的文化”的校本理念。在 3 个理念的引领下，学校构建了系统的课堂制度，形成了适宜合作互动的课堂教学运行规则、小组合作学习规则、面向全体学生的评价规则、体现关爱与尊重的礼仪规则。同时，通过课堂环境文化、行为文化的构建，逐步形成了和谐民主的课堂人际关系，营造了适合学生自主学习、合作交流的氛围情境。

（六）建立评价激励机制

为调动教师和学生参与课改的积极性，学校建立了系统全面的课堂教学评价体系。为适应“135 自主互动式”教学模式的需要，对教师备课、作课等教学行为提出了具体的要求，每月检查一次教学案，每次公开课都要由观课领导和教师对作课情况现场打分，并启动学生评教活动。同时评选表彰“课改先锋”和“课改品牌教师”，树立课改标杆。在学生管理方面，采取小组集体评价和学生个人评价相结合的双层面评价措施，互评与自评相结合，教师或学生干部对各个小组的课堂表现当堂打分，小组内负责评价的学生对每个小组成员的个体表现当堂打分，班级内建立评价组织，一天一小结，一周一汇总，并及时公布评价结果。月末由班主任组织汇总，评选出优秀学习小组和“五星学生”（探究之星、质疑之星、展示之星、评价之星、管理之星），最后学校统一表彰。具体有效的评价机制和激励措施，激发了教师和学生参与课改的积极性。

课改需要理念，更需要行为跟进。在课改的道路上，学校需要更多具体的行动，需要更多的行之有效的措施。

四、"135 自主互动"模式推进中的变化、困惑与改进

（一）变化

首先，教育观念、教师角色和教学方式发生了变化。"以学生为中心"的理念已经深深扎根于教师之心、学生之心，教师走下了"神圣"的讲台，引领学生走向知识，确立了学生"学"的地位，着眼于"学什么""怎么学"，使学生真正成了学习的"主人"。

其次，课堂氛围和学习效果发生了变化。学生全方位、全过程参与学习，心动、口动、手动、自动、互动，课堂上出现了生动活泼的学习氛围。思维碰撞，情感交融，学生收获了知识、发展了能力，课堂变成了生命成长的乐园。

再次，课堂评价标准也发生了变化。过去衡量一节课的优劣，往往看教师讲得是否精彩。现在的课堂评价主要看学生参与学习的程度，看课堂解决了多少问题，以及看在学习中新生成了多少问题。学生"学"得精彩，才是课堂的精彩。

课改带动了学校各方面的工作，不仅激发了学生参与的欲望，也锻炼了学生的参与能力，学生不再满足于做被动的"受教育者"，而是逐渐成为自我教育、自主管理的"教育主体"。随着学生值周、"小红帽文明岗"、校园广播站等学生自主管理平台的搭建，一大批学生社团应运而生。学校在实践中深深感到：课堂是学生的，整个校园都应该是学生的，松开学生的手脚，学校的教育就是另一番风采。

（二）困惑与改进

每学期末学校都要进行一次课堂教学改革大讨论，专门揭摆"135 自主互动式"教学模式推进中存在的问题和困惑。学校领导对教师提出的数十个问题进行了梳理，从中整合出以下突出问题，并制定了改进方法。

有些课堂学生"动"起来了，气氛非常活跃，却忽视了基本知识和基本技能的培养和训练。针对这个问题，学校在教学流程中增加了"温故"与"检测"的环节，帮助学生做到学习知识、巩固知识、掌握技能。

有些课堂学生表达不精练，讨论交流的问题没有实际价值，甚至离题。学校要求教师在集体备课时设置预习题例，引领学生；要求教师把控课堂，指导学生进行有效学习。在不同的场合，采用不同形式有意地锻炼学生，促进学生表达能力的提升。

有些课堂对传统教法全盘否定，教师不敢讲，或干脆不讲。在新课堂模式下，教师到底还"能不能讲"，应该"怎么讲"？传统的教法中有很多精髓，学校应该传承和创新，把前人的经验用在当今的课堂教学中，点石成金，突出教师在课堂中"导"的地位。

有些教师的思想不够解放，担心学生讨论耗费时间，不敢放开手脚让学生自主学习和交流。学校针对这个问题，带领教师反复学习新课程标准和学校的课堂流程要求，

从时间上保证学生自学、合学、展示、交流等教学活动，规定不能剥夺学生的时间，从权利范畴保障学生在教学中的主体地位。

有些课堂上进行展示的总是那么几个成绩好的学生，教师不再是对全体学生的“满堂灌”，却变成了对少数精英学生的“满堂灌”。学校强调教师要信任每一个学生，锻炼每一个学生，决不能歧视学困生，课堂上应给每个层面的学生展示的机会。这是作为教师的基本要求，也是提高全体学生素质的法宝。

课改是在改变传统、改变习惯，而传统和习惯都是根深蒂固的东西，因此课改不可能是轻而易举的事情。课改对于所有学校来说都是一个全新的事物，课改中暴露出来的问题必须通过深化课改来解决。

天卉中学：努力完成高效课堂模式从“3D”到“5D”的跨越

河北天卉教育集团有着 13 年的办学历史，从一所农村初中发展到现在的两所初中、两所高中，从偏僻的山村走向了繁华的省会，靠的是不断探索和实践课堂教学改革。学校的课堂模式从 2008 年的“大单元教学模式”发展为 2012 年的融“大展示、大单元、大读写”为一体的高效课堂模式，即“3D 高效课堂模式”，到 2016 年基本形成了融“大展示、大单元、大读写、大数据、大平台”为一体的高效课堂模式，即“5D 高效课堂模式”。

一、“5D 高效课堂模式”创立的简要过程

学校的高效课堂模式创新经过了 4 个阶段。一是模式的初创阶段，在“临帖”杜郎口中学“三三六”模式的基础上，形成了自己的“三型六步一论坛”高效课堂教学模式；二是在解决高效课堂由“教”变“学”过程中发生的问题时，实施了课程整合，并逐渐形成了“大单元教学模式”；三是“3D 高效课堂模式”的形成阶段，在“大单元教学模式”的基础上，根据高效课堂的特点，对影响高效课堂效率的各个元素进行优化，实现了真正意义的高效，即为学生设置了更多的展示平台，解决了学生听说读写能力不适应高效课堂要求的问题，提出了“大展示、大单元、大读写”高效课堂模式，即“3D 高效课堂模式”；四是 2012 年以后，石家庄创新国际学校创立，石家庄市优越的教育教学环境和优质的教育资源，使学校的课堂教学在实践中又增加了新的元素——云端智能系统。同时学生受教育的平台也由原来比较单一的学校内部，更鲜明地扩展到家庭与社会，于是学校提出了“大数据”和“大平台”两个高效课堂的新元素。经过 3 年的不断实践和摸索，这两个新元素已经在课堂内外得到广泛应用。自此，

“5D 高效课堂模式”正式形成。

二、“5D 高效课堂模式”的主要内容

“大展示、大单元、大读写、大数据、大平台”高效课堂模式，简称“5D 高效课堂模式”。“5D”，一方面是 5 个“大”字的第一个拼音字母，另一方面体现了高效课堂的“立体式、快节奏、大容量”的特点。学校逐渐意识到只有实现了“大展示、大单元、大读写、大数据、大平台”，才能真正实现“高效率、高效益、高效果”。

（一）大展示——给学生构筑表现自我、宣示成功的广阔舞台，使学生由不愿学走向愿学、乐学，激发了学生自主学习的不竭动力

展示是表现自我生命价值的舞台。高效课堂的核心要素之一是自主学习，通过分析可以得知，要想激发学生自主学习的兴趣，就必须让他们在小组合作探究中经历展示自我的过程，并且在学习之后将学习的成果在尽可能多的情景中和不同层次的范围内展示出来。让展示成为教师激发学生学习兴趣的手段，让展示成为学生表现自我的学习动力。学生为了宣示自己的成功而展示，为了展示而自主学习。学生要想展示得成功，就得自主学、主动学、用心学；要想展示得精彩，获得小组同学和全班同学的认可与赞许，就得认真准备、刻苦钻研、互助互学。

展示是实现合作探究、互帮互学的有效机制。高效课堂的核心要素之二是合作探究，在实践探索中学校提出了“大展示”的概念，构建了“大展示”体系。针对高效课堂“独学、对学、群学”等几个基本的学习环节，学校相应地提出了“独展、对展、群展”等 3 个不同层次的展示形式。“独学”为“对学”做准备，“对学”为“群学”做准备，“独展”为“对展”做准备，“对展”为“群展”做准备，准备的过程就是学习的过程。越是激发学生展示的欲望，学生就会越加认真地互助合作。在合作中学习探究，在学习探究中合作。在合作探究中形成了学习团队，锻造了团队合作精神，养成了团队合作人格。

构建展示体系，让展示无处不在。学校将高效课堂的展示延伸到课堂之外，进一步拓展了展示体系的外延，课内展为小展，校内展为中展，校外展为大展。

学校的教室里、楼道里、教学楼前、校园墙壁到处是黑板，学生的课桌本身就是能写能画的玻璃板。每个班都有自己的板报，班级有周报、学校有半月报、集团有《天卉教育》季刊，目的就是为学生的展示提供更大的舞台，学校的广播站、电视台、班级博客等都是学校为学生搭建的展示平台。从课内到课外，从校内到校外，从口头到书面，从文本到电子，学校不放过任何一次让学生展示的机会，“让展示无处不在”已经成为学校的重要教育理念。展示与评价相结合，所有的展示都紧跟着评价，完善

的评价激励机制为保证展示效果提供保障。

（二）大单元——为教师提供展示自我创新成果的广阔舞台，解决课堂教什么、学什么的问题，使教师由职业倦态走向乐学、乐研、乐教，为教师提供了乐教、会教的动力源泉

1. 教学内容上的大单元

学校改变了传统的“点式教学”安排，打破年级界限，打破课时界限，把一个学期的教学内容视为一个“小单元”，把一个学年的内容视为一个“中单元”，把 3 年的内容视为一个“大单元”。根据知识的系统性原则，重新整合教材，把 3 年的教材贯通起来，按一个大的知识系统，重新划分结构单元和授课单元，而不是围绕知识点进行划分。在授课过程中，教师不断审视当下的教学内容在 3 年的知识系统中所占的位置和所起的作用，使教学更具针对性和目的性。

2. 教学组织架构上的大单元

学校从教师的整体情况出发，根据教师的特长，发挥每个人在学科上的强项，实现教师间的“强强组合”，即由原来的一个教师教两个班，改为两个教师教 4 个班，将来可实现 4 个教师教 8 个班。让教师发挥强项，避开弱项，优势互补，让学生能享受到最大的教育公平。

3. 教学管理上的大单元

“大单元教学”的管理，从教学架构出发，管理指向整体，通过评价实现“有效捆绑”，教师间达到“无缝隙”合作，集体备课不走形式，不追求简单的内容划一、进度划一，而是实现教师间的“神形合一”，从“二人联体”到“四人联动”，再到学科间的“大兵团”作战，实现从合作组到学科团队的整体管理，管理系统进行有效的“扁平”，使管理路径缩短，让管理指令最快到达最基层的教学团队，使管理发挥最大的效能，真正实现“权力下放、责任上移”的管理思想，体现“大管理”的理念。

（三）大读写——全面提高学生在高效课堂上所需要的能力，使学生知道如何学得更好，为学生更会学、教师更会教提供了科学方法

提高阅读和记忆能力，使“独学”效率更高。学校引入中国社会科学院的“高效阅读”课题，让学生的平均阅读速度提升至每分钟 1300 字左右，阅读效率达到 75%以上，优秀的学生可以达到 90%。而《九年义务教育语文教学大纲》规定初中三年的阅读量是 260 万字，按一分钟读 1300 字计算，只需 34 个小时就可读完。每天如果读 30 分钟书，一共 67 天就可以读完《教学大纲》要求的 3 年的阅读量，这样学生就有时间去读更多的书。

提高朗读能力和口语表达能力，使“对学”和“群学”的效率更高。学校聘请河北传媒学院播音主持专业的教授担任朗读和口语教师，每月对全体教师进行朗读和口语训练。各班每周开设一节朗读课，让琅琅书声响彻校园。朗读使学生对很多名篇熟读成诵，学生如果能够背诵大量文章，那么他们无论是书面的还是口头的表达能力肯定不会低，这就为高效课堂的“合作探究”奠定了基础。表达能力越强，交流效率越高，“对学”“群学”的效果就会越好。

提高写作能力和书写能力，使交流展示效率更高。学校引入中国当代语文教学专业委员会的“感知作文”项目，以“大展示”为动力，全面提高学生的写作兴趣和写作水平。每个班办《班级作文周报》，每个年级办《年级作文半月报》，学校出版《天卉家园》月刊，为学生搭建广阔的发表展示平台。

板书已经不是教师的专利，现在写得最多的是学生。高效课堂对学生写字的速度和质量都提出了更高的要求，在当前电脑普及，学生不愿写字、写不好字，甚至不会写字的大趋势下，学校把学生的写字基本功作为他们在高效课堂上的基本能力之一来抓，并在考试的卷面上以“卷面分”进行考核。

（四）大数据——学校的教育、教学、管理等尽量以数据的形式呈现出来，便于分析教育教学和学校管理中存在的优势和问题，从而对教育教学和学校管理提出科学有效的措施

1. 学校发展数据

整理集团旗下各校的建校时间、规模、各层次师生人数的变化、课堂改革引起的成绩变化、办学规模变化等数据，明确集团及学校的发展阶段和历程，总结发展的经验与规律，作为下一步规划的依据。

2. 学校管理数据

即将学校的教育教学管理、常规管理、年级管理、学科管理、课堂管理、文化建设等过程中产生的数据归类分析，用以调整管理策略、完善评价手段、更新激励机制，不断做出新的管理决策。

3. 师生成长数据

学校建立教师成长档案，对其师德、考勤、学科能力、任职工作表现、教科研状况、奖励等方面进行数据积累，便于对其进行科学的方向性指导与考核，不断提升教师的专业素质。利用学生《成长的足迹》和《学生成长档案》，及时记录学生在身体、心理、特长、学习、实践活动等方面的表现，以数据的形式呈现，既可以作为学生自我计划、自我管理的依据，也可以成为教师针对性教育的重要参考。

4. 学科学习数据

学校从学生课堂学习对知识的掌握程度、导学案完成情况、练习、检测和大型考试等方面入手，汇集本学科各要点知识和典型题型的深浅难易数据，形成本学科的知识点数据链。此数据链可以科学地指导教师备课、上课、设计习题和测试，缩短了漫长的经验积累时间，避免了教学中的许多盲目性决策。

（五）大平台——在课堂这个学生成长最基本的平台之外，延伸出更多、更广的补充平台，使学生能得到全面的素质提高和特长发展

1. 课下——学科知识迁移与拓展平台

各种社团活动是这个平台的基本构成单位。各个学校成立了不同数量的社团，有艺术类、科学类、政史类、体育类等。每周一节的社团活动课，使课上的知识通过社团活动得到扩展、延伸、提升。

2. 家庭——生活能力增长和特长发展的平台

学校一向主张少留或不留家庭作业，但实践性的作业却必不可少，比如每周和爸爸妈妈购物、做饭、收拾房间，每周给老人洗脚，与父母谈心，每周在家里保持正常的作息时间并主动锻炼身体等。特长教育需要更多地依靠家庭，很多孩子一旦上了初中，原来学习的特长就扔下了。学校努力创造条件，让学生坚持在初中三年继续学习特长。学校支持家长在社会上为学生找高水平的专业老师，提高学生的特长水平。

3. 网络——学生自主学习平台

在现在这个网络时代，必须正确认识和利用网络让学生从中受益。学校顶住重重压力推广了云端教室，利用平板电脑上的学习软件完成个性化学习，使用微课完成课前自主预习、课后自主复习、假期作业的布置检查与反馈等。

4. 社会——学生提高自身认知能力的平台

学校每年都要组织各种综合性实践活动，比如到贫困的平山小学捐赠、暑期各班组织的各种体验营、敬老村包饺子、参观博物馆、参观君乐宝乳业等。还组织学生到社会上举办义卖等活动，让学生从中了解社会生活的各个方面，认识自己的生活状态和社会生存能力。这些活动对学生形成正确的人生观、价值观非常有帮助。

三、“5D 高效课堂”模式的主要成效

“大展示”是动力系统，它激发了学生的学习兴趣，这就是高效课堂模式本身最大的作用；“大单元”是安全系统，它保证了教学任务的完成，它使知识系统更连贯、更明晰、更科学；“大读写”是操作系统，通过有计划的读写训练，全面提高学生在高效课堂上所需要的各种能力；“大数据”是决策系统，它保证了教育教学决策的科学性和可操作性；“大平台”是支撑系统，每个小平台都从不同的角度支撑起高效课堂这个中心平台，使高效课堂运行更稳定、更高效。

一是学生的生命状态发生了根本性变化。以天卉中学为例，学校的学生大都来自农村，教改前，师生自卑情绪严重，总觉得与县城的两所公办初中和另一所实力强大的民办初中没法比。教改后的 2011 年，第一届全程参与教改的毕业生参加中考，成绩实现了历史性突破。在保持综合评比第一的同时，县中考状元第一次出自天卉中学，另有两名学生的语文成绩并列全县第一，一名学生的数学成绩名列全县第二。2012—2014 年，学校的教学成绩一直保持在承德市 179 所初中的前三名，而且学生的负担明显少于其他学校。2015 年，集团所属的石家庄创新国际学校不仅在中考中取得了令全体家长满意的成绩，在年末新初一参加全市统考时，学校以绝对优势名列全市前列。

二是教师的生命状态发生了根本性变化。原来学校的教师队伍不稳定，每年都有骨干教师流失，教改后，教师经常到外地指导高效课堂改革，几乎每天都有外地的教师到校参观，大家感到了一种实实在在的荣誉感和幸福感。现在学校的教师队伍非常稳定，教师的精神面貌发生了巨大变化。

三是学校的生存状态发生了根本性变化。教改使天卉中学名扬全国，目前是全国教师培训基地中唯一一所农村民办学校基地，也是最早在河北省设立的全国教师培训基地。2010 年，学校的“大单元教学模式”被列入“全国九大教学范式”，站在了全国教学改革的前列。2010 年 9 月 15 日，《中国教师报》用 8 个整版的篇幅报道了学校的教改事迹，详细介绍了“大单元教学模式”。2012 年 4 月 7 日，河北省首届创新教育大会在石家庄召开。大会向全省推介了天卉中学升级后的“3D 高效课堂模式”。同年，学校被《中国教师报》授予“最具创新力年度学校”称号，胡志民校长个人被授予“最具创新力年度人物”称号。全国各地来天卉中学学习的教师超过 5 万人，全国各地学习天卉中学教学模式的学校超过 1300 所。胡志民校长每年应邀到外地讲学 30 多场，天卉模式在全国已经形成了广泛影响。

衡水市冀州区第一中学：精细管理，向教育更深处漫溯

河北省衡水市冀州区第一中学始建于 2014 年，是一所涵盖初中、高中的六年一贯制民办完全中学。学校占地面积 60 多万平方米，总投资 36.8 亿元，有在校生 2.6 万人，教职工 1000 多人。

衡水市冀州区第一中学先后被评为“全国优秀科研学校”“全国先进民办学校”“中国青少年素质教育研究实践基地”“全国体育传统项目优秀学校”“全国教育网络系统示范单位”“河北省中小学安全文明校园”“河北省信息技术教育教学行动研究实验学校”“河北省心理健康教育实验学校”“河北省现代技术示范学校”“河北省普通高中

自主学习自主发展教育教学改革实验学校”“河北省创新教育实验学校”“河北省文明单位”，被衡水市委、市政府命名为“文明单位”，被河北省教育工会命名为“模范教工之家”，被河北省公安厅授予“文保系统先进保卫组织”称号，被中教决策中心名校工程建设委员会、中国教研教育科技研究院授予“全国名校”称号。

2014 年，河北省民办教育协会精细化管理现场会在衡水市冀州区第一中学顺利召开，学校针对精细化管理做了多方面的工作。

一、精细培养，形成合作开放的管理团队

学校在管理团队的培养上，坚持“以人为本、精细管理、强化责任、稳步推进”的工作方略。校领导岗位不唯学历、不唯资历，只看能力，能者上、平者让、庸者下，用人之长、避人之短、人尽其才、各尽其能。学校变伯乐相马为公开赛马，为每一个有热情、有能力的人创造脱颖而出、公平竞争的机会。2020 年，学校通过教师自愿报名、公开演讲、集体评议、董事会考察，最终在公开、公平、民主的氛围中，有 8 名年轻教师走上了中层管理的岗位。

二、精细引领，提升教师服务的内涵

学校坚持“一切为了学生健康成长”的办学宗旨，怀平常心，做长久事，以学生成才、教师成长、学校发展，三方共赢为目标，饱满热情，细腻视角，关注细节，做好师生的服务工作。

学校实行董事会领导下的校长负责制，校长领导下的级部版块化责任制。比如学校九年级的 7200 名学生，被分为 140 多个教学班，又整合为 4 个年级部。这 4 个年级部是平等的合作竞争关系，既合作又竞争，要求每个年级部要包思想、包安全、包教学、包活动、包卫生，要勤检查、勤评比、勤公布、勤指导、勤督促，确保学生个人的健康发展，确保班级的整体发展，确保年级的均衡发展。

学校要求教师服务在前、课堂在后。在工作上，学校严格要求、严格考核，从不讲情面，要求学校所有中层领导干部要把每次的检查记录、每天的考核、每月的量化成绩按时公布，接受全体教师的监督，真正做到了公开、公正、透明，促进了学校服务内涵的提升。

三、精细培养，激励教育科研深度开展

学校发展，质量为本；质量大计，教学先行。学校要发展，教学是关键、是核心。学校从未停止过教学研究的脚步，一直秉承“鼓励改革、不怕失败、加强研讨、提高

效率”的原则，走着教学理念提升的“长征路”、教学方法提升的“长征路”、教学效率提升的“长征路”。2017 年 8 月，学校自主创立的“共生高效四七二”课堂教学体系获得了河北省教学成果二等奖。

四、精细助推，实效落实立德树人

在 2018 年 9 月召开的全国教育大会上，习近平总书记多次强调了教育必须坚持立德树人的根本任务，明确了立德树人在教育中的核心地位。学校构建了基于自控力研究的德育教育体系，并将这个体系切分成 10 个方面、55 个着力点，每一个着力点又有不同的目标达成考核标准，使每一位身在其中的师生都能感觉到有目标方向和行动指南。这个教育体系可以凝练成一句话，就是“一二三四五，出彩人生路；六七八九十，凌云志不负”。分层面来讲就是：一条主线贯穿、两个主体育人、三大重点突出、四种意识强化、五种能力提高、六项阅读养心、七个分钟利用、八大习惯养成、九重境界提升、十项全能达标。10 个方面中的每一个方面都有独特的内涵，都是成长的因素，都是全心全意、立德树人的精神体现。

学校通过各种活动，用文化引领方向，用精神激励成长，培养全面发展的人，将立德树人落到实处。

唐山英才国际学校：民主治校，科学育人

唐山英才国际学校始建于 2001 年，占地面积 60 多万平方米，总投资 4 亿元，集幼儿园、小学、初中、高中、国际高中教育于一体，有在校学生 5000 人，教职工 500 人。

魏书生教育思想点亮了英才人的心灯，凝聚成了英才校园的核心文化。从英才办学的历史中来，落实到英才发展的征途中去；从英才师生的价值追求中来，践行于英才师生的行为习惯中去。

一、弘扬国学文化

（一）立君子品，做有德人

1. 环境育人

学校东门前矗立着一块巨石，上面镌刻着“孝悌、谨信、爱众、亲仁”八字校训，名人广场有 10 座君子雕塑，分别是老子、孔子、魏书生、雷锋、扁鹊、司马迁、蔡伦、李大钊、钱学森、袁隆平，训导英才学子立君子品，做有德人。

2. 文化育人

学校每年开学的第一课是董事长、总校长带领全校师生捧读《弟子规》，要求学生每日一诵读，并努力规范自己的行为。学校开设有国学课程，以国学经典为依托，结合学校实际落实立德树人。

3. 活动育人

根据学生不同的年龄特点，布置回家做“孝亲作业”。每年的父亲节和母亲节，学校都会对学生进行感恩教育，写祝福语、系红丝带、举办感恩教育主题班会。每月月末以年级为单位，为当月过生日的同学进行集体庆祝，寒、暑假过生日的同学和开学当月过生日的学生一起庆祝，引领学生爱党、爱国、爱校、爱父母、爱老师、爱自己。

（二）自育自评的德育途径

1. 实施综合素质评价

学校全面构建了自育自评的育人体系，将过程性评价和结果性评价融为一体，全面覆盖国家政策要求的思想品德、学业水平、身心健康、艺术素养、社会实践等五大评价维度，为学生搭建公平、公开、公正、公认、可持续运营的科学的综合素质评价体系。引导学生德、智、体全面发展，改变传统的教书育人模式，适应新中考、新高考改革。

2. 构建校内自主云平台

云平台涵盖四大板块，即直播、专家讲座、校园安全和微视频。直播版块分为餐厅、操场的常态直播和课堂、游泳馆、会议中心的选择性直播；专家讲座涵盖了魏书生等几十名专家的讲座；校园安全主要是安全知识和自救常识的普及；微视频主要是学生自导自演的微视频。

二、践行魏书生思想

（一）民主治校

第一，抓好家庭、社会、学校的结合教育。

第二，开展向魏书生学习的活动。

第三，教师队伍建设实施学科组负责制。

第四，以“外学、内训、自练、自励”的方式加强教师队伍培训。

第五，实施奖励制度。

（二）科学育人

第一，落实立德树人的根本任务。

第二，研发校本课程。

第三，狠抓学生良好习惯的培养。

第四，强化班级自动化管理责任制。

三、细节决定成败

（一）校无小事，事事关天

第一，树立安全第一的意识。

第二，注重学校的餐饮安全。

（二）注重细节的办事原则

第一，学校商店不许销售任何食品和饮料。

第二，坚持餐前诵读。周一诵读爱党、爱国、爱人民的励志警句，周日诵读爱校、爱班、爱老师的励志警句，周四诵读英语经典名句，周二、周三、周五、周六诵读中华经典诗词。

第三，班级管理。落实魏书生老师的“七个一分钟”，即一分钟内务、一分钟日记、一分钟军歌、一分钟军姿、一分钟读经典著作、一分钟注意力、一分钟演讲，同时培养学生“人人有事做、事事有人做、时时有事做、时时有人做”的良好习惯。

第四，教学管理。学校对每次月考均进行大数据分析。

第五，“369 规划”。即以 3 年为基，每年 300 天，3 年 900 天，以此来安排研学、科技夏令营等活动。

第六，严格落实导师制。

四、向解放军学习

第一，学习解放军的深忠诚度。

第二，学习解放军的高执行力。

第三，学习解放军令行禁止的工作作风。

第四，加强学校的军事化管理。

第五，加强学生的体能训练。

2009 年 9 月，学校被人力资源和社会保障部、教育部授予“全国教育系统先进集体”称号。2012 年，学校被全国红军小学建设工程理事会命名为第 118 所“中国工农红军唐山英才红军学校”。建校 19 年来，多位党、政、军领导曾到学校视察指导工作。

新乐市博林中学：高质量的党建引领高质量发展

一、基本情况

新乐市博林中学创建于1995年，是新乐市第一批民办寄宿制初级中学。学校现有36个教学班，在校生2100多人，教职工150人。学校始终遵循“为学生的终身幸福奠基”的办学宗旨，坚持“立德树人、全面为民、提高学习力”的办学理念，赢得了社会各界的广泛赞誉，先后被评为“河北省民办教育明星学校”“河北省民办教育先进单位”“4A级优质学校”“石家庄市教育教学先进单位”“新乐市教育教学先进单位”等。2000年，学校成立了党支部，近年来共培养发展党员15人。2013年7月，新乐市教育局党委委派支部书记进驻学校。同月，董事长任命支部书记兼任校长，从而实现了学校管理党政“一肩挑”。学校还调整了领导班子，提拔年轻党员进入学校领导层，党员骨干教师进入支部担任委员，实现了6名党员交叉任职。近年来，特别是近3年来，学校坚持“四个意识、四个自信、两个维护”总要求，在非公组织民办学校中率先推行“抓党建、促教学”实践探索，充分发挥党组织的战斗堡垒和广大党员干部的模范带头作用，在新理念、新模式、新机制、新措施等方面取得了一定的成绩。

二、党建挂帅，探索学校管理“四新”特色

（一）学校发展，支部引领，确立学校发展新理念——改变

学校发展必须从改变开始。改变什么？改变思想。如何改变？先从党员、干部和教师骨干下手。近年来，有两名党员进入学校领导班子。由于党支部的战斗堡垒作用和学校行政班子中党员的先锋模范带头作用，广大教师对教育思想的认识有了较大改善，基本明确了学校的发展方向，确立了学校的发展理念，坚定了自己完全有能力把学校发展好的思想信念，搞明白了教师工作的核心目标，端正了“立德树人”“德育为师”“以生为本”“一节课连着一生”等10种认识。

（二）学校管理，支部定调，建立管理体制新模式——体系化

体系化就是整体化、系统化、程序化、标准化的有机融合，主要包括思想、思路、指导理论、规划、机制、实施、自身理论、文化。

学校成立了决策、实施两大系统。决策系统由投资方（董事会）、设计方（党支部）、实施方（行政班子）组成。实施系统包括初一年级、初二年级、初三年级、学校办公室等4个子系统，各子系统均有1—3名党员骨干担任年级校长、教研组组长或备

课组组长等。各年级系统又包括年级校长、教师、学生等3个系统。3位年级校长构成一套学校级管理系统；教师系统又分出独立体、教研组两个系统；学校办公室系统分服务系统、督导系统。各系统结合本系统实际还可继续分解下去。

通过近年来的实践和探索，学校发现在整个体系中党员、干部、骨干教师可以自觉起到牵头、管理、定调、决策的作用。学校充分发挥了党员的模范带头作用，实现了“支部建在连上”的党建管理体制——体系化。

（三）岗明责清，支部保障，岗位职责管理新机制——目标、竞争、激励

《学校工作意见》中的10项指标，从董事长、校长到年级校长，再到班主任和科任教师，都实行了岗位职责目标管理责任制。目标层层明确，内容层层清楚，标准层层明晰，目标鲜明，分层落实，落实过程中不乏创造创新性工作。针对岗位职责目标，学校在每月、期中、期末都会进行过程性评估并进行目标奖惩，做到了目标清楚、反馈及时、奖惩分明。党支部担负着教育、监督、纠偏等保障工作，充分调动教师的工作激情和大胆创造创新的意识。

（四）抓党建，促教学，提高课堂教学质量新措施——精准化

学校的中心工作是教学，教学的重点是课堂，课堂教学的核心环节是弥补薄弱。每天对关键薄弱环节进行1%的精准化改变是提升教学质量的关键，所以党建的核心工作就是聚焦每天教学工作中1%的精准化改变。

实行党员骨干任备课组组长的责任制、引领制、导师制。强化精细化管理，理清管理脉络。宏观上做到一次周期、一次总结、一次提高；中观上强调每个周期目标的确定、运行的调控、反馈的及时、提高的总结等程序的效能；微观上力求目标的精准，实行过程分类科学、推进有策，检查环节模拟录取、找出薄弱，总结环节责任到人、措施有效，并强化奖惩、表彰、培训及家校联动，做到“诊断正确、训练准狠、纠错到位”，从而实现课堂教学模式化，模式程序化，程序环节化，环节关键化，关键精准化。

三、主要成果

学校经过几年努力，在生源质量不算好的条件下实现了完美逆袭。学校的社会声誉大幅度提升，“要成人，来博林；要成才，博林来”的社会呼声越来越高。

由于学校党支部几年如一日“抓党建、促教学”的积极探索，学校连年被中共新乐市委授予“先进基层党组织”称号。2016年，学校有幸代表中共河北省委组织部接受了中组部、教育部领导的考察，学校的党建工作得到了肯定和表扬。2019年，学校被中共石家庄市委授予“石家庄市先进基层党组织示范点”称号。

保定易县蓝天中学：“智慧课堂”初探

一、基本情况

河北易县地处红色教育基地狼牙山脚下，这里教育特色明显。2014 年蓝天中学成立，因办学条件差，当年只招了 200 多名学生。在这种情况下，若是依靠传统的教学模式是难以实现“立德树人、追求卓越”的办学目标的，所以必须寻求先进的教育模式，依靠科技手段，实现弯道超车或换道超车。蓝天教育董事长赵恒龙怀揣教育梦想，经过多方考察，先后与中国统一教育网、优学派、科大讯飞、希沃等教育科技公司达成合作协议。

目前，学校已实现现代化平板教学的普及，初步达到了教学设备齐全，培养了一批信息化教学骨干教师，有着当地一流的办学条件和教学质量，并连续多年荣获易县县委、县政府的表彰。

二、主要做法

学校的“智慧课堂”可概括为“一个核心、两种模式、六个到位”。

（一）一个核心

一个核心即以信息化教学为核心。2016 年，学校开始把信息化教学改革作为学校的核心工作，以提升课堂效果为抓手，以快速提升教育教学质量为目标，逐步实现了传统教学与信息化教学的有机融合。

（二）两种模式

1.“学校＋教研院”的运营模式

由信息化资源公司教研院负责搭台，提供技术平台、资源、技术培训等，学校作为实验校进行信息化教学实验。学校在实验过程中依据校情、学情对平台性能、资源特点提出合理化建议，并及时反馈给教研院。教研院根据反馈意见对平台、资源进行升级、更新，使之日趋完善。“学校＋教研院”的运营模式使双方互利共赢。

2.“基地＋数据”的教研模式

学校为使信息化教学顺利实施，成立了一个具有专业素质的跨学段蓝天教研院，并组织教育科技公司提供互联网平台、全学科教育资源和初期技术培训。学校在使用过程中依据校情、学情对科技公司提供的平台性能、资源特点提出合理化建议，并进行及时反馈。教育科技公司根据反馈意见对教学资源进行升级、迭代，使之日趋完善。

“学校＋教研院”的教研模式使教育科技公司和学校在产品使用和完善方面拉近了距离。

蓝天教研院由“好未来”的教学总监、“海外归侨”的英语教授、“科大讯飞”的教科院中学部部长，以及易县当地中学的特级和高级教师等53人组成。教研院定期开展信息化教学方面的研讨会，实现了“理念、科技、互联网＋教育”的多方融合，为科技公司提供了具有河北特点的教学资源。

3. 充分发挥数据教研功能

依托大数据分析进行校本教研。每个学科、每个教师，一周或一月中利用系统备课的次数，调用的资源数据，课前、课中、课后和布置作业用过的练习题数量，小测的次数，小测用题的难度，小测的成绩等都会在系统后台一览无余。这大大增强了教研活动的时效性和针对性，从根本上解决了教者不研、研者不教、教学与教研的脱节弊端，把教研落到了实处。同时与河北省联盟校开展线上教研活动，构建教研共同体，体现了合作性与交互性，丰富了教学资源，拓展了空间和时间，实现了资源共享，保障了新理念、新技术、新课堂、新质量的高速运转。

（三）六个到位

1. 思想认识到位

从2017年起，学校开始与全国多家知名的信息技术教育公司接触，探讨线上教育与线下教育结合的课堂教学模式。学校主要领导多次利用节假日到教育科技公司考察、调研，开阔了视野，统一了思想，达成了“创建智慧校园、兴校、强校、创名校”的共识。2018年春，学校安排部分教师和学生共同体验。体验过程中与相关公司进行了及时沟通，对产品的技术支撑和资源提出了完善和改进意见。2018年9月，学校的每年级抽出两个班进行信息化教学改革实验。2018年寒假全县调研考试时，实验班的优生比例和平均成绩突出，实验获得成功。实验班教师尝到了甜头，其他教师看到了奔头，教师的思想也统一了。

2. 产品到位

学校找到了一批在全国有实力的教育科技公司，并与这些公司合作创建了信息化教学平台，开始了信息教学应用的新征程。

3. 宣传到位

学生宣传和家长宣传到位，实用效果明显。截至2020年，学校的学生全部开展了平板教学，实现了“智慧课堂”的全面应用。

4. 培训到位

首先是教师培训，学校聘请了教育科技公司的专家，利用节假日对全体教师进行资源平台功能培训、软硬件使用技术培训。然后是学生培训，主要是学校的教师对学生进行使用技术的培训。培训使全体师生具备了基本的科技素养，为教学的顺利开展奠定了基础。

5. 教研到位

学校不断强化教研，坚持教研兴校，实现了从传统教研到信息化教研的转变。学校与多所兄弟学校进行了联盟教研，共同探讨信息化技术、资源使用、教学方法、教学流程等问题。彼此取长补短，双方的教研水平不断提高。

2020 年寒假，疫情突发。学校在 1 月 24 日率先喊出了“停课不停学”的口号，之后充分利用资源、技术等优势携手各大信息化知名品牌公司搭建了全方位的免费在线网络授课平台。平台为河北省的 90 余所学校提供了服务，辐射学生 15 万余人，使这些学校无论是教学进度还是教学效果基本没受到疫情的影响。

6. 督查到位

学校校长、教务主任、年级组长、学科组长经常深入课堂，及时发现并解决课改过程中存在的问题。为达到预期的教育教学效果，学校出台并实施了一系列的信息化教学奖惩办法，从使用率到使用效果不断深入督导。师生形成了信息化教学的习惯，信息化教学实现常态化。

三、主要体会

学校从最初的 200 多人发展到现在的 2000 多人，得益于各级领导和社会各界的支持，得益于全体师生的辛勤劳动，更得益于信息化教学改革。

信息化教学减负、高效，为学生的全面发展、终身发展奠定了坚实基础。它解决了教育“白＋黑”“5＋2”“水大泡塌墙”的长期困惑，学生有更多的时间参与社团活动，发展特长。近年来，蓝天教育的音、体、美成绩突出，中考中体育、实验、信息技术均取得了令人欣喜的成绩。

由于学校信息化教学的成功应用，近两年来，学校与河北省内的 400 余所民办学校建立了联盟教研关系，接待来校参观交流的人员超 1000 人次。

民办小学部分

唐县六一小学："快乐课堂"教学模式构建研究

课堂是教学的主阵地，是师生共同成长的地方，为了进一步优化课堂教学模式，提高课堂教学效益，唐县六一小学在2013年开始了对"快乐课堂"教学模式的构建研究，重点是课堂教学方式的改革。到2017年，"快乐课堂"教学模式基本成熟。从2017年开始，学校从改革初期的语文、数学、英语学科推广到所有学科，效果非常好。通过课堂教学模式的改革，实现了学生在快乐中学习、在学习中体验快乐，以及成为课堂学习主人的目标。课堂改革提升了教学质量，在毕业调研质量检测中学校一直名列前茅。

一、实施背景

（一）新理念

快乐教育的创始人斯宾塞说："教育的目的是让孩子成为一个快乐的人，教育的手段和方法也应该是快乐的。"教育部印发的《基础教育课程改革纲要（试行）》中强调，基础教育要满足每个学生终身发展的需要，培养学生终身学习的愿望和能力。并始终强调"课堂是属于学生的"这一教育教学理念，倡导把课堂还给学生。

（二）新要求

在应试教育风行的今天，许多学校为了追求升学率，只要与考试内容无关的课程就不再开设，即使教育部规定的课程也搁置起来，于是音乐、体育、美术等课程就成了可有可无的摆设。为了改变这一现状，学校所属诺亚教育集团的董事长王建刚强调："必须克服应试教育的弊端，把幸福还给童年，让课堂快乐起来，这是一个教育者的良知与应尽的义务。"

二、主要目标

（一）问题导向

通过研究，学校找到了当前课堂教学存在的问题，了解了教师及学生的需求，为课题的开展提供依据。

（二）不断探索

学校在不断实践中探索总结出了“快乐课堂”教学模式，并形成课堂特色。

（三）形成体系

学校制定并完善了“快乐课堂”评价标准和学生评价标准，形成了评价体系，为教师的教和学生的学指引方向。

（四）成为特色

学校不断优化课程设置，发展特色教育。

三、工作过程

（一）初始阶段

组织教师学习教育理论、外出参观考察，并开展问卷调查活动。学生问卷涉及师生关系、学习方式方法、学习态度、课堂表现、课堂评价等多个方面；教师调查问卷涉及教育理念、教学评价、教学感受、备课、授课、辅导等多个方面。

学校基于调查问卷分析报告，逐项分析数据，并及时进行总结，更加坚定了教学改革的信心，明确了改革的目标。通过科学的引导和方法，让学生轻松愉悦地学习知识，体验成功的快乐，为终身发展奠基成为课堂改革研究的最终目标。

（二）实施阶段，中期成果的形成

1. 改革教案编制形式，推行集体备课

学校推行集体备课，严格备课程序。先是主备教师精备与辅备教师初备同时进行，然后备课组集体研讨定案，最后备课组成员二次备课。

2. 探索小组合作模式

学校以三年级为课改试点年级，探索了小组合作的有效模式。先是按照成绩划分 8 人组，然后组内划分为两个 4 人小组，最后再按成绩细化为 2 人师友组。

3. 制定课堂教学评价标准

学校制定了《唐县六一小学课堂教学评价标准》试行稿，此标准从教师活动、学生活动、教学效果、总体评价等 4 个方面进行评价，为课堂教学提供了指导性的参照。

4. 构建“四环节七步骤”课堂教学模式

通过探索实践，课题组在“四环节”（明确任务、自主学习、展示交流、精讲检测）基础上细化教学步骤，构建出“快乐课堂”教学基本模式，即“四环节七步骤”教学模式。

七步骤中占时最多的是“合作探究”及“展示交流”两个步骤。教学过程中，要根据学情及教学内容灵活运用，各步骤可以并行或交叉。把课堂还给学生，首先是把时间还给学生，让学生亲历知识探究的过程，并且展示学习成果，享受学习的快乐，这样就真正做到了“以学生为主体”。

5. 进一步完善制度，为课改保驾护航

学校教务处规范了《集体备课制度》《常规教学制度》《教学反思制度》《教学奖励工资评定标准》《唐县六一小学教师量化考核方案》等各项规章制度，制定了《学生评教记录表》，各项制度更加精细，更有指导性和可操作性。

6. 加强教学反思，推动课改进程

教学反思是教师成长的主要途径。2016 年 9 月，学校制定了《唐县六一小学“快乐课堂”教师教学九问》，促使教师课前、课后从教学设计、教学理念、教学环节等 9 个方面进行反思，不断更新教育理念，进行角色转变，提升教育教学水平。

（三）总结阶段

1. 进一步优化课堂

学校在每年暑假开学前的培训课上都要对“快乐课堂”教学进行总结，主要目的是对课堂进行再优化。

2. 开放办学，家长参与，社会评价

学校积极开展“开放日”活动，邀请家长观摩教师课堂，并在课后组织家长填写课堂评价表，之后召开家长座谈会，与家长进行交流。

3. 完善学生多元评价标准，形成教师评价及学生评价体系

经过长期观察，学校根据实际情况重新修订了《唐县六一小学学生多元评价标准》，改变了朗读评价方式。确定每节课的前 5 分钟为学生朗读或讲故事的时间，任课教师要严格按照《唐县六一小学学生多元评价标准》中“朗读”项评价标准当堂打分并点评，每个学生的学期朗读平均成绩计入语文学科期末总成绩。评价方法的进一步完善，激发了学生学习的积极性，从根本上起到了评价促进教学的作用。

4. 开展特色教育，提高学生综合素质

“快乐课堂”教学模式还有一个重要的指标，那就是课程的丰富性与多样化。为此，学校严格执行上级课程设置方案，开足、开齐国家、地方、校本三级课程。音乐、体育、美术、英语、信息技术均有专任教师上课，特长生从小就能得到专业教师的指导。学校还开设了书法、舞蹈、器乐等课程，与清华大学万森博士团队联合研发的“启明星教育机器人”课程已作为校本课程推广，现已由简单组装升级到自主编程。学校还组建了篮球队、剑术队、鼓乐队、乒乓球队、课本剧社、朗诵社、小作家班等课外活动小组及社团，使艺体特色教育全面开花，并结出了丰硕的果实。近年来，在省、市、县组织的各类竞赛中，学生们连连获奖，充分展现了唐县六一小学课堂改革的成果。

四、实际效果

（一）学生感受到了学习的快乐

学生的学习积极性明显提高，合作意识、竞争能力普遍增强，形成了同学间互帮互学的良好学风。通过自主合作探究学习，学生感受到了学习的快乐；通过课堂大胆展示，学生提升了自信心。教育教学质量稳步提升。

（二）成功的教育必然是快乐的教育，好的方法必然有好的结果

“快乐课堂”教学模式研究带动了教师教育科研的兴趣和积极性，教师的精神面貌焕然一新。教师更新了教育观念，改进了教学方法，提升了教学能力与水平。“快乐课堂”教学模式研究进一步践行了唐县六一小学倡导的“快乐校园、快乐学习、快乐生活、快乐成长”的办学理念。教师从过度关注学习成绩转变为关注学生的学习过程，认识到教育过程比结果更为重要，这一转变是现代育人观念的重大突破。

（三）“快乐课堂”强调学习应该是个享受的过程

通过快乐学习，掌握知识，增长本领，丰富情感，培养健康的生活情趣和价值取向。“快乐课堂”体现了对人的尊重、对学生的尊重，是对教育本真的尊重和回归，是对当前基础教育现状的一种深刻反思和探索实践。事实证明，通过课题研究实践，极大地改善了唐县六一小学的课堂教学和师生面貌，提升了社会声誉和社会影响力，学校呈现出强劲的发展势头。

《中国教育报》资深记者、教育专家陶继新专程到学校进行采访，对学校的建设和发展给予了高度评价。采访期间，他深入课堂听了三年级的一节语文课。课上，师生积极互动，生动活泼的教学过程体现了“快乐课堂”的基本要求，受到了陶继新的热情肯定。《中国教育报》曾以整版篇幅对唐县六一小学进行了全面报道，其中有一节内容还专门介绍了“快乐课堂”教学改革。

五、问题与思考

“快乐课堂”教学模式改变了教师的教育观念，提升了理论水平和实践能力，促进了教师角色的转变，提升了学生的学习能力和学习积极性，但同时也带来诸多思考。比如如何更有效地实施和不断完善“快乐课堂”教学模式；如何完善师生多元评价方法，使其更有效地促进教学；如何在小组合作、师友互助中更有效地挖掘学生潜力；如何在其他学科全面推广“快乐课堂”教学模式等。

学校今后将在不断实践中继续探索，在探索中不断反思，在反思中不断提升，力争使“快乐课堂”教学模式的改革研究向纵深方向进一步发展。

邢台市追光小学：党建领航践初心，筑梦追光新时代

弦歌不辍二十七载，初心烛照使命在肩。创办于 1993 年的邢台市追光小学，始终秉承董事长梁宏志提出的“一切为了孩子、一切为了员工、一切为了社会”的根本宗旨，确立了“围绕教育抓党建、抓好党建促教育”的工作思路，坚持班子引领、党员带动、教育向党，构筑“党建＋教育”“党建＋科技”“党建＋扶贫”的智慧“党建＋”发展模式，促进党建工作与教育教学深度融合，向着“政治基础强、办学初心好，堡垒作用强、改革创新好，队伍建设强、教书育人好，制度保障强、党纪校风好，党建引领强、发展蓝图好”的目标阔步前行。

一、“党建＋”课堂

学校坚定学习贯彻习近平新时代中国特色社会主义思想，扎实落实习近平总书记关于教育改革“九个坚持”“九个要求”的指示精神。在校长胡海霞的带领下，大刀阔斧地开展课堂改革，践行生命教育，注重培养学生的综合素养与健全人格，为莘莘学子的人生蓝图涂写幸福底色。

学校的生命课堂遵循“四步六环节”基本原则，即导、究、展、练。“导”，情景导入，质疑示标；“究”，探究新知，研究方法，合作交流，突破重难点；“展”，展示成果，质疑互动，教师点拨，规律提升；“练”，分层练习，达标训练，巩固新知，效果反馈。“四步六环节”为对应课标的授课蓝本，教师可根据实际需要调整课堂内容，灵活掌握，一切为课堂服务，一切为学生服务。

学校将校长胡海霞提出的“将教学做成教育、将教育做成自我教育”的办学理念贯彻教育教学始终。在生命课堂中，学会书本上的知识只是底线，还要学会自主探究、团队协作、敢于质疑、善于表达、勇于担当，能够进行良好的自我教育和自我管理才是最终目标。生命课堂辐射了学习和生活的方方面面，形成了“追光生命教育”大课题，旨在使学生得到全方位的提高。学生于自我教育和自我管理中萌发渴求知识、积极进取的生命状态，迸发出思维绽放、生命拔节的希望之声。

生命课堂改革紧扣国家教育方针政策的要求，符合学生未来发展的需求，既有理论上的检验，又有实践中的成功，受到中央、省、市、区领导的高度肯定，更得到了全国各地教育同人的认可，仅 2016 年一年，学校就迎来了全国 23 个省、500 多个学校的观摩学习，开创了教学教研工作的蓬勃气象。

二、“党建＋队伍”，凝心铸师魂，立德树新人

习近平总书记在全国教育大会上指出，“教师是人类灵魂的工程师，是人类文明的传承者，承载着传播知识、传播思想、传播真理、塑造灵魂、塑造生命、塑造新人的时代重任”，“坚持把教师队伍建设作为基础工作”，这些重要论述为新时代加强教师队伍建设指明了方向，学校将其作为做好新时代立德树人工作的重要依据。

学校坚持党建引领，以“选、育、管、用”4个环节为抓手，建立“把骨干教师培养成党员、把党员教师培养成教学管理骨干、把党员教学管理骨干培养成校领导”的机制，培养了一批党务工作者、学科带头人、骨干教师及各级管理干部，不断加强教师队伍的战斗力和凝聚力。

学校充分发挥党员教师的先锋模范作用，组织送教下乡、连片教研、教学标兵示范课、教师素养大赛等活动，聚焦教育教学，把抓好师德师风建设作为党建工作的重要内容，促进党员教师“排头兵”“领头雁”的先锋效能最大化。在党员教师的引领下，全校教职工积极作为，爱校如家，爱生如子，受到了家长及社会的一致好评。

三、“党建＋文化”，匠心筑梦载誉前行，红色文化进“校本”

在学校党支部的带领下，邢台市追光小学坚持传承红色基因，把党的精神扎根到学校教育教学的方方面面，让办学初心永葆生机活力，助力学校不断腾飞。

学校连续多年举办“红诗红歌节”，歌颂党、歌颂祖国，形成了以爱党爱国为主题的红色校园文化，得到了省、市、区各级领导的高度认可，学校党支部被评为“邢台市社会组织党建工作示范单位”。

学校还相继开设了系列特色课堂，让课堂与党建相结合，让爱国与学习共提升。特色美术课堂上，将绘画与党建结合，让学生画出心目中最可爱的人；特色音乐课堂上，学生们歌声朗朗唱红歌，唱出对党的热爱，对祖国的深情。

学校的校本课程开发涵盖了思想、艺术、知识、体育等四大类，共计30多门，真正实现了“我的课程我做主”，连续多年被教育部门评为“校本课程开发与实施先进学校”。“爵士宝贝”获河北省校本课程一等奖，“快乐竖笛”获河北省精品课程一等奖。2016年，学校的优质课程走出国门，到国外进行交流分享，并获得了广泛好评。

学校以“强学习、提质量、促发展、树品牌”创先争优活动为载体，以“不忘初心、牢记使命”主题教育为契机，不断增强学校党组织在教育教学过程中的凝聚力和战斗力，将红色文化融合特色教育，以党建为引领，推动学校发展再现新跨越。

四、“党建＋科技”，推动科技创新，云课堂受人瞩目

学校党支部坚持“党建＋科技”的创新理念，以党的先进思想为引领，与时俱进，创新教育教学，建设党建智慧云课堂。

为做好疫情期间的教职工政治理论学习，学校利用网络课程教学模式，开启党建智慧云课堂，获得了教职工的纷纷点赞。

党建智慧云课堂为教职工系统梳理了当月需要学习的政治理论内容。课程发布后，教职工先后加入了学习和讨论。很多教职工表示这样的学习发挥了远程教育的优势，使政治理论学习真正实现了云上学、移动学、随时学，并且使政治理论学习更方便、更快捷。

云课堂结合党支部工作特点，进一步深化智慧党建工作，在抓好制度化、规范化建设的基础上，从数据化、精细化方面发力，狠抓学习效果和学习质量，不断提升党建工作水平。

此外，云课堂也为学生学习提供了便利。通过“互联网＋教育”的方式，学校引进了北京名校的优质资源，打造追光云课堂，让追光学子不出家门就可以享受到北京名师的授课。学校还建立了5D电影院，使学生不出校园就能感受到最尖端科技的魅力。

学校党支部通过云课堂、5D影院开展学习教育活动，党员及入党积极分子在线考试，成为学校“党建＋科技”的一个突破点和亮点。

五、“党建＋扶贫”，党建引领前行，公益点亮希望

（一）教育扶贫，率先垂范

扶贫必扶智，让贫困地区的孩子们接受良好教育，是精准扶贫的重要任务，也是阻断贫困代际传递的重要途径。学校党支部积极贯彻落实我党全面建成小康社会的指示要求，主动承担社会责任，在教育扶贫、产品扶贫、社会关爱等公益领域表现突出。

自建校之初，董事长梁宏志便一直在支持老区建设，不仅学校荣获了“支持老区建设先进单位”称号，在2017年5月26日召开的河北省老区建设促进会上，梁宏志董事长还作为河北省教育体系的唯一代表，被河北省人民政府授予“支援老区建设先进单位个人”称号。

追光教育集团通过奖学金、爱心助学等形式为邢台学子，特别是革命老区学子提供了全国一流的优质教育资源。学校还邀请全国特级教师开展公益性教师培训活动，提高老区师资水平，提升了老区的教育质量。据不完全统计，自办学以来，学校为革

命老区困难学子减免学费、发放奖学金已逾千万元，公益性培训教师 2.5 万余人次，有效解决了革命老区“好上学、上好学”的难题，为革命老区的建设与发展做出了不可磨灭的贡献。

2017 年，追光智慧党群服务中心以追光云课堂为载体，引进了北京师范大学的课程资源及师资力量，免费输送给国家级贫困县张家口康保县、邢台沙河市蝉房学区、承德兴隆县开发区、雄安新区等地的 700 多名学生；2018 年，追光云课堂公益课程免费输送给贵州省安龙县 15 所学校的学生，听课人次达 3 万多，引起了强烈的社会反响；2020 年 2 月，在新冠肺炎疫情发生后，学校党支部积极响应号召，联合民进河北省社会服务部、民进邢台市委免费向全国各地 1—6 年级的小学生提供语文、数学、英语三科“追光云课堂在线课程”，服务学生 10 万人；2020 年 4 月，追光云课堂携手民进中央、民进河北省社会服务部、民进邢台市委开展教师培训精准教育扶贫活动，共培训贵州安龙县、金沙县，以及新疆柯坪县的教师近 3000 人次。2020 年 6 月 8 日，追光教育集团董事长梁宏志应邀参加民进中央社会服务工作调研座谈会，汇报了学校在教育扶贫方面的一些做法和经验，受到相关领导的高度认可。

发展教育事业，帮扶贫困地区，教育者责任重大、使命光荣。学校将努力做教育改革的奋进者、教育扶贫的先行者、学生成长的引导者，积极帮扶贫困地区教育事业的发展，为祖国下一代的健康成长贡献追光力量。

（二）产品扶贫，主动作为

习近平总书记强调，抓好党建促脱贫攻坚，是贫困地区脱贫致富的重要经验，越是进行脱贫攻坚，越是要加强和完善党的领导。脱贫进入攻营拔寨阶段，想要打赢脱贫攻坚战，就必须切实加强党的建设，发挥党的政治优势、组织优势和密切联系群众的优势，聚焦提升基层党组织组织力，切实把党建优势转化为扶贫优势，组织活力转化为攻坚动力，汇聚起万众一心抓脱贫的强大动能。

学校党支部切实开展扶贫工作，高度重视帮扶工作，多措并举开展产品扶贫，为贫困地区和贫困群众带去了实实在在的实惠和福利，彰显了学校的社会责任和使命担当。比如追光教育集团采购国家级贫困县、革命老区张家口康保县照阳河镇龙须草笤帚 5000 多把，由此拉开了追光教育集团对张家口康保县产业扶贫对接的序幕。

（三）社会公益，传递大爱

追光人立足办好优质教育、为社会提供优质人才的同时，还热心社会公益活动，竭尽所能，奉献爱心，回报社会。

汶川地震、西南干旱、保定洪涝灾害、四川雅安地震等灾害发生后，追光人第一时间带头捐款，并号召全校师生捐款捐物，帮助灾区人民渡过难关，先后为任县吴家庄小学、赞皇军营小学捐赠桌椅、校服等物品。2016 年邢台发生特大洪灾后，学校第一时间筹集了价值数万元的米、面、油、饮用水等物资送往南和、任县、开发区、邢台县等重灾区，赢得了广泛的社会赞誉。学校在奉献爱心的同时，也在潜移默化中对追光学子进行了爱国主义教育。

此外，学校党支部还多次开展关爱留守儿童志愿服务活动。2018 年 8 月，在党支部书记郝沙沙的带领下，由党员教师和入党积极分子组成的关爱行动组，深入部分留守儿童家中，与孩子及家长交流日常的生活和学习情况，并为孩子送去书籍，提供力所能及的支持，帮助他们在健康和谐的环境中茁壮成长。

作为公益事业的先行军，邢台市追光小学积极响应党的号召，履行社会责任，参与公益活动，传递社会大爱。未来，追光人将在社会公益事业中继续发光发热，始终传递社会正能量，不断实现党建与教育、公益的有机融合。

民办幼儿园部分

邯郸七色光开阳创鑫幼儿园：内化素养、外塑品质的精粹管理

2019 年 6 月，结合七色光开阳教育的理念和幼儿园的实际情况，创鑫幼儿园开始实施精粹管理。仅半年的时间，精粹管理已经在创鑫幼儿园生根发芽，初见成效。幼儿园里，教师优雅、快乐、富有创意地工作，幼儿自主、快乐地生活学习。创鑫幼儿园越发地体会到精粹管理最终体现的是一种习惯，内化的是一种素养，形成的是一种文化。

在刚开始实施精粹管理的时候，幼儿园将教师分成两个组，一组负责户外及后勤管理，一组负责教育教学和室内管理，这样就使得教师可以更有目标、有规划、有针对性地逐步落实精粹管理的要求。对于精粹管理中的每一个环节、每一处细节，两组教师都会选一个班作为实验点，进行改革、操作、摸索，总结经验后再在全园推行。一步步走过来，创鑫幼儿园的精粹管理取得了可喜的成果。

一、后勤管理

（一）厨房安全管理

食品安全一直以来都是幼儿园工作的重中之重。幼儿园厨房里的冰箱、消毒柜、

留样柜的柜内温度无法用身体感知或肉眼看到，一旦出现问题，将会带来很大的麻烦。实施精粹管理后，创鑫幼儿园给冰箱、消毒柜、留样柜都安装上了探头温度计，通过随时观察显示屏上的温度，可以判断是否存在食品安全隐患。幼儿园还将各项工作的流程图置于相应的位置，并且厨房的主、副食库均采用目视管理，进一步保障了食材安全和操作规范。

（二）门卫管理

实施精粹管理后，创鑫幼儿园门卫室的所有物品均要求离地 15 厘米有序摆放，并要求防身物品随手可取、来访入门流程制度上墙，门卫更加明确了自己的职责。

（三）仓库管理

实施精粹管理后，创鑫幼儿园的仓库一改之前按时、按点找仓库管理员领取物品的工作方式，变为开放式仓库。仓库的所有物品标明名称、数量，教师自给自取。不但节约了时间，还节省了人力成本，同时仓库管理员的工作也更加高效、有序。

二、教师管理

（一）理念先行

精粹管理的精髓是“人人有事干、事事有人管”，这种理念在无形中调动了教师的工作积极性，使教师的工作效率大大提高。

（二）“精粹日”设置

“精粹日”是创鑫幼儿园按楼层将教师分成 3 组，进行互相检查学习和经验分享的日子，每周一次。精粹检查组的成员由幼儿园的领导和各楼层的负责教师轮流组成，大家一起发现问题、提出办法、共同改进，每个人都在各自擅长的领域里发挥着不可或缺的作用。

（三）呕吐物管理

幼儿呕吐是幼儿园在换季时经常出现的一种状况，幼儿呕吐物里携带有细菌和病毒，在处理时稍不注意就可能导致传染。而一般意义上的消毒并没有考虑过消毒物品本身也会出现传染，比如拿起一个拖布擦拭呕吐物，看似已经消过毒了，可细菌会停留在这个拖布上，之后造成细菌传染。实施精粹管理后，创鑫幼儿园专门准备了一个呕吐物置物袋，里面的物品只能用于处理呕吐物。袋子里装有一次性口罩、一次性手套、报纸、消毒粉、消毒巾、小扫把、小簸箕等，每个袋子上面还印有一套呕吐物的处理流程图，使每位教师都能熟练地掌握消毒的流程和方法，在彻底消毒的同时也能更好地保护自己和幼儿。

三、幼儿管理

（一）活动区域管理

实施精粹管理后，创鑫幼儿园实现了分年级组教研，根据各个年龄阶段幼儿的特点，制定出相对应的活动区域。

（二）区角规则管理

实施精粹管理后，以自主、自由、尊重幼儿为前提，教师会让幼儿一起参与区角规则的制定，这样比教师要求更见成效。幼儿到区角规则牌前会先观察区角的人数，当发现没有地方挂自己名牌的时候，他就知道这个区角的人数已满，之后便会重新选择其他区角。因为规则是幼儿自己设定的，所以不会出现哭闹的现象。当区域玩耍时间结束后，幼儿园会播放轻音乐，幼儿听到音乐后就会主动结束活动，把物品放回原位。

以前区角的物品都是由教师整理，工作量很大。实施精粹管理后，区角的每一个物品都会有专属的标记，幼儿基本上都能做到物归原位。这些标记是教师带领幼儿一起探讨物品的形状特点后，幼儿自己设计绘画或与教师一起挑选出来的。这样既锻炼了幼儿的想象和创造力，幼儿也能看得懂，还能减轻教师的工作量，更重要的是利于幼儿养成良好的行为习惯。

（三）晨谈活动管理

之前，创鑫幼儿园早餐后的第一个活动是讲故事或者是和幼儿一起做游戏，一般都是教师在做，幼儿在听。实施精粹管理后，幼儿园更加注重幼儿的感受和能力的提升，设置了天气播报员活动，让幼儿更加自信，且能够感受到平等和尊重。

在实施精粹管理一段时间以来，教师与幼儿共同成长，收获颇丰。未来，创鑫幼儿园会不断总结、不断改进，在精粹管理的道路上永不止步。

黄骅市春蕾幼儿园："五大工程"助力幼儿园团队文化建设

幼儿园的教师团队建设水平决定了园所的发展方向和文化品质，而幼儿园团队的文化品质又是幼儿园品牌的标志和发展的动力。无论是日常保教、课程建设还是教学科研工作，都不可能仅仅依靠教师个人的力量来完成，而是要依靠教师团队协作才能有效地达成预期目标。怎样建构一支优秀的团队，使之具有自己的团队文化，这是幼儿园园长应该思考的一个问题，也是现代管理发展的需要。在打造团队文化的过程中，春蕾幼儿园重点实施了五大工程。

一、筑梦工程，增强员工使命感

个人的发展是赋予员工使命感的重要因素。每个人都有职业梦想，都在设计自己的未来，都会考虑自身的成长，所以员工往往很关注自己在团队中的位置与价值，以及自己未来的提升和发展。

春蕾教育集团是一个集 9 所幼儿园、1 家教育咨询公司、3 所联办幼师学校于一体的教育综合体。集团充分利用自身优势，在泊头职业技术学院、中捷职业技术学校等院校开设了“春蕾班”，提前对学生进行春蕾文化介入和春蕾专业导入。春蕾幼儿园派出的专业导师在学生在校学习期间就引导学生打好职业素养根基，做好职业生涯规划。在新教师入职初期，集团还会出资为他们提供中长期外派学习的机会。集团非常注重为员工量身定做职业发展规划，通过教学比武、公开观摩、课题研究、专家讲座、参观学习、发表论文等各种方式，引领教师向学科带头人和名师方向发展。只要肯学、肯干、肯用心，经过一段时间的职业磨炼，大部分教师都能找到自己的目标定位，实现自己的职业理想。在春蕾幼儿园，没有论资排辈，没有先来后到，只要你是金子在这里就会发光，只要你足够优秀，这里就有属于你的舞台。目前，集团有超过 10 位教龄不足 10 年的教师成长为了园长、副园长。集团为员工提供了施展才华的舞台，让他们既有幸福感又有使命感，从而为集团的发展倾情投入，贡献自己的全部力量。

二、暖心工程，培养员工的归属感

高工资足以使员工不离职，却不足以使员工充满使命感与工作积极性，更不会产生归属感。除了物质条件以外，幼儿园还需要给员工发放“精神薪资”。所以，在幼儿园这个大家庭里，园长不仅要做大家工作中的好领导，更应该想每一位员工所想、知他们所需、解他们所难。

集团的很多分园都设有员工宿舍，但为了教师的安全和舒适，幼儿园宁可让宿舍闲置，也要在附近居民区为教师租赁设施齐全的楼房居住，让教师在饮食起居中感受到家的方便与惬意，感受到来自幼儿园领导的体贴与关爱。

三、奉献工程，提高员工的责任感

奉献是教师的天职，无论是在公立学校还是在民办学校工作，只要你选择了教师这一职业，那么就意味着你的人生要充满着奉献与牺牲。作为幼儿园教师，加班加点是常态，回到家里还要随时和家长沟通，很多工作无法进行量化，所以锱铢必较不应成为教师的行事风格。为了提升职工奉献的主动性和责任感，春蕾幼儿园一是组织教师学习园内师德楷模的先进事迹，不断通过思想灌输和精神引领提升教师的师德水平；二是推出身边无私奉献的典型人物，通过开展“身边榜样、前行力量”主题教育活动，引导教师自我教育，提高教师自觉履行责任和义务的意识，营造“学习有榜样、追赶有思路、向前有力量”的良好氛围；三是推出“奉献簿”，让教职工将自己加班加点的时间和内容如实记录在“奉献簿”上，作为年终考核和奖励时的一项依据。

四、培树工程，提升员工的职业幸福感

幸福是人生的主题，只有感到幸福的人，他的人生才是快乐和阳光的，而教师的专业发展和育人成果便是教师职业幸福的源泉。

（一）专家引领，促进教师全面成长

春蕾幼儿园拥有一支由数名国内外著名幼教专家组成的教育咨询团队，大批幼教专家定期来园做业务指导，手把手教，面对面学，有效促进了教师的全面发展和稳步提高，使教师的职业幸福感油然而生。

（二）园本研训，促进教师专业发展

春蕾幼儿园每学期都会开展诸如一课多研、多课一议、同课异构、视频分析、专题研究、空中课堂等园本教研活动，这些教研活动紧紧围绕活动目标、组织形式、环节设置等问题研究设计教育教学方案，提升教师的备课质量。每一次教研活动，大家都相互启发，相互合作，诊断分析，查摆问题，探究问题成因，澄清教学过程中的模糊认识，修正自己的教学行为，从而使教学活动的主旨更加明确，教学设计更加符合幼儿特点，教学内涵更加丰富，更重要的是这些教研活动让幼儿园的教师在参与中不断成长，在行动中体会到成长的快乐。引领、研训、交流、碰撞的学习型氛围，使幼儿园培树了一批名师，并在各类大赛中取得累累硕果。教师的专业素质及专业能力成为春蕾幼儿园的核心竞争力，而教研活动带来的新鲜感和成就感则成为教师职业幸福感的催化剂。

五、互助工程，建立员工信任感

幼儿园如同一个团队，共同的目标和共同的价值观是团队文化建设的重要内容。一所幼儿园里的成员首先要明确彼此之间是一个密不可分的整体，要有团队精神。在工作实践中，春蕾幼儿园通过一些共同参与的活动或沟通性比较强的方法来实现团队精神的培养。幼儿园每年都会结合暑期旅游开展野外拓展训练活动；每年的亲子运动会，幼儿园都要组织全体员工表演集体操；每年的教师节，幼儿园都要组织全体员工集体宣誓；每年的年会，幼儿园还要组织大合唱。这一系列活动锻炼了员工的意志，

增强了员工的团队意识，培养了员工的团队精神，员工学会了相互信任、相互关爱、团结协作。

以“五大工程”为内容的团队文化建设的实施，让春蕾幼儿园同时收获了团队文化建设带来的专业发展和幼儿园的成长壮大。团队文化建设产生了积极的效应，带动了一批教师的成长，促进了保教水平的提高。团队文化建设孕育了一个团结向上、朝气蓬勃的阳光团队，他们追寻着教师平凡而又有诗意的生命轨迹，不断焕发着生命的活力，享受着生命的幸福。

唐山金桥国际幼儿园：立德树人，倾力打造低成本、高质量的自然幼儿园

“处处有教育，处处是创造”是金桥国际幼儿园一直以来的办园宗旨，金桥国际幼儿园始终努力让教育回归真实的生活，让幼儿回归自然。为此，幼儿园充分整合了园内资源，尤其注意利用了园内的自然环境资源，以“知”感人，努力让幼儿园里的每一寸空间、每一种材料、每一个环节、每一个领域都能对幼儿的快乐学习和健康成长起到促进作用。同时还创设了顺应儿童发展的环境与材料，使幼儿获得深度的惊喜与发现的体验。

一、匠心独运，营造能“玩”的自然环境

环境是重要的教育资源，应通过环境的创设和利用，有效地促进幼儿的发展。金桥国际幼儿园在自然环境中加入了创设因素，寓教于乐，让幼儿在充满自然气息的环境中成长，满足幼儿活动的需要，促进幼儿的认知和社会性的发展。

（一）以大树为中心的游戏场地，体现幼儿园的自然之美

自然与生活融合起来的表现形式充满着奇思妙想，洋溢着爱与温情，浸透着浓浓诗意，体现着快乐原则与游戏精神，同时揭示着人类生活中永恒的主题——爱和生命。

1. 树爷爷的木屋

金桥国际幼儿园被绿茵围绕，园内有近 20 棵不同种类的树木，为了让环境“活”起来，幼儿园将一棵老树改造成了树爷爷的木屋。幼儿在树爷爷的木屋进行游戏时，不仅能充分感受自然，还可以锻炼体能，提升想象力、语言表达能力和合作能力。

2. 沙土建构

在大树周围，金桥国际幼儿园创设了一个能容纳几个班的幼儿做游戏的大沙池。教师与幼儿一起制作鱼形沙雕，有的负责挖坑，有的负责夯实沙堡，还有的用小树棍

一根一根拼搭起来做“鱼的骨骼”。幼儿园还为幼儿提供了各种粗朴的玩沙设施，让幼儿在快乐游戏的同时还能感知沙子的流动性。在这个富有智慧和力量的地方，幼儿可以进行各类游戏，促进身心各方面的发展。

3. 百草园

百草园内的小花坛、竹林等错落有致，一步一景的环境设计透露着自然与童真，构成了幼儿口中的“花花草草百草园”。百草园里的幼儿一年四季都有自己的生活，课程的设置也按照四季展开，一切都是生活化课程。春天，幼儿可以种植花草，感受生活的希望；夏天，幼儿可以和大自然里的一草一木、一虫一鸟进行平实而深刻的对话，体会自然的奥秘；秋天，幼儿可以走进百草园享受丰收的愉悦，观赏秋天特有的礼物——落叶；冬天，幼儿可以和教师一起打雪仗、堆雪人、制作冰灯，领略百草园里冬藏的意蕴。意大利幼儿教育家玛利亚·蒙台梭利女士曾说：“教室中若没有动植物的呈现就等于没有生命教育。”因此，让幼儿亲自照料动植物，是金桥国际幼儿园对其进行生命教育的重要起点。

4. 番茄迷宫

金桥国际幼儿园最大限度地利用了自然环境的优势，从幼儿的兴趣、能力、已有经验和发展的可能性等因素出发，充分发挥幼儿与植物、泥土、水及各类工具的相互作用，建构了种植区域——番茄迷宫。幼儿园朝着向阳方向，按照由低到高的顺序种植植物，沿着蜿蜒的小路，幼儿一起动手制作与自己身高相当的竹篱笆。从高处看下去，很像是一个花瓶形状的迷宫。幼儿在快乐的活动中充满好奇，在好奇中充分地探究，他们的恍然大悟全部来自亲身体验。

5. 葫芦的秘密

葫芦是一种跨季节植物，因此就需要对它进行持续的观察和长期的探究，只有这样才能真正认识和了解它。金桥国际幼儿园秉承着“让材料与幼儿互动、让环境与幼儿对话”的教育理念，因地制宜，设计制作了多功能悬垂游乐架。在架下种植了葫芦，幼儿可以近距离地认识、了解葫芦，甚至可以爬上悬垂游乐架观察和探究葫芦，并观察葫芦这种攀缘植物的生长情况。葫芦形状各异的特点，引起了幼儿对葫芦探究、创作的兴趣。幼儿发挥自己的想象力，设计了一系列创意十足的精美作品，比如葫芦脸谱、葫芦汽车、葫芦丝、葫芦鸟窝等。探究葫芦这一活动，不仅锻炼了幼儿的上肢力量，而且还帮助幼儿克服了对于高度的恐惧心理，培养了幼儿的冒险精神。

（二）以区域的创新为载体，体现幼儿园的精心设计之处

1. 亲水体验

金桥国际幼儿园重新装饰了水池，并改造了上下水管，将戏水池上原有的两个蘑菇造型改成两个相互吻合的水杯。打开开关，水杯吸管的一端可以喷出水来。水池侧面是一个裸露的水龙头、几根切开的PVC水管和几条V型的木板槽，幼儿可以任意组合，让水从水槽的不同位置流入。水槽和水箱相连，可以让幼儿在游戏中体验蓄水、引水，了解水的流动状态及水与其他材料之间的关系。

2. 砂石分离

幼儿虽然都很喜欢玩泥、沙、水和石头，但是很难融合得有深度，很难玩出新花样。筛子、铁锹、水桶等虽然都是幼儿日常能见到的工具，但他们往往不知道这些工具的用途。通过砂石分离游戏，幼儿可以亲身感知水由高到低的流动性，在木质水渠中拿着不同的筛子，可以发现筛子的眼儿有大有小，能够进行多处分离。在分离大小石头的过程中，幼儿有争议、有讨论、有尝试，还发现了一系列新问题及解决方法。通过砂石分离游戏，幼儿不仅学会了如何使用工具，还观察到了不同材质的石头在水中的沉浮情况不同，对不同材质密度不同这一物理概念有了感性认识。

（三）以废旧材料的再利用为基点，体现幼儿园节约办园中的创造之风

结合“盖房子”主题活动，由幼儿的问题出发，金桥国际幼儿园举办了“搭房子”活动。在活动中，幼儿不断探索尝试，解决问题，克服困难。幼儿之间的合作与分工，遇到问题时的相互鼓励，努力寻求解决办法的执着和自主探究的学习品质都得到了有效提升。

（四）精耕细作，以模拟生活技能为抓手，体现幼儿的主体地位

1. 农耕乐园

以劳创德，以劳为美。让幼儿的行动构建真实的特色课程，引导幼儿利用身边资源进行有深度的学习。“做事”会给幼儿带来一系列的体验，比如困惑、挑战、兴奋、惊喜、沮丧、等待、满足、失落等，从而实现幼儿高品质的学习。因此，教师务必要多动脑、少动手，把“做事”的机会还给幼儿，把角色的决策权适度地让渡给幼儿，让幼儿参与进来。金桥国际幼儿园通过三维（地面、墙面、空中）空间的开发与利用，创设了亲近自然的农耕乐园。园中种植了11种农作物，在种植培育的过程中使幼儿逐渐了解粮食和蔬菜的生长过程。针对一些幼儿对怪味蔬菜存有恐惧心理的问题，幼儿园沿着让幼儿“愿意尝试—喜爱—了解道理—主动吃”这一思路，让幼儿先从感性体验层面到理性认知层面，再过渡到自觉行动，通过将这一完整的学习过程逐步深化，把幼儿原本对蔬菜的抵触心理巧妙地转化为接受心理。同时，金桥国际幼儿园还创设了用小碾子去粮食壳、搓玉米、雨水灌溉和辘轳井打水等活动，丰富了幼儿的真实体验。

2. 粮食墙

针对一些幼儿存在的挑食现象，金桥国际幼儿园将生活中常吃的粮食设计成了一面透明的墙，把不可见的变成可见的。幼儿每天经过的时候都会看一看、认一认。幼儿园还将幼儿不剩饭、不挑食的表现拍成照片贴在墙上，幼儿可以开心地在墙上找到自己的好行为，这就促进了幼儿素养的内化和习惯的养成，让爱惜粮食真正走入、融入幼儿生活。

3. 造梦工地

有人说，孩子没有梦想不可怕，可怕的是没有做梦的时间。金桥国际幼儿园为幼儿提供了大量的物化教育目标的材料，让幼儿通过自我选择和体验式探究来学习。在劳作区和小木工室里，在保证安全的前提下，幼儿园为幼儿提供了完全真实的铁钉、锤子、扳手、锯子、老虎钳等工具。在造梦工地中，幼儿格外谨慎而又十分专注地投入“工作”，通过切割、打磨、组装、固定等方式盖房子、建海港，这些活动使幼儿由游戏者变为了建设者。

二、就地取材，创设有“趣”的情境体验

幼儿园在选择特色课程时，要立足本园各方面的实际情况和环境的支持度，以幼儿发展为本，从生活中取材，打造园本特色，包括教师、幼儿等方面，为特色发展奠定基石。

1. 棋艺乐园

金桥国际幼儿园把广场上的地砖布置成了幼儿的棋盘，把废旧轮胎安装上万向滑轮改造成了幼儿可以推动的大型象棋棋子，让幼儿在动脑的同时还可以锻炼身体。幼儿园还开发了棋盘的多种用途，把正方体布口袋做成了下棋的骰子，把幼儿自己绘制的健康图示做成了棋子上的标志，结合生活健康知识和行为，确定游戏规则。通过做游戏，向幼儿渗透健康的行为习惯和知识，掷骰子、走棋子也起到了锻炼身体的作用，同时也培养了幼儿的规则意识。

2. 环保地球

金桥国际幼儿园为了让幼儿体验发现的过程，组织了“环保地球”活动，制作了“最暖的冬天”“绿树从心灵开始”“碧水蓝天”“给地球退烧”等玩教具，让幼儿可以直观地操作地球。此外，教师和幼儿一起搜集来了鹅卵石，用石头和丙烯拼成了五彩的地球和海洋。幼儿直观形象地进行观察、比较和操作，逐渐懂得健康成长需要一个绿色的环境。

3. 多功能鸟窝

多功能鸟窝以幼儿感兴趣的问题出发，引导幼儿走进大自然、回归大自然，与自然接触，与真实对话。金桥国际幼儿园按照实际鸟窝的尺寸裁出不同造型鸟窝的各块

板材，采用多种方式对板材进行加工，并在鸟窝的局部进行装饰，之后引导幼儿用涂鸦、装饰的方法美化鸟窝。幼儿园还将废旧纸筒打孔，并用螺丝拼搭装饰成能体现四季的 4 棵树。然后创设情景，让幼儿做完鸟窝后自己动手将鸟窝挂到树上，从而获得成就感，这项活动充分发挥了孩子的想象力和创造力。

4. 陶瓷打击乐

幼儿从瓷器的无意碰撞中，发现瓷器能发出悦耳的声音。于是金桥国际幼儿园巧妙地利用唐山的本土资源——陶瓷，从成百上千的瓷盘、瓷碗中挑选出能够敲击出基本乐音的材料，制作了一整套陶瓷打击乐器。每一件经过艺术加工的陶瓷乐器，幼儿都会一一尝试敲击，听辨音阶，进行组合。之后幼儿经过争论、探索与合作，制作了多种多样的陶瓷打击乐器。

三、立体探究，创设童“趣”的情境体验

要发展特色教育，必须走科研引领之路，探究多种材料与幼儿个体发展的内在联系，挖掘其丰富的文化内涵和教育功能。教师要针对不同幼儿的特点，做出不同的教学安排，设置课程时要注意保证学习的连贯性，因材施教，从而使幼儿在课程学习中不断取得进步。

1. 镜中观物

金桥国际幼儿园引导幼儿通过“小镜子书”进行大胆联想并验证，最终发现镜子与万花筒的奥秘。通过探索“小镜子书”，幼儿发现了夹角的秘密，即观察的角度不同，看到的图案就不同。为了让幼儿更好地进行探究，幼儿园制作了一个直径 55 厘米、长 120 厘米的大万花筒，它的设计制作很简单，便于幼儿操作探究。幼儿可以将它滚动到户外，多人一起进行感官游戏。教师创设无限探究的环境，将万花筒蕴藏的科学原理巧妙地设计在“镜体”结构之中，方便幼儿学习，使幼儿全身心地投入镜中观物的活动当中。

2. 磁贴书

磁贴书起源于金桥国际幼儿园的园本教研。当幼儿拼摆磁贴时，教师发现他们需要更多形状、图案的磁贴，于是教师根据幼儿的兴趣，制作了可供幼儿进行形象性操作的磁贴书，背景是精心设计的提示图，能够让幼儿大胆地尝试仿编、创编、续编。磁贴书在提升幼儿语言运用能力的同时，还鼓励幼儿表现自我、勇于创新。

3. 磁力小车

在磁铁书的基础上，通过优化材料的结构，引导幼儿深入探究磁力的知识。教师通过实验，让幼儿发现把磁铁不同的两极相对放置，可以让小车连在一起；把磁铁相

同的两极相对放置，小车不能连在一起。让幼儿通过探究和操作，发现磁铁同性相斥、异性相吸的现象。通过运用观察法、情境设置法、示范法、操作法、自主探究法等，使幼儿从多维的角度深入理解课题中所蕴含的知识，并配以魔术等幼儿感兴趣的方式，将科学概念转化成幼儿的个人经验。

4. 创意拉链

“创意拉链”设计巧妙，制作简单，改变了幼儿传统的思维模式，激发了幼儿的探索激情，提升了幼儿的学习品质。一根拉链，可以变成测量尺、陀螺、台灯、帽子等，提高了幼儿自主探索的技能；多条拉链，可以变成“合作伞”，调动了幼儿在活动中的合作意识；组合拉链，可以变成“智慧树”，丰富了幼儿的科学知识。

四、在玩中学，让户外游戏“活”起来

保证幼儿在幼儿园里每天有两个半小时的户外活动是提高幼儿身体素质的重要手段。因此，金桥国际幼儿园创设了不同的户外活动，并把游戏精神渗透到不同类型的户外活动中，主要体现在 3 个方面：一是自由性，尊重幼儿的自由自主；二是愉悦性，唤醒幼儿的快乐体验；三是创造性，鼓励幼儿的探索创造。

金桥国际幼儿园为幼儿提供了丰富多彩的原发材料，利用自然材料的变化、组合，让运动更加有趣。幼儿利用柏油桶、竹梯、轮胎等材料，以攀爬、翻越的形式，自主创造出了“走平衡”“爬过桥”“跷跷板”“探险者”等多种游戏，成功或失败的体验都能激发幼儿对运动的兴趣。不仅促进了幼儿平衡与协调能力的发展，还培养了他们勇敢、顽强、自信的心理品质。因此，金桥国际幼儿园将幼儿的快乐运动作为开展体育活动的重要目标。

1. 立德树人爱家乡

金桥国际幼儿园因地制宜，结合地区特点，创设有意义的运动环境和体育材料，并将场地资源进行了有效地开发、布局与整合，既照顾到了幼儿的兴趣，又促进了幼儿的动作发展。由于唐山丰润是座动车城，动车文化是当地的特色文化，许多幼儿受到家长职业的影响，从小就了解动车、喜欢动车。因此，幼儿园将红色长廊进行了改造，“架好了桥，开通了车”，设计采用上下联动的游戏原理，使幼儿活动的空间更加合理和巧妙。

金桥国际幼儿园自制了长 56 米、宽 4 米、高 3 米的大型户外体育器械——高铁体能游乐场。幼儿园把攀爬网、软梯、轮胎等有机地结合在一起，将基本动作练习与幼儿身体素质的提高相结合。在第一层，幼儿可以自主选择比如戏水、戏沙、攀爬、投掷、敲鼓等游戏。在第二层，有“和谐号”动车的模型，幼儿可以自主模仿设计高铁

票，进行真实的游戏扮演。

2. 冒险游戏场

一个好的户外游戏活动应当具有探索性和挑战性，同时满足幼儿运动和游戏的需要，从而激发幼儿的探索与想象，促进幼儿身心各方面的发展。要使幼儿免于“危险”，只有为幼儿创造更多的“冒险”机会，让幼儿敢于冒险，才能学会规避危险。

金桥国际幼儿园为幼儿搭建了富有特色的户外游戏场地——冒险游戏场，不但锻炼了幼儿的身体素质，还培养了幼儿勇敢、坚强的品质。冒险游戏场将探索性和挑战性相结合，为幼儿创造了更多的“冒险”机会。踩大桶、爬云梯、推小车、走平衡、抬花轿等都是冒险游戏场的特色项目，可能在许多人眼里，这些项目对幼儿来说存在着一定的危险性，但通过幼儿做游戏时投入又小心的状态可以看出，幼儿能意识到这样的环境存在着一定的危险性，所以他们知道唯有更加专注、更加谨慎，才能保护好自己，才能玩得更尽兴。渐渐地，幼儿便具备了自我保护的意识和敢于挑战的勇气。

五、家、园共育，为幼儿营造和谐一致的健康教育环境

成功的幼儿健康教育应该是家庭、幼儿园、社会三位一体的教育。家庭和幼儿园一样，同是幼儿的重要生活场所，因此形成家、园协调一致的健康教育环境，对促进幼儿内化所获得的健康经验，将健康行为定型为“习惯”是至关重要的。

从幼儿初入园起，金桥国际幼儿园就将幼儿从家庭生活到幼儿园生活的衔接和顺利过渡作为家、园共育的重要内容。逐步让幼儿养成健康习惯，学习必要的生活技能和健康常识，落实健康行动，应用于健康实践，这其中的每一个环节都需要家长和教师的密切配合。因此，几乎每一个健康教育的活动设计，都会有家长参与、配合的内容。

（一）立足家庭，以幼儿为载体，实现家、园联动

以幼儿为载体，通过“拽着家长走、顺着家长走、引领家长走、家园牵手协同走”这 4 个教育阶段，探索出有效的引领策略。

1. 以时间为序——建立幼儿健康成长档案

金桥国际幼儿园用日历的形式，以传统二十四节气为主体建立了幼儿健康成长档案。档案真实地反映了幼儿的成长过程，有助于幼儿园观察、记录、分析、发现幼儿的潜能及独特性。

2. 以地点为便——家庭生活劳动小帮手

家长通过细心观察，选择幼儿感兴趣的主题内容，为幼儿提供丰富多样的操作环境，从自我服务意识入手，培养幼儿基本生活所需的各种劳动能力。鼓励幼儿帮助家

人做力所能及的事情，比如浇花、擦地、整理好自己的玩具与图书等，营造干净整洁的家庭环境。幼儿园以劳动工坊（纸工坊、陶艺坊、木工坊、织染坊等）体验活动为依托，鼓励幼儿参与实践劳动。在劳动中，幼儿可以按照自己的想法操作游戏材料，多角度地尝试各种玩法，不断思考和探究解决问题的方法，也有更多机会尝试与家长合作完成更复杂的“任务”。

金桥国际幼儿园探索出具有生活气息和生活基础的劳动课程及指导策略，并努力形成家、园教育合力。

3. 以设备为用——添设灵活多样的洗手场地

金桥国际幼儿园在所有幼儿能够触摸到的地方添设了 36 组洗手设施，形式多样、富有趣味形象的水龙头，既能满足全园幼儿的洗手需求，还能提升幼儿洗手的兴趣。

教师还教授了幼儿“洗手七步法”，让幼儿在洗手的过程中知道讲卫生的重要性，并且将洗手变成幼儿的主动学习，让幼儿在细微而平实的生活中获得健康、和谐和幸福。

（二）以健康保健为主，重在坚持，突出“助推”作用

金桥国际幼儿园大力宣传健康教育工程，开展了一班一个健康教育平台、一家一本健康教育手册、一月一份健康教育亲子绘本、一季一场健康教育线上讲座、一人一份健康教育动漫、一周一次“小小健康志愿者”等六大活动。这些活动使健康知识覆盖了全园幼儿居住的社区，使得先进的教育理念影响到每个家庭、每个社区及每个孩子，同时也提升了家长科学育儿、保教育儿的水平。“我健康、我宣传、我做到”的理念深入每个人的心中，幼儿和家长都成了健康理念的传播者和健康行为的促进者。

（三）让家长走进园所，成为健康教育的重要力量

在健康教育实施过程中，金桥国际幼儿园逐渐认识到幼儿家长具有不同的职业、经历、爱好、特长，如果充分利用这一教育资源，既可以丰富幼儿园的教育活动，又能够加强家、园联系。于是幼儿园对幼儿家长的职业、经历、爱好和特长等情况进行了了解和记录，登记后进行分类汇总，建立了家长教育资源信息库。教师会询问家长是否愿意给幼儿分享他们的经历，征得家长同意后，幼儿园会安排家长来开展义务工作，比如指导幼儿组建兴趣小组、向幼儿介绍自己的工作、辅助教师的教学活动等。通过这一活动的开展，既调动了家长的教育积极性，同时也使幼儿园的教育活动更加丰富多彩。

金桥国际幼儿园从实践中总结出：只有富有创造性的教师，才能创设出有创造性的环境，才能造就有创造性的孩子。好的玩具材料不仅可以给幼儿带来快乐，更能为他们运用多种感官积极主动地学习提供条件，还能让幼儿感受和体验到丰富的社会文化和历史经验。

涿州市艺术幼儿园：积淀文化见特色，开拓创新树品牌

艺术幼儿园位于河北省涿州市华阳路联合小区六号院，创建于 1998 年，占地面积 1300 平方米，建筑面积 1650 平方米。幼儿园一直以建设“质量高、服务好、家长放心、孩子喜欢”的品牌园为目标，通过全园上下的共同努力，幼儿园曾获得“涿州市民办学校优秀单位”“涿州市民办学校先进单位”“河北省依法诚信办学学校”“涿州市示范幼儿园”“礼仪教育示范园”“河北省托幼机构卫生保健达标园”“河北省民办教育明星学校”“2019 年度实绩突出单位”“互联网智慧幼儿园”等荣誉称号，并被保定幼儿师范高等专科学校授予“教育实践基地”。建园 22 年来，幼儿园积淀了独特的文化底蕴。

近年来，艺术幼儿园更加注重从文化的角度考量自身的发展，以艺术为载体，加强了物质文化、精神文化、制度文化等几个方面的建设，极大地提升了幼儿园的艺术文化品位，使文化育人这一教育理念得到了较好地体现。

一、幼儿园文化建设的指导思想

幼儿园想要长期发展，就必须要以科学发展为统领。艺术幼儿园的创办者不断带领教师认真学习《3—6 岁儿童学习与发展指南》《幼儿教育指导纲要》和各项工作规程，以教师和幼儿为主体，以建设优良的园风、教风、学风为核心，以优化、美化校园环境为重点，以幼儿文明行为习惯培养和良好的兴趣培养为特色，以丰富多彩、积极向上的艺术文化活动为载体。22 年来，幼儿园形成了厚重的校园文化积淀和清新的校园文明风尚，让幼儿在日常生活和学习中接受先进文化的熏陶和文明风尚的感染，在良好的人文和自然环境中陶冶情操，促进幼儿的全面发展和健康成长。

二、以幼儿为本，加强幼儿园物质文化建设

为幼儿打造良好的生活和学习环境，有利于幼儿身心健康和启迪智慧，有利于幼儿综合素质的提高。近年来，艺术幼儿园非常重视物质文化的建设，累计投资数十万元，不断加强园内的软硬件建设，让幼儿园成为幼儿心中童话般的乐园。对幼儿园的教学楼外墙进行了粉刷；在教学楼的山墙上安装了攀爬玩具；把幼儿的美术作品挂在了楼道内；室内外的地面全部进行了软化；幼儿园内安装了掌心宝贝安全系统、全园无死角高清监控探头等；建设了幼儿园广播系统；升级了大型户外教具；安装了净水系统、空气净化系统；在盥洗室安装了具有童趣的幼儿专用小马桶、洗手池、冬季温

水洗手热水器等。

三、以艺术为文化之魂，提升专业品质，打造优秀的教师团队

（一）以艺术为特色，开展教研

艺术幼儿园一直以来都在开展以艺术为特色的教学，组织各种艺术教育活动，所以对教师的艺术特长和艺术素养要求很高。每学期初，幼儿园都会给教师做艺术特长培训，幼儿园园长和教研组组长还会带领教师做出本学期的教学计划，并且在实施过程中定期查看幼儿的接受效果，之后根据教学情况再进行教研，使幼儿园的艺术教育活动开展得有声有色。

（二）以人为本的管理

艺术幼儿园在平时的管理中非常重视以人为本的管理理念，注重打造一支“目标明确、执行力强、积极、阳光、简单”的教工团队。首先把管理与服务紧密结合起来，做到园领导为教师服务、教师为幼儿服务、后勤为前勤服务。然后突出以人为本的管理理念，大至幼儿园的生存大计，小至教师教学的细节，都要尊重教师与幼儿的人权和人格，做到让幼儿发言、让教师表态，各项考核、量化评分、晋级评优等都要尽量做到公开、公正、公平，营造自由宽松、和谐民主的校风与课堂氛围，彰显管理的人性化。

（三）共同学习，强化内训，开展丰富的教职工活动

艺术幼儿园非常注重教师自身的学习和成长，多次带领教师到北京、上海、保定、石家庄、南京、合肥等地参观学习，还把专家学者请进园来，对教师的教学、管理进行培训，通过提高教师的专业性来提升幼儿园的品质。幼儿园每周都有教研活动，在教研中老带新、强带弱，让全园水平保持一致，让所有的教师都能充满干劲儿。幼儿园会耐心地解决每一个教师遇到的问题，在解决问题的过程中，教师成长了，与幼儿园的感情也升温了。同时，幼儿园还为教师开展了丰富的团队建设活动，比如妇女节运动会、外出旅游、教师节欢庆活动、年底表彰大会等，让教师感受到幼儿园不仅仅是工作的地方，更像一个温暖、快乐的大家庭。

四、注重艺术特色，传递爱的文明，让每一位幼儿全面发展，建设良好的校园精神文化

（一）校园文化建设

1. 开展升国旗活动

艺术幼儿园坚持每周一举行升旗仪式，并组织开展幼儿主持、幼儿代表引领宣誓、

幼儿在国旗下讲话，以及明星班级的评选等活动，对教师与幼儿进行德育教育。以此激发教师的爱国主义情感，萌发幼儿爱集体、爱家乡、爱祖国的情感，激励幼儿在“比、学、赶、帮、超”的氛围中养成良好的行为习惯。

2. 爱心捐款促进情感升华

艺术幼儿园每年都会发动全园师生及幼儿家长开展“爱心义卖”活动。幼儿在义卖中体验买方及卖方的角色转换，并把义卖的善款捐赠给养老院及特教中心，让幼儿以实际行动去体验助人的快乐，初步培养幼儿的爱心、同情心，使生命教育得到升华。

3. 注重节日教育、感恩教育

艺术幼儿园的教育活动体现在每一天的每一个环节中，体现在教师精心组织的每一个教学活动中，体现在每一个月的大型活动中，体现在每一个节日和每一个重大事件的应对中。比如母亲节、父亲节、植树节、清明节、端午节、儿童节、劳动节、国庆节、中秋节、新年等节日来临时，教师会精心准备相关活动，并给幼儿留下照片和视频。

（二）班级文化建设

1. 班内环境是一道亮丽的风景线

各班教室门口的家园联系栏，形式新颖独特，内容实用性、针对性强，架起了家庭与幼儿园沟通交流的桥梁。教室外墙上的幼儿作品展示栏，给幼儿提供了展现自我的平台。进入教室，展现在眼前的是一个童话般的世界。有师生共同布置的主题活动墙，有每天的签到板，有激励幼儿成长进步的奖励栏，有设计新颖、寓意巧妙的晨检袋，有形象美观、富有童趣的大型装饰画等，处处体现着师生的心灵手巧与智慧，体现着幼儿园的教育目标和幼儿的成长足迹。

2. 一日生活教育

幼儿健康快乐地成长是幼儿园工作的重中之重，艺术幼儿园通过一日生活教育实现了这一目标。一日生活教育，即幼儿从早晨入园开始，教师便对这一天的所有环节都做了精细化的安排，让幼儿在一日生活中培养良好的生活习惯和学习习惯。

3. 活动中提升，活动中成长

艺术幼儿园在每学期都会为幼儿举办各种活动，让幼儿在活动中得到锻炼和成长，比如新生入园仪式、朗诵大赛、儿童节文艺会演、公益性文艺演出、秋季运动会、童话剧演出、升班仪式、毕业典礼等。

（三）艺术文化活动建设

艺术是艺术幼儿园的教学特色，幼儿园力争为幼儿搭建更多、更广的平台，让幼儿充分展示自我。比如前几年举办的全国新丝路模特大赛，艺术幼儿园的李昊泽小朋友以出色的表现脱颖而出，荣获冠军，从此走上了艺术之路。又比如“阅读悦快乐”活动走进艺术幼儿园，次语航小朋友取得了总决赛二等奖的好成绩，为自己、为家长、为幼儿园争得了荣誉。

（四）社会活动

为了让幼儿养成良好的学习品质，艺术幼儿园每月都会评选“全勤宝宝”，并发放奖品进行鼓励，让幼儿从小便学会做事要有头有尾、持之以恒。幼儿园还组织了多个有意义的社会活动，比如开心农场活动、参观消防大队活动、敬老院慰问演出活动、爱心义卖活动、给特教中心的小朋友送温暖活动、送烈士回故乡活动、春游活动等。当有检查组来园检查时，幼儿园还会安排幼儿做小礼仪进行接待，受到了各级领导的一致好评。

幼儿园文化建设是幼儿园建设的制高点和核心要素，是制约幼儿园发展高度的决定因素。在今后的工作中，艺术幼儿园将一如既往地重视和加强文化建设工作，把幼儿园建设得更美、更加富有艺术文化韵味，建成师生生活的幸福家园，幼儿成长的幸福乐园。

第五编　国家及省级法律法规政策选编

国家法律法规和政策文件

中华人民共和国民办教育促进法

第一章　总则

第一条　为实施科教兴国战略，促进民办教育事业的健康发展，维护民办学校和受教育者的合法权益，根据宪法和教育法制定本法。

第二条　国家机构以外的社会组织或者个人，利用非国家财政性经费，面向社会举办学校及其他教育机构的活动，适用本法。本法未作规定的，依照教育法和其他有关教育法律执行。

第三条　民办教育事业属于公益性事业，是社会主义教育事业的组成部分。

国家对民办教育实行积极鼓励、大力支持、正确引导、依法管理的方针。

各级人民政府应当将民办教育事业纳入国民经济和社会发展规划。

第四条　民办学校应当遵守法律、法规，贯彻国家的教育方针，保证教育质量，致力于培养社会主义建设事业的各类人才。

民办学校应当贯彻教育与宗教相分离的原则。任何组织和个人不得利用宗教进行妨碍国家教育制度的活动。

第五条　民办学校与公办学校具有同等的法律地位，国家保障民办学校的办学自主权。

国家保障民办学校举办者、校长、教职工和受教育者的合法权益。

第六条　国家鼓励捐资办学。

国家对为发展民办教育事业做出突出贡献的组织和个人，给予奖励和表彰。

第七条　国务院教育行政部门负责全国民办教育工作的统筹规划、综合协调和宏观管理。

国务院人力资源社会保障行政部门及其他有关部门在国务院规定的职责范围内分别负责有关的民办教育工作。

第八条　县级以上地方各级人民政府教育行政部门主管本行政区域内的民办教育工作。

县级以上地方各级人民政府人力资源社会保障行政部门及其他有关部门在各自的职责范围内，分别负责有关的民办教育工作。

第九条　民办学校中的中国共产党基层组织，按照中国共产党章程的规定开展党的活动，加强党的建设。

第二章　设立

第十条　举办民办学校的社会组织，应当具有法人资格。

举办民办学校的个人，应当具有政治权利和完全民事行为能力。

民办学校应当具备法人条件。

第十一条　设立民办学校应当符合当地教育发展的需求，具备教育法和其他有关法律、法规规定的条件。

民办学校的设置标准参照同级同类公办学校的设置标准执行。

第十二条　举办实施学历教育、学前教育、自学考试助学及其他文化教育的民办学校，由县级以上人民政府教育行政部门按照国家规定的权限审批；举办实施以职业技能为主的职业资格培训、职业技能培训的民办学校，由县级以上人民政府人力资源社会保障行政部门按照国家规定的权限审批，并抄送同级教育行政部门备案。

第十三条　申请筹设民办学校，举办者应当向审批机关提交下列材料：

（一）申办报告，内容应当主要包括：举办者、培养目标、办学规模、办学层次、办学形式、办学条件、内部管理体制、经费筹措与管理使用等；

（二）举办者的姓名、住址或者名称、地址；

（三）资产来源、资金数额及有效证明文件，并载明产权；

（四）属捐赠性质的校产须提交捐赠协议，载明捐赠人的姓名、所捐资产的数额、用途和管理方法及相关有效证明文件。

第十四条　审批机关应当自受理筹设民办学校的申请之日起 30 日内以书面形式做出是否同意的决定。

同意筹设的，发给筹设批准书。不同意筹设的，应当说明理由。

筹设期不得超过三年。超过三年的，举办者应当重新申报。

第十五条　申请正式设立民办学校的，举办者应当向审批机关提交下列材料：

（一）筹设批准书；

（二）筹设情况报告；

（三）学校章程、首届学校理事会、董事会或者其他决策机构组成人员名单；

（四）学校资产的有效证明文件；

（五）校长、教师、财会人员的资格证明文件。

第十六条　具备办学条件，达到设置标准的，可以直接申请正式设立，并应当提交本法第十三条和第十五条（三）、（四）、（五）项规定的材料。

第十七条　申请正式设立民办学校的，审批机关应当自受理之日起 3 个月内以书面形式做出是否批准的决定，并送达申请人；其中申请正式设立民办高等学校的，审批机关也可以自受理之日起 6 个月内以书面形式做出是否批准的决定，并送达申请人。

第十八条　审批机关对批准正式设立的民办学校发给办学许可证。

审批机关对不批准正式设立的，应当说明理由。

第十九条　民办学校的举办者可以自主选择设立非营利性或者营利性民办学校。但是，不得设立实施义务教育的营利性民办学校。

非营利性民办学校的举办者不得取得办学收益，学校的办学结余全部用于办学。

营利性民办学校的举办者可以取得办学收益，学校的办学结余依照公司法等有关法律、行政法规的规定处理。

民办学校取得办学许可证后，进行法人登记，登记机关应当依法予以办理。

第三章　学校的组织与活动

第二十条　民办学校应当设立学校理事会、董事会或者其他形式的决策机构并建立相应的监督机制。

民办学校的举办者根据学校章程规定的权限和程序参与学校的办学和管理。

第二十一条　学校理事会或者董事会由举办者或者其代表、校长、教职工代表等人员组成。其中三分之一以上的理事或者董事应当具有五年以上教育教学经验。

学校理事会或者董事会由五人以上组成，设理事长或者董事长一人。理事长、理事或者董事长、董事名单报审批机关备案。

第二十二条　学校理事会或者董事会行使下列职权：

（一）聘任和解聘校长；

（二）修改学校章程和制定学校的规章制度；

（三）制定发展规划，批准年度工作计划；

（四）筹集办学经费，审核预算、决算；

（五）决定教职工的编制定额和工资标准；

（六）决定学校的分立、合并、终止；

（七）决定其他重大事项。

其他形式决策机构的职权参照本条规定执行。

第二十三条　民办学校的法定代表人由理事长、董事长或者校长担任。

第二十四条　民办学校参照同级同类公办学校校长任职的条件聘任校长，年龄可以适当放宽。

第二十五条　民办学校校长负责学校的教育教学和行政管理工作，行使下列职权：

（一）执行学校理事会、董事会或者其他形式决策机构的决定；

（二）实施发展规划，拟订年度工作计划、财务预算和学校规章制度；

（三）聘任和解聘学校工作人员，实施奖惩；

（四）组织教育教学、科学研究活动，保证教育教学质量；

（五）负责学校日常管理工作；

（六）学校理事会、董事会或者其他形式决策机构的其他授权。

第二十六条　民办学校对招收的学生，根据其类别、修业年限、学业成绩，可以根据国家有关规定发给学历证书、结业证书或者培训合格证书。

对接受职业技能培训的学生，经备案的职业技能鉴定机构鉴定合格的，可以发给国家职业资格证书。

第二十七条　民办学校依法通过以教师为主体的教职工代表大会等形式，保障教职工参与民主管理和监督。

民办学校的教师和其他工作人员，有权依照工会法，建立工会组织，维护其合法权益。

第四章　教师与受教育者

第二十八条　民办学校的教师、受教育者与公办学校的教师、受教育者具有同等的法律地位。

第二十九条　民办学校聘任的教师，应当具有国家规定的任教资格。

第三十条　民办学校应当对教师进行思想品德教育和业务培训。

第三十一条　民办学校应当依法保障教职工的工资、福利待遇和其他合法权益，并为教职工缴纳社会保险费。

国家鼓励民办学校按照国家规定为教职工办理补充养老保险。

第三十二条　民办学校教职工在业务培训、职务聘任、教龄和工龄计算、表彰奖励、社会活动等方面依法享有与公办学校教职工同等权利。

第三十三条　民办学校依法保障受教育者的合法权益。

民办学校按照国家规定建立学籍管理制度，对受教育者实施奖励或者处分。

第三十四条　民办学校的受教育者在升学、就业、社会优待，以及参加先进评选等方面享有与同级同类公办学校的受教育者同等权利。

第五章　学校资产与财务管理

第三十五条　民办学校应当依法建立财务、会计制度和资产管理制度，并按照国家有关规定设置会计账簿。

第三十六条　民办学校对举办者投入民办学校的资产、国有资产、受赠的财产，以及办学积累，享有法人财产权。

第三十七条　民办学校存续期间，所有资产由民办学校依法管理和使用，任何组织和个人不得侵占。

任何组织和个人都不得违反法律、法规向民办教育机构收取任何费用。

第三十八条　民办学校收取费用的项目和标准根据办学成本、市场需求等因素确定，向社会公示，并接受有关主管部门的监督。

非营利性民办学校收费的具体办法，由省、自治区、直辖市人民政府制定；营利性民办学校的收费标准，实行市场调节，由学校自主决定。

民办学校收取的费用应当主要用于教育教学活动、改善办学条件和保障教职工待遇。

第三十九条　民办学校资产的使用和财务管理受审批机关和其他有关部门的监督。

民办学校应当在每个会计年度结束时制作财务会计报告，委托会计师事务所依法进行审计，并公布审计结果。

第六章　管理与监督

第四十条　教育行政部门及有关部门应当对民办学校的教育教学工作、教师培训工作进行指导。

第四十一条　教育行政部门及有关部门依法对民办学校实行督导，建立民办学校信息公示和信用档案制度，促进提高办学质量；组织或者委托社会中介组织评估办学水平和教育质量，并将评估结果向社会公布。

第四十二条　民办学校的招生简章和广告，应当报审批机关备案。

第四十三条　民办学校侵犯受教育者的合法权益，受教育者及其亲属有权向教育行政部门和其他有关部门申诉，有关部门应当及时予以处理。

第四十四条　国家支持和鼓励社会中介组织为民办学校提供服务。

第七章　扶持与奖励

第四十五条　县级以上各级人民政府可以设立专项资金，用于资助民办学校的发展，奖励和表彰有突出贡献的集体和个人。

第四十六条　县级以上各级人民政府可以采取购买服务、助学贷款、奖助学金和出租、转让闲置的国有资产等措施对民办学校予以扶持；对非营利性民办学校还可以采取政府补贴、基金奖励、捐资激励等扶持措施。

第四十七条　民办学校享受国家规定的税收优惠政策；其中，非营利性民办学校享受与公办学校同等的税收优惠政策。

第四十八条　民办学校依照国家有关法律、法规，可以接受公民、法人或者其他组织的捐赠。

国家对向民办学校捐赠财产的公民、法人或者其他组织按照有关规定给予税收优惠，并予以表彰。

第四十九条　国家鼓励金融机构运用信贷手段，支持民办教育事业的发展。

第五十条　人民政府委托民办学校承担义务教育任务，应当按照委托协议拨付相应的教育经费。

第五十一条　新建、扩建非营利性民办学校，人民政府应当按照与公办学校同等原则，以划拨等方式给予用地优惠。新建、扩建营利性民办学校，人民政府应当按照国家规定供给土地。

教育用地不得用于其他用途。

第五十二条　国家采取措施，支持和鼓励社会组织和个人到少数民族地区、边远贫困地区举办民办学校，发展教育事业。

第八章　变更与终止

第五十三条　民办学校的分立、合并，在进行财务清算后，由学校理事会或者董事会报审批机关批准。

申请分立、合并民办学校的，审批机关应当自受理之日起 3 个月内以书面形式答复；其中申请分立、合并民办高等学校的，审批机关也可以自受理之日起 6 个月内以书面形式答复。

第五十四条　民办学校举办者的变更，须由举办者提出，在进行财务清算后，经学校理事会或者董事会同意，报审批机关核准。

第五十五条　民办学校名称、层次、类别的变更，由学校理事会或者董事会报审批机关批准。

申请变更为其他民办学校，审批机关应当自受理之日起 3 个月内以书面形式答复；

其中申请变更为民办高等学校的，审批机关也可以自受理之日起6个月内以书面形式答复。

第五十六条　民办学校有下列情形之一的，应当终止：

（一）根据学校章程规定要求终止，并经审批机关批准的；

（二）被吊销办学许可证的；

（三）因资不抵债无法继续办学的。

第五十七条　民办学校终止时，应当妥善安置在校学生。实施义务教育的民办学校终止时，审批机关应当协助学校安排学生继续就学。

第五十八条　民办学校终止时，应当依法进行财务清算。

民办学校自己要求终止的，由民办学校组织清算；被审批机关依法撤销的，由审批机关组织清算；因资不抵债无法继续办学而被终止的，由人民法院组织清算。

第五十九条　对民办学校的财产按照下列顺序清偿：

（一）应退受教育者学费、杂费和其他费用；

（二）应发教职工的工资及应缴纳的社会保险费用；

（三）偿还其他债务。

非营利性民办学校清偿上述债务后的剩余财产继续用于其他非营利性学校办学；营利性民办学校清偿上述债务后的剩余财产，依照公司法的有关规定处理。

第六十条　终止的民办学校，由审批机关收回办学许可证和销毁印章，并注销登记。

第九章　法律责任

第六十一条　民办学校在教育活动中违反教育法、教师法规定的，依照教育法、教师法的有关规定给予处罚。

第六十二条　民办学校有下列行为之一的，由县级以上人民政府教育行政部门、人力资源社会保障行政部门或者其他有关部门责令限期改正，并予以警告；有违法所得的，退还所收费用后没收违法所得；情节严重的，责令停止招生、吊销办学许可证；构成犯罪的，依法追究刑事责任：

（一）擅自分立、合并民办学校的；

（二）擅自改变民办学校名称、层次、类别和举办者的；

（三）发布虚假招生简章或者广告，骗取钱财的；

（四）非法颁发或者伪造学历证书、结业证书、培训证书、职业资格证书的；

（五）管理混乱严重影响教育教学，产生恶劣社会影响的；

（六）提交虚假证明文件或者采取其他欺诈手段隐瞒重要事实骗取办学许可证的；

（七）伪造、变造、买卖、出租、出借办学许可证的；

（八）恶意终止办学、抽逃资金或者挪用办学经费的。

第六十三条　县级以上人民政府教育行政部门、人力资源社会保障行政部门或者其他有关部门有下列行为之一的，由上级机关责令其改正；情节严重的，对直接负责的主管人员和其他直接责任人员，依法给予处分；造成经济损失的，依法承担赔偿责任；构成犯罪的，依法追究刑事责任：

（一）已受理设立申请，逾期不予答复的；

（二）批准不符合本法规定条件申请的；

（三）疏于管理，造成严重后果的；

（四）违反国家有关规定收取费用的；

（五）侵犯民办学校合法权益的；

（六）其他滥用职权、徇私舞弊的。

第六十四条　违反国家有关规定擅自举办民办学校的，由所在地县级以上地方人民政府教育行政部门或者人力资源社会保障行政部门会同同级公安、民政或者市场监督管理等有关部门责令停止办学、退还所收费用，并对举办者处违法所得一倍以上五倍以下罚款；构成违反治安管理行为的，由公安机关依法给予治安管理处罚；构成犯罪的，依法追究刑事责任。

第十章　附则

第六十五条　本法所称的民办学校包括依法举办的其他民办教育机构。

本法所称的校长包括其他民办教育机构的主要行政负责人。

第六十六条　境外的组织和个人在中国境内合作办学的办法，由国务院规定。

第六十七条　本法自 2003 年 9 月 1 日起施行。1997 年 7 月 31 日国务院颁布的《社会力量办学条例》同时废止。

中华人民共和国民办教育促进法实施条例

第一章　总则

第一条　根据《中华人民共和国民办教育促进法》（以下简称民办教育促进法），制定本条例。

第二条　国家机构以外的社会组织或者个人可以利用非国家财政性经费举办各级各类民办学校。但是，不得举办实施军事、警察、政治等特殊性质教育的民办学校。

民办教育促进法和本条例所称国家财政性经费，是指财政拨款、依法取得并应当上缴国库或者财政专户的财政性资金。

第三条　各级人民政府应当依法支持和规范社会力量举办民办教育，保障民办学校依法办学、自主管理，鼓励、引导民办学校提高质量、办出特色，满足多样化教育需求。

对于举办民办学校表现突出或者为发展民办教育事业做出突出贡献的社会组织或者个人，按照国家有关规定给予奖励和表彰。

第四条　民办学校应当坚持中国共产党的领导，坚持社会主义办学方向，坚持教育公益性，对受教育者加强社会主义核心价值观教育，落实立德树人根本任务。

民办学校中的中国共产党基层组织贯彻党的方针政策，依照法律、行政法规和国家有关规定参与学校重大决策并实施监督。

第二章　民办学校的设立

第五条　国家机构以外的社会组织或者个人可以单独或者联合举办民办学校。联合举办民办学校的，应当签订联合办学协议，明确合作方式、各方权利义务和争议解决方式等。

国家鼓励以捐资、设立基金会等方式依法举办民办学校。以捐资等方式举办民办学校，无举办者的，其办学过程中的举办者权责由发起人履行。

在中国境内设立的外商投资企业，以及外方为实际控制人的社会组织不得举办、参与举办或者实际控制实施义务教育的民办学校；举办其他类型民办学校的，应当符合国家有关外商投资的规定。

第六条　举办民办学校的社会组织或者个人应当有良好的信用状况。举办民办学校可以用货币出资，也可以用实物、建设用地使用权、知识产权等可以用货币估价并可以依法转让的非货币财产作价出资。但是，法律、行政法规规定不得作为出资的财产除外。

第七条　实施义务教育的公办学校不得举办或者参与举办民办学校，也不得转为民办学校。其他公办学校不得举办或者参与举办营利性民办学校。但是，实施职业教育的公办学校可以吸引企业的资本、技术、管理等要素，举办或者参与举办实施职业教育的营利性民办学校。

公办学校举办或者参与举办民办学校，不得利用国家财政性经费，不得影响公办学校教学活动，不得仅以品牌输出方式参与办学，并应当经其主管部门批准。公办学校举办或者参与举办非营利性民办学校，不得以管理费等方式取得或者变相取得办学收益。

公办学校举办或者参与举办的民办学校应当具有独立的法人资格，具有与公办学校相分离的校园、基本教育教学设施和独立的专任教师队伍，按照国家统一的会计制度独立进行会计核算，独立招生，独立颁发学业证书。

举办或者参与举办民办学校的公办学校依法享有举办者权益，依法履行国有资产管理义务。

第八条　地方人民政府不得利用国有企业、公办教育资源举办或者参与举办实施义务教育的民办学校。

以国有资产参与举办民办学校的，应当根据国家有关国有资产监督管理的规定，聘请具有评估资格的中介机构依法进行评估，根据评估结果合理确定出资额，并报对该国有资产负有监管职责的机构备案。

第九条　国家鼓励企业以独资、合资、合作等方式依法举办或者参与举办实施职业教育的民办学校。

第十条　举办民办学校，应当按时、足额履行出资义务。民办学校存续期间，举办者不得抽逃出资，不得挪用办学经费。

举办者可以依法募集资金举办营利性民办学校，所募集资金应当主要用于办学，不得擅自改变用途，并按规定履行信息披露义务。民办学校及其举办者不得以赞助费等名目向学生、学生家长收取或者变相收取与入学关联的费用。

第十一条　举办者依法制定学校章程，负责推选民办学校首届理事会、董事会或者其他形式决策机构的组成人员。

举办者可以依据法律、法规和学校章程规定的程序和要求参加或者委派代表参加理事会、董事会或者其他形式决策机构，并依据学校章程规定的权限行使相应的决策权、管理权。

第十二条　民办学校举办者变更的，应当签订变更协议，但不得涉及学校的法人财产，也不得影响学校发展，不得损害师生权益；现有民办学校的举办者变更的，可以根据其依法享有的合法权益与继任举办者协议约定变更收益。

民办学校的举办者不再具备法定条件的，应当在6个月内向审批机关提出变更；逾期不变更的，由审批机关责令变更。

举办者为法人的，其控股股东和实际控制人应当符合法律、行政法规规定的举办民办学校的条件，控股股东和实际控制人变更的，应当报主管部门备案并公示。

举办者变更，符合法定条件的，审批机关应当在规定的期限内予以办理。

第十三条　同时举办或者实际控制多所民办学校的，举办者或者实际控制人应当具备与其所开展办学活动相适应的资金、人员、组织机构等条件与能力，并对所举办民办学校承担管理和监督职责。

同时举办或者实际控制多所民办学校的举办者或者实际控制人向所举办或者实际控制的民办学校提供教材、课程、技术支持等服务，以及组织教育教学活动，应当符合国家有关规定并建立相应的质量标准和保障机制。

同时举办或者实际控制多所民办学校的，应当保障所举办或者实际控制的民办学校依法独立开展办学活动，存续期间所有资产由学校依法管理和使用；不得改变所举办或者实际控制的非营利性民办学校的性质，直接或者间接取得办学收益；也不得滥用市场支配地位，排除、限制竞争。

任何社会组织和个人不得通过兼并收购、协议控制等方式控制实施义务教育的民办学校、实施学前教育的非营利性民办学校。

第十四条　实施国家认可的教育考试、职业资格考试和职业技能等级考试等考试的机构，举办或者参与举办与其所实施的考试相关的民办学校应当符合国家有关规定。

第十五条　设立民办学校的审批权限，依照有关法律、法规的规定执行。

地方人民政府及其有关部门应当依法履行实施义务教育的职责。设立实施义务教育的民办学校，应当符合当地义务教育发展规划。

第十六条　国家鼓励民办学校利用互联网技术在线实施教育活动。

利用互联网技术在线实施教育活动应当符合国家互联网管理有关法律、行政法规的规定。利用互联网技术在线实施教育活动的民办学校应当取得相应的办学许可。

民办学校利用互联网技术在线实施教育活动，应当依法建立并落实互联网安全管理制度和安全保护技术措施，发现法律、行政法规禁止发布或者传输的信息的，应当立即停止传输，采取消除等处置措施，防止信息扩散，保存有关记录，并向有关主管部门报告。

外籍人员利用互联网技术在线实施教育活动，应当遵守教育和外国人在华工作管理等有关法律、行政法规的规定。

第十七条　民办学校的举办者在获得筹设批准书之日起 3 年内完成筹设的，可以提出正式设立申请。

民办学校在筹设期内不得招生。

第十八条　申请正式设立实施学历教育的民办学校的，审批机关受理申请后，应当组织专家委员会评议，由专家委员会提出咨询意见。

第十九条　民办学校的章程应当规定下列主要事项：

（一）学校的名称、住所、办学地址、法人属性；

（二）举办者的权利义务，举办者变更、权益转让的办法；

（三）办学宗旨、发展定位、层次、类型、规模、形式等；

（四）学校开办资金、注册资本，资产的来源、性质等；

（五）理事会、董事会或者其他形式决策机构和监督机构的产生方法、人员构成、任期、议事规则等；

（六）学校党组织负责人或者代表进入学校决策机构和监督机构的程序；

（七）学校的法定代表人；

（八）学校自行终止的事由，剩余资产处置的办法与程序；

（九）章程修改程序。

民办学校应当将章程向社会公示，修订章程应当事先公告，征求利益相关方意见。完成修订后，报主管部门备案或者核准。

第二十条　民办学校只能使用一个名称。

民办学校的名称应当符合有关法律、行政法规的规定，不得损害社会公共利益，不得含有可能引发歧义的文字或者含有可能误导公众的其他法人名称。营利性民办学校可以在学校牌匾、成绩单、毕业证书、结业证书、学位证书及相关证明、招生广告和简章上使用经审批机关批准的法人简称。

第二十一条　民办学校开办资金、注册资本应当与学校类型、层次、办学规模相适应。民办学校正式设立时，开办资金、注册资本应当缴足。

第二十二条　对批准正式设立的民办学校，审批机关应当颁发办学许可证，并向社会公告。

办学许可的期限应当与民办学校的办学层次和类型相适应。民办学校在许可期限内无违法违规行为的，有效期届满可以自动延续、换领新证。

民办学校办学许可证的管理办法由国务院教育行政部门、人力资源社会保障行政部门依据职责分工分别制定。

第二十三条　民办学校增设校区应当向审批机关申请地址变更；设立分校应当向分校所在地审批机关单独申请办学许可，并报原审批机关备案。

第二十四条　民办学校依照有关法律、行政法规的规定申请法人登记，登记机关应当依法予以办理。

第三章　民办学校的组织与活动

第二十五条　民办学校理事会、董事会或者其他形式决策机构的负责人应当具有中华人民共和国国籍，具有政治权利和完全民事行为能力，在中国境内定居，品行良好，无故意犯罪记录或者教育领域不良从业记录。

民办学校法定代表人应当由民办学校决策机构负责人或者校长担任。

第二十六条　民办学校的理事会、董事会或者其他形式决策机构应当由举办者或者其代表、校长、党组织负责人、教职工代表等共同组成。鼓励民办学校理事会、董事会或者其他形式决策机构吸收社会公众代表，根据需要设独立理事或者独立董事。实施义务教育的民办学校理事会、董事会或者其他形式决策机构组成人员应当具有中华人民共和国国籍，且应当有审批机关委派的代表。

民办学校的理事会、董事会或者其他形式决策机构每年至少召开 2 次会议。经 1/3 以上组成人员提议，可以召开理事会、董事会或者其他形式决策机构临时会议。讨论下列重大事项，应当经 2/3 以上组成人员同意方可通过：

（一）变更举办者；

（二）聘任、解聘校长；

（三）修改学校章程；

（四）制定发展规划；

（五）审核预算、决算；

（六）决定学校的分立、合并、终止；

（七）学校章程规定的其他重大事项。

第二十七条　民办学校应当设立监督机构。监督机构应当有党的基层组织代表，且教职工代表不少于 1/3。教职工人数少于 20 人的民办学校可以只设 1 至 2 名监事。

监督机构依据国家有关规定和学校章程对学校办学行为进行监督。监督机构负责人或者监事应当列席学校决策机构会议。

理事会、董事会或者其他形式决策机构组成人员及其近亲属不得兼任、担任监督机构组成人员或者监事。

第二十八条　民办学校校长依法独立行使教育教学和行政管理职权。

民办学校内部组织机构的设置方案由校长提出，报理事会、董事会或者其他形式决策机构批准。

第二十九条　民办学校依照法律、行政法规和国家有关规定，自主开展教育教学活动；使用境外教材的，应当符合国家有关规定。

实施高等教育和中等职业技术学历教育的民办学校，可以按照办学宗旨和培养目标自主设置专业、开设课程、选用教材。

实施普通高中教育、义务教育的民办学校可以基于国家课程标准自主开设有特色的课程，实施教育教学创新，自主设置的课程应当报主管教育行政部门备案。实施义务教育的民办学校不得使用境外教材。

实施学前教育的民办学校开展保育和教育活动，应当遵循儿童身心发展规律，设置、开发以游戏、活动为主要形式的课程。

实施以职业技能为主的职业资格培训、职业技能培训的民办学校可以按照与培训专业（职业、工种）相对应的国家职业标准及相关职业培训要求开展培训活动，不得教唆、组织学员规避监管，以不正当手段获取职业资格证书、成绩证明等。

第三十条　民办学校应当按照招生简章或者招生广告的承诺，开设相应课程，开展教育教学活动，保证教育教学质量。

民办学校应当提供符合标准的校舍和教育教学设施设备。

第三十一条　实施学前教育、学历教育的民办学校享有与同级同类公办学校同等的招生权，可以在审批机关核定的办学规模内，自主确定招生的标准和方式，与公办学校同期招生。

实施义务教育的民办学校应当在审批机关管辖的区域内招生，纳入审批机关所在地统一管理。实施普通高中教育的民办学校应当主要在学校所在设区的市范围内招生，符合省、自治区、直辖市人民政府教育行政部门有关规定的可以跨区域招生。招收接受高等学历教育学生的应当遵守国家有关规定。

县级以上地方人民政府教育行政部门、人力资源社会保障行政部门应当为外地的民办学校在本地招生提供平等待遇，不得设置跨区域招生障碍实行地区封锁。

民办学校招收学生应当遵守招生规则，维护招生秩序，公开公平公正录取学生。实施义务教育的民办学校不得组织或者变相组织学科知识类入学考试，不得提前招生。

民办学校招收境外学生，按照国家有关规定执行。

第三十二条　实施高等学历教育的民办学校符合学位授予条件的，依照有关法律、行政法规的规定经审批同意后，可以获得相应的学位授予资格。

第四章　教师与受教育者

第三十三条　民办学校聘任的教师或者教学人员应当具备相应的教师资格或者其他相应的专业资格、资质。

民办学校应当有一定数量的专任教师，其中，实施学前教育、学历教育的民办学校应当按照国家有关规定配备专任教师。

鼓励民办学校创新教师聘任方式，利用信息技术等手段提高教学效率和水平。

第三十四条　民办学校自主招聘教师和其他工作人员，并应当与所招聘人员依法签订劳动或者聘用合同，明确双方的权利义务等。

民办学校聘任专任教师，在合同中除依法约定必备条款外，还应当对教师岗位及其职责要求、师德和业务考核办法、福利待遇、培训和继续教育等事项做出约定。

公办学校教师未经所在学校同意不得在民办学校兼职。

民办学校聘任外籍人员，按照国家有关规定执行。

第三十五条　民办学校应当建立教师培训制度，为受聘教师接受相应的思想政治培训和业务培训提供条件。

第三十六条　民办学校应当依法保障教职工待遇，按照学校登记的法人类型，按时足额支付工资，足额缴纳社会保险费和住房公积金。国家鼓励民办学校按照有关规定为教职工建立职业年金或者企业年金等补充养老保险。

实施学前教育、学历教育的民办学校应当从学费收入中提取一定比例建立专项资金或者基金，由学校管理，用于教职工职业激励或者增加待遇保障。

第三十七条　教育行政部门应当会同有关部门建立民办幼儿园、中小学专任教师劳动、聘用合同备案制度，建立统一档案，记录教师的教龄、工龄，在培训、考核、专业技术职务评聘、表彰奖励、权利保护等方面，统筹规划、统一管理，与公办幼儿园、中小学聘任的教师平等对待。

民办职业学校、高等学校按照国家有关规定自主开展教师专业技术职务评聘。

教育行政部门应当会同有关部门完善管理制度，保证教师在公办学校和民办学校之间的合理流动；指导和监督民办学校建立健全教职工代表大会制度。

第三十八条　实施学历教育的民办学校应当依法建立学籍和教学管理制度，并报主管部门备案。

第三十九条　民办学校及其教师、职员、受教育者申请政府设立的有关科研项目、课题等，享有与同级同类公办学校及其教师、职员、受教育者同等的权利。相关项目管理部门应当按规定及时足额拨付科研项目、课题资金。

各级人民政府应当保障民办学校的受教育者在升学、就业、社会优待、参加先进评选，以及获得助学贷款、奖助学金等国家资助等方面，享有与同级同类公办学校的受教育者同等的权利。

实施学历教育的民办学校应当建立学生资助、奖励制度，并按照不低于当地同级同类公办学校的标准，从学费收入中提取相应资金用于资助、奖励学生。

第四十条　教育行政部门、人力资源社会保障行政部门和其他有关部门，组织有关的评奖评优、文艺体育活动和课题、项目招标，应当为民办学校及其教师、职员、受教育者提供同等的机会。

第五章　民办学校的资产与财务管理

第四十一条　民办学校应当依照《中华人民共和国会计法》和国家统一的会计制度进行会计核算，编制财务会计报告。

第四十二条　民办学校应当建立办学成本核算制度，基于办学成本和市场需求等因素，遵循公平、合法和诚实信用原则，考虑经济效益与社会效益，合理确定收费项目和标准。对公办学校参与举办、使用国有资产或者接受政府生均经费补助的非营利性民办学校，省、自治区、直辖市人民政府可以对其收费制定最高限价。

第四十三条　民办学校资产中的国有资产的监督、管理，按照国家有关规定执行。

民办学校依法接受的捐赠财产的使用和管理，依照有关法律、行政法规执行。

第四十四条　非营利性民办学校收取费用、开展活动的资金往来，应当使用在有关主管部门备案的账户。有关主管部门应当对该账户实施监督。

营利性民办学校收入应当全部纳入学校开设的银行结算账户，办学结余分配应当在年度财务结算后进行。

第四十五条　实施义务教育的民办学校不得与利益关联方进行交易。其他民办学校与利益关联方进行交易的，应当遵循公开、公平、公允的原则，合理定价、规范决策，不得损害国家利益、学校利益和师生权益。

民办学校应当建立利益关联方交易的信息披露制度。教育、人力资源社会保障及财政等有关部门应当加强对非营利性民办学校与利益关联方签订协议的监管，并按年度对关联交易进行审查。

前款所称利益关联方是指民办学校的举办者、实际控制人、校长、理事、董事、监事、财务负责人等，以及与上述组织或者个人之间存在互相控制和影响关系、可能导致民办学校利益被转移的组织或者个人。

第四十六条　在每个会计年度结束时，民办学校应当委托会计师事务所对年度财务报告进行审计。非营利性民办学校应当从经审计的年度非限定性净资产增加额中，营利性民办学校应当从经审计的年度净收益中，按不低于年度非限定性净资产增加额或者净收益的10％的比例提取发展基金，用于学校的发展。

第六章　管理与监督

第四十七条　县级以上地方人民政府应当建立民办教育工作联席会议制度。教育、人力资源社会保障、民政、市场监督管理等部门应当根据职责会同有关部门建立民办学校年度检查和年度报告制度，健全日常监管机制。

教育行政部门、人力资源社会保障行政部门及有关部门应当建立民办学校信用档案和举办者、校长执业信用制度，对民办学校进行执法监督的情况和处罚、处理结果应当予以记录，由执法、监督人员签字后归档，并依法依规公开执法监督结果。相关信用档案和信用记录依法纳入全国信用信息共享平台、国家企业信用信息公示系统。

第四十八条　审批机关应当及时公开民办学校举办者情况、办学条件等审批信息。

教育行政部门、人力资源社会保障行政部门应当依据职责分工，定期组织或者委托第三方机构对民办学校的办学水平和教育质量进行评估，评估结果应当向社会公开。

第四十九条　教育行政部门及有关部门应当制定实施学前教育、学历教育民办学校的信息公示清单，监督民办学校定期向社会公开办学条件、教育质量等有关信息。

营利性民办学校应当通过全国信用信息共享平台、国家企业信用信息公示系统公示相关信息。

有关部门应当支持和鼓励民办学校依法建立行业组织，研究制定相应的质量标准，建立认证体系，制定推广反映行业规律和特色要求的合同示范文本。

第五十条　民办学校终止的，应当交回办学许可证，向登记机关办理注销登记，并向社会公告。

民办学校自己要求终止的，应当提前 6 个月发布拟终止公告，依法依章程制定终止方案。

民办学校无实际招生、办学行为的，办学许可证到期后自然废止，由审批机关予以公告。民办学校自行组织清算后，向登记机关办理注销登记。

对于因资不抵债无法继续办学而被终止的民办学校，应当向人民法院申请破产清算。

第五十一条　国务院教育督导机构及省、自治区、直辖市人民政府负责教育督导的机构应当对县级以上地方人民政府及其有关部门落实支持和规范民办教育发展法定职责的情况进行督导、检查。

县级以上人民政府负责教育督导的机构依法对民办学校进行督导并公布督导结果，建立民办中小学、幼儿园责任督学制度。

第七章　支持与奖励

第五十二条　各级人民政府及有关部门应当依法健全对民办学校的支持政策，优先扶持办学质量高、特色明显、社会效益显著的民办学校。

县级以上地方人民政府可以参照同级同类公办学校生均经费等相关经费标准和支持政策，对非营利性民办学校给予适当补助。

地方人民政府出租、转让闲置的国有资产应当优先扶持非营利性民办学校。

第五十三条　民办学校可以依法以捐赠者的姓名、名称命名学校的校舍或者其他教育教学设施、生活设施。捐赠者对民办学校发展做出特殊贡献的，实施高等学历教育的民办学校经国务院教育行政部门按照国家规定的条件批准，其他民办学校经省、自治区、直辖市人民政府教育行政部门或者人力资源社会保障行政部门按照国家规定的条件批准，可以以捐赠者的姓名或者名称作为学校校名。

第五十四条　民办学校享受国家规定的税收优惠政策，其中，非营利性民办学校享受与公办学校同等的税收优惠政策。

第五十五条　地方人民政府在制定闲置校园综合利用方案时，应当考虑当地民办教育发展需求。

新建、扩建非营利性民办学校，地方人民政府应当按照与公办学校同等原则，以划拨等方式给予用地优惠。

实施学前教育、学历教育的民办学校使用土地，地方人民政府可以依法以协议、招标、拍卖等方式供应土地，也可以采取长期租赁、先租后让、租让结合的方式供应土地，土地出让价款和租金可以在规定期限内按合同约定分期缴纳。

第五十六条　在西部地区、边远地区和少数民族地区举办的民办学校申请贷款用于学校自身发展的，享受国家相关的信贷优惠政策。

第五十七条　县级以上地方人民政府可以根据本行政区域的具体情况，设立民办教育发展专项资金，用于支持民办学校提高教育质量和办学水平、奖励举办者等。

国家鼓励社会力量依法设立民办教育发展方面的基金会或者专项基金，用于支持民办教育发展。

第五十八条　县级人民政府根据本行政区域实施学前教育、义务教育或者其他公共教育服务的需要，可以与民办学校签订协议，以购买服务等方式，委托其承担相应教育任务。

委托民办学校承担普惠性学前教育、义务教育或者其他公共教育任务的，应当根据当地相关教育阶段的委托协议，拨付相应的教育经费。

第五十九条　县级以上地方人民政府可以采取政府补贴、以奖代补等方式鼓励、支持非营利性民办学校保障教师待遇。

第六十条　国家鼓励、支持保险机构设立适合民办学校的保险产品，探索建立行业互助保险等机制，为民办学校重大事故处理、终止善后、教职工权益保障等事项提供风险保障。

金融机构可以在风险可控前提下开发适合民办学校特点的金融产品。民办学校可以以未来经营收入、知识产权等进行融资。

第六十一条　除民办教育促进法和本条例规定的支持与奖励措施外，省、自治区、直辖市人民政府还可以根据实际情况，制定本地区促进民办教育发展的支持与奖励措施。

各级人民政府及有关部门在对现有民办学校实施分类管理改革时，应当充分考虑有关历史和现实情况，保障受教育者、教职工和举办者的合法权益，确保民办学校分类管理改革平稳有序推进。

第八章　法律责任

第六十二条　民办学校举办者及实际控制人、决策机构或者监督机构组成人员有下列情形之一的，由县级以上人民政府教育行政部门、人力资源社会保障行政部门或者其他有关部门依据职责分工责令限期改正，有违法所得的，退还所收费用后没收违法所得；情节严重的，1 至 5 年内不得新成为民办学校举办者或实际控制人、决策机构或者监督机构组成人员；情节特别严重、社会影响恶劣的，永久不得新成为民办学校举办者或实际控制人、决策机构或者监督机构组成人员；构成违反治安管理行为的，由公安机关依法给予治安管理处罚；构成犯罪的，依法追究刑事责任：

（一）利用办学非法集资，或者收取与入学关联的费用的；

（二）未按时、足额履行出资义务，或者抽逃出资、挪用办学经费的；

（三）侵占学校法人财产或者非法从学校获取利益的；

（四）与实施义务教育的民办学校进行关联交易，或者与其他民办学校进行关联交易损害国家利益、学校利益和师生权益的；

（五）伪造、变造、买卖、出租、出借办学许可证的；

（六）干扰学校办学秩序或者非法干预学校决策、管理的；

（七）擅自变更学校名称、层次、类型和举办者的；

（八）有其他危害学校稳定和安全、侵犯学校法人权利或者损害教职工、受教育者权益的行为的。

第六十三条　民办学校有下列情形之一的，依照民办教育促进法第六十二条规定给予处罚：

（一）违背国家教育方针，偏离社会主义办学方向，或者未保障学校党组织履行职责的；

（二）违反法律、行政法规和国家有关规定开展教育教学活动的；

（三）理事会、董事会或者其他形式决策机构未依法履行职责的；

（四）教学条件明显不能满足教学要求、教育教学质量低下，未及时采取措施的；

（五）校舍、其他教育教学设施设备存在重大安全隐患，未及时采取措施的；

（六）侵犯受教育者的合法权益，产生恶劣社会影响的；

（七）违反国家规定聘任、解聘教师，或者未依法保障教职工待遇的；

（八）违反规定招生，或者在招生过程中弄虚作假的；

（九）超出办学许可范围，擅自改变办学地址或者设立分校的；

（十）未依法履行公示办学条件和教育质量有关材料、财务状况等信息披露义务，或者公示的材料不真实的；

（十一）未按照国家统一的会计制度进行会计核算、编制财务会计报告，财务、资产管理混乱，或者违反法律、法规增加收费项目、提高收费标准的；

（十二）有其他管理混乱严重影响教育教学的行为的。

法律、行政法规对前款规定情形的处罚另有规定的，从其规定。

第六十四条 民办学校有民办教育促进法第六十二条或者本条例第六十三条规定的违法情形的，由县级以上人民政府教育行政部门、人力资源社会保障行政部门或者其他有关部门依据职责分工对学校决策机构负责人、校长及直接责任人予以警告；情节严重的，1至5年内不得新成为民办学校决策机构负责人或者校长；情节特别严重、社会影响恶劣的，永久不得新成为民办学校决策机构负责人或者校长。

同时举办或者实际控制多所民办学校的举办者或者实际控制人违反本条例规定，对所举办或者实际控制的民办学校疏于管理，造成恶劣影响的，由县级以上教育行政部门、人力资源社会保障行政部门或者其他有关部门依据职责分工责令限期整顿；拒不整改或者整改后仍发生同类问题的，1至5年内不得举办新的民办学校，情节严重的，10年内不得举办新的民办学校。

第六十五条 违反本条例规定举办、参与举办民办学校或者在民办学校筹设期内招生的，依照民办教育促进法第六十四条规定给予处罚。

第九章 附则

第六十六条 本条例所称现有民办学校，是指2016年11月7日《全国人民代表大会常务委员会关于修改〈中华人民共和国民办教育促进法〉的决定》公布前设立的民办学校。

第六十七条 本条例规定的支持与奖励措施适用于中外合作办学机构。

第六十八条 本条例自2021年9月1日起施行。

关于加强民办学校党的建设工作的意见（试行）

为落实全面从严治党要求，切实加强党对民办学校的领导，根据党章和有关法律法规，现就加强民办学校党的建设工作提出如下意见。

一、加强民办学校党建工作的重要性紧迫性

改革开放以来，我国民办高校、民办中小学校（含民办中等职业学校，下同）和民办培训机构等各类民办学校快速发展，有效满足了人民群众多层次、多样化教育需求，为推动教育现代化、促进经济社会发展做出了积极贡献。民办学校作为社会主义教育事业的重要组成部分，同样承担着培养社会主义建设者和接班人的重任。加强民办学校党的建设，对于全面贯彻党的教育方针、坚持社会主义办学方向、落实立德树人根本任务，具有重要意义。

为促进民办教育发展，各级党委和有关部门按照中央要求，切实加强民办学校党

建工作，建立健全党的组织，不断扩大党的工作覆盖，选配党组织书记，壮大党建工作力量，积极探索党组织发挥作用有效途径，取得明显成效。但也应当看到，民办学校党建工作仍然面临一些新情况新问题新挑战，党组织覆盖率比较低，隶属关系不顺畅，党组织书记队伍还不强，党员教育管理比较松散，党组织保证监督作用发挥不到位，思想政治工作薄弱，等等。解决这些问题，迫切需要按照全面从严治党要求，坚持和加强党的领导，充分发挥民办学校党组织战斗堡垒作用和党员先锋模范作用，确保民办学校按照党的要求办学立校、教书育人，把培育和践行社会主义核心价值观贯穿学校教育全过程，引导师生树立正确的世界观、人生观、价值观，努力在办好民办学校中加强党的建设，通过加强党的建设保障民办学校健康发展。

二、充分发挥民办学校党组织政治核心作用

民办学校党组织是党在民办学校中的战斗堡垒，发挥政治核心作用。主要体现在：(1) 保证政治方向。宣传执行党的理论和路线方针政策，宣传执行党中央、上级党组织和本组织的决议，引导学校全面贯彻党的教育方针，依法办学、规范办学、诚信办学，坚决反对否定和削弱党的领导，反对西方所谓“普世价值”等错误思潮传播，反对各种腐朽价值观念。(2) 凝聚师生员工。把思想政治工作贯穿学校工作各方面，贯穿教育教学全过程，密切联系、热忱服务师生员工，关心和维护他们的正当权益，统一思想、凝聚人心、化解矛盾、增进感情，激发教职工主人翁意识和工作热情。(3) 推动学校发展。支持学校董（理）事会和校长依法依章行使职权、开展工作，参与学校改革发展稳定和事关师生员工切身利益的重大事项决策，帮助学校健全章程和各项管理制度，促进学校提高教育质量、培养合格人才。(4) 引领校园文化。坚持用社会主义核心价值观塑造校园文化，加强社会公德、职业道德、家庭美德、个人品德教育，开展精神文明创建活动，组织丰富多彩的文化活动，推动形成良好校风、教风、学风。(5) 参与人事管理和服务。参与学校各类人才选拔、培养和管理工作，在教职工考评、职称评聘等方面提出意见建议，主动联系、关心关爱，调动他们的积极性和创造性。(6) 加强自身建设。完善组织设置和工作机制，加强党组织班子成员和党务干部管理，做好发展党员和党员教育管理服务工作，严格组织生活制度，认真贯彻民主集中制，强化党组织日常监督和党员民主监督，抓好党风廉政建设。领导学校工会、共青团等群团组织和教职工大会（代表大会），做好统一战线工作。

要从不同类型民办学校实际出发，找准党组织开展工作、发挥作用的着力点。民办高校党组织要突出坚持马克思主义指导地位，把握党对意识形态工作的领导权、管理权、话语权，加强对青年教师、党外知识分子和大学生的思想引导，促使他们增强

政治认同，增强政治敏锐性和政治鉴别力，坚定中国特色社会主义道路自信、理论自信、制度自信、文化自信。民办中小学校党组织要突出学生良好思想品德养成，推动学校把爱党、爱祖国、爱社会主义教育贯穿各项工作中，抓细抓小抓实，使之在学生心中生根发芽，为培养德智体美全面发展的社会主义建设者和接班人奠定基础。民办培训机构党组织要突出诚信守法，引导培训机构端正培训思想、严格内部管理，规范招生、收费等行为，防止培训造假及以不正当手段谋取非法利益，切实提高培训质量和社会效益。

三、推进党的组织和党的工作有效覆盖

加大民办学校党组织组建力度，实现党组织和党的工作全面覆盖，做到哪里有党员，哪里就有党组织，哪里就有党组织和党员作用的充分发挥。

坚持应建必建。凡有 3 名以上正式党员的民办学校，都要按照党章规定建立党组织，并按期进行换届。党员人数不足 3 名的，可采取联合组建、挂靠组建、派入党员教师单独组建等形式建立党组织。暂不具备建立党组织条件的，要通过选派党建工作指导员、联络员或建立工会、共青团组织等途径开展党的工作，条件成熟时及时建立党组织。批准设立民办学校，要坚持党的建设同步谋划、党的组织同步设置、党的工作同步开展。变更、撤并或注销民办学校，上级党组织应及时对民办学校党组织的变更或撤销做出决定。

理顺民办学校党组织隶属关系。实行主管部门管理与属地管理相结合，以主管部门党组织管理为主，学校所在地党组织要积极配合、主动做好指导和管理工作。民办高校党组织关系一般隶属于省（自治区、直辖市）、市（地、州、盟）党委教育工作部门或教育行政部门党组织。民办中小学校党组织关系一般隶属于县（市、区、旗）党委教育工作部门或教育行政部门党组织。民办培训机构党组织关系一般隶属于县（市、区、旗）教育行政部门、人力资源社会保障部门党组织或社会组织党工委。办学规模大、党员人数多、有一定社会影响的民办中小学校、民办培训机构党组织，也可由市（地、州、盟）党委教育工作部门或教育行政部门、人力资源社会保障部门党组织直接管理。有特殊情况的，党组织隶属关系由党委教育工作部门或教育行政部门、人力资源社会保障部门党组织，商同级党委组织部门确定。

四、选好管好民办学校党组织书记

把党组织书记队伍建设作为抓好民办学校党建工作的重中之重，加强选拔培养、教育培训和管理监督，努力提高整体素质和履职能力。

明确选配标准。坚持把政治标准放在首位，按照政治素质过硬、熟悉党建工作，懂教育善管理、有奉献精神的要求，选优配强民办学校党组织书记。坚持信念坚定、为民服务、勤政务实、敢于担当、清正廉洁的好干部标准，突出讲政治的教育家要求，选配好民办高校党组织书记，注重选拔党性观念强、专业素质强的“双强型”民办中小学校党组织书记。

推行向民办高校选派党组织书记。根据实际情况，按照党组织隶属关系，分别由归口管理的党委组织、教育工作部门或教育行政部门党组织具体负责。可从教育行政部门和公办学校在职或退休的党员干部中选派，也可从其他机关和企事业单位熟悉教育工作的党员干部中选派，按党内有关规定任职，一般兼任政府督导专员。派驻党组织书记，全职在民办高校工作，其行政关系不变，报酬待遇由原单位或选派单位负责，除必要工作经费外，不得在学校获取薪酬和其他额外利益。

拓宽民办中小学校党组织书记选配渠道。民办中小学校党组织书记一般从学校管理层中产生，符合条件的董（理）事长、校长，报经上级党组织同意，可担任学校党组织书记。学校内部没有合适人选的，可由上级党组织选派。办学规模大、党员人数多，出资人或校长担任党组织书记的民办中小学校，应配备专职副书记。

抓好党组织书记培训和管理。将民办学校党组织书记培训纳入基层党务干部教育培训总体规划，民办高校党组织书记由省、市级党委组织、教育工作部门负责培训，民办中小学校党组织书记由市、县级党委组织、教育工作部门或教育行政部门负责培训，民办培训机构党组织书记由县级教育行政部门、人力资源社会保障部门或社会组织党工委负责培训。每名党组织书记每年至少参加 1 次集中培训。强化党组织书记考核，落实述职述廉、民主评议、诫勉谈话等制度，对工作认真负责、成绩突出的，要予以表彰奖励；对履职不到位、工作不负责任的，要及时批评教育，必要时按有关规定进行调整。

五、建立健全党组织参与决策和监督机制

坚持党的领导与依法治校有机统一，推动民办学校把党组织建设有关内容纳入学校章程，明确党组织在学校法人治理结构中的地位，保证党组织在重大事项决策、监督、执行各环节有效发挥作用。

推进党组织班子成员进入学校决策层和管理层。民办学校党组织书记应通过法定程序进入学校董（理）事会，办学规模大、党员人数多的学校，符合条件的专职副书记也可进入董（理）事会。党组织班子成员应按照学校章程进入行政管理层，党员校长、副校长等行政领导班子成员，可按照党内有关规定进入党组织班子。

健全党组织参与决策和监督制度。涉及民办学校发展规划、重要改革、人事安排等重大事项，党组织要参与讨论研究，董（理）事会在做出决定前，要征得党组织同意；涉及党的建设、思想政治工作和德育工作的事项，要由党组织研究决定。建立健全党组织与学校董（理）事会、监事会日常沟通协商制度，以及党组织与行政领导班子联席会议制度；强化党组织对学校重要决策实施的监督，定期组织党员、教职工代表等听取校长工作报告及学校重大事项情况通报。

六、做好发展党员和党员教育管理工作

以增强党性、提高素质为重点，加强和改进民办学校党员队伍建设，激发党员保持先进性内在动力，增强党员队伍生机活力。

规范党员组织关系管理。民办学校党组织要从聘用环节开始全面掌握教职工党员身份，定期排查党员组织关系，纳入有效管理，纠正和防止“口袋党员”“隐形党员”现象发生。在学校从事专职工作半年以上的党员，一般应转入组织关系；暂时不能转入的，实行组织关系一方隶属、参加多重组织生活。新调入的教职工党员，要督促其尽快转移组织关系。认真落实高校毕业生党员组织关系管理工作有关要求，加强民办高校毕业生党员组织关系管理，防止一转了之甚至推出不管。

严格党的组织生活。坚持“三会一课”制度，增强党员主体意识和党性观念。党组织书记每年至少讲 1 次党课。开好学校党员领导干部民主生活会和支部组织生活会，认真开展批评和自我批评，进行党员党性分析和民主评议。按照党章和党内有关规定，严肃处置不合格党员。

做好发展党员工作。适当增加民办学校发展党员数量，重视发展优秀大学生和青年教师入党。加强入党积极分子教育培养，注重把教学科研管理骨干培养成党员，把优秀党员教师培养成学科带头人。建立健全相关制度，提高发展党员质量。注意培养和吸收符合条件的民办学校出资人入党。

从严教育管理党员。组织党员认真学习党的理论和路线方针政策，学习中国特色社会主义理论体系，学习习近平总书记系列重要讲话精神和治国理政新理念新思想新战略，学习党章党规，引导党员坚定理想信念，提高政治觉悟，自觉践行“三严三实”要求，严格守纪律讲规矩。针对教职工党员兼职人员多、退休人员多、青年教师多、流动性强等实际，采取学习培训、专题辅导、结对帮扶、谈心交流等方式，帮助教职工党员提高素质，解决思想困惑和实际困难。设立党员教学管理服务示范岗，推行党员承诺制和党员星级管理，引导他们充分发挥在教书育人中的示范带动作用。

七、抓好思想政治教育和德育工作

领导思想政治教育和德育工作，是民办学校党组织的首要政治责任。民办学校党组织要认真履责，加强分析研判，研究解决重要问题，巩固学校思想文化和意识形态阵地。

推动中国特色社会主义理论体系进课堂、进头脑。督促民办学校加强教材、教师、教学体系建设，按有关课程标准，优选经依法审定的思想政治课和德育课教材，保证足够的教学时间。实施思想政治课“名师工程”，安排政治强、业务精、作风好、综合素质高的教师授课。党组织书记要带头讲形势政策课，回答好师生关心的热点难点问题。民族地区和边疆地区的民办学校，还要加强马克思主义祖国观、民族观、宗教观和民族团结进步教育教学。要把思想政治教育融入学生学习生活各环节，抓好学校教室、寝室和网络等思想文化阵地建设与管理，促进全员、全过程、全方位育人。

重视师德师风建设。将思想政治要求纳入教师日常管理，坚持学术研究无禁区、课堂讲授有纪律，引导教师恪守职业道德，自觉为人师表。定期评估学校师德师风情况，对爱岗敬业、师德表现突出的，要表扬表彰；对师德表现不佳的，要劝诫整改；对师德失范、不适宜继续从事教育教学工作的，要提出调整岗位或调离学校的建议。对个别散布错误言论的教师，党组织要敢抓敢管。

加强思想政治工作者队伍建设。上级党委和有关部门要推动民办学校设立思想政治教育和德育工作机构，配齐配强辅导员、班主任、思想政治课教师等工作力量。思想政治课教师的平均收入，应不低于学校其他专业教师平均水平。推进民办高校辅导员专业化、职业化，打通职业发展和专业晋升通道，激发他们的工作积极性。

八、加强对民办学校党建工作的领导

落实民办学校党建工作责任制。各级党委要切实履行主体责任，把民办学校党建工作作为基层党建重要任务，纳入基层党建工作述职评议考核内容，定期听取专题汇报，帮助解决困难和问题。党委组织部门要加强统筹协调和宏观指导，牵头研究制定民办学校党建工作具体措施；党委教育工作部门和教育行政部门要负起直接责任，强化指导和督促推动党的建设各项政策措施落实到位。机构编制、民政、人力资源社会保障、工商及其他有关部门要结合各自职能，协同做好工作。对履行党建责任不力，民办学校党的建设和意识形态工作长期薄弱的，要严肃问责。

充实党务工作力量。民办高校要按有关规定健全党务工作部门，明确相应力量从事党的组织、宣传、纪检等方面工作；学校专职党务工作人员配备，应根据实际需要保持一定数量。民办中小学校也要保证党建工作有人管、有人抓。民办学校兼职从事党务工作的人员，应计算工作量。

完善经费保障机制。民办学校要将党组织活动经费列入年度经费预算，保证必要支出。学校党员交纳党费可全额返还。拓宽经费来源渠道，有条件的，地方财政可给予一定支持。发挥公办学校党建工作优势，通过区域共建、中心校带动等方式，与民办学校组织联建、资源共享。

加强分类指导和督促检查。要结合各类民办学校实际，引导党组织围绕学校发展、贴近师生需求开展党的活动，增强党建工作的针对性、实效性，防止“两张皮”。要把党建工作情况作为民办学校注册登记、年检年审、评估考核、管理监督的必备条件和必查内容。做好民办学校出资人思想工作，促使他们主动支持党建工作。对不重视、不支持党建工作的，要教育引导、督促整改；对办学出现严重问题的，要依法依规扣减招生计划，直至撤销办学资格。

要高度重视民办幼儿园党的建设，根据学前教育特点和幼儿教师实际，落实民办学校党建工作有关要求，确保党的组织和党的工作有效覆盖。

国家职业教育改革实施方案

职业教育与普通教育是两种不同教育类型，具有同等重要地位。改革开放以来，职业教育为我国经济社会发展提供了有力的人才和智力支撑，现代职业教育体系框架全面建成，服务经济社会发展能力和社会吸引力不断增强，具备了基本实现现代化的诸多有利条件和良好工作基础。随着我国进入新的发展阶段，产业升级和经济结构调整不断加快，各行各业对技术技能人才的需求越来越紧迫，职业教育的重要地位和作用越来越凸显。但是，与发达国家相比，与建设现代化经济体系、建设教育强国的要求相比，我国职业教育还存在着体系建设不够完善、职业技能实训基地建设有待加强、制度标准不够健全、企业参与办学的动力不足、有利于技术技能人才成长的配套政策尚待完善、办学和人才培养质量水平参差不齐等问题，到了必须下大力气抓好的时候。没有职业教育现代化就没有教育现代化。为贯彻全国教育大会精神，进一步办好新时代职业教育，落实《中华人民共和国职业教育法》，制定本实施方案。

总体要求与目标：坚持以习近平新时代中国特色社会主义思想为指导，把职业教育摆在教育改革创新和经济社会发展中更加突出的位置。牢固树立新发展理念，服务建设现代化经济体系和实现更高质量、更充分就业需要，对接科技发展趋势和市场需求，完善职业教育和培训体系，优化学校、专业布局，深化办学体制改革和育人机制改革，以促进就业和适应产业发展需求为导向，鼓励和支持社会各界特别是企业积极支持职业教育，着力培养高素质劳动者和技术技能人才。经过5—10年左右时间，职业教育基本完成由政府举办为主向政府统筹管理、社会多元办学的格局转变，由追求规模扩张向提高质量转变，由参照普通教育办学模式向企业社会参与、专业特色鲜明的类型教育转变，大幅提升新时代职业教育现代化水平，为促进经济社会发展和提高国家竞争力提供优质人才资源支撑。

具体指标：到2022年，职业院校教学条件基本达标，一大批普通本科高等学校向应用型转变，建设50所高水平高等职业学校和150个骨干专业（群）。建成覆盖大部分行业领域、具有国际先进水平的中国职业教育标准体系。企业参与职业教育的积极性有较大提升，培育数以万计的产教融合型企业，打造一批优秀职业教育培训评价组织，推动建设300个具有辐射引领作用的高水平专业化产教融合实训基地。职业院校实践性教学课时原则上占总课时一半以上，顶岗实习时间一般为6个月。“双师型”教师（同时具备理论教学和实践教学能力的教师）占专业课教师总数超过一半，分专业建设一批国家级职业教育教师教学创新团队。从2019年开始，在职业院校、应用型本科高校启动“学历证书+若干职业技能等级证书”制度试点（以下称1+X证书制度试点）工作。

一、完善国家职业教育制度体系

（一）健全国家职业教育制度框架

把握好正确的改革方向，按照“管好两端、规范中间、书证融通、办学多元”的原则，严把教学标准和毕业学生质量标准两个关口。将标准化建设作为统领职业教育发展的突破口，完善职业教育体系，为服务现代制造业、现代服务业、现代农业发展和职业教育现代化提供制度保障与人才支持。建立健全学校设置、师资队伍、教学教材、信息化建设、安全设施等办学标准，引领职业教育服务发展、促进就业创业。落实好立德树人根本任务，健全德技并修、工学结合的育人机制，完善评价机制，规范人才培养全过程。深化产教融合、校企合作，育训结合，健全多元化办学格局，推动企业深度参与协同育人，扶持鼓励企业和社会力量参与举办各类职业教育。推进资历框架建设，探索实现学历证书和职业技能等级证书互通衔接。

（二）提高中等职业教育发展水平

优化教育结构，把发展中等职业教育作为普及高中阶段教育和建设中国特色职业教育体系的重要基础，保持高中阶段教育职普比大体相当，使绝大多数城乡新增劳动力接受高中阶段教育。改善中等职业学校基本办学条件。加强省级统筹，建好办好一批县域职教中心，重点支持集中连片特困地区每个地（市、州、盟）原则上至少建设一所符合当地经济社会发展和技术技能人才培养需要的中等职业学校。指导各地优化中等职业学校布局结构，科学配置并做大做强职业教育资源。加大对民族地区、贫困地区和残疾人职业教育的政策、金融支持力度，落实职业教育东西协作行动计划，办好内地少数民族中职班。完善招生机制，建立中等职业学校和普通高中统一招生平台，精准服务区域发展需求。积极招收初高中毕业未升学学生、退役军人、退役运动员、下岗职工、返乡农民工等接受中等职业教育；服务乡村振兴战略，为广大农村培养以新型职业农民为主体的农村实用人才。发挥中等职业学校作用，帮助部分学业困难学生按规定在职业学校完成义务教育，并接受部分职业技能学习。

鼓励中等职业学校联合中小学开展劳动和职业启蒙教育，将动手实践内容纳入中小学相关课程和学生综合素质评价。

（三）推进高等职业教育高质量发展

把发展高等职业教育作为优化高等教育结构和培养大国工匠、能工巧匠的重要方式，使城乡新增劳动力更多接受高等教育。高等职业学校要培养服务区域发展的高素质技术技能人才，重点服务企业特别是中小微企业的技术研发和产品升级，加强社区教育和终身学习服务。建立“职教高考”制度，完善“文化素质＋职业技能”的考试招生办法，提高生源质量，为学生接受高等职业教育提供多种入学方式和学习方式。在学前教育、护理、养老服务、健康服务、现代服务业等领域，扩大对初中毕业生实行中高职贯通培养的招生规模。启动实施中国特色高水平高等职业学校和专业建设计划，建设一批引领改革、支撑发展、中国特色、世界水平的高等职业学校和骨干专业（群）。根据高等学校设置制度规定，将符合条件的技师学院纳入高等学校序列。

（四）完善高层次应用型人才培养体系

完善学历教育与培训并重的现代职业教育体系，畅通技术技能人才成长渠道。发展以职业需求为导向、以实践能力培养为重点、以产学研用结合为途径的专业学位研究生培养模式，加强专业学位硕士研究生培养。推动具备条件的普通本科高校向应用型转变，鼓励有条件的普通高校开办应用技术类型专业或课程。开展本科层次职业教育试点。制定中国技能大赛、全国职业院校技能大赛、世界技能大赛获奖选手等免试入学政策，探索长学制培养高端技术技能人才。服务军民融合发展，把军队相关的职业教育纳入国家职业教育大体系，共同做好面向现役军人的教育培训，支持其在服役期间取得多类职业技能等级证书，提升技术技能水平。落实好定向培养直招士官政策，推动地方院校与军队院校有效对接，推动优质职业教育资源向军事人才培养开放，建立军地网络教育资源共享机制。制定具体政策办法，支持适合的退役军人进入职业院校和普通本科高校接受教育和培训，鼓励支持设立退役军人教育培训集团（联盟），推动退役、培训、就业有机衔接，为促进退役军人特别是退役士兵就业创业做出贡献。

二、构建职业教育国家标准

（五）完善教育教学相关标准

发挥标准在职业教育质量提升中的基础性作用。按照专业设置与产业需求对接、课程内容与职业标准对接、教学过程与生产过程对接的要求，完善中等、高等职业学校设置标准，规范职业院校设置；实施教师和校长专业标准，提升职业院校教学管理和教学实践能力。持续更新并推进专业目录、专业教学标准、课程标准、顶岗实习标准、实训条件建设标准（仪器设备配备规范）建设和在职业院校落地实施。巩固和发展国务院教育行政部门联合行业制定国家教学标准、职业院校依据标准自主制定人才培养方案的工作格局。

（六）启动1＋X证书制度试点工作

深化复合型技术技能人才培养培训模式改革，借鉴国际职业教育培训普遍做法，制定工作方案和具体管理办法，启动1＋X证书制度试点工作。试点工作要进一步发挥好学历证书作用，夯实学生可持续发展基础，鼓励职业院校学生在获得学历证书的同时，积极取得多类职业技能等级证书，拓展就业创业本领，缓解结构性就业矛盾。国务院人力资源社会保障行政部门、教育行政部门在职责范围内，分别负责管理监督考核院校外、院校内职业技能等级证书的实施（技工院校内由人力资源社会保障行政部门负责），国务院人力资源社会保障行政部门组织制定职业标准，国务院教育行政部门依照职业标准牵头组织开发教学等相关标准。院校内培训可面向社会人群，院校外培训也可面向在校学生。各类职业技能等级证书具有同等效力，持有证书人员享受同等待遇。院校内实施的职业技能等级证书分为初级、中级、高级，是职业技能水平的凭证，反映职业活动和个人职业生涯发展所需要的综合能力。

（七）开展高质量职业培训

落实职业院校实施学历教育与培训并举的法定职责，按照育训结合、长短结合、内外结合的要求，面向在校学生和全体社会成员开展职业培训。自2019年开始，围绕现代农业、先进制造业、现代服务业、战略性新兴产业，推动职业院校在10个左右技术技能人才紧缺领域大力开展职业培训。引导行业企业深度参与技术技能人才培养培训，促进职业院校加强专业建设、深化课程改革、增强实训内容、提高师资水平，全面提升教育教学质量。各级政府要积极支持职业培训，行政部门要简政放权并履行好监管职责，相关下属机构要优化服务，对于违规收取费用的要严肃处理。畅通技术技能人才职业发展通道，鼓励其持续获得适应经济社会发展需要的职业培训证书，引导和支持企业等用人单位落实相关待遇。对取得职业技能等级证书的离校未就业高校毕业生，按规定落实职业培训补贴政策。

（八）实现学习成果的认定、积累和转换

加快推进职业教育国家“学分银行”建设，从2019年开始，探索建立职业教育个人学习账号，实现学习成果可追溯、可查询、可转换。有序开展学历证书和职业技能等级证书所体现的学习成果的认定、积累和转换，为技术技能人才持续成长拓宽通道。职业院校对取得若干职业技能等级证书的社会成员，支持其根据证书等级和类别免修部分课程，在完成规定内容学习后依法依规取得学历证书。对接受职业院校学历教育并取得毕业证书的学生，在参加相应的职业技能等级证书考试时，可免试部分内容。从2019年起，在有条件的地区和高校探索实施试点工作，制定符合国情的国家资历框架。

三、促进产教融合校企“双元”育人

（九）坚持知行合一、工学结合

借鉴“双元制”等模式，总结现代学徒制和企业新型学徒制试点经验，校企共同研究制定人才培养方案，及时将新技术、新工艺、新规范纳入教学标准和教学内容，强化学生实习实训。健全专业设置定期评估机制，强化地方引导本区域职业院校优化专业设置的职责，原则上每5年修订1次职业院校专业目录，学校依据目录灵活自主设置专业，每年调整1次专业。健全专业教学资源库，建立共建共享平台的资源认证标准和交易机制，进一步扩大优质资源覆盖面。遴选认定一大批职业教育在线精品课程，建设一大批校企“双元”合作开发的国家规划教材，倡导使用新型活页式、工作手册式教材并配套开发信息化资源。每3年修订1次教材，其中专业教材随信息技术发展和产业升级情况及时动态更新。适应“互联网＋职业教育”发展需求，运用现代信息技术改进教学方式方法，推进虚拟工厂等网络学习空间建设和普遍应用。

（十）推动校企全面加强深度合作

职业院校应当根据自身特点和人才培养需要，主动与具备条件的企业在人才培养、技术创新、就业创业、社会服务、文化传承等方面开展合作。学校积极为企业提供所需的课程、师资等资源，企业应当依法履行实施职业教育的义务，利用资本、技术、知识、设施、设备和管理等要素参与校企合作，促进人力资源开发。校企合作中，学校可从中获得智力、专利、教育、劳务等报酬，具体分配由学校按规定自行处理。在开展国家产教融合建设试点基础上，建立产教融合型企业认证制度，对进入目录的产教融合型企业给予“金融+财政+土地+信用”的组合式激励，并按规定落实相关税收政策。试点企业兴办职业教育的投资符合条件的，可按投资额一定比例抵免该企业当年应缴教育费附加和地方教育附加。厚植企业承担职业教育责任的社会环境，推动职业院校和行业企业形成命运共同体。

（十一）打造一批高水平实训基地

加大政策引导力度，充分调动各方面深化职业教育改革创新的积极性，带动各级政府、企业和职业院校建设一批资源共享，集实践教学、社会培训、企业真实生产和社会技术服务于一体的高水平职业教育实训基地。面向先进制造业等技术技能人才紧缺领域，统筹多种资源，建设若干具有辐射引领作用的高水平专业化产教融合实训基地，推动开放共享，辐射区域内学校和企业；鼓励职业院校建设或校企共建一批校内实训基地，提升重点专业建设和校企合作育人水平。积极吸引企业和社会力量参与，指导各地各校借鉴德国、日本、瑞士等国家经验，探索创新实训基地运营模式。提高实训基地规划、管理水平，为社会公众、职业院校在校生取得职业技能等级证书和企业提升人力资源水平提供有力支撑。

（十二）多措并举打造“双师型”教师队伍

从2019年起，职业院校、应用型本科高校相关专业教师原则上从具有3年以上企业工作经历并具有高职以上学历的人员中公开招聘，特殊高技能人才（含具有高级工以上职业资格人员）可适当放宽学历要求，2020年起基本不再从应届毕业生中招聘。加强职业技术师范院校建设，优化结构布局，引导一批高水平工科学校举办职业技术师范教育。实施职业院校教师素质提高计划，建立100个“双师型”教师培养培训基地，职业院校、应用型本科高校教师每年至少1个月在企业或实训基地实训，落实教师5年一周期的全员轮训制度。探索组建高水平、结构化教师教学创新团队，教师分工协作进行模块化教学。定期组织选派职业院校专业骨干教师赴国外研修访学。在职业院校实行高层次、高技能人才以直接考察的方式公开招聘。建立健全职业院校自主聘任兼职教师的办法，推动企业工程技术人员、高技能人才和职业院校教师双向流动。职业院校通过校企合作、技术服务、社会培训、自办企业等所得收入，可按一定比例作为绩效工资来源。

四、建设多元办学格局

（十三）推动企业和社会力量举办高质量职业教育

各级政府部门要深化“放管服”改革，加快推进职能转变，由注重“办”职业教育向“管理与服务”过渡。政府主要负责规划战略、制定政策、依法依规监管。发挥企业重要办学主体作用，鼓励有条件的企业特别是大企业举办高质量职业教育，各级人民政府可按规定给予适当支持。完善企业经营管理和技术人员与学校领导、骨干教师相互兼职兼薪制度。2020年初步建成300个示范性职业教育集团（联盟），带动中小企业参与。支持和规范社会力量兴办职业教育培训，鼓励发展股份制、混合所有制等职业院校和各类职业培训机构。建立公开透明规范的民办职业教育准入、审批制度，探索民办职业教育负面清单制度，建立健全退出机制。

（十四）做优职业教育培训评价组织

职业教育包括职业学校教育和职业培训，职业院校和应用型本科高校按照国家教学标准和规定职责完成教学任务和职业技能人才培养。同时，也必须调动社会力量，补充校园不足，助力校园办学。能够依据国家有关法规和职业标准、教学标准完成的职业技能培训，要更多通过职业教育培训评价组织（以下简称培训评价组织）等参与实施。政府通过放宽准入，严格末端监督执法，严格控制数量，扶优、扶大、扶强，保证培训质量和学生能力水平。要按照在已成熟的品牌中遴选一批、在成长中的品牌中培育一批、在有需要但还没有建立项目的领域中规划一批的原则，以社会化机制公开招募并择优遴选培训评价组织，优先从制定过国家职业标准并完成标准教材编写，具有专家、师资团队、资金实力和5年以上优秀培训业绩的机构中选择。培训评价组织应对接职业标准，与国际先进标准接轨，按有关规定开发职业技能等级标准，负责实施职业技能考核、评价和证书发放。政府部门要加强监管，防止出现乱培训、滥发证现象。行业协会要积极配合政府，为培训评价组织提供好服务环境支持，不得以任何方式收取费用或干预企业办学行为。

五、完善技术技能人才保障政策

（十五）提高技术技能人才待遇水平

支持技术技能人才凭技能提升待遇，鼓励企业职务职级晋升和工资分配向关键岗位、生产一线岗位和紧缺急需的高层次、高技能人才倾斜。建立国家技术技能大师库，鼓励技术技能大师建立大师工作室，并按规定给予政策和资金支持，支持技术技能大师到职业院校担任兼职教师，参与国家重大工程项目联合攻关。积极推动职业院校毕业生在落户、就业、参加机关事业单位招聘、职称评审、职级晋升等方面与普通高校毕业生享受同等待遇。逐步提高技术技能人才特别是技术工人收入水平和地位。机关和企事业单位招用人员不得歧视职业院校毕业生。国务院人力资源社会保障行政部门会同有关部门，适时组织清理调整对技术技能人才的歧视政策，推动形成人人皆可成才、人人尽展其才的良好环境。按照国家有关规定加大对职业院校参加有关技能大赛成绩突出毕业生的表彰奖励力度。办好职业教育活动周和世界青年技能日宣传活动，深入开展"大国工匠进校园""劳模进校园""优秀职校生校园分享"等活动，宣传展示大国工匠、能工巧匠和高素质劳动者的事迹和形象，培育和传承好工匠精神。

（十六）健全经费投入机制

各级政府要建立与办学规模、培养成本、办学质量等相适应的财政投入制度，地方政府要按规定制定并落实职业院校生均经费标准或公用经费标准。在保障教育合理投入的同时，优化教育支出结构，新增教育经费要向职业教育倾斜。鼓励社会力量捐资、出资兴办职业教育，拓宽办学筹资渠道。进一步完善中等职业学校生均拨款制度，各地中等职业学校生均财政拨款水平可适当高于当地普通高中。各地在继续巩固落实好高等职业教育生均财政拨款水平达到12000元的基础上，根据发展需要和财力可能逐步提高拨款水平。组织实施好现代职业教育质量提升计划、产教融合工程等。经费投入要进一步突出改革导向，支持校企合作，注重向中西部、贫困地区和民族地区倾斜。进一步扩大职业院校助学金覆盖面，完善补助标准动态调整机制，落实对建档立卡等家庭经济困难学生的倾斜政策，健全职业教育奖学金制度。

六、加强职业教育办学质量督导评价

（十七）建立健全职业教育质量评价和督导评估制度

以学习者的职业道德、技术技能水平和就业质量，以及产教融合、校企合作水平为核心，建立职业教育质量评价体系。定期对职业技能等级证书有关工作进行"双随机、一公开"的抽查和监督，从2019年起，对培训评价组织行为和职业院校培训质量进行监测和评估。实施职业教育质量年度报告制度，报告向社会公开。完善政府、行业、企业、职业院校等共同参与的质量评价机制，积极支持第三方机构开展评估，将考核结果作为政策支持、绩效考核、表彰奖励的重要依据。完善职业教育督导评估办法，建立职业教育定期督导评估和专项督导评估制度，落实督导报告、公报、约谈、限期整改、奖惩等制度。国务院教育督导委员会定期听取职业教育督导评估情况汇报。

（十八）支持组建国家职业教育指导咨询委员会

为把握正确的国家职业教育改革发展方向，创新我国职业教育改革发展模式，提出重大政策研究建议，参与起草、制定国家职业教育法律法规，开展重大改革调研，提供各种咨询意见，进一步提高政府决策科学化水平，规划并审议职业教育标准等，在政府指导下组建国家职业教育指导咨询委员会。成员包括政府人员、职业教育专家、行业企业专家、管理专家、职业教育研究人员、中华职业教育社等团体和社会各方面热心职业教育的人士。通过政府购买服务等方式，听取咨询机构提出的意见建议并鼓励社会和民间智库参与。政府可以委托国家职业教育指导咨询委员会作为第三方，对全国职业院校、普通高校、校企合作企业、培训评价组织的教育管理、教学质量、办学方式模式、师资培养、学生职业技能提升等情况进行指导、考核、评估等。

七、做好改革组织实施工作

（十九）加强党对职业教育工作的全面领导

以习近平新时代中国特色社会主义思想特别是习近平总书记关于职业教育的重要论述武装头脑、指导实践、推动工作。加强党对教育事业的全面领导，全面贯彻党的教育方针，落实中央教育工作领导小组各项要求，保证职业教育改革发展正确方向。要充分发挥党组织在职业院校的领导核心和政治核心作用，牢牢把握学校意识形态工作领导权，将党建工作与学校事业发展同部署、同落实、同考评。指导职业院校上好思想政治理论课，实施好中等职业学校“文明风采”活动，推进职业教育领域“三全育人”综合改革试点工作，使各类课程与思想政治理论课同向同行，努力实现职业技能和职业精神培养高度融合。加强基层党组织建设，有效发挥基层党组织的战斗堡垒作用和共产党员的先锋模范作用，带动学校工会、共青团等群团组织和学生会组织建设，汇聚每一位师生员工的积极性和主动性。

（二十）完善国务院职业教育工作部际联席会议制度

国务院职业教育工作部际联席会议由教育、人力资源社会保障、发展改革、工业和信息化、财政、农业农村、国资、税务、扶贫等单位组成，国务院分管教育工作的副总理担任召集人。联席会议统筹协调全国职业教育工作，研究协调解决工作中重大问题，听取国家职业教育指导咨询委员会等方面的意见建议，部署实施职业教育改革创新重大事项，每年召开两次会议，各成员单位就有关工作情况向联席会议报告。国务院教育行政部门负责职业教育工作的统筹规划、综合协调、宏观管理，国务院教育行政部门、人力资源社会保障行政部门和其他有关部门在职责范围内，分别负责有关的职业教育工作。各成员单位要加强沟通协调，做好相关政策配套衔接，在国家和区域战略规划、重大项目安排、经费投入、企业办学、人力资源开发等方面形成政策合力。推动落实《中华人民共和国职业教育法》，为职业教育改革创新提供重要的制度保障。

关于引导部分地方普通本科高校向应用型转变的指导意见

为贯彻落实党中央、国务院关于引导部分地方普通本科高校向应用型转变（以下简称转型发展）的决策部署，推动高校转型发展，现提出如下意见。

一、重要意义

当前，我国已经建成了世界上最大规模的高等教育体系，为现代化建设做出了巨大贡献。但随着经济发展进入新常态，人才供给与需求关系深刻变化，面对经济结构深刻调整、产业升级加快步伐、社会文化建设不断推进特别是创新驱动发展战略的实施，高等教育结构性矛盾更加突出，同质化倾向严重，毕业生就业难和就业质量低的问题仍未有效缓解，生产服务一线紧缺的应用型、复合型、创新型人才培养机制尚未完全建立，人才培养结构和质量尚不适应经济结构调整和产业升级的要求。

积极推进转型发展，必须采取有力举措破解转型发展改革中顶层设计不够、改革动力不足、体制束缚太多等突出问题。特别是紧紧围绕创新驱动发展、中国制造2025、互联网+、大众创业万众创新、“一带一路”等国家重大战略，找准转型发展的着力点、突破口，真正增强地方高校为区域经济社会发展服务的能力，为行业企业技术进步服务的能力，为学习者创造价值的能力。各地各高校要从适应和引领经济发展新常态、服务创新驱动发展的大局出发，切实增强对转型发展工作重要性、紧迫性的认识，摆在当前工作的重要位置，以改革创新的精神，推动部分普通本科高校转型发展。

二、指导思想和基本思路

（一）指导思想

贯彻党中央、国务院重大决策，主动适应我国经济发展新常态，主动融入产业转型升级和创新驱动发展，坚持试点引领、示范推动，转变发展理念，增强改革动力，强化评价引导，推动转型发展高校把办学思路真正转到服务地方经济社会发展上来，转到产教融合校企合作上来，转到培养应用型技术技能型人才上来，转到增强学生就业创业能力上来，全面提高学校服务区域经济社会发展和创新驱动发展的能力。

（二）基本思路

坚持顶层设计、综合改革。系统总结近年来高等教育和职业教育改革的成功经验，增强改革的系统性、整体性和协调性。不断完善促进转型发展的政策体系，推动院校设置、招生计划、拨款制度、学校治理结构、学科专业设置、人才培养模式、师资队伍建设、招生考试制度等重点、难点领域的改革。充分发挥评估评价制度的导向作用，以评促建、以评促转，使转型高校的教育目标和质量标准更加对接社会需求、更加符合应用型高校的办学定位。

坚持需求导向、服务地方。发挥政府宏观调控和市场机制作用，推进需求传导式的改革，深化产教融合、校企合作，促进高校科学定位、特色发展，加强一线技术技能人才培养，促进毕业生就业质量显著提高，科技型创业人才培养取得重大突破，将一批高校建成有区域影响力的先进技术转移中心、科技服务中心和技术创新基地。

坚持试点先行、示范引领。转型的主体是学校。按照试点一批、带动一片的要求，确定一批有条件、有意愿的试点高校率先探索应用型（含应用技术大学、学院）发展模式。充分发挥试点高校的示范引领作用，激发高校转型内生动力活力，带动更多地方高校加快转型步伐，推动高等教育改革和现代职业教育体系建设不断取得新进展。

坚持省级统筹、协同推进。转型的责任在地方。充分发挥省级政府统筹权，根据区域经济社会发展和高等教育整体布局结构，制定转型发展的实施方案，加强区域内产业、教育、科技资源的统筹和部门之间的协调，积极稳妥推进转型发展工作。

三、转型发展的主要任务

（三）明确类型定位和转型路径

确立应用型的类型定位和培养应用型技术技能型人才的职责使命，以产教融合、校企合作为突破口，根据所服务区域、行业的发展需求，找准切入点、创新点、增长点，制定改革的时间表、路线图。转型高校要结合“十三五”规划编制工作，切实发扬民主，通过广泛的思想动员，将学校类型定位和转型发展战略通过学校章程、党代会教代会决议的形式予以明确。

（四）加快融入区域经济社会发展

建立合作关系，使转型高校更好地与当地创新要素资源对接，与经济开发区、产业聚集区创新发展对接，与行业企业人才培养和技术创新需求对接。积极争取地方政府、行业企业支持，通过建设协同创新中心、工业研究院、创新创业基地等载体和科研、医疗、文化、体育等基础设施共建共享，形成高校和区域经济社会联动发展格局。围绕中国制造2025、“一带一路”、京津冀协同发展、长江经济带建设、区域特色优势产业转型升级、社会建设和基本公共服务等重大战略，加快建立人才培养、科技服务、技术创新、万众创业的一体化发展机制。

（五）抓住新产业、新业态和新技术发展机遇

创新发展思路，增强把握社会经济技术重大变革趋势的能力，加强战略谋划和布局，实现弯道超车。适应、融入、引领所服务区域的新产业、新业态发展，瞄准当地经济社会发展的新增长点，形成人才培养和技术创新新格局。促进新技术向生产生活广泛渗透、应用，推动“互联网＋”战略在当地深入推进，形成人才培养和技术创新新优势。以服务新产业、新业态、新技术为突破口，形成一批服务产业转型升级和先进技术转移应用特色鲜明的应用技术大学、学院。

（六）建立行业企业合作发展平台

建立学校、地方、行业、企业和社区共同参与的合作办学、合作治理机制。校企合作的专业集群实现全覆盖。转型高校可以与行业、企业实行共同组建教育集团，也可以与行业企业、产业集聚区共建共管二级学院。建立有地方、行业和用人单位参与的校、院理事会（董事会）制度、专业指导委员会制度，成员中来自于地方政府、行业、企业和社区的比例不低于50％。支持行业、企业全方位、全过程参与学校管理、专业建设、课程设置、人才培养和绩效评价。积极争取地方、行业、企业的经费、项目和资源在学校集聚，合作推动学校转型发展。

（七）建立紧密对接产业链、创新链的专业体系

按需重组人才培养结构和流程，围绕产业链、创新链调整专业设置，形成特色专业集群。通过改造传统专业、设立复合型新专业、建立课程超市等方式，大幅度提高复合型技术技能人才培养比重。建立行业和用人单位专家参与的校内专业设置评议制度，形成根据社会需求、学校能力和行业指导依法设置新专业的机制。改变专业设置盲目追求数量的倾向，集中力量办好地方（行业）急需、优势突出、特色鲜明的专业。

（八）创新应用型技术技能型人才培养模式

建立以提高实践能力为引领的人才培养流程，率先应用“卓越计划”的改革成果，建立产教融合、协同育人的人才培养模式，实现专业链与产业链、课程内容与职业标准、教学过程与生产过程对接。加强实验、实训、实习环节，实训实习的课时占专业教学总课时的比例达到30％以上，建立实训实习质量保障机制。扩大学生的学习自主权，实施以学生为中心的启发式、合作式、参与式教学，逐步扩大学生自主选择专业和课程的权利。具有培养专业学位研究生资格的转型高校要建立以职业需求为导向、以实践能力培养为重点、以产学结合为途径的专业学位研究生培养模式。工程硕士等有关专业学位类别的研究生教育要瞄准产业先进技术的转移和创新，与行业内领先企业开展联合培养，主要招收在科技应用和创新一线有实际工作经验的学员。

（九）深化人才培养方案和课程体系改革

以社会经济发展和产业技术进步驱动课程改革，整合相关的专业基础课、主干课、核心课、专业技能应用和实验实践课，更加专注培养学习者的技术技能和创新创业能力。认真贯彻落实《关于深化高等学校创新创业教育改革的实施意见》，将创新创业教育融入人才培养全过程，将专业教育和创业教育有机结合。把企业技术革新项目作为人才培养的重要载体，把行业企业的一线需要作为毕业设计选题来源，全面推行案例教学、项目教学。将现代信息技术全面融入教学改革，推动信息化教学、虚拟现实技术、数字仿真实验、在线知识支持、在线教学监测等广泛应用，通过校校合作、校企合作联合开发在线开放课程。

（十）加强实验实训实习基地建设

按照工学结合、知行合一的要求，根据生产、服务的真实技术和流程构建知识教育体系、技术技能训练体系和实验实训实习环境。按照所服务行业先进技术水平，采取企业投资或捐赠、政府购买、学校自筹、融资租赁等多种方式加快实验实训实习基地建设。引进企业科研、生产基地，建立校企一体、产学研一体的大型实验实训实习中心。统筹各类实践教学资源，构建功能集约、资源共享、开放充分、运作高效的专业类或跨专业类实验教学平台。

（十一）促进与中职、专科层次高职有机衔接

建立与普通高中教育、中等职业教育和专科层次高等职业教育的衔接机制。有条件的高校要逐步提高招收在职技术技能人员的比例，积极探索建立教育—就业“旋转门”机制，为一线技术技能人才的职业发展、终身学习提供有效支持。适当扩大招收中职、专科层次高职毕业生的比例。制定多样化人才培养方案，根据学习者来源、知识技能基础和培养方向的多样性，全面推进模块化教学和学分制。

（十二）广泛开展面向一线技术技能人才的继续教育

瞄准传统产业改造升级、新兴产业发展和新型城镇化过程中一线劳动者技术提升、技能深化、职业转换、城市融入的需求，大力发展促进先进技术应用、形式多样、贴近需求的继续教育。主动承接地方继续教育任务，加强与行业和领先企业合作，使转型高校成为地方政府、行业和企业依赖的继续教育基地，成为适应技术加速进步的加油站、顺应传统产业变革的换乘站、促进新兴产业发展的人才池。

（十三）深化考试招生制度改革

按照国家考试招生制度改革总体方案，积极探索有利于技术技能人才职业发展的考试招生制度。试点高校招收中、高等职业院校优秀应届毕业生和在职优秀技术技能人员，应当将技术技能测试作为录取的主要依据之一，教育部制定有关考试招生改革实施意见。试点高校考试招生改革办法应当报省级教育行政部门批准并以省为单位报教育部备案。招生计划、方案、过程、结果等要按有关规定向社会公开。

（十四）加强“双师双能型”教师队伍建设

调整教师结构，改革教师聘任制度和评价办法，积极引进行业公认专才，聘请企业优秀专业技术人才、管理人才和高技能人才作为专业建设带头人、担任专兼职教师。有计划地选送教师到企业接受培训、挂职工作和实践锻炼。通过教学评价、绩效考核、职务（职称）评聘、薪酬激励、校企交流等制度改革，增强教师提高实践能力的主动性、积极性。

（十五）提升以应用为驱动的创新能力

积极融入以企业为主体的区域、行业技术创新体系，以解决生产生活的实际问题为导向，广泛开展科技服务和应用性创新活动，努力成为区域和行业的科技服务基地、技术创新基地。通过校企合作、校地合作等协同创新方式加强产业技术技能积累，促进先进技术转移、应用和创新。打通先进技术转移、应用、扩散路径，既与高水平大学和科研院所联动，又与中职、专科层次高职联动，广泛开展面向中小微企业的技术服务。

（十六）完善校内评价制度和信息公开制度

建立适应应用型高校的人才培养、科学研究质量标准、内控体系和评估制度，将学习者的实践能力、就业质量和创业能力作为评价教育质量的主要标准，将服务行业企业、服务社区作为绩效评价的重要内容，将先进技术转移、创新和转化应用作为科研评价的主要方面。完善本科教学基本状态数据库，建立本科教学质量、毕业生就业质量年度报告发布制度。

四、配套政策和推进机制

（十七）落实省级政府统筹责任

各地要结合本地本科高校的改革意愿和办学基础，在充分评估试点方案的基础上确定试点高校。试点高校应综合考虑民办本科高校和独立学院。省级改革试点方案要落实和扩大试点高校的考试招生、教师聘任聘用、教师职务（职称）评审、财务管理等方面的自主权。

（十八）加快推进配套制度改革

建立高校分类体系，实行分类管理，制定应用型高校的设置标准。制定应用型高校评估标准，开展转型发展成效评估，强化对产业和专业结合程度、实验实习实训水平与专业教育的符合程度、双师型教师团队的比例和质量、校企合作的广度和深度等方面的考察，鼓励行业企业等第三方机构开展质量评价。制定试点高校扩大专业设置自主权的改革方案，支持试点高校依法加快设置适应新产业、新业态、新技术发展的新专业。支持地方制定校企合作相关法规制度和配套政策。

（十九）加大对试点高校的政策支持

通过招生计划的增量倾斜、存量调整，支持试点高校符合产业规划、就业质量高和贡献力强的专业扩大招生。将试点高校“双师双能型”高水平师资培养纳入中央和地方相关人才支持项目。在国家公派青年骨干教师出国研修项目中适当增加试点高校选派计划。支持试点高校开展与国外同类高校合作办学，与教育援外、对外投资等领域的国家重大战略项目相结合走出去办学。充分发挥应用技术大学（学院）联盟等作用，与国外相应联盟、协会开展对等合作交流。

（二十）加大改革试点的经费支持

各地可结合实际情况，完善相关财政政策，对改革试点统筹给予倾斜支持，加大对产业发展急需、技术性强、办学成本高和艰苦行业相关专业的支持力度。建立以结果为导向的绩效评价机制，中央财政根据改革试点进展和相关评估评价结果，通过中央财政支持地方高校发展等专项资金，适时对改革成效显著的省（区、市）给予奖励。高校要健全多元投入机制，积极争取行业企业和社会各界支持，优化调整经费支出结构，向教育教学改革、实验实训实习和“双师双能型”教师队伍建设等方面倾斜。积极创新支持方式，探索政府和社会资本合作（PPP）等模式，吸引社会投入。

（二十一）总结推广改革试点典型经验

在省级试点的基础上，总结梳理改革试点的经验和案例，有计划地推广一批试点方案科学、行业企业支持力度较大、实施效果显著的试点典型高校，并加大政策和经费支持力度。教育、发展改革、财政等部门共同建立跟踪检查和评估制度。

（二十二）营造良好改革氛围和舆论环境

加强对转型发展高校各级领导干部和广大师生员工的思想教育和政策宣传，举办转型试点高校领导干部专题研修班和师资培训班，坚定改革信心，形成改革合力。广泛动员各部门、专家学者和用人单位参与改革方案的设计和政策研究。组织新闻媒体及时宣传报道试点经验。

根据本意见精神，教育部、发展改革委、财政部建立协调工作机制，加强对转型发展工作的指导。

河北省地方法规和规范性文件

关于加强全省民办学校党的建设工作的实施意见（试行）

为全面贯彻落实中共中央办公厅印发的《关于加强民办学校党的建设工作的意见（试行）》（中办发〔2016〕78号）精神，切实加强党对民办学校的领导，根据党章和有关法律法规，现就加强全省民办学校党的建设工作提出如下实施意见。

一、加强民办学校党建工作总体要求

民办高校、民办中小学校（含民办中等职业学校，下同）和民办培训机构等各类民办学校作为社会主义教育事业的重要组成部分，同样承担着培养社会主义建设者和接班人的重任。加强民办学校党的建设，对于全面贯彻党的教育方针、坚持社会主义办学方向、落实立德树人根本任务，具有重要意义。近年来，我省各级党委和有关部门按照中央、省委要求，大力加强民办学校党的建设工作，取得了明显成效。但仍存在一些薄弱环节和突出问题，党组织覆盖率比较低，隶属关系不顺畅，党组织书记队伍还不强，党员教育管理比较松散，党组织保证监督作用发挥不到位，思想政治工作薄弱，对民办学校党建工作指导力度不够，等等。各级党委（党组）要进一步增强责任感紧迫感，按照全面从严治党要求，坚持和加强党对民办学校的领导，促进民办学校教育事业健康发展。

全面贯彻党的十八大和十八届三中、四中、五中、六中全会精神，以邓小平理论、“三个代表”重要思想、科学发展观为指导，深入学习贯彻习近平总书记系列重要讲话精神和治国理政新理念新思想新战略，紧紧围绕统筹推进“五位一体”总体布局和协调推进“四个全面”战略布局，坚持党的领导与民办学校依法治校相统一，充分发挥民办学校党组织战斗堡垒作用和党员先锋模范作用，确保民办学校按照党的要求办学立校、教书育人，把培育和践行社会主义核心价值观贯穿学校教育全过程，引导师生树立正确的世界观、人生观、价值观，努力在办好民办学校中加强党的建设，通过加强党的建设保障民办学校健康发展。

二、充分发挥民办学校党组织政治核心作用

（一）准确把握功能定位

民办学校党组织是党在民办学校中的战斗堡垒，发挥政治核心作用。主要体现在：（1）保证政治方向。宣传执行党的理论和路线方针政策，宣传执行党中央、上级党组织和本组织的决议，引导学校全面贯彻党的教育方针，依法办学、规范办学、诚信办学，坚决反对否定和削弱党的领导，反对西方所谓“普世价值”等错误思潮传播，反对各种腐朽价值观念。（2）凝聚师生员工。把思想政治工作贯穿学校工作各方面，贯穿教育教学全过程，密切联系、热忱服务师生员工，关心和维护他们的正当权益，统一思想、凝聚人心、化解矛盾、增进感情，激发教职工主人翁意识和工作热情。（3）推动学校发展。支持学校董（理）事会和校长依法依章行使职权、开展工作，参与学校改革发展稳定和事关师生员工切身利益的重大事项决策，帮助学校健全章程和各项管理制度，促进学校提高教育质量、培养合格人才。（4）引领校园文化。坚持用社会主义核心价值观塑造校园文化，加强社会公德、职业道德、家庭美德、个人品德教育，开展精神文明创建活动，组织丰富多彩的文化活动，推动形成良好的校风、教风、学风。（5）参与人事管理和服务。参与学校各类人才选拔、培养和管理工作，在教职工考评、职称评聘等方面提出意见建议，主动联系、关心关爱，调动他们的积极性和创造性。（6）加强自身建设。完善组织设置和工作机制，加强党组织班子成员和党务干部管理，做好发展党员和党员教育管理服务工作，严格组织生活制度，认真贯彻民主集中制，强化党组织日常监督和党员民主监督，抓好党风廉政建设。领导学校工会、共青团等群团组织和教职工大会（代表大会），做好统一战线工作。

（二）找准工作着力点

坚持从不同类型民办学校实际出发，找准党组织开展工作、发挥作用的着力点。民办高校党组织要突出坚持马克思主义指导地位，把握党对意识形态工作的领导权、管理权、话语权，加强对青年教师、党外知识分子和大学生的思想引导，促使他们增强政治认同，增强政治敏锐性和政治鉴别力，坚定中国特色社会主义道路自信、理论自信、制度自信、文化自信。民办中小学校党组织要突出学生良好思想品德养成，推动学校把爱党、爱祖国、爱社会主义教育贯穿各项工作中，抓细抓小抓实，使之在学生心中生根发芽，为培养德智体美全面发展的社会主义建设者和接班人奠定基础。民办培训机构党组织要突出诚信守法，引导培训机构端正培训思想、严格内部管理，规范招生、收费等行为，防止培训造假及以不正当手段谋取非法利益，切实提高培训质量和社会效益。

三、大力推进民办学校党的组织和党的工作有效覆盖

（三）进一步提升党组织覆盖质量

在我省两轮“百日攻坚”活动中，民办学校党组织“两个覆盖”工作取得了初步成效，但仍需进一步加大党组织组建力度。凡是有3名以上正式党员的，都要按照党章规定单独建立党组织。对党员人数不足3名的，可采取联合组建、挂靠组建、派入党员教师单独组建等形式建立党组织。暂不具备建立党组织条件的，要通过选派党建工作指导员、联络员或建立工会、共青团组织等途径开展党的工作，条件成熟时及时建立党组织。对尚未建立党组织的民办学校，坚持“一校一策”，明确任务举措、进度安排和责任人，尽快建立党组织。上级党组织要指派专人对新建党组织开展跟踪指导服务，确保党组织活动能开展、作用能发挥。

（四）严格落实“三同步”要求

批准设立民办学校，要坚持党的建设同步谋划、党的组织同步设置、党的工作同步开展。变更、撤并或注销民办学校，注册单位应及时与上级党组织联系，便于上级党组织及时对民办学校党组织的变更或撤销做出决定。民办高校党组织的组建工作，一般由省委高校工委负责。民办中小学校党组织的组建工作，一般由市县党委教育工作部门或教育行政部门党组织负责。民办培训机构党组织的组建工作，一般由市县教育行政部门、人力资源社会保障部门党组织负责。

（五）规范党组织设置

坚持从不同民办学校实际出发，根据党员人数和工作需要，合理设置民办学校党组织。经上级党组织批准，分别设立党委、党总支、党支部，并按期进行换届。根据党员数量、分布情况和开展活动需要，合理划分党小组。民办高校要健全院（系）党组织设置。对因党员流动导致党组织连续半年以上不能正常开展活动的，要及时调整。民办学校变更、分立、合并和终止，民办学校党组织应及时向上级党组织报告，上级党组织应及时对民办学校党组织变更或撤销做出决定，并协调、指导做好党员组织关系接转等相关工作。

（六）理顺党组织隶属关系

实行主管部门管理与属地管理相结合，以主管部门党组织管理为主，学校所在地党组织要积极配合、主动做好指导和管理工作。民办本科高校党组织关系一般隶属于省委高校工委。民办高职院校注册地和校址在石家庄市的，党组织关系一般隶属于省委高校工委；在其他市的，党组织关系一般隶属于所在市党委教育工作部门或教育行政部门党组织。民办中小学校党组织关系一般隶属于县（市、区）党委教育工作部门

或教育行政部门党组织。民办培训机构党组织关系一般隶属于县（市、区）教育行政部门、人力资源社会保障部门党组织。办学规模大、党员人数多、有一定社会影响的民办中小学校、民办培训机构党组织，也可由各市党委教育工作部门或教育行政部门、人力资源社会保障部门党组织直接管理。有特殊情况的，党组织隶属关系由党委教育工作部门或教育行政部门、人力资源社会保障部门党组织，商同级党委组织部门确定。

四、加强以党组织书记为重点的民办学校党务工作力量建设

（七）明确党组织书记选配标准

坚持把政治标准放在首位，按照政治素质过硬、熟悉党建工作，懂教育善管理、有奉献精神的要求，选优配强民办学校党组织书记。坚持信念坚定、为民服务、勤政务实、敢于担当、清正廉洁的好干部标准，突出讲政治的教育家要求，选配好民办高校党组织书记；注重选拔党性观念强、专业素质强的“双强型”民办中小学校党组织书记。党组织书记的主要职责有：（1）宣传和执行党的路线方针政策，执行上级党组织的决议，坚持社会主义办学方向和教育公益性原则。（2）引导和监督学校遵守法律法规，参与学校重大问题的决策，支持学校决策机构和校长依法办学，督促其依法治教、规范管理。（3）履行党建工作第一责任人的职责，全面加强学校党组织的思想建设、组织建设、作风建设、制度建设和反腐倡廉建设，做好党员教育管理工作。（4）领导学校思想政治工作、德育工作。（5）领导工会、共青团、学生会等群众组织和教职工大会（代表大会）工作。（6）做好统一战线工作，支持民主党派的基层组织按照各自章程开展活动。（7）协助法人代表做好学校安全稳定工作。（8）定期向上级党组织、党员代表大会或党员大会报告工作。（9）完成上级党组织交给的其他任务。

（八）选好配强党组织书记

民办高校必须有一名以上的专职党组织负责人。推行向民办高校选派党组织书记，根据工作需要，可从教育行政部门和公办学校在职或退休的党员干部中选派，也可从其他机关和企事业单位熟悉教育工作的党员干部中选派，按党内有关规定任职，一般兼任政府督导专员。派驻的党组织书记，全职在民办高校工作，其行政关系不变，报酬待遇由原单位或选派单位负责，除必要工作经费外，不得在学校获取薪酬和其他额外利益。民办中小学校党组织书记一般从学校管理层中产生，符合条件的董（理）事长、校长，报经上级党组织同意，可担任学校党组织书记。学校内部没有合适人选的，可由上级党组织选派。办学规模大、党员人数多，出资人或校长担任党组织书记的民办中小学校，应配备专职副书记。党组织书记工作变动时，应当征求上级党组织的意见。

（九）抓好党组织书记培训和管理

将民办学校党组织书记培训纳入基层党务干部教育培训总体规划，每名党组织书记每年至少参加 1 次集中培训，累计时间不少于 3 天。民办高校党委书记由省委组织部、省委高校工委负责培训，民办中小学校党组织书记由市县党委组织部、教育工作部门或教育行政部门负责培训，民办培训机构党组织书记由县（市、区）教育行政部门、人力资源社会保障部门或非公和社会组织工委负责培训。强化对民办学校党组织书记考核，落实述职述廉、民主评议、诫勉谈话等制度，对工作认真负责、成绩突出的，要予以表扬奖励；对履职不到位、工作不负责任的，要及时批评教育，必要时按有关规定进行调整。

（十）加强党务工作力量

民办学校党组织应本着精干、务实、高效和有利于加强党的建设原则，设立必要的党务工作部门配备必要的工作人员。民办高校要按有关规定健全党务工作部门，明确相应力量从事党的组织、宣传、纪检等方面工作；学校专职党务工作人员配备，应根据实际需要保持一定数量；每个院（系）党组织至少应配备 1 名专职组织员。民办中小学校应根据工作需要设立必要的党务工作部门，配备专职党务工作人员；党员人数较多、设立党的委员会的民办中小学校应设独立的党务工作部门。民办培训机构可以采取专兼职相结合的办法配备党务工作人员，负责党的建设工作。民办学校应建立健全工会、共青团组织，支持其在党组织领导下按照有关章程，独立自主地开展工作。民办学校专职党务工作人员的报酬待遇应不低于本校同职级行政工作人员。党务工作人员岗位调整、调动、奖惩应征得民办学校党组织同意。要把民办学校党务工作干部的培训纳入基层党务干部培训总体规划。

五、建立健全民办学校党组织参与决策和监督机制

（十一）把党组织建设纳入民办学校章程

坚持党的领导与依法治校有机统一，推动民办学校把党组织建设有关内容纳入学校章程，明确党组织在学校法人治理结构中的地位，保证党组织在重大事项决策、监督、执行各环节有效发挥作用。

（十二）推进党组织班子成员进入学校决策层和管理层

民办学校党组织书记应通过法定程序进入学校董（理）事会，办学规模大、党员人数多的学校，符合条件的专职副书记也可进入董（理）事会。党组织班子成员应按照学校章程进入行政管理层，党员校长、副校长等行政领导班子成员，可按照党内有关规定进入党组织班子。

（十三）健全党组织参与决策和监督制度

涉及民办学校发展规划、重要改革、人事安排等重大事项，党组织要参与讨论研究，董（理）事会在做出决定前，要征得党组织同意；涉及党的建设、思想政治工作和德育工作的事项，要由党组织研究决定。建立健全党组织与学校董（理）事会、监事会日常沟通协商制度，以及党组织与行政领导班子联席会议制度；强化党组织对学校重要决策实施的监督，定期组织党员、教职工代表等听取校长工作报告，以及学校重大事项情况通报。

六、做好民办学校发展党员和党员教育管理工作

（十四）做好发展党员工作

适当增加民办学校发展党员数量，重视发展优秀大学生和青年教师入党。加强入党积极分子教育培养，注重把教学科研管理骨干培养成党员，把优秀党员教师培养成学科带头人。建立健全相关制度，提高发展党员质量。注意培养和吸收符合条件的民办学校出资人入党。

（十五）规范党员组织关系管理

民办学校党组织要从聘用环节开始全面掌握教职工党员身份，定期排查党员组织关系，纳入有效管理，纠正和防止“口袋党员”“隐形党员”现象发生。在学校从事专职工作半年以上的党员，一般应转入组织关系；暂时不能转入的，实行组织关系一方隶属、参加多重组织生活。新调入的教职工党员，要督促其尽快转移组织关系。认真落实高校毕业生党员组织关系管理工作有关要求，加强民办高校毕业生党员组织关系管理，防止一转了之甚至推出不管。

（十六）严格党的组织生活

以党支部为基本单位，坚持“三会一课”制度，深入推进“两学一做”学习教育常态化制度化，增强党员主体意识和党性观念，教育引导学校广大党员按照“四讲四有”的标准，做到政治合格、执行纪律合格、品德合格、发挥作用合格。党组织书记每年至少讲1次党课。要严格党内政治生活，开好学校党员领导干部民主生活会和支部组织生活会，认真开展批评和自我批评，进行党员党性分析和民主评议。按照党章和党内有关规定，严肃处置不合格党员。

（十七）从严教育管理党员

组织党员认真学习党的理论和路线方针政策，学习中国特色社会主义理论体系，学习习近平总书记系列重要讲话精神和治国理政新理念新思想新战略，学习党章党规，引导党员坚定理想信念，提高政治觉悟，自觉践行“三严三实”要求，严格守纪律讲

规矩。针对教职工党员兼职人员多、退休人员多、青年教师多、流动性强等实际，采取学习培训、专题辅导、结对帮扶、谈心交流等方式，帮助教职工党员提高素质，解决思想困惑和实际困难。设立党员教学管理服务示范岗，推行党员承诺制和党员星级管理，引导他们充分发挥在教书育人中的示范带动作用。同时，要尊重党员主体地位，充分发扬党内民主，建立健全党内激励、关爱、帮扶机制，增强党员的责任感、荣誉感和归属感。

七、切实抓好民办学校思想政治教育和德育工作

（十八）强化政治责任

加强对思想政治教育和德育教育工作的领导，是民办学校党组织的首要政治责任。民办学校党组织要增强政治意识、大局意识、核心意识、看齐意识，把立德树人放在首要位置，深入调研，掌握学生思想动态，及时研究解决重要问题。充分发挥党团组织、学生组织和班级、社团等组织的作用，不断增强思想政治教育和德育工作的针对性、实效性和吸引力、感染力。深入开展社会实践，大力建设校园文化，发挥好网络思想政治教育平台的作用，巩固学校思想文化和意识形态阵地。

（十九）推动中国特色社会主义理论体系进课堂、进头脑

督促民办学校加强教材、教师、教学体系建设，按有关课程标准，优选经依法审定的思想政治课和德育课教材，保证足够的教学时间。实施思想政治课“名师工程”，安排政治强、业务精、作风好、综合素质高的教师授课。党组织书记要带头讲形势政策课，回答好师生关心的热点难点问题。要把思想政治教育融入学生学习生活各环节，抓好学校教室、寝室和网络等思想文化阵地建设与管理，促进全员全过程全方位育人。加强对各类论坛、讲座、网站的管理。民办高校邀请校外人员、外国使领馆人员、境外人员来校举办讲座、论坛必须经党组织审核，履行审批手续。民办中小学校党组织也要对校外人员来校举办讲座加强管理。

（二十）重视师德师风建设

将思想政治要求纳入教师日常管理，坚持学术研究无禁区、课堂讲授有纪律，引导教师恪守职业道德，自觉为人师表。定期评估学校师德师风情况，对爱岗敬业、师德表现突出的，要予以表扬；对师德表现不佳的，要劝诫整改；对师德失范、不适宜继续从事教育教学工作的，要提出调整岗位或调离学校的建议。对个别散布错误言论的教师，党组织要敢抓敢管。

（二十一）加强思想政治工作者队伍建设

上级党委和有关部门要推动民办学校设立思想政治教育和德育工作机构，配齐配

强辅导员、班主任、思想政治课教师等工作力量。辅导员、思想政治课教师一般应是中共党员；辅导员、思想政治课教师的招聘应由民办学校党组织负责审核。民办高校可根据实际工作需要，科学合理地配备足够数量的辅导员和班主任。辅导员、思想政治课教师的平均收入，应不低于学校其他专业教师平均水平。推进民办高校辅导员专业化职业化，打通职业发展和专业晋升通道，激发他们的工作积极性。民办中小学校要加强对德育教育教师队伍的建设，应有专门人员从事共青团、少先队工作。

八、进一步加强对民办学校党建工作的领导

（二十二）落实党建工作责任制

各级党委要切实履行主体责任，把民办学校党建工作作为基层党建重要任务，纳入基层党建工作述职评议考核内容，定期听取专题汇报，帮助解决困难和问题。党委组织部门要加强统筹协调和宏观指导，牵头研究制定民办学校党建工作具体措施；党委教育工作部门和教育行政部门要负起直接责任，定期检查调研，及时掌握民办学校的党建工作情况，强化指导和督促，推动党的建设各项政策措施落实到位。机构编制、民政、人力资源社会保障、工商及其他有关部门要结合各自职能，协同做好工作。对履行党建责任不力，民办学校党的建设和意识形态工作长期薄弱的，要追究责任。

（二十三）加强分类指导和督促检查

要结合各类民办学校实际，引导党组织围绕学校发展、贴近师生需求开展党的活动，增强党建工作的针对性、实效性，防止“两张皮”。要把党建工作情况作为民办学校注册登记、年检年审、评估考核、管理监督的必备条件和必查内容。做好民办学校出资人思想工作，促使他们主动支持党建工作。对不重视不支持党建工作的，要教育引导、督促整改；对办学出现严重问题的，要依法依规扣减招生计划，直至撤销办学资格。要按照“谁主管、谁负责”的原则，明确职责，落实责任，进一步加强民办学校党的建设和规范管理，积极推动民办教育全面协调可持续发展，为我省经济社会发展做出更大贡献。

（二十四）完善党建工作保障机制

健全民办学校党建工作保障体系，学校决策机构和行政管理机构要支持学校党建工作，为党组织开展活动提供必要条件，党组织活动场所和活动时间要有保证。民办学校要将党组织活动经费列入年度经费预算，保证必要支出。民办学校党员交纳党费可全额返还。民办学校上级党组织在党费使用上，要对民办学校给予支持。拓宽经费来源渠道，有条件的，地方财政可给予一定支持。建立健全民办学校党组织活动经费管理制度，活动经费支出由党组织研究、统筹安排使用发挥公办学校党建工作优势，

通过区域共建、中心校带动等方式，与民办学校组织联建、资源共享。鼓励和支持公办学校对口支持民办学校，将党建工作的好经验、好做法推广运用到民办学校。

（二十五）高度重视民办幼儿园的党的建设

县、（市、区）党委教育工作部门或教育行政部门党组织要根据学前教育特点和幼儿教师实际，落实民办学校党建工作有关要求，制定加强本地民办幼儿园党建工作的具体方案，落实党建责任，采取有效措施，抓好任务落实，确保党的组织和党的工作有效覆盖。

河北省民办学校分类登记实施办法

第一章　总则

第一条　为推动民办教育分类管理，规范民办学校分类登记，促进民办教育健康发展，根据国家和省有关法律法规和政策文件，结合我省实际，特制定本办法。

第二条　本办法适用于我省范围内各级各类民办学校及其他民办教育机构（以下统称民办学校）的法人登记。

第三条　民办学校分为非营利性民办学校和营利性民办学校，由举办者自主选择。但是，不得设立实施义务教育的营利性民办学校。选择为非营利性民办学校的，按照事业单位法人或民办非企业单位法人进行登记管理；选择为营利性民办学校的，按照企业法人进行登记管理。

第四条　县级以上人民政府事业单位登记管理机关与民政部门是非营利性民办学校的登记管理机关。县级以上人民政府工商行政管理部门是营利性民办学校的登记管理机关。

第五条　民办学校法人属性一经确定，应保持稳定。选择为非营利性民办学校的，不得再转为营利性民办学校；选择为营利性民办学校的，由举办者提出申请，可以转为非营利性民办学校，并重新进行法人登记。

第六条　无论是非营利性民办学校还是营利性民办学校，都应当遵守国家法律法规，全面贯彻党的教育方针，坚持党的领导，坚持社会主义办学方向，坚持公益性导向，坚持立德树人，对受教育者加强社会主义核心价值观教育，培养德、智、体、美等方面全面发展的社会主义建设者和接班人。

第二章　分类登记

第七条　民办学校的设立应当依据国家和省有关法律法规和规定进行审批。经批准正式设立的民办学校，由审批机关发给办学许可证后，依法依规到相应登记管理机关办理法人登记。

第八条 正式批准设立的非营利性民办学校，符合《事业单位登记管理暂行条例》规定的，到事业单位登记管理机关登记为事业单位；符合《民办非企业单位登记管理暂行条例》规定的，到民政部门登记为民办非企业单位。

第九条 非营利性民办高等学校和由省级教育、人力资源和社会保障部门审批的其他非营利性民办学校，由省级事业单位登记管理机关或民政部门办理登记。由设区市和县级审批部门审批的非营利性民办学校，到同级事业单位登记管理机关或民政部门办理登记。

第十条 正式批准设立的营利性民办学校依据法律法规规定的管辖权限到工商行政管理部门办理登记。

第十一条 登记管理机关对符合登记条件的民办学校，依法依规予以登记，并核发登记证或者营业执照；对不符合登记条件的，不予登记，并以书面形式向申请人说明理由。

第十二条 民办学校的名称应当符合国家有关规定，体现学校的办学层次和类别。

第三章 事项变更与注销登记

第十三条 民办学校涉及办学许可证、登记证或者营业执照上事项变更的，依照法律法规和有关规定到原发证机关办理变更手续。其中，民办本科高等学校办学许可证上除名称变更须经教育部审批外，其他事项变更由省人民政府核准。

第十四条 民办学校变更登记事项时，应按规定向登记管理机关提交相关材料。

第十五条 登记管理机关核准变更登记的，民办学校应当交回原登记证或者营业执照正、副本，由登记管理机关换发新的登记证或者营业执照。

第十六条 营利性民办学校变更为非营利性民办学校的，应当经审批机关批准，依法到工商行政管理部门办理注销登记后，到事业单位登记管理机关或民政部门办理非营利性民办学校登记。

第十七条 民办学校终止办学应当按规定及时办理撤销建制、注销登记手续，将办学许可证、登记证或者营业执照正、副本缴回原发证机关。

第四章 现有民办学校的分类登记

第十八条 对现有民办学校，依法设置过渡期，过渡期限为 5 年，到 2022 年 9 月 1 日前，全部实现分类管理和登记。过渡期内，除实施义务教育的民办学校外，通过政策引导，由举办者自主选择登记为非营利性民办学校或营利性民办学校。在现有民办学校做出分类选择前，仍按原法人登记进行管理。

第十九条 现有民办学校选择为非营利性民办学校的，依法修改学校章程，继续办学，到相应的事业单位登记管理机关或民政部门重新进行登记。

第二十条 现有民办学校选择登记为营利性民办学校的，应当进行财务清算，按职责权限由省级以下人民政府有关部门和相关机构依法明确土地、校舍、办学积累等财产的权属并缴纳相关税费，办理新的办学许可证，到相应的工商行政管理部门重新登记，继续办学。

第二十一条　义务教育和非义务教育一体办学的现有民办学校，应选择登记为非营利性民办学校。如果非义务教育阶段选择营利，应对学校进行合理拆分，分别按营利性民办学校和非营利性民办学校重新办理办学许可证后，再按规定进行法人登记。

第五章　附则

第二十二条　本办法所称的审批机关包括县级以上教育、人力资源和社会保障、行政审批部门及省级人民政府。本办法所称的登记管理机关包括县级以上民政、编制、工商行政管理等部门。本办法所称现有民办学校为2016年11月7日《全国人民代表大会常务委员会关于修改〈中华人民共和国民办教育促进法〉的决定》公布前经批准设立的民办学校。

第二十三条　本办法由省教育厅、省人力资源和社会保障厅、省民政厅、省编办、省工商行政管理局负责解释。

第二十四条　本办法自发布之日起施行。

河北省营利性民办学校监督管理办法

第一章　总则

第一条　为推动民办教育分类管理，规范营利性民办学校办学行为，促进民办教育健康发展，根据国家和省有关法律法规和政策文件，结合我省实际，特制定本办法。

第二条　社会组织或者个人可以举办营利性民办高等学校和其他高等教育机构、高中阶段教育学校和幼儿园，不得设立实施义务教育的营利性民办学校。

社会组织或者个人不得以财政性经费、捐赠资产举办或者参与举办营利性民办学校。

第三条　营利性民办学校的举办者可以取得办学收益，学校的办学结余依照公司法等有关法律法规的规定处理。

第四条　营利性民办学校应当遵守国家法律法规，全面贯彻党的教育方针，坚持社会主义办学方向，坚持立德树人，坚持公益性导向，始终把培养高素质人才、服务经济社会发展放在首位，实现社会效益与经济效益相统一。

第五条　营利性民办学校及其举办者、校长、教职工和受教育者的合法权益受法律保护，不受侵犯。

第六条 审批机关、工商行政管理部门和其他相关部门在职责范围内，依法对营利性民办学校行使监督管理职权。

第二章 学校设立

第七条 设立营利性民办学校应当符合教育法和其他有关法律法规规定，以高水平、有特色为导向，具体条件参照国家同级同类学校设置标准执行。

设立营利性民办学校一般分筹设、正式设立两个阶段。经批准筹设的营利性民办学校，举办者应当自批准筹设之日起3年内提出正式设立申请，3年内未提出正式设立申请的，原筹设批复文件自然废止。具备办学条件、达到设置标准的，可以直接申请设立营利性民办学校。

营利性民办学校在筹设期内不得招生。

第八条 审批机关应当依法批准设立营利性民办学校。设立营利性民办高等学校，应当纳入我省高等学校设置规划，按照学校设置标准、办学条件和学科专业数量等严格核定办学规模。中等以下层次营利性民办学校办学规模由各设区市和县级审批机关根据当地教育实际核定。

第九条 举办营利性民办学校的社会组织或者个人应当具备与举办学校的层次、类型、规模相适应的经济实力，其净资产或者货币资金能够满足学校建设和发展的需要。

第十条 营利性民办学校注册资本数额要与学校类别、层次、办学规模、当地经济发展水平等相适应。

第十一条 举办营利性民办学校的个人，应当具备下列条件：

（一）有中华人民共和国国籍，在中国境内定居。

（二）信用状况良好，无犯罪记录。

（三）有政治权利和完全民事行为能力。

第十二条 举办营利性民办学校的社会组织，应当具备下列条件：

（一）有中华人民共和国法人资格。

（二）信用状况良好，未被列入企业经营异常名录或严重违法失信企业名单，无不良记录。

（三）法定代表人有中华人民共和国国籍，在中国境内定居，信用状况良好，无犯罪记录，有政治权利和完全民事行为能力。

第十三条 申请筹设营利性民办学校，举办者应当提交下列材料：

（一）筹设申请报告。内容主要包括：举办者的名称、地址或者姓名、住址及其资质，筹设学校的名称、地址、办学层次、办学规模、办学条件、培养目标、办学形式、内部管理机制、党组织设置、经费筹措与管理使用等。

（二）设立学校论证报告。

（三）举办者资质证明文件。举办者是社会组织的，应当包括社会组织的许可证、登记证或者营业执照、法定代表人有效身份证件复印件，决策机构、权力机构负责人及组成人员名单和有效身份证件复印件，有资质的会计师事务所出具的该社会组织近两年的年度财务会计报告审计结果，决策机构、权力机构同意投资举办学校的决议。举办者是个人的，应当包括有效身份证件复印件、个人存款、有本人签名的投资举办学校的决定等证明文件。

（四）资产来源、资金数额及有效证明文件，并载明产权。

（五）民办学校举办者再申请举办营利性民办学校的，还应当提交其举办或者参与举办的现有民办学校的办学许可证、登记证或者营业执照、组织机构代码证、校园土地使用权证、校舍房屋产权证明复印件，近两年年度检查的证明材料，有资质的会计师事务所出具的学校上年度财务会计报告审计结果。

（六）有两个以上举办者的，应当提交合作办学协议，明确各举办者的出资数额、出资方式、权利义务，举办者的排序、争议解决办法等内容。出资计入学校注册资本的，应当明确各举办者计入注册资本的出资数额、出资方式、占注册资本的比例。

第十四条　申请正式设立营利性民办学校，举办者应当提交下列材料：

（一）正式设立申请报告。

（二）筹设批准书。

（三）筹设情况报告。

（四）举办者资质证明文件。提交材料同本办法第十三条第（三）项。

（五）学校章程。

（六）学校首届董事会、监事（会）、行政机构负责人及组成人员名单和有效身份证件复印件。

（七）学校党组织负责人及组成人员名单和有效身份证件复印件，教职工党员名单。

（八）学校资产及其来源的有效证明文件。

（九）学校教师、财会人员名单及资格证明文件。

第十五条　直接申请正式设立营利性民办学校的，须提交本办法第十三条第（二）项规定的材料、第十四条除第（二）、（三）项以外的材料。

第十六条　设立营利性民办学校按照以下权限审批：

（一）设立实施本科以上营利性高等学历教育的民办学校，按照有关规定报国家教育部审批。

（二）设立实施专科教育的营利性民办高等职业学校，由省人民政府审批，报教育部备案。

（三）中等及以下层次营利性民办学校的审批权限，由设区市（含定州、辛集市）人民政府根据当地实际确定。

第十七条　审批机关对批准正式设立的营利性民办学校发给办学许可证；对不批准正式设立的，应当书面说明理由。

经审批正式设立的营利性民办学校应当依法到工商行政管理部门登记。

第十八条　设立营利性民办学校，要坚持党的建设同步谋划、党的组织同步设置、党的工作同步开展。

第三章　组织机构

第十九条　营利性民办学校应当建立董事会、监事（会）、行政机构，同时建立党组织、教职工（代表）大会和工会。

营利性民办学校法定代表人由董事长或者校长担任。

第二十条　营利性民办学校董事会、行政机构、校长应当依据国家有关法律法规和学校章程设立和行使职权。

第二十一条　营利性民办学校监事会中教职工代表不得少于三分之一。监事会主要履行以下职权：

（一）检查学校财务。

（二）监督董事会和行政机构成员履职情况。

（三）向教职工（代表）大会报告履职情况。

（四）国家法律法规和学校章程规定的其他职权。

第二十二条　营利性民办学校董事会、监事会、行政机构的成员应当品行良好，具有政治权利和完全民事行为能力，应当遵守法律、行政法规和学校章程，对所承担的工作认真负责。一个自然人不得同时在同一所学校的董事会、监事会任职。

第二十三条　营利性民办学校校长应熟悉教育及相关法律法规，具有5年以上教育管理经验和良好办学业绩，个人信用状况良好。校长依据法律法规和学校章程的规定，独立行使教育教学和行政管理职权。

第二十四条　营利性民办学校应当切实加强党组织建设，强化党组织政治核心和政治引领作用，在事关学校办学方向、师生重大利益的重要决策中发挥指导、保障和监督作用。推进双向进入、交叉任职，党组织书记应当通过法定程序进入学校董事会和行政机构，党员校长、副校长等行政机构成员可按照党的有关规定进入党组织领导班子。监事会中应当有党组织领导班子成员。营利性民办学校应当加强共青团组织建设，充分发挥教职工（代表）大会和工会的作用，保障教职工参与民主管理和监督，维护其合法权益。

第四章　教育教学

第二十五条　营利性民办学校应当以培养人才为中心，遵循教育规律，不断提高教育教学质量，增强受教育者的社会责任感、创新精神、实践能力。

第二十六条　营利性民办学校应当抓好思想政治教育和德育工作。加强思想政治理论课和思想品德课教学，推进中国特色社会主义理论体系进教材、进课堂、进头脑。深入开展理想信念、爱国主义、集体主义、中国特色社会主义教育和中华优秀传统文化、革命传统文化、民族团结教育，引导师生员工树立正确的世界观、人生观、价值观。

第二十七条　营利性民办学校要按照国家和省有关教学标准，加大投入，不断完善教学条件。学校应当建立教学培养方案、教学运行管理、教学质量监控等教学管理制度，保证教学质量。鼓励营利性民办学校进行教育教学改革，开展课程和教材的实践探索。

第二十八条　实施学历教育的营利性民办学校应当按照国家规定设置专业、开设课程、选用教材。营利性民办幼儿园应当依据国家和地方有关规定科学开展保育和教育活动。

第二十九条　营利性民办学校招收学历教育学生、境外学生应当遵守国家有关规定，招生简章和广告应当报审批机关或业务主管部门备案。其中，本科高等学校的招生简章和广告应当报省级人民政府教育行政部门备案。

第三十条　营利性民办学校聘任的教师应当具备国家规定的教师资格或者相关专业技能资格，学校应当按照《中华人民共和国教师法》《中华人民共和国劳动合同法》等国家法律法规和有关规定与教职工签订劳动合同。学校应当加强教师师德建设和业务培训，依法保障教职工工资、福利待遇和其他合法权益。学校聘任外籍教师应当符合国家有关规定。

第三十一条　营利性民办学校应当建立健全学校风险防范、安全管理制度和应急预警处理机制，保障学校师生权益、生命财产安全，维护学校安全稳定。学校法定代表人是学校安全稳定工作的第一责任人。

第五章　财务资产

第三十二条　营利性民办学校应当按照《中华人民共和国公司法》等有关法律法规规定，健全完善财务会计制度。学校应当独立设置财务管理机构，统一学校财务核算，不得账外核算。

第三十三条　营利性民办学校应当建立健全财务内部控制制度，按实际发生数列支，不得虚列虚报，不得以计划数或者预算数代替实际支出数。应当提高学校财务报告的可靠性和完整性，保障学校资产安全。

第三十四条　营利性民办学校收费实行市场调节价，具体收费标准由学校自主确定。学校可以按学期或者学年收费，收费项目及标准应当向社会公示30天后执行。不得在公示的项目和标准外收取其他费用，不得以任何名义向学生摊派费用或者强行集资。

第三十五条　营利性民办学校应当按照规定设置会计账簿，收入应当全部纳入学校财务专户，出具税务部门规定的合法票据，由学校财务部门统一核算、统一管理，保障学校的教育教学、学生资助、教职工待遇以及学校的建设和发展。学校应当将党建工作、思想政治工作和群团组织工作经费纳入学校经费预算。

第三十六条　营利性民办学校拥有法人财产权，存续期间，学校所有资产由学校依法管理和使用，任何组织和个人不得侵占、挪用、抽逃。营利性民办学校举办者不得抽逃注册资本，不得用教育教学设施抵押贷款、进行担保。办学结余分配应当在年度财务结算后，按照学校章程规定进行。

第六章　信息公开

第三十七条　营利性民办学校应当依据法律法规和国家有关规定建立信息强制公开制度。营利性民办高等学校信息公开内容应当执行《高等学校信息公开办法》等国家有关规定，其他营利性民办学校信息公开办法按照学校主管教育行政部门的要求执行。

营利性民办学校应当建立信息公开保密审查机制，公开的信息不得危及国家安全、公共安全、经济安全、社会稳定和学校安全稳定。

第三十八条　营利性民办学校应当按照《企业信息公示暂行条例》规定，通过国家企业信用信息公示系统（河北），公示年度报告信息、行政许可信息，以及行政处罚信息等信用信息。

第三十九条　营利性民办学校信息应当通过学校网站、信息公告栏、电子屏幕等场所和设施公开，并可根据需要设置公共阅览室、资料索取点方便调取和查阅。除学校已经公开的信息外，社会组织或者个人可以书面形式向学校申请获取其他信息。

第七章　变更与终止

第四十条　营利性民办学校分立、合并、终止及其他重大事项变更，应当由学校董事会通过后报审批机关审批、核准，并依法向工商行政管理部门申请变更、注销登记手续。其中，营利性民办本科高等学校分立、合并、终止、名称变更由教育部审批，其他事项变更由河北省人民政府核准。

第四十一条 营利性民办学校申请分立、合并的，审批机关应当自受理之日起3个月内以书面形式答复；其中申请分立、合并民办高等学校的，审批机关也可以自受理之日起6个月内以书面形式答复。

营利性民办学校申请变更为其他层次、类别的民办学校，审批机关应当自受理之日起3个月内以书面形式答复；其中申请变更为民办高等学校的，审批机关也可以自受理之日起6个月内以书面形式答复。

第四十二条 营利性民办学校举办者可以转让举办权，但应征得学校董事会同意，报审批机关核准。审批机关同意变更的，颁发新的办学许可证。

第四十三条 营利性民办学校转设为非营利性民办学校的，经董事会同意，由举办者提出申请，经审批机关批准后，依法到工商行政管理部门办理注销登记后，重新到事业单位登记管理机关或民政部门办理非营利性民办学校登记。

第四十四条 营利性民办学校有下列情形之一的，应当终止：

（一）根据学校章程规定要求终止，并经审批机关批准的。

（二）被吊销办学许可证的。

（三）因资不抵债无法继续办学的。

第四十五条 营利性民办学校终止时，应当依法进行财务清算。学校按规定清偿债务后的剩余财产，按照《公司法》、学校章程的规定在举办者之间分配。

营利性民办学校终止时，应当及时办理建制撤销、注销登记手续，将学校办学许可证正副本、印章交回原审批机关，将营业执照正副本缴回原登记管理机关。

第四十六条 营利性民办学校发生分立、合并、终止等重大事项变更，学校党组织应当及时向上级党组织报告，上级党组织应当及时对学校党组织的变更或者撤销做出决定。

第八章 监督与处罚

第四十七条 教育、人力资源和社会保障行政部门依据《中华人民共和国民办教育促进法》规定的管理权限，对营利性民办学校实施年度检查制度。工商行政管理部门对营利性民办学校实施年度报告公示制度。

第四十八条 教育、人力资源和社会保障行政部门依据《中华人民共和国民办教育促进法》规定的管理权限，加大对营利性民办学校招生简章的监管力度，对于使用未经备案的招生简章、发布虚假招生简章的民办学校依法依规予以处理。

第四十九条 教育、人力资源和社会保障行政部门依据《中华人民共和国民办教育促进法》规定的管理权限，加强对营利性民办学校办学行为和教育教学质量的监督管理，依法依规开展督导和检查，组织或者委托社会组织定期进行办学水平和教育教学质量评估，并向社会公布评估结果。

第五十条　教育行政部门应当加强对实施学历教育的营利性民办学校执行电子学籍和学历证书电子注册制度情况的监督，对非法颁发或者伪造学历证书、学位证书的营利性民办学校依法予以处理。

第五十一条　各级教育、人力资源和社会保障及其他相关部门应当依据管理权限，通过实施审计、建立监管平台等措施对营利性民办学校财务资产状况进行监督。

第五十二条　营利性民办学校违反《中华人民共和国教育法》、《中华人民共和国民办教育促进法》及相关法律法规，有下列行为之一的，由教育、人力资源和社会保障、工商行政部门或者其他相关部门依法责令限期改正，并予以警告；有违法所得的，退还所收费用后没收违法所得；情节严重的，责令停止招生、吊销办学许可证；构成犯罪的，依法追究刑事责任：

（一）办学方向、教学内容、办学行为违背党的教育方针，违反国家相关法律规定。

（二）办学条件达不到国家规定标准，存在安全隐患。

（三）提供虚假资质或者发布虚假广告及其他违法宣传行为。

（四）筹设期间违规招生，办学期间违规收费。

（五）因学校责任造成教育教学及安全事故。

（六）抽逃办学资金、非法集资。

（七）存在其他违反法律法规行为。

第五十三条　民办学校有下列情形之一的，其举办者不得再举办或者参与举办营利性民办学校：

（一）法人财产权未完全落实。

（二）民办学校属营利性的，其被列入企业经营异常名录或严重违法失信企业名单。

（三）办学条件不达标。

（四）近两年有年度检查不合格情况。

（五）法律法规规定的其他情形。

第五十四条　营利性民办学校董事、监事及行政管理人员执行学校职务时违反法律、行政法规或者学校章程的规定，给学校造成损失的，应当承担赔偿责任。

第九章　附则

第五十五条　营利性民办培训机构的监督管理，由教育、人力资源和社会保障、工商行政管理等部门依据职责权限，参照本办法执行。

第五十六条　本办法由省教育厅、省人力资源和社会保障厅、省工商行政管理局负责解释。

第五十七条　本办法自公布之日起施行。

关于进一步扩大民办学校收费自主权加强事中事后监管的通知

根据中共河北省委、河北省人民省政府《关于推进价格机制改革的实施意见》（冀发〔2016〕4 号）和河北省人民省政府《关于鼓励社会力量兴办教育促进民办教育健康发展的实施意见》（冀政发〔2017〕17 号），现就进一步扩大民办学校收费自主权、加强事中事后监管通知如下：

一、进一步扩大民办学校收费自主权

1. 营利性民办学校收费标准继续实行市场调节价，由学校根据办学成本、市场需求、当地经济发展水平、社会承受能力等因素自主确定。

2. 放开专科及以下非营利性民办学校收费标准，由学校根据办学成本、市场需求、当地经济发展水平、社会承受能力等因素自主确定。

3. 放开本科及以上非营利性民办学校住宿费、非学历教育收费标准，由学校根据办学成本、市场需求、当地社会发展水平、社会承受能力等因素自主确定。

4. 非营利性民办学校本科以上（含本科）学历教育学费标准实行政府指导价（最高限价），由学校根据办学成本、市场需求、当地经济发展水平、社会承受能力等因素提出申请，经省教育行政部门审核提出意见，报省价格主管部门批准后执行。

非营利性民办学校收费应遵循公益性原则。

二、民办学校收费和退费规则

（一）民办学校收费项目

民办学校可以向学生收取学费（培训费、幼儿园保教费），对在校住宿的学生可以按照住宿成本收取住宿费，为学生提供方便可以收取服务性收费和代收费。对经教育、人社行政主管部门批准自行组织学历教育招生考试的学校可以按照弥补考试成本的原则向考生收取考试费。民办幼儿园可以向自愿在园就餐的幼儿按成本收取伙食费。除以上项目外，学校不得向学生收取其他任何费用。

（二）民办学校收费规则

1. 民办学校制定、调整收费标准，应在实施前30日向社会公示。实行自主定价的民办学校收费标准，必须保持一定时期内相对稳定。非营利性民办学校价格调整周期一般不少于两年（短期培训除外），一次提价幅度一般不得超过30%。

2. 民办高校、中等职业学校学历教育收取的学费和住宿费按学年收取，民办中小学学历教育按学期收取；民办学校非学历教育长期培训（培训时间5个月及以上的），按学年或学期收费，短期培训按班期收费。学校不得跨学年（学期）收费。民办学校学费和住宿费标准调整实行“新生新办法、老生老办法”。

3. 民办学校为学生在校学习期间提供方便而收取的代收费、服务性收费，必须遵循“学生自愿，据实收取（不以营利为目的），及时结算，定期公布”的原则。代收费和服务性收费不得与学费、住宿费一并统一收取。不得国家和省明令禁止收取的项目列为服务性收费或代收费项目。严禁学校或个人强制向学生收取服务性收费、代收费或只收费不服务。严禁借为学生代购代办服务之机从中盈利或捞取好处。

首次为学生办理须统一使用的学生手册、学生证、校徽、图书借阅证、就餐证（餐卡）、校园卡和毕业证等证、册、卡，不得收费。遗失损坏补办的，可按成本收费。按教育、人社行政部门颁发的教学大纲要求，列入教学计划或教学安排的各类教学或实习、实践活动不得在学费之外另行收取费用。

4. 民办幼儿园收取的保教费、住宿费按月计算，由幼儿家长自愿选择按月或学期缴费，幼儿园可在月初或学期开始预收本月或本学期保教费、住宿费，月底或学期末按以下计算方法结算，不得跨月或学期预收。

当月幼儿实际在园时间（即出勤天数，不足一天的按整天计算）不足一个月（因幼儿方原因）保教费、住宿费按以下方法计收：实际在园时间为0天的不得收费；实际在园时间1—10天的，按月收费标准的50%收取；实际在园时间11天及以上的按整月计收。因幼儿园原因（如设施改造等）导致幼儿实际在园天数不足一个月的，按实际在园天数收取（每个月按22个工作日计算）。

幼儿园伙食费实行按天计算（不足一天，按整天计算）、按月收取、月初预收，幼儿园根据幼儿实际在园就餐天数于月底或下月初结算。幼儿园应保证伙食费全部用于幼儿膳食，不得营利，不得挤占、克扣和挪用。伙食费应采取单独结算（与教工伙食分开）的办法，建立收支明细账，按月向幼儿家长公布伙食费收支情况，如有盈余，转下月用于幼儿伙食开支。

幼儿入园后因故要求转园或退园的，保教费、住宿费以实际在园天数按以上计算方法计收，伙食结余全部退还幼儿家长。

（三）民办学校退费规则

民办学校学生缴纳学费、住宿费后，因故退（转）学或死亡，学校应根据学生在校时间，按月计退剩余的学费和住宿费。学生在校时间，是指学校规定的报到（或开学）之日到学生提交转学、退学申请或死亡之日（因病请假、休学，在治疗期间死亡的，在校时间从报到或开学之日到申请病假或休学之日）的期间。在校时间不足1个月的按1个月计算。按学年收费的，每学年按10个月计算，按学期收费的，每学期按5个月计算。每学年（学期）开学前提出退学的，退还当年（学期）所交全部学费、住宿费。按教育、人社行政主管部门的学籍管理规定休学的学生不予退费，复学后按所在班级学生的学费、住宿费标准实行多退少补。

短期培训班，培训总课时超过3个月（每个月按22个工作日、每个工作日按7个课时计算）的，按月计退所收培训费（住宿生含住宿费，下同），已培训时间（指自培训班开学始至学员提交退学申请时止已经开课的课时，下同）不足1个月的按1个月计算；总课时不足3个月的，学员提交退学申请时已培训课时占总课时三分之一内（含三分之一）的退还所交培训费的70%，已培训课时占总课时二分之一内（含二分之一）的退还所交培训费的50%，已培训课时超过总课时二分之一的不退培训费。开学前提出退学的，退还全部培训费。

民办学校违反有关规定，发布虚假招生广告（招生简章），致使学生上当受骗而要求退学的，学校退还学生所交全部学费、住宿费。按教育、人社行政部门学籍管理规定，学生被勒令退学、开除学籍或擅自离校被取消学籍的，学校不退还学生所交学费、住宿费。

民办学校对学生缴纳的代收费、服务性收费，已发生代购代办事项或已提供服务的，不退还相关费用（所缴费用有结余的，结余部分退还学生），应将代购实物等发给学生；尚未发生代购代办行为或未提供服务的，应全部退还所交费用。民办幼儿园代收费、服务性收费的退费，按照上述规定执行。

以上民办学校（含幼儿园）退费规定未包括的事项，由双方本着公平、互谅互让的原则协商解决。

三、加强民办学校收费事中事后监管

（一）落实收费情况报告制度

民办学校要建立收费台账，详细记录收费情况，严格执行规定的收费项目、收费规则和退费规则。开展学历教育的民办学校，每年3月31日前，要如实填报《____年度民办学校学历教育收费情况报告表》《____年度民办学校基本情况登记表》《民办学校情况变更报告表》，经学校主要负责人签字，加盖单位公章后，报学校所在地价格主管部门。

（二）严格执行收费公示制度

民办学校要按照国家和省有关规定通过设立公示栏、公示牌、公示墙及官方网站等形式，向社会公示收费项目、收费标准等相关内容。

民办学校招生简章应写明学校性质、办学条件、收费项目和收费标准，学费标准实行政府指导价管理的学校要写明学费批准机关和文号。民办学校对贫困学生有学费减免规定和其他救助办法的，应在招生简章中明示。

（三）严格财务管理制度

民办学校要按照有关会计制度要求，建立健全财务管理和会计核算制度，科学计算办学成本。

民办学校办学成本包括人员经费（含从学费中提取的用于救济贫困学生、设置奖助学金的费用）、公务经费、业务费、修缮费、固定资产折旧费等学校教育和管理的正常支出，不包括灾害损失、事故等非正常费用支出和与教学无关的校办产业及经营性费用支出。民办幼儿园保教费的成本除上述项目外，还包括卫生保健、幼儿活动和学习生活用品等费用（包括幼儿教育必备的各种教具、图画册、学具、玩具及耗材，午休床及床上统一配备的床垫、床单、被罩用品，在园日常洗漱、卫生用品等费用）。

民办学校住宿成本主要包括学生住宿用房屋及配套设施、设备折旧费，水电费，防暑、取暖费，修缮、维护费和宿舍管理人员经费等，不含经营性的设施和人员的各项费用支出。

民办学校办学成本和住宿成本不得重复计算。在核定民办学校收费标准时，有社会捐助和政府资助（补贴）的，应从办学成本和住宿成本中扣除。

价格主管部门对发现或群众举报有虚列成本、虚高制定收费标准嫌疑的民办学校，可以直接或委托第三方机构对学校定价成本进行监审。对确实存在虚列成本、虚高制定收费标准的，责成学校予以改正。

（四）加强监督检查

各级价格、教育、人社等政府管理部门要加强对民办学校收费的管理和监督，引导学校建立健全收费管理制度、自觉执行国家和省教育收费政策，对违反国家法律、法规和政策乱收费的行为，要依据《中华人民共和国价格法》《中华人民共和国民办教育促进法》《价格违法行为行政处罚规定》等法律法规严肃查处。

过去有关规定与本通知不符的，一律以本通知为准。

河北省校外培训机构设置与管理办法

第一章 总则

第一条 为促进民办非学历教育的健康发展，规范校外培训机构办学行为，推动解决中小学生课外负担过重问题，根据国家和省有关法律法规和政策文件，制定本办法。

第二条 本办法所称校外培训机构，是指我省行政区域内，经县级以上教育行政部门或行政审批部门审批，由国家机构以外的社会组织或者个人，利用非国家财政性经费，面向中小学生举办的学科培训、艺术培训、体育培训、科技普及、社会实践活动等各类形式的非学历文化教育培训机构（以下统称为“校外培训机构”），不包括非学历高等教育机构、托幼机构、职业技能培训机构及特殊行业或相关主管部门有特定准入规定的培训机构。

第三条 校外培训机构的设置应当适应本地经济建设和社会发展需求，符合教育事业发展和人民群众需要。

第四条 县级以上教育行政部门会同其他相关部门，依法负责本行政区域内校外培训机构的管理工作。

第五条 校外培训机构应当遵守国家法律法规，全面贯彻党的教育方针，坚持社会主义办学方向和教育公益属性，规范开展教学活动，保证教育质量，自觉接受主管部门管理。

第六条 校外培训机构应当切实加强党的建设，坚持做到党的建设同步谋划、党的组织同步设置、党的工作同步开展。校外培训机构党组织实行主管部门管理与属地管理相结合，以主管部门管理为主，同时接受机构所在地党组织指导和管理。

第二章 设置标准

第七条 申请举办校外培训机构应具备下列基本条件：

（一）有符合相关法律法规要求的举办者。

（二）有合法的名称、规范的章程和必要的组织机构。

（三）有符合相关法律法规和规章要求的内部管理制度。

（四）有符合规定任职条件的法定代表人、校长及主要管理人员。

（五）有与培训类别、层次及规模相适应的教师队伍。

（六）有与所开办校外培训机构相匹配的办学资金。

（七）有与所开办培训项目及规模相适应的办学场所及设施设备。

（八）有与所开办培训项目相对应的课程计划及教材。

（九）法律法规规定的其他条件。

第八条　举办者。申请举办校外培训机构的社会组织应当具有法人资格，无不良诚信记录。申请举办校外培训机构的个人应当具有政治权利和完全民事行为能力。

第九条　名称。校外培训机构只能使用一个名称，其外文名称应当与中文名称语义一致。名称应符合国家行政法规的有关规定，不得含有损国家利益或社会公共利益、违背社会公共道德、不符合民族和宗教习俗的内容。字号不得与本市区域内已经批准设立的其他校外培训机构名称相同或相似，不得与终止或停用不满 5 年的校外培训机构名称相同或相似。不得带有中外国家（地区）、国际组织、政党、社团组织、军队编号的名称。不得冠以“中国”“全国”“中华”“国际”“世界”“全球”等字样。

申请设立非营利性校外培训机构的，其名称应当符合《民办非企业单位登记管理暂行条例》《民办非企业单位名称管理暂行规定》等法规规章的规定，并由以下 4 部分依次组成：行政区划名（校外培训机构所在地的市、县（市、区））＋字号（两个以上的汉字组成）＋办学内容关键词＋机构类型。

申请设立营利性校外培训机构的，其名称应当符合《公司登记管理条例》《企业名称登记管理规定》等法规规章和国家工商总局、教育部有关营利性民办学校名称登记管理方面的相关规定。

第十条　章程。校外培训机构应当依法制定章程，健全相关管理制度。举办者根据章程规定的权限和程序，参与办学和管理活动。

第十一条　组织结构。校外培训机构应当设立理（董）事会或其他形式的决策机构，建立行政、教学等管理机构和监督机构。

第十二条　办学资金。校外培训机构开办资金应不少于 30 万元，农村贫困地区可适当降低标准，办学经费来源稳定，能够保障正常教育教学活动。

第十三条　办学场地。申请设立校外培训机构，应当避开影响学生身心健康和可能危及学生人身安全的场所。居民住宅不得作为校外培训机构的注册及办学场所。举办者以自有场所办学的，应当提供办学场所的房屋产权证明材料；以租用场所办学的，应当提供具有法律效力的租赁合同，租赁期限自申请办学之日起不得少于 3 年。此外，用于办学的场所还应当符合下列条件要求：

（一）办学场所总建筑面积不少于 300 平方米，且同一培训时段内生均教学用房建筑面积不少于 3 平方米。本办法颁布之前审批设立的校外培训机构，其办学场所面积未达到 300 平方米的可仍执行原定标准，但应积极创造条件，逐步达到本办法规定的面积标准。

（二）招收寄宿学员的，要具备满足需要的住宿条件，还应当配备与寄宿学员规模相匹配的阅读、生活与活动场所。

（三）向学员提供餐饮服务的，应取得相应的食品经营许可等相关证照，应当建立健全食品安全管理制度，按照规定配备管理人员，落实食品安全防范措施。

（四）所有教学及生活场所应符合国家关于消防、食品卫生等管理规定要求，并取得政府有关部门或具有评估资质的第三方机构出具的相应合格证明材料。

第十四条 教学条件。校外培训机构应配备能满足培训活动需要的教学设施设备。

第十五条 校长。校外培训机构的校长应有政治权利和完全民事行为能力，信用状况良好，年龄不超过70周岁，身体健康，具有大专以上学历及相关教育教学工作经历和管理经验。

第十六条 教师。校外培训机构应根据所开设培训项目及规模，配备结构合理、数量充足、相对稳定、素质较高的专兼职教师队伍，且专职教师数不得少于教师总数的三分之一。教师应具有相应学科的教师资格证，聘任外籍教师，应当符合国家有关规定。

第十七条 管理人员。校外培训机构应根据办学规模配备相应数量的专职管理人员。专职教学管理人员应具有大专以上文化程度，具有一定的教学管理经验。财务管理人员应具备从事会计工作所需要的专业能力。

第十八条 培训项目、课程及教材。校外培训机构的培训项目及课程应当符合国家相应的课程标准，符合国家和省有关规定，具有明确的培养目标，选用教材应符合国家和省有关规定。

第三章 设立审批

第十九条 校外培训机构实行属地审批，属地管理，由举办者向办学场所所在地的县级教育行政部门或行政审批部门提出设立申请。

第二十条 申请举办校外培训机构，举办者应当向县级教育行政部门或行政审批部门提交下列材料：

（一）申办报告。内容包括：举办者、培养目标、机构名称、办学地址、办学规模、办学内容、办学条件、内部管理体制、经费筹措与管理使用等。

（二）举办者身份资料。社会组织举办者应提交法人资格证明文件的原件及复印件。个人举办者应提交本人身份证、个人简历、学历证书原件及复印件。联合举办者除提交上述资料外，还须提交联合办学协议，其中应载明各方出资的方式和数额、各方的权利和义务（包括相应的法律责任），以及变更联合办学的规则和程序等。

（三）资产来源、资金数额及有效证明文件，并载明产权。

（四）办学场地证明。自有办学场地需提交相应的房屋和土地产权证明原件和复印件；租赁场地应提交出租方的房屋、土地产权证明和租赁协议的原件和复印件；消防、食品卫生合格证明文件。

（五）章程。章程内容主要包括：

1. 培训机构名称、地址；

2. 办学宗旨、内容、形式、性质（营利性或非营利性）；

3. 办学资产来源、数额、性质及管理使用原则；

4. 决策机构的产生方法、人员构成、任期、议事规则、权利和义务；

5. 法定代表人，法定代表人的权利、责任及其产生和罢免的程序；

6. 校长的权利和职责；

7. 资产和财务管理制度；

8. 培训机构自行终止的事由，有关变更、终止等处理程序及终止后资产的处理办法；

9. 章程修改程序；

10. 联合举办的校外培训机构，章程中应明确各方出资数额和方式、权利和义务、退出的条件和程序等。

（六）首届决策机构组成人员名单。

（七）校长、教师、财会人员的资格证明文件。

（八）拟开设培训项目的教学计划。

第二十一条　审批机关收到举办者报送的设立校外培训机构的办学申请等材料后，按下列程序办理：

（一）受理。对申请材料进行审核，依法做出是否受理申请的决定，并书面告知申请人。申请材料不齐全，或者不符合法定要求的，应在 5 个工作日内一次性告知申请人需要补正的全部内容；申请材料齐全、符合法定要求，或者申请人按审批机关的要求提交全部补正申请材料的，审批机关应当受理。

（二）审核。审批机关受理办学申请后，组织专家或委托具有相应资质的教育评估机构，对举办者提供的申请材料进行审核，并对办学场所及条件进行实地察看，结合实际情况对校外培训机构设置进行论证，并提出审核意见。

（三）决定。审批机关按照《中华人民共和国民办教育促进法》等法律法规和本办法规定，结合审核意见，在自受理申请之日起 30 个工作日内，做出“批准设立”或“不予批准设立”的决定，并将审批决定以书面形式送达申请人。批准设立的校外培训机构，由审批机关颁发《民办学校办学许可证》。做出不予批准设立决定的，应向申请人说明理由。

（四）备案公告。审批机关做出批准设立决定后，应及时将批准设立的校外培训机构的名称、地址、负责人、办学内容等主要信息，通过网站等媒体向社会公告。经行政审批部门审批设立的校外培训机构，应自审批设立之日起 15 日内到教育行政部门进行备案。

第二十二条　经审批设立的校外培训机构在同一县域设立分支机构或培训点的，须经过教育行政部门批准；跨县域设立分支机构或培训点的，需到分支机构或培训点所在地县级教育行政部门或行政审批部门审批。分支机构或培训点办学条件和教师配备应达到本办法第二章规定的相应标准。

第二十三条　校外培训机构取得办学许可证后，应依据国家有关规定，到相关行政管理部门办理法人登记。其中，营利性校外培训机构到工商、市场监管部门，或者行政审批部门进行法人登记，取得营业执照；非营利性校外培训机构，符合民办非企业单位登记条件的，到民政部门进行登记，取得民办非企业单位登记证书，符合事业单位法人登记条件的，到事业单位法人登记管理机关登记，取得事业单位法人证书。

校外培训机构必须进行法人登记并取得相关营业执照或法人证书后才能开展培训。

第四章　规范办学

第二十四条　校外培训机构开展办学活动所使用的名称须同审批机关核准的名称相一致。

第二十五条　校外培训机构应当按照办学许可证载明的项目和内容办学，不得超出审批机关核准范围开展其他教育活动，不得在核定或审批的办学地点之外办学，不得出租出借办学许可证。

第二十六条　校外培训机构正式设立后，应按照机构章程，完善各项规章制度，规范内部管理，优化培训内容，改进教学方法，确保教育教学质量，依法开展培训活动。

第二十七条　校外培训机构对举办者投入培训机构的资产、受赠的财产、办学积累依法享有法人财产权，必须将资产于批准设立之日起一年内过户到培训机构名下，并分别登记建账。任何组织和个人不得截留、挪用或侵占校外培训机构的资产。

第二十八条　校外培训机构发布的招生简章和广告应符合法律法规的规定，必须载明培训机构名称、办学地址、办学形式、办学内容、学习期限、收费项目和标准等，内容真实准确。

校外培训机构应依法将招生简章和广告报教育行政部门备案。发布的招生简章和广告必须与备案的内容相一致。

校外培训机构不得通过虚假宣传和夸大培训效果诱导中小学生参加培训，不得以暴力、威胁等手段强迫学生接受培训。

第二十九条　校外培训机构招生时应当与学生家长签订培训协议，明确培训内容、培训期限、课程安排、收费项目和金额、退费及争议解决办法等，认真履行服务承诺。

第三十条 校外培训机构开展语文、数学、英语、物理、化学、生物等学科知识培训的，其招生对象、培训内容、班次进度、上课时间等应向教育行政部门备案并主动向社会公布，培训内容不得超出相应的国家课程标准，培训班次必须与招生对象所处年级相匹配，培训进度不得超过所在县（市、区）中小学同期进度。

校外培训机构不得组织举办中小学生学科类等级考试、竞赛及进行排名。

第三十一条 校外培训机构应当选用与其培训项目及课程相匹配的教材，所有教材应报教育行政部门备案，校外培训机构对所使用教材的合法性、合规性负责。使用引进教材的，应当严格遵守国家出版物进口管理的有关规定，不得违反宪法法律，危害国家安全、破坏民族团结、宣扬邪教迷信。

第三十二条 校外培训机构培训时间不得与学生所在中小学校教学时间相冲突，利用晚间举办培训的，结束时间不得晚于 20 时 30 分。校外培训不得布置学科类作业。

第三十三条 校外培训机构应当严格执行国家和省关于收费与财务管理的规定，收费项目及标准应向社会公示，并接受有关部门的监督。不得在公示的项目和标准外收取其他费用，不得以任何名义向培训对象摊派费用或者强行集资。收费时段应与培训时间相一致，不得一次性收取时间跨度超过 3 个月的费用。在学生缴费时应将有关退费办法向学生进行公示，学生未完成的培训课程，要严格按相关政策规定及双方合同约定及时办理退费。

第三十四条 校外培训机构应当与所聘人员依法签订聘用合同、劳动合同或劳务协议，并定期组织教师进行政治业务培训，不断提高教师师德水平和教育教学能力。校外培训机构不得聘用中小学在职教师。

第三十五条 校外培训机构应严格落实国家和省有关安全生产的法规规章，建立和完善消防、环境、食品、卫生安全责任制度，按规定设置安防人员，对师生安全负责。

第三十六条 校外培训机构应建立学生注册登记制度，并建立学员培训档案，将学员培训内容、学业成绩等情况记入学员培训档案。

第三十七条 在境外上市的校外培训机构向境外公开披露的定期报告及对公司经营活动有重大不利影响的临时报告等信息，应以中文文本在公司网站或证券信息披露平台向境内同步公开、接受监督。

第五章 管理与监督

第三十八条 县级教育行政部门及有关部门应当对辖区内校外培训机构的培训活动进行指导和监督。

第三十九条　县级教育行政部门应建立和完善校外培训机构信息公示制度，将审批登记的校外培训机构名单和主要信息向社会公布；建立完善校外培训机构办学情况定期通报制度，对校外培训机构的基本办学情况定期向社会公布；建立完善黑白名单制度，对证照齐全、办学规范、信誉良好的校外培训机构建立白名单，对无办学资质、违法违规办学、办学声誉较差的校外培训机构建立黑名单，两个名单动态更新并及时向社会公布；建立完善校外培训机构年检制度，每年上半年对校外培训机构上一年度的办学情况进行全面评估检查，年检结果及时向社会通报。

第四十条　校外培训机构在办学过程中出现违法违规办学行为的，教育行政部门和相关部门应依法予以处罚。

第六章　变更与终止

第四十一条　校外培训机构变更举办者，须由举办者提出，在进行财务清算后报审批机关核准，并到相关行政部门办理变更登记。

校外培训机构变更名称、办学地址、办学内容等，须报审批机关批准，并到相关行政部门办理变更登记。

第四十二条　校外培训机构申请变更时，应向审批机关提交以下申请材料：

（一）变更申请。

（二）决策机构出具的决策文件。

（三）按照不同变更事项规定要求提供的证明文件。

（四）法律法规规定的其他材料。

第四十三条　审批机关收到校外培训机构变更申请材料后，应当参照本办法第二十一条的流程，自受理之日起30个工作日内做出是否同意变更的书面决定。同意变更的，收回原许可证后换发新证；不同意变更的，应当向申请人说明理由。

第四十四条　校外培训机构出现法律规定的终止办学情形时，应当终止办学。终止时应依法进行财务清算，清退学生学费，清偿相关债务。进行财务清算后，非营利性校外培训机构的剩余财产应继续用于其他非营利性民办学校办学，营利性校外培训机构的剩余财产，依照公司法的有关规定进行处理。

第四十五条　校外培训机构终止时，应由审批机关收回办学许可证和销毁印章，办理注销登记，并向社会公示。

第七章　附则

第四十六条　本办法由河北省教育厅负责解释。

第四十七条　本办法自公布之日起实施，《河北省民办非学历教育培训机构设置与管理办法》（冀教政法〔2015〕27号）同时废止。

关于进一步加强基础教育阶段民办学校审批管理的通知

近年来，我省各级教育行政部门认真贯彻落实国家和省关于鼓励社会力量兴办教育促进民办教育健康发展的方针政策，采取积极措施，支持社会力量兴办基础教育，基础教育阶段民办学校在数量、规模和质量等方面都得到快速提升，为满足群众多样化教育需求，促进教育事业改革发展做出了贡献。同时，民办基础教育也存在着一些亟待解决的突出问题：部分地方对民办学校的设置标准把关不严，审批了一些办学条件未能达标的中小学校；一些民办中学存在虚假宣传招生、提前“掐尖”招生、超计划招生、超范围招生问题；部分公办学校举办或参与举办的民办中学（以下简称公参民学校）没有实现“五独立”，存在占用公办学校办学资源、教师混编混用、学生混编班级等问题。这些问题制约了民办基础教育健康发展，破坏了教育的良好生态，社会对此反映强烈。为进一步加强基础教育阶段民办学校审批管理工作，根据国家和省相关政策规定，现提出如下要求：

一、审批民办学校应符合地方教育规划

审批设立基础教育阶段民办学校，应统筹考虑经济社会发展、人口分布变化、群众教育需求等情况，符合当地教育事业发展规划和学校布局实际需要。民办学校审批权划转行政审批部门后，教育行政部门应加强同行政审批部门的沟通协调，使其了解当地教育事业发展情况与学校布局规划，并以此为基本依据做好基础教育阶段民办学校的审批工作。

二、严格掌握设置标准

审批设立基础教育阶段民办学校，要按照《河北省普通高中学校基本办学标准》（冀教办〔2018〕80号）、《河北省义务教育学校办学基本标准》（冀教基〔2011〕32号）和《河北省民办幼儿园设置基本标准》（冀教政法〔2013〕56号）的规定，对学校设置、办学条件、师资队伍、教育教学、学校管理和经费保障等严格把关。审批设立公参民学校，同时还要严格遵循“五独立”原则，即学校具备独立的法人资格，独立的校园和基本教育设施，独立的财务会计制度，独立招生，独立颁发学业证书。

三、切实规范审批程序

严格履行法定程序。审批民办学校要依照民办教育促进法及其实施条例规定的职

责、权限、条件和时限，遵循公开、公平、公正、高效、便民的原则，按照申请、受理、审查、决定、送达等程序办理。

明确审批层级。除有专门规定外，高中阶段民办学校由市级行政审批部门审批，民办初中、小学及幼儿园由县级行政审批部门审批。同时举办高中阶段与义务教育阶段或学前阶段民办学校，由市级行政审批部门审批，并征求学校所在地县级教育行政部门意见。

保持政策有效衔接。根据国家和省推动民办学校分类管理改革的政策规定，不得设立实施义务教育的营利性民办学校，据此规定，同时举办义务教育阶段与高中阶段或学前阶段的民办学校，如果高中阶段或学前阶段选择营利性民办学校，且不能与义务教育阶段学校实现场地、设施、师资、财务等方面的剥离，一律不予审批。

四、加强公参民学校管理

全面规范公参民学校办学行为，对公参民学校存在的打着公办学校旗号招生、超计划招生、超范围招生、提前“掐尖”招生等违规招生问题，要采取有力措施加以制止。对其办学过程中存在的办学主体不明确、办学条件不达标、法人治理结构不完善、权责不清、违背五独立原则、教师混编混用、学生混合编班等问题，要依法严肃查处。

五、强化民办学校日常监管

强化民办学校年检工作，制定和完善年检指标体系，充分发挥年检在规范民办学校发展方面的导向性作用。加强对民办学校办学行为的监控，特别是招生考试环节，要主动采取监控措施，做到事前有预防、事中有应对、事后有处理。加大对违规行为的查处力度，对不守规矩、屡禁屡犯、我行我素的民办学校，要坚决依法严肃处理。

各地要严格落实通知要求，加强基础教育阶段民办学校审批管理，强化监督管理责任，对违规审批和监管不力的责任部门和责任人员，要追责问责，依法做出处理。

河北省民办幼儿园设置基本标准

一、总则

（一）为加强民办幼儿园管理，提高民办幼儿园标准化、规范化水平，促进全省学前教育事业健康发展，依据国家有关法律、法规和规定，结合我省实际，制定本标准。

（二）本标准是民办幼儿园设置的基本标准，是教育行政部门评估和管理民办幼儿园的重要依据。设区市和县级教育行政部门可根据本标准，制定符合本地实际的具体标准。各地制定的具体标准不得低于本标准。

（三）民办幼儿园设置应按照“因地制宜、规模适度、就近入园、方便接送”的原则，根据区域经济社会发展、教育发展总体规划和学前生源发展趋势，以及交通、环境等因素综合考虑，合理布局。

二、民办幼儿园举办者

（四）民办幼儿园举办者必须是国家机构以外的社会组织或个人。举办民办幼儿园的社会组织应当具有法人资格。举办民办幼儿园的个人，应当具有政治权利和完全民事行为能力。联合举办民办幼儿园的组织或个人必须签订联合举办协议，明确出资各方的出资数额和权利义务等。

（五）举办民办幼儿园的社会组织必须在举办地有固定的办公场所，公民个人必须在举办地有固定的住所。

三、办园条件与教育设施

（六）民办幼儿园应设置在地质条件较好、环境适宜、交通方便和公用配套设施较为完善、安全，且无污染、无噪音的区域。

（七）民办幼儿园用地（包括园舍建筑用地、室外活动用地和集中绿化用地等）应符合国家相关要求。生均室外活动面积不低于 3 平方米。

（八）民办幼儿园园舍应当符合幼儿园建筑设计规范和安全标准。应有活动用房、生活用房、办公用房和辅助用房等。生均建筑面积不低于 3.5 平方米，生均室内使用面积不低于 2 平方米。

（九）民办幼儿园的设置应相对独立。利用平房举办的，应当有独立院落。利用多层民用建筑举办的，必须设置在首层。利用商业建筑举办的，不得超过第三层。使用租赁房舍，租赁期应不少于 5 年。举办者应提供房屋产权证明、相应的具有法律效力的租赁契约和安全、消防等鉴定材料。

（十）民办幼儿园应有符合幼儿身心发展特点、适合幼儿使用、符合卫生及安全要求的设施设备。包括卫生保健设备、防暑和取暖设备、教学设备、专业用书及资料等，且能够满足保教基本需要。

（十一）民办幼儿园应按规定配备玩教具和活动材料，其中室外大型玩具应达到一定数量。

四、设置规模

（十二）民办幼儿园班容量应遵循国家标准，其中小班应在 20—25 人之间，中班应在 25—30 人之间，大班应在 30—35 人之间。

五、教职工队伍

（十三）民办幼儿园应配备数量足够、结构合理、素质合格的管理人员和保教队伍。全日制幼儿园原则上每班至少配备 1 名教师和 1 名保育人员，寄宿制幼儿园应按规定适当增加保教人员。

（十四）民办幼儿园园长应符合任职资格和岗位要求，具有教育专业中专及以上学历，有 3 年以上教育教学管理经验，有较强的业务能力和管理能力。

民办幼儿园教师应具有中等以上学历，取得幼儿教师资格证书，具备相应任职条件。保育员应具备高中及以上学历并取得相应职业培训合格证书。保健人员、食堂工作人员、财会人员、安保人员等应当具有相关岗位的资质。

六、办园经费

（十五）民办幼儿园应有合法、稳定的经费来源，能够保证正常教育教学活动。新设立民办幼儿园应有一定额度的启动资金。启动资金应有具备资质的中介机构出具的验资报告。

（十六）民办幼儿园经批准正式开办以后，应当按当地物价部门审核的收费标准和收费项目收费，并予以公示。未经审核备案，不得擅自设立收费项目，提高收费标准。

（十七）民办幼儿园应建立规范的财务管理制度，做到收支分开，账目清楚。

七、管理与教学

（十八）民办幼儿园应设立理事会（董事会）或其他形式的决策机构，实行理事会（董事会）领导下的园长负责制。

民办幼儿园应有办园章程和各项管理制度。

（十九）民办幼儿园应尊重幼儿的人格和权利，教育内容、教育方法应符合教育规律和幼儿年龄特点。坚持保教并重，对幼儿实施体、智、德、美全面发展的教育，以游戏为基本活动，寓教于各项活动之中。关注个体差异，促进个性发展。

（二十）幼儿园应当严格执行国家和地方幼儿园安全管理的相关规定，建立健全房屋、设备、消防、交通、食品、卫生保健、幼儿接送交接、活动组织等安全防护和检查制度，建立安全责任制和应急预案。

本标准由河北省教育厅负责解释，自颁布之日起施行。

附　　录

附录一　河北省“十三五”期间民办教育发展数据

一、2016 年河北省民办教育发展数据

截至 2016 年底，全省各级各类民办学校 7257 所（不含短期培训），比上年增加 697 所，占全省学校总数（29 451 所）的 24.64%，比上年增加 1.99%；在校生 246 万人，比上年增加 24.99 万人，占全省学校在校生总数（1449.19 万人）的 16.97%，比上年增加 1.21%；自有专任教师 14.02 万人，比上年增加 1.59 万人，占全省学校教师总数（84.50 万人）的 16.59%，比上年增加 1.31%。

1. 民办普通高校 35 所（含 17 所独立学院），占全省普通高校总数（120 所）的 29.17%；在校生 34.58 万人，占全省普通高校在校生总数（121.61 万人）的 28.41%；自有专任教师 2.01 万人，占全省普通高校教师总数（7.04 万人）的 28.55%。

2. 民办中等职业学校 167 所，比上年减少 13 所，占全省中等职业学校总数（609 所）的 27.42%；在校生 9.38 万人，占全省中等职业学校在校生总数（65.81 万人）的 14.25%；自有专任教师 0.38 万人，占全省中等职业学校教师总数（4.49 万人）的 8.46%。

3. 民办普通高中 135 所，比上年增加 44 所，占全省普通高中总数（598 所）的 22.58%；在校生 17.84 万人，占全省普通高中在校生总数（121.33 万人）的 14.70%。

4. 民办普通初中 236 所，比上年增加 17 所，占全省普通初中总数（2379 所）的 9.92%；在校生 35.71 万人，占全省普通初中在校生总数（243.58 万人）的 14.66%。

5. 民办初高中自有专任教师 3.74 万人，占全省初高中学校教师总数（28.92 万人）的 12.93%。

6. 民办小学 531 所，比上年增加 35 所，占全省小学总数（11 944 所〈不含特殊教育〉）的 4.45%；在校生 49.84 万人，占全省小学在校生总数（620.55 万人）的 8.03%；自有专任教师 1.68 万人，占全省小学教师总数（33.05 万人）的 5.08%。

7. 民办幼儿园 6153 所，比上年增加 614 所，占全省幼儿园总数（13 635 所）的 45.13%；在园幼儿 98.65 万人，占全省幼儿园在园幼儿总数（234.11 万人）的 42.14%；自有专任教师 6.22 万人，占全省幼儿教师总数（10.62 万人）的 58.57%。

二、2017 年河北省民办教育发展数据

截至 2017 年底，全省各级各类民办学校 8015 所（不含短期培训），比上年增加 758 所，占全省学校总数（29 967 所）的 26.75%，比上年增加 2.11%；在校生 284.95 万人，比上年增加 38.95 万人，占全省学校在校生总数（1 508.95 万人）的 18.88%，比上年增加 1.81%；自有专任教师 16.24 万人，比上年增加 2.22 万人，占全省学校教师总数（88.52 万人）的 18.35%，比上年增加 1.76%。

1. 民办普通高校 36 所（含 17 所独立学院），新增高职院校 1 所，占全省普通高校总数（121 所）的 29.75%；在校生 35.43 万人，占全省普通高校在校生总数（126.89 万人）的 27.92%；自有专任教师 2.10 万人，占全省普通高校教师总数（7.29 万人）的 28.81%。

2. 民办中等职业学校 165 所，比上年减少 2 所，占全省中等职业学校总数（609 所）的 27.09%；在校生 11.94 万人，占全省中等职业学校在校生总数（70.62 万人）的 16.91%；自有专任教师 0.44 万人，占全省中等职业学校教师总数（4.61 万人）的 9.54%。

3. 民办普通高中 169 所，比上年增加 34 所，占全省普通高中总数（630 所）的 26.83%；在校生 23.01 万人，占全省普通高中在校生总数（129.14 万人）的 17.82%。

4. 民办普通初中 258 所，比上年增加 22 所，占全省普通初中总数（2375 所）的 10.86%；在校生 43.60 万人，占全省普通初中在校生总数（260.07 万人）的 16.76%。

5. 民办初高中自有专任教师 4.66 万人，占全省初高中学校教师总数（30.57 万人）的 15.24%。

6. 民办小学 603 所，比上年增加 72 所，占全省小学总数（11 697 所〈不含特殊教育〉）的 5.16%；在校生 60.22 万人，占全省小学在校生总数（637.22 万人）的 9.45%；自有专任教师 2.05 万人，占全省小学教师总数（34.22 万人）的 5.99%。

7. 民办幼儿园 6784 所，比上年增加 631 所，占全省幼儿园总数（14 368 所）的 47.22%；在园幼儿 110.75 万人，占全省幼儿园在园幼儿总数（237.47 万人）的 46.64%；自有专任教师 6.99 万人，占全省幼儿教师总数（11.45 万人）的 61.05%。

三、2018 年河北省民办教育发展数据

截至 2018 年底，全省各级各类民办学校 9205 所（不含短期培训），比上年增加 1190 所，占全省学校总数（30 879 所）的 29.81%，比上年增加 3.06%；在校生 325.03 万人，比上年增加 40.08 万人，占全省学校在校生总数（1 573.77 万人）的 20.65%，比上年增加 1.77%；自有专任教师 19.10 万人，比上年增加 2.86 万人，占全省学校教师总数（93.27 万人）的 20.48%，比上年增加 2.13%。

1. 民办普通高校 36 所（含 16 所独立学院），占全省普通高校总数（122 所）的 29.51%；在校生 37.16 万人，占全省普通高校在校生总数（134.26 万人）的 27.68%；自有专任教师 2.18 万人，占全省普通高校教师总数（7.55 万人）的 28.87%。

2. 民办中等职业学校 161 所，比上年减少 2 所，占全省中等职业学校总数（604 所）的 26.66%；在校生 14.45 万人，占全省中等职业学校在校生总数（72.43 万人）的 19.95%；自有专任教师 0.49 万人，占全省中等职业学校教师总数.(4.66 万人）的 10.52%。

3. 民办普通高中 196 所，比上年增加 27 所，占全省普通高中总数（655 所）的 29.92%；在校生 26.42 万人，占全省普通高中在校生总数（133.49 万人）的 19.79%。

4. 民办普通初中 266 所，比上年增加 6 所，占全省普通初中总数（23 367 所）的 11.24%；在校生 52.85 万人，占全省普通初中在校生总数（283.15 万人）的 18.65%。

5. 民办初高中自有专任教师 5.78 万人，占全省初高中学校教师总数（32.63 万人）的 17.71%。

6. 民办小学 678 所，比上年增加 75 所，占全省小学总数（11 545 所〈不含特殊教育〉）的 5.87%；在校生 71.45 万人，占全省小学在校生总数（658.85 万人）的 10.84%；自有专任教师 2.43 万人，占全省小学教师总数（35.37 万人）的 6.87%。

7. 民办幼儿园 7868 所，比上年增加 1084 所，占全省幼儿园总数（15 418 所）的 51.03%；在园幼儿 122.69 万人，占全省幼儿园在园幼儿总数（240.21 万人）的 51.08%；自有专任教师 8.22 万人，占全省幼儿教师总数（12.66 万人）的 64.93%。

四、2019 年河北省民办教育发展数据

截至 2019 年底，全省各级各类民办学校 10 260 所（不含短期培训），比上年增加 1055 所，占全省学校总数（32 139 所）的 31.92%，比上年增加 2.11%；在校生

361.67万人，比上年增加36.64万人，占全省学校在校生总数（1 631.68万人）的22.17%，比上年增加1.52%；自有专任教师21.56万人，比上年增加2.46万人，占全省学校教师总数（97.99万人）的22%，比上年增加1.52%。

1. 民办普通高校36所（含16所独立学院），独立学院转设1所，占全省普通高校总数（122所）的29.51%；在校生42.63万人，占全省普通高校在校生总数（147.40万人）的28.92%；自有专任教师2.31万人，占全省普通高校教师总数（7.91万人）的29.20%。

2. 民办中等职业学校167所，比上年增加6所，占全省中等职业学校总数（601所）的27.79%；在校生17.26万人，占全省中等职业学校在校生总数（77.46万人）的22.28%；自有专任教师0.61万人，占全省中等职业学校教师总数（4.85万人）的12.58%。

3. 民办普通高中220所，比上年增加24所，占全省普通高中总数（679所）的32.40%；在校生32.28万人，占全省普通高中在校生总数（141.2万人）的22.86%。

4. 民办普通初中293所，比上年增加27所，占全省普通初中总数（2405所）的12.18%；在校生60.47万人，占全省普通初中在校生总数（297.31万人）的20.34%。

5. 民办初高中自有专任教师7.02万人，占全省初高中学校教师总数（34.77万人）的20.19%。

6. 民办小学728所，比上年增加50所，占全省小学总数（11 604所〈不含特殊教育〉）的6.27%；在校生80.95万人，占全省小学在校生总数（679.11万人）的11.92%；自有专任教师2.76万人，占全省小学教师总数（36.53万人）的7.56%。

7. 民办幼儿园8816所，比上年增加948所，占全省幼儿园总数（16 559所）的53.24%；在园幼儿128.08万人，占全省幼儿园在园幼儿总数（239.04万人）的53.58%；自有专任教师8.85万人，占全省幼儿教师总数（13.51万人）的65.51%。

五、2020年河北省民办教育发展数据

截至2020年底，全省各级各类民办学校11 268所（不含短期培训），比上年增加1008所，占全省学校总数（33 756所）的33.38%，比上年增加1.46%；在校生372.45万人，比上年增加10.77万人，占全省学校在校生总数（1 684.97万人）的22.10%，与上年持平；自有专任教师23.61万人，比上年增加2.05万人，占全省学校教师总数（102.57万人）的23.02%，比上年增加1.02%。

1. 民办普通高校37所（含16所独立学院），新增高职院校1所，占全省普通高校

总数（125 所）的 29.6%；在校生 50.45 万人，占全省普通高校本专科在校生总数（160.48 万人）的 31.44%；自有专任教师 2.51 万人，占全省普通高校教师总数（8.54 万人）的 29.39%。

2. 民办中等职业学校 172 所，比上年增加 5 所，占全省中等职业学校总数（607 所）的 28.34%；在校生 20.44 万人，占全省中等职业学校在校生总数（83.79 万人）的 24.39%；自有专任教师 0.75 万人，占全省中等职业学校教师总数（5.03 万人）的 14.91%。

3. 民办普通高中 242 所，比上年增加 22 所，占全省普通高中总数（707 所）的 34.23%；在校生 39.57 万人，占全省普通高中在校生总数（151.75 万人）的 26.08%。

4. 民办普通初中 338 所，比上年增加 45 所，占全省普通初中总数（2466 所）的 13.71%；在校生 67.08 万人，占全省普通初中在校生总数（301.55 万人）的 22.25%。

5. 民办初高中自有专任教师 8.50 万人，占全省初高中学校教师总数（36.80 万人）的 23.10%。

6. 民办小学 755 所，比上年增加 27 所，占全省小学总数（11 625 所）的 6.49%；在校生 86.66 万人，占全省小学在校生总数（695.92 万人）的 12.45%；自有专任教师 2.96 万人，占全省小学教师总数（37.46 万人）的 7.90%。

7. 民办幼儿园 9724 所，比上年增加 908 所，占全省幼儿园总数（18 057 所）的 53.85%；在园幼儿 108.25 万人，占全省幼儿园在园幼儿总数（245.31 万人）的 44.13%；自有专任教师 8.89 万人，占全省幼儿教师总数（14.31 万人）的 62.12%。

附录二　河北省“十三五”期间各市（区）民办教育发展主要数据

附录二的数据虽然都摘自河北省教育厅《河北省教育事业统计提要》，但摘录的各设区市数据相加可能不会和省级总数完全吻合。各级各类学校数目一般不存在问题，但在校生数、专任教师数可能会存在偏差，因为民办学校有许多是九年一贯制、十二年一贯制或完全中学，九年一贯制学校放在初中统计，完全中学和十二年一贯制学校放在高中统计。比如秦皇岛市 2020 年民办小学是 0 所，专任教师是 0 人，但在校生数是 3488 人，在校生数是单独上报的，所以会显示在校生数，因为没有单纯的小学，民办小学数是 0，教师也未单独统计，所以会出现上述情况。另外，2017 年，中共中央、国务院印发通知，决定设立国家级新区河北雄安新区。2018 年开始，雄安新区民办教育数据单独统计。特此说明。

表 1　“十三五”期间石家庄市民办教育数据统计表

年份	办学层次	学校			在校生			专任教师		
		民办（所）	总数（所）	占比（%）	民办（人）	总数（人）	占比（%）	民办（人）	总数（人）	占比（%）
2016	幼儿园	674	1419	47.50	115186	290081	39.71	7691	12843	59.88
	小学	59	1329	4.44	61958	766248	8.09	2215	39158	5.66
	初中	35	267	13.11	54650	300385	18.19	6404	37900	16.90
	高中	29	110	26.36	35940	157543	22.81			
	中职	56	137	40.88	53283	155807	34.20	1468	8055	18.22
	合计	853	3262	—	321017	1670064	—	17778	97956	—
2017	幼儿园	808	1561	51.76	134489	299015	44.98	9112	14010	65.04
	小学	65	1346	4.83	74981	800253	9.37	2730	39812	6.86
	初中	34	261	13.03	58182	313663	18.55	7085	39160	18.09
	高中	33	117	28.21	39687	170386	23.29			
	中职	57	139	41.01	69962	173982	40.21	1836	8348	21.99
	合计	997	3424	—	377301	1757299	—	20763	101330	—
2018	幼儿园	890	1641	54.24	149874	310064	48.34	10269	15232	67.42
	小学	69	1359	5.08	86627	844234	10.26	3177	41606	7.64
	初中	35	262	13.36	67066	336163	19.95	8439	40814	20.68
	高中	35	119	29.41	40592	170098	23.86			
	中职	62	140	44.29	88889	193953	45.83	2127	8478	25.09
	合计	1091	3521	—	433048	1854512	—	24012	106130	—
2019	幼儿园	938	1688	55.57	148074	302626	48.93	10455	15735	66.44
	小学	73	1371	5.32	97304	894858	10.87	3634	43439	8.37
	初中	42	270	15.56	74164	342761	21.64	9613	42590	22.57
	高中	35	120	29.17	43250	174010	24.85			
	中职	62	135	45.93	103051	214642	48.01	2579	9164	28.14
	合计	1150	3584	—	465843	1928897	—	26281	110928	—
2020	幼儿园	1113	1862	59.78	156702	324134	48.34	12251	17764	68.97
	小学	81	1392	5.82	105534	925889	11.40	4134	48807	8.47
	初中	46	276	16.67	80724	358822	22.50	11275	44778	25.18
	高中	40	124	32.26	47765	180879	26.41			
	中职	64	137	46.72	120279	236791	50.80	3169	9660	32.81
	合计	1344	3791	—	511004	2026515	—	30829	121009	—

表 2 “十三五”期间唐山市民办教育数据统计表

年份	办学层次	学校			在校生			专任教师		
		民办（所）	总数（所）	占比（%）	民办（人）	总数（人）	占比（%）	民办（人）	总数（人）	占比（%）
2016	幼儿园	588	1112	52.88	82872	227726	36.39	5696	9116	62.48
	小学	10	1126	0.89	10274	506290	2.03	374	29490	1.27
	初中	4	255	1.57	8560	216806	3.95	1672	31902	5.24
	高中	19	75	25.33	8816	122210	7.21			
	中职	4	51	7.84	2529	51740	4.89	116	4657	2.49
	合计	625	2619	—	113051	1124772	—	7858	75165	—
2017	幼儿园	667	1217	54.81	95223	225304	42.26	6533	10629	61.46
	小学	10	1129	0.89	11464	508814	2.25	389	29442	1.32
	初中	4	255	1.57	11662	230774	5.05	2291	32371	7.08
	高中	22	78	28.21	13689	125455	10.91			
	中职	4	50	8.00	4345	58850	7.38	167	4757	3.51
	合计	707	2729	—	136383	1149197	—	9380	77199	—
2018	幼儿园	775	1236	62.70	102744	221015	46.49	7724	11245	68.69
	小学	10	1131	0.88	14268	523982	2.72	475	30970	1.53
	初中	3	256	1.17	15348	249559	6.15	3038	34023	8.93
	高中	23	76	30.26	17191	125003	13.75			
	中职	3	49	6.12	5529	59879	9.23	153	4636	3.30
	合计	814	2748	—	155080	1179438	—	11390	80874	—
2019	幼儿园	857	1309	65.47	108195	225832	47.91	8617	12213	70.56
	小学	11	1134	0.97	17688	542461	3.26	526	31900	1.65
	初中	4	256	1.56	20000	251791	7.94	3778	35102	10.76
	高中	25	78	32.05	20230	129337	15.64			
	中职	3	48	6.25	6402	60281	10.62	187	4425	4.23
	合计	900	2825	—	172515	1209702	—	13108	83640	—
2020	幼儿园	862	1353	63.71	99449	233869	42.52	8386	12328	68.02
	小学	11	1133	0.97	18180	558837	3.25	539	34464	1.56
	初中	6	258	2.33	22550	243037	9.28	4453	36021	12.36
	高中	27	82	32.93	23970	137565	17.42			
	中职	3	48	6.25	7619	59425	12.86	313	4608	6.79
	合计	909	2874	—	171768	1232733	—	13691	87421	—

表 3　“十三五”期间秦皇岛市民办教育数据统计表

年份	办学层次	学校			在校生			专任教师		
		民办（所）	总数（所）	占比（%）	民办（人）	总数（人）	占比（%）	民办（人）	总数（人）	占比（%）
2016	幼儿园	243	327	74.31	31331	78963	39.68	2122	3099	68.47
	小学	0	416	0.00	2123	201333	1.05	0	14394	0.00
	初中	8	126	6.35	4241	81627	5.20	571	12804	4.46
	高中	6	31	19.35	4970	45213	10.99			
	中职	20	38	52.63	3360	28504	11.79	288	2274	12.66
	合计	277	938	—	46025	435640	—	2981	32571	—
2017	幼儿园	261	396	65.91	35502	79920	44.42	2310	3347	69.02
	小学	0	419	0.00	2346	202215	1.16	0	14946	0.00
	初中	7	124	5.65	5288	86979	6.08	692	13003	5.32
	高中	7	32	21.88	5607	45408	12.35			
	中职	20	38	52.63	4510	28199	15.99	326	2407	13.54
	合计	295	1009	—	53253	442721	—	3328	33703	—
2018	幼儿园	304	442	68.78	37727	77187	48.88	2558	3647	70.14
	小学	0	419	0.00	2996	205666	1.46	0	14859	0.00
	初中	7	125	5.60	7561	95714	7.90	895	13507	6.63
	高中	8	33	24.24	6428	45444	14.14			
	中职	19	36	52.78	4791	27037	17.72	385	2326	16.55
	合计	338	1055	—	59503	451048	—	3838	34339	—
2019	幼儿园	325	472	68.86	38205	72364	52.80	2662	3805	69.96
	小学	0	421	0.00	3798	209095	1.82	0	14841	0.00
	初中	7	125	5.60	9549	98586	9.69	1158	13952	8.30
	高中	12	34	35.29	7102	47177	15.05			
	中职	17	33	51.52	4713	26199	17.99	381	2254	16.90
	合计	361	1085	—	63367	453421	—	4201	34852	—
2020	幼儿园	350	527	66.41	36540	73841	49.48	2866	4155	68.98
	小学	0	420	0.00	3488	210756	1.65	0	15787	0.00
	初中	8	126	6.35	11438	96801	11.82	1463	14331	10.21
	高中	12	34	36.36	9918	50355	19.70			
	中职	16	33	48.48	4971	27976	17.77	361	2299	15.70
	合计	386	1140	—	66355	459729	—	4690	36572	—

表 4 “十三五”期间邯郸市民办教育数据统计表

年份	办学层次	学校			在校生			专任教师		
		民办（所）	总数（所）	占比（%）	民办（人）	总数（人）	占比（%）	民办（人）	总数（人）	占比（%）
2016	幼儿园	1019	2294	44.42	203284	373163	54.48	11805	18810	62.76
	小学	177	1719	10.30	149288	1005464	14.85	5651	48290	11.70
	初中	38	320	11.88	63614	401629	15.84	5364	40365	13.29
	高中	8	66	12.12	8107	142461	5.69			
	中职	15	63	23.81	7048	76675	9.19	359	5318	6.75
	合计	1257	4462	—	431341	1999392	—	23179	112783	—
2017	幼儿园	1007	2284	44.09	209553	372956	56.19	11912	18960	62.83
	小学	229	1651	13.87	194202	1041739	18.64	7664	51784	14.80
	初中	52	329	15.81	83642	429942	19.45	7749	44137	17.56
	高中	11	68	16.18	13452	160057	8.40			
	中职	16	67	23.88	9639	83439	11.55	430	5567	7.72
	合计	79	8861	—	941829	4087525	—	27755	120448	—
2018	幼儿园	1122	2463	45.55	199626	350578	56.94	12599	19453	64.77
	小学	268	1692	15.84	235720	1071554	22.00	9253	54081	17.11
	初中	61	336	18.15	101470	461093	22.01	8895	46963	18.94
	高中	11	69	15.94	19563	174114	11.24			
	中职	13	63	20.63	12844	86323	14.88	465	5698	8.16
	合计	1475	4623	—	569223	2143662	—	—	—	—
2019	幼儿园	1240	2678	46.30	217542	363071	59.92	14202	21479	66.12
	小学	303	1799	16.84	269293	1106185	24.34	10662	56736	18.79
	初中	72	348	20.69	120876	476837	25.35	11052	50636	21.83
	高中	13	72	18.06	27169	192499	14.11			
	中职	17	67	25.37	15868	92180	17.21	708	6259	11.31
	合计	1645	4964	—	650748	2230772	—	36624	135110	—
2020	幼儿园	1204	2908	41.40	155883	366493	42.53	12555	22756	55.17
	小学	322	1814	17.75	293169	1147731	25.54	11553	65004	17.77
	初中	80	358	22.35	135493	477037	28.40	13337	54027	24.69
	高中	18	80	22.50	38433	211958	18.13			
	中职	19	69	27.54	20836	98581	21.14	1054	6677	15.79
	合计	1643	5229	—	643814	2301800	—	38499	148464	—

表 5 "十三五"期间邢台市民办教育数据统计表

年份	办学层次	学校			在校生			专任教师		
		民办（所）	总数（所）	占比（%）	民办（人）	总数（人）	占比（%）	民办（人）	总数（人）	占比（%）
2016	幼儿园	653	1523	42.88	112415	260175	43.21	7001	11443	61.18
	小学	156	1202	12.98	114406	649960	17.60	4440	35144	12.63
	初中	29	226	12.83	34539	247837	13.94	3523	27545	12.79
	高中	7	51	13.73	12171	118419	10.28			
	中职	19	65	29.23	2933	44666	6.57	415	4326	9.59
	合计	864	3067	—	276464	1321057	—	15379	78458	—
2017	幼儿园	762	1664	45.79	128984	268342	48.07	8208	12865	63.80
	小学	160	1107	14.45	134491	676426	19.88	5064	36743	13.78
	初中	34	223	15.25	43114	257735	16.73	4552	29399	15.48
	高中	10	54	18.52	15304	127118	12.04			
	中职	19	62	30.65	3329	50285	6.62	433	4397	9.85
	合计	985	3110	—	325222	1379906	—	18257	83404	—
2018	幼儿园	843	1740	48.45	141423	268886	52.60	9231	13963	66.11
	小学	180	1042	17.27	160997	714108	22.55	5988	38083	15.72
	初中	32	226	14.16	56197	280131	20.06	5561	32595	17.06
	高中	13	57	22.81	18157	129702	14.00			
	中职	14	61	22.95	3323	52054	6.38	351	4479	7.84
	合计	1082	3126	—	380097	1444881	—	21131	89120	—
2019	幼儿园	1076	2000	53.80	154787	299098	51.75	10560	15767	66.98
	小学	190	1034	18.38	182393	751545	24.27	6817	39547	17.24
	初中	27	223	12.11	66586	292511	22.76	7007	35163	19.93
	高中	18	62	29.03	25992	139887	18.58			
	中职	14	60	23.33	3877	60174	6.44	367	4475	8.20
	合计	1325	3379	—	433635	1543215	—	24751	94952	—
2020	幼儿园	1264	2347	53.86	128553	304569	42.21	10376	16895	61.41
	小学	192	1037	18.51	195594	791607	24.71	7211	45669	15.79
	初中	30	228	13.16	73217	299682	24.43	8144	36459	22.34
	高中	20	64	31.25	31350	147686	21.23			
	中职	14	60	23.33	3276	68761	4.65	245	4432	5.53
	合计	1520	3736	—	431990	1612305	—	25976	103455	—

表 6 “十三五”期间保定市民办教育数据统计表

年份	办学层次	学校			在校生			专任教师		
		民办（所）	总数（所）	占比（%）	民办（人）	总数（人）	占比（%）	民办（人）	总数（人）	占比（%）
2016	幼儿园	973	2428	40.07	161933	364921	44.37	9705	18036	53.81
	小学	32	1884	1.70	46269	878750	5.27	1291	42845	3.01
	初中	48	348	13.79	67010	335987	19.94	5374	37683	14.26
	高中	15	71	21.13	5697	168554	3.38			
	中职	11	72	15.28	4160	62040	6.71	259	6160	4.20
	合计	1079	4803	—	285069	1810252	—	16629	104724	—
2017	幼儿园	1053	2492	42.26	176107	367299	47.95	10878	18948	57.41
	小学	34	1884	1.80	52881	886989	5.96	1426	45492	3.13
	初中	50	349	14.33	78258	360778	21.69	7013	41336	16.97
	高中	20	75	26.67	23096	182758	12.64			
	中职	11	71	15.49	4862	67960	7.15	282	6188	4.56
	合计	1168	4871	—	335204	1865784	—	19599	111964	—
2018	幼儿园	983	2297	42.79	153908	307913	49.98	10433	17688	58.98
	小学	25	1647	1.52	56164	795306	7.06	1365	41243	3.31
	初中	45	309	14.56	81892	357974	22.88	8026	40523	19.81
	高中	22	72	30.56	27429	174210	15.74			
	中职	10	64	15.63	5710	66109	8.64	422	5731	7.36
	合计	1085	4389	—	325103	1701512	—	20246	105185	—
2019	幼儿园	1080	2401	44.98	160252	302751	52.93	11057	18702	59.12
	小学	25	1644	1.52	63910	805198	7.94	1601	42009	3.81
	初中	48	313	15.34	94844	385083	24.63	9679	43335	22.34
	高中	23	75	30.67	37390	183593	20.37			
	中职	10	64	15.63	12628	75912	16.64	827	6276	13.18
	合计	1186	4497	—	369024	1752537	—	23164	110322	—
2020	幼儿园	1217	2534	48.03	155691	310899	50.08	11490	19671	58.41
	小学	23	1639	1.40	68017	815310	8.34	1835	47398	3.87
	初中	50	319	15.67	102212	391663	26.10	11355	46151	24.60
	高中	25	77	32.47	45950	195448	23.51			
	中职	10	64	15.63	17782	87631	20.29	1017	6611	15.38
	合计	1325	4633	—	389652	1800951	—	25697	119831	—

表 7　“十三五”期间张家口市民办教育数据统计表

年份	办学层次	学校			在校生			专任教师		
		民办（所）	总数（所）	占比（%）	民办（人）	总数（人）	占比（%）	民办（人）	总数（人）	占比（%）
2016	幼儿园	277	525	52.76	41256	89298	46.20	2193	4033	54.38
	小学	11	532	2.07	11718	306565	3.82	379	19332	1.96
	初中	10	132	7.58	12608	131851	9.56	1742	16842	10.34
	高中	8	33	24.24	19082	70883	26.92			
	中职	11	42	26.19	5828	40125	14.52	227	3211	7.07
	合计	317	1264	—	90492	638722	—	4541	43418	—
2017	幼儿园	282	527	53.51	50371	96126	52.40	2560	4427	57.83
	小学	10	524	1.91	11916	300305	3.97	343	19427	1.77
	初中	10	130	7.69	14119	135715	10.40	1947	17602	11.06
	高中	9	34	26.47	22333	74983	29.78			
	中职	12	43	27.91	5979	43671	13.69	233	3292	7.08
	合计	323	1258	—	104718	650800	—	5083	44748	—
2018	幼儿园	345	585	58.97	61909	116106	53.32	3409	5448	62.57
	小学	10	508	1.97	12771	298139	4.28	367	19486	1.88
	初中	10	118	8.47	16504	137959	11.96	2366	17769	13.32
	高中	12	36	33.33	25133	77957	32.24			
	中职	13	45	28.89	5995	43577	13.76	222	3353	6.62
	合计	390	1292	—	122312	673738	—	6364	46056	—
2019	幼儿园	353	608	58.06	54771	102130	53.63	3030	5168	58.63
	小学	10	496	2.02	13092	291201	4.50	364	19511	1.87
	初中	11	118	9.32	20953	149099	14.05	2580	17966	14.36
	高中	12	36	33.33	25866	77530	33.36			
	中职	16	48	33.33	6619	43801	15.11	256	3424	7.48
	合计	402	1306	—	121301	663761	—	6230	46069	—
2020	幼儿园	407	639	67.76	40619	95806	42.40	3256	5369	60.64
	小学	10	482	2.07	12534	280930	4.46	373	20173	1.85
	初中	13	120	10.83	25464	150146	16.96	3012	18462	16.31
	高中	12	36	33.33	27530	79887	34.46			
	中职	17	49	34.69	6487	46842	13.85	280	3431	8.16
	合计	459	1326	—	112634	653611	—	6921	47435	—

表 8 “十三五”期间承德市民办教育数据统计表

年份	办学层次	学校			在校生			专任教师		
		民办（所）	总数（所）	占比（%）	民办（人）	总数（人）	占比（%）	民办（人）	总数（人）	占比（%）
2016	幼儿园	279	993	28.10	29273	94407	31.01	1973	4148	47.57
	小学	5	447	1.12	5287	281781	1.88	195	17184	1.13
	初中	3	99	3.03	7248	111683	6.49	653	12684	5.15
	高中	1	22	4.55	3945	54164	7.28			
	中职	9	30	30.00	4080	36527	11.17	131	2051	6.39
	合计	297	1591	—	49833	578562	—	2952	36067	—
2017	幼儿园	293	987	29.69	31802	92588	34.35	2110	4280	49.30
	小学	4	447	0.89	6551	278437	2.35	218	17366	1.26
	初中	5	101	4.95	8715	121150	7.19	798	13095	6.09
	高中	1	22	4.55	4177	56655	7.37			
	中职	9	24	37.50	5016	37419	13.40	142	2047	6.94
	合计	312	1581	—	56261	586249	—	3268	36788	—
2018	幼儿园	300	989	30.33	33546	88266	38.01	2170	4469	48.56
	小学	4	451	0.89	8102	275585	2.94	307	17801	1.72
	初中	5	103	4.85	10789	133373	8.09	957	13685	6.99
	高中	2	22	9.09	5299	58627	9.04			
	中职	4	24	16.67	5263	36664	14.35	168	2152	7.81
	合计	315	1589	—	62999	592515	—	3602	38107	—
2019	幼儿园	303	999	30.33	32936	80057	41.14	2363	4901	48.21
	小学	4	452	0.88	9273	272030	3.41	301	18631	1.62
	初中	5	104	4.81	12571	144666	8.69	1214	14796	8.20
	高中	3	23	13.04	6779	60134	11.27			
	中职	4	24	16.67	5744	36894	15.57	170	2290	7.42
	合计	319	1602	—	67303	593781	—	4048	40618	—
2020	幼儿园	306	1015	30.15	27528	80877	34.04	2366	4991	47.41
	小学	4	452	0.88	10221	267622	3.82	299	19422	1.54
	初中	8	110	7.27	15108	146217	10.33	1759	15967	11.02
	高中	5	25	20.00	9471	66021	14.35			
	中职	4	24	16.67	6432	39365	16.34	235	2429	9.67
	合计	327	1626	—	68760	600102	—	4659	42809	—

表 9　“十三五”期间沧州市民办教育数据统计表

年份	办学层次	学校			在校生			专任教师		
		民办（所）	总数（所）	占比（%）	民办（人）	总数（人）	占比（%）	民办（人）	总数（人）	占比（%）
2016	幼儿园	631	1305	48.35	92086	274914	33.50	5913	11038	53.57
	小学	26	1318	1.97	25552	685914	3.73	552	36212	1.52
	初中	23	269	8.55	21609	235127	9.19	2561	26330	9.73
	高中	9	48	18.75	10337	108989	9.48			
	中职	8	41	19.51	5809	84753	6.85	252	3474	7.25
	合计	697	2981	—	155393	1389697	—	9278	77054	—
2017	幼儿园	690	1389	49.68	100164	264040	37.94	6597	11899	55.44
	小学	30	1314	2.28	31120	719071	4.33	664	37001	1.79
	初中	23	271	8.49	25590	255402	10.02	2998	28048	10.69
	高中	14	51	27.45	10838	113721	9.53			
	中职	7	42	16.67	6508	85709	7.59	247	3716	6.65
	计	764	3067	—	174220	1437943	—	10506	80664	—
2018	幼儿园	776	1489	52.12	122265	267451	45.71	8981	14260	62.98
	小学	34	1317	2.58	40176	747406	5.38	816	37477	2.18
	初中	22	266	8.27	31610	283283	11.16	3750	29576	12.68
	高中	17	54	31.48	11514	118550	9.71			
	中职	7	42	16.67	6345	80078	7.92	249	3598	6.92
	合计	856	3168	—	211910	1496768	—	13796	84911	—
2019	幼儿园	965	1720	56.10	130310	255452	51.01	9395	14693	63.94
	小学	36	1333	2.70	47287	780847	6.06	957	38558	2.48
	初中	24	267	8.99	36303	307032	11.82	4995	31520	15.85
	高中	19	55	34.55	20058	126571	15.85			
	中职	7	40	17.50	7435	83059	8.95	263	3584	7.34
	合计	1051	3415	—	241393	1552961	—	15610	88355	—
2020	幼儿园	1027	1809	56.77	96151	273305	35.18	9233	15046	61.37
	小学	38	1341	2.83	52343	796354	6.57	1042	42375	2.46
	初中	31	276	11.23	43292	319579	13.55	6655	33680	19.76
	高中	20	56	35.71	28774	138418	20.79			
	中职	7	40	17.50	9789	88650	11.04	312	3686	8.46
	合计	1123	3522	—	230349	1616306	—	17242	94787	—

表 10 “十三五”期间廊坊市民办教育数据统计表

年份	办学层次	学校			在校生			专任教师		
		民办（所）	总数（所）	占比（%）	民办（人）	总数（人）	占比（%）	民办（人）	总数（人）	占比（%）
2016	幼儿园	438	635	68.98	62156	143861	43.21	4594	6822	67.34
	小学	23	804	2.86	17945	437761	4.10	683	23152	2.95
	初中	17	150	11.33	11970	145632	8.22	1519	16791	9.05
	高中	7	31	22.58	7120	71858	9.91			
	中职	3	28	10.71	733	29121	2.52	74	1913	3.87
	合计	488	1648	—	99924	828233	—	6870	48678	—
2017	幼儿园	449	654	68.65	65611	139994	46.87	5021	7398	67.87
	小学	25	798	3.13	22393	462962	4.84	874	23890	3.66
	初中	18	153	11.76	14690	155394	9.45	1887	17611	10.71
	高中	9	34	26.47	8586	70982	12.10			
	中职	5	30	16.67	967	30180	3.20	137	1938	7.07
	合计	501	1669	—	112247	859512	—	7919	50837	—
2018	幼儿园	816	1009	80.87	100290	165191	60.71	7648	9939	76.95
	小学	25	802	3.12	27521	492106	5.59	910	24955	3.65
	初中	18	153	11.76	18431	171158	10.77	2381	18953	12.56
	高中	11	36	30.56	9206	72517	12.69			
	中职	5	31	16.13	1070	28821	3.71	127	2020	6.29
	合计	875	2031	—	156518	929793	—	11066	55867	—
2019	幼儿园	817	1008	81.05	99520	160284	62.09	7702	10284	74.89
	小学	25	765	3.27	35098	513187	6.84	1132	26698	4.24
	初中	21	157	13.38	23100	184658	12.51	3013	20741	14.53
	高中	13	38	34.21	12012	76259	15.75			
	中职	5	32	15.63	1501	28866	5.20	142	2162	6.57
	合计	881	2000	—	171231	963254	—	11989	59885	—
2020	幼儿园	944	1135	83.17	79603	165674	48.05	8065	11018	73.20
	小学	22	757	2.91	37614	534289	7.04	1057	30442	3.47
	初中	32	167	19.16	32823	194540	16.87	4376	22959	19.06
	高中	14	39	35.90	14675	79371	18.49			
	中职	5	32	15.63	2344	29918	7.83	189	2212	8.54
	合计	1017	2130	—	167059	1003792	—	13687	66631	—

表 11 “十三五”期间衡水市民办教育数据统计表

年份	办学层次	学校			在校生			专任教师		
		民办（所）	总数（所）	占比（%）	民办（人）	总数（人）	占比（%）	民办（人）	总数（人）	占比（%）
2016	幼儿园	334	848	39.39	46935	98689	47.56	2961	5378	55.06
	小学	21	835	2.51	42211	347169	12.16	628	18836	3.33
	初中	18	134	13.43	50013	161183	31.03	6296	20461	30.77
	高中	19	40	47.50	48147	112463	42.81			
	中职	8	33	24.24	3461	33561	10.31	134	2623	5.11
	合计	400	1890	—	190767	753065	—	10019	47298	—
2017	幼儿园	466	968	48.14	70391	122276	57.57	4025	6329	63.60
	小学	25	746	3.35	48118	357270	13.47	706	19706	3.58
	初中	18	124	14.52	72769	185812	39.16	7683	21545	35.66
	高中	26	47	55.32	62701	125371	50.01			
	中职	8	34	23.53	3649	33064	11.04	125	2613	4.78
	合计	543	1919	—	257628	823793	—	12539	50193	—
2018	幼儿园	496	972	51.03	85003	132283	64.26	4949	7299	67.80
	小学	32	600	5.33	51691	362853	14.25	969	20338	4.76
	初中	18	114	15.79	91354	211467	43.20	10980	25369	43.28
	高中	34	56	60.71	72778	134343	54.17			
	中职	8	34	23.53	4117	31951	12.89	155	2698	5.74
	合计	588	1776	—	304943	872897	—	17053	55704	—
2019	幼儿园	578	1059	54.58	92707	131804	70.34	5750	8021	71.69
	小学	33	584	5.65	52007	366268	14.20	1038	20323	5.11
	初中	18	120	15.00	93794	220612	42.52	13231	28119	47.05
	高中	38	60	63.33	86007	148873	57.77			
	中职	10	36	27.78	4167	33828	12.32	183	2741	6.68
	合计	677	1859	—	328682	901385	—	20202	59204	—
2020	幼儿园	744	1299	57.27	65423	130889	49.98	5440	8698	62.54
	小学	34	584	5.82	52301	372870	14.03	968	23467	4.12
	初中	20	126	15.87	92723	217759	42.58	16024	31287	51.22
	高中	39	62	62.90	106830	170120	62.80			
	中职	10	36	27.78	4059	34791	11.67	198	2779	7.12
	合计	847	2107	—	321336	926429	—	22630	66231	—

表 12 “十三五”期间辛集市民办教育数据统计表

年份	办学层次	学校			在校生			专任教师		
		民办（所）	总数（所）	占比（%）	民办（人）	总数（人）	占比（%）	民办（人）	总数（人）	占比（%）
2016	幼儿园	13	34	38.24	3095	14202	21.79	199	409	48.66
	小学	2	72	2.78	4704	41745	11.27	29	2010	1.44
	初中	2	24	8.33	1809	19578	9.24	42	3496	1.20
	高中	3	9	33.33	3805	16051	23.71			
	中职	1	4	25.00	119	2938	4.05	9	344	2.62
	合计	21	143	—	13532	94514	—	279	6259	—
2017	幼儿园	13	35	37.14	3601	15764	22.84	264	493	53.55
	小学	2	72	2.78	4969	43352	11.46	31	1998	1.55
	初中	2	26	7.69	2039	19948	10.22	624	3542	17.62
	高中	3	7	42.86	3595	10826	33.21			
	中职	1	4	25.00	95	3376	2.81	9	368	2.45
	合计	21	144	—	14299	93266	—	928	6401	—
2018	幼儿园	22	44	50.00	6911	18890	36.59	351	596	58.89
	小学	2	75	2.67	4976	45190	11.01	30	2012	1.49
	初中	2	26	7.69	2374	20746	11.44	657	3656	17.97
	高中	3	7	42.86	3179	10592	30.01			
	中职	1	4	25.00	610	3459	17.64	37	404	9.16
	合计	30	156	—	18050	98877	—	1075	6668	—
2019	幼儿园	30	56	53.57	7394	17123	43.18	374	648	57.72
	小学	2	74	2.70	5189	47147	11.01	30	2039	1.47
	初中	2	33	6.06	2556	20350	12.56	649	3659	17.74
	高中	3	6	50.00	2818	10233	27.54			
	中职	0	3	0.00	0	3940	0.00	0	397	0.00
	合计	37	172	—	17957	98793	—	1053	6743	—
2020	幼儿园	30	61	49.18	5955	18309	32.52	405	728	55.63
	小学	2	76	2.63	5133	48149	10.66	30	2885	1.04
	初中	2	25	8.00	2626	20234	12.98	590	3143	18.77
	高中	2	6	33.33	1311	10483	12.51			
	中职	0	3	0.00	0	4173	0.00	0	393	0.00
	合计	36	171	—	15025	101348	—	1025	7149	—

表 13　“十三五”期间定州市民办教育数据统计表

年份	办学层次	学校			在校生			专任教师		
		民办（所）	总数（所）	占比（%）	民办（人）	总数（人）	占比（%）	民办（人）	总数（人）	占比（%）
2016	幼儿园	31	192	16.15	4717	30668	15.38	324	1003	32.30
	小学	9	260	3.46	6668	96493	6.91	352	4441	7.93
	初中	1	29	3.45	19243	46485	41.40	1091	4473	24.39
	高中	4	11	36.36	3694	24507	15.07			
	中职	2	5	40.00	411	11626	3.54	36	467	7.71
	合计	47	497	—	34733	209779	—	1803	10384	—
2017	幼儿园	33	194	17.01	5740	31064	18.48	390	947	41.18
	小学	9	260	3.46	6738	94337	7.14	358	4573	7.83
	初中	1	29	3.45	17887	47383	37.75	1310	4827	27.14
	高中	4	11	36.36	7037	27655	25.45			
	中职	2	5	40.00	568	11605	4.89	36	481	7.48
	合计	49	499	—	37970	212044	—	2094	10828	—
2018	幼儿园	45	206	21.84	8623	39000	22.11	588	1165	50.47
	小学	9	260	3.46	7357	94234	7.81	402	4842	8.30
	初中	2	30	6.67	18880	49282	38.31	1442	4979	28.96
	高中	4	11	36.36	7465	27441	27.20			
	中职	2	5	40.00	610	9863	6.18	37	478	7.74
	合计	62	512	—	42935	219820	—	2469	11464	—
2019	幼儿园	85	250	34.00	12702	39470	32.18	948	1572	60.31
	小学	7	257	2.72	7629	92572	8.24	255	4768	5.35
	初中	4	33	12.12	19278	50010	38.55	1696	5328	31.83
	高中	5	12	41.67	7624	27688	27.54			
	中职	2	5	40.00	611	9568	6.39	39	464	8.41
	合计	103	557	—	47844	219308	—	2938	12132	—
2020	幼儿园	89	254	35.04	12628	36666	34.44	1013	1625	62.34
	小学	7	257	2.72	6725	91918	7.32	258	5073	5.09
	初中	4	33	12.12	22477	49919	45.03	1992	5665	35.16
	高中	7	13	46.15	8829	28738	30.72			
	中职	3	6	50.00	518	9547	5.43	74	507	14.60
	合计	110	564	—	51177	216788	—	3337	12870	—

表 14　"十三五"期间雄安新区民办教育数据统计表

年份	办学层次	学校			在校生			专任教师		
		民办（所）	总数（所）	占比（%）	民办（人）	总数（人）	占比（%）	民办（人）	总数（人）	占比（%）
2018	幼儿园	151	305	49.51	23020	39298	58.58	1249	2149	58.12
	小学	10	242	4.13	5123	118093	4.34	257	5958	4.31
	初中	6	43	13.95	9064	43633	20.77	452	3921	11.53
	高中	1	7	14.29	241	16278	1.48			
	中职	0	6	0.00	0	4514	0.00	0	537	0.00
	合计	168	603	—	37448	221816	—	1958	12565	—
2019	幼儿园	169	311	54.34	23383	38313	61.03	1368	2157	63.42
	小学	9	240	3.75	5508	118460	4.65	272	6313	4.31
	初中	8	45	17.78	10130	49103	20.63	573	4788	11.97
	高中	1	8	12.50	549	18208	3.02			
	中职	0	6	0.00	0	5285	0.00	0	569	0.00
	合计	187	610	—	39570	229369	—	2213	13827	—
2020	幼儿园	167	314	53.18	21796	37818	57.63	1230	2076	59.25
	小学	9	241	3.73	5706	116967	4.88	277	6744	4.11
	初中	8	44	18.18	10649	50090	21.26	614	5109	12.02
	高中	1	8	12.50	893	20524	4.35			
	中职	0	6	0.00	0	5404	0.00	0	606	0.00
	合计	185	613	—	39044	230803	—	2121	14535	—

附录三　河北省民办教育协会简介

河北省民办教育协会于 2001 年 6 月正式成立，业务主管单位为河北省教育厅，登记管理机关为河北省民政厅。

河北省民办教育协会根据"行业自律、提供服务、反映诉求"的办会宗旨，发布《河北省民办教育行业自律公约》，促进行业自律，强化行业规范，营造民办教育发展的良好舆论氛围。协会针对各级各类民办学校开展不同层次的专业化服务，成立专家委员会，提供政策指导、战略谋划、办学咨询、内涵建设、招生就业、资金引进、联合办学等方面的服务。协会出版的季刊《河北民办教育》（内刊），成为传播高层声音、探索改革发展、开展教育研究、交流办学经验的平台，深受民办教育工作者喜爱，并与全国 20 多个省级民办教育协会进行纸媒互换。协会开展有关民办教育的调查研究，反映民办学校的合理诉求，积极建言献策，为领导决策当好参谋。

河北省民办教育协会成立 20 年来，为民办学校做了许多实事、好事，被民办学校亲切地称为“娘家”。协会的各项工作得到了河北省教育厅的充分认可，登记管理机关和社会各界也都给予了高度评价。

河北省民办教育协会将一如既往地坚持“依法办会、规范办会、民主办会、勤俭办会”的理念，发挥好桥梁纽带作用，提供精准服务，团结和带领全省民办学校规范办学、高质量发展，为实现教育现代化而不懈努力。

后　记

在新冠病毒全球肆虐之际，《河北省“十三五”民办教育发展报告》一书即将正式出版，掩卷而思，感慨良多。中国人民在以习近平同志为核心的党中央领导下，团结一致，众志成城，在战疫大考中取得了世界瞩目的优异成绩。本书的编写人员边抗疫边紧张地进行编写工作，终于在非常艰苦的条件下，按预定时间节点完成了编写任务。

本书共分为5编，第一编为河北省“十三五”期间民办教育发展总报告，第二编为河北省“十三五”期间民办教育分学段或类型发展报告，第三编为河北“十三五”期间民办教育分市（区）发展报告，第四编为河北省各类民办院校典型经验，第五编为国家及省级法律法规政策选编。

各编的执笔人、参与者或供稿单位分别为：

第一编，由郝建强执笔，房波涛参与写作工作。

第二编，高校报告由刘福寿、刘元园、赵建华执笔，李鹏、张玲、王永利参与写作工作；中职报告由马跃华、张玺执笔，周淑彦做了修改，李清祥、刘忠斌、张金宝参与资料搜集及整理工作；高中报告由郭树发、高军执笔，田运隆做了修改，贺宇良、秦海山、韩旭参与写作工作；初中报告由文瑞春、胡志民执笔，卢红伟、赵英乔、贾立参与写作工作；小学报告由张鸿昌、胡海霞执笔，李天良、赵占国参与资料搜集工作并提出了修改意见；学前教育报告由杨珊珊执笔，侯恩芳、康东坡、刘香芝、凌春红等参与写作工作；国际学校报告由郭连莹、施国连执笔，刘文宪、张桂平参与写作工作。

第三编，由11个设区市及辛集市、定州市教育局、雄安新区公共服务管理局供稿。

第四编，除部分文章由个人供稿外，其余均由报送学校供稿。

第五编及附录，由河北省民办教育协会整理。

2020年下半年，本书的初稿陆续完成，两位常务副主编陆长福、刘福寿分别对初稿进行了审阅和修改，河北省民办教育协会秘书长、编委会副主任刘桂玲组织相关专家对审改稿进行了讨论，最后由主编闫春来审阅、定稿。在此，向各位执笔人、参与者或供稿单位表示感谢。

在本书的编写过程中，河北省民办教育协会的全体工作人员全力以赴，河北省教育厅政策法规处张化平处长、熊远春处长协助收集各市民办教育发展情况，发展规划处韩军处长和处室工作人员在相关数据的提供上给予了大力支持。河北传媒学院、河北美术学院、河北外国语学院、河北工程技术学院、石家庄财经职业学院、河北联邦国际学校等院校不仅热情接待了本书编写组的调研，还协助编写组完成了编写、研讨等工作，还有众多学校为本书的编写和出版给予了多方面的支持和帮助，在此一并表示感谢。

在本书的编写过程中，编委会参考了中国民办教育协会的有关文献，以及《中国民办教育发展报告 2018》（科学出版社出版）、《河南民办教育发展报告（2018）》（社会科学文献出版社出版）、《浙江省民办教育发展报告（2011—2020 年）》（中国社会科学出版社出版）等图书，从中受益匪浅，在此我们对相关文献的编著者和出版单位表示感谢。

本书的出版，还得到了河北大学出版社的大力支持，社领导、责任编辑和其他工作人员的服务意识和敬业精神令人敬佩，对此我们由衷地表示感谢。

我们深知自身水平有限，书中若有不妥之处，欢迎专家学者及广大读者批评指正。